国家自然科学基金面上项目『城镇化与山区劳动力转移时空过程与对策研究』（41471469）
国家自然科学基金青年项目『劳动力地理景观视角下成都市乡城流迁人口的迁居行为模式研究』（42101244）

城镇化背景下乡城劳动力迁移

——基于劳动力地理景观

张少尧　邓伟◎著

商务印书馆
创于1897 The Commercial Press

图书在版编目（CIP）数据

城镇化背景下乡城劳动力迁移：基于劳动力地理景观/张少尧，邓伟著. —北京：商务印书馆，2023
ISBN 978-7-100-22249-5

Ⅰ. ①城…　Ⅱ. ①张…②邓…　Ⅲ. ①劳动力转移—研究—中国　Ⅳ. ①F323.6

中国国家版本馆 CIP 数据核字（2023）第 059367 号

城镇化背景下乡城劳动力迁移
——基于劳动力地理景观
张少尧　邓伟 著

商 务 印 书 馆 出 版
（北京王府井大街 36 号邮政编码 100710）
商 务 印 书 馆 发 行
北京中科印刷有限公司印刷
ISBN 978 - 7 - 100 - 22249 - 5
审图号：GS 川（2023）12 号

2023 年 10 月第 1 版　　开本 787×1092　1/16
2023 年 10 月北京第 1 次印刷　　印张 26 3/4

定价：218.00 元

序　一

劳动力迁移是工业化和城市化过程中人口流动的必然社会现象，具有显著的地理性和社会性，历来是地理学和社会学等多学科研究的热点问题。中国快速城镇化极大地促进了乡村人口的大迁移，其迁移的规模和距离都是空前的，导致城乡人口分布的地理格局快速演变，并具有明显的时空差异性，牵扯到社会发展的诸多方面，也吸引了有关学者在不同的学科层面开展了一系列研究。

随着城镇化战略的进一步推进和乡村振兴战略的全面实施，乡城劳动力迁移伴随着产业结构调整、经济增长模式转变等对劳动力技能化分工呈现出与以往不同的要求和变化特征。在这个转变过程中，不同时段进城的农民工（个体和家庭）都面临诸多适应性问题，即乡城劳动力迁移通过主观能动性不断调整个体或家庭行为，以适应劳动力市场需求调整与就业关系重构问题，并构成其类群特有的社会空间景象，表明乡城劳动力迁移与城市转型发展关系进入到一个更加多元、交互、动态的变化阶段。其中，定居和市民化问题一直受到社会广泛关注。

在新时代国土空间高质量发展、城乡融合发展等一系列国策驱动下，以人为本的城镇化战略得到进一步加强。国家发展和改革委员会发布的《2019 年新型城镇化建设重点任务》中，首要任务就是促进以农民工为代表的乡村劳动力迁移的市民化，鼓励他们全方位参与到城市的就业、居住与生活中来，提升迁移进城人口的社会融合度。然而，城市转型发展中的就业弹性、劳动力市场分割、定居成本、落户压力等仍是当下亟待解决的紧要问题。因此，如何实现乡城人口的平稳有序迁移和以人为本的市民化，平衡跨区域间城市转型发展与乡村人口迁移的适应性，让劳动力市场更好地匹配城市转型发展等，为地理学和社会学研究提供了更丰富的内涵和更多的命题。

《城镇化背景下乡城劳动力迁移——基于劳动力地理景观》一书，基于跨区域和个体能动性视角，从乡城劳动力迁移与城市转型发展的交互关系及其适应过程为切入点，阐述了快速城市化驱动下乡城劳动力迁移所呈现的劳动力地理景观特征和时空差异，揭示其对城市转型发展的适应性与内在作用机制和效应，解读其过程中的政策实践、社群交往、社会文化和制度建设等空间重塑与社会转型因素。该书紧扣国家城镇化战略转型的大背景，通过大量一手社会调查数据获取与分析，从劳动力地理景观的视角认知乡城劳动力迁移特征、转型趋势，取得了一些探索性认识成果，具有积极的科学意义和应用价值。

在著作即将付梓之际，欣然赋序，希望著者继续深化乡村振兴与城市转型发展中劳动力迁移的多维度研究，阐释城市转型发展和城乡融合发展与人口迁移及其市民化的关联机制、互馈效应，为城乡融合发展与社会治理提供科学依据。

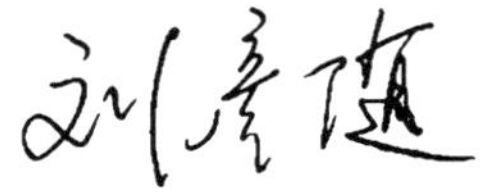

发展中国家科学院（TWAS）院士

国际地理联合会农业地理与土地工程委员会主席

中国科学院区域可持续发展分析与模拟重点实验室主任

序　二

劳动力作为经济发展中的关键要素之一，其流动伴随经济社会发展的不同时期和阶段而呈现不同特征和规律，既是人口学研究的热点，也是地理学关注的重要问题。近20年来，我国快速的城镇化发展，极大地促进了乡村劳动力转移，流动人口规模从2000年1.21亿人增加到2020年3.76亿人，实现常住人口城镇化率达63.89%。但是，在城镇化进程中仍有相当数量的乡城迁移人口尚未完全实现市民化，乡城迁移人口市民化过程中依然面临迁移决策、生计转型、家庭迁居、身份构建与社会适应等问题。

伴随着乡村振兴与新型城镇化的深入推进，我国人口迁移流动的结构呈现出一些新的特征，既有乡村到城市的人口流动，也有乡村到乡村、城市到城市的人口流动，人户分离的现象尤为突出，其中市辖区内人户分离人口2020年比2010年增长192.66%。这些新的特征不仅对流动人口的迁移行为、就业方式、居住模式与家庭结构等产生影响，也对城市空间布局和地理景观提出新的命题。

专著《城镇化背景下乡城劳动力迁移——基于劳动力地理景观》以人口地理学为理论基础，基于跨区域的社会调查数据，通过构建乡城迁移劳动力地理景观指数，对景观格局与组分展开深入分析，阐释城市转型发展过程中乡城迁移劳动力地理景观的变化特征与机制。该成果借鉴了国际前沿的相关理论，思路与视角显示了独特性和创新性，是关于劳动力地理景观中国实践的有益尝试与探索。该书的出版有助于读者从乡城迁移劳动力的视角系统理解中国城镇化与人口流迁结构的转型及其空间差异，可为相关研究提供参考。

中国农村居民向城市居民的转变并非像西方国家那样，直接在两种身份之间进行转换，中国乡城迁移人口的市民化大多遵循“农民—农民工—市民”这一社会角色转变过程。因此，乡城人口流迁的进程具有阶段性、动态性、梯度性与往复性，流迁人口的类型、路径、作用机制及其效应渐趋多元化、层级化和复杂化，这对人口地理学研究的理论与方法、数据采集与分析等均提出了挑战。希望《城镇化背景下乡城劳动力迁移——基于劳动力地理景观》的出版有益于学界不断丰富新时代人口地理学的理论与内涵，为提升城市空间治理的人本化水平贡献新见解，努力促进城乡融合发展和共同富裕，极大提高社会和谐与幸福感。

是以为序。

四川大学教授

2021 年秋于蓉城

前　言

中国的城镇化是史无前例的，乡城人口的流迁显著地改变了乡城区域的国土空间与社会经济发展，也由此产生了诸多亟须深入研究的地理科学问题。2016 年我从中国科学院大学回到成都山地灾害与环境研究所，在导师邓伟研究员的指导下，基于国家自然科学基金面上项目“城镇化与山区劳动力转移时空过程与对策研究”(41471469)，将乡城人口流迁作为自己博士学位论文的研究选题。题目选定后，围绕其研究背景、科学问题与国内外研究进展进行了大量文献研读与归纳。从中可以看出，国内外学者对发展中国家的乡城人口流迁已进行了一系列研究，国内学者主要关注乡城人口流迁的特征、动因、行为与影响及其同区域发展、生态环境、城市空间与社会转型间关系的研究。这其中，国内学者在综述论文中介绍了具有国际前沿性的劳动力地理学理论，特别是劳动力地理景观的概念、内涵和研究内容，极大地吸引了我的注意力和兴趣。于此，我尝试基于劳动力地理学的视角考察与审视转型期中国的乡城人口流迁及其所呈现出来的独特劳动力地理景观。研究工作的全面展开得益于多方面的支持和鼓励，最令我鼓舞和奋力前行的是来自于导师邓伟研究员的大力支持和重要指导，以及面对困惑问题时我们热烈的讨论和交流。

曾记得，2016—2018 年，我先后前往西昌市、攀枝花市、成都市以及福州市、厦门市、武汉市开展乡城迁移劳动力的社会调查。从春天到秋天，我与调查队员走遍城中村、工厂、工地及各类流迁社区，完成了数以千计的调查问卷，也聆听了上千户乡城流迁家庭的故事。城市的社会调查难度远超此前我所经历的乡村社会调查，从调查团队的组织与协调、确定调查区域到寻访调查对象与完成问卷填写，虽充满艰辛，但也让我深受锻炼，并且希望通过运用所学的知识和技能，探究城镇化背景下乡城劳动力迁移的特征、过程和问题，提供点滴有价值的见解和观点，尽微力服务于经济社会发展。

2020 年突如其来的疫情，造成乡城人口流迁一度陷入停滞，这使我更加深入地思考乡城人口流迁的劳动力地理景观及其背后的地理学意义。在导师邓伟教授（2019 年 10 月调入四川师范大学地理与资源科学学院）的鼓励与参与下，我以学位论文为主体框架，补充、完善并提高使其形成专著，以期更加深入系统地解析跨区域大规模社会调查所反映出来的劳动力地理景观。

恩师的激励与支持成为我不断前行的重要动力。博士毕业后，我来到四川师范大学地理与资源科学学院任教并继续深化博士期间的研究。在博士论文研究基础上，我进一步关注到乡城流迁人口在城市群与城内流迁的时空变化特征和复杂性及多因素关联，以及所呈现出来的丰富的劳动力地理景观。基于此，2021 年，我以乡城流迁人口的迁居景观为主题完成了国家自然科学基金青年项目（42101244）的申请并获得批准，这无疑为我的学术研究注入新的动力。在项目的资助下，我们将持续开展流迁人口的社会调查，积极参与各类学术会议并同该领域内同行、前辈进行深入讨论与学习、交流，进一步丰富与拓展这一研究主题。

本书作为我博士以来学术研究的阶段性总结，从题目、提纲的拟定与修改到统稿、审定与出版，均得到了恩师邓伟教授的悉心指导、支持与帮助。在一年多内，我们经多次讨论与修改，将全书分为十二章：第一至四章为城镇化与人口流迁的背景、理论框架与研究方法；第五至七章为样本城市和乡城劳动力迁移的转型与生命历程特征；第八至十章为劳动力地理景观的构建、特征、组分关系及其对城市转型发展的适应过程；第十一、十二章为城市迁移人口发展趋势及未来研究展望。全书分工如下：第一章为邓伟教授撰写，四川农业大学建筑与城乡规划学院万将军博士撰写第六章第四节的第二小节，其余章节及全书制图均由笔者完成。此外，四川师范大学硕士生谭琳与张悦协助文字校对。

我还要衷心感谢刘彦随院士与王卓教授为本书作序，为我未来的学术研究提供了重要指导！衷心感谢为完成社会调查、项目研究与书稿撰写提供过帮助的机构以及各位同学、老师、同人、领导和朋友！衷心感谢四川师范大学的支持与帮助！还要特别感谢商务印书馆对本书出版的大力支持！

我国的人口流迁具有高度的地理分异性与社会分层性。尽管笔者饱含热情、满怀敬意，探索性地对劳动力地理景观的中国化实证研究进行了有益尝试，但由于我们自身理论与学识有限，本书不足之处在所难免，由此恳请各位专家、学者与同行批评指正。

张少尧

2021 年 10 月于狮子山

目　　录

第一章　中国的城镇化

城镇化是人类社会发展的重要标志，也是人类文明进步的象征，促使人类社会系统结构趋向多层次化和复杂化，也显著增加了生活方式的多样性。中国的城镇建设历史久远，新中国成立后，我国的城镇化建设进入了一个新的发展阶段，也呈现出不同的发展水平，不仅对中国经济社会发展产生了巨大的推动作用，而且对城乡人口流动、迁移、定居也产生了深刻的影响。

第一节　中国城镇化发展历程

一、改革开放前的城镇化

新中国成立后，以毛泽东同志为核心的第一代中央领导集体开始思考如何使中国的工业化、城市化规避掉西方资本主义城市化弊端，走出一条城乡融合发展的全新道路的问题。这一时期，我国的城镇化建设基本效仿苏联模式，即政府通过高度集中的经济计划直接干预城镇的规划和建设（许伟，2019），通过逐步建立和实行计划经济体制，加快国家工业体系建设布局，通过对农业、手工业和资本主义工商业的社会主义改造，推进城市工业发展，逐渐成为国民经济的主要支柱，极大地推动了新中国在城镇化水平很低的情景下城镇体系的建设。1960 年，城镇化率由新中国成立之初的 10.64%提高到 19.75%，城市数达到 199 个，新增加了 67 个。随后的“三线”建设带动了中西部地区城市数和城镇人口的增加，建制镇由 2 000 个增加到 2 176 个，常住人口城镇化率基本保持在 18%左右。

这一时期的城镇建设呈现出五个特点：一是城镇数量迅速增加；二是城镇人口迅速增长；三是城镇规模显著扩大；四是城市建设取得较大成效；五是城市体系逐步合理化（付春，2008）。

由于新中国成立初期优先发展重工业，并实行城市和农村户口登记、管理及相应的控制办法，极大地限制了乡村人口向城市的自由流动，导致城乡二元经济社会结构的形成，相对封闭式的城镇化道路客观上阻碍了城镇化的发展。加之几乎完全取消了私营经济和个体经济，丧失了各种形式的市场，小城镇体系难以发育，农业劳动生产率和商品率低下，严重影响了当时城镇的发展水平与质量。

二、改革开放至新世纪的城镇化

从十一届三中全会至党的十四大召开，属于中国特色城镇化建设起步期。1978 年，国家实行改革开放的重大决策，以邓小平同志为核心的第二代中央领导集体，通过市场化改革，形成了市场和政府共同推进的机制，从而促使我国城镇化建设实现了新的转变。通过经济特区的逐步设立，沿海城市，特别是长江三角洲（以下简称“长三角”）、珠江三角洲（以下简称“珠三角”）和闽南三角地区加快开放步伐，带来我国城镇化进程的加速发展。通过纠正重工业、轻工业、农业结构性失调问题，引导城镇化由以重工业为主的生产型向以轻工业为主的生活型转变。以江泽民同志为核心的第三代中央领导集体，通过确立社会主义市场经济体制，坚持并完善了市场和政府双重推进的城镇化建设（许伟，2019）。20 世纪 90 年代后期，经济特区建设带动了沿海城镇的率先崛起，市场经济活力持续增强，珠三角、长三角等城市群逐步成形，城市集聚效应更加明显，推动了乡镇企业的兴起和小城镇的迅速发展，城市和小城镇数量迅速增加。通过下放户口管理权和全面放开小城镇落户条件以及放宽中等及一些大城市的准入条件，带来了乡村剩余劳动力向城镇流动的热潮，推动了农业转移人口向城镇的流动，进而开启了以小城镇为主体形态的中国特色城镇化建设阶段。

三、新世纪以来中国的快速城镇化

进入 21 世纪以后，中国特色的城镇化建设进入了全面推进期。以胡锦涛同志为总书记的中共中央，以科学发展观为指导，明确提出了城镇化建设必须坚持“以人为本、科学发展”的价值目标（许伟，2019），认真贯彻落实“坚持大中小城市和小城镇协调发展，走中国特色的城镇化道路”，积极把握中国加入世界贸易组织的新机遇，促进城市商业更加兴旺，推动市场更加繁荣。借力西部大开发、东北振兴和中部崛起等一系列发展战略实施，改革开放逐渐扩展至沿边、沿江和沿主要交通干线城市，全国城镇体系建设格局趋向协调和均衡。2011 年年末，全国常住人口城镇化率达到 51.27%，工作和生活在城镇的人口比重超过 50%，比 1978 年年末提高 33.35 个百分点，年均提高 1.01 个百分点。

2012 年，党的十八大提出“走中国特色新型城镇化道路”，是基于破解我国土地城镇化快于人口城镇化以及城镇化发展方式粗放、质量低下等问题。以习近平同志为核心的党中央对协同推进中国特色新型城镇化战略做出了全新的部署，2015 年，党的十八届五中全会提出“创新、协调、绿色、开放、共享”五大发展理念，以提升城乡居民获得感、幸福感、安全感为目标，推动我国城镇化建设进入以人为本、规模和质量并重的新阶段。

党中央、国务院于 2013 年召开了第一次中央城镇化工作会议，2014 年印发了《国家新型城镇化规划（2014—2020 年）》，2015 年召开中央城市工作会议。为积极推动新型城镇化建设，户籍、土地、财政、教育、就业、医保和住房等领域配套改革相继出台，中小城市和特色小城镇加速发展，中西部城镇体系建设加快，国家城市功能全面提升，城市群建设持续推进，加快了乡村流转人口市民化速度，城市区域分布更加均衡，在全面建成小康社会、城乡协调融合发展方面展现良好势头。2018 年年末，全国城市个数达到 672 个，其中，地级以上城市 297 个，县级市 375 个；建制镇 21 297 个，常住人口城镇化率比 2011 年提高了 8.31 个百分点，年均提高 1.19 个百分点；户籍人口城镇化率达到 43.37%，比 2015 年提高了 3.47 个百分点，年均提高 1.16 个百分点。

1981—2017 年，全国城市建成区面积从 7 438 平方千米增加到 56 225 平方千米，增加了 48 787 平方千米，增长了约 6.6 倍。城镇空间的快速拓展，丰富和完善了城镇空间功能体系；城镇经济动力显著增强，凸显区域和国家经济韧性；城镇具有空前的活力和竞争力，为城乡全面融合发展、绿色发展、可持续发展奠定了多方面的客观基础条件。

第二节 中国新型城镇化战略走向

党中央、国务院面对国际局势的大变化，正确分析国内外经济发展面临的问题和挑战，坚定地提出走中国特色社会主义新型城镇化道路，全面促进国土空间高质量发展，充分展示了道路自信、理论自信、制度自信、文化自信。特别是抗击新冠疫情取得阶段性胜利，更加证实了社会主义制度的优越性。中国新型城镇化战略将开启全新的发展阶段，未来中国充满发展活力与勃勃生机。

一、产业转型发展的城镇化

中国改革开放 40 多年来，城镇化发展速度与成果创造了奇迹，经济总量位居世界第二位，物质基础的极大丰富，国家财富的巨大积累，促进了中国实现全面建成小康社会的目标，城镇转型发展处在了抉择路口，势在必行。

纵向看，十八大以来，我国高技术制造业快速发展，工业结构调整持续升级，整体上正在由制造大国向制造强国迈进。在新产业、新业态、新商业模式推进方面不断涌现，数字经济和共享经济高速发展，生态环境服务业迅速兴起，文化、旅游和康养等“幸福产业”快速崛起，城市新兴服务业蓬勃发展；新动能持续发展壮大，转型升级成果明显，城市经济发展潜力和活力进一步释放。2010 年，我国 GDP 401 202 亿元，其中第一产业占 10.1%，第二产业占 46.8%，第三产业占 43.1%。2019 年，我国 GDP 100 万亿元，其中第一产业占 7.1%，第二产业占 39.0%，第三产业占 53.9%。数据显示，近十年来三产结构在不断优化，现代社会发展特征日趋明显，展现良好势头和美丽前景。

横向看，逆全球化造成世界经济格局发生变化，外部压力迫使我们加快自主创新，全面推进我国高技术产业的发展，包括新能源产业和绿色制造业的发展。此外，联合国 2030 年可持续发展目标驱动人类社会共同应对全球气候变化，以综合方式彻底解决社会、经济和环境三个维度的发展问题，转向可持续发展道路。这就促使人类社会发展走低碳绿色循环发展的社会路径依赖更加明显。

由此必然带来国家的转型发展，其中新型城镇化和新型产业发展是客观要求，特别是国家强调生态文明建设以及美丽中国建设，不仅顺应历史发展的潮流，也是为人类社会可持续发展积极做出重大贡献履行国家责任。新型城镇化的建设与发展，尤其是产业的转型与国家现代化，必将对人力资源数量和质量提出新的要求与标准，进而也会对乡村劳动力转移和城镇就业、居住产生诸多新的影响与新的变化。

二、城乡融合发展的城镇化

《中共中央 国务院关于建立健全城乡融合发展体制机制和政策体系的意见》的印发实施，标志着城乡融合发展体制机制和政策体系的顶层设计完成，是重塑新型城乡关系迈出的关键一步，是乡村振兴战略和农业农村现代化的制度保障（国家发展和改革委员会等，2020）。新时代推进城乡融合发展具有重大而深远的意义，有利于全面促进国家现代化进程，有利于破解发展不平衡不充分的社会主要矛盾。通过着力以城带乡、以工促农的发展路径，城乡互促、互补，全面兴农兴村，实现共同繁荣。城乡融合发展是国家现代化发展全面深化的部署，也是新型城镇化发展的必然趋势与新图景，对于优化、协同国土“三生”空间格局与功能和建设美丽中国至关重要，是迈向新中国成立100周年宏伟目标的新跨越起点。

当前在城乡融合发展推进过程中，生产、生态和生活“三生”融合的特色小（城）镇体系建设形成热潮，全国大部分地区明确了培育目标，制定了支持政策和相关规划，正在稳步有序推进特色小（城）镇体系建设工作，乡村振兴注入活力和动力，也为劳动力流迁创造了更多的空间选择机会，劳动力地理景观将会呈现一些新的空间特点。

城乡融合发展促使经济社会多种要素加快流动和集聚，基本公共服务趋向均等化，区域经济社会发展条件不断提高，区域环境不断得到改善，宜居、宜业、宜游强化了空间高品质，为多业融合发展创造了条件，从而为就业者提供了更多的机会和选择，也为农民市民化奠定了生计保障基础。

城镇体系建设是以城带乡、促乡发展的关键节点和网络，是乡村振兴的动力源，必须有机结合、联动促进，从而实现国家经济社会高质量发展和均衡发展，彻底解决“三农”问题。

值得注意的是，我国是一个多山的国家，山区新型城镇化体系建设要正确把握其基本导向，注重特色，坚持质量与效益的统一，确保安全发展，着力推进科技先行、规划先行、制度先行（邓伟等，2013）。要因地制宜，特别是特色小（城）镇的发展不能千篇一律，不能仅打古镇牌，要走与自然和谐共生的多样化特色小镇建设路子，注重民生改善和居民生活品质的提高。山区的城镇化建设更要行稳致远，科学布局，合理运作，不可急功近利。不能照搬城市模板，要注重地域地理和特色以及文化传统，特别是不能丢失乡愁感，真正让小镇、乡村成为城市的后花园，为文旅融合发展小镇、乡村休闲观光游憩创造巨大空间，形成新时代具有中国特色的乡村小镇魅力。

三、生态文明背景下的城镇化

生态文明，是以人与自然、人与人、人与社会和谐共生、良性循环、全面发展、持续繁荣为基本宗旨的社会形态，是贯穿于经济建设、政治建设、文化建设、社会建设全过程和各方面的系统工程，反映了一个社会的文明进步状态。在这样一个大背景下，城镇化建设面临许多挑战和压力，是在保证“三区”（生态、农业、城镇三类空间）、“三线”（生态保护红线、永久基本农田和城镇开发边界控制线）约束下的新型发展。其中，很重要的标志就是生态友好、环境友好、绿色低碳，很重要的导向就是协调可持续发展。

众所周知，乡村振兴的目标导向是农业强、农村美、农民富。其中，农村美是与生态文明的内涵一脉相承的，是生态文明建设的具体实践，也是建设美丽中国的具体行动。显然，这些发展战略均与产业选择和环境保护有密切关系，具有明显的社会发展转型性质，也就是破解粗放式发展的人口、资源、环境问题，从而迈向可持续发展。由此可见，基于生态文明和美丽中国框架下的新型城镇化建设，必须要高起点、高要求，严格遵循人与自然和谐共生准则，充分考虑中国国土空间的山地性，秉持“绿水青山就是金山银山”的可持续发展理念，促进城镇产业生态化和环境生态化。为此，各地相继落实生态环境责任制，城乡环境治理从源头抓起，形成了源头减量、过程阻控、末端治理的全链条生态环境管控，开展蓝天碧水行动，建立了河长制、湖长制、林长制等等，强力治理城乡生态环境脏、乱、差，城乡面貌有了较大的改变，呈现出向好向美发展新态势。

从这个层面看，生态文明背景下新型城镇化建设将带来我国人—地关系的大调整，全面促进城乡空间关系重构，一方面，通过加快调整产业结构，加快生态产业布局并积极拓展市场空间，不断增强乡镇内生发展动力；另一方面，通过土地整理，“三区”“三线”确定，以改革体制机制为保证，通过土地流转，集约化经营、规模化发展，强特色、固优势，全面增加土地利用的效率和经济性，促进国土空间开放格局的优化，全面推动国土空间高质量发展。

四、以人为本的新型城镇化战略

胡锦涛同志提出的科学发展观，其内涵与实质是："坚持以人为本，树立全面、协调、可持续的发展观，促进经济社会和人的全面发展"（王登登、侯永亮，2008）。习近平总书记在党的十九大报告中明确指出：必须坚持以人民为中心的发展思想，不断促进人的全面发展、全体人民共同富裕（张美贤，2019）。这些阐述充分体现了中国共产党的宗旨，是初心映照。在党和国家取得全面决胜脱贫攻坚胜利之后，在进一步解决发展中不平衡不充分问题的社会主要矛盾方面，需要全面实施以人为本的新型城镇化战略，即新型城镇化要围绕"人"这个核心因素，着力推进人的城镇化，这就要求科学评价和认定城镇的经济承载力、社会承载力与环境承载力。

以人为本的新型城镇化，适宜（内部性）适应（外部性）的产业结构转型是决定城镇化的动力机制，关系到经济要素的流动、集聚与融合，也需要相关制度的保障，并以资源环境承载力为支撑基础。其中，产业结构转换引发的经济要素转移流动能够实现规模集聚与优化组合，城镇化才能富有动力和生机，才会可持续发展。

"人"是新型城镇化的主体，针对农村转移人口的研究至关重要，要深化研究农村转移人口的类型、状态与适应性以及流迁地公共环境条件；要精细研究农村转移人口市民化面临的现实问题，如"显性户籍墙""隐性户籍墙"以及双重"户籍墙屏蔽"；研究农村退出、城镇进入、城镇融入"三环节梗阻"，财力资本、人力资本、社会资本、权利资本缺失等问题；此外，还有农村转移人口的市民化意愿与市民化能力的差异性和不匹配性问题。很关键的方面是潜在市民的城镇融入，包括经济融入、社会融入和政治融入三个逐步递进的层面，而经济融入是基础性和决定性层面。制约经济融入的根本原因是农村转移人口缺乏承受市民化成本的能力，当然，还包括政府为潜在市民提供公共产品和社会保障的能力严重不足。具体来说，存在劳动力市场上就业机会和报酬待遇不平等，户籍权益上公共产品享有机会不相同，社会保障上覆盖面和水平有差距，生活方式上市民化进程有滞后，社会身份上城镇接纳与融合有障碍，发展空间上向上发展缺通道。

推动新型城镇化与新型工业化、信息化、农业现代化、绿色化和协调化发展，是国土空间高质量发展的必然趋势，紧密呼应联合国可持续发展的倡议和要求，必须站在新时代发展的战略高度，牢牢把握中国特色社会主义建设的基本国情，要有全球视野，不断分析和研究新型城镇化进程中出现的新现象、新问题与新矛盾，特别要关注人的问题，要从促进人—地关系和谐发展方面考量新型城镇化发展的质量与效益，尤其是考量新型城镇化发展中惠及民生福祉的大小。

伴随新型城镇化建设的开启，中国社会进入了转型发展期，产业结构将发生多重变化，特别是在互联网环境下，新兴产业不断涌现，人们的生活与就业方式都要响应并适应，人文空间行为将呈现新的特点，劳动力的流迁与定居都会出现新迹象，一些新的研究命题也会随之出现。正因如此，乡城劳动力流迁的地理景观仍然处在一种动态变化之中。

参 考 文 献

[1] 邓伟, 方一平, 唐伟. 我国山区城镇化的战略影响及其发展导向[J]. 中国科学院院刊, 2013, 28(1): 66-73.

[2] 付春. 新中国建立初期城市化分析[J]. 天府新论, 2008(3): 111-115.

[3] 国家发展和改革委员会, 何立峰, 胡祖才. 国家新型城镇化报告(2019)[M]. 北京: 人民出版社, 2020: 324.

[4] 王登登, 侯永亮. 试论科学发展观的提出和基本内容[J]. 黑龙江科技信息, 2008(36): 111.

[5] 许伟. 新中国成立 70 年来的城镇化建设及其未来应然走向[J]. 武汉大学学报(哲学社会科学版), 2019, 72(4): 13-20.

[6] 张美贤. “以人民为中心”思想在十九大报告中的体现[J]. 华北水利水电大学学报(社会科学版), 2019, 35(1): 80-82.

第二章　乡城人口流迁和城镇化与市民化

城市文明作为人类社会业已创造与发展的一种高级文明形式，其本质在于促进人民生活品质，使其更加美好。中国作为全球人口最多的发展中国家，正经历着史无前例的快速城镇化，并伴随着规模庞大的乡城人口流迁。进入新发展阶段，中国提出新型城镇化战略，旨在促进乡城迁移人口的市民化质量，实现更高质量的城镇化发展并推动社会融合。在城镇化战略转型发展中，乡城人口迁移表现出新的结构特征与发展趋势，并在跨区域视角下呈现出新的劳动力地理景观，对新时代人口地理学研究提出新的挑战。促进城市移民群体，尤其是以农民工为代表的乡城迁移群体的市民化与社会融合，是中国新型城镇化战略的重大议题与核心要求，并已成为新时期学术研究与政策实践的焦点和热点。

第一节　新型城镇化下的乡城人口流迁

一、转型发展中乡城人口流迁的特征与趋势

作为影响人类21世纪进程的大事，中国正在经历的全球最大规模城镇化具有宏大叙事意义，其进程逐步由土地城镇化向人口城镇化、由产业化向市民化转变，并伴随着产业结构、经济增长模式、劳动力市场、城市空间结构的转型升级，催生出全球最大规模的人口流动潮。这其中大部分的流动人口都是以就业为目的的务工者，这种现象被称为“劳动力迁移”。迁移劳动力主要从乡村地区迁移到城镇地区，即大规模的乡

村剩余劳动力向城市迁移，所以，进一步称之为“乡城劳动力迁移”。新千年来，中国流动人口规模不断增加，从 2000 年 1.21 亿增加到 2018 年 2.43 亿，推动其常住人口城镇化率从 2000 年的 36.32%增加到 2018 年的 59.58%。这其中乡城劳动力迁移成为推动我国城镇化发展的主要动力，然而常住人口城镇化率距离真正意义上的户籍人口城镇化率仍有一段距离。2000—2018 年常住人口城镇化率提升了 23.26 个百分点，而同期户籍人口城镇化率仅提升了 17.29 个百分点。因为绝大部分乡城劳动力迁移到城镇后，未能获得城镇户籍及其户籍带来的公共服务与社会保障，在生计就业、居住方式、社会关系与文化制度等层面仍未完全实现城镇化，所以，常住人口城镇化率所代表的仍是不完全、不成熟意义上的半城镇化，而非城市化。这其中，乡城迁移劳动力占到流动人口的 71.05%（2018 年），因此，乡城迁移劳动力在城市中的迁移、就业与定居成为推动户籍人口城镇化与市民化的关键。

2014 年，中国政府发布国家新型城镇化战略，其中加快以农民工群体为代表的城市迁移人口的市民化进程成为战略的重点。战略要求积极推动已迁移到城镇的乡村人口定居落户，推动城镇常住人口基本公共服务全覆盖，同时鼓励乡村人口迁移到城镇，实现稳定的就业与居住。新型城镇化战略不再片面追求城镇化率的快速增长，而是要求促进以人为本的城镇化，实现包容性、可持续性、全面性的高质量城镇化。图 2–1 展示了 2000 年以来我国流动人口规模与城镇化率的变化趋势，可以发现，流动人口规模与城镇化率之间呈正相关关系，城镇化的发展与流动人口及乡城迁移劳动力增加之间相互促进，互为因果。但从 2014 年开始，流动人口规模增速放缓，而城镇化率则依然逐年增加，这种变动暗含了怎样的劳动力迁移新趋势？对我国城镇化转型发展有何影响？

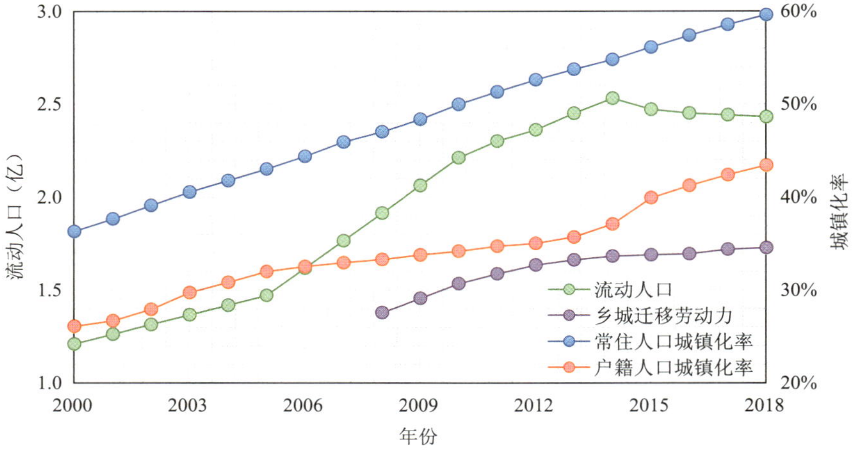

图 2–1　2000—2018 年我国流动人口规模与城镇化率

我国城镇体系层级明显，不同级别城市的发展差异化显著。东部三大城市群是社会经济与城镇化发达程度最高的区域，也是流动人口与乡城劳动力迁移最主要目的地。中西部区域的社会经济与城镇化发达程度低于东部区域，庞大的乡村人口使其成为我国乡城劳动力迁移的主要输出地。劳动力迁移不仅在城乡间进行，也会在区域间迁移，尤其中西部乡村劳动力向东部城市迁移是人口迁移的主流（Cao et al.，2016）。但随着新型城镇化建设与产业结构升级以及过多乡村劳动力涌入东部大城市，一系列城市管理与区域发展问题突显，东部大城市不得不提高落户定居的门槛（Aure et al.，2018；Chen et al.，2018）。东部产业升级也需要高素质、高技能的劳动力，并逐步淘汰或迁移落后产业（Liu et al.，2013）。与此同时，新型城镇化战略推动大中小城市协调发展，尤其是中西部城市城镇化进程加快，积极承接东部迁移的产业，其就业机会与工资水平逐渐增加，并希望迁移到东部的乡村劳动力回流到中西部，促进就地城镇化（Wang and Weaver，2013；Chen and Zhao，2017）。因此，中西部的乡城迁移劳动力面临继续留在东部大都市、去东部其他城市或者返回中西部城市等选择。但劳动力的频繁流动与迁移，造成两个非理想化的后果：一是东部大城市难以留住稳定的、高素质的劳动技能人才，流动人口市民化进程缓慢；二是乡村仍有大量剩余劳动力难以在城市实现稳定就业与居住，几番迁移后仍回到乡村（Knight et al.，2011）。所以，问题随之而来，乡城劳动力迁移新趋势背后的驱动力是什么？新趋势下劳动力地理景观有何变化？城市转型发展对乡城劳动力迁移有何影响？影响其稳定就业和居住的关键变量是什么？又应如何制定政策促进乡城迁移劳动力的社会融合？

二、跨区域视角下人口流迁新景观与研究挑战

当前我国也处在城镇化战略转型、经济结构转型、产业分工协同变革与社会治理现代化建设的关键转型期，东部沿海地区率先对经济结构转型升级，升级先进制造业与服务业，大量劳动密集型产业不断向城市群周边城镇与中西部中心城市迁移。同时，东部地区产业结构向更高级、技术与创新密集型方向升级，吸引高素质劳动力向东部集聚。图 2–2 展示了 2000—2018 年我国产业结构的变化趋势，图中第一产业占 GDP 比例逐年下降，与第二、三产业差距越来越大；2012 年第二、三产业占比持平，此后，第三产业占比超过第二产业，第二产业占比开始下降，而第三产业占比逐年上升，这种变动显示出我国产业结构转型升级的新趋势，即服务业、商业的发展速度超过制造业与建筑业，消费与服务逐渐成为经济增长的主要动力。产业结构的转型升级将显著

改变区域间不同城市的产业结构，这种变动通过重塑劳动力市场和调整就业关系来影响劳动力市场与就业地理格局，进而影响乡城劳动力迁移趋势与劳动力地理景观。同样地，雇主等市场主体在经济转型升级过程中也开始重新审视劳动力迁移生命历程的变化趋势以及对就业关系再区位（re-location）的影响作用。但是，乡城劳动力迁移是如何适应新形势下就业关系调整的？由此表达出的劳动力地理景观又是如何适应城市转型发展趋势的？

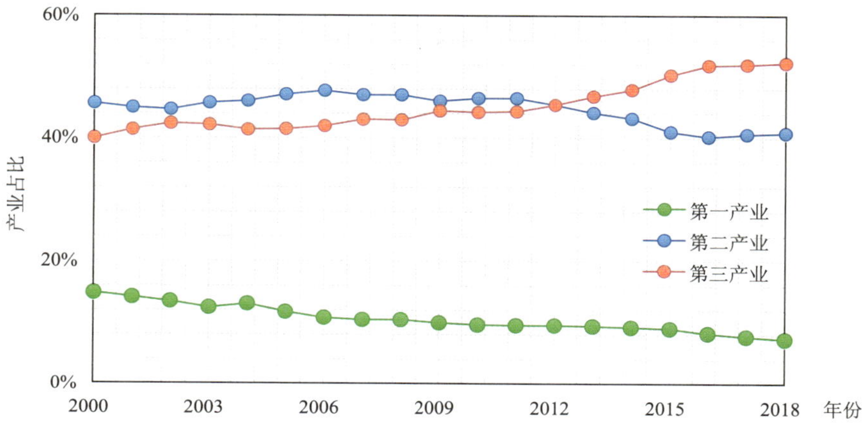

图 2–2 2000—2018 年我国三次产业结构变化趋势

随着经济全球化、市场化、新型城镇化以及城市转型发展进程的加快，劳动力市场的一些问题也开始困扰乡城劳动力迁移及其市民化。城市表现出迁移人口市民化进程慢、高素质工人短缺等问题，而乡城迁移劳动力则面临收入增长难、住房成本高企、优质普惠型公共服务稀缺等一系列定居与融合挑战。近年来随着劳动力成本的上涨，东部沿海地区部分劳动密集型企业开始向中西部城市迁移，同时东部城市居住与社会融合成本不断增高，由此引发乡城迁移劳动力逐步回流，四川、河南等多个劳务输出大省也首次出现省内迁移大于省外迁移的情况（艾大宾、袁天凤，2014）。同时，不少学者也在讨论中国近乎无限供给廉价劳动力的阶段是否即将过去，刘易斯拐点是否已经来临等问题（Fukao and Yuan，2012；Minami，2014）。我国区域间发展差异性较大，虽然东部地区开始淘汰落后产业，升级劳动力市场，但中西部地区工业化与城镇化还在发展中，仍愿意接纳劳动密集型产业。虽然存在“民工荒”，但不是全国性的，中西部的乡村仍然有剩余劳动力需要迁移到城镇中。同时，现阶段大部分城市迁移人口并未实现户籍意义上的城市化和身份价值意义上的社会融合，仍面临循环于季节性迁移、职业升迁难、居住边缘化甚至回流到乡村等系列挑战。所以，讨论这类问题不能就全国整体一概而论，需要从东中西不同区域的城镇化发展、劳动力市场与城市转型特征差异等角度予以研判。针对我国劳动力迁移呈现出的新趋势、新景观与新挑战，需要研究采用新的理论认知、区域差异的研究思路，来探讨与分析乡城劳动力迁移和城市转型发展的关系及其适应过程。

第二节　城镇化战略转型中的市民化

一、市民化概念、内涵与发展趋势

在乡城二元分割的结构主义社会中，全体居民因其居住地、生产方式、生计模式与生活习惯被分为两个截然不同的群体：农民与市民。在工业文明开启之后，城镇化成为世界各国的主要社会进程，同时伴随着大量农民放弃农耕生计模式，进入城市成为产业工人，这一过程被称为乡城劳动力迁移。在这一过程中，农民的社会角色发生显著且意义广泛的转变，由农民转变为市民并逐渐适应城镇化的居住、生产、生计与社会交往，这种转变进程即为市民化（王道勇、郧彦辉，2009）。农民市民化，其实质在于农民群体对市民身份的向往、认同、转变与建构的心理及实践过程，也是农民的市民社会角色的再塑造与建构过程。社会角色的塑造与建构可理解为整体社会结构和阶层的再调整及秩序安排在人本尺度上的表征，代表着个体对特定社会身份的身体实践与行为期望，是社会各群体角色地位的动态调整与结构演化的表现，也是社会文明进化的重要基础（周文静，2020）。新千年以来，中国的高速城镇化引发了全球最大规模的乡城劳动力迁移，以农民工和城郊失地农民为主体的大量农民正在成为新的城镇市民，其城镇化进程逐步由土地城镇化向人口城镇化、由产业化向市民化转变。到 2018 年，中国已实现 59.58%的常住人口城镇化率，而户籍人口城镇化率仅为 43.37%，全年人户分离人口 2.86 亿人，其中流迁人口达到 2.41 亿人。可见在城镇化进程中，中国仍有相当数量的乡城迁移人口未完全实现城镇化及市民化。在这中间，乡城迁移人口的市民化表现出流动式的个体型、家庭式的市民化，具体体现在乡城迁移人口分散地、自主地、往返地和流迁地进城并在一个或多个城市长期或短期生活。尤其是这 2.41 亿的流迁人口，其中绝大部分人都在不同程度上实现着市民化，但却面临户籍、就业、生计、家庭、住房、公共服务、社会保障、身份转型等一系列的市民化压力（Zhu，2007；戚伟等，2016；Chen and Liu，2016；刘小年，2017；Wang et al.，2019），因此，在其生计模式、家庭迁居、身份构建和社交网络等方面仍保留着农民化的印记与痕迹，并成为新型城镇化建设中市民化进程的主体（朱纪广等，2020）。

在中国乡城迁移与城镇化的宏大叙事中，“非农化”“城镇化”和“市民化”等学术概念被用于描述乡城迁移中个体生计、家庭、身份、社交等方面由农民向市民转变的身体实践与空间生产过程。但这些概念的内涵有所差异，且重点指向各异。“非农化”主要指农民在就业与生计上不再依赖农耕生产，劳动力个体作为产业要素被嵌入现代工业与服务业生产中，农民个体在职业身份与生计模式上转向城市文明。在非农化过程中，职业与生计的转变是其强调和突出的重点。同时也应看到，非农化进程应是城镇化的重要基础和市民化的切实前提。“城镇化”内涵更加综合与包容，主要指在地域结构与身份意义上迁入，或乡村转变为城镇或城镇扩大，它重在表达结构主义层面上的土地、人口、产业等要素向城镇方向的转变进程，主要强调地域环境、经济要素、人口地理格局和城镇结构上的转变。城镇化内涵重在结构主义，忽视了城镇化进程中个体人本尺度上的身体实践与空间生产过程，结构主义层面上的乡城迁移仍不能完全代表个体意义上的城镇化，尤其是在社交、家庭、身份转型等层面的城镇化。然而，非农化与城镇化应是市民化的重要组成部分，非农化与城镇化的本质是促进市民化，并成为市民化进程的一部分。市民化从人本尺度上强调个体意义的城镇化，尤其是个体意义上的生计、家庭、迁居、公共服务、社会保障、社交网络与身份转型等无法充分利用结构主义诠释的进程。市民化是一个乡村文明向城市文明、农业文明向工业文明转变的过程，在宏观叙事上意在表达社会文明的进化及社会结构的演化。可以认为，市民化是指农民身份向市民身份转变的过程，社会身份的转型依赖于职业与生计的非农化和结构主义上的城镇化。需要强调的是，中国农民向市民的转变并非如国外那样，直接在两种身份间进行切换与转变，特殊国情塑造了当下中国乡城迁移中的市民化大多遵循“农民—农民工—市民”这一社会角色转换过程（阳盼盼，2020；丁百仁，2020）。因此，中国乡城迁移中的市民化进程具有阶段性、梯度性和往复性，推进市民化的主体集中于在职业与生计上实现非农化，在土地、人口与产业上实现城镇化，但未在社会保障、公共服务、身份认同等人本意义上实现市民化的乡城流迁群体（Chen et al.，2019）。

1949—1978 年，城镇化起点低，发展速度较慢，这一时期乡城人口迁移基本上都是响应国家宏大的经济建设与工业发展倡议，其特征多表现为结构主义上的城镇化，人口作为产业要素被纳入重点工程建设与城镇发展中。1979—2010 年，中国进行改革开放，城镇化伴随经济建设飞速发展，城镇化率由 1981 年的 20.16%飞速增长到 2011 年的 51.27%。这一时期，经济建设成为城镇化增长的主要驱动力，因此，乡城移民群体在职业与生计上大规模非农化，以农民工为首的城市流迁人口规模快速增加，其特征主要表现为非农化与城镇化。2011—2020 年，中国推出新型城镇化战略，强调以人为本的城镇化，重在提高城镇化质量，要求实现人的城镇化。这一期间，推进市民化成为城市新型城镇化战略的首要要求，从学术研究到政策实践，乡城迁移群体的住房、户籍、家庭迁居、公共服务、社会保障与身份认同成为关注的焦点（张少尧等，2018；Liu et al.，2018）。纵观中国城镇化与市民化发展进程，乡城迁移的市民化需要在地域、生计、身份与生活四个层面上实现由乡到城，才被认为是真正完成了迁出乡村→迁入城市→融入城市的市民化过程（张广济、陈满源，2020）。因此，推动乡城迁移群体在人本尺度上实现市民化已成为新型城镇化战略的重要内容。

二、新型城镇化下的市民化与社会融合

城市文明作为人类社会业已创造与发展的一种高级文明形式，其本质在于促进人民生活品质，使其更加美好。中国作为全球人口最多的发展中国家，正经历着史无前例的宏大城镇化进程。新中国成立 70 年来，中国城市（设市）数量从 132 个增加到 684 个，2019 年年末城镇化人口从 0.58 亿人发展到 8.48 亿人，相应的城镇化率则从 10.65%提升到 60.60%。然而，中国城镇化进程在取得举世瞩目的成就时，也暴露出一系列问题。如户籍人口城镇化率远低于常住人口城镇化率（2019 年户籍与常住人口城镇化率分别为 44.38%和 60.60%）（Zhu，2007；国家发展和改革委员会等，2020），半城镇化现象严重（丁百仁，2020），乡城流迁人口规模庞大，城市公共服务资源紧张等问题日益暴露，群体层面上城市迁移人口市民化质量低，社会融合难度高，具体表现为居住隔离、社会权益缺失、社会排斥、认同危机等社会发展陷阱（Liu et al.，2017；Shen and Xiao，2019）。在此背景下，中国政府于 2012 年提出建设新型城镇化并于 2014 年发布《国家新型城镇化规划（2014—2020 年）》，标志着中国城镇化战略的转型（Wang and Wang，2015；Chen et al.，2018）。2020 年，国家进一步落实新型城镇化建设和城乡融合发展任务，在户籍、基本公共服务、职业技能、土地建设等方面出具措施切实提高乡城迁移人口的市民化质量。新型城镇化已成为中国新阶段城镇化高质量发展战略，以人为本成为城镇化战略转型的核心理念。这其中，促进以农民工为代表的乡城迁移

群体的市民化，提升城市各群体的社会融合度，已成为新时期学术研究和政策实践的焦点与热点。

促进城市移民群体，尤其是乡城迁移人口的市民化和社会融合是中国新型城镇化战略的重大议题与核心要求（Chen et al.，2018）。市民化在于促进人本尺度上移民个体的生计、家庭、迁居、身份与社交等要素的城镇化，而社会融合旨在将城市社会中各迁移群体统一在劳动力市场、居住空间、社会管治与公共服务等社会框架中，实现优势群体、本土群体对边缘与外来群体的市场包容和制度接纳，以及边缘外来群体对本土优势群体的文化适应与身份认同（Yue et al.，2013；Wang et al.，2015；宁越敏、杨传开，2019）。从本质与内涵层面上看，市民化与社会融合是相辅相成的，其对迁移个体的身体实践、群体的空间生产、管理者的社会管治的诉求是贯通且相互联系的。促进市民化既是新型城镇化战略的宏观政策驱动，也是移民群体自身迁移生命历程的内在需求。从社会嵌入理论看，市民化进程体现出的是个体和整体社会建立适应与联通渠道的过程，从而以实现群体交往与社会融合（吴缚龙等，2018）。这种过程在于强调个体通过身体实践与空间生产将自身的生计、家庭、迁居、身份与社交等要素嵌入城市社会系统中（Chen and Liu，2016；Xie et al.，2017；Wang et al.，2019），同时，城市社会在产业、交通、公共服务、社会保障、社交文化、社会管治等层面给予迁移个体充分的机会保障、制度接纳与身份认同（Cao et al.，2016；朱纪广，2020；丁百仁，2020）。这种双向性、内生性的市民化进程反映出在城镇化与全球化所驱动的社会转型中，不同群体对于社会结构再调整做出的响应与适应，以避免各群体分割、边缘化与结构脱嵌等社会隔离对群体及整体利益的冲击风险（Wang et al.，2015）。通过市民化进程，城市社会得以整合多元群体，对边缘化、外来人口提供就业市场、公共服务、身份认同，以保持城市社会的稳定性与整合性。更为重要的是，市民化所促进的社会融合可以为城市提供新的经济增长要素，更新城市人口、产业、公共服务等，促进城市革新与全球化发展。

市民化作为以人为本的新型城镇化战略的首要任务，意在推动城镇化的高质量发展，促进乡村文明向城市文明的社会转型。然而，在显著的区域差异、不同的城市群结构、差异化的经济增长模式、依旧明显的乡城二元社会结构、有限的城市公共服务资源等因素共同塑造下，中国的城镇化战略转型在不同区域程度不一、表现各异，并呈现出与以往不同的人口迁移与劳动力市场分割趋势，尤其是在乡城人口迁移趋缓、城市群及城市内人口流迁渐增、新生代移民占比更高、产业结构转型升级的背景下，中国的乡城人口迁移业已呈现出新的劳动力地理景观。而当前我国社会主要矛盾已经转变为人民日益增长的美好生活需要和不平衡不充分的发展之间的矛盾，乡城迁移群体对广泛意义上的生计、迁居、公共服务与社会保障及其制度便利性安排的改善需求非常突出。尽管在新型城镇化战略促进下，移民群体的市民化与社会融合有所进展，但乡城迁移人口的市民化质量有待进一步提升，并存在一系列障碍（国家发展和改革委员会等，2020）。如现有乡村迁移人口户籍迁移渠道不畅，部分近域化、梯度化乡城迁移群体市民化质量不高，推进市民化的财政支持与制度便利性安排不足，基本公共服务保障机制有待完善，乡村迁移人口落户意愿不强等。所以，如何实现乡村人口平稳有序地迁移到各级城市中，并促进以农民工为代表的城市移民群体的市民化质量，推动新移民群体同城市社会的整合与融合，以实现城镇化更高质量的发展，已成为管理者与学界共同关心的议题。

参考文献

[1] AURE M, A FØRDE, T MAGNUSSEN. Will migrant workers rescue rural regions? Challenges of creating stability through mobility[J]. Journal of Rural Studies, 2018, 60: 52-59.

[2] CAO M, D XU, F XIE, et al. The influence factors analysis of households' poverty vulnerability in southwest ethnic areas of China based on the hierarchical linear model: a case study of Liangshan Yi autonomous prefecture[J]. Applied Geography, 2016, 66: 144-152.

[3] CHEN C, M ZHAO. The undermining of rural labor out-migration by household strategies in China's migrant-sending areas: the case of Nanyang, Henan province[J]. Cities, 2017, 60: 446-453.

[4] CHEN C, R LEGATES, M ZHAO, et al. The changing rural-urban divide in China's megacities[J]. Cities, 2018, 81: 81-90.

[5] CHEN M, W LIU, D LU, et al. Progress of China's new-type urbanization construction since 2014: a preliminary assessment[J]. Cities, 2018, 78: 180-193.

[6] CHEN M, Y GONG, D Lu, et al. Build a people-oriented urbanization: China's new-type urbanization dream and Anhui model[J]. Land Use Policy, 2019, 80: 1-9.

[7] CHEN S, Z LIU. What determines the settlement intention of rural migrants in China? Economic incentives versus sociocultural conditions[J]. Habitat International, 2016, 58: 42-50.

[8] FUKAO K, T YUAN. China's Economic growth, structural change and the Lewisian turning point[J]. Hitotsubashi Journal of Economics, 2012, 53(2): 147-176.

[9] KNIGHT J, Q DENG, S LI. The puzzle of migrant labour shortage and rural labour surplus in China[J]. China Economic Review, 2011, 22(4): 585-600.

[10] LIU H Y, S CAO, J Deng. Coexistence of surplus labor and the Lewis turning point in China: a unitary household decision-making model study[J]. Journal of Economic Interaction and Coordination, 2013, 8(2): 249-266.

[11] LIU L, Y HUANG, W ZHANG. Residential segregation and perceptions of social integration in Shanghai, China[J]. Urban Studies, 2017, 55(7): 1484-1503.

[12] LIU Y, W DENG, X SONG. Influence factor analysis of migrants' settlement intention: considering the

characteristic of city[J]. Applied Geography, 2018, 96: 130-140.
[13] MINAMI R M X. Labor market and the Lewisian turning point in China[M]. Lewisian Turning Point in the Chinese Economy, London: Palgrave Macmillan, 2014: 76-100.
[14] SHEN J, Y XIAO. Emerging divided cities in China: socioeconomic segregation in Shanghai, 2000-2010[J]. Urban Studies, 2019, 57(6): 1338-1356.
[15] WANG C, C ZHANG, J NI, et al. Family migration in China: do migrant children affect parental settlement intention?[J]. Journal of Comparative Economics, 2019, 47(2): 416-428.
[16] WANG J, X WANG. Transition of Chinese urban-rural planning at the new-type urbanization stage[J]. Frontiers of Architectural Research, 2015, 4(4): 341-343.
[17] WANG X, N WEAVER. Surplus labour and urbanization in China[J]. Eurasian Economic Review, 2013, 3(1): 84-97.
[18] WANG Z, F ZHANG, F WU. Intergroup neighbouring in urban China: implications for the social integration of migrants[J]. Urban Studies, 2015, 53(4): 651-668.
[19] XIE S, J WANG, J Chen, et al. The effect of health on urban-settlement intention of rural-urban migrants in China[J]. Health & Place, 2017, 47: 1-11.
[20] YUE Z, S LI, X JIN, et al. The role of social networks in the integration of Chinese rural-urban migrants: a migrant-resident tie perspective[J]. Urban Studies, 2013, 50(9): 1704-1723.
[21] ZHU Y. China's floating population and their settlement intention in the cities: beyond the Hukou reform[J]. Habitat International, 2007, 31(1): 65-76.
[22] 艾大宾, 袁天凤. 四川省农村劳动力转移演变的时空特征及内在机制[J]. 热带地理, 2014, 34(3): 399-407.
[23] 丁百仁. “人的城镇化”理论下的农民工市民化研究[J]. 中北大学学报(社会科学版), 2020, 36(5): 21-26.
[24] 国家发展和改革委员会, 何立峰, 胡祖才. 国家新型城镇化报告(2019)[M]. 北京: 人民出版社, 2020: 324.
[25] 刘小年. 农民工市民化的影响因素: 文献述评、理论建构与政策建议[J]. 农业经济问题, 2017, 38(1): 66-74.
[26] 宁越敏, 杨传开. 新型城镇化背景下城市外来人口的社会融合[J]. 地理研究, 2019, 38(1): 23-32.
[27] 戚伟, 刘盛和, 赵美风. 中国城市流动人口及市民化压力分布格局研究[J]. 经济地理, 2016, 36(5): 55-62.
[28] 王道勇, 郧彦辉. 农民市民化: 内涵、进程与政策[J]. 党政干部学刊, 2009(1): 58-59.
[29] 吴缚龙等. 转型期中国城市的社会融合[M]. 北京: 科学出版社, 2018: 1-184.
[30] 阳盼盼. 农民市民化发展历程与现实启示[J]. 安徽农学通报, 2020, 26(22): 8-12.
[31] 张广济, 陈满源. 乡城流动人口市民化研究: 历史脉络、现实困境与发展态势[J]. 关东学刊, 2020(5): 173-179.
[32] 张少尧, 时振钦, 宋雪茜, 等. 城市流动人口居住自选择中的空间权衡分析——以成都市为例[J]. 地理研究, 2018, 37(12): 2554-2566.
[33] 周文静. 城镇化进程中农民市民化研究综述[J]. 南方农机, 2020, 51(4): 229-230.
[34] 朱纪广, 张佳琪, 李小建, 等. 中国农民工市民化意愿及影响因素[J]. 经济地理, 2020, 40(8): 145-152.

第三章　劳动力地理学概念与理论发展

本章主要介绍本书中劳动力地理学、劳动力地理景观等理论概念，解析本书所用主要概念的来源与内涵，辨析所用概念同相近概念的联系与差异。同时，本章主要回顾劳动力地理学、劳动力迁移理论的发展趋势及其对本研究的理论性支撑作用，通过详尽综述劳动力地理学在国内外的相关研究进展，把握该领域国内外研究的热点与趋向，以此梳理当前劳动力地理学与劳动力地理景观的研究现状，阐述本研究的必要性与重要性，分析国内研究中的差异性，指出新阶段国内研究的新问题与新挑战。在此基础上，本章提出本书的研究框架，以此建构起全书的理论架构与研究逻辑。

第一节　劳动力地理学理论及其发展

一、主要概念解析

1. 劳动力地理学

劳动力地理学（也称劳工地理学）源于赫罗德（Herod）1997 年提出的“labor geography”（Herod，1997），不同于传统研究中将劳动力视为生产要素的劳动力地理分布（geography of labor），劳动力地理学更加强调劳动力在塑造就业关系、劳动力市场、产业再区位、区域不平衡发展与社会空间等地理景观方面的主体性和能动性。劳动力地理学也逐渐成为一批激进的经济地理学者或新经济地理学者对劳动力迁移问题的批判性研究的新兴学科，并在全球化、城镇化的浪潮下取得长足进步（Castree，2007）。

赫罗德认为新古典主义经济学和马克思政治经济学中仅仅把劳动力视为与资金、技术、信息、资源等同的区位要素，劳动力的价格、数量被资本化为企业区位决策和经济景观塑造中的积极主体，而劳动力地理学则试图基于劳动力本身特征的视角来看待经济地理格局与社会空间的形成和变化过程，以及劳动力本身对社会空间的生产、实践和修复能力。

劳动力地理学的主要研究内容可以概括为劳动力的时空过程、劳动力的主体性与能动性、劳动力的身体实践与空间生产行为、劳动力地理景观同资本与劳动力市场的关系以及劳动力地理景观对社会文化和制度环境的影响（金利霞等，2019）。在城镇化战略转型中，劳动力地理学更加重视劳动力迁移、资本市场、就业关系、弹性化改革、社区与家庭等（金利霞、李郇，2013）。在全球化浪潮中，劳动力工会组织、全球网络与生产、种族与性别问题、社会保障与劳工认同等议题成为劳动力地理学的关注焦点（Mitchell，2011）。

2. 劳动力地理景观

地理景观概念来源于景观学。景观最初被认为是地方的风景与景色，后在地理学中被认为是区域上的地理综合体，并将其分为自然景观和文化景观（姚亦锋，2015）。文化景观研究内容包括文化地理要素的组成、演变、类型、感知、生态和规划等，随着人文活动的深化，人文地理景观的研究主要包括经济景观、工业景观和城市景观（Birks et al.，1988；王金黄、丁萌，2019）。同样地，劳动力地理景观（Geography Landscape of Labor）属于人文地理景观的一种，主要指劳动力人口学、迁移、就业、居住、社群等迁移生命历程特征的景观空间格局，是劳动力在地理学上的特征化与景观化，也是劳动力地理学的主要研究内容。

本书中的劳动力地理景观是基于新经济地理学和女性地理学的视角，从地理景观的维度阐述劳动力的主体性和能动性在地理与社会空间上的格局及过程。通过这一概念来展现不同特征维度下劳动力的空间生产、修复与实践过程，以便能更好地将乡城劳动力迁移与城市转型发展、经济地理景观进行对应分析，理解在特定背景下劳动力个体或群体如何基于自身的身体实践与空间生产来影响、重塑社会空间和社会转型过程（贺灿飞等，2014；Coe and Starting，2015；黄耿志等，2017；Peck，2018）。同时，劳动力地理景观能从景观格局与变化过程中折射出劳动力所处的经济驱动、制度约束与文化环境及其所产生的广泛影响（孙晓芳，2013；Coe and Starting，2015）。劳动力地理景观的组分关系则是指不同维度上的劳动力主体性与能动性的交互模式、匹配效应、作用机制与内在联系等，以反映景观化的劳动力特征在景观格局内的嵌套关系与动态演化路径，为优化劳动力景观格局中的组分要素提供认知参考。

3. 迁移生命历程

生命历程（Life Course）理论起源于芝加哥社会学派对波兰移民的社会学与人口学分析，通过对个体与群体的回溯性考察，来解释个体生命模式同历史背景变迁的外在关联与内在逻辑（曾迪洋，2016；Stulp and Sear，2019）。生命历程理论的核心在于主体对象的角色以及引起、促成角色转型的系列事件，不同的角色与角色转型事件串行构成个体或群体的生命历程（Steiner and Tuljapurkar，2020）。生命历程理论通过将个体角色转变置于广阔历史和时代变迁背景下来进行时序性的考察与解析，有机地将个体或群体的动态变化嵌入到宏大的社会叙事之中，强化社会转型变革同个体生命间的关联性思考，从而可以获得从个体与群体角度解构时代转型和个体角色转变间复杂联通及适应过程的独特视角与有力的方法论（Vidal and Lutz，2018）。

生命历程理论源于对种群移民的研究，后扩展到社群、家庭、性别和成长等广泛的社会学与地理学之中（Gong et al.，2011；柴宏博、冯健，2016；Vidal and Lutz，2018；Brüderl et al.，2019），但它仍在迁移研究中具有独到的优势（Bailey et al.，2018；刘浩，2019）。城镇化背景下，乡城劳动力迁移可被视为劳动力从农民向市民的角色转型过程，也可称之为市民化过程，其迁移行为、就业调整、居住选择与社会融合可被视为一系列促成角色、身份与价值转型的节点事件（冯健、叶竹，2017）。这一过程虽然只是个体完整生命历程中的一部分，但却涵盖了城镇化背景下迁移个体生命中重大角色转型的关键历程片段。本书将这一关键历程片段称为迁移生命历程（Migration Life Course），用以涵盖乡城移民从初始迁移事件起到市民化完成或者返回乡村等迁移结束事件止的个体生命历程，并将其视为具有完整的身体实践与空间生产意义的生命历程。在迁移生命历程中，乡城迁移劳动力的迁移行为、就业调整、居住选择与社会融合等个体特征被表达为迁移行为的叙事意义，以凸显群体尺度上迁移叙事性的自我认同与地理景观（Peou，2016）。因此，乡城劳动力的迁移生命历程特征可以用来解构从个体到社会的联通渠道与适应过程，成为透视城市转型背景下迁移个体身份转型与价值重塑的聚焦镜。

4. 劳动力就业地理格局

劳动力就业地理格局属于劳动力地理景观的一种，指劳动力的就业特征在地理空间上的分布格局与特征，反映劳动力的就业地理属性和产业空间选择结构。不同行业与门类的就业数量的空间分布，可以表征一定区域的经济活动空间格局与活动热点区域。此外，劳动力就业行业与部门偏好的空间选择也可以由就业地理格局来表达，以此阐述区域经济结构变化对劳动力就业格局的影响以及在劳动力地理景观塑造中的作用（李军，2015）。反映在城市功能分区上的专门化、区域化和集成化的特定就业市场，也是劳动力就业地理格局的表达形式，如批发零售市场、小商品市场、大型建筑工地等。

5. 劳动力市场与就业关系

劳动力市场是指以劳动力为核心要素的关于劳动力供需、质量、价格、类别与流动的市场，既指具体形式的促进就业关系的实体化市场，也指广泛意义上劳动力就业环境与经济市场，在特定语境下也被称为农民工市场、劳务市场、劳动市场、劳工市场、职业市场、就业市场、求职市场、招聘市场、人力资源市场等。劳动力市场是劳动力进入经济生产与社会服务的主要渠道，也是就业关系形成与维护的重要平台。劳动力市场深受人口政策、劳动力制度、经济制度、社会结构等因素的影响，从而表现出一定的市场分割性。劳动力市场分割指劳动力市场受到结构化因素影响从而表现出结构性、区域性、行业性失衡与不平等（金利霞、李郇，2013；金利霞，2019）。就业关系是指劳动者与雇佣者间就劳动意向、内容、规范、报酬、保障等雇佣性质所形成的正式或非正式的劳动关系。就业关系可以被认为是劳动力市场在个体与微观层面的直观表现，体现出劳动者就业性质、弹性分割、经济关系与生计能力等。

6. 人口与劳动力流迁

关于表征人口、劳动力在空间上流迁的名词和概念较多，但仍可以分为人口和劳动力两大类。概念范围最大的是流动人口，但其含义有广义与狭义之分。广义流动人口泛指空间变动超出一定距离的一切人口，包括城市内长距离通勤人口与短期访问旅行人口；狭义流动人口指空间位置变动时间超出一定范围（如六个月以上）的人口。与流动人口相近的概念是迁移人口，其覆盖范围较流动人口有所收缩，主要指跨区域（街道、乡镇、市辖区等）的带有迁移性的人口，不再包括区域内小范围、短暂性和临时性的流动人口。在流动人口与迁移人口前加上特定限定词，表示特定区域的流迁人口。在城镇化背景下，流迁人口主要指由乡到城的流迁人口，如城市/乡村/乡城/城乡流迁人口，主要表示流迁到城市的人口和从乡村地区流出/迁出人口以及乡城间的流动/迁移人口。

劳动力（泛指劳工、工人和劳动者）的概念范围小于人口，仅指具有劳动能力并且有合法就业关系的成年人口（≥16 岁）。本书中劳动力概念不包括不具备劳动能力的配偶、父母、子女等亲属人口和虽具有劳动能力但未有合法就业关系的人口，如待业人员、童工、在校学生、残疾人口等。迁移劳动力指劳动者出生地/户籍地/原生家庭地与就业地不在同一区域（乡村地区指跨乡镇以上，城市地区指跨城市范围以上）的劳动力，与之相近的概念为劳动力转移。加上限定词后，乡村/乡城迁移劳动力、乡村/乡城转移劳动力等概念表示由乡村迁出到城市的劳动力。在城镇化背景下，劳动力流迁即指劳动力由乡到城流迁的现象。在政府文件①与部分学术文献中，农民工也代指乡城间迁移劳动力（沈真，2014），主要指从事非农就业的乡村劳动力，其概念更突出就业上的迁移，而乡城迁移劳动力更加突出地域上的迁移，即由乡到城。农民工群体主要指传统意义上的跨乡镇（街道）迁移劳动力，同时还包括在乡镇内从事非农就业的全职或兼职乡村劳动力，这部分群体的迁移具有临时性、短期性与往返性。而乡城迁移劳动力并不包括这部分乡镇（街道）内迁移群体，这部分群体占比极小。

整体来看，劳动力迁移概念范围小于人口迁移，但在城镇化背景下，就业仍是乡城人口迁移的主要目的，迁移劳动力占到迁移人口的绝大多数，且跨乡镇迁移的乡村劳动力为迁移群体的主体（敖荣军等，2015）。因此，本书将由乡村到城市、跨县的（都市区为跨整个市辖区范围）、迁移时长超过六个月的、以务工为迁移目的的乡城迁移劳动力作为研究对象，其中乡村地区指县市城区范围外的乡村区域，包括建制镇；城市地区指地级市的市辖区，不包括地级市的下辖县市与县级城镇。在迁移生命历程特征与劳动力地理景观分析中，本研究均限定于乡城迁移劳动力，在第六章第二节乡城迁移劳动力部分，为保持和数据源的一致，文本使用农民工代指乡城迁移劳动力，二者在全国范围内可看作近似概念。在社会融合及其策略响应部分，本书适当将研究对象扩大为城市迁移人口，其主体仍是乡城迁移劳动力，并包括他们的亲属与家庭。

二、劳动力地理学理论及其发展

1. 地理学对劳动力的认识

劳动力作为人口过程和经济活动中最为活跃的要素，很早便引起了地理学，尤其是人文地理学的关注，劳动力的空间差异、分布格局、迁移态势以及劳动力与经济发展的关系成为人口地理、经济地理、城市地理等人文地理分支学科的研究主题（高岩辉等，2008）。多琳·马西（Doreen Massey）在 1979 年发表的“In what sense a regional problem?”一文中首次提出“劳动力空间分工”（spatial division of labor）这一概念，把劳动力视为一种具有空间分异性质的地表人文要素，来解释当时的英国产业结构和区

① 国家统计局 2008 年建立农民工监测调查制度，此后历年在农民工输出地开展监测调查。

域发展的时空变化过程以及区域发展的不平衡性与差异性，并认为区域发展和就业地理格局是劳动力的空间过程在技术组织和社会空间层面上的表现，其核心思想——劳动力的空间分工理论具有强烈的政治经济学色彩（Massey，1979）。马西在分析过程中解释了资本是如何利用劳动力的地理差异来追逐利润，并由此推动劳动力的空间集聚和迁移，进一步产生新的产业和劳动力的区位动力。反之，重塑之后的劳动力的地理景观进而又激发新一轮的资本利润追逐和产业再区位的浪潮（Rogaly，2009）。劳动力地理景观与产业结构及资本利润追逐间的相互影响和重塑决定了区域间的发展差异，在不同发展差距的区域间，劳动力地理景观与产业的交互伴随区域发展不断更迭。

虽然马西的开创性工作为地理学更好地认知劳动力在区域差异发展与产业再区位中的作用奠定了基础，但在其劳动力空间分工理论中，劳动力是作为资本和产业利润追逐中的被控制或利用的对象，其控制与利用程度及方式受到产业结构的组织方式和生产空间结构的影响，也取决于劳动力的就业方式、社会关系和阶级结构等原有的地理景观。总体来讲，其分析范式仍局限于经济学，仅认为劳动力是与原料、交通条件等同的区位选择因素，缺乏对劳动力地理景观本身能动性的研究（Massey，1995）。

早期的人文地理学家开始关注劳动力的空间分工，并将劳动力看作是产业再区位中的一种投入要素，所以，早期的研究大多是关于制造业的区位选择行为，通过劳动力的空间过程来理解产业空间结构的变化（刘潇，2010；Schumpeter，2017），通过在不同地域间寻找最适合某一段生产步骤的劳动力，建立起连续的生产链，实现不同价值链的最佳劳动力投入并追求最大化利润（Chapman and Walker，1991）。由此逐步形成生产过程分解结构，并将其应用到跨国企业的全球劳动力分工与生产空间组织上（Fröbel et al.，1980）。在区位分析中，一般认为劳动力在地域上是固定的，而在城镇化过程中，劳动力的大规模城乡流动引起了地理学者的注意。G. K. 齐普夫（G. K. Zipf）开始将引力模型应用到劳动力迁移研究中，分析其对区域产业发展的影响（Zipf，2016）。行为地理学的兴起，使得地理学开始从个人或家庭层次对劳动力迁移行为机制与动机进行微观剖析，并引入有限理性、行为空间和地方利益等概念来细致考察劳动力迁移，分析劳动力迁移决策与理性经济人决策间的差异，这种差异正反映了社会关系或家庭环境对劳动力迁移的影响（秦雯，2012）。在马克思主义地理学中，区域经济发展和就业地理格局被认为是劳动力迁移过程中技术与社会组织的地理与社会空间化表现，劳动力不再仅仅被视为区域化的生产要素，更多地成为资本与产业再区位过程中的被控制与剥削对象（高岩辉等，2008）。地理学也开始从制度设计、社会文化等角度认识劳动力迁移行为中的地方感、认知空间、社会关系及制度环境的作用。同样地，女性地理学则探讨性别、家庭、生命历程在劳动力迁移、通勤模式、就业地理格局形成中的角色与重要作用（黄志岭，2010；佟新，2010）。

2. 劳动力地理学的形成与发展

20 世纪 80 年代以后，经济地理学者意识到劳动力不再仅仅是简单的区位要素，而是与资本塑造经济景观的作用一样，劳动力通过个体的能动性积极塑造与产业经济相对应的劳动力地理景观。斯托伯（Storper）和沃克（Walker）对劳动力在产业再区位及经济景观重塑过程中的角色进行深入探讨，发现劳动力与一般区位要素的特殊之处：购买条件、劳动技能、实际技能和再生产条件（Storper and Walker，1983；Walker and Storper，1989）。随着全球化和城镇化的发展，交通、物流、金融、信息网络的构建及组织技术的进步，加快了产业再区位要素中非劳动力要素的全域配置，如原料、资金、技术、交通等。而劳动力背后主体——人的特殊性、创造性所决定的身体实践属性和空间分异性成为至关重要的区位竞争要素，尤其是高素质、训练有素且供应充足的劳动力，更是成为高新技术企业区位布局的关键要素（金利霞、李郇，2013）。这使得劳动力的实际成本、供应数量、技能水平等要素呈现广泛空间上的差异，从而形成劳动力的空间分工及地理格局。

但是斯托伯和沃克仍只是将劳动力视为产业再区位决策中的影响因素，来分析劳动力迁移对经济地理景观的影响。这种分析依然是基于劳动力的供给与需求对企业投资决策的影响视角，更加关心的是企业决策在经济地理景观重塑中的作用（Storper and Walker，1983）。理查德 • 皮特（Richard Peet）分析美国的阶级斗争地理也只是想说明“二战”后美国的产业从五大湖区域向阳光地带的迁移过程（Peet，1983），以揭示经济地理格局重塑过程中企业的决策者如何利用区域间的劳动力差异来实现利润追逐。这不能算是真正意义上的劳动力地理学，因为其实质上仍认为是资本在推动经济地理景观的重塑，而非劳动力本身，但已逐步认识到劳动力组织及劳动力在地理景观中的塑造作用。

随着研究和认知的深入，劳动力在塑造地理景观、影响区域差异和产业再区位过程中的积极能动作用逐渐受到地理学者的关注。于是赫罗德在 1997 年提出“劳动力地理学”这一概念（Herod，1997），更加强调从劳动力本身的角度来看待产业再区位和经济地理景观的形成过程以及劳动力及其组织在塑造经济景观中的响应与适应过程，这一刻才正式标志劳动力地理学的诞生，并成为经济地理学的一个分支学科（Castree，2007）。

随着全球化进程的推进，产业转型升级在全球范围内展开，劳动力地理学的研究热点逐步从产业再区位的影响因素分析转移到区域文化制度、社会环境、经济管治的空间性的研究中来。在此过程中，制度与文化成为劳动力地理学转型发展的核心趋向，所以，劳动力市场、生产组织的新形式以及新的劳动力地理景观塑造力成为研究热点。新的塑造力所表现的突出特征就是传统的福特式、专业化的制造业部门转向弹性变革的新经济，如美国的硅谷、中国各地的高新区，这种产业转型为劳动力地理的理论研究与实践提供了平台。在此基础上，地理学者开始用社会管治理论的语言来研究新的劳动力地理景观与劳动力市场分割及地理分异，重点关注内容包括劳动力市场的管治与运作、区域劳动力市场边界与稳定性、劳工组织与工人运动以及全球化劳动力空间网络等（金利霞、李郇，2013）。

3. 地理学视角与理论贡献

地理学者的视角主要是空间的视角，从劳动力的空间分工到就业地理格局，再到劳动力地理景观，形成地理学研究中要素—格局—景观的研究范式，表明地理学在劳动力问题研究中不断走向成熟、深入。然而，劳动力问题具有综合性、多学科性和复杂性，在研究劳动力迁移的各个学派中，经济学关注产业再区位及资源的高效优化配置；社会学关注不同社会群体的公平性；地理学则更加关注劳动力的时空格局与过程、景观的重塑与机制，并结合区域可持续发展、区域规划、区域资源环境分析劳动力地理景观的作用与影响（朱宇、林李月，2016）。地理学相较于其他学科能更好地展开系统研究，尤其是在宏观的国家和区域层面上，将劳动力问题同城镇化、区域发展等问题结合起来，在更广泛的背景下认识劳动力地理景观，具有更广的视野，结论也更加综合与全面（林李月等，2019）；地理学在空间差异和区域比较方面具有优势，能够较好地分析发现劳动力迁移的空间异质性及其原因，为分析空间过程与区域差异提供实证研究基础。在中国这样一个地理环境复杂、人文基础多样、区域发展差异显著的国家，区域差异和空间异质性决定了研究不能一概而论。尽管地理学对劳动力迁移的研究揭示了区域发展规律和过程，但仍需指出研究中的一些不足和有待改进之处。例如，在劳动力迁移模型构建及计量分析中不如经济学精细和深入，缺乏对影响变量的深入解析与定量分析；同时，在定性分析中，不如社会学研究那样微观、细致和具体，缺少长期跟踪劳动力迁移的研究（孙晓芳，2013）。

三、劳动力迁移理论及其发展

劳动力迁移指劳动力在两个区域间地理迁移或空间流动，包括户籍和常住意义上的居住地与工作地的暂时性及永久性迁移，又可以称之为“劳动力转移”或“劳动力流动”等。但作为一个人文经济地理学名词，劳动力迁移更多地被看成是劳动力资源在不同区域间的流迁（蔡霞，2014）。但劳动力迁移不同于人口转移或人口迁移，人口迁移中人口包括所有年龄段的人口，包括劳动力与非劳动力的迁移；劳动力迁移则仅指劳动力的迁移，而劳动力只是人口中的一部分，指那些达到劳动年龄、具备劳动的身体素质和技能素质的人口。劳动力迁移更多地属于经济地理学的范畴，劳动力迁移的研究主要集中于劳动力与经济发展间的相互关系和作用机制；人口迁移则属于人口地理学的范畴，更多地研究人口空间的再分布以及迁移机制和特征，表现出更多的人口学特征。

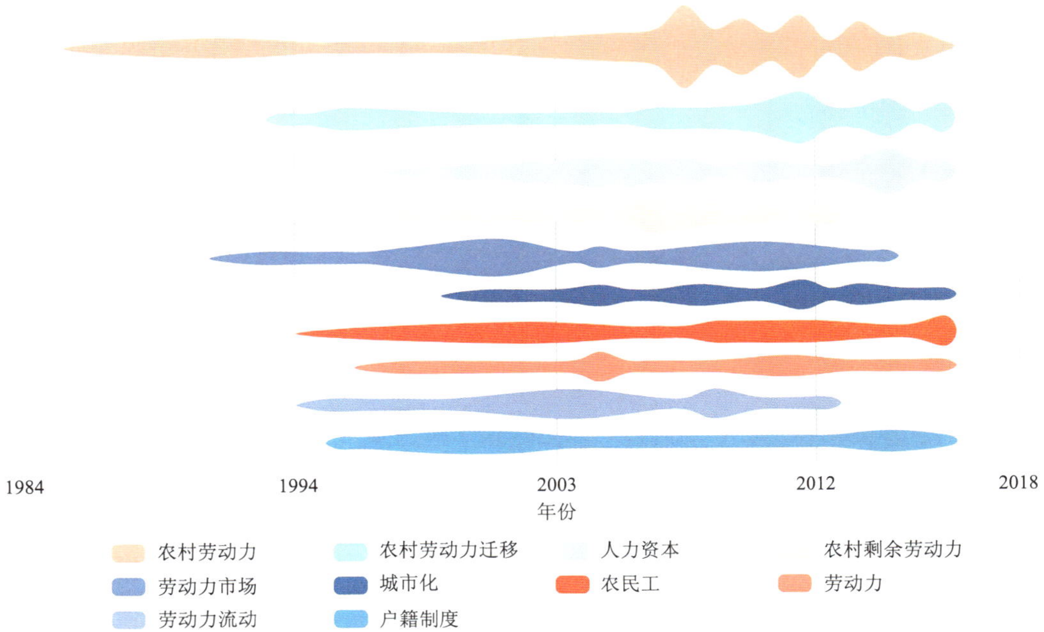

图 3–1　劳动力迁移研究关系图谱

注：图中彩色线段粗细表示该类研究的数量，越粗代表研究数量越多。

资料来源：劳动力迁移的关联研究[EB/OL]. [2020-02-18]. https://xueshu.baidu.com/usercenter/index/kaiti#/analysis?Keyword=%E5%8A%B3%E5%8A%A8%E5%8A%9B%E8%BF%81%E7%A7%BB.

劳动力迁移的研究始于城镇化（城市化）的发展（图 3–1），重点关注乡城之间的劳动力流迁，探讨劳动力流迁的动因与机制、规律特征和影响作用，并发展出不同的劳动力迁移理论。在中国，劳动力迁移理论的研究开始于改革开放之后，城镇化的发展促使大规模的乡村劳动力向城市迁移，由此引发的社会现象及其背后的科学问题引发了学者们的广泛思考与关注。以“劳动力迁移”为关键词在 CNKI 数据库中检索相关文献（截至 2019 年 12 月），并根据历年 GDP 增速数据绘制图 3–2，可以发现，2000 年前国内有关劳动力迁移的研究仍较少，但 2000—2007 年劳动力迁移研究伴随 GDP 的连年快速增长呈爆发式增长态势，2007 年文献发表量接近 2 000 篇。2008 年后 GDP 增速逐年下降，相应地，关于劳动力迁移的研究数量也开始呈下降趋势。由此可见，劳动力迁移的研究受到宏观经济环境和城镇化发展的影响，这表明国内学者积极基于中国社会实践开展劳动力迁移研究，显示出理论研究响应国家发展议程、紧跟时代发展脉搏的特点。

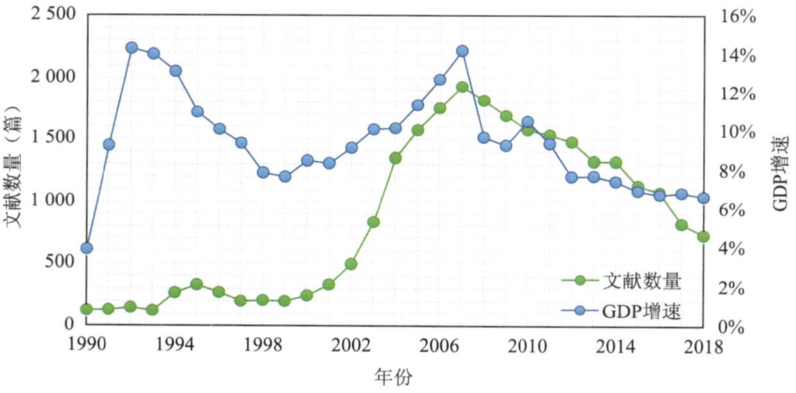

图 3–2 1990—2018 年劳动力迁移研究文献量与 GDP 增速

1. 结构转换理论

结构转换理论是1954年刘易斯基于发展中国家的城乡二元经济结构所提出（王迪、李泽亚，2016），该理论认为城乡间的劳动力迁移是由工业生产部门和农业生产部门的边际劳动生产率差异所推动，工业部门以其高效生产率得以低价雇佣大量乡村廉价剩余劳动力，获取较高利润并进一步提升生产率以源源不断地吸收乡村剩余劳动力，直到乡村剩余劳动力迁移完毕，区域内城乡二元经济结构差异缩小至无显著意义为止（国务院发展研究中心农村部课题组等，2014）。

刘易斯的二元经济结构理论是基于工业部门能够接收无限劳动力供给的假设基础

之上，忽视了工业部门发展时对农业部门的促进作用和二者之间的相互关系（Schumpeter，2017）。近年来，随着经济结构转型与产业升级，东部部分大城市开始出现“民工荒”，而与此同时，城市中劳动力失业现象逐渐加剧，尤其是中西部乡村地区，不少民工反应就业难，促使不少学者开始研究中国是否出现了“刘易斯拐点”，即乡村自由供给的剩余劳动力已经迁移完毕（王金营、顾瑶，2011；周燕、佟家栋，2012；王必达、张忠杰，2014）。经济学者们从产品市场、工资成本、储蓄投资、产业结构等角度予以解析（葛晓巍、叶俊涛，2014），普遍认为中国还未真正迎来“刘易斯拐点”，现代工业部门对乡村剩余劳动力的吸纳力依然显著且巨大，农业生产部门的剩余劳动力依然存在，尤其是中西部地区。在劳动力成本上溢的背景下，劳动密集型行业、生活服务行业与新经济产业对剩余劳动力的吸纳力不降反升，如建筑制造业的劳动力吸纳力依然较强，所以，结构转换理论对当下中国劳动力的迁移研究依然具有指导作用。

2. 成本—收益理论

成本—收益理论主要从城乡间的工作机会概率和预期收入差距来解释城乡间的劳动力迁移，认为潜在的高收益与可控制的成本支出促使乡村剩余劳动力做出迁移决策（胡渝清等，2008）。该理论主要从可能的成本与收益角度出发，发展出托达罗模型、人力资本模型和行为学派的理论模型等。其中，托达罗模型认为劳动力迁移是在流迁个体对可预期的成本和收益间进行权衡之后做出的行为决策（Todaro，1969；Harris and Todaro，1970），可预期的成本包括旅行费用以及在城市获取稳定工作之前的生活费用、房租等，效益包括较高的工资收益、自己可能学习到的技术与经验、可获取的关系网络、个人可发挥的潜力等。只要可预期的收益大于可能的成本支出，乡村的剩余劳动力便会源源不断地向城市迁移（朱宇、林李月，2016）。基于托达罗模型和推拉理论（引力模型），学者们发展出更多解释变量的迁移模型，如劳瑞模型（丛晓男、王宇飞，2016），引入迁移区域工资、失业率、非农劳动力总数及迁移距离，进一步完善了区域间或乡城间劳动力迁移的作用机制。

人力资本模型是将劳动力本身迁移视为一项人力资本的投资性决策，利用劳动力本身的质量来衡量人力资本，具体包括受教育经历、工作经验、技能培训等（Sjaastad，1962）。基于劳动力本身的职业技能成本，迁移到公开竞争的就业市场中，其收益与个人成就将取决于劳动力质量本身。这样的过程决定了劳动力迁移决策所面临的风险与机遇，劳动力可能对迁移目的地的社会经济和就业环境了解不够完全，或是自身的劳动技能可能在产业结构升级中面临落后淘汰的可能性（Chiswick，1978；Borjas，1994），所以，劳动力往往会选择风险最小、收益最大的迁移目的地，风险越大，迁移的可能性越小。人力资本模型对迁移成本和收益进行了有效整合，同时将劳动力质量纳入到迁移决策中，更好地解释了劳动力本身对迁移决策的能动性和选择性。但其前提仍是基于劳动力本身的理性经济人假设，而在实际情况中，由于劳动力个体的有限理性和迁移目的地背景的不确定性，在迁移决策中，劳动者本身不能有效考虑到自身的劳动技能与所有潜在的收益，而且一部分成本与收益在研究中也无法有效标定或测量，导致模型运用受到一定的局限（龙玮，2008）。

行为学派将劳动力迁移视为个体的一项复杂的行为决策，从个体微观的角度考察迁移行为的各个阶段和对应的决策要素（魏后凯，2011）。行为学派的迁移模型主要从劳动者个体自身需求和外部环境对其影响出发，强调内在的自身需求和外部压力对迁移决策的影响（黄善林等，2013）。该模型将迁移决策分为两部分：首先对自身所处区域的评估与权衡，如果外部环境效用能够满足个人的潜在需求，则应该留在当地；当外部环境效用不足以满足自身潜在需求时，就需要评估当地以外的可能迁移区域的环境效用，并选择效用最大的区域进行迁移，如果还处于信息收集阶段或者未能找到比本地环境效用更大的迁移区域，则应该继续留在当地（张峰基，2016）。这种模型对劳动力迁移决策进行分段解析，同时进行成本—效益的考虑，以更符合劳动者本身的视角分析劳动力迁移的时空过程。

3. 收益—风险理论

收益—风险理论主要从劳动者的家庭和社会关系角度来解析迁移行为决策，有代表性的分析理论包括新迁移经济学说和社会资本理论。新迁移经济学把劳动者的迁移行为放在劳动者的家庭中去剖析，分析家庭结构、成员、收入、支出和劳动者在家庭中所扮演的角色，着重考察家庭成员对劳动者个人迁移决策的影响，并认为这种迁移并非劳动者个人意志所决定，其背后代表了整个家庭对于目前家庭经济收入与风险的决策意志，进而安排家庭某一成员或者多个成员作为劳动力进行迁移（Stark and Bloom，1985）。在迁移决策中，有两种主要理论：一种是投资组合论，从分散投资风险和增加收入来源来解析决策过程。由于农业收入的波动性和单一性，家庭成员需要额外的收入来源并分散可能的意外对家庭生计造成的重大影响，故派出部分劳动力到城市进行农业生产以外的工作来增加家庭收入的稳健性（Stark and Taylor，1991）。另一种是家庭契约论，即家庭成员遵从一个普遍的契约，从一开始就对可能外出的劳动力进行资助，包括教育或者技能培训和迁移前期的生活资助，等到迁移的劳动力能够稳定就业之后将其一部分工资补贴家用，以达到分散家庭生计风险和家庭收益最大化。这种家庭视角的理论非常适合中国的现实情况，中国最基本的社会单元就是家庭，很多劳动力的迁移行为都是在家庭背景下进行的，且中国非常注重家庭观念，很多人一生致力于家庭的收益与福祉，所以，新迁移经济学在输出端分析迁移决策时具有很强的现实意义（殷江滨，2015；任远、施闻，2017）。

社会资本理论是将劳动者本身拥有或潜在拥有、可能接触的社会关系进行资本化来分析劳动力迁移的一种理论（Massey，1990），认为这种资本化的社会关系能够通过体制架构和制度环境而获取或占有一定的社会资源，从而能够促进自身的就业收益和社会地位（Massey and Aysa-Lastra，2011）。这种社会资本能够降低劳动者适应区域社会经济和制度文化环境的准入门槛，能快速融入就业市场并获取较高的收益（Krissman，2005）。社会资本可以降低劳动力迁移的风险，增加迁移的收益，将更多具有良好社会适应能力、就业能力的高技能人才迁移到最适合的城市（Fussell and Massey，2004）。在此过程中，也能增加部分技能较弱、受教育程度较低人群的迁移可能性，帮助他们提升在迁移城市的经济与社会地位，从而增加社会性收益（Hagan and Ebaugh，2003）。这种理论更加强调劳动者与社会的关系，并将迁移行为看成是劳动者自身增长的过程，也可以视为劳动者积极介入社会关系并获取经济收益的行为。但社会资本理论仍有一些不足之处：不能有效解释劳动力迁移流动的机制，也缺乏关于劳动力需求方、输入地社会经济因素对迁移行为的影响，此外，对循环迁移和迁移积累的解释较弱。虽然面临一些不足，但社会资本对中国乡村劳动力迁移生命历程中的同乡情结、城市流动人口的集聚、农民工社会网络有很好的解释力（崔春晓、张志新，2014）。

4. 推拉理论

推拉理论属于综合性的社会经济分析。传统的推拉理论认为劳动力迁移是由输入地和输出地之间的经济收入或工资收入差异引起的，并由此构成迁入地的拉力和迁出地的推力，共同促使劳动力迁移（Lee，1966）。随着研究的不断深入，生活水平、居住条件、教育和医疗水平、公共服务和环境的差异都构成输入地与输出地间的推拉力（Lee，1966；Qiang，2003；夏怡然、陆铭，2015；刘风、葛启隆，2019）。在中国，推拉理论得到广泛验证并被不断完善。实证研究中，越来越多的因素被纳入到推拉力模型中，如制度与社会关系，说明我国城乡劳动力迁移决策的影响因素更加复杂与多元化（费喜敏、王成军，2014）。同时，推拉理论也开始应用于不同代际、不同地域类型的劳动力迁移研究，通过比较分析推拉力因素在不同代际和不同地域类型劳动力迁移中的差异，认知城镇化过程中劳动力迁移机制的时空变化过程（王娟娟，2010；许恒周等，2013）。

5. 环境影响论

前述理论在劳动力研究上主要关注社会、经济层面的影响因素，而环境影响论则重点关注劳动者所处环境对迁移行为的影响（郑艳，2013；杨俊等，2017；Lyu et al.，2019）。这里的环境主要指自然环境、居住环境，认为劳动者的迁移行为与所处环境息息相关，尤其是在研究灾后移民、水库移民等方面，环境影响论能极好地解释迁移行为（Xu et al.，2015）。相关的研究工作主要有两方面：一是环境对劳动者的就业和工作的非货币性收入、区域间经济差异的影响（Xu et al.，2016），如因气候变化而导致农业种植结构变化或者农民收入减少，促使部分剩余劳动力向城市迁移（张延玲、朱清海，2015）。二是劳动力迁移对区域生态环境的影响，在乡村地区，大量劳动力向外迁移，会显著改变区域农业生产模式，进而引起地表覆被与土地利用的变化；在生态环境脆弱地区劳动力迁移会减少区域人口数量，进而减轻生态环境的压力（毕力格、杜淑芳，2016）。劳动力的迁移不仅会改变输出地的环境，还会加大输入地的资源环境压力，尤其是城市的居住环境、大气质量会因为大量的劳动力迁移而发生显著改变（彭岩富，2014；Shen et al.，2017）。

6. 理论发展趋向

（1）多尺度、跨尺度研究劳动力迁移的机制与影响因素

从刘易斯二元城乡经济结构转换理论到收益—风险理论的新迁移经济学说，劳动力迁移研究尺度从宏观经济结构视角向微观家庭结构分析转变，更加注重劳动者个体的迁移行为研究；从对不同代际劳动力的迁移行为和影响因素对比分析中，可以看出长时序、跟踪性的劳动力迁移研究受到重视，学者们更加关注劳动力迁移行为的时间变化过程；同样地，不同地域上的劳动力迁移行为研究为空间变化过程提供了分析基础。此外，通过不同发展程度、发展阶段城市中劳动力迁移情况来实现劳动力迁移研究中的时空过程转化与联系，为更加复杂、综合区域的劳动力迁移研究奠定了基础。

（2）迁移行为决策因素的多样化

从最初的经济收入差异到居住环境、公共服务，再到制度、社会文化与自然环境，对劳动力迁移行为的影响因素研究逐步拓展，不断有新的影响因素被发掘出来，包括宗教、民族、地形、家庭、气候等因素，为从更加广泛与全面的视角认知劳动力迁移行为奠定理论基础。在此过程中，劳动力迁移的研究更加注重人本身的能动性与自身的需求，从人本主义角度出发看待迁移行为对人自身发展与成就的作用。

（3）价值判断影响迁移行为政策选择

古典主义经济学认为劳动力迁移会缩小地区差距，随着产业结构的升级和人员互

动，地区间会逐步趋同；多元主义则认为劳动力迁移会增加区域的社会与文化的多元性，不同群体间的差距并不会随着劳动力的迁移而消失，反而有可能在新的区域产生并扩大。前者更加强调发展与统一，后者注重不公平与差异性。不同的价值判断会影响迁移行为决策分析与迁移政策的选择，对区域劳动力市场的影响也会有差异。不过，多元主义在近年逐渐被关注，学者们的研究呼吁要更加重视迁移过程中的公平性，希望在城镇化过程中关注不同群体生活的多元性。

（4）多学科融合程度加深

劳动力迁移不再仅仅是经济学或者人口学等社会科学的议题，地理学、环境学、城市规划学、社会学、历史学等交叉学科研究不断深入，不同学科的优劣势相互补充。不同学科从不同视角对乡城劳动力迁移予以解析，为更加完整与详尽地认识劳动力迁移奠定理论基础。如经济学从宏观经济视角分析迁移行为，而社会学则从微观实证角度解析决策行为，从而在研究尺度、研究方法、研究主体上相辅相成；同样，地理学能够刻画和解析劳动力迁移的空间过程，而历史学则能够从时间尺度上分析劳动力迁移。随着研究的深入，多学科联合研究和学科融合将成为劳动力迁移研究的趋势。

第二节 劳动力地理学国内外研究进展

一、劳动力地理学国际研究进展

1. 弹性劳动力市场理论

新自由主义成为新一轮全球化浪潮的价值取向，要求放松管制，进行自由贸易，强调经济自由化（Birch and Siemiatycki，2016；Watanabe，2018）。在后福特主义时代，企业倾向于弹性积累的改革，全球市场和全球生产成为当代企业发展的显著特征（Harvey，2017；Marinescu，2018）。即时生产和生产外包得到强调，企业本身更加注重产品设计与创意生产，低附加值的产业链被布局在全球或区域中。这种变革导致劳动力市场的重构，在市场竞争激烈、波动剧烈及利润空间缩小的背景下，雇主更倾向于临时雇佣，长时序的全日制员工聘用减少（Ono，2017；Guest and Isaksson，2018），反而增加弹性工时、临时工时、兼职工时的雇佣，甚至将临时雇佣转为外包，劳动者可能在一个月内多次与雇主签订断续、多次的劳动契约，其工作内容更加分散且不可持续，并将一直处于寻找工作的状态中（Eichhorst et al.，2017；Monte et al.，2018）。

此外，外包与临时工时的采用会弱化工会组织并增加剩余劳动力，外包工作的可替代性增加，经验与技能需求下降（Peck，1992；Tasić，2019）。弹性积累的改革虽然让企业更加灵活地应对市场需求的变动并降低人工成本增加利润，但是会对剩余劳动力市场造成负面影响，包括劳动力就业的不稳定性和不安全感增加（Aleksynska，2018），生计的稳健性与可持续性减弱，还会加剧地区间不平等的就业机会、弱势群体边缘化与社会割裂（Merrifield，2000）。

2. 劳动力市场社会管治理论

劳动力市场的社会管治指地方的与非地方的、官方的与非官方的各种法律、制度、规范、约定、传统，对雇主与雇员进行约束和规范的行为（Eichhorst et al.，2017；Strauss and McGrath，2017），而地方劳动力市场则成为企业竞争和政府制度管理的重要空间，在这个空间内，社会管治的各种要素相互交织，塑造区域的劳动力地理景观（Haughton and Peck，1996；Visser，2017）。劳动力市场的社会管治通过各种正式与非正式的规则和制度的交织作用来影响区域就业增长、工资水平与福利状况，并进一步影响劳资关系与劳动力供应情况（Watanabe，2018）。劳动力市场管治的主要内容包括最低工资标准、工作条件、安全保障、劳动合同、员工权益、工伤保险、雇主利益、员工社会福利、就业保障（失业救济与保险）等等，但管治内容在不同区域和不同市场主体间有所不同（Peck，2000）。区域差异、企业性质、企业制度与文化以及文化的演进对研究对象的影响均会影响劳动力市场的社会管治。同时，不同的市场主体在管治方面也不一样，劳动者本身、招募机构、民营企业、国有企业、跨国企业、开发区、地方政府及国家层面的管治内容与手段均存在差异（Kelly，2001，2002；Monios，2019），并形成各具特色的地方劳动力市场制度。一些研究认为，新形势下劳资关系的融洽建构需要劳资双方的协调以及政府的指导与保障并形成一定的规范与可持续的合作伙伴关系才可以顺利完成（伍旭中，2018），国家的作用在于对劳动力市场政策进行调节与管治，并对得到良好认可的规范与制度以官方名义予以确认和得以保障（Howell and Pringle，2019）。这些政策通常包括最低工资标准及工资调整机制、劳动时长、加班与津贴、社会保险与社会救济、女性职工福利、社会就业指导、职业技术教育、劳资纠纷调解、劳动条件监督、劳动安全保障与企业的管理制度、劳动安全条例、工会组织条例、劳资关系法等（Morton，2018）。有研究在对美国劳动法、美国国家劳动关系委员会及司法体系在产业结构转型升级中的角色与作用进行研究之后，发现法律的重视度与完善度在不同区域的作用与意义及其对劳动力地理景观的塑造性和对经济发展模式的重要性也不尽相同，这为劳动法地理的研究提供了深刻见解（Clark，1986，1988）。

此外，女性主义地理学则从男女有别的视角来考察企业的劳动力管理制度，分析女性在生产中、家庭中所受到的歧视与差别对待，来研究在产业分工和制造专业化过程中企业管理者如何通过性别差异与性别符号对女性劳动力进行支配（Anita and Zhu，2003；Wright，2003）。

3. 劳动力市场分割理论

劳动力市场分割理论实质上是在强调劳动力的异质性，这种异质性反映在劳动力本身的年龄、性别、户籍、种族、民族等以及劳动力的质量上，也可以被认为是劳动力技术生产能力和抽象的劳动生产能力的差异（Moore，2016；Posner，2017；Bolíbar，2020）。劳动力市场分割理论的发展过程分为两个不同流派：工作竞争理论和二元分割理论。工作竞争理论指劳动力在工作中通过晋升与提拔获取更高的就业地位与报酬，这种理论更注重劳动力本身的工作技能与就业能力，是最为直观和显著的劳动力分割现象（Ma，2018）；二元分割及此后发展出来的多元分割理论强调主要和次要的劳动力市场划分以及阶级差异和冲突，更突出劳动力市场分割中的公平与正义（Eichhorst et al.，2017；Watanabe，2018；Visser，2019）。而女性主义地理学更加激进与极端，不仅关注阶级分割，还强调性别差异与分割，性别公平与平等是其研究的重点，多元群体的公平与社会正义是其研究的价值取向（Ma，2018；Rai，2020）。劳动力市场分割理论不仅仅关注制度结构、区域空间对劳动力差异的影响，还运用马克思主义的阶级学说分析性别、民族、种族、出身在劳动力地理景观重塑中的作用（Oberhauser，2000；McDowell，2000，2015）。劳动力市场分割对产业区位调整和产业重构的影响一直受到经济地理学者的关注，研究领域不仅包括劳动力的区域差异和不均衡布局对产业空间分布的影响，而且更加关注劳动力的空间异质性给产业转型升级带来的挑战和机遇。有学者在研究中国户籍制度对劳动力迁移影响的时候发现这种影响作用还会扩展到产业空间重构与转型升级上（Fan，2001）。劳动力市场的分割具有双面性，一面是能够对经济景观重塑产生劳动力再区位的推力和吸引力并促进就业增长；另一面又会加剧区域劳动力市场、就业工资的不均衡性，在路径依赖和锁定效应下造成区域产业空间不易改变的局面（Ettlinger，2016；Song，2017；Posner，2017）。

4. 劳动力迁移理论

劳动力迁移理论经历了新古典经济理论向新经济地理学理论、福特主义向后福特主义的转变，现在则逐步向结构主义和后结构主义及人本主义转向发展（金利霞、李郇，2013；张晓青等，2014；Arango，2017；黄耿志，2017）。新古典经济理论主要以产业结构和城乡二元体系来解释劳动力迁移，最为著名的便是刘易斯的二元经济结构模式、拉尼斯—费景汉模式、乔根森模式以及托达罗的劳动力迁移模式（Lee，1966）。这些新古典经济理论对发展中国家初期的劳动力迁移特点、动力和机制有很好的解释力，但这些模型都是建立在乡村剩余劳动力无限供给和产业部门对劳动力无限吸纳的基础上。与新古典经济学的宏观分析相比，新迁移经济学是从家庭与个人福祉最大化的微观视角来剖析劳动力迁移，强调家庭预期收入最大化和风险最小化的迁移原则，然而分析却是基于理性经济人的视角，其结论和实际情况仍有少许出入（Stark and Taylor，1991；Nguen et al.，2017）。结构主义理论则认为劳动力的区域迁移并非如新古典经济理论所认为的仅仅由区域间的工资福利待遇差异所推动，而是更多地依靠市场竞争和全域要素流动来实现的，劳动力与原料、资金和技术一样随着产业转型升级在全球范围内流动与配置（Cohen，2006；Poufinas and Galanos，2018）。社会文化理论则关注劳动力迁移的关系网络、社会资本和文化影响力（Hoang，2016；Gericke et al.，2018；Zhang et al.，2019），此外，还研究性别、群体在迁移过程中的差异和原因（Fine et al.，2016；He and Gerber，2019；Rai，2020）。

5. 劳工组织理论

劳工组织（labor union）是劳动力地理学（也称劳工地理学或工会地理学）研究的重要内容，尤其是在欧美等工会盛行的国家（Wills，1996；Tasić，2019）。早期的研究主要是从工人阶级反抗资本家的剥削与压迫而不得不与资本家展开劳资双方谈判以保护工人利益的角度出发，研究分析工会的空间结构和差异，认为工会的组织力量是一个逐渐积累的缓慢过程，有赖于当地的社会组织和政治环境，且不会空间传播（Liberty and Zimmerman，1986；Wills，1996）；分析资本家在产业再区位过程中如何利用不同地方工会集体谈判能力的差异，来选择工会组织松散、力量较弱、罢工抗议较少的区域，从而实现利润最大化，证实了劳工组织对经济地理景观重塑过程的影响。皮特（Peet，1983）在研究美国的阶级斗争地理时发现，美国北方州因为是传统工业区，工会组织历史悠久且斗争能力强悍，而南方州工业起步较晚且劳动者的工会组织意识薄弱，反抗斗争较少，从而决定了美国产业发展逐步从冰雪地带走向阳光地带的地理格局。克拉克（Clark）在对美国国家劳动关系委员会的研究中认为（Kelly，2001），公司在区位选择中会利用美国劳动法偏爱地方法规和传统习俗的特点，而不能有效地建立起通行于全国的工会组织管理法律与国家协议及标准，从而使得企业根据不同地方间劳工组织力量与法律的差异而有机会选择对自己有利的区位，以达到取消或是减少对劳工组织让步的目的（Martin et al.，1993）。这种策略可以概括为通过逃避国家层面上整体统一的劳资框架协议而降尺度地调整到地方更小层级的协议平台上，从而实现差异化对待与最优区位选择。这种尺度调整会迫使小区域的工会组织独自面对大型的跨区域企业，从而失去应有的、合法的经济保障和社会生计权益（Crump and Merrett，1998）。与降尺度调整相反的是，另一种研究趋势是跨国家尺度的洲际劳工组织对全球经济地理景观重塑的作用（Castree，2000）。赫罗德在探讨 20 世纪美国工人运动的国际化时认为，资本的全球化必将带来劳动力迁移的全球化，而劳动力迁移的全球化也势必带来劳工组织的全球化。其在文章中报道了劳工组织在拉美及加勒比海区域经济地理景观塑造中扮演的重要角色，以及美国大西洋海岸的港口工人组织如何利用全球谈判体系来代替本地谈判体系从而与雇主进行劳资协商，这种全新的、全球尺度的地理扩张为劳动者争取到应有的福祉，避免被资本差异对待而蒙受损失（Herod，1997）。但也有研究发现，全球化中新自由主义变化和劳动力市场弹性化在一定程度上削弱了工会的话语权与团结性，工会由此缺乏力量来抵抗资本的影响（Herod，2016；Watanabe，2018）。

6. 国际研究热点与趋向

从新古典经济学到新迁移经济学，再到马克思政治经济学，地理学对劳动力的认识经历了从作为产业的一种区位要素到阶级斗争中被控制与被剥削的对象的跨越，研究学科也从劳动力地理分布变为劳动力地理学（Herod，1997），劳动力从一种资本商品或生产要素变为现代产业再区位中的一个具有实践性、生产性、创造性的活跃地理主体和关键因素，逐步形成从要素到格局再到景观的研究范式。这体现了劳动力主体性与能动性在地理学研究中的地位，及其对劳动力问题研究的不断深入与成熟（金利霞、李郇，2013；Herod，2016）。

自 20 世纪 70 年代以来，劳动力地理学广泛借鉴马克思主义、女权主义、反种族主义或制度主义、社会结构主义等理论，不断形成自己的研究趋向：劳动力就业地理、劳动力地理景观、劳动力主体性与能动性等研究领域的多样性和广泛性、理论的批判性和价值取向的政治性（金利霞、李郇，2013；Harvey，2017）。20 世纪 90 年代初期以来，劳动力地理学为回应之前激进的劳动力地理学研究中所出现的一些问题而进行了制度与文化上的转向，在最新的研究中，地理学者不再仅仅关注劳动力在产业再区位过程中的重要性与作用，而更加关注劳动力的正式与非正式劳工组织、劳动力市场的社会构建与社会管治、全球化与新自由主义变革、从区域到全球的劳工组织，反映出地理学研究范式逐步突破格局层面的时空过程，逐步向更加广泛的景观与社会生态迈进（Herod，2016；Rinallo et al.，2017）。

制度与文化转向正带领劳动力地理学继续向前发展，并展现出该学科分支的最新研究趋向：第一，微观的、细致的、个体的实证研究成为研究劳动力地理景观对企业与产业结构影响的主要研究方法，而不再仅仅依靠宏观层面的统计数据，未来的劳动力地理学研究将更加注重与产业地理学、城市地理学的交叉融合，在绘制产业地理景观重塑过程时，劳动力地理学者应更加深入地研究劳动力的主体性与能动性，将与劳动者个体或家庭生活相关的问题纳入其中；第二，劳动力市场的空间异质性与社会分割研究将取得重大进展，研究范围逐步从劳动力质量、空间分工向劳动力社会关系、地域文化、市场管治扩展，尤其是非正规就业部门、区域化的市场分割与差异应受到进一步的关注，力图在更加宽泛的背景下理解劳动力地理景观的时空过程；第三，在新形势下，工会组织或劳工组织对产业结构及再区位的影响将成为研究热点，尤其是在一些劳工组织不成熟的发展中国家；第四，城市间劳动力迁移与城市内部劳动力迁移将成为新的劳动力迁移主体，对于这种劳动力迁移新趋势会如何影响城市内部及城市间的产业结构和布局应成为下一步研究的关注点；第五，不同国家和地区因为政治制度与社会经济发展差异，其对劳动力市场的管治体制与体系规范不尽相同，在不同层级主体与区域尺度的交织下，应就政府如何应对最新的劳工就业与生活管理办法提出应有的对策；第六，在产业转型升级过程中，原本的关注焦点，如资本积累、技术进步、产业重组等，在劳动力市场制度和社会嵌入的考虑下，逐步被种族与性别问题、社会文化环境、工人认同、政治结构的焦点所取代，劳动力地理学者将更加关注地方层级的劳动力市场分割、管治、调节的复杂过程以及产业结构重塑的内在动力（Herod，1997）；第七，劳动力地理学的诞生经历了多学科融合、交叉发展的历程，将来学科也将处在多学科跨界、多学科融合、多学科适应的综合发展之路上。

二、劳动力地理学国内研究进展

国内地理学对乡城劳动力迁移问题的研究始于城镇化的研究，集中于我国城乡间的劳动力迁移与流动以及由此形成的各种城市、乡村社会问题。同经济学的相关分析一样，人文地理学对乡村剩余劳动力的研究也分为宏观描述与专题研究两大类：宏观描述研究主要包括流动劳动力的人口与经济学特征、劳动力流动的方向与规模、城乡劳动力迁移的原因与影响；专题研究则分析劳动力迁移的经济、社会、人口与地理特征及其迁移生命历程中决策行为、过程机理和对区域发展的影响（李秀霞、温欣欣，2010；朱宇、林李月，2016）。

1. 劳动力迁移特征、原因与影响

人文地理学对于劳动力迁移的宏观描述基本上根据人口普查或抽样调查数据，对劳动力迁移的空间特征、时间变化、人口学特征、职业特征等社会经济特征进行刻画（邹湘江、吴丹，2013；马胜春等，2014；周一娜，2016）。例如，纪韶等根据我国三次人口普查数据的比较，对城镇化格局的合理性及变动成因展开探讨，证实中国城镇化格局变化同人口流迁具有显著的相关关系（纪韶、朱志胜，2013）。田成诗等基于六普数据探究分析中国省际人口流动规律，发现中国流动人口规模日趋扩大且空间分布呈集聚性，务工经商、随迁家属和投亲靠友是人口流迁的主要原因（田成诗、曾宪宝，2013）。这类研究对人口流动的总体特征与规律、主要原因与发展趋势进行了详细分析和实证，但因为主要基于普查数据，时间更新较慢，研究结论在一定程度上滞后于社会发展（刘颖等，2017）。除基于普查数据外，研究中还会使用实证调查获取人口迁移数据，用以分析劳动力迁移特征、从业结构、迁移原因与途径（李旻、赵连阁，2010；刘传江、黄桂然，2013）。这类调查多在城市中劳动力迁移的集中地进行，也有部分研究会选择乡村调研，以更深入地剖析家庭及乡村社会经济发展对劳动力迁移动机的影响（余吉祥，2008；张会萍等，2015）。

2. 乡城劳动力迁移与农户行为

农户经济行为分析属于劳动力迁移理论中新迁移经济理论的研究范式，力图从家庭及劳动者个人的决策行为展开分析，通过农户的经济行为展现农户所处社会经济背景与个人及家庭的决策过程，更加充分地展现劳动者个体的能动性（Xu et al.，2019）。研究主要从劳动力输出地视角出发，从微观角度考察乡村剩余劳动力迁移特征、结构特点、迁移目的地分布，以加深对乡村剩余劳动力迁移行为的决策背景、决策原因、决策过程、家庭和社会关系网络结构等社会经济影响的认识。在行为地理学理论支持下，农户行为研究成为地理学者揭示劳动力迁移机制与过程的有力工具（苏芳、周亚雄，2017；Wan et al.，2018；赖俊明、徐保红，2019）。在研究中学者们发现，土地因素、家庭平均年龄、婚姻、受教育程度、人力资本存量、社会网络、特殊经历等对农户的迁移行为有显著影响（胡初枝等，2008；陆芳，2012；黄善林等，2013）。在此基础上，学者们通过农户的家庭生计资本来深入分析劳动力迁移的决策过程（苏芳、周亚雄，2017），认为农户行为直接影响其生计资本，通过生计资本影响其迁移行为，同时迁移行为也会影响生计资本的构成与多少（苏芳等，2017）。

3. 乡村剩余劳动力与生态环境

劳动力迁移理论中的环境影响论认为劳动力迁移受到周围环境的影响，且迁移行为在一定程度上影响区域的生态环境，环境的改变也会对劳动力迁移行为产生一定的影响。我国自然环境复杂多样，尤其是西部山区，生态环境脆弱，人口承载力低，传统农业生产不利于脱贫致富与城镇化发展，也给生态环境带来了巨大压力，所以，劳动力迁移到城市中去成为山区发展的主要途径（Cao et al.，2016）。在生态环境脆弱地区，农户的生计能力会受到地质灾害、水土流失、土地退化、气候变化等自然环境的制约，所以欲摆脱自然环境束缚并追寻更好环境条件以增加生计资本，从而产生推动劳动力迁移的推力（Xu et al.，2017）。同时，劳动力迁移会弱化原本区域的开发力度，减轻生态环境压力，使得生态环境得以恢复（王锋，2013；张璇等，2015）。因此，劳动力迁移不仅被视为改善西部山区脆弱的生态环境的重要举措，同时也与扶贫、山区城镇化建设相结合，实现区域的可持续发展（张灵静等，2013）。劳动力迁移对区域生态环境的影响主要是通过改善种植结构、减少砍伐、减少土地开垦以及撂荒等来完成，缓解原本紧张的人地矛盾以实现生态保护（齐元静、唐冲，2017）。乡村劳动力迁移不仅受迁出地生态环境的影响，也会对迁入地生态系统造成显著压力，尤其在非乡城间的生态移民上表现最为明显（Hu et al.，2018）。

4. 劳动力迁移与区域发展模式

劳动力迁移在一定程度上代表了区域产业与劳动力的空间匹配模式，通过对劳动力迁移的研究可以分析不同地域的区域发展模式（刘鹏，2008），如苏南模式和温州模式就引起了人文地理学者对两种模式下劳动力迁移问题展开探讨的兴趣（曾芬钰，2011；马轶群，2013）。不同区域发展模式下，乡村工业化、城镇化动力、特征与过程以及地方劳动力市场均不一样，通过对比不同区域劳动力迁移特征，可以发现城镇化区域发展模式对劳动力迁移的影响及劳动力在迁移过程中对不同区域发展模式的响应与适应过程。学者就此提出四种不同的劳动力迁移模式（商春荣、虞芹琴，2015）：就地迁移、循环迁移、非永久性迁移、永久性空间迁移，研究发现，年龄、教育程度、婚姻状况、家庭劳动力禀赋等对劳动力迁移模式具有显著影响。不同的迁移模式与不同的区域发展模式相匹配，即劳动力在选择迁移目的地时会考虑自己的迁移模式与目的地发展模式的关联性，就地迁移会选择较近的迁移目的地，而非永久性迁移会偏向选择距离较远、发展程度更高的大型城市（高健、张东辉，2016）。

5. 劳动力迁移与区域经济发展

地理学试图揭示人口流迁同流入地的经济发展、产业结构、投入要素等经济指标的关系（刘锐、吕臻，2010），力图根据一定程度的定量化认知合理预测、规划未来的人口流迁与区域经济发展格局，为产业结构升级、调整和促进良性、有序的乡城互动提供决策支持（刘学功、申怀飞，2010）。赖德胜等在分析东北老工业基地振兴过程中认识到劳动力迁移对人力资本转型和产业结构升级的重要促进作用，并提出重工业化改造的对策（赖德胜、孟大虎，2006）。而劳动力迁移不仅对输入地的经济发展有正向作用，也会通过汇款、消费、引入技术、传授经验等形式促进输出地的乡村经济发展。对乡村劳动力迁移行为与动机及其影响因素的分析发现，乡村劳动力迁移在促进农业经济发展、提升耕种技术、积累原始资金、提高乡村人力资本素质以及缓解乡村剩余劳动力就业压力方面发挥了重要作用（张艳、宋山梅，2013；Zhang et al.，2019；Lyu et al.，2019；Zhang et al.，2020）。

但是根据二元经济结构理论，随着经济增长和乡村剩余劳动力大量外流，劳动力迁移对经济增长的促进作用逐渐收敛，靠人口红利与大量劳动力迁移促进的经济增长可持续性较弱。李静（2015）在分析我国 1983—2012 年省际面板数据之后发现，劳动力迁移对农业区域经济增长的收敛作用逐步显现，为此认为中西部区域应加快承接东部产业转移，吸纳非农劳动力，以保持经济的可持续增长。刘易斯的结构转换理论认为，乡村剩余劳动力并不是无限供给的，随着经济增长，劳动力迁移速度会有所下降，直到农业生产部门的边际生产效率赶上工业部门的水平。基于 2010 年全国县域数据的实证研究认为，县域经济发展每提高 1%，对乡村劳动力迁移有 0.77%的贡献，尤其是建筑制造业和商业、服务业的发展（杨春，2013）。所以，劳动力迁移同区域经济发展在一定程度上是相互促进的关系，但不可否认的是，乡村剩余劳动力是有限的，当拐点来临，即使产业结构持续升级，劳动力迁移也会呈下降趋势。但这也仅是乡城间劳动力迁移减弱，不会削弱城城与城市内部的劳动力迁移。

6. 劳动力迁移与城市空间结构

劳动力迁移作为城镇化进程中最为积极的变量，有力地参与到城市空间扩张、空间结构塑造和空间功能转型之中，成为城市景观的重要组成部分（王桂新、魏星，2006）。国内地理学界对劳动力迁移与城市空间结构的相互影响及作用的研究以城市地理学者为主，研究对象多集中于北京、上海、广州和深圳等一线超大城市，关注流动人口在塑造城市新景观空间中的方式、途径、作用与重要性（田明、彭宇，2014）。邓楠（2006）在分析中证实，流动人口的大量迁入对城市空间扩张有显著正向作用，流动人口对就业、居住与生活的需求带来了城市建设、基础设施及居住用地增长，表现在城市外围很多区域形成“移民村”“城中村”的城市空间形态，改变了原有城市蔓延的地理景观。此外，流动人口为城市提供了充足的劳动力，加速了城市产业规模与建设规模的扩张。暴向平（2015）在分析西安的贫困空间时发现，城市流动人口的分布格局与贫困空间具有耦合性，流动人口的集疏态势变化对城市贫困空间的重塑具有重要作用。这类研究均证明流动人口作为一支新兴力量的城市主体在城镇化过程中积极塑造着城市空间结构，这类空间不仅包括传统意义上的城市地理空间，也包括城市群体的社会空间，并为个体融入城市生活提供平台与机遇。

7. 迁移人口的社会空间与融合

流动人口的社会空间是城市实体空间基础上经过流动人口各种身体实践而人格化、抽象化表征的空间，是一种再造、建构化的空间。流迁人口社会空间表现为城市社会空间中各维度景观化特征，如边缘化、破碎化等，这既是流迁个体身体实践特征经群体化、社会化建构后的宏观表达，也是宏观尺度上社会管治分割、城市新自由主义倾向、城市空间重构、企业与资本再区位和本地人排挤等共同作用下的空间呈现（姚华松，2011）。流动人口的社会空间反映出劳动力迁移到城市之后在城市生活、就业、居住与通勤过程中同城市的融入状况，可以深入了解制度与社会文化给乡村剩余劳动力迁移带来的驱动力和阻力，为地理学对劳动力迁移机制与深层次城镇化问题研究奠定基础（田明、彭宇，2014）。因为地理学研究范式并未将制度分析纳入其中，无论是正式制度（户籍、土地制度、社会保障制度、教育制度等），还是非正式制度（社会关系、文化传统、价值观念等），在地理学对劳动力迁移的决策过程及劳动力在城市的行为研究中均较少且不够深入，但仍有部分学者做出了有益尝试。姚华松（2012）在对广州外来人口的社会空间进行分析之后认为，不恰当的制度环境、城市空间整体观缺失、市场机制失灵是流动人口空间问题存在的根源；宋相奎（2012）则从流动人口的经济收入、社会关系、文化心理等方面分析城市空间结构转型和流动人口同城市适应能力之间的关系。城镇化的核心也在于实现人的城镇化，而要实现人的城镇化最重要的部分就是乡城迁移人口的市民化与社会融合。地理学研究不仅要关注劳动力的迁移动因及过程，更要关注人口迁移到城市之后的社会融入过程，只有真正实现城市社会空间的融入，才能算是乡城人口迁移生命历程的结束。而这其中，广泛的社会文化与制度环境会对流动人口的社会融合产生影响，这将成为地理学对劳动力迁移研究的热点（汪明峰等，2015；吴缚龙等，2018；宁越敏、杨传开，2019）。

8. 城镇化战略与城市转型发展

城镇化是社会综合系统的城镇化，包括土地、人口、产业、生活方式与社会文明等。在不同层面上，城镇化进程有所差异并表现出明显的阶段性。在不同发展阶段的过渡期，城镇化与城市发展都将进入转型期（刘琼等，2018）。研究表明，我国当前城镇化过程逐步从土地城镇化向人口城镇化转变，发展理念从结构主义向人本主义转变。

而国家战略要求则是重点促进以人为本的新型城镇化，突出包容性、协同性与可持续性，推动以农民工为主体的城市迁移人口市民化和人口城镇化（陆大道、陈明星，2015；陈明星、隋昱文等，2019；陈明星、叶超等，2019）。城镇化战略的转型也推动城市的转型发展，包括城市经济生产方式、空间结构、人口、政策、社会、文化等领域的转型与重塑（陈明珠，2016）。

归纳来看，城市转型发展主要分为城市经济转型、空间转型与社会转型发展，是一个城市发展方向、目标、战略、模式的重要过渡、转折与变化，并能对城市产生多领域、多层次、多链式的深层影响。当前国内对于城市经济转型研究最为深入的议题是资源型城市的转型发展（李汝资等，2016；徐君等，2016），研究认为，资源型城市是在产业发展困境下进行经济生产方式与结构的被动转型，转型内容聚焦于产业、市场与经济要素，核心在于科技创新与附加值创造。除资源型城市外，国内还对县域经济（任萃颖，2016）、中心城市（李学鑫等，2010）、文旅产业（王萍，2015）发展对城市经济转型的影响进行研究。城市空间转型也被称为城市空间重构，国内研究者主要从经济体制改革、产业结构优化和经济发展方式等角度分析城市空间结构发展与空间重构，城市空间结构主要以土地利用和城市区域性职能来体现（李晓，2016）。地理学者还深入城市内部分析城市产业结构与空间形态的关系，揭示产业结构转型升级过程中生产要素通过空间效应推动城市空间转型的过程与机理（杨显明、焦华富，2016）。整体上，国内研究重点聚焦于资源型城市（杨显明、焦华富，2016）、制造业（高金龙等，2017）、工业园区（薛冰等，2015；贾林林，2018）、城市扩张与城郊融合（杨叠涵等，2015）等产业、经济与土地利用要素，较少关注城市人群、公共服务、文化、制度环境等社会性因素同城市空间转型的关系。为数不多的城市社会转型研究多以大城市为案例，主要以城市社会关系（罗银花，2013）、社会秩序（赵晓红、鲍宗豪，2014）、社会阶层（戴晓晖，2007）、邻里交往与社区建设（赵衡宇、胡晓鸣，2009；柳建文，2016）等人文社会要素为研究对象，研究发现，转型期大城市社群的极化效应、边缘风险对城市公平正义与包容开放具有负面影响，并据此提出制度建设、经济与公共服务发展等策略响应。就此而言，国内的城市转型发展研究仍聚焦于经济、产业、人口、空间等结构化要素，分析视角与方法以结构主义为主，而对于转型发展中人文要素、效应与机制的了解仍较少。

9. 国内研究前沿与趋向

国内关于乡城劳动力迁移的研究逐渐从迁移行为、动机与影响转移到迁移发展、居留意愿、社会融合等更深层次、更具政策意义的话题上来，研究更为关注城市转型发展所导致的城市迁移人口就业、居住与生活特征的变动，以及由此引起的乡城劳动力迁移趋势变化。劳动力迁移的变化则会影响城市人口、产业发展与社会消费，尤其是劳动密集型产业及生活服务业（易振华、应千凡，2011）。所以，城市转型发展同乡城劳动力迁移是一个相互影响、相互促进的过程，但在城市转型发展背景下劳动力迁移趋势如何？劳动力迁移与城市转型如何相互影响？对迁移人口市民化有何影响？本节通过文献梳理，总结城市转型发展视角下乡城劳动力迁移趋势的研究进展。

目前研究主要聚焦于城市经济转型，包括产业结构升级与产业转移对迁移劳动力就业和迁移趋势的影响。具体而言，基于产业结构演进的分析发现，随着城市转型发展过程中产业结构的变动，乡村剩余劳动力的迁移经历了内部迁移、异地迁移、就地迁移与异地迁移并存等基本阶段（冯兴琼，2015）。但在总体上，区域与城市的产业结构升级仍有利于促进乡城劳动力迁移（何璇、张旭亮，2015），增加城市对乡村剩余劳动力的吸纳效率，而劳动力迁移的增加也有利于产业结构优化，尤其是城市服务业（关海玲等，2015）。在跨区域视角下，研究发现，虽然中西部地区省际流动人口占总流动人口的比例在下降，但是总人数仍在增加，说明东部地区的产业集聚和劳动力集聚尚未完成，中西部地区产业转移的劳动力支撑条件仍不够成熟（彭长生、杨国才，2014）。上海的研究显示，都市郊区农业转型可以更充分吸纳流动农民开展小农化实践，这表明东部产业升级所带来的高附加值和经济收益对乡村剩余劳动力的吸引力依然巨大（马流辉，2017）。目前的研究虽然表明城市经济转型短期内不会改变我国乡城迁移的整体趋势与格局，但会逐步提高省内迁移和就地城镇化比例，尤其是中西部。

另外，学界还对城市转型，尤其是空间与社会转型对迁移人口居住和生活的影响开展了一些研究。上海案例分析了流入人口对大城市公共资源的需求，认为流动人口增加了城市社会服务与管理的压力，在产业转型背景下遇到了流动人口社会融合等问题（宋相奎，2012）。兰州案例则从城市社会空间结构转型的角度研究流动人口的城市适应性与融合性，发现收入、心理与文化适应可以有效促进流动人口的社会融合（宋相奎，2012）。成都案例研究了城市空间转型对迁移人口居住选择的影响，表明就业与房价对迁移人口居住融合的重要性（张少尧等，2018）。基于住房视角的城市社会转型分析探究城市空间隔离的形成机制与影响，表明城市社会转型会导致城市人群居住地出现分化现象，尤其是流动人口表现出居住边缘性，从而影响社群间的社会空间与心理隔离（吴庆华，2011）。吴缚龙等从转型期视角综合阐述了中国城市的社会融合问题，重点提到城市外来迁移人口对推动社会空间分割向社会融合的重要性（吴缚龙、李志刚，2013），并从实证的角度认为城市移民的社会隔离通过城市转型发展，尤其是就业、住房市场化转化为明显的空间分异，提出社会空间重构等应对措施（李志刚等，2014）。上述研究表明，城市转型发展中劳动力迁移在居住与社会融合上面临诸多挑战和风险，并成为城市转型发展、市民化进程中亟待解决的重要问题。但是城市转型发展与以人为本的新型城镇建设也为促进城市迁移人口的社会融合提供了诸多契机和可能（李增元，2013）。

三、乡村劳动力迁移研究进展

随着20世纪80年代以来中国改革和发展的深入，尤其是进入21世纪后，城镇化速度明显加快。根据中国国家统计局的数据，2015年中国城市人口比例已达56%，城市总人口7.71×10^8人（国家统计局，2016）。在这一城镇化进程中，出现大量乡村剩余劳动力从中西部向东部迁移的现象（Zhu，2003）。与中国中西部相比，中国西南部的西藏、四川、云南和贵州等省份的山区具有地形复杂、地理位置偏远和生态环境脆弱等特点。对于这些地区的大多数家庭来说，农业生产一直是主要的生计，然而为了获得更高的收入，大量劳动力迁移到非农业部门。例如，2016年四川省劳动力迁移人数为2.49×10^7人，比2015年增加1.26×10^5人（四川省人力资源和社会保障厅，2017）。因此，劳动力迁移已成为西部山区的一个重点问题，而解决这一问题则需要城乡的协调发展。

近年来，我们对劳动力流动的研究越来越多。基于推拉理论的分析框架，我们可以得出，影响乡村劳动力迁移的关键“推力”是农业生产现代化、乡村人均耕地和非农产业产出，而影响“拉动”力量的关键则是更高的城镇化收入水平（Kumar and Sidhu，2005）、经济发展水平（Etzo，2011）和城市现代化（Sridhar et al.，2013；Zhong，2014）。然而，经济学中的有限理性则是另一种观点，它认为城乡收入差距和乡村剩余劳动力的释放是乡村劳动力迁移的主导因素（Zhao，1999a，1999b；Zhang and Song，2003；钟甫宁、何军，2004；Grau and Aide，2007）。外部环境的不确定性、劳动者可获得信息的不完全性以及不同劳动者的认知局限性，导致移民决策往往在个体有限理性的约束条件下进行（李广海、陈通，2007）；从成本效益的角度来看，迁移选择的过程也是一个平衡成本和收益的过程（Sprenger et al.，2010）。

1. 乡村劳动力迁移结构与模式

乡村劳动力迁移通过两个过程进行：就业迁移和地域迁移，即农业就业向非农业就业迁移和乡村劳动力向城市劳动力迁移（Li et al.，2018）。两个迁移过程的结果便是，非农业人口增长和城市化率提高，农业就业减少，第二、三产业就业增加（Di and Li，2008）。这两个过程几乎是相互伴随、同时发生。然而，乡村劳动力倾向于先迁移就业，再迁移地域，由于就业空间的不平衡性，城市拥有丰富的第二、三产业的就业机会。此外，城镇化和工农业的发展会影响乡村劳动力迁移的规模与速度，影响城市对乡村剩余劳动力的吸收能力（Liu，2013；Chen and Zhao，2017）。

有学者指出，通过使用分析方法，可以发现产业结构的调整能够促进农业乡村劳动力向非农业乡村劳动力的就业迁移，而劳动力迁移又促进了产业结构的优化（Roberts，1982；齐元静、唐冲，2017；Xie and Lu，2017）。尽管这一结论与当前中国快速的城镇化进程相吻合，但由于中国城镇化的地区差异较大，且乡村劳动力数量庞大，与其他较小的发展中国家相比，中国的乡村劳动力迁移更为复杂，因此，各地区之间的第二、三产业发展以及乡村劳动力的吸收能力和效率存在较大差异（Di and Li，2008）。然而，关于乡村劳动力的规模差异问题，一直没有得到学术界的广泛关注。当农民工决定迁移时，乡村劳动力的迁移模式是多样的，例如在城镇兼职，或迁移到县、市或区域性大都市（Qin and Liao，2016；Meng and Zhao，2018）。此外，乡村劳动力迁移，不仅是单一的流动，而且流出地区也可能是流入地区。特别地，我们对小区域乡村劳动力迁移复杂性的研究，更是少之又少。总而言之，以上推论表明，我们应该强调对乡村劳动力迁移的地域性和区域性特征的研究（Xu et al.，2017）。

集中在劳动力迁移决策动机及其与产业结构和经济发展关系方面的大量研究（Di and Li，2008；Gray，2009），证实了收入差距、公共服务可达性和文化环境是吸引乡村劳动力的主要因素。乡村劳动力迁移可以显著促进产业结构升级，增加农民收入，刺激社会消费，从而促进经济增长（齐明珠，2014）。然而，一些研究发现，乡村劳动力迁移的增长并不是线性的，局部的城镇化和区域产业结构调整可能会减缓迁移的速度。一项基于厄瓜多尔安第斯山脉的研究发现，通过乡村移民汇款回家乡以帮助个人发展小型农业企业的方式，降低了剩余劳动力继续迁移的可能性（Gray，2009）。此外，对印度北部一个村庄的研究发现，当地城市化增加了乡村与城市之间短期往返的迁移次数，但这种类型的劳动力迁移是不完全、随机、临时性的（Coffey et al.，2015）。劳动力迁移不仅发生在净流入地区和净流出地区，在当地乡村劳动力向遥远的城市迁移时，其他类型的乡村劳动力也填补了乡村就业市场的空白（Dubey et al.，2006）。因此，乡村劳动力的区域迁移趋势和就业模式是非常复杂的。由于经典理论在考虑小区域或山区时存在诸多局限性，因此，研究乡村劳动力迁移的地域特征更具有现实意义。此外，通过结合宏观统计数据和微观问卷数据来全面解读乡村劳动力迁移趋势与驱动机制的研究也较少（Xie and Lu，2017；Xu et al.，2017；Su et al.，2018；Wan et al.，2018）。

2. 乡村劳动力迁移与生计资本

近来，越来越多的学者开始在微观生计层面上研究劳动力迁移。一般认为，个体特征和家庭特征与农民工就业区位选择最为密切。一些学者从生计资本的视角研究乡村劳动力迁移的影响因素，如劳动力的个人特征和家庭特征（Zhao，1999；程名望、潘烜，2012；Xu et al.，2015）、劳动者素质与结构、教育投资（Prayitno et al.，2013；Xu et al.，2015a）、社会信任与网络（Guang and Zheng，2005；高更等，2009）、土地与劳动力资源禀赋（田玉军等，2010；Xu，2014）、家庭农业机械所有权（Zhou et al.，2010）以及户籍制度（Boman，2014）等。

个体特征是影响农民工是否选择迁移的最重要驱动力（Lamonica and Zagaglia，2013）。基于 probit 模型，斯里达尔等（Sridhar et al.，2013）的研究表明，与乡村地区相比，女性更喜欢在城市就业；与之不同的是，徐定德等（Xu et al.，2015b）认为女性和男性劳动者的区位决策有相同的趋势，然而这种趋势并不明显。现在，越来越多的人认识到，对于人力资源贫乏的劳动者来说，增加收入的最快方法就是离开当地村庄从事非农业工作（Knight et al.，2011；Jia et al.，2013；Prayitno et al.，2013）。有研究发现，年龄和技能会显著影响农民工的区位选择（刘家强等，2011；Coffey et al.，2015），特别是刘家强等（2011）的研究证明了这一点：与在本地城市就业相比，具有技能优势的农民工会更容易选择跨区域就业。此外，有研究发现，受过高等教育的乡村劳动力更倾向于选择远离家乡的工作（Thissen et al.，2010；Fu and Gabriel，2012）。

关于家庭特征，家庭人口的负担被认为是促使劳动者走出乡村地区寻找工作的关键因素（Sridhar et al.，2013）。此外，乌拉（Ullah，2012）发现，有小孩的家庭会阻止家庭成员选择离家很远的非农行业进行工作；刘家强等（2011）指出，人均耕地每增加 0.067 公顷，农民工选择本省境内就业的概率就会增加 1.57%，因此，家庭农业生产机械化对劳动力选择省外就业具有显著的负向影响。与此同时，社会网络在劳动者就业区位选择中发挥着重要作用；在家庭层面，社会网络可以促使劳动力在选择就业地点时不必担心距离问题（章元等，2008；高更，2009）。

关于劳动力短期迁移，由于受到现有数据集性质的限制，我们对非农就业持续时间的影响因素的研究有限。正如福斯特和罗森茨韦格（Foster and Rosenzweig，2007）所解释的，关于短期迁移的研究受到现有数据集性质的限制。不过，还是有一些学者对劳动力迁移持续时间的影响因素进行了探索。有研究表明，在人口高度密集的家庭中，劳动者倾向于向非农就业进行长期迁移（Zhu，2003）；此外，家庭耕地总量和家庭农业机械拥有量对非农就业持续时间有负面影响。同时，有研究观察到，拥有更广泛社会资源的家庭更倾向于让劳动力向外迁移以获得长期就业（Deng，2015）。

乡村移民，通常被认为是改善农民生计和增强生计战略稳定性的重要途径（Milan and Ho，2014；Wan et al.，2018；Xu et al.，2019）。例如，移民的经济可以显著增加人均收入，增加非农业收入在家庭收入中的比例，并扩大非农业就业（Milan and Ho，2014）。此外，乡村移民的决定也可能受到来自自然环境所引起的生计模式变化的影响，这些变化反过来影响甚至改变生计战略（Warner and Afifi，2014；Loebach，2016）。有研究表明，影响乡村家庭生计的关键因素是移民汇款，这直接增加了家庭收入，并被用于农业投资，以提高农业种植的规模和效率，间接改善了农民的生计（Davis and Lopez-Carr，2014）。然而，也有研究表明，由于缺乏教育以及金融和社会资本的不足，短期、不成熟的乡村移民不太可能为改善家庭生计做出重大贡献（Gautam and Yograj，2017）。此外，过度的乡村移民也损害了乡村经济的增长潜力，降低了对农民生计持续改善的期望值（Liu et al.，2016）。

3. 乡村劳动力迁移与农业转型

快速城镇化背景下的乡村移民，导致农民逐渐放弃农业耕作，尤其是年轻的乡村劳动力。在发展中国家，参与农业种植的主要劳动力，已经逐渐从年轻男性转变为老年人和妇女（Chen et al.，2016；Liu et al.，2019）。乡村移民对农业种植的影响有两个方面：一是乡村移民可以通过劳动力和资本的变化改变农户的行为；二是城镇化对农业部门的需求和供给可以通过农业市场与技术效率的变化来改变农业种植的成本效益结构（Wang et al.，2019）。因此，城镇化成为乡村社会和耕作结构调整的主要驱动力。乡村移民和农业种植之间的联系，已经成为发展中国家快速城镇化的一个关键方面，影响到乡村剩余劳动力的解放、粮食安全、农产品价格、乡村建设、农业现代化、乡村土地使用和环境变化，甚至是城市化的前景（Chen et al.，2019）。在这种城乡转型和农业重组的动态框架中，乡村移民已经成为一个关键变量，因此，探索城镇化背景下乡村人口迁移和农业结构调整之间的联系，已成为发展中国家优化城乡发展和促进乡村建设的一个关键研究课题（Nguyen et al.，2019）。

小农种植是发展中国家山区乡村经济和农民生计的核心，其结构调整过程直接关系到乡村经济的发展和农民的生计战略（Samberg et al.，2016）。此外，农业结构调整也影响环境变化，如乡村土地使用和生物多样性（Chen et al.，2014）。乡村人口流动是城乡转型的动态变量，也是区域城镇化和乡村人口动态变化的驱动力。乡村移民通过农业劳动力的变化来影响农业结构的调整，乡村人口的变化也导致乡村社会和文化的重建及变化。此外，乡村移民汇款也是农业种植的重要资本来源，是农业集约化和规模化的重要推动者。然而，关于移民汇款在促进农业发展中的作用，仍然存在争议（Qin and Liao，2016）。在城乡转型和农业结构调整中，乡村移民和农业耕作已经成为这一体系演变的关键驱动力，因此，研究乡村劳动力迁移与农业结构调整之间的联系，已成为在复杂背景下分析城乡转型演变的突破口。

城镇化背景下大规模乡村劳动力迁移引发的城乡转型，已成为发展中国家乡村研究的焦点。目前的研究集中于两个问题：一是乡村移民和乡村土地使用变化之间的关系，重点是农田；二是乡村移民与耕作效率和农业投资之间的关系。城镇化和乡村移民导致乡村土地使用的变化，特别是在农田方面的变化（Siciliano，2012；Chen et al.，2014）。有关乡村人口减少对乡村景观影响的研究表明，农田废弃影响了乡村生物多样性并引发了生态景观的演替（Robson et al.，2011）。乡村劳动力外流，削弱了农业耕作，增加了农民放弃农田的可能性（Qian et al.，2016；Wang and Fu，2019；Xu et al.，2019；Zhang et al.，2019）；同时，土地的分割降低了农业劳动的边际生产率，并进一步促进乡村劳动力向非农业部门迁移（Lu et al.，2019）。人们普遍认为，乡村人口迁移，会导致农田废弃和农业耕作的弱化，但有利于保护生物多样性（Lopez-Carr and Burgdorfer，2013）。然而，越来越多的微观研究发现，乡村移民对农业有着复杂多样的影响。厄瓜多尔的一项实证分析表明，乡村移民对土地使用变化的影响是负面的，即农业劳动力的迁移不太可能导致区域森林增长（Gray and Bilsborrow，2014）。巴西的证据还表明，乡村移民与土地使用变化没有直接关系，移民汇款增加了牧场面积和毁林风险（Vanwey et al.，2012）。对中美洲移民的经济分析也表明，乡村移民的汇款支持了农田的扩大，但没有有效支持农业集约化（Davis and Lopez-Carr，2014）。基于时间序列研究的结果表明，乡村人口迁移与耕地耕作强度呈倒 N 形关系，农业投资增加，农业劳动力减少。然而，过度的乡村移民和农田耕作，不利于乡村发展、粮食安全和生态福利（Liu et al.，2016；Xiao and Zhao，2018）。

乡村移民带来的移民经济投资，影响了农业耕作效率，并通过劳务汇款促进了农业机械化和化学化的发展（He，2019；Wang and Fu，2019）；同样，移民带回先进的农业管理技术和销售机会，也促进了农业商业化和市场化（Abdul-Rahaman and Abdulai，2018；Khan et al.，2019）。尽管大规模的劳动力迁移减少了农业劳动力，但一项计量经济学分析显示，乡村劳动力迁移并没有损害粮食作物的种植效率，也没有威胁到粮食安全（Yang et al.，2016），这表明农业投资和集约化可以刺激劳动力向外迁移（Zhang et al.，2019）。越南的研究表明，移民经济改变了农民的种植结构，减少了主食作物，增加了乡村家庭作物的多样性（Nguyen et al.，2019）。此外，汇款提高了农田生产力和非农业劳动力的供应（Zhang et al.，2019）。然而，农业劳动力的变化对粮食产量的影响因地区而异；在不同发展阶段和不同地理环境中，这些关系是非线性的（Ge et al.，2018）。同样，增加农业投入可以促进农业种植效率和乡村经济发展，但过度依赖农业投入和高度集约化，并不能完全缓解城乡差距，还会带来环境隐患（Wang and Fu，2019）。乡村移民还会导致农业劳动力女性化，进而对农业耕作效率产生负面影响，且由于机械化程度的提高，这种影响更加复杂（Liu et al.，2019）。

第三节　劳动力地理景观研究框架

一、劳动力地理景观研究现状

1. 选题的必要性与重要性

劳动力迁移在国内外都已有非常丰富的研究和比较成熟的理论，但由于不同的国情及社会经济制度，国内的研究又表现出不同的特征：研究对象主要围绕城镇化过程中乡城间劳动力迁移展开；研究视角主要基于新古典主义经济学，仍将劳动力视为一种生产要素；研究主题主要聚焦于生计、就业、产业等经济要素；研究范围主要限于国内的省内、省际迁移以及本地迁移等，而较少涉及跨国劳动力迁移与全球劳动力市场。一直以来，经济学者是我国研究劳动力迁移及城市转型发展的主力，相应地，结论也主要是基于发展经济学的视角。而地理学对劳动力迁移及城市转型的研究以经济地理学为主导，主要理论是工业区位论，将劳动力视为区位要素来考察城市转型与经济发展，未能从劳动力的主体性和能动性去认识劳动力在城市转型发展中的重要性，较少关注影响劳动力空间生产与身体实践的社会管治制度和文化环境，也缺乏基于地理学跨区域视角来解析城市转型发展背景下劳动力地理景观的研究。国外从劳动力地理学视角研究劳动力主体能动性和空间生产性已有 20 余年的历史，但对国内地理学界而言劳动力地理学仍是一个较为陌生的理论。截至 2021 年 5 月，能够查阅到的中文学术文献也仅叶奇等、金利霞等、黄耿志等、贺灿飞等撰写的综述性文章（叶奇、刘卫东，2004；金利霞、李郇，2013；贺灿飞，2014；黄耿志，2017；徐德斌、赫曦滢，2018；金利霞，2019），另有刘淑红翻译的《工作空间：全球资本主义与劳动力地理学》及贺灿飞所著《高级经济地理学》中对劳动力地理学与劳动力地理景观的综述性报道

（卡斯特利科等，2015；贺灿飞，2021），未见有关劳动力地理学的实证研究。当下中国正在经历人口大迁徙与城镇化战略转型，国内学者对劳动地理学的开拓与尝试才刚刚开始。因此，从学术探索与应用实践两个角度来讲，基于劳动力地理学的视角剖析当下中国正经历的乡城人口迁移与城市转型发展间的关系研究亟须开拓。

2. 国内外研究中的差异性

虽然劳动力地理学在国外取得长足发展，但是将其研究结论直接应用于中国劳动力的研究仍面临一些困难与制约。劳动力地理学的核心思想是从劳动力本身的能动性与主体性去认识劳动力地理景观和城市发展，但国内研究对于劳动力的能动性认识较为模糊，无法从主观或客观的视角差别对待劳动力的能动性，缺乏对劳动力能动性的过程转换认识。由于欧美发达国家均已进入城镇化与工业化后期，国内乡城间劳动力迁移极少，所以，欧美劳动力地理学研究更加关注全球资本主义市场与劳动力分工以及跨国劳动力迁移和难民就业等，缺乏城镇化背景下的劳动力乡城迁移研究，所以，一些研究结论与理论模型无法直接适用于中国。现有国外劳动力空间隔离与移民融合研究重点集中于跨国移民、种族冲突、移民犯罪、宗教与文化差异等（Papastergiadis，2018），而比较忽视中国迁移劳动力更为在意的居住成本、户籍制度、家庭迁移、公共服务与社会保障等更为细致的问题。国外的劳动力地理学认为劳工组织、工人运动和社会空间生产策略对劳动力地理景观具有重要影响，而由于中国特色的政治经济制度，劳工组织与迁移者群体行动在中国发展不够成熟，所以，中国的劳资关系及文化环境对劳动力空间生产与身体实践有何影响值得探讨（黄耿志，2017；金利霞，2019）。

3. 国内研究中的新问题与新挑战

目前国内对劳动力迁移及城市转型的研究已迈过宏观统计描述与专题探讨的阶段，正逐步步入学科交叉与集成融合研究的阶段。而地理学在研究过程中暴露出一些不足之处，目前地理学研究的理论与方法主要以经济学和社会学（人口学）为主导，未能形成自己的学科理论与方法。在诸多研究中，地理学特色不够鲜明，表现出更多经济管理与社会发展的特色，造成定量分析不如经济学、定性分析不如社会学的尴尬局面。随着城镇化战略的转型，城市转型发展也走向深入。在此背景下，劳动力与人口迁移均将呈现新的特点与趋势，而已有研究的分析重点集中在由乡及城和由城返乡的迁移行为中，缺乏对迁移劳动力在城市中的就业、居住与生活特征等完整生命历程的研究，对他们在劳动力市场与就业关系、住房市场与居住选择、邻里交往与社会融合中的适应过程研究不深；在对劳动力迁移与城市转型发展间关系的研究中，暗含劳动力无差异性和空间均等性的假设，忽视了行业、区域对劳动力地理景观的差异影响。

此外，国内对劳动力迁移的研究主要是从经济差异、预期收入、家庭生计、居留意愿等视角切入，而缺乏对劳动力的空间生产与身体实践对经济地理格局及市民化进程的影响研究，如迁移、就业与居住选择、邻里交往、身份转型与自我价值实现等，这些都将有助于从劳动力主体视角理解转型期中国的城镇化战略转型与城市空间重构。

当前地理学研究，尤其是人文地理学研究范式，正在经历由计量革命向制度与人文主义转向，更加突出人的能动性与主体性在地理空间及社会空间层面上的格局、过程、机制和服务等。人口地理学也逐渐从空间转型与重构的视角审视人口的流迁、就业、居住、婚姻家庭、社会交往等个体生命历程，启迪区域政策与管治的人本主义服务性和内生驱动性。研究过程注重从人与空间的嵌入性、流迁性及脱钩程序来重点揭示个体同群体、群体同社会的响应性与适应性，以揭示个体与空间的联通渠道以及转型过程中身体实践、结构调整与自我修复的过程及机制。研究意义倾向于感叹时代转型与个体发展的生命历程，并从广泛意义上的经济、服务、制度、文化方面为社会融合、群体均衡、地理正义而呐喊。在此趋势下，人口地理学对乡城劳动力迁移的研究将在保持地理学对空间格局、过程与机制研究优势的基础上，深入到迁移群体内部，借鉴经济学、社会学的优秀思想与概念方法，从个体的能动性视角审视地理格局与过程的转型及重构，从基质到单元再到格局的升尺度序列上剖析地理景观的演化与自组织。

二、研究框架

1. 研究框架的提出

基于对目前国内外有关劳动力地理学、劳动力迁移理论和实证研究的系统梳理以及文献述评，可以发现：

虽然劳动力地理学的理论在西方早已提出，国内也有少量综述性文章报道劳动力地理学，但尚未有运用劳动力地理学的理论实证研究中国的乡城劳动力迁移。同时，中国宏大的乡城劳动力迁移规模、广泛的区域发展差异与正在经历的深刻的社会转型和变革，为研究劳动力地理景观与城市转型发展之间的空间关系提供了绝佳案例。所以，本书以劳动力地理学为理论基础，基于微观社会调查数据构建地理景观指数，将乡城迁移劳动力地理景观作为核心研究对象，力图为劳动力地理学的中国化研究实践提供有益的尝试与探索。

我国幅员辽阔，城镇化水平空间分异显著，东中西区域间城市的发展阶段与城市特征具有梯度差异性。同时，经济发展的技术进步与边际改革深化了不同经济行业、不同生产部门间的劳动市场分割性，新业态经济的发展对劳动力市场要素与效率的调整及重塑锐化了劳动力地理景观的行业与部门分异性。当前，人口大迁徙背景下乡城劳动力迁移处于跨区域迁移和区域内迁移并存阶段，其迁移目的与路径更加多元化。在此背景下，乡城迁移劳动力地理景观有何特点？不同行业与区域的劳动力地理景观有何差异？劳动力地理景观如何适应不同城市的转型发展？乡城劳动力的迁移趋势会如何影响劳动力地理景观？

劳动力市场分割与弹性理论为研究城市转型发展中迁移劳动力的就业关系和职业发展提供了分析工具，而劳动力主体性与能动性则成为研究城市迁移劳动力身体实践和社会空间生产的切入视角。由此，本书基于劳动力地理景观来重点剖析劳动力市场重塑与就业关系调整的背景和影响，探讨劳动力个体或群体同城市空间的交互关系、选择行和与适应过程，阐述劳动力社会空间实践对城市转型发展的能动性影响及其制度性约束。

新型城镇化战略人本主义转向的核心要义之一是推动以农民工为主体的城市迁移人口的市民化进程。本书为体现理论研究贴合于政策实践，积极响应国家发展议程，从劳动力地理景观的视角归纳乡城迁移劳动力在城市中迁移、就业、居住与社会生活的特征，分析其就业关系、职业发展、居住选择、邻里交往、社会参与同社会融合的关系，积极探讨乡城迁移劳动力同城市转型发展的联通渠道、空间生产与重构、交互感知与身体实践、适应过程与均衡机制，阐述迁移群体能动性景观的社会空间影响，为促进转型期中国城市迁移人口的社会融合与升级提供地理学视角的政策依据。

2. 理论架构与研究逻辑

综上所述，在此建立起本书的理论架构与研究逻辑（图 3–3）。整个研究以劳动力地理学为理论基础和分析视角，根据劳动力地理学的研究基本范式和国内外研究前沿的人本主义转向趋势，遵循劳动力主体性与能动性这一核心脉络，搭建整个研究的理论架构并由此深化出全文的研究逻辑。

整体来看，研究理论架构置于地理学研究人本主义转向趋势和升尺度的研究对象序列所构建的坐标系下，以人本主义转向与多尺度演绎为逻辑起点，从纵向和横向两个维度来搭建全文的理论架构与研究逻辑。在横向维度上，首先以劳动力地理学为理论基础，参考女性地理学、马克思主义地理学等前沿学科的最新理论，以人本主义和结构主义为分析视角，以乡城迁移劳动力的主体性与能动性为核心脉络，以地理叙事

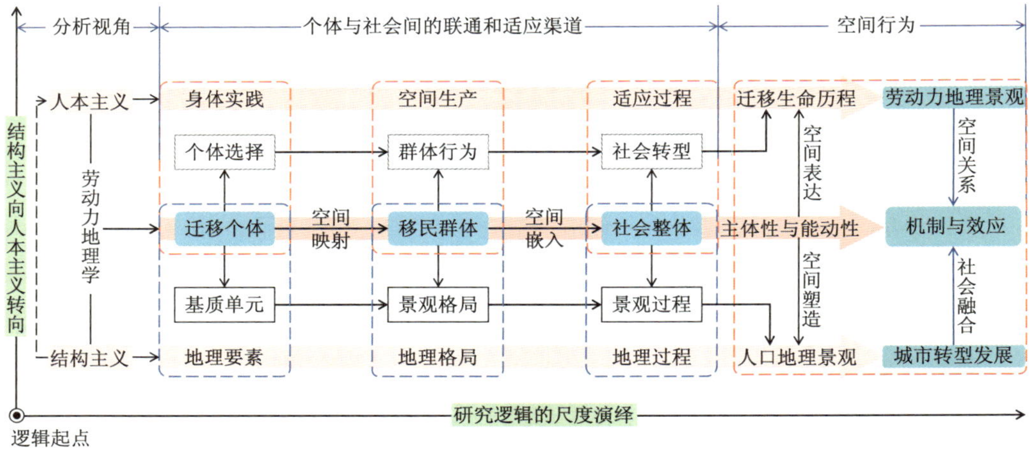

图 3–3　本书理论架构与研究逻辑

主义为组织顺序，延伸出个体与社会间的联通与适应渠道的研究流程。在研究流程中，分析对象遵循迁移个体到移民群体再到社会整体的顺序，并在人本主义与结构主义视角下，并行发展出个体选择到群体行为再到社会转型以及从基质单元到景观格局再到景观过程两条地理叙事脉络。在人本主义视角下，研究体现出从身体实践到空间生产再到适应过程的理论引导，探究身体与空间关系的中国化理解；在结构主义视角下，研究逻辑保持了经典地理学对要素、格局与过程分析的优势，旨在透视乡城劳动力迁移的景观性表达。在个体与社会的联通和适应渠道背后，从不同分析视角延伸出不同主体的空间行为及其交互关系。在空间行为部分，人本主义视角下的个体与群体的身体实践和空间生产被提炼为迁移生命历程，并被主体性与能动性表达为劳动力地理景观；结构主义视角下的基质单元与景观格局在不同城市和行业劳动者的主体性下被塑造为人口地理景观，并作为城镇化宏大叙事的一部分被嵌入到城市转型发展中。

在纵向维度上，结构主义和人本主义分析视角被劳动者的主体性与能动性有机统一起来。在研究逻辑的个体、群体与整体尺度演绎过程中，从不同分析视角解读劳动者主体性与能动性在迁移生命历程和人口地理景观中的意义及内涵，从而在核心脉络上衍射出平行逻辑。基于劳动者主体能动性在尺度演绎中的统一性，不同分析视角下的空间行为相互作用、修复、调整与重塑，这其中的交互关系、动态特征与内在机制、效应及其背后广泛的政策实践、社群交往、制度建设等空间关系与治理成为本书核心的科学问题及研究方向。从人本主义与结构主义的平行视角审视乡城劳动力迁移及城镇化战略转型这一宏大叙事，有助于避免基于单一视角的透视偏转与折射局限。乡城劳动力迁移作为移民个体及群体同城市与社会共同演绎的宏大地理叙事，其过程在个体、群体与社会多尺度上自我演化出相互平行且紧密相关的多条叙事脉络。不同叙事脉络所折射出的空间行为与关系因研究对象背后主体——人的主体性与能动性而汇集于一起，其交互关系、机制与效应直接关系到各叙事脉络的时空过程和演进方向。所以，从结构主义到人本主义的多维分析视角，有助于从不同主体、不同尺度认识与解读乡城劳动力迁移和城镇化战略转型的叙事结构，提升分析视角的高度、维度与跨度，从而促进研究结论的中立性、客观性、代表性与科学性。

尽管全文研究架构与研究逻辑同时从人本主义与结构主义两个分析视角来搭建，但并不代表两个视角的分析力度与深度是一致的。全文核心叙事脉络为迁移个体到移民群体再到社会整体，为力图揭示出这一叙事脉络背后对象的主体性与能动性在空间映射、空间嵌入、空间表达、空间塑造等空间行为关系中的内在角色和逻辑，本研究分析重点偏向于人本主义叙事脉络。人本主义的分析视角有助于深化理解在特定背景下劳动力个体或群体如何基于自身的身体实践与空间生产来影响和重塑社会空间及其转型过程，以更好地从乡城迁移劳动力的视角理解中国正在发生的城镇化战略与经济结构转型及其空间重构，这也将成为本研究理论架构与研究逻辑的主要创新内容。同时，本研究仍保持地理学在结构主义分析框架中的优势，从要素、格局到过程的研究逻辑来梳理地理景观的组分、区域行业格局与演化过程，使得全文理论架构均能置于地理学研究范式中。通过在经典地理学优势基础上引入劳动力地理学、女性地理学与马克思主义地理学等前沿理论，以体现出本书理论架构学科交叉与集成融合研究的特色。

参 考 文 献

[1] ABDUL-RAHAMAN A, A ABDULAI. Do farmer groups impact on farm yield and efficiency of smallholder farmers? Evidence from rice farmers in northern Ghana[J]. Food Policy, 2018, 81: 95-105.

[2] ALEKSYNSKA M. Temporary employment, work quality, and job satisfaction[J]. Journal of Comparative Economics, 2018, 46(3): 722-735.

[3] ARANGO J. Theories of international migration[M]. Routledge, 2017: 25-45.

[4] BAILEY A J, D DRBOHLAV, J SALUKVADZE. Migration and pastoral power through life course: evidence from Georgia[J]. Geoforum, 2018, 91: 97-107.

[5] BIRCH K, M SIEMIATYCKI. Neoliberalism and the geographies of marketization: the entangling of state and markets[J]. Progress in Human Geography, 2016, 40(2): 177-198.

[6] BIRKS H H, H BIRKS, P E KALAND, et al. The cultural landscape: past, present and future[M]. Cambridge University Press, 1988.

[7] BOLÍBAR M. Social capital, human capital and ethnic occupational niches: an analysis of ethnic and

gender inequalities in the Spanish labour market[J]. Palgrave Communications, 2020, 6(1): 22.
[8] BOMAN J X. China's rural migrant workers and the household registration system: a case study of the effects of the Shanghai Hukou system reforms in a citizenship perspective[D]. Lund: Lund University, 2014.
[9] BORJAS G J. The economics of immigration[J]. Journal of Economic Literature, 1994, 32(4): 1667-1717.
[10] BRÜDERL J, F KRATZ, G BAUER. Life course research with panel data: an analysis of the reproduction of social inequality[J]. Advances in Life Course Research, 2019, 41: 100247.
[11] CAO M, XU D, XIE F, et al. The influence factors analysis of households' poverty vulnerability in southwest ethnic areas of China based on the hierarchical linear model: a case study of Liangshan Yi autonomous prefecture[J]. Applied Geography, 2016, 66: 144-152.
[12] CASTREE N. Geographic scale and grass-roots internationalism: the Liverpool dock dispute, 1995-1998[J]. Economic Geography, 2000, 76(3): 272-292.
[13] CASTREE N. Labour geography: a work in progress[J]. International Journal of Urban and Regional Research, 2007, 31(4): 853-862.
[14] CHAN A, XIAO Y Z. Disciplinary labor regimes in Chinese factories[J]. Critical Asian Studies, 2003, 35(4): 559-584.
[15] CHAPMAN K, D F Walker. Industrial location: principles and policies[M]. Cambridge: Basil Blackwell, 1991.
[16] CHEN C, ZHAO M. The undermining of rural labor out-migration by household strategies in China's migrant-sending areas: the case of Nanyang, Henan province[J]. Cities, 2017, 60: 446-453.
[17] CHEN J, WANG Y, WEN J, et al. The influences of aging population and economic growth on Chinese rural poverty[J]. Journal of Rural Studies, 2016, 47: 665-676.
[18] CHEN M, GONG Y, LU D, et al. Build a people-oriented urbanization: China's new-type urbanization dream and Anhui model[J]. Land Use Policy, 2019, 80: 1-9.
[19] CHEN R, YE C, CAI Y, et al. The impact of rural out-migration on land use transition in China: past, present and trend[J]. Land Use Policy, 2014, 40: 101-110.
[20] CHISWICK B R. The effect of Americanization on the earnings of foreign-born Men[J]. Journal of Political Economy, 1978, 86(5): 897-921.
[21] CLARK G L. A question of integrity: the national labor relations board, collective bargaining and the relocation of work[J]. Political Geography Quarterly, 1988, 7(3): 209-227.
[22] CLARK G L. Restructuring the US economy: the NLRB, the Saturn project, and economic justice[J]. Economic Geography, 1986, 62(4): 289.
[23] COE N M, J STARTING. Labour and global production networks: mapping variegated landscapes of agency[J]. Putting Labour in its Place: Labour Process Analysis and Global Value Chains, 2015: 171.
[24] COFFEY D, J PAPP, D SPEARS. Short-term labor migration from rural north India: evidence from new survey data[J]. Population Research & Policy Review, 2015, 34(3): 361-380.
[25] COHEN R. Migration and its enemies: global capital, migrant labour and the nation-state[M]. London; New York: Routledge, 2006.
[26] CRUMP J R, C D MERRETT. Scales of struggle: economic restructuring in the US midwest[J]. Annals of the Association of American Geographers, 1998, 88(3): 496-515.

[27] DAVIS J, D LOPEZ-CARR. Migration, remittances and smallholder decision-making: implications for land use and livelihood change in central America[J]. Land Use Policy, 2014, 36: 319-329.

[28] DENG N. The social capital's impact on rural labor employment time[D]. Beijing: Beijing Forestry University, 2015.

[29] DI J, LI Y. Rural labor transfer mode and regional nonequilibrium degree comparative study in Shandong and Henan provinces[J]. China Population Resources & Environment, 2008, 18(5): 189-193.

[30] DUBEY A, R PALMER-JONES, K SEN. Surplus labour, social structure and rural to urban migration: evidence from Indian data[J]. European Journal of Development Research, 2006, 18(1): 86-104.

[31] EICHHORST W, P MARX, C WEHNER. Labor market reforms in Europe: towards more flexicure labor markets?[J]. Journal for Labour Market Research, 2017, 51(1): 3.

[32] ETTLINGER N. Labor market and industrial change: the competitive advantage and challenge of harnessing diversity[J]. Competition & Change, 2016, 4(2): 171-210.

[33] ETZO I. The determinants of the recent interregional migration flows in Italy: a panel data analysis[J]. Journal of Regional Science, 2011, 51(5): 948-966.

[34] FAN C C. Migration and labor-market returns in urban China: results from a recent survey in Guangzhou[J]. Environment and Planning A, 2001, 33(3): 479-508.

[35] FINE J, R MILKMAN, N ISKANDER, et al. Celebrating the enduring contribution of birds of passage: migrant labor and industrial societies[J]. ILR Review, 2016, 69(3): 774-782.

[36] FOSTER A D, M R ROSENZWEIG. Chapter 47 economic development and the decline of agricultural employment[J]. Handbook of Development Economics, 2007, 4: 3051-3083.

[37] FRÖBEL F, J HEINRICHS, O KREYE. The new international division of labour: structural unemployment in industrialised countries and industrialisation in developing countries[M]. New York: Cambridge University Press, 1980.

[38] FU Y, S A GABRIEL. Labor migration, human capital agglomeration and regional development in China[J]. Regional Science and Urban Economics, 2012, 42(3): 473-484.

[39] FUSSELL E, D S MASSEY. The limits to cumulative causation: international migration from Mexican urban areas[J]. Demography, 2004, 41(1): 151-171.

[40] GAUTAM, YOGRAJ. Seasonal migration and livelihood resilience in the face of climate change in Nepal[J]. Mountain Research & Development, 2017, 37(4): 436-445.

[41] GE D, LONG H, ZHANG Y, et al. Analysis of the coupled relationship between grain yields and agricultural labor changes in China[J]. Journal of Geographical Science, 2018, 28: 93-108.

[42] GERICKE D, A BURMEISTER, J LÖWE, et al. How do refugees use their social capital for successful labor market integration? An exploratory analysis in Germany[J]. Journal of Vocational Behavior, 2018, 105: 46-61.

[43] GONG F, XU J, K FUJISHIRO, et al. A life course perspective on migration and mental health among Asian immigrants: the role of human agency[J]. Social Science & Medicine, 2011, 73(11): 1618-1626.

[44] GRAU H R, T M AIDE. Are rural-urban migration and sustainable development compatible in mountain systems?[J]. Mountain Research and Development, 2007, 27(2): 119-123.

[45] GRAY C L, R E BILSBORROW. Consequences of out-migration for land use in rural Ecuador[J]. Land Use Policy, 2014, 36: 182-191.

[46] GRAY C L. Rural out-migration and smallholder agriculture in the southern Ecuadorian Andes[J].

Population & Environment, 2009, 30(4-5): 193-217.

[47] GUANG L, ZHENG L. Migration as the second-best option: local power and off-farm employment[J]. China Quarterly, 2005(181): 22-45.

[48] GUEST D E, K ISAKSSON. Temporary employment contracts and employee well-being during and after the financial crisis: introduction to the special issue[J]. Economic and Industrial Democracy, 2018, 40(2): 165-172.

[49] HAGAN J, H R EBAUGH. Calling upon the sacred: migrants' use of religion in the migration process[J]. The International Migration Review, 2003, 37(4): 1145-1162.

[50] HARRIS J R, M P TODARO. Migration, unemployment and development: a two-sector analysis[J]. The American Economic Review, 1970, 60(1): 126-142.

[51] HARVEY D. Revolutionary and counter revolutionary theory in geography and the problem of ghetto formation[M]. Routledge, 2017: 75-88.

[52] HAUGHTON G, J PECK. Geographies of labour market governance[J]. Regional Studies, 1996, 30(4): 319-321.

[53] HE Q, T P GERBER. Origin-country culture, migration sequencing, and female employment: variations among immigrant women in the United States[J]. International Migration Review, 2020, 54(1): 233-261.

[54] HE X. China's electrification and rural labor: analysis with fuzzy regression discontinuity[J]. Energy Economics, 2019, 81(6): 650-660.

[55] HEROD A. From a geography of labor to a labor geography: labor's spatial fix and the geography of capitalism[J]. Antipode, 1997, 29(1): 1-31.

[56] HEROD A. Labour geography: where have we been? where should we go?[M]. London; New York: Routledge, 2016: 25-38.

[57] HOANG L A. Vietnamese migrant networks in Taiwan: the curse and boon of social capital[J]. Ethnic and Racial Studies, 2016, 39(4): 690-707.

[58] HOWELL J, T PRINGLE. Shades of authoritarianism and state-labour relations in China[J]. British Journal of Industrial Relations, 2019, 57(2): 223-246.

[59] HU Y, ZHOU W, YUAN T. Environmental impact assessment of ecological migration in China: a survey of immigrant resettlement regions[J]. Journal of Zhejiang University-Science A, 2018, 19(3): 240-254.

[60] JIA X, XIANG C, HUANG J. Microfinance, self-employment, and entrepreneurs in less developed areas of rural China[J]. China Economic Review, 2013, 27: 94-103.

[61] KELLY P F. Spaces of labour control: comparative perspectives from southeast Asia[J]. Transactions of the Institute of British Geographers, 2002, 27(4): 395-411.

[62] KELLY P F. The political economy of local labor control in the Philippines[J]. Economic Geography, 2001, 77(1): 1-22.

[63] KHAN M F, Y NAKANO, T KUROSAKI. Impact of contract farming on land productivity and income of maize and potato growers in Pakistan[J]. Food Policy, 2019, 85: 28-39.

[64] KNIGHT J, DENG Q, LI S. The puzzle of migrant labour shortage and rural labour surplus in China[J]. China Economic Review, 2011, 22(4): 585-600.

[65] KRISSMAN F. Sin coyote ni patron: why the "migrant network" fails to explain international

migration[J]. International Migration Review, 2005, 39(1): 4-44.
[66] KUMAR N, A S SIDHU SOURCE. Pull and push factors in labour migration: a study of Brick-Kiln workers in Punjab[J]. Indian Journal of Industrial Relations, 2005, 41(2): 221-232.
[67] LAMONICA G R, B ZAGAGLIA. The determinants of internal mobility in Italy, 1995-2006: a comparison of Italians and resident foreigners[J]. Demographic Research, 2013, 29(16): 407-440.
[68] LEE E S. A theory of migration[J]. Demography, 1966, 3(1): 47.
[69] LI Y, JIA L, WU W, et al. Urbanization for rural sustainability-rethinking China's urbanization strategy[J]. Journal of Cleaner Production, 2018, 178: 580-586.
[70] LIBERTY S E, J L ZIMMERMAN. Labor union contract negotiations and accounting choices[J]. Accounting Review, 1986: 692-712.
[71] LIU G, WANG H, CHENG Y, et al. The impact of rural out-migration on arable land use intensity: evidence from mountain areas in Guangdong, China[J]. Land Use Policy, 2016, 59: 569-579.
[72] LIU J, XU Z, ZHENG Q, et al. Is the feminization of labor harmful to agricultural production? The decision-making and production control perspective[J]. Journal of Integrative Agriculture, 2019, 18(6): 1392-1401.
[73] LIU X. Empirical research on the mechanisms of migration of rural laborers from Ningxia Hui Autonomous Region[J]. Review of Black Political Economy, 2013, 40(3): 299-314.
[74] LOEBACH P. Household migration as a livelihood adaptation in response to a natural disaster: Nicaragua and Hurricane Mitch[J]. Population & Environment, 2016, 38(2): 185-206.
[75] LOPEZ-CARR D, J BURGDORFER. Deforestation drivers: population, migration, and tropical land use[J]. Environment Science & Policy for Sustainable Development, 2013, 55(1): 3-11.
[76] LU H, XIE H, YAO G. Impact of land fragmentation on marginal productivity of agricultural labor and non-agricultural labor supply: a case study of Jiangsu, China[J]. Habitat International, 2019, 83: 65-72.
[77] LYU H, DONG Z, M ROOBAVANNAN, et al. Rural unemployment pushes migrants to urban areas in Jiangsu province, China[J]. Palgrave Communications, 2019, 5(1): 92.
[78] MA X. Labor market segmentation by industry sectors and wage gaps between migrants and local urban residents in urban China[J]. China Economic Review, 2018, 47: 96-115.
[79] MA X. Labor market segmentation by public-private sector and its influence on gender wage gap[M]. Springer, 2018: 109-137.
[80] MARINESCU C. Flexicurity of the labor market through the formal/informal duality, in the context of globalization[J]. Revista de Management Comparat International, 2018, 19(4): 372-380.
[81] MARTIN R, P SUNLEY, J WILLS. The geography of trade union decline: spatial dispersal or regional resilience?[J]. Transactions of the Institute of British Geographers, 1993, 18(1): 36-62.
[82] MASSEY D S, M AYSA-LASTRA. Social capital and international migration from Latin America[J]. International Journal of Population Research, 2011(834145): 1-18.
[83] MASSEY D S. Social structure, household strategies, and the cumulative causation of migration[J]. Population Index, 1990, 56(1): 3-26.
[84] MASSEY D. In what sense a regional problem?[J]. Regional Studies, 1979, 13(2): 233-243.
[85] MASSEY D. Spatial divisions of labor: social structures and the geography of production[M]. Basingstoke: Macmillan International Higher Education, 1995.
[86] MCDOWELL L. Feminists rethinking the economic: the economics of gender/the gender of

economics[J]. The Oxford Handbook of Economic Geography, 2000: 497-517.
[87] MCDOWELL L. Roepke lecture in economic geography—the lives of others: body work, the production of difference, and labor geographies[J]. Economic Geography, 2015, 91(1): 1-23.
[88] MENG L, ZHAO M Q. Permanent and temporary rural-urban migration in China: evidence from field surveys[J]. China Economic Review, 2018, 51: 228-239.
[89] MERRIFIELD A. The general law of US capitalist accumulation: contingent work and the working class[J]. Antipode, 2000, 32(2): 176-198.
[90] MILAN A, R HO. Livelihood and migration patterns at different altitudes in the central highlands of Peru[J]. Climate & Development, 2014, 6(1): 69-76.
[91] MITCHELL D. Labor's geography: capital, violence, guest workers and the post-World War II landscape[J]. Antipode, 2011, 43(2): 563-595.
[92] MONIOS J. Geographies of governance in the freight transport sector: the British case[J]. Transportation Research Part A: Policy and Practice, 2019, 121: 295-308.
[93] MONTE F, S J REDDING, E ROSSI-HANSBERG. Commuting, migration, and local employment elasticities[J]. American Economic Review, 2018, 108(12): 3855-3890.
[94] MOORE D. Labor market segmentation and its implications: inequality, deprivation, and entitlement[M]. London; New York: Routledge, 2016.
[95] MORTON A J B. The role of law in regimes of labour relations: a critique and corrective of comparative political economy[D]. University of Leeds, 2018.
[96] NGUYEN D L, U GROTE, T T NGUYEN. Migration and rural household expenditures: a case study from Vietnam[J]. Economic Analysis and Policy, 2017, 56: 163-175.
[97] NGUYEN D L, U GROTE, T T NGUYEN. Migration, crop production and non-farm labor diversification in rural Vietnam[J]. Economic Analysis and Policy, 2019, 63: 175-187.
[98] OBERHAUSER A M. Feminism and economic geography: gendering work and working gender[M]. A Companion to Economic Geography, 2000: 60-76.
[99] ONO H. Globalization and greater flexibility in the Japanese labor market: exploring the Macro-Micro link[J]. Journal of Asia-Pacific Business, 2017, 18(4): 242-261.
[100] PAPASTERGIADIS N. The turbulence of migration: globalization, deterritorialization and hybridity[M]. John Wiley & Sons, 2018.
[101] PECK J. Doing regulation[J]. The Oxford Handbook of Economic Geography, 2000: 61-80.
[102] PECK J. Labor and agglomeration: control and flexibility in local labor markets[J]. Economic Geography, 1992, 68(4): 325-347.
[103] PECK J. Pluralizing labor geography[M]. Oxford: Oxford University Press, 2018: 465-484.
[104] PEET R. Relations of production and the relocation of United States manufacturing industry since 1960[J]. Economic Geography, 1983, 59(2): 112-143.
[105] PEOU C. Negotiating rural-urban transformation and life course fluidity: rural young people and urban sojourn in contemporary Cambodia[J]. Journal of Rural Studies, 2016, 44: 177-186.
[106] POSNER P W. Labour market flexibility, employment and inequality: lessons from Chile[J]. New Political Economy, 2017, 22(2): 237-256.
[107] POUFINAS T, G GALANOS. The impact of migration on capital markets[J]. Theoretical Economics Letters, 2018, 8(11): 2550-2558.

[108] PRAYITNO G, A A NUGRAHA, N SARI. The impact of international migrant workers on rural labour availability(case study Ganjaran Village, Malang Regency)[J]. Procedia Environmental Sciences, 2013, 17: 992-998.

[109] QIAN W, WANG D, ZHENG L. The impact of migration on agricultural restructuring: evidence from Jiangxi province in China[J]. Journal of Rural Studies, 2016, 47: 542-551.

[110] QIANG L. An analysis of push and pull factors in the migration of rural workers in China[J]. Social Sciences in China, 2003, 1: 125-136.

[111] QIN H, LIAO T F. Labor out-migration and agricultural change in rural China: a systematic review and meta-analysis[J]. Journal of Rural Studies, 2016, 47: 533-541.

[112] RAI P. Seasonal masculinities: seasonal labor migration and masculinities in rural western India[J]. Gender, Place & Culture, 2020, 27(2): 261-280.

[113] RINALLO D, H BATHELT, F GOLFETTO. Economic geography and industrial marketing views on trade shows: collective marketing and knowledge circulation[J]. Industrial Marketing Management, 2017, 61: 93-103.

[114] ROBERTS K D. Agrarian structure and labor mobility in rural Mexico[J]. Population and Development Review, 1982, 8: 299-322.

[115] ROBSON P J, F BERKES, et al. Exploring some of the myths of land use change: can rural to urban migration drive declines in biodiversity?[J]. Global Environmental Change, 2011, 21: 844-854.

[116] ROGALY B. Spaces of work and everyday life: labour geographies and the agency of unorganised temporary migrant workers[J]. Geography Compass, 2009, 3(6): 1975-1987.

[117] SAMBERG L H, J S GERBER, N RAMANKUTTY, et al. Subnational distribution of average farm size and smallholder contributions to global food production[J]. Environmental Research Letters, 2016, 11(12): 124010.

[118] SCHUMPETER J A. Theory of economic development[M]. London; New York: Routledge, 2017.

[119] SHEN H, TAO S, CHEN Y, et al. Urbanization-induced population migration has reduced ambient PM2.5 concentrations in China[J]. Science Advances, 2017, 3(7): e1700300.

[120] SICILIANO G. Urbanization strategies, rural development and land use changes in China: a multiple-level integrated assessment[J]. Land Use Policy, 2012, 29(1): 165-178.

[121] SJAASTAD L A. The costs and returns of human migration[J]. Journal of Political Economy, 1962, 70(5): 80-93.

[122] SONG J. Labor migration and market segmentation in China[M]. World Scientific, 2017: 199-218.

[123] SPRENGER J, M KLAGES, M H BREITNER. Cost-benefit analysis for the selection, migration, and operation of a campus management system[J]. Business & Information Systems Engineering, 2010, 2(4): 219-231.

[124] SRIDHAR K S, A V REDDY, P SRINATH. Is it push or pull? Recent evidence from migration into Bangalore, India[J]. Journal of International Migration and Integration, 2013, 14(2): 287-306.

[125] STARK O, D E BLOOM. The new economics of labor migration[J]. The American Economic Review, 1985, 75(2): 173-178.

[126] STARK O, J E TAYLOR. Migration incentives, migration types: the role of relative deprivation[J]. The Economic Journal, 1991, 101(408): 1-163.

[127] STEINER U K, S TULJAPURKAR. Drivers of diversity in individual life courses: sensitivity of the

population entropy of a Markov chain[J]. Theoretical Population Biology, 2020, 133: 159-167.
[128] STORPER M, R WALKER. The theory of labour and the theory of location[J]. International Journal of urban and regional research, 1983, 7(1): 1-43.
[129] STRAUSS K, S MCGRATH. Temporary migration, precarious employment and unfree labour relations: exploring the "continuum of exploitation" in Canada's temporary foreign worker program[J]. Geoforum, 2017, 78: 199-208.
[130] STULP G, R SEAR. How might life history theory contribute to life course theory?[J]. Advances in Life Course Research, 2019, 41: 100-281.
[131] SU Y, TESFAZION P, ZHAO Z. Where are the migrants from? Inter- vs. intra-provincial rural-urban migration in China[J]. China Economic Review, 2018, 47: 142-155.
[132] TASIĆ S. Time of globalization: union density and labour market flexibility[J]. Mali Levijatan: studentski časopis za politološke teme, 2019, 6(1): 74-93.
[133] THISSEN F, J D FORTUIJN, D STRIJKER, et al. Migration intentions of rural youth in the westhoek, flanders, Belgium and the Veenkoloniën, the Netherlands[J]. Journal of Rural Studies, 2010, 26(4): 428-436.
[134] TODARO M P. A model of labor migration and urban unemployment in less developed countries[J]. The American Economic Review, 1969, 59(1): 138-148.
[135] ULRICH A, C I SPERANZA, P RODEN, et al. Small-scale farming in semi-arid areas: livelihood dynamics between 1997 and 2010 in Laikipia, Kenya[J]. Journal of Rural Studies, 2012, 28(3): 241-251.
[136] ULLAH A K M A. Bright city lights and slums of dhaka city: determinants of rural-urban migration in Bangladesh[J]. Migration Letters, 2004, 1(1): 26-41.
[137] VANWEY L K, G R GUEDES, A O D'ANTONA. Out-migration and land-use change in agricultural frontiers: insights from altamira settlement project[J]. Population & Environment, 2012, 34(1): 44-68.
[138] VIDAL S, K LUTZ. Internal migration over young adult life courses: continuities and changes across cohorts in west Germany[J]. Advances in Life Course Research, 2018, 36: 45-56.
[139] VISSER M A. Reshaping migrant labour market geographies: local regularisations and the informal economy[J]. Population, Space & Place, 2017, 23(7): e2025.
[140] VISSER M A. The color gradient of economic opportunity: implications of skin tone labor market segmentation for Puerto Ricans in the United States[J]. Centro Journal, 2019, 31(3): 47-71.
[141] WALKER R, M STORPER. The capitalist imperative: territory, technology and industrial growth[M]. Oxford: Basil Blackwell, 1989.
[142] WAN J, DENG W, SONG X, et al. Spatio-temporal impact of rural livelihood capital on labor migration in Panxi, southwestern mountainous region of China[J]. Chinese Geographical Science, 2018, 28(1): 153-166.
[143] WANG S X, BENJAMIN FU Y. Labor mobility barriers and rural-urban migration in transitional China[J]. China Economic Review, 2019, 53: 211-224.
[144] WANG X, SHAO S, LI L. Agricultural inputs, urbanization, and urban-rural income disparity: evidence from China[J]. China Economic Review, 2019, 55: 67-84.
[145] WARNER K, T AFIFI. Where the rain falls: evidence from 8 countries on how vulnerable households use migration to manage the risk of rainfall variability and food insecurity[J]. Climate &

Development, 2014, 6(1): 1-17.
[146] WATANABE H R. Labour market dualism and diversification in Japan[J]. British Journal of Industrial Relations, 2018, 56(3): 579-602.
[147] WILLS J. Geographies of trade unionism: translating traditions across space and time[J]. Antipode, 1996, 28(4): 352-378.
[148] WRIGHT M W. Factory daughters and Chinese modernity: a case from Dongguan[J]. Geoforum, 2003, 34(3): 291-301.
[149] XIAO W, ZHAO G. Agricultural land and rural-urban migration in China: a new pattern[J]. RI Working Papers, 2018, 74: 142-150.
[150] XIE H, LU H. Impact of land fragmentation and non-agricultural labor supply on circulation of agricultural land management rights[J]. Land Use Policy, 2017, 68: 355-364.
[151] XU D, DENG X, GUO S, et al. Labor migration and farmland abandonment in rural China: empirical results and policy implications[J]. Journal of Environmental Management, 2019, 232: 738-750.
[152] XU D, DENG X, GUO S, et al. Sensitivity of livelihood strategy to livelihood capital: an empirical investigation using nationally representative survey data from rural China[J]. Social Indicators Research, 2019, 144(1): 113-131.
[153] XU D, GUO S, XIE F, et al. The impact of rural laborer migration and household structure on household land use arrangements in mountainous areas of Sichuan province, China[J]. Habitat International, 2017, 70: 72-80.
[154] XU D, PENG L, LIU S, et al. Influences of migrant work income on the poverty vulnerability disaster threatened area: a case study of the three gorges reservoir area, China[J]. International Journal of Disaster Risk Reduction, 2017, 22: 62-70.
[155] XU D, PENG L, LIU S, et al. Influences of sense of place on farming households' relocation willingness in areas threatened by geological disasters: evidence from China[J]. International Journal of Disaster Risk Science, 2017, 8(1): 16-32.
[156] XU D, PENG L, SU C, et al. Influences of mass monitoring and mass prevention systems on peasant households' disaster risk perception in the landslide-threatened three gorges reservoir area, China[J]. Habitat International, 2016, 58: 23-33.
[157] XU D, ZHANG J, RASUL G, et al. Household livelihood strategies and dependence on agriculture in the mountainous settlements in the three gorges reservoir area, China[J]. Sustainability, 2015, 7(5): 4850-4869.
[158] XU D, ZHANG J, XIE F, et al. Influential factors in employment location selection based on "push-pull" migration theory—a case study in three gorges reservoir area in China[J]. Journal of Mountain Science, 2015, 12(6): 1562-1581.
[159] XU K. Barriers to labor mobility and international trade: the case of China[J]. China Economic Review, 2014, 29: 107-125.
[160] YANG J, WANG H, JIN S, et al. Migration, local off-farm employment, and agricultural production efficiency: evidence from China[J]. Journal of Productivity Analysis, 2016, 45(3): 247-259.
[161] ZHANG B, DRUIJVEN P, STRIJKER D. Hui family migration in northwest China: patterns, experiences and social capital[J]. Ethnic and Racial Studies, 2019, 42(12): 2008-2026.
[162] ZHANG K H, SONG S. Rural-urban migration and urbanization in China: evidence from time-series

and cross-section analyses[J]. China Economic Review, 2003, 14(4): 386-400.
[163] ZHANG S, DENG W, PENG L, et al. Has rural migration weakened agricultural cultivation? Evidence from the mountains of southwest China[J]. Agriculture, 2020, 10(3): 63.
[164] ZHANG S, SONG X, WAN J, et al. The features of rural labor transfer and cultural differences: evidence from China's southwest mountainous areas[J]. Sustainability, 2019, 11(6): 1522.
[165] ZHAO Y. Labor migration and earnings differences: the case of rural China[J]. Economic Development and Cultural Change, 1999, 47(4): 767-782.
[166] ZHAO Y. Leaving the countryside: rural-to-urban migration decisions in China[J]. American Economic Review, 1999, 89(2): 281-286.
[167] ZHONG R. Mechanism of population migration and tendency of urbanization in labor export regions based on the push-and-pull model: a case study of Huaiyuan county in northern Anhui province[J]. China City Planning Review, 2014, 23(4): 56-61.
[168] ZHOU X K, FENG Q, LIAO R. An empirical study on the factors affecting rural surplus labor transfer[J]. Statistics & Decision, 2010, 16: 74-77.
[169] ZHU Y. The floating population's household strategies and the role of migration in China's regional development and integration[J]. International Journal of Population Geography, 2003, 9(6): 485-502.
[170] ZIPF G K. Human behavior and the principle of least effort: an introduction to human ecology[M]. Cambridge Massachusetts: Addison-Wesley, 2016.
[171] 敖荣军，李家成，唐嘉韵. 基于新经济地理学的中国省际劳动力迁移机制研究[J]. 地理与地理信息科学, 2015, 31(1): 74-79.
[172] 暴向平. 西安市新城市贫困空间与城市空间耦合格局及机制研究[D]. 陕西师范大学, 2015.
[173] 毕力格，杜淑芳. 内蒙古人口迁移对草原畜牧业及生态环境变迁的影响研究[J]. 前沿，2016(9): 100-104.
[174] 蔡霞. 国内外人口迁移研究现状综述[J]. 知识经济, 2014(8): 55-57.
[175] 柴宏博，冯健. 基于家庭生命历程的北京郊区居民行为空间研究[J]. 地理科学进展，2016, 35(12): 1506-1516.
[176] 陈明星，隋昱文，郭莎莎. 中国新型城镇化在十九大后发展的新态势[J]. 地理研究，2019, 38(1): 181-192.
[177] 陈明星，叶超，陆大道，等. 中国特色新型城镇化理论内涵的认知与建构[J]. 地理学报，2019, 74(4): 633-647.
[178] 陈明珠. 发达国家城镇化中后期城市转型及其启示[D]. 中共中央党校, 2016.
[179] 程名望，潘烜. 个人特征、家庭特征对农村非农就业影响的实证[J]. 中国人口·资源与环境, 2012, 22(2): 94-99.
[180] 丛晓男，王宇飞. 北京市人口疏解乘数效应分析——基于改进的劳瑞模型的视角[J]. 城市问题，2016(8): 73-80.
[181] 崔春晓，张志新. 社会资本对农村劳动力转移影响的研究现状[J]. 贵州农业科学，2014, 42(2): 215-218.
[182] 戴晓晖. 中产阶层化——城市社会空间重构进程[J]. 城市规划学刊, 2007(2): 25-31.
[183] 邓楠. 1990 年代以来广州城市空间拓展动力机制研究[D]. 华中科技大学, 2006.
[184] 费喜敏，王成军. 基于推拉理论的农民工定居地选择意愿的实证研究[J]. 软科学，2014, 28(3): 40-44.

[185] 冯健, 叶竹. 基于个体生命历程视角的苏南城镇化路径转变与市民化进程[J]. 地理科学进展, 2017, 36(2): 137-150.
[186] 冯兴琮. 产业结构演进对农村剩余劳动力转移的作用研究[D]. 西南石油大学, 2015.
[187] 高更, 李小建, 乔家君. 论中部农区农户打工区位选择影响因素——以河南省三个样本村为例[J]. 地理研究, 2009, 28(6): 1484-1493.
[188] 高健, 张东辉. 个体迁移、家庭迁移与定居城市: 农民工迁移模式的影响因素分析[J]. 统计与决策, 2016(4): 99-102.
[189] 高金龙, 袁丰, 陈雯. 转型期城市制造业空间重构过程与机理——以南京市为例[J]. 地理研究, 2017, 36(6): 1014-1028.
[190] 高岩辉, 刘科伟, 张晓露. 劳动力转移的理论流派与地理学的视角[J]. 人文地理, 2008, 23(5): 112-118.
[191] 葛晓巍, 叶俊涛. 刘易斯拐点下农民工就业结构及产业结构变化——基于苏、浙、粤的调查[J]. 经济学家, 2014(2): 67-72.
[192] 关海玲, 丁晶珂, 赵静. 产业结构转型对农村劳动力转移吸纳效率的实证分析[J]. 经济问题, 2015(2): 81-85.
[193] 国务院发展研究中心农村部课题组, 叶兴庆, 徐小青. 从城乡二元到城乡一体——我国城乡二元体制的突出矛盾与未来走向[J]. 管理世界, 2014(9): 1-12.
[194] 何璇, 张旭亮. 浙江省产业转型升级对劳动力需求的影响[J]. 经济地理, 2015, 35(4): 123-127.
[195] 贺灿飞. 高级经济地理学[M]. 北京: 商务印书馆, 2021.
[196] 贺灿飞, 郭琪, 马妍, 等. 西方经济地理学研究进展[J]. 地理学报, 2014, 69(8): 1207-1223.
[197] 胡初枝, 黄贤金, 方鹏, 等. 农户资源禀赋对劳动力转移行为的影响分析——基于常熟市、如东县和铜山县农户调查的分析[J]. 江南大学学报(人文社会科学版), 2008(4): 72-76.
[198] 胡渝清, 刘今朝, 孙钰霞. 重庆市农民市民化的成本—收益分析[J]. 安徽农业科学, 2008(5): 2043-2045.
[199] 黄耿志, 张虹鸥, 王洋, 等. 西方劳工地理学研究进展及对中国的启示[J]. 地理科学进展, 2017, 36(10): 1185-1195.
[200] 黄善林, 李玉清, 孙丹. 土地因素对农户劳动力转移决策的影响——基于安徽和湖北602户农户的实证研究[J]. 东北农业大学学报(社会科学版), 2013, 11(2): 17-21.
[201] 黄善林, 卢新海, 张汉松, 等. 土地因素对农户劳动力乡城转移行为影响的区域比较研究[J]. 中国农村研究, 2013(2): 191-204.
[202] 黄志岭. 农村迁移劳动力性别工资差异研究[J]. 农业经济问题, 2010, 32(8): 44-51.
[203] 纪韶, 朱志胜. 中国人口流动与城镇化格局变动趋势研究——基于"四普""五普""六普"长表数据的比较分析[J]. 经济与管理研究, 2013(12): 75-83.
[204] 贾林林. 城市更新背景下旧工业厂区空间重构研究[D]. 北京建筑大学, 2018.
[205] 金利霞, 黄耿志, 范建红, 等. 能动性视角下中国新工人空间生产的研究框架与展望[J]. 地理科学进展, 2019, 38(11): 1802-1813.
[206] 金利霞, 李郇. 西方现代劳动力地理学研究进展及对中国研究的意义[J]. 人文地理, 2013, 28(3): 7-14.
[207] 赖德胜, 孟大虎. 专用性人力资本、劳动力转移与区域经济发展[J]. 中国人口科学, 2006(1): 60-68.
[208] 赖俊明, 徐保红. 贫困脆弱性对农户劳动力迁移的影响研究[J]. 数理统计与管理, 2019, 38(4):

580-590.
[209] 李广海，陈通. 基于有限理性行为决策机理与评价研究[J]. 中国地质大学学报(社会科学版), 2007(6):29-32.
[210] 李静. 劳动力转移对农业区域经济收敛的影响[J]. 安徽农业大学学报(社会科学版), 2015, 24(4): 1-4.
[211] 李军. 劳动力地理集中对我国地区收入差距的影响研究[D]. 重庆大学, 2015.
[212] 李旻，赵连阁. 农村劳动力流动对农业劳动力老龄化形成的影响——基于辽宁省的实证分析[J]. 中国农村经济, 2010(9): 68-75.
[213] 李汝资，宋玉祥，李雨停，等. 吉林省资源型城市转型阶段识别及其特征成因分析[J]. 地理科学, 2016, 36(1): 90-98.
[214] 李晓. 沈阳城市经济转型背景下的城市空间重构研究[D]. 辽宁大学, 2016.
[215] 李秀霞，温欣欣. 农村剩余劳动力转移与城市化协调发展实证研究[J]. 人口学刊，2010(1): 57-61.
[216] 李学鑫，田广增，苗长虹. 区域中心城市经济转型：机制与模式[J]. 城市发展研究，2010，17(4): 26-32.
[217] 李增元. 分离与融合：转变社会中的农民流动与社区融合[D]. 华中师范大学, 2013.
[218] 李志刚，吴缚龙，肖扬. 基于全国第六次人口普查数据的广州新移民居住分异研究[J]. 地理研究, 2014, 33(11): 2056-2068.
[219] 林李月，朱宇，柯文前. 新时期典型城镇化地区的人口流动研究——以福建省为例[J]. 福建师范大学学报(自然科学版), 2019, 35(6): 100-107.
[220] 刘传江，黄桂然. 农村劳动力转移与区域竞争力的动态关系研究——以重庆市为例的实证分析[J]. 中国人口·资源与环境, 2013, 23(7): 116-121.
[221] 刘风，葛启隆. 人口流动过程中推拉理论的演变与重塑[J]. 社会科学动态, 2019(10): 26-31.
[222] 刘浩. 生命历程的结构化：乡村青年城镇化的二元路径研究[J]. 中国青年研究, 2019(7): 52-61.
[223] 刘家强，王春蕊，刘嘉汉. 农民工就业地选择决策的影响因素分析[J]. 人口研究，2011，35(2): 73-82.
[224] 刘鹏. 农业剩余劳动力转移的动因分析和模式选择——以潍坊市农业剩余劳动力转移状况为实证[J]. 农业经济, 2008(6): 44-46.
[225] 刘琼，杜晓航，盛业旭. 基于阶段对比的中国人口城镇化与土地城镇化协调关系[J]. 中国人口·资源与环境, 2018, 28(1): 26-34.
[226] 刘锐，吕臻. 区域经济发展与农村劳动力转移就业[J]. 农村经济, 2010(12): 116-120.
[227] 刘潇. 企业区位决策、劳动力流动与集聚经济——基于外部性的一个初步思考[J]. 经济研究导刊, 2010(26): 66-67.
[228] 刘学功，申怀飞. 基于农村劳动力转移的区域经济增长影响研究——河南省农村劳动力转移就业差异性分析[J]. 改革与战略, 2010, 26(7): 116-118.
[229] 刘颖，邓伟，宋雪茜，等. 基于综合城镇化视角的省际人口迁移格局空间分析[J]. 地理科学, 2017, 37(8): 1151-1158.
[230] 柳建文. 超大型城市的微观治理与社会资本重构[J]. 社会科学战线, 2016(7): 194-200.
[231] 龙玮. 成本—收益视角下的我国农村剩余劳动力转移分析[D]. 北京交通大学, 2008.
[232] 陆大道，陈明星. 关于“国家新型城镇化规划(2014—2020)”编制大背景的几点认识[J]. 地理学报, 2015, 70(2): 179-185.

[233] 陆芳. 人力资本、资源约束与农村劳动力转移行为研究[J]. 福建师范大学学报(哲学社会科学版), 2012(3): 18-23.
[234] 罗银花. 城市公共空间对居民熟人社会形成与重构的影响[D]. 上海社会科学院, 2013.
[235] 马流辉. 大城市郊区农业转型与流动农民的再小农化——以上海市为例[J]. 北京社会科学, 2017(11): 121-128.
[236] 马胜春, 徐世英, 王涛. 我国边境民族自治地方劳动力及其就业状况分析——基于"六普"人口数据[J]. 中央民族大学学报(哲学社会科学版), 2014, 41(6): 53-58.
[237] 马铁群. 苏浙两省技术进步影响劳动力转移的实证分析——基于不同发展模式的比较研究[J]. 科学学研究, 2013, 31(6): 864-870.
[238] 宁越敏, 杨传开. 新型城镇化背景下城市外来人口的社会融合[J]. 地理研究, 2019, 38(1): 23-32.
[239] 彭岩富. 我国人口流动及公共服务提供机制研究[D]. 财政部财政科学研究所, 2014.
[240] 彭长生, 杨国才. 区际产业转移背景下中部地区劳动力跨省流动趋势及代际差异——基于安徽省的调查数据[J]. 农业经济问题, 2014, 35(3): 48-55.
[241] 齐明珠. 中国农村劳动力转移对经济增长贡献的量化研究[J]. 中国人口·资源与环境, 2014, 24(4): 127-135.
[242] 齐元静, 唐冲. 农村劳动力转移对中国耕地种植结构的影响[J]. 农业工程学报, 2017, 33(3): 233-240.
[243] 秦雯. 农民分化、农地流转与劳动力转移行为[J]. 学术研究, 2012(7): 85-88.
[244] 任萃颖. 吉林省县域经济转型发展研究[D]. 东北师范大学, 2016.
[245] 任远, 施闻. 农村外出劳动力回流迁移的影响因素和回流效应[J]. 人口研究, 2017, 41(2): 71-83.
[246] 商春荣, 虞芹琴. 农民工的迁移模式研究[J]. 华南农业大学学报(社会科学版), 2015, 14(1): 68-78.
[247] 沈真. 农民工的居住选择及其影响因素研究[D]. 华东理工大学, 2014.
[248] 四川省人力资源和社会保障厅. 四川人力资源和社会保障部统计公报[M]. 成都: 四川省人力资源和社会保障部, 2017.
[249] 宋相奎. 城市社会空间结构转型下的少数民族流动人口城市适应研究[D]. 兰州大学, 2012.
[250] 苏芳, 郑亚萍, 周亚雄. 农村劳动力转移与农户生计间的影响关系分析——以甘肃省为例[J]. 干旱区地理, 2017, 40(4): 875-880.
[251] 苏芳, 周亚雄. 新型城镇化背景下劳动力转移对农户生计策略选择的影响分析[J]. 数理统计与管理, 2017, 36(3): 391-401.
[252] 孙晓芳. 异质性劳动力与中国劳动力流动——基于新经济地理学的分析[J]. 中国人口科学, 2013(3): 36-45.
[253] 田成诗, 曾宪宝. 基于"六普"数据的中国省际人口流动规律分析[J]. 西北人口, 2013, 34(1): 1-4.
[254] 田明, 彭宇. 流动人口城市融入的空间差异——以东部沿海6个城市为例[J]. 城市规划, 2014, 38(6): 9-16.
[255] 田玉军, 李秀彬, 马国霞. 耕地和劳动力禀赋对农村劳动力外出务工影响的实证分析——以宁夏南部山区为例[J]. 资源科学, 2010, 32(11): 2160-2164.
[256] 佟新. 劳动力市场、性别和社会分层[J]. 妇女研究论丛, 2010(5): 12-19.
[257] 汪明峰, 程红, 宁越敏. 上海城中村外来人口的社会融合及其影响因素[J]. 地理学报, 2015, 70(8): 1243-1255.
[258] 王必达, 张忠杰. 中国刘易斯拐点及阶段研究——基于31个省际面板数据[J]. 经济学家, 2014 (7):

16-26.
[259] 王迪, 李泽亚. 论城乡二元经济结构转型问题——基于刘易斯模型的简单分析[J]. 财经界(学术版), 2016(9): 34-37.
[260] 王锋. 西部地区农村劳动力转移的困境与路径[J]. 陕西农业科学, 2013, 59(3): 247-250.
[261] 王桂新, 魏星. 上海从业劳动力分布变动与城市空间重构[J]. 人口研究, 2006(5): 64-71.
[262] 王金黄, 丁萌. 人文地理学的跨学科互动: "文化景观"与"文学景观"[J]. 南华大学学报(社会科学版), 2019, 20(1): 27-33.
[263] 王金营, 顾瑶. 中国劳动力供求关系形势及未来变化趋势研究——兼对中国劳动市场刘易斯拐点的认识和判断[J]. 人口学刊, 2011(3): 3-13.
[264] 王娟娟. 基于推拉理论构建游牧人口定居的动力机制体系——以甘南牧区为例[J]. 经济经纬, 2010(2): 52-56.
[265] 王萍. 文化产业对城市经济转型发展的影响研究[D]. 浙江理工大学, 2015.
[266] 魏后凯. 现代区域经济学[M]. 北京: 经济管理出版社, 2011.
[267] 吴缚龙, 李志刚. 转型中国城市中的社会融合问题[J]. 中国城市研究, 2013(0): 27-38.
[268] 吴缚龙等. 转型期中国城市的社会融合[M]. 北京: 科学出版社, 2018.
[269] 吴庆华. 城市空间类隔离[D]. 吉林大学, 2011.
[270] 伍旭中. 马克思劳资关系理论时代化研究——基于我国私营经济劳资关系现实的考察[J]. 河北经贸大学学报, 2018, 39(2): 1-6.
[271] 夏怡然, 陆铭. 城市间的"孟母三迁"——公共服务影响劳动力流向的经验研究[J]. 管理世界, 2015(10): 78-90.
[272] 徐德斌, 赫曦滢. 西方劳动力地理学的微观化转向与当代价值[J]. 学术交流, 2018(6): 106-112.
[273] 徐君, 李巧辉, 王育红. 供给侧改革驱动资源型城市转型的机制分析[J]. 中国人口·资源与环境, 2016, 26(10): 53-60.
[274] 许恒周, 殷红春, 石淑芹. 代际差异视角下农民工乡城迁移与宅基地退出影响因素分析——基于推拉理论的实证研究[J]. 中国人口·资源与环境, 2013, 23(8): 75-80.
[275] 薛冰, 张黎明, 耿涌, 等. 基于空间重构视角的老工业区人地关系研究——以沈阳市铁西区为例[J]. 地理科学, 2015, 35(7): 890-897.
[276] 杨春. 区域经济发展对农村劳动力转移的空间效应研究——基于空间计量经济分析视角[J]. 新疆农垦经济, 2013(9): 10-15.
[277] 杨叠涵, 陈江龙, 袁丰. 南京城市空间重构对土地出让时空演化影响研究[J]. 地理科学进展, 2015, 34(2): 246-256.
[278] 杨俊, 张婷皮美, 向华丽. 人口环境迁移的国内外研究进展[J]. 西北人口, 2017, 38(3): 1-10.
[279] 杨显明, 焦华富. 转型期煤炭资源型城市空间重构——以淮南市、淮北市为例[J]. 地理学报, 2016, 71(8): 1343-1356.
[280] 姚华松. 广州流动人口空间问题: 基于社会地理学视角[J]. 世界地理研究, 2012, 21(1): 139-149.
[281] 姚华松. 流动人口空间再造: 基于社会地理学视角[J]. 经济地理, 2011, 31(8): 1233-1238.
[282] 姚亦锋. 江苏省地理景观与美丽乡村建构研究[J]. 人文地理, 2015, 30(4): 108-115.
[283] 叶奇, 刘卫东. 西方经济地理学对劳动力问题的研究进展[J]. 地理学报, 2004(S1): 191-197.
[284] 易振华, 应千凡. 产业转移趋势下我国劳动力区域性短缺问题研究——基于东西部地区的实证[J]. 浙江金融, 2011(4): 21-27.
[285] 殷江滨. 劳动力回流的驱动因素与就业行为研究进展[J]. 地理科学进展, 2015, 34(9): 1084-1095.

[286] 余吉祥. 农村劳动力就业模式选择的影响因素分析——以江苏农户调查数据为例[J]. 现代经济(现代物业下半月刊), 2008(11): 65-68.
[287] 曾迪洋. 生命历程理论及其视角下的移民研究: 回顾与前瞻[J]. 社会发展研究, 2016, 3(2): 192-209.
[288] 曾芬钰. 长三角区域苏南模式与温州模式演变轨迹研究[J]. 湖南科技大学学报(社会科学版), 2011, 14(6): 108-113.
[289] 张峰基. 粮食主产区农村劳动力省外就业决策行为及其影响因素研究[D]. 江西农业大学, 2016.
[290] 张会萍, 刘如, 马成富. 土地流转对农户劳动力转移的影响——基于宁夏银北地区的农户调查[J]. 山西农业科学, 2015, 43(10): 1337-1343.
[291] 张灵静, 李永前, 起建凌, 等. 关于云南省生态环境建设与扶贫开发的思考[J]. 云南农业大学学报(社会科学版), 2013, 7(5): 37-40.
[292] 张少尧, 时振钦, 宋雪茜, 等. 城市流动人口居住自选择中的空间权衡分析——以成都市为例[J]. 地理研究, 2018, 37(12): 2554-2566.
[293] 张晓青, 王雅丽, 任嘉敏. 1990—2013 年国际人口迁移特征、机制及影响研究[J]. 人口与发展, 2014, 20(4): 20-27.
[294] 张璇, 王爱华, 陈晓竞, 等. 农村劳动力转移对水土流失治理影响的相关分析——以福建省长汀县为例[J]. 亚热带水土保持, 2015, 27(2): 11-15.
[295] 张延玲, 朱清海. 人口流动对城乡生态环境和谐的影响研究——以安徽省为例[J]. 西北人口, 2015, 36(4): 11-16.
[296] 张艳, 宋山梅. 农村劳动力转移对区域经济发展影响研究[J]. 理论与当代, 2013(1): 42-43.
[297] 章元, 李锐, 王后, 等. 社会网络与工资水平——基于农民工样本的实证分析[J]. 世界经济文汇, 2008(6): 73-84.
[298] 赵衡宇, 胡晓鸣. 基于邻里社会资本重构的城市住区空间探讨[J]. 建筑学报, 2009(8): 90-93.
[299] 赵晓红, 鲍宗豪. 论特大型城市社会秩序的重构[J]. 天津社会科学, 2014(1): 55-62.
[300] 郑艳. 环境移民: 概念辨析、理论基础及政策含义[J]. 中国人口·资源与环境, 2013, 23(4): 96-103.
[301] 中国国家统计局. 中国统计年鉴 2016[M]. 北京: 中国统计出版社, 2016: 18-19.
[302] 钟甫宁, 何军. 中国农村劳动力转移的压力究竟有多大——一个未来城乡人口适当比例的模型及分析框架[J]. 农业经济问题, 2004(5): 25-29+79.
[303] 周燕, 佟家栋. "刘易斯拐点"、开放经济与中国二元经济转型[J]. 南开经济研究, 2012(5): 3-17.
[304] 周一娜. 中国劳动力流动与产业结构变化的相关性研究[D]. 云南大学, 2016.
[305] 朱宇, 林李月. 中国人口迁移流动的时间过程及其空间效应研究: 回顾与展望[J]. 地理科学, 2016, 36(6): 820-828.
[306] 邹湘江, 吴丹. 人口流动对农村人口老龄化的影响研究——基于"五普"和"六普"数据分析[J]. 人口学刊, 2013, 35(4): 70-79.

第四章 乡城劳动力迁移抽样调查与研究方法

本章主要介绍全书研究所用到的社会抽样调查、基础数据与研究方法。社会抽样调查的主要内容包括乡城劳动力迁移研究所选择的样本城市和典型山区乡村样本区及其概况、社会调查问卷和调查组织方式及调查概况；研究数据部分主要介绍微观社会调查数据组织结构与元数据信息，同时还介绍了研究所用的宏观社会统计数据、基础地理数据与互联网大数据的类别及其来源；在研究方法部分，本章概要介绍后续章节使用到的主要定量分析方法的基本概念、选用缘由、基本数学形式等。

第一节 乡城劳动力迁移抽样调查

一、样本城市选择

依据研究框架、研究目标与技术路线，本研究需要对比不同区域、不同产业结构、不同发展阶段与不同迁移规模的乡城劳动力迁移目的地城市，以揭示乡城迁移劳动力地理景观在不同特征的城市的空间分异及其适应过程，即不同区域、不同迁移阶段的城市的劳动力迁移特征及其驱动机制。参考已有研究成果（杨传开、宁越敏，2015；刘鸿雁，2015；刘颖等，2017；龙晓君等，2018）可以发现，我国乡城劳动力迁移的重心在长江流域一线，四川、贵州、湖南、安徽和江西等省均是乡村劳动力向外迁移大省，而东部三大城市群（京津冀、长三角和珠三角）是全国乡城迁移人口的主要迁入地。除此之外，各区域中心城市也是该区域劳动力首要的迁移目的地，如武汉、成都等。东部三大主要城市群已是成熟型的乡城劳动力迁移目的地，在城镇化战略转型背景下，乡村劳动力面临着更广泛的迁移目的地选择，尤其是东部三大城市群之外的中心城市和中西部的中心城市，成为当下乡城劳动力迁移变动与回流的主要选择（彭新万、张凯，2017）。

基于上述讨论，并考虑到研究项目的微观社会调查可行性及已有研究基础，本书通过东中西分层抽样（东中西分区参照国家区域发展战略中四大板块的划分方案）和专家咨询来选择样本城市。同时，东部样本城市的选择充分考虑移民回流背景下，尤其是三大城市群外的区域中心城市逐渐成为移民迁移变动热门目的地。中西部区域中心城市一直都是区域内乡城移民集聚地，也是移民回流主要目的地。因此，本书分别选择东中西的主要城市福州市、厦门市、武汉市和成都市作为乡城劳动力迁移目的地样本城市（图 4–1）。其中，福州市和厦门市作为东部城市的代表，是海峡西岸城市群

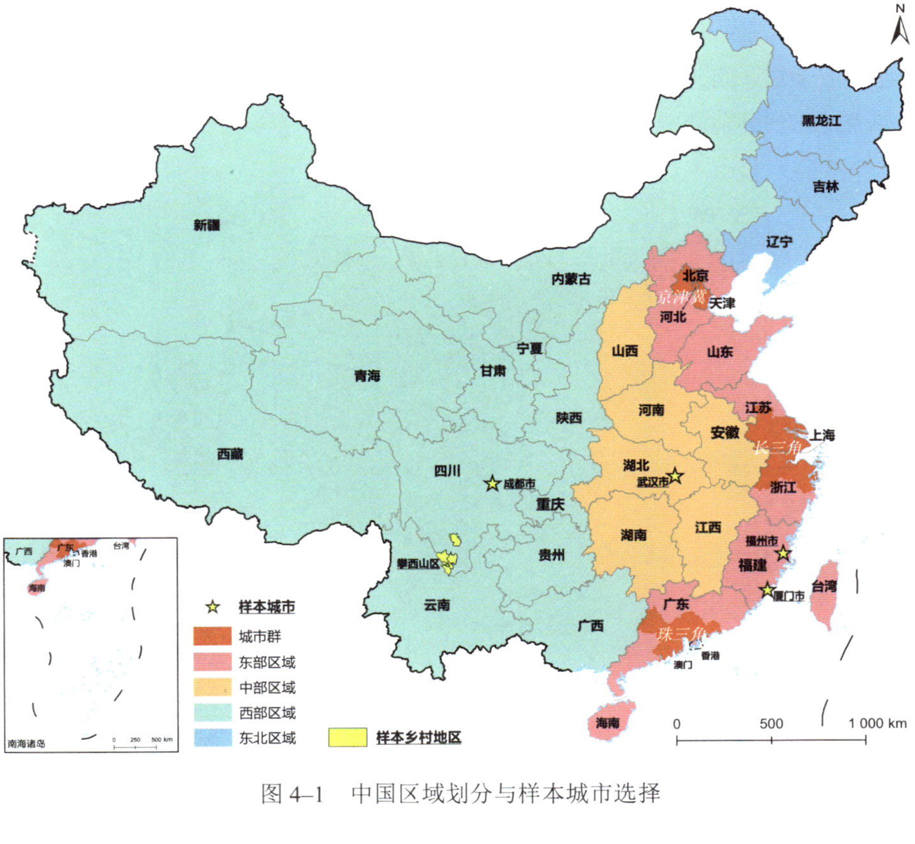

图 4–1　中国区域划分与样本城市选择

中心城市，也是近年来劳动力回流迁移的重要目的地（林李月等，2019）；武汉市和成都市是中西部国家中心城市及区域城市群核心城市，也是区域及省内乡城劳动力迁移主要集聚地。福州市、厦门市、武汉市和成都市可以为全国性区域对比研究提供较好的案例选择。

二、样本山区选择

为探究我国山区乡村劳动力迁移概况、生计模式及其与农业生产的联系，本书选择四川省西南部的攀西地区为案例区（图 4–2）。攀西地区介于 27°21′～27°32′N 和 101°08′～102°25′E，包括攀枝花市、西昌市和凉山彝族自治州的部分地区，位于金沙江、安陵和雅砻江的汇合处，总面积约 6.3×10^6 平方千米。该地区位于横断山区，海拔 488～4 409 米，地形起伏较大。攀西地区是一个由 32 个民族组成的多民族地区，18.8% 的居民属于少数民族，主要包括彝族、回族和藏族。攀西地区以自给农业和小农经济为主，大量劳动力迫于生计向外迁移到西昌市城区或者域外其他城市。据统计，2014 年有 1.2×10^6 人的劳动力迁移到外地就业，因此，攀西地区非常适合乡村劳动力迁移研究。

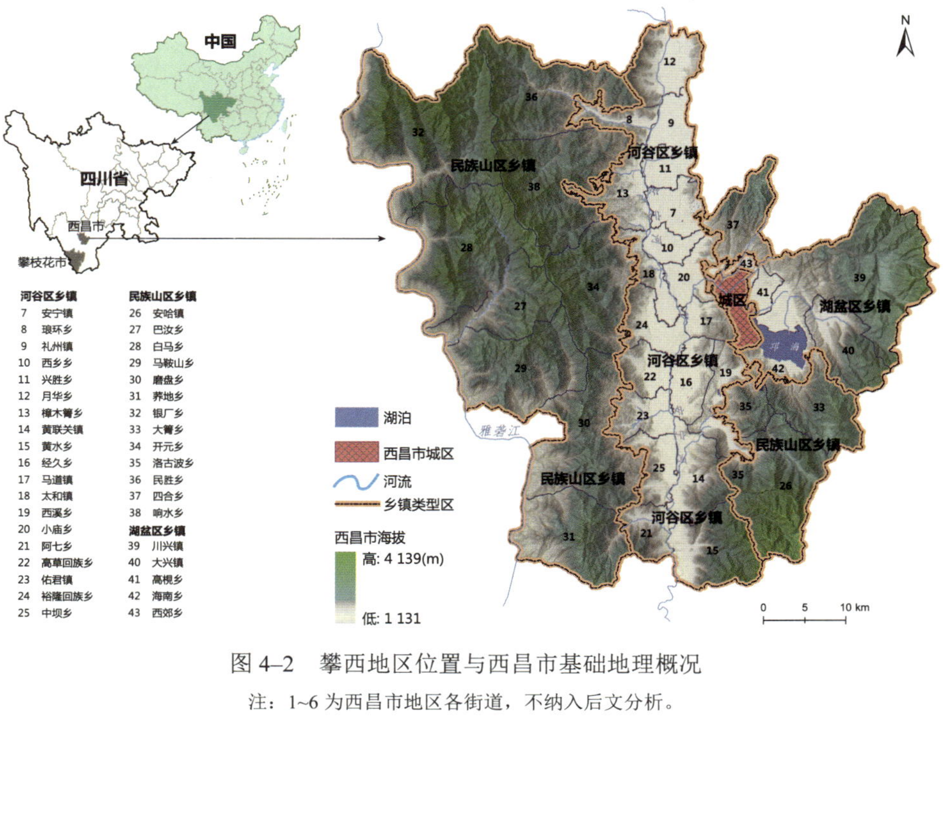

图 4–2　攀西地区位置与西昌市基础地理概况

注：1~6 为西昌市地区各街道，不纳入后文分析。

西昌市是四川省凉山彝族自治州的首府，也是攀西地区的政治、经济、交通、文化和旅游中心（图 4–2）。西昌市国土面积 2 651 平方千米，平均海拔约 2 160 米，山区占总面积的 83.6%，河谷平原占总面积的 16.4%。西昌地处亚热带高原季风气候区，雨热同期，农田肥沃。纵贯西昌中部的安宁河谷平原是中国西南仅次于成都平原的第二大平原，西昌市也拥有西南山区面积最大的高标准农田区。2016 年，西昌常住人口 77.5 万人，城镇化率达到 57.57%，年均增长率为 1%。西昌下辖 6 个街道和 37 个乡镇，包括 14 个少数民族乡镇，其中少数民族人口占总人口的 23.80%。西昌种植多种国家粮食作物，既是产粮大县，也是养猪大县，同时也是大葱和冬季草莓的主产区。近年来，西昌已成为西南地区重要的蔬菜、水果和粮食供应基地。根据地貌，西昌可分为三个部分：湖盆区、河谷区和民族山区，西昌的 37 个农业乡镇分为湖盆区乡镇（5 个）、河谷区乡镇（19 个）和民族山区乡镇（13 个）。湖盆区、河谷区和民族山区乡镇在城镇化、劳动力、农业发展与经济收入方面存在显著差异：湖盆区毗邻西昌市区，是城市化发展的前沿；河谷区位于南北走向的安宁河谷平原，是西昌主要的人口聚集区和农业种植区；民族山区位于河谷地带的两侧，是地形崎岖、海拔较高的少数民族主要聚集地。2016 年，西昌乡村劳动力迁移率仅为 23.08%，仍然有很大一部分乡村剩余劳动力急需迁移，特别是来自贫困山区的乡村剩余劳动力。西昌乡村劳动力规模大，地理环境复杂多样，不同地形区差异显著。同时，西昌经济发展迅速，是攀西地区的中心城市，成为考察山区乡村劳动力迁移特征的典型研究区域。

三、样本城市概况

1. 福州市

福州市是福建省省会，华东地区政治、经济、文化和交通中心，也是海峡西岸经济区中心城市之一。地理位置介于北纬 25°15′～26°39′、东经 118°08′～120°31′（图 4–3）。福州市东隔台湾海峡与台湾省相望，西靠三明市、南平市，南邻莆田市，北接宁德市。福州市辖区面积 11 968 平方千米，南部为福州盆地，闽江横贯其中东流入东海；北部为东南丘陵山地，自西南向东倾斜；西部为中低山地；东部丘陵平原相间。山地、丘陵占全市总面积的 72.68%，其中山地占比为 32.41%。福州市下辖鼓楼、台江、仓山、晋安、马尾和长乐 6 个区，以及闽侯、连江等 6 个县和福清市 1 个县级市。

图 4–3　福州市基础地理位置与行政区划

注：资料截至 2021 年 6 月。

资料来源：福建省标准地图服务网站（http://bzdt.fjmap.net/）。

2018 年，福州市户籍人口户数 217.38 万户，户籍人口达到 702.67 万人，较上一年增加 9.31 万人。同时期常住人口达到 774 万人，同比增长 8 万人，其中城镇常住人口 554.18 万人，城镇化率达到 71.6%。在空间分布上，6 个市辖区常住人口达到 394 万人，占全市总人口的 50.9%。2017 年，福州市迁入人口 16.45 万人，迁出人口 14.06 万人，人口迁移增长率为 3.7‰。2018 年年末，福州市流动人口 71.34 万人，流动人口占常住人口比重为 9.22%。2018 年，福州市实现地区生产总值（GDP）7 856.81 亿元，同比增长 8.6%；人均 GDP 为 102 037 元，同比增长 7.4%。第一、二、三产业占 GDP 的比重分别为 6.3%、40.8%和 52.9%。

2. 厦门市

厦门市位于福建东南端，是副省级城市、经济特区，为闽南政治、经济与文化中心，是我国东南沿海重要的门户城市。厦门西界漳州，北邻南安与晋江，东南与大小金门岛隔海相望，与漳州、泉州并称厦漳泉闽南金三角经济区（图 4–4）。厦门地处北纬 24°23′～24°54′、东经 117°52′～118°26′，位于北回归线北缘，属于南亚热带海洋性季风气候。厦门市全境由福建东南沿厦门湾的大陆地区和厦门岛、鼓浪屿岛等岛屿组成。全市面积 1 573.16 平方千米，其中厦门岛面积 141.09 平方千米（包括鼓浪屿），海域面积约 390 平方千米。厦门市地形由西北向东南倾斜，地貌依次为高丘、低丘、阶地、海积平原和滩涂，平均海拔较低，但局部山丘限制城市建设。厦门港区为天然避风良港，港区内可停泊 10 万吨级船舶。

图 4–4　厦门市基础地理位置与行政区划

注：资料截至 2021 年 6 月。

资料来源：福建省标准地图服务网站（http://bzdt.fjmap.net/）。

2018 年年末，厦门市下辖 6 个区、26 个街道和 12 个镇，全市常住人口 411 万人，流动人口 168.47 万人，常住人口城镇化率 89.1%。全市人口出生率 14.5‰，死亡率 3.1‰，人口自然增长率 11.4‰。2018 年，户籍总人口 242.53 万人，其中城镇人口 207.89 万人，年内迁入 13.93 万人、迁出 6.12 万人，年内机械净增人口 7.81 万人，人口机械增长率 32.99‰。2018 年，厦门市实现地区 GDP 4 791.41 亿元，同比增长 7.7%。三次产业结构为 0.5∶41.3∶58.2。按常住人口计算，人均 GDP 118 015 元，同比增长 5.2%。

3. 武汉市

武汉市位于中国经济地理中心，是湖北省省会和国家历史文化名城，中国中部地区中心城市，长江经济带核心城市，全国重要的工业基地、科教基地和综合交通枢纽（图 4–5）。武汉市地处汉江与长江交汇处，地理位置介于北纬 29°58′～31°22′、东经

图 4–5　武汉市基础地理位置与行政区划

注：图内所有界线不作为划界依据。

资料来源：湖北省地理信息公共服务平台网站（https://hubei.tiamditu.gov.cn/standardMap）。

113°41′～115°05′，全市辖区面积 8 569.15 平方千米，其中 2018 年建成区面积 628 平方千米。武汉市位于长江中下游平原的江汉平原，整体上中间低平、南北岗垄环抱，北部低山林立，逐渐从江汉平原向大别山南麓过渡。全市低山、丘陵、垄岗平原与冲积平原面积分别占全市总面积的 5.8%、12.3%、42.6%和 39.3%，海拔 19.2～873.7 米，平均海拔约 50 米。武汉市属于北亚热带季风性湿润气候，雨热同期，光热同季，四季分明。武汉市江河纵横，河港沟渠交织，湖泊库塘星罗棋布。全市水域面积达到 2 217.6 平方千米，占全市土地面积的 26.1%。全市湖泊 166 个，5 千米以上的河流 165 条，其中城区内有湖泊 43 个。

长江和汉江纵横交汇通过市区，形成武昌、汉口、汉阳三镇鼎立的格局，又称为武汉三镇。2018 年，武汉市下辖江岸、江汉、硚口、汉阳、武昌等 13 个县级行政区以及武汉经济开发区、东湖新技术开发区、武汉临空经济技术开发区、东湖生态旅游风景区、武汉化学工业区和武汉新港等 6 个功能区，包括 156 个街道、1 个镇和 3 个乡。2018 年年末，武汉市全市常住人口 1 108.1 万人，同比增加 18.81 万人，其中城镇常住人口 889.69 万人，常住人口城镇化率 80.29%，同比提高 0.25 个百分点。2018 年，武汉市户籍人口 883.73 万人，其中出生率 13.74‰，死亡率 5.51‰，人口自然增长率 8.23‰。2018 年，武汉市流动人口 224.37 万人，占总人口的比重为 20.25%。武汉市是全国三大智力密集区之一，拥有 84 所普通高校，在校大学生 110.74 万人。2018 年，武汉市实现地区 GDP 14 847.29 亿元，同比增长 8.0%，三次产业构成比 2.4∶43.0∶54.6。按常住人口计算，全市人均 GDP 135 136 元，增长 6.4%。

4. 成都市

成都市是四川省省会，副省级城市，中国国家历史文化名城之一，是西部地区中心城市、高新技术产业基地、商贸物流中心和综合交通枢纽，也是西南经济、文化和教育中心。成都市位于四川中部，东北靠德阳市，东南毗邻资阳市，南接眉山市，西南与雅安市、西北与阿坝藏族羌族自治州接壤（图 4–6）。地理位置介于东经 102°54′～104°53′、北纬 30°05′～31°26′，全市面积 14 335 平方千米，市区面积 3 639.81 平方千米，其中市辖区建成区面积 885.6 平方千米。成都市地处四川盆地西部边缘，地势由西北向东南倾斜，西部山区为龙门山断裂带，以深丘和山地为主，海拔在 1 000～3 000 米，最高处为西岭雪山的大雪塘，海拔约 5 364 米；中部为盆地中的成都平原核心地带，为岷江冲积平原，平均海拔约 500 米；东部为龙泉山系，海拔在 750～1 000 米，沱江穿流而过。成都市山地、丘陵和平原各占 1/3，市区位于中部的冲积平原上。

图 4–6 成都市基础地理位置与行政区划

注：本图界线不作为实地划界依据。

资料来源：四川测绘地理信息局网站（http://scsm.mnr.gov.cn/nbzdthtm）。

2018 年，成都市下辖武侯、青羊、金牛等 11 个区、5 个县级市和 4 个县，共计 117 个街道、206 个镇和 52 个乡。2018 年年末，常住人口 1 633 万人，同比增加 28.53 万人，增长 1.78%。其中城镇常住人口 1 194.05 万人，常住人口城镇化率 73.12%，同比提高 1.27 个百分点。2018 年，成都市户籍人口 1 476.05 万人，同比增加 40.72 万人，户籍人口城镇化率 60.94%。2018 年年末，流动人口 156.95 万人，占总人口的 9.61%。在空间分布上，中心城区 2018 年年末常住人口 1 068.8 万人，占全市人口的 65.45%。南部区域常住人口增长 4.46%，东部区域增长 2.76%，中心城区仅增长 2.18%。成都市 2017 年开始实施人才新政，两年累计吸引 25.4 万名大学本科及以上毕业生落户成都，30 岁以下迁入人口占总迁入人口的 80.4%，人口老龄化同比降低 0.25 个百分点，实现 10 年来首次下降。2018 年，成都市实现地区 GDP 15 342.77 亿元，同比增长 8.0%，三次产业结构 3.4：42.5：54.1。按常住人口算，2018 年人均 GDP 达 94 782 元，同比增长 6.6%。

四、调查问卷设计

1. 调查问卷内容

调查问卷设计在研究内容与研究设计确定之后展开，将研究内容划分为不同模块，根据模块确定调查问卷的主要内容，并将相关内容细化为针对性的问题，最终形成调查问卷。调查问卷主体分为四个部分，分别为劳动力人口学特征、劳动力迁移特征、劳动力就业特征以及劳动力居住与生活特征，此外还包括调查问卷封面与抬头信息。劳动力人口学特征部分主要调查受访者的基础人口学信息，如年龄、性别、民族、教育与户籍等，这是人口学调查的基础信息；劳动力迁移特征主要调查受访者的迁移时间、地点、路线、职业、收入、动机、愿景与挑战，通过回顾受访者的完整迁移生命历程与当前状态，便于评估受访者的迁移特征及其驱动力；劳动力就业特征主要调查受访者当前就业种类、方式、薪酬结构、弹性空间、劳工权益、职业保障与发展前景等相关信息，为劳动力地理景观分析提供数据支撑；劳动力居住与生活特征主要调查受访者当前的住房、婚姻、通勤、社会关系、家庭关系与社会保障等信息，进一步拓宽和丰富劳动力地理景观，并为劳动力迁移对新型城镇化的响应与适应过程分析提供数据支持。

整份问卷共计 66 项调查条目，劳动力人口学特征、劳动力迁移特征、劳动力就业特征、劳动力居住与生活特征各部分分别有 7、20、21、18 项调查条目，其中劳动力迁移特征与劳动力就业特征是整份调查问卷的重点。

2. 问卷设计原则

为便于问卷调查的顺利开展以及后期数据信息的整理汇总，在问卷设计过程中，针对调查对象与问卷内容，根据如下原则对问卷进行设计：

（1）单选原则。为降低填写问卷的难度，除回顾受访者完整迁移经历外，其余调查问题均被设计为单项选择题。同时，尽量减少填空题，避免排序题、表格题、判断题、比较题、自由作答题等复杂形式的问题，以便形成规范的二维表格结构化数据集。

（2）选项全覆盖原则。为避免不必要的跳转选择与填写选项歧义，在选项设计中，尽可能保证覆盖所有可能情况的选项，保证每一个受访者均可回答每一道问题并且仅有一个最适合的选项。

（3）电子化原则。为适应年轻化受访者的趋势，将整份调查问卷输入在线电子问卷平台，以二维码形式随附在纸质版调查问卷上。受访者可以利用微信、QQ 等移动端

App 扫描二维码进入在线电子问卷填写页面，并可将二维码分享至同事与朋友，填写完毕后在线提交，后台即可形成规范的结构化数据表格。同时，线下调查员调查完毕后也经由在线电子问卷平台录入问卷信息，统一整合为最终数据表格。

（4）溯后性原则。尽量基于劳动者已发生的迁移经历完成问卷填写，尽量避免前向性展望，提高问卷填写的客观性与真实性。在回溯中，重点关注受访者从初始迁移到受访时的工作城市与就业变动，工作城市变动指跨市辖区以上的以务工为目的的迁移变动，就业变动则指跨行业上的就业变动，不包括同一行业内或经济部门内的职位与就业变动，如职位晋升与就业单位变动等。

五、微观社会调查

1. 城市调查方式与抽样

根据所选择的样本城市，在各城市内部按功能区进行分层调查抽样。城中村，因其低廉的房租、便利的交通、熟悉的消费环境和相近的社会环境，成为乡村劳动力在城市的集中居住区（Tian et al.，2018）。调查地点被选定为各城市的城中村及附近农民工集中居住社区。在抽样中，通过询问当地居民与农民工，来确定城中村预选范围，然后根据城市功能分区，从每个功能区选出范围大、集中度高、典型性强的城中村，进行实地踏勘，最终确定具体调查样本社区（图 4–7）。除城中村之外，调查组还深入到各城市的工业区和大型交易市场内，调查生产一线的乡城迁移劳动力，如厦门市同安区的向阳坊工业园与古龙工业园，武汉市的万通工业园、黄金口都市工业园、四台服装产业园与武汉光谷富士康科技园，成都市八益家具城、西部汽车城与城东二手交易市场等。同时，为保证样本的代表性，尽量选择城市不同区域的城中村，以覆盖不同功能区、不同圈层、不同方向、不同类型、不同群体的乡城迁移劳动力。

2. 城市社会调查对象

本次调查的对象为出生并成长在乡村地区且出生户籍为乡村户籍，成年后或上学后由于就业工作而迁移到城市工作的劳动力（六个月以上），而非整个乡村流动人口或城市迁移人口。调查对象也包括在迁移生命历程中将乡村户籍转变为城市户籍的劳动力，被调查时拥有稳定的城市就业、住房并已在城市组建家庭，实现永久性居住，这部分受访者被认为是已完成乡城迁移劳动力的完整阶段的调查对象。调查对象不包括城郊地带就地城镇化的劳动力和在县级行政单元内部迁移的劳动力，也不包括乡城

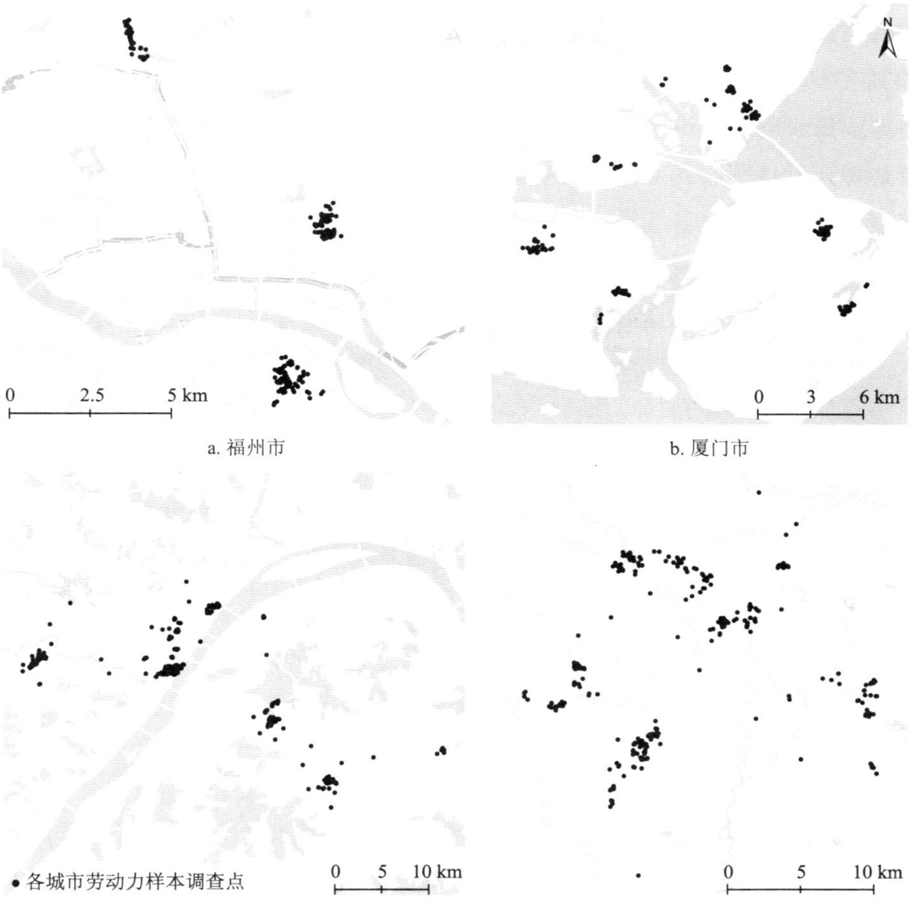

a. 福州市　b. 厦门市　c. 武汉市　d. 成都市

图 4–7　样本城市乡城迁移劳动力调查地点

迁移劳动力的配偶、父母、子女等非劳动力人口，以及在读学生、临时性出差人员、探亲访友人员、旅游人员、流浪人员、警察与军人等特殊人群。本次调查以家庭户为基本单位，一个家庭户只采集一次信息，如一个家庭户有两名及两名以上符合调查条件的受访者，其调查信息以户主为主，排位顺序为丈夫>妻子>子女>父母>其他人员。所有受访者必须为被调查时在所调查城市已连续六个月及以上时间处于就业状态，本次调查不会从家庭中的非劳动力人口（未就业或待就业状态的配偶、子女、父母等）采集信息。受访者均为自愿接受访谈的乡城迁移劳动力，能自主回答或填写调查问卷。

3. 城市社会调查方式

本次微观城市社会调查的时间为 2018 年 4—9 月，依次在福州市、厦门市、武汉市和成都市展开调查。调查员由经过专业培训的在校大学生组成，调查方式为面对面半入户式的结构式访谈，线上调查由调查员现场对受访者进行培训并指导其完成（图 4–8）。每份问卷平均调查时间约 30 分钟，调查员全程陪同受访者访谈调查问题或指导受访者自行填写，并对填写内容进行解释说明与核实。最后由调查员负责检查问卷完整度及有效性，并将纸质问卷上传至线上问卷平台。

a. 福建省厦门市城中村入户调查　　b. 湖北省武汉市城中村入户调查

图 4–8　城市社会结构式访问调查

4. 问卷有效率与信度

本次调查共发放 1 574 份调查问卷，最终成功回收 1 489 份完整有效的问卷，有效率 94.60%。其中，福州市回收 261 份（17.53%），厦门市回收 266 份（17.86%），武汉市回收 448 份（30.01%），成都市回收 511 份（34.32%）。回收问卷中包括纸质问卷 1 022 份，电子问卷 467 份，电子问卷录入率 31.36%。为确保调查问卷所采集信息的稳健性和有效性，运用 SPSS 24.0 数据分析软件分析模块中标度分析工具集下的可靠性分析工具对问卷数据集进行信度分析，结果表明，调查问卷整体信度 Cronbach α 值为 0.815，劳动力迁移特征、劳动力就业特征以及劳动力居住与生活特征部分的 Cronbach α 值分别为 0.827、0.834、0.806，表明调查问卷整体和各部分的数据显示了较好的内部一致性，其调查数据是真实有效的。

5. 山区乡村社会调查

除四大城市微观社会调查数据外，本书还使用了 2016 年 2 月 19—26 日在攀西地区调查的乡村微观社会经济数据。调查主要从对当地农户居民的问卷中获取数据，采用结构化访谈和半结构化访谈相结合的方法。样本村落的选取主要考虑当地高程、距攀枝花和西昌城区的距离以及向外迁移劳动力情况。最后共抽取了 10 个村庄，获得了

279 份有效问卷（1 385 人）（表 4–1）。调查数据汇总显示，共有 478 名劳动力迁移到其他地方就业，其中男女占比为 58.6∶41.4。劳动者受教育水平以初中为主，占 66.9%，其次是大学，占 17.9%。汉族占 61.9%，彝族占 32.6%，藏族占 3.1%，回族占 2.0%。农民工平均每月工资为 3 450 元。

表 4–1　攀西山区乡村劳动力迁移微观社会调查的样本村

区域	村镇	海拔（m）	距城区距离（km）	迁移水平	样本农户数量
西昌市	安宁乡	1 550	13.9	中等迁移	34
	西郊镇	1 400	4.5	少量迁移	20
	安哈乡	2 300	26.4	大量迁移	51
	响水乡	1 850	24.0	大量迁移	10
	樟木箐镇	1 800	16.0	大量迁移	11
攀枝花市	新村乡	1 500	6.6	少量迁移	26
	金江乡	1 100	15.4	中等迁移	17
	前进乡	1 200	9.8	中等迁移	18
	银江镇	1 350	7.8	大量迁移	21
	攀莲镇	1 100	55.0	大量迁移	61

调查内容涉及两个方面：家庭生计资本和劳动力转移的就业状况。生计资本调查主要包括人力资本、社会资本、金融资本、物质资本和自然资本；劳动力转移调查涉及就业认知评估、工作技能、转移就业意愿、主要就业地点和就业期限、就业信息获取、主要就业领域和工作中的问题等。

第二节　乡城劳动力迁移研究数据

一、微观城市社会调查数据

研究所用乡城劳动力迁移调查数据来自福州、厦门、武汉与成都四个样本城市所进行的社会调查，共包括 1 489 条有效、完整的乡城迁移劳动力个体调查数据，该数据集整体现势性为 2018 年。微观社会调查数据以 Excel 文件格式存储（.xlsx），形成单独的数据集文件。调查数据结构为 1 489×71 的二维矩阵关系表，包括 1 列数据条的唯一 ID 编码符号、1 条调查顺序号、2 条调查城市地址属性数据、65 条受访者属性数据、2

条调查位置的经纬度数据（精确到城市街道门牌号，转换为 CGS_1984 坐标系的经纬度）。在数据集中，已将调查问卷各调查项的选择符号、特殊代码转换为标准的阿拉伯数字与汉字字符，排除选择空项，形成文字版数据集。为便于后文计量分析，在文字版数据集基础上，根据含义将文字选项转换为相应的数字，形成数值版数据集。部分数值版数据集如图 4–9 所示。

搬家原因	居住偏好因素	社区人际关	婚姻状态	同居状况	家人留守	回乡时间	消费结构	社保购买	重大关切	经度	纬度
8.2	4	7.75	10	10	7.43	4.86	1	5.5	10	119.337573	26.036174
8.2	1	10	10	10	7.43	4.86	2.8	4	7.75	119.337955	26.035688
10	10	1	10	10	7.43	4.86	1	5.5	5.5	119.338042	26.033523
10	5.5	1	10	10	7.43	4.86	1	1	7.75	119.335830	26.033938
2.8	4	3.25	10	10	2.29	6.14	4.6	4	5.5	119.338197	26.035488
8.2	5.5	10	3.25	3.25	10	4.86	1	7	5.5	119.338610	26.032544
10	10	10	3.25	3.25	7.43	4.86	1	5.5	3.25	119.334939	26.037359
2.8	2.5	10	3.25	3.25	1	4.86	10	4	5.5	119.335510	26.033888
8.2	10	5.5	10	5.5	7.43	2.29	4.6	7	10	119.335432	26.028077
1	4	10	3.25	3.25	1	4.86	1	1	5.5	119.335378	26.028067
10	2.5	1	3.25	3.25	1	4.86	1	1	5.5	119.335442	26.028099
10	8.5	10	10	10	7.43	6.14	1	4	5.5	119.334701	26.027183
10	4	10	3.25	3.25	1	4.86	4.6	5.5	5.5	119.336832	26.040724
10	8.5	1	3.25	3.25	10	4.86	4.6	4	3.25	119.335448	26.028088
1	8.5	10	3.25	3.25	1	4.86	10	2.5	3.25	119.335532	26.028199
10	10	10	10	10	3.57	4.86	2.8	7	5.5	119.339374	26.039632
10	10	1	10	10	1	4.86	4.6	8.5	3.25	119.339074	26.038931
10	8.5	5.5	10	10	1	8.71	1	10	7.75	119.337939	26.040993
10	4	1	3.25	3.25	3.57	2.29	6.4	7	5.5	119.339025	26.038939
10	10	1	10	10	1	4.86	4.6	10	3.25	119.339382	26.039507
1	5.5	10	3.25	3.25	10	10	1	5.5	3.25	119.336203	26.037535
2.8	7	10	3.25	3.25	1	4.86	1	1	10	119.338670	26.039276
4.6	10	1	7.75	1	1	4.86	4.6	5.5	5.5	119.339094	26.039302
2.8	10	1	3.25	1	7.43	4.86	8.2	1	5.5	119.339280	26.039628
10	1	10	10	10	3.57	4.86	4.6	5.5	5.5	119.339277	26.039832
4.6	7	1	10	10	7.43	4.86	1	2.5	5.5	119.339204	26.039290
8.2	8.5	5.5	3.25	3.25	1	4.86	10	2.5	5.5	119.339651	26.039626
10	4	5.5	3.25	3.25	1	4.86	1	4	7.75	119.339654	26.039613
2.8	4	10	10	10	1	4.86	1	4	5.5	119.339791	26.038987
4.6	4	10	3.25	3.25	8.71	6.14	4.6	1	5.5	119.341183	26.037871
10	1	1	3.25	3.25	7.43	8.71	10	4	5.5	119.339449	26.039672
1	1	7.75	3.25	3.25	1	2.29	10	4	5.5	119.339472	26.039653
1	10	10	10	10	10	4.86	6.4	5.5	5.5	119.341254	26.038061
10	10	3.25	10	10	3.57	4.86	4.6	1	5.5	119.339290	26.039586
2.8	4	5.5	3.25	10	1	4.86	4.6	1	5.5	119.339362	26.039702
8.2	10	1	10	1	1	6.14	1	2.5	5.5	119.348680	26.075636
10	10	1	10	10	8.71	4.86	1	2.5	5.5	119.348550	26.075827

图 4–9　乡城劳动力迁移微观调查数据集示意

因为乡城迁移劳动力就业门类与工种相对集中，主要分布在第二、第三产业，因此，在社会调查中重点统计农民工主要就业的职业（工种），在此基础上形成就业调查分类体系（表 4–2）。在微观调查数据集中，将乡城迁移劳动力的就业职业按产业与行业进行分类。在社会调查中，主要统计受访者的就业职业（工种），将其按行业进行分类，形成乡城迁移劳动力的就业行业，并将此作为后文研究中乡城迁移劳动力的就业差异依据，分行业统计、分析与讨论区域差异、产业结构、就业格局对劳动力地理景观的影响。最终，本书将乡城迁移劳动力就业行业分为四级，其中第三级作为后文行业分析的主要标准。第三级行业包括建筑运输、轻工制造、重工制造、生活服务、基础商业、高新技术、知识服务与其他行业，共计八类。其中，高新技术与知识服务行业并不完全符合国家行业分类标准，只是相对于乡城迁移劳动力从事的其他行业，如建筑运输、生活服务与制造业等行业而言。三级与四级分类中的其他行业为在调查中难以明确其职业正式名称和类别的行业，如微商、赛事组织者、街头艺人及社区治安人员等。

表 4–2　乡城迁移劳动力就业分类体系及行业代码

一级行业分类	二级行业分类	三级行业分类	四级行业分类及代码
第二产业（L2）	建筑制造业（S1）	建筑运输（13）	建筑建材（001）
			房屋装修（002）
			交通运输（013）
			船舶海运（028）
		轻工制造（15）	木材加工（016）
			纺织印染（022）
			食品烟草（027）
			消费品制造（029）
			制衣制鞋（021）
			印刷造纸（014）
		重工制造（14）	电子制造（023）
			化工材料（019）
			能源石化（020）
			机械加工（017）
			冶金矿产（018）
			汽车汽修（024）
第三产业（L3）	基础服务业（S2）	生活服务（11）	餐饮住宿（003）
			保洁家政（004）
			外卖快递（005）
			保卫看管（007）
			环卫搬运（008）
			娱乐休闲（006）
		基础商业（12）	批发零售（009）
			肉蔬供销（010）
			服装销售（011）
			房产租销（012）
			农艺畜牧（015）
	高级服务业（S3）	高新技术（17）	生物制药（025）
			信息技术（026）
			金融保险（030）
		知识服务（18）	科教文卫（031）
			党政机关（032）
			文化创意（033）
		其他行业（16）	其他（自由职业者、社会工作者）（034）

注：各行业分类名称后括号内数字为行业分类代码。

二、宏观社会经济统计数据

研究所用的统计数据主要来自统计年鉴等资料，其中包括国家级年度性统计年鉴，如《中国统计年鉴》《中国劳动统计年鉴》等，以及区域级综合统计年鉴，如各省、区、市出版的年度性综合统计年鉴:《福建统计年鉴》《福州统计年鉴》《厦门经济特区年鉴》等；此外还包括国家间隔年份的普查性与调查性统计资料，如人口普查与农业普查资料；除规范性、系列化的统计年鉴外，采用的统计资料还包括各地国民经济与社会发展统计公报及其他专门化的统计公报，如人口发展与农民工监测公报。具体所用统计资料如表 4–3。

表 4–3　研究所用各类统计资料

类型	统计资料名称	年份	指标范围
统计年鉴	《中国统计年鉴》	2000—2019	综合性统计指标
	《中国劳动统计年鉴》	2000—2019	劳动力统计
	《中国人口和就业统计年鉴》	2000—2019	人口统计
	《中国城市统计年鉴》	2000—2019	城市统计
	《中国城市建设统计年鉴》	2000—2019	城市建设统计
	《中国乡村统计年鉴》	2000—2019	乡村统计
	《中国区域经济统计年鉴》	2000—2019	区域经济统计
	《中国房地产统计年鉴》	1999—2019	房价统计
	《四川统计年鉴》	2000—2019	四川省综合统计
	《成都统计年鉴》	2000—2019	成都市统计
	《湖北统计年鉴》	2000—2019	湖北省综合统计
	《湖北乡村统计年鉴》	2008—2018	湖北乡村统计
	《武汉统计年鉴》	2000—2019	武汉市统计
	《福建统计年鉴》	2000—2019	福建省综合统计
	《福州统计年鉴》	2000—2019	福州市统计
	《厦门经济特区年鉴》	2000—2019	厦门市统计
	《西昌市统计年鉴》	2006—2016	西昌市统计
普查资料	第三次全国人口普查资料	1982	人口普查
	第四次全国人口普查资料	1990	人口普查
	第五次全国人口普查资料	2000	人口普查
	2005 年全国 1%人口抽样调查资料	2005	人口抽样调查

续表

类型	统计资料名称	年份	指标范围
普查资料	第六次全国人口普查资料	2010	人口普查
	2015 年全国 1%人口抽样调查资料	2015	人口抽样调查
	中国第二次农业普查资料	2006	农业人口普查
	中国第三次农业普查资料	2016	农业人口普查
	全国分县市人口统计资料	2000—2012	人口统计
统计公报	《农民工监测调查报告》	2008—2018	农民工统计
	《中国贫困监测报告》	2000—2019	贫困人口统计
	《各地国民经济与社会发展统计公报》	2000—2018	综合统计

三、基础地理数据

本书所用的基础地理数据来自全国地理信息资源目录服务系统所提供的 1∶100 万全国基础地理数据库（http://www.webmap.cn/main.do?method=index），包括水系、居民点、交通道路、行政区划等点线面空间要素，数据整体现势性达到 2015 年。此外，数字地形高程（DEM）、土地利用数据集来源于中国科学院计算机网络信息中心地理空间数据云平台（http://www.gscloud.cn）；各城市历年（1978—2017 年）建成区数据集来源于全球高分辨率对地观测与土地覆被项目网站（http://data.ess.tsinghua.edu.cn/）（Gong et al.，2019）。

四、互联网大数据

本书所用部分大数据来自各大互联网网站，基于 Python 3.5 自定义编程进行采集，采集时间为 2016—2019 年。其中，城市住宅数据主要来自链家网（https://cd.lianjia.com/），安居客（http://chengdu.anjuke.com/）和房天下（http://cd.fang.com/）作为补充，采集内容包括租售两类地产的价格、位置、房屋属性等。另外，就业与企业类数据来自顺企网（http://www.11467.com/chengdu/），采集内容包括企业名称、位置与就业人数等。兴趣点（POI）数据来自国内电子地图服务商百度（http://lbsyun.baidu. com/）与高德（https://lbs.amap.com/）。

第三节　劳动力地理景观分析方法

一、多元线性回归分析

回归分析被认为是当今最受欢迎的探索变量间影响关系的数学分析方法，其中以线性回归最为普遍。为考虑变量间的空间相关性，在此基础上发展出空间滞后模型和空间误差模型，空间滞后模型中的滞后变量说明邻近空间变量间存在扩散或溢出等空间作用，其大小反映空间扩散或溢出的程度，如果系数具有显著统计意义，说明变量间存在一定的空间相关性；而当空间相关性是通过忽略的变量产生作用时，通过不同区域的空间协方差来反映误差过程的空间误差模型就能较好拟合变量间的关系（王劲峰等，2019）。

空间回归模型（SRM）通用回归方程为：

$$y = \rho W_1 y + X\beta + \mu \tag{4–1}$$

$$\mu = \lambda W_2 \varepsilon + \mu, \mu \sim N\left(0, \Omega\right), \Omega_{ii} = h_i\left(z\mathrm{a}\right), h_i > 0 \tag{4–2}$$

当系数 $\rho \neq 0$、$\lambda = 0$ 时，回归模型为空间滞后模型；当系数 $\rho = 0$、$\lambda \neq 0$ 时，回归模型就为空间误差模型。式中：y 为因变量；X 为 $n \times k$ 的自变量矩阵；W_1 为 $n \times n$ 阶权重矩阵，反映因变量本身的空间趋势；ρ 为空间滞后变量 $W_1 y$ 的系数；β 是与自变量 X 相关的 $k \times 1$ 的参数向量；μ 为随机误差相差向量；权重矩阵 W_2 反映残差的空间趋势；N 为正态分布；Ω 为方差矩阵，其对角线元素为 Ω_{ii}，z 是一个外生变量，a 是一个常数项，h_i 是一个函数关系；λ 为空间自回归结构 $W_2 \varepsilon$ 的系数。

二、多元 Logistic 回归分析

本书采用 Logistic 回归方法来探讨生计资本与劳动力迁移时空类型间的关系。以生计资本为自变量，利用其指标将其处理为连续变量。劳动力迁移空间变量为无序分类变量，而时间变量被定义为连续变量。研究中采用多项 Logistic 回归模型分析生计资本对劳动力迁移的空间影响（Fang et al.，2014）。我们将非劳动力迁移、本地城市内劳动力迁移和跨地区的劳动力迁移分别定义为 1，2，3；以非劳动力迁移为参照组。

Logistic 方程为:

$$\ln\left(\frac{P_{y2}}{P_{y2}}\right)=\beta_{20}+\beta_{21}Z_1+,\cdots,\beta_{2m}Z_m \tag{4–3}$$

$$\ln\left(\frac{P_{y3}}{P_{y1}}\right)=\beta_{30}+\beta_{31}Z_1+,\cdots,\beta_{3m}Z_m \tag{4–4}$$

式中：P_{y1} 为非劳动力转移类型，P_{y2} 为当地城市内劳动力转移，P_{y3} 为跨地区劳动力转移。B_{20}～β_{2m} 和 β_{30}～β_{3m} 是估计系数。敏感性分析是一种定量描述自变量对因变量重要性的方法。敏感度系数越大，自变量对因变量的影响越大（McKay et al.，2000）。参照灵敏度分析方法（Fang et al.，2014），我们将方程写成：

$$\Omega'=\exp\left(\beta_j+\beta_0+\sum_{i=1,\cdots,m}\beta_i Z_i\right)=\Omega\exp\left(\beta_j\right) \tag{4–5}$$

其中：我们将 exp（β_j）定义为劳动力迁移空间类型对生计资本的敏感性，Ω 是概率比。这意味着，与非转移相比，如果生计资本 Z_i 增加一个单位，本地城市内劳动力迁移或跨地区劳动力迁移的概率增加 exp（β_j）倍。

三、探索性空间分析

探索性空间数据分析可度量地理要素空间分布特征及其对邻域的影响程度，可用于研究地理要素空间均衡性特征，全局空间自相关指数（Global Moran's I）可分析研究对象在全局空间内表现出的分布特征（Anselin and Rey，1991），计算公式如下：

$$\begin{aligned} I&=\frac{n\sum_{i=1}^{n}\sum_{j=1}^{n}W_{ij}\left(X_i-\bar{X}\right)\left(X_j-\bar{X}\right)}{\sum_{i=1}^{n}\sum_{j=1}^{n}W_{ij}\sum_{i=1}^{n}(X_i-\bar{X})^2}\\ &=\frac{\sum_{i=1}^{n}\sum_{j=1}^{n}XW_{ij}\left(X_i-\bar{X}\right)\left(X_j-\bar{X}\right)}{S^2\sum_{i=1}^{n}\sum_{J=1}^{n}W_{ij}} \end{aligned} \tag{4–6}$$

式中：n 为观测点个数；W_{ij} 为空间权重；X_i 和 X_j 分别代表地区 i 和地区 j 变量数值。Moran's I 指数的取值范围为[–1，1]，正数表示空间集聚分布特征，即存在空间正相关性，值越大集聚特征越明显；负数表示空间发散分布特征，即存在空间负相关性，值越小发散特征越明显；0 表示空间的随机分布特征，即不存在空间相关性。

局部空间自相关分析可以更准确地把握地理要素的局部空间相关性，通常使用

Local Moran's I（LISA）指数（Anselin and Rey，1991），计算公式为：

$$I_{\text{LISA}} = \frac{\left(X_i - \bar{X}\right)}{S^2} \sum_j W_{ij} \left(X_j - \bar{X}\right) \tag{4–7}$$

式中：I_{LISA} 为正，表示变量存在局部空间正相关，为负则表示负相关。结果可表示为四种类型：①高高型：$I_i > 0$，地区 i 与相邻地区的属性值均高于平均水平；②低低型：$I_i > 0$，地区 i 与相邻地区的属性值均低于平均水平；③高低型：$I_i < 0$，地区 i 的属性值高于平均水平，而相邻地区低于平均水平；④低高型：$I_i < 0$，地区 i 的属性值低于平均水平，而相邻地区高于平均水平。

四、地理探测器

传统的人文实证分析多使用线性回归分析，由此衍生出各种分析模型，如多元线性回归、逻辑回归和结构方程模型等。但是，对于线性回归分析，自变量最好是连续并且独立同分布，而且自变量应该具有明确的正负指向性。此外，模型建立与参数估计还要求自变量间不应存在全局或局部共线性。如果将线性回归分析应用于离散型的社会调查数据，则必须对数据进行编码、转换与重组，然后进行相关性与共线性检测，剔除相关性强的变量。在此过程中，我们必须面临数据准确性的损失和信息熵的减少。但是，地理探测器可以根据自变量和因变量的空间分布来分析因变量（y）的影响因素，并且可以有效地应用于分析离散型数据，例如类型与名义变量。地理探测器目前广泛用于地理空间归因分析，不需要自变量的独立同分布，且不受共线性影响（Wang et al.，2016）。

空间异质性作为地理探测器的核心思想，不仅存在于地理空间中，也存在社会空间中。在抽象的社会空间中，个人是基本的分析单元，相当于地理空间中的格网或行政区划单元。社会空间的要素层是不同的个体属性（如年龄、性别、职业、收入等），如同地理空间中的气温、降水、土地利用类型等。我们的调查问卷几乎都为结构化的固定选项，因此调查数据主要是类型与名义变量。将各个属性（问题）的类（选项）抽象到社会空间的不同子区域中，并通过计算不同子区域之间的方差和分区内的方差来分析自变量对因变量的解释力。因此，地理探测器不仅可以应用于真实的地理空间，而且可以在抽象的社会空间中使用。实际上，无论在地理空间还是社会空间中，几乎都不可能在一个分析单元中找到一组完全不相关的变量。这取决于分析单元（空间单元或个人）的性质，也是我们选择分析方法的重要依据。因此，我们必须考虑变量之间的相关性对分析结果的影响。与线性回归所用的最小二乘法不同，地理探测器的数学分析核心是方差分析，其结果不受变量间共线性的影响。总之，由于变量之间不可避免的相关性，地理探测器更适合于本研究中的微观社会调查数据。地理探测器的使用也是对现有社会学定量分析方法的有益补充，并进一步丰富了社会空间分析理论。

因此，地理探测器也适用于社会问卷调查数据的因子分析。地理探测器的计算公式如下（王劲峰、徐成东，2017）：

$$q = 1 - \frac{\sum_{h=1}^{L} N_h \sigma_h^2}{N\sigma^2} \tag{4–8}$$

式中：N 和 σ^2 分别表示自变量分区单元数和区域内因变量 y 的方差；L 为自变量分类的子区域（h = 1，2，…，L）；N_h 和 σ_h^2 分别为因变量 y 所对应自变量的 h 层上的分区单元数与方差。

五、地理加权回归

多元线性回归只能探测整体区域上自变量对因变量的影响作用，但缺乏区域尺度上对影响作用的空间变异性的感知。而地理加权回归（GWR）在线性回归模型基础上进行扩展，通过使回归方程尽可能地适应局部空间要素，其回归系数 β 不再是全局性的统一值，而具有空间差异性，从而可以更好地反映自变量对因变量的影响作用随空间位置而变化，用以探索空间数据的非平稳性和空间特征的异质性。地理加权回归的数学表现形式为（Fotheringham et al.，2003）：

$$y_i = a_o\left(u_i, v_i\right) + \sum_k a_k\left(u_i, v_i\right) x_{ik} + \varepsilon_i \tag{4–9}$$

式中：y_i 为第 i 点的因变量；x_{ik} 为第 k 个自变量在第 i 点的值，k 为自变量记数；i 为样本点记数；ε_i 为残差，$\left(u_i, v_i\right)$ 为第 i 个样本点的空间坐标；$a_k\left(u_i, v_i\right)$ 为连续函数 $a_k\left(u, v\right)$ 在 i 点的值。

六、贝叶斯线性回归

传统线性回归中都将数据假设推定为确定性的实验数据，由此基于数值分析对回归模型进行检验以及误差估计。但在社会调查中，现有调查与技术手段无法获得准确的实验级精度的调查数据，尤其是面向个体的结构化调查。出于一定的戒备心理及隐私保护，受访者不会准确回答调查人员的具体问题，尤其是涉及身份、收入等敏感信息。另外，微观社会调查中关于意愿、能力、预期等具有主观推断性与展望性的调查问题，受访者也确实无法给出肯定的、非常恰当与准确的具体答案。基于以上原因，受访者仅能在一定区间范围内给出自身最有可能的答案或者直接给出区间段的答案。如收入，受访者多是回答一个收入区间，不会给出具体收入数据。因此，社会调查所获取的数据具有区间内不确定性与最大概率性，即数值所反映的仅是某一属性在一定区间范围内概率最大的值，这就要求对应的分析方法需要考虑概率分布与预测的问题。

根据社会调查数据的特点，本书选用贝叶斯线性回归（Bayesian Linear Regression）对劳动力地理景观指数进行归因与影响性分析。基于贝叶斯定理，微观社会调查的数据被视为受访者针对某一具体属性做出的最大概率估计，并在样本群上形成属性值域的概率分布，因此，本研究使用概率分布而不是传统的确定点值数据进行贝叶斯线性回归。因变量 y 不是被估计为单个值，而是被假定从服从正态分布的概率序列中抽取，并由一个以均值与方差为特征量的正态分布（高斯分布）所产生（Williams and Rasmussen，2006）：

$$y = f(x) + \varepsilon, f(x) = x^T\beta \tag{4–10}$$

$$y \sim N\left(\beta X^T, \sigma_n^2 I\right), \varepsilon \sim N\left(0, \sigma_n^2\right), \beta \sim N\left(0, \sum_i^{500} p\right) \tag{4–11}$$

式中：y 为因变量；x 为自变量矩阵；β 为回归参数矩阵；ε 为误差项；I 为预测变量；σ 为标准差。

在贝叶斯估计中，研究先假设权重矩阵服从属性值域的先验分布（Prior Distribution），而后再依据数据集的初始训练数据[根据样本数量，初始训练数据集为随机抽取的 500 条样本（约 30%）]与贝叶斯公式推出其后验分布（Posterior Distribution）。回归参数矩阵 β 后验分布表达式为式 4-12：

$$p(\beta \mid y, x) = \frac{p(y \mid x, \beta)\, p(\beta)}{p(y \mid x)} \tag{4–12}$$

$$p(y \mid x) = \int p(y \mid x, \beta)\, p(\beta)\, d\beta, p(y \mid x, \beta) \sim N\left(x^T\beta, \sigma_n^2 I\right) \tag{4–13}$$

$$p(\beta \mid x, y) = \exp\left(-\frac{1}{2\sigma_n^2}\left(y - x^T\beta\right)^T\left(y - x^T\beta\right)\right)\exp\left(-\frac{1}{2}\beta^T \sum_p^{-1} \beta\right) \tag{4–14}$$

$$=\exp\left(-\frac{1}{2}\left(\beta-\bar{\beta}\right)^{T}\left(\frac{1}{\sigma_n^2}xx^{T}+\sum_{p}^{-1}\beta\right)\left(\beta-\bar{\beta}\right)\right) \tag{4–15}$$

$$\bar{\beta}=\sigma_n^2\left(\sigma_n^{-2}xx^{T}+\sum_{p}^{-1}\beta\right)^{-1}xy \tag{4–16}$$

$$p\left(\beta\mid x,y\right)\sim N\left(\bar{\beta}=\frac{1}{\sigma_n^2}A^{-1}xy,A^{-1}\right),A=\sigma_n^{-2}xx^{T}+\sum_{p}^{-1}\beta \tag{4–17}$$

式中：$p\left(\beta\mid x,y\right)$表示因变量在自变量属性域上的后验概率分布函数；$p$为自变量属性先验分布概率；$p\left(y\mid x\right)$为边际似然概率，后验分布$p\left(\beta\mid y,x\right)$的均值也就是回归参数$\beta$最大后验估计值（Maximum Posteriori）。本书中贝叶斯线性回归的实现方式为基于Python 3.5 中 Scikit-Learn 库的自定义编程。

七、傅里叶变换

傅里叶变换（Fourier Transform）广泛应用于光信号、图像、声音等数值信号处理中，通过傅里叶变换可以对特定序列上的数据进行频域分解，发现一定频域中的规律性、周期性的变化趋势。傅里叶变换包括连续傅里叶变换（CFT）、离散傅里叶变换（DFT）和快速傅里叶变换（FFT），算法的优化使得傅里叶分析可以有效地将序列信号转换为频谱周期域、空间域和时间域，便于人们对数据时空变化的周期与规律的理解。此外，傅里叶变换还可以用于信号噪声与图像噪点的处理，从大样本中有效剔除局部频域上的噪声信息，以更好地表达全频域周期上的数据变化的周期与趋势。本研究主要利用傅里叶变换对特定属性域上的劳动力地理景观指数进行处理，以有效消除调查样本数据中局部值域内的不确定与异常波动性，便于准确识别劳动力地理景观格局在社会空间域上的分布、变化与周期特征。本研究所用的傅里叶变换为快速傅里叶变换，基本变换表达式为（Bracewell and Bracewell，1986）：

$$f\left(t\right)=\frac{1}{2\pi}\int_{-\infty}^{\infty}F\left(\omega\right)e^{i\omega t}d\omega \tag{4–18}$$

式中：$f(t)$为时间（t）序列（也可以是空间域）上平方可积的连续性函数；$F(\omega)$为频率域中周期为ω的函数，也可被称为傅里叶变换的像函数。上式可被理解为将时间域上的函数表示为频率域函数$F(\omega)$的积分形式。

八、结构方程模型

结构方程模型（SEM）可以处理多个原因和多个结果或变量之间不可直接观察的因果关系，允许自变量和因变量包含测量误差。结构方程模型还可以同时估计因子结构和因子路径，从而在测量模型时具有很大的灵活性。本书采用了结构方程模型的路径模型（Kline，2015），数学表达式如下：

$$y= By+ Tx + \xi \tag{4–19}$$

式中：y 代表内源性变量向量；x 代表外源载体；B 是内生变量之间的路径系数矩阵；t 代表外生变量和内生变量之间的路径系数矩阵；ξ 代表结构方程的误差项，代表模型未解释的 y 部分。

参考文献

[1] ANSELIN L, S REY. Properties of tests for spatial dependence in linear regression models[J]. Geographical Analysis, 1991, 23(2): 112-131.

[2] BRACEWELL R N, R N BRACEWELL. The Fourier transform and its applications[M]. McGraw-Hill New York, 1986.

[3] FANG Y P, J FAN, M Y SHEN, et al. Sensitivity of livelihood strategy to livelihood capital in mountain areas: empirical analysis based on different settlements in the upper reaches of the Minjiang River, China[J]. Ecological Indicators, 2014, 38: 225-235.

[4] FOTHERINGHAM A S, C BRUNSDON, M CHARLTON. Geographically weighted regression: the analysis of spatially varying relationships[M]. John Wiley & Sons, 2003.

[5] GONG P, X LI, W ZHANG. 40-Year(1978-2017) human settlement changes in China reflected by impervious surfaces from satellite remote sensing[J]. Science Bulletin, 2019, 64(11): 756-763.

[6] KLINE R. Principles and practice of structural equation modeling[M]. Guilford Press, 2015.

[7] MCKAY M D, R J BECKMAN, W J CONOVER. A comparison of three methods for selecting values of input variables in the analysis of output from a computer code[J]. Technometrics, 2000, 42(1): 55-61.

[8] TIAN L, Z YAO, C FAN, et al. A systems approach to enabling affordable housing for migrants through upgrading Chengzhongcun: a case of Xiamen[J]. Cities, 2020, 105: 102186.

[9] WANG J, T ZHANG, B Fu. A measure of spatial stratified heterogeneity[J]. Ecological Indicators, 2016, 67: 250-256.

[10] WILLIAMS C K, C E Rasmussen. Gaussian processes for machine learning[M]. MIT Press Cambridge, MA, 2006.

[11] 林李月，朱宇，柯文前. 新时期典型城镇化地区的人口流动研究——以福建省为例[J]. 福建师范大学学报(自然科学版), 2019, 35(6): 100-107.

[12] 刘鸿雁. 中部地区人口迁移格局演变及其影响因素[D]. 山西大学, 2015.
[13] 刘颖, 邓伟, 宋雪茜, 等. 基于综合城镇化视角的省际人口迁移格局空间分析[J]. 地理科学, 2017, 37(8): 1151-1158.
[14] 龙晓君, 郑健松, 李小建, 等. 全面二孩背景下中国省际人口迁移格局预测及城镇化效应[J]. 地理科学, 2018, 38(3): 368-375.
[15] 彭新万, 张凯. 中部地区农民工回流趋势与政策选择[J]. 江西社会科学, 2017, 37(6): 230-235.
[16] 王劲峰等. 空间数据分析教程[M]. 科学出版社, 2019.
[17] 王劲峰, 徐成东. 地理探测器: 原理与展望[J]. 地理学报, 2017, 72(1): 116-134.
[18] 杨传开, 宁越敏. 中国省际人口迁移格局演变及其对城镇化发展的影响[J]. 地理研究, 2015, 34(8): 1492-1506.

第五章　样本城市转型发展特征

本章作为全书分析内容的开篇，旨在全面绘制中国新型城镇化与样本城市转型发展的时空动态图景。本章基于充分广泛的社会经济统计与普查数据，以全国经济与城镇化时空格局、样本城市转型发展特征为分析重点，从长时序、多维度、多尺度刻画中国新型城镇化和样本城市空间结构、人口、产业、就业与经济发展的转型发展特征。

第一节　中国经济与城镇化时空特征

一、时间趋势

中国自 1978 年进入改革开放以来，经济发展与城镇化建设进入快车道。图 5–1a 展示了 2000—2018 年中国国内生产总值（GDP）变化及其增长情况。可以发现，2000 年 GDP 仅 10.03 万亿元，2018 年已达到 90.03 万亿元，约是 2000 年的 9 倍。人均 GDP 从 2000 年的 7 942 元增长到 2018 年的 64 644 元，增长了 7.14 倍，年均增长率达到 8.6%，年度增长率波动性较强（图 5–1b）。从年度 GDP 增长率来看，2000—2018 年，2007 年 GDP 增长率最高，达到 14.16%，2018 年增长率最低，仅 6.6%。18 年中 GDP 年度平均增长率为 9.08%。

从趋势上来看，2000—2007 年 GDP 年度增长率逐年升高，2008 年后因受国际金融危机的影响，我国 GDP 增长率呈波动下降趋势。分产业来看，第一、二、三产业在 2000—2018 年增长率分别为 4.0%、9.6%、9.9%，表明工业、制造业和服务业是推动我国经济增长的主要动力，这也反映出 2010 年来我国经济由高速增长阶段转向高质量发展阶段。

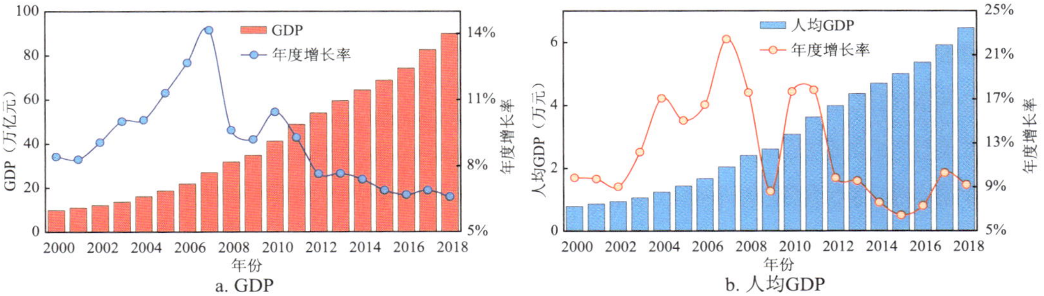

a. GDP　　b. 人均GDP

图 5–1　2000—2018 年我国 GDP 与人均 GDP 增速变化趋势

图 5–2a 展现了新千年来我国人口及其常住人口城镇化率的变化情况。人口总数由 2000 年的 12.67 亿人增长到 2018 年的 13.95 亿人，18 年间共计增加 1.28 亿人，年均增加约 711 万人，年均增长率 0.55%。从历年人口增长趋势看，2000—2018 年人口增长率呈逐年下降趋势，其中由于开放二胎政策的影响，2015—2017 年人口增长率出现小高峰，但到 2018 年，二胎政策的红利释放完毕，人口增长率快速下降，跌至 0.38%，仅为 2000 年增长率的一半。图 5–2b 描绘了 2000 年来城镇人口及其城镇化率的变化趋势，可以发现，城镇人口与城镇化率均呈逐年单调增加的趋势。城镇人口由 2000 年的 4.59 亿人增加到 2018 年的 8.31 亿人，共计增加 3.72 亿人，年均增加约 2 060 万人；乡村人口则从 2000 年的 8.08 亿人减少到 2018 年的 5.64 亿人，18 年间累计减少 2.44 亿人，年均减少约 1 357 万人。从常住人口城镇化率来看，城镇人口占总人口的比重逐年增加，由 2000 年的 36.22%增加到 2018 年的 59.58%，年均提高约 1.3 个百分点。目前，我国城镇化率仍有充足的发展空间，大量的乡村人口尚未迁移到城镇中，城镇化仍将是未来我国人口地理格局与过程变化的大趋势。

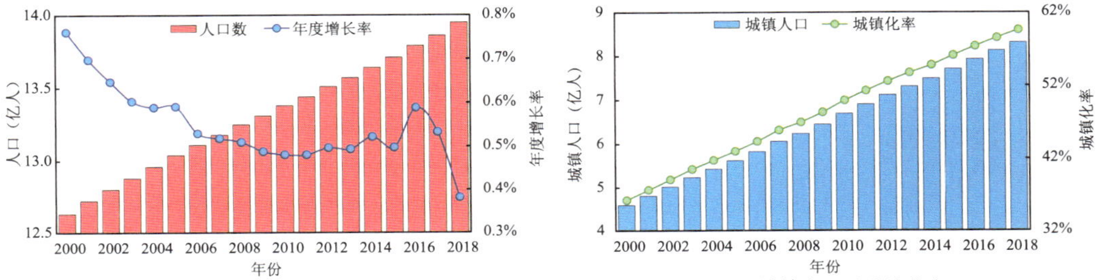

a. 我国人口　　b. 城镇人口及城镇化率

图 5–2　2000—2018 年我国人口与城镇人口增速变化趋势

二、空间格局

图 5–3 展示了 2018 年我国分省份 GDP 与人均 GDP 的空间格局。在 GDP 方面，东南高、西北东北低的空间格局明显，尤其是东部的广东、江苏和山东三省，其 2018 年 GDP 均超过 6 万亿元；紧随其后的是浙江、河南与四川三省；排名最后的则是西北地区的甘肃、青海、宁夏与西藏，还有最南边的海南。在人均 GDP 方面，东部的领先优势更加显著，中西部落后的差距较大。在排名上，北京、上海、天津与江苏四省份人均 GDP 均超过 10 万元，位列前四；而广西、贵州、云南与甘肃排名最后，其中甘肃人均 GDP 只有 31 336 元，仅为北京的 22%。从区域发展差距来看，2000 年 GDP 最高的省份——广东 GDP 总量约是排名最后的西藏的 87 倍，而到 2018 年时，GDP 最高和最低省份依然是广东和西藏，但这一差距已缩小到 66 倍；人均 GDP 方面，2000 年排名第一的上海约是排名最后的贵州的 10 倍，2018 年时排名第一的北京约是排名最后的甘肃的 4.5 倍。总之，新千年来，我国经济取得快速发展，但经济增长的空间格局并未改变，仍是东南高、西北东北低；尽管如此，但东中西之间的区域差异却在逐步缩小。这表明，2000—2018 年中国经济增长有效缩小了区域间的发展差异，区域差异的缩小直接影响到区域城镇化发展格局，并进一步作用于人口流迁时空过程的演变趋势。

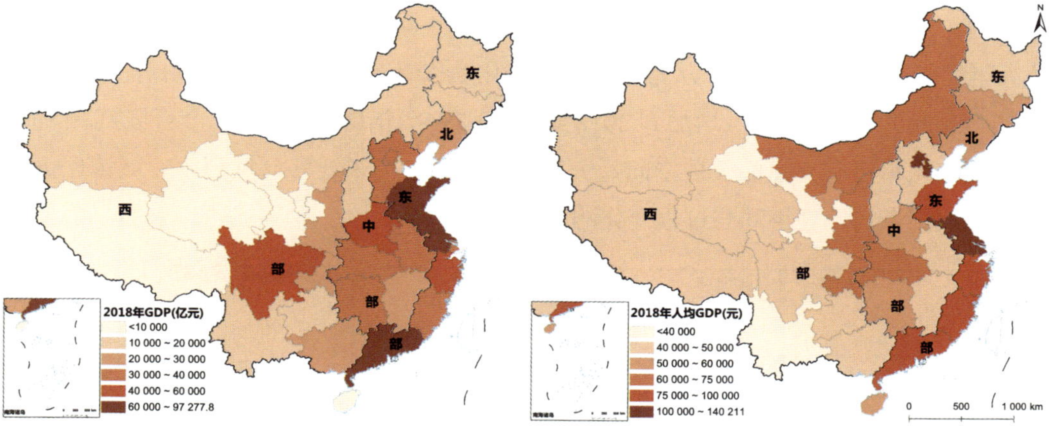

a. 分省份GDP　　b. 分省份人均GDP

图 5–3　2018 年我国分省份 GDP 与人均 GDP 空间格局

注：港澳台地区资料暂缺。

图 5–4 描绘了 2018 年我国分省份常住人口及其城镇化率的空间格局。在常住人口方面，东西与南北方向上差距不大，但仍遵循胡焕庸线的人口分布格局，即东南多、西北少。分省份来看，广东、山东、河南与四川是人口超过 8 000 万的大省，其中 2018 年广东与江苏两省人口均超过 1 亿。广东与江苏均为改革开放前沿地带，社会经济发展程度较高，吸引大量中西部人口迁往，成为近年人口集聚地，而四川与河南自新中国成立以来就为人口大省，四川盆地与黄淮平原也是我国人口高密度集聚区。与此对应，东北与西北地区自古以来就是人烟稀少之地，其中西藏、新疆与内蒙古更是地广人稀。在常住人口城镇化率方面，东中西的区域差异较为显著，东部城镇化率高于中西部，其中北京、天津、上海三直辖市的城镇化率位居全国前列。东部的广东城镇化率仅次于三大直辖市，高于其余各省份。在中西部，东北的辽宁、黑龙江和中西部的内蒙古、湖北、重庆的城镇化率较高，城镇化率最低的省份为西藏，2018 年城镇化率仅 31.14%，而同期上海的城镇化率为 88.10%，是西藏的 2.8 倍。城镇化率是社会经济发展的综合体现，也是当前我国发展的主要趋势。城镇化将继续影响我国人口分布格局，常住人口将继续向东部大城市、中西部国家中心城市集聚，城镇人口持续增加，乡村人口占比下降，乡村劳动力向东部迁移的趋势仍将继续。

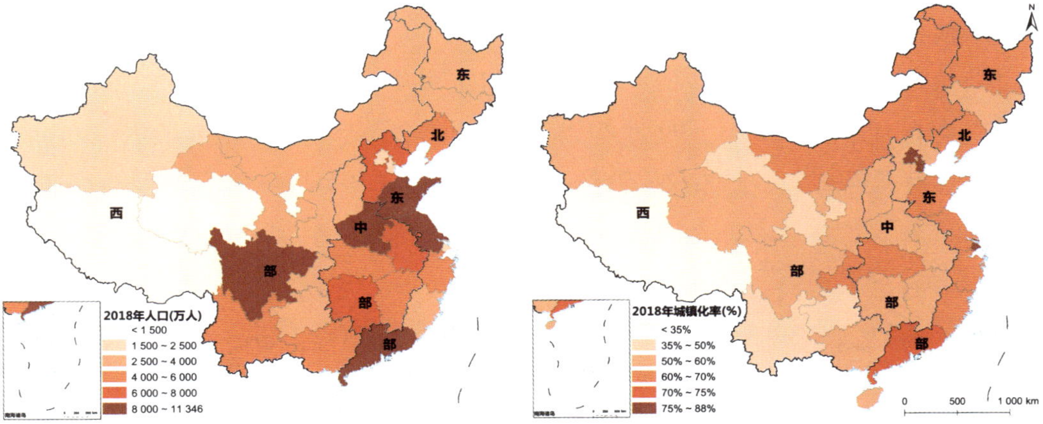

a. 常住人口　　　　b. 常住人口城镇化率

图 5–4　2018 年我国分省份常住人口及其城镇化率空间格局

注：港澳台地区资料暂缺。

整体上，我国 GDP 与城镇化发展均已进入增速放缓阶段，发展模式由数量规模增长向结构品质提升转变。经济发展过程中，愈发重视产业结构的转型与升级对经济内生性增长引擎的驱动，第三产业中的商业、服务业与高新技术对价值链延伸、要素创新、就业增长与生活品质提升的贡献愈发明显；城镇化的时空格局变化也表明在整体增速放缓的情况下，区域均衡性进一步得到提升。中西部城镇化增速加快，这对全国人口流迁、产业布局以及经济增长格局均有显著意义，所以，从跨区域视角审视乡城流动与城市转型发展，有助于深化对转型期人口流迁特征与发展趋势的认知和机理研究。

第二节　样本城市空间结构发展特征

一、城镇化率空间特征

1. 福州

图 5–5 展示了 2018 年福州各区县常住人口密度及其城镇化率的空间分布格局。在常住人口密度方面，福州中心城区的鼓楼区、台江区是常住人口高密度集聚区，而仓山区与晋安区的人口密度略低于主城区，可以被认为是福州的城市发展区。城区外围各县市中，东南沿海的马尾区、长乐区、福清市、平潭县要高于西北部永泰县、闽侯县、闽清县和罗源县。从常住人口绝对量来看，2018 年福州常住人口最多的区县是福清市，达到 130.5 万人，最少的罗源县仅有 21.1 万人。分别统计各区县的常住人口增长率（表 5–1），可以发现，2007—2018 年，福州全市常住人口增长率 14.5%，增长率最高的区县为仓山区，为 39.3%，其次为平潭县与晋安区；增长率最低的区县为永泰

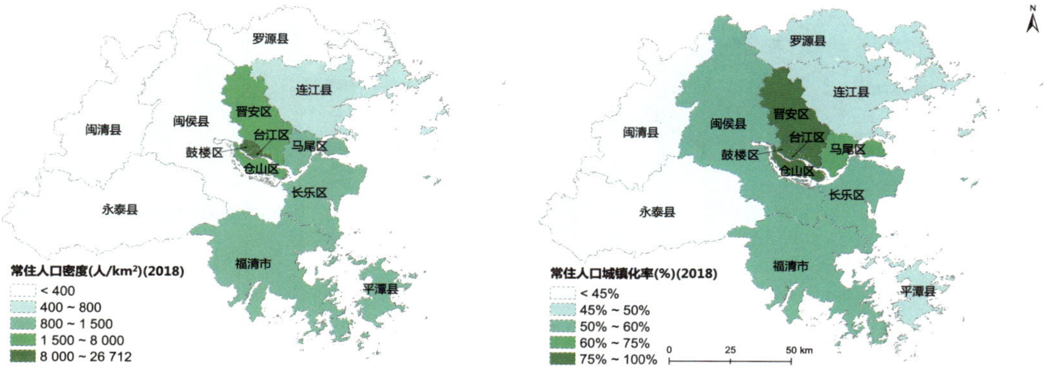

a. 常住人口密度　　b. 常住人口城镇化率

图 5–5　2018 年福州各区县常住人口密度及其城镇化率

县，增长率为–5.9%，其次为闽清县，增长率为 0。从人口变化趋势来看，福州人口在持续增长的基础上，人口的空间分布持续向城区集聚，而郊区的人口增长相对缓慢，且部分县市人口出现负增长，其人口不断向城区迁移。

表 5–1　2007—2018 年福州各区县常住人口数（万人）

区县	2007	2008	2009	2010	2011	2012	2013	2014	2015	2016	2017	2018	增长率
福州市	676.0	683.0	687.0	711.5	720.0	727.0	734.0	743.0	750.0	757.0	766.0	774.0	14.5%
鼓楼区	75.0	75.0	75.0	68.8	69.0	69.5	70.5	71.5	72.0	72.8	73.5	74.0	–1.3%
台江区	45.0	45.0	45.0	44.7	45.1	45.3	46.0	46.5	47.0	47.8	48.3	48.6	8.0%
仓山区	60.0	60.0	60.0	76.3	77.1	78.0	79.0	79.7	80.3	81.4	82.5	83.6	39.3%
晋安区	67.0	67.0	67.0	79.2	81.0	81.5	82.7	83.6	84.3	85.5	86.6	87.7	30.9%
马尾区	26.0	24.0	24.0	23.2	24.1	24.2	24.6	24.8	25.1	25.5	25.9	26.2	0.8%
长乐区	67.0	68.0	69.0	68.3	68.7	69.7	70.2	70.9	71.5	72.1	72.9	73.9	10.3%
福清市	119.0	120.0	121.0	123.5	124.2	125.3	126.3	127.5	128.6	129.3	130.5	131.6	10.6%
闽侯县	56.0	63.0	64.0	66.2	67.9	68.8	69.3	69.5	70.2	70.5	71.5	72.5	29.5%
连江县	55.0	55.0	55.0	56.1	56.2	56.6	57.0	57.6	58.1	58.2	58.8	59.3	7.8%
罗源县	20.0	20.0	20.0	20.8	20.5	20.7	20.5	20.8	20.9	20.9	21.1	21.2	6.0%
闽清县	24.0	24.0	24.0	23.8	23.5	23.5	23.3	23.6	23.8	23.8	24.0	24.0	0.0%
永泰县	27.0	27.0	27.0	24.9	24.7	24.9	24.7	25.0	25.2	25.2	25.4	25.4	–5.9%
平潭县	35.0	35.0	36.0	35.8	38.0	39.0	40.0	42.0	43.0	44.0	45.0	46.0	31.4%

2018 年福州城镇化率为 71.6%，相比 2006 年的 55.9%，提高了 15.7 个百分点。各县市中，鼓楼区、台江区、仓山区、晋安区的城镇化率超过 99.5%，几乎完全实现城镇化，是福州城区的主要组成部分，而连江县、罗源县、闽清县、永泰县及平潭县城镇化率不足 50%，大量的乡村人口有待迁移到城区或者实现就地城镇化，其城镇化发展空间仍较为充足。对比 2007—2018 年城镇化率的增长幅度，发现平潭县的城镇化率提升最快，达到 31.3 个百分点，其次是闽侯县，达到 29.3 个百分点，福清市与长乐区也提升近 20 个百分点。而主城区外其余各县市增长幅度平均在 14 个百分点左右。结合常住人口变化趋势分析，可以发现，福州仍处于城镇化快速发展时期，尤其是仓山区、晋安区与闽侯县等城郊区，周边各区县的人口持续向城区集聚，乡城人口流动趋势显著。

2. 厦门

图 5–6 展示了厦门 2018 年常住人口密度及其城镇化率的空间格局。厦门岛是厦门

市的核心城区，也是厦门常住人口的高密度集聚区，人口密度超过 10 000 人/平方千米。岛外的海沧区、集美区、同安区和翔安区是厦门市的郊区，人口密度较低，其中同安区最低，其人口密度仅为 877 人/平方千米，只相当于湖里区的 5%。从常住人口总量来看，2018 年厦门总人口为 401 万人，相比 2010 年的 356 万人，增加了 13%。分区县来看，海沧区常住人口增长最快，增长率为 21%；思明区增长率最低，仅有 8%。整体上，岛外常住人口增长率高于岛内。

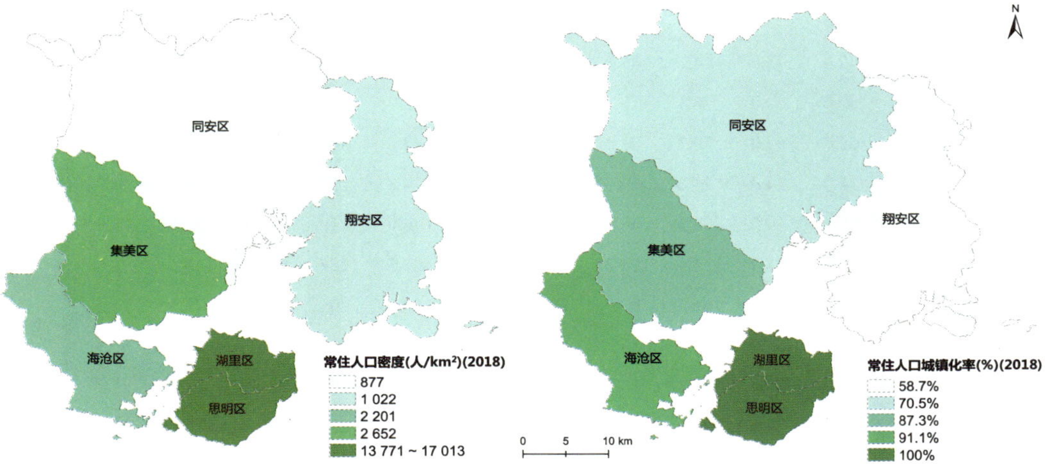

a. 常住人口密度　　　　b. 常住人口城镇化率

图 5–6　2018 年厦门各区县常住人口密度及其城镇化率

厦门是我国改革开放初期的经济特区，城镇化发展较早，速度较快，2010 年城镇化率已达 88.33%，远高于同期全国与福建省的整体水平。到 2018 年，厦门城镇化率整体已达 89.1%，其中思明区和湖里区已完全实现城镇化，城镇化率达到 100%；城镇化率最低的翔安区，其城镇化率也达到 58.7%，接近同期全国整体水平。统计不同区的城镇化率增长幅度，发现集美区、同安区和翔安区城镇化率增长幅度最大，是这一时期厦门城镇化发展的主要地区。同期岛内城镇化率接近饱和，城镇化率增长速度停滞，进入质量提升优化阶段。

3. 武汉

2018 年，武汉常住人口 1 089 万人，相比 2000 年的 805 万人，增长了 35%。在空间分布上（图 5–7），硚口区、江汉区、江岸区是武汉市常住人口高密度集聚区，人口密度均超过 15 000 人/平方千米，而武昌区和青山区则是长江南岸的人口集聚区，表明武汉的常住人口主要集聚于汉江与长江交汇处的两江三岸地区。从人口绝对量上，洪山区的常住人口最多，达到163万人；最少的区县是汉南区，常住人口只有13万人，仅为洪山区的8%。2018年武汉常住人口城镇化率达到80.04%，相比2000年的58.70%，提高了21.34个百分点。在空间格局上，武汉主城区的汉阳区、硚口区、江汉区、青山区、武昌区与洪山区的城镇化率超过95%，已近乎实现完全城镇化。而南北的黄陂区、新洲区、蔡甸区、汉南区和江夏区城镇化率仍低于55%。其中蔡甸区的城镇化率最低，仅有38%。对比2000年各区县城镇化率，东西湖区、蔡甸区、新洲区、黄陂区城镇化率的增长幅度最大，超过25个百分点，而中心城区的江岸、江汉、硚口等区增长缓慢，表明城市近郊区已成为武汉市城镇化快速发展的地区，中心城区逐渐接近饱和城镇化。结合人口变化趋势，武汉仍然吸引周围各区县的乡村人口迁移到中心城区，或者就地实现城镇化，乡城流动的人口迁移是新千年来武汉市人口空间格局变化的主要原因。

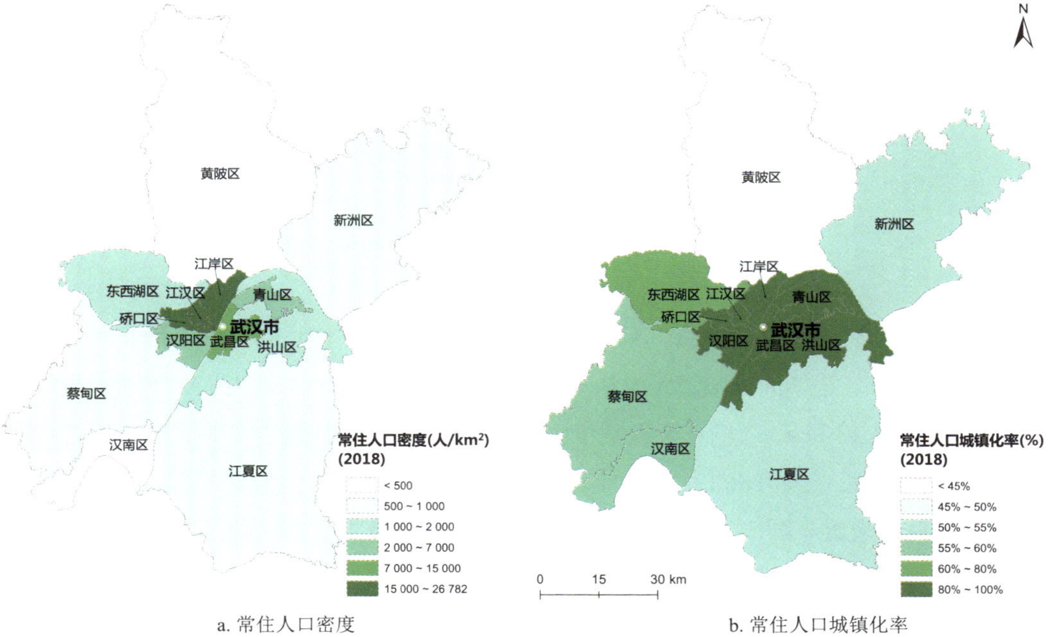

a. 常住人口密度　　　　b. 常住人口城镇化率

图5–7　2018年武汉各区县常住人口密度及其城镇化率

4. 成都

2018年成都常住人口超过1 600万人，比2000年的1 110万人增加了44%。从空间结构上看（图 5–8），成都常住人口密度表现出明显的圈层结构。中心城区的青羊区、金牛区、成华区、锦江区和武侯区是成都市人口高密度集聚区，人口密度超过8 000人/平方千米，为第一圈层；外围主城区的郫都区、新都区、龙泉驿区、双流区和温江区人口密度在 1 200～2 000 人/平方千米，为成都的第二圈层；外围郊区各县市常住人口密度低于 1 200 人/平方千米，为成都发展的第三圈层。从人口绝对量来看，武侯区的常住人口最多，达到 181.03 万人；常住人口最少的区县为蒲江县，只有 25.62 万人，仅为武侯区的 14.15%。这表明成都常住人口分布区域差异显著，圈层结构明显。

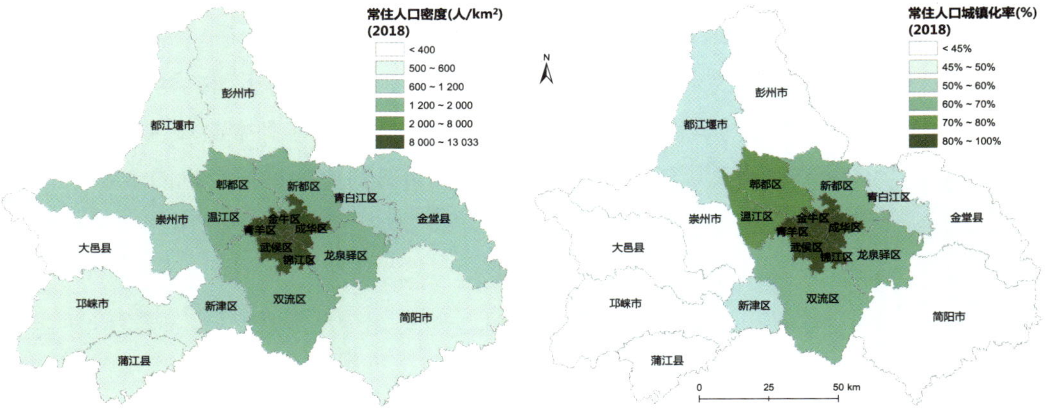

a. 常住人口密度　　　　b. 常住人口城镇化率

图 5–8　2018 年成都各区县常住人口密度及其城镇化率

2018 年成都常住人口城镇化率为 71.85%，相比 2000 年的 53.72%，增长幅度达到 18.13 个百分点。这期间，城镇人口从 596.75 万人增加到 1 152.81 万人，年均增长率为 5.18%；乡村人口则从 514.10 万人减少到 451.66 万人，年均减少率为 0.67%。考虑到人口自然增长率，表明 2000—2018 年，成都大量乡村人口进入城镇，实现人口城镇化。从空间格局上来看（图 5–8），成都城镇化率仍具有明显的圈层结构：中心五城区的城镇化率最高，已实现 100%的完全城镇化；第二圈层各区县城镇化率为 60%～80%，城镇化发展进入关键质量提升期；第三圈层各区县城镇化率差异较大，偏远区县城镇化率低于 45%。比较各区县 2000 年与 2018 年城镇化率，发现郫都区、双流区、温江区、龙泉驿区和新都区城镇化发展幅度最大，均超过 40%。这些区县均位于第二圈层，由 2000 年时的郊区逐步发展为现在的主城区。第三圈层的发展速度略慢，但仍快于中心城区。大量的乡村人口从第三圈层迁往第二或第一圈层，实现人口城镇化；也有部分乡村人口迁往三圈层的郊区城镇，实现就地城镇化。

二、城市空间发展特征

1. 福州

进入新千年以来，福州城市建成区面积从 2002 年的 102 平方千米增长到 2017 年的 291 平方千米，年均增长率为 11.69%。从 1978—2017 年福州市城市建成区范围变化来看（图 5–9），其城市发展沿闽江向南和向东沿海发展的趋势非常明显。具体来看，仓山区与长乐区成为福州市近 40 年来城市建设的主要区域。仓山区位于闽江所形成的河心岛上，离初始主城区较近，近年来成为福州大学城、金融城与新区建设的集中地，由此带动仓山区原先城郊基础设施建设和旧城改造，大量城中村成为城市更新建设的主要对象。在此基础上，福州的南向发展还越过仓山区带动闽侯县闽江南岸区域的城市建设，逐渐同长乐区闽江沿岸区域连成一体。在另一个方向上，长乐区承载了福州东向发展的主体，在城市功能分区上被定位为城市发展副中心，福州长乐机场与大量交通枢纽布局于长乐区，未来将是福州市主要人口增长区。另外，马尾区得益于港口优势，布局为福州工业集中区，城市建设沿闽江和港口分布，但向内陆延伸有限。

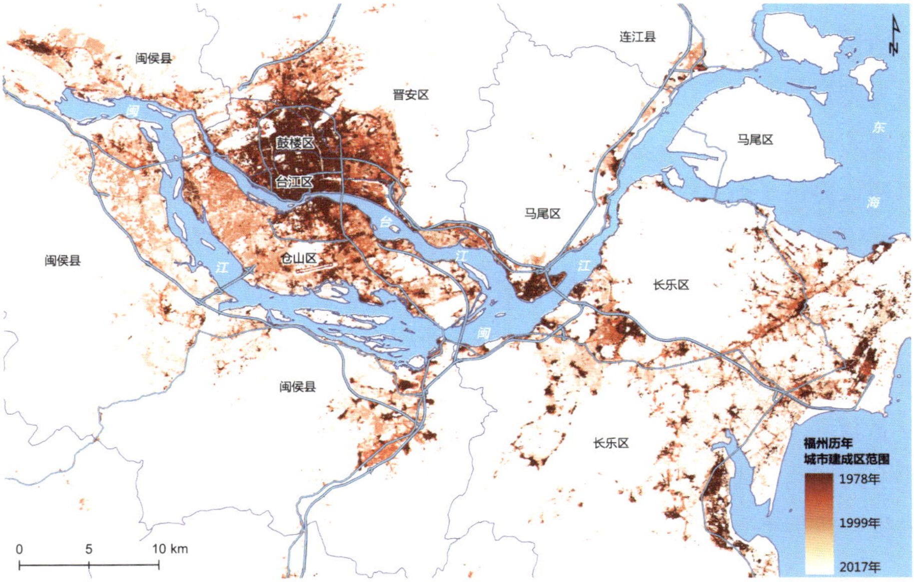

图 5–9　1978—2017 年福州城市建成区范围变化

整体来看，福州作为典型的山地城市和沿江沿海国际化大都市，其城市空间发展呈现出东进南下的趋势，城市空间结构表现出主城＋副城多中心、多组团式格局。这种空间格局有助于疏解老城拥挤的城市空间、经济要素、人口与公共服务，拓展新城，培育城市新中心，还有助于形成城市级、组团级和功能区级中心三层级城市发展格局。城市空间的分散式发展可以极大拓展城市服务空间，为城市人口增长奠定基础；此外，多组团与多中心的城市空间结构有助于避免单中心城市所带来的就业市场、住房市场、公共服务的集聚化，缓解城市迁移人口住房压力与职住不平衡，促进城市人口居住混合与再平衡。但同时也应注意到，组团式城市空间结构会弱化部分区域在经济发展与公共服务建设等方面的协同性和参与性，一定程度上不利于不同群体的社会融合。

2. 厦门

厦门作为经济特区，是我国东南沿海中心与门户城市、港口及风景旅游城市。厦门作为典型的离岛型城市，其城市空间包括主城区的厦门岛（思明区和湖里区）和郊区（海沧区、集美区、同安区和翔安区）。城市建成区面积从 2002 年的 94 平方千米扩大到 2017 年的 348 平方千米，年均增长率达 16.84%。从 1978—2017 年厦门市城市建成区变化范围来看（图 5–10），内陆地区的郊区成为厦门市近 40 年来城市建设集中区，尤其是离厦门岛较近的集美区与海沧区，成为新城扩展的主要区域。同时，同安区与翔安区布局为厦门市北部港区、高科技工业园区与东部发展副中心。整体上，厦门城市空间结构为一中心、多组团式空间格局。从城市空间扩展格局来看，在岛外四个方向扩展力度较为一致。但城市扩展整体较为分散，形成多中心式辐射扩展格局，未能形成典型的集聚辐射中心。城市建成区的扩大，尤其是郊区城镇化建设为厦门市经济与人口增长提供了充足空间，便于城市迁移人口与就地城镇化的乡村移民享受城市发展的福祉。同福州一样，多中心式城市空间格局虽然有助于增进居住混合与职住平衡，但是会弱化就业市场与公共服务发展的协同性，造成局部区域城市建设滞后或领先，从而增加城市内部功能服务不平衡。同时，多中心空间格局对城市内部公共服务效率提出更高的挑战，不同中心间的发展差异性会加剧城市功能服务的区域不均衡性。

3. 武汉

武汉为湖北省省会，是我国中部地区的中心城市，重要的工业、科教基地和综合交通枢纽。新千年来武汉建成区快速扩大，由 2002 年的 214 平方千米增加到 2017 年的 628 平方千米，整个城区扩大了约 2.93 倍。汉口、汉阳和武昌三镇所构成，加之所处长江中游的江汉平原，河湖众多、水域广布，其城市空间结构表现为多中心组团

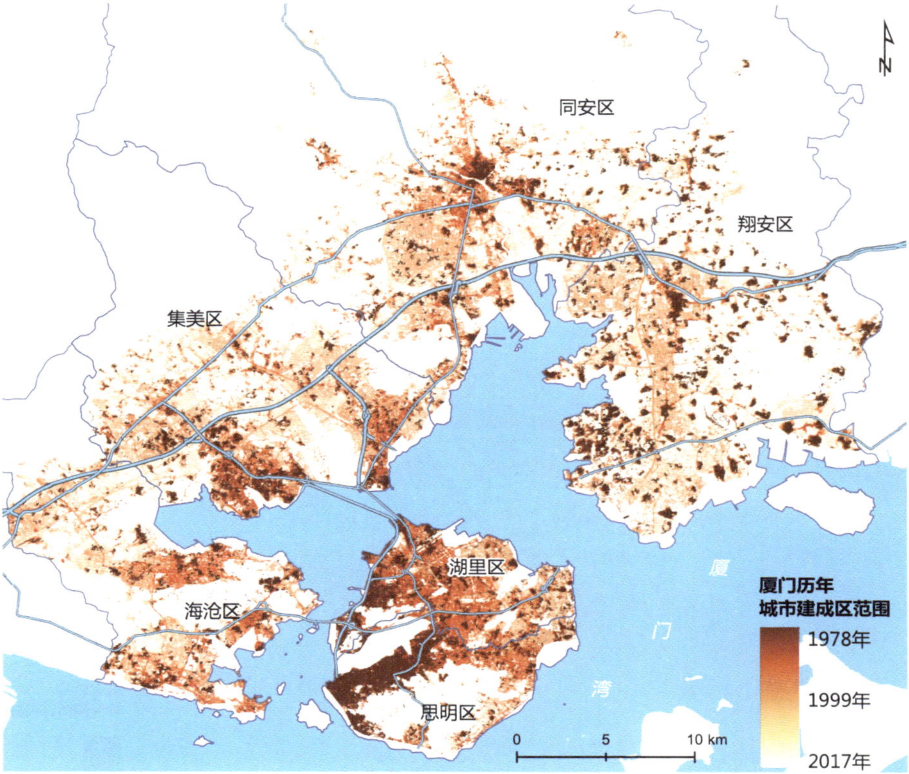

图 5–10　1978—2017 年厦门城市建成区范围变化

式格局。武汉作为我国典型的多中心城市，其城市建设发展也有其自身特点。从 1978—2017 年武汉市城市建成区变化范围来看（图 5–11），改革开放以来，武汉城市建成区快速增加，城区范围逐步突破原有三镇范围，向长江东西两岸的郊区拓展。这其中，黄陂区、东西湖区、汉南区、蔡甸区、洪山区和江夏区等郊区同主城区逐步连在一起，整个城市空间在各个方向上都得到显著扩展。各方向中，西部的东西湖、蔡甸和汉南区城市武汉市制造业、交通、物流、商贸等产业发展集中区，积极承接与疏解原有硚口、江汉、汉阳等老城区的人口与产业；而南部的洪山区与江夏区则积极发展科教、高新技术、商业金融等产业，尤其是光谷所在的东湖高新技术开发区，汇聚了大量的高等院校、科研机构与高新企业，涉及光电子信息、生物医药、高端装备与高技术服务业，由此汇聚了众多的大学生与专业技术人员。

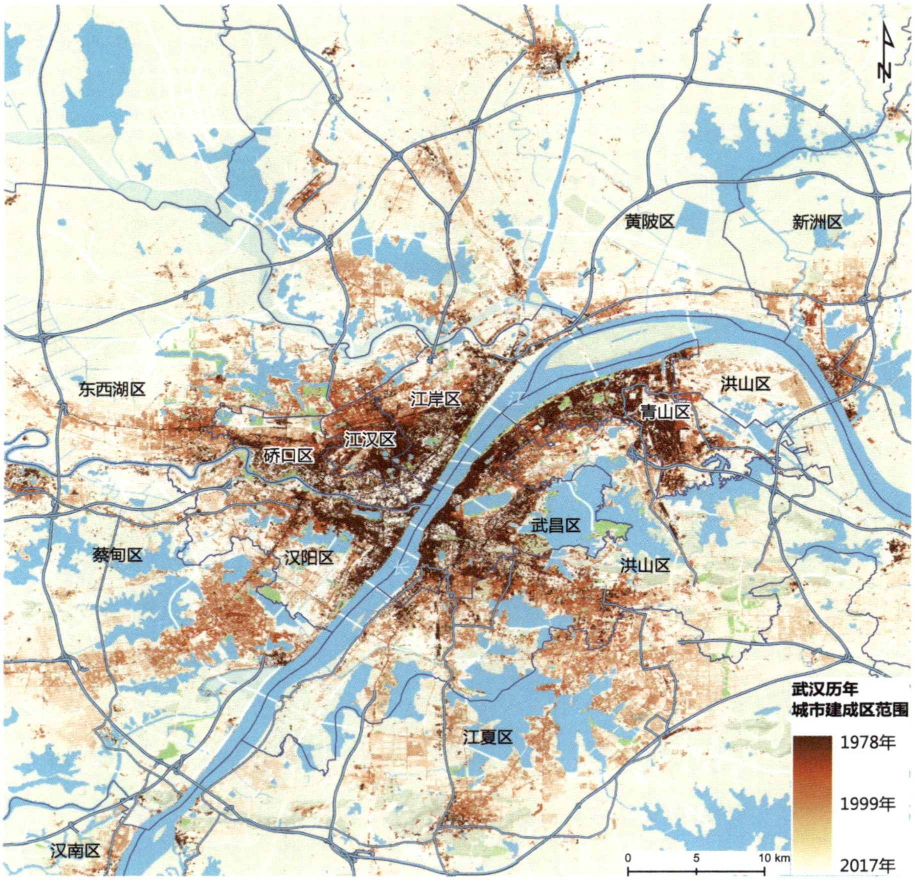

图 5–11　1978—2017 年武汉城市建成区范围变化

武汉建成区扩展具有明显的方向性，西部和南部的扩展力度明显大于北部和东部。这种城市发展的方向性趋势会影响城市服务功能的区域差异性，并引发城市就业地理格局和居住空间的变化。城市建成区的扩展作为城市发展最直观的体现，表现出城市转型发展对城市功能服务的空间结构的重塑与调整作用，进而影响到城市人口分布与产业布局，并最终反映到城市迁移人口的居住分异与职住平衡上。武汉多中心组团式的空间发展格局有助于缓解城市集中发展下的住房压力，平衡劳动者的职住关系，但跨区域的发展差异可能不利于城市不同功能区的协同发展，在大尺度上增加了城市群体间的分异性。

4. 成都

成都中心城区主要包括青羊区、武侯区、锦江区、成华区和金牛区，近年城市建设逐步向周围郊区拓展，城区范围快速扩大。新千年来成都市城建成区范围快速增加，2017 年建成区面积达到 885 平方千米，约为 2002 年建成区面积的 3 倍。从 1978—2017 年成都城市建成区变化范围来看（图 5–12），城市建设从中心城区向四周扩展，主城区与郊区一体化发展趋势更加明显，其中向西向南成为城市发展主方向。在空间分布上，2000 年来武侯区、双流区、锦江区与龙泉驿区城市建设增加幅度十分显著，尤其是南部的高新区和天府新区建设，极大地拓展了成都市南向发展空间。在城市功能分区上，南部在高新技术、信息产业、商业金融等产业上得到极大发展，由此带动城市就业市场、住房市场与公共服务向南延伸，这成为成都近年来在就业地理格局、职住平衡、住房管制等方面变化的主要驱动力（张少尧等，2017）。

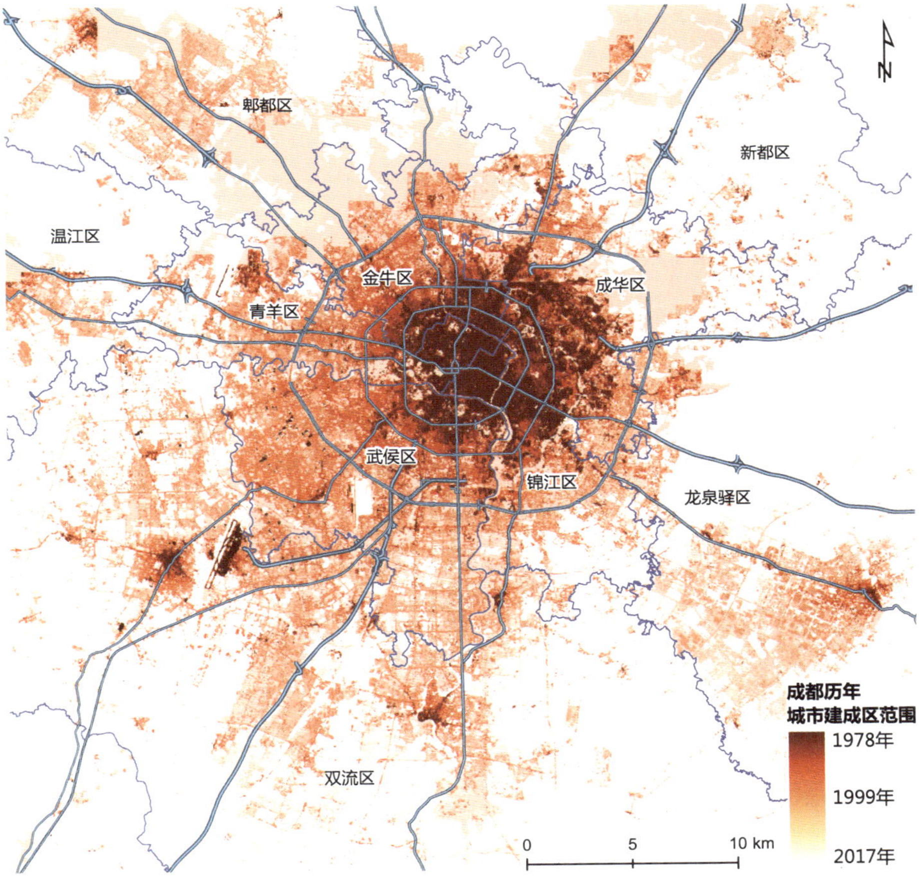

图 5–12　1978—2017 年成都城市建成区范围变化

不同于福州、厦门与武汉的多中心组团式城市结构，成都为典型的中心圈层式城市，城市中心位于城市建成区的几何中心，城市发展通过交通干道呈环形放射式发展格局。中心圈层式的空间格局奠定了城市就业市场、居住空间与公共服务等城市功能服务格局，由此影响城市居住分异与职住平衡等。但近年来，成都城市空间发展表现出明显的方向性，这将逐渐打破传统中心圈层式发展格局。某一方向的快速发展将重塑城市原有的就业市场、居住空间与公共服务的平衡格局，并推动城市不同人群的就业、居住与生活进行调整，这也将作为城市转型发展的一部分，从而作用于乡城迁移人口的劳动力地理景观上。

第三节　样本城市人口与产业转型特征

一、城市人口发展特征

1. 福州

从福州 2000—2018 年人口及其城镇化率变化趋势来看（图 5–13），福州户籍人口由 589.23 万人增长至 702.66 万人，年均增长率为 1.07%。常住人口由 641 万增长至 774 万人，年均增长率为 1.15%，略快于户籍人口的增长。通过户籍与常住人口得到福州历年净流入人口数，由 2000 年的 51.77 万人增长至 2018 年的 71.34 万人，年均增长率为 2.10%，明显快于户籍与常住人口的增长速率。净流入人口占常住人口的比重由 2000 年的 8.08%提升至 2018 年的 9.22%。在变化趋势上，2009 年常住人口增幅明显增加，同户籍人口增长趋势的差距逐渐扩大。这表明，2000—2018 年，流动人口的快速涌入成为福州人口增长的主要推动力，且人口流入速度呈逐渐增长的趋势。

2000—2018 年，福州城镇化得到快速发展，常住人口城镇化率从 49.50%增加到 71.60%，同期户籍人口城镇化率由 26.92%增加至 56.71%（图 5–13）。从增幅来看，18 年间常住人口城镇化率增加了 22.10 个百分点，而户籍人口城镇化率增加了 29.79 个百分点。在趋势上，2012—2015 年福州户籍人口城镇化率增幅加速。对比常住与户籍人口城镇化率的差距，2000 年常住人口城镇化率高于户籍人口城镇化率 22.58 个百分点，到 2018 年这一差距缩小到 14.89 个百分点。这说明，福州在城镇化过程中，户籍人口城镇化快于常住人口城镇化，越来越多的新增流入人口获得福州城镇户籍，市民化进程显著。

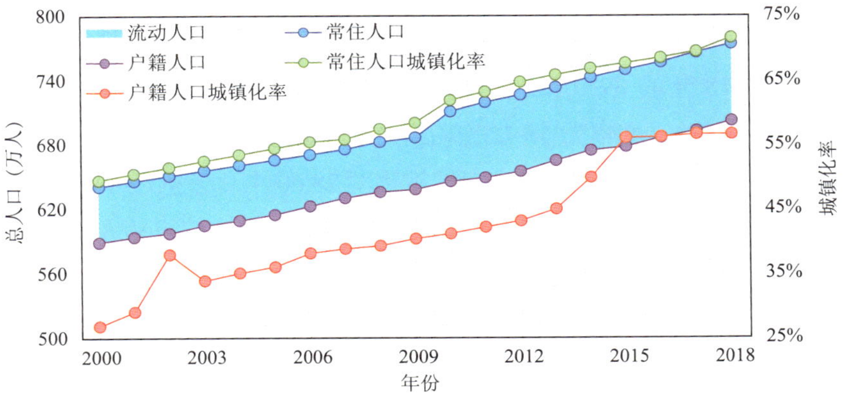

图 5–13　2000—2018 年福州人口与城镇化率变化趋势

2. 厦门

从厦门 2000—2018 年人口变化趋势来看（图 5–14），城市常住人口从 205 万人增加到 411 万人，增幅达到 206 万人，年均增长率 5.58%；同时期户籍人口从 131 万人增加到 243 万人，年均增长率 4.69%，低于常住人口增长率。在变化趋势上，2000—2010 年常住人口增速快于 2010—2018 年，同时期户籍人口增速保持匀速。厦门是净流入人口城市，2000 年净流入人口 73.44 万人，到 2018 年增加到 168.47 万人，年均增速 7.19%。流入人口占常住人口的比重从 2000 年的 35.82%扩大到 2018 年的 40.99%。由此可见，人口流入成为厦门人口增长与结构变动的主要推动力，流动人口在城市人口所占比重不断增加。但是，2010 年后厦门流入人口增速有所降低。

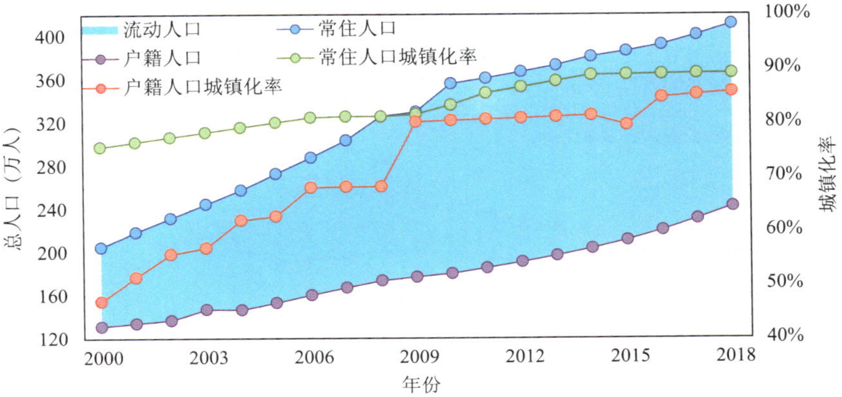

图 5–14　2000—2018 年厦门人口与城镇化率变化趋势

对比常住人口与户籍人口城镇化率，2000—2018 年厦门常住人口城镇化率从 75.60%增加到 2018 年的 89.10%，增幅为 13.50 个百分点，同期户籍人口城镇化率从 47.00%增长至 85.72%，增幅为 38.72 个百分点，显著快于常住人口城镇化率的增速。2000 年常住人口城镇化率高于户籍人口城镇化率 28.60 个百分点，到 2018 年这一差距急剧缩小到 3.38 个百分点。在变化趋势上，2000—2009 年厦门户籍人口城镇化率快速增加，增速高于同期常住人口城镇化率，2010—2018 年户籍人口城镇化率增速明显放缓，并与同期常住人口城镇化率增速保持同步。这表明，2010 年前厦门吸纳了大量流动人口进入城市，户籍人口城镇化率快速增加，2010 年后流动人口与城镇化率增速均明显放缓。尽管如此，流动人口规模仍呈继续扩大的趋势，而市民化进程却较缓慢。

3. 武汉

如图 5–15 所示，武汉常住人口 2000—2018 年从 804.81 万人增加至 1 108.10 万人，增长 303.29 万人，年均增长率 2.09%；同期户籍人口从 749.19 万人增加到 883.73 万人，增长 134.54 万人，年均增长率 0.99%，明显低于常住人口增长趋势。在变化趋势上，2000—2009 年常住人口与户籍人口增速保持同步，2009 年后武汉常住人口增幅明显加速，尤其是 2009—2011 年。户籍人口 2010—2016 年增速较之前明显下降，2016—2018 年开始快速增加。从流动人口规模来看，2000 年武汉净流入人口 55.62 万人，到 2018 年流入人口达到 224.37 万人，年均增速 16.85%，显著快于常住人口与户籍人口的增长。这表明，武汉正处于流入人口快速增加期，流动人口规模加速扩大，尤其是 2010 年后。

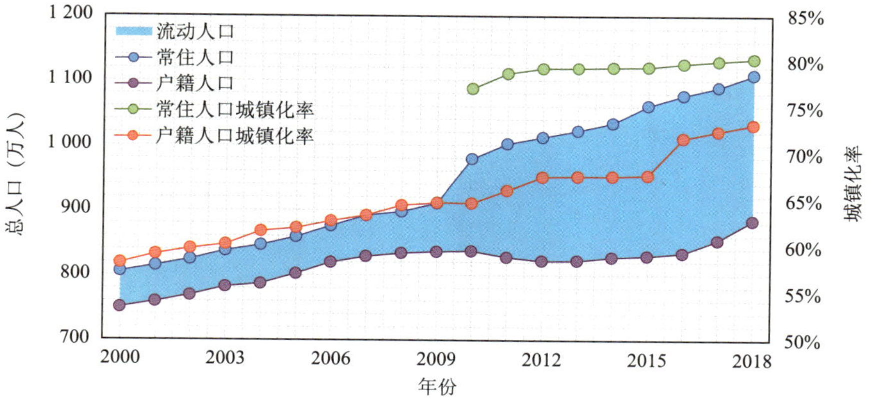

图 5–15 2000—2018 年武汉人口与城镇化率变化趋势

对比武汉常住人口与户籍人口城镇化率的变化趋势（图 5–15），发现 2010—2018 年常住人口城镇化率缓慢增长，而户籍人口城镇化率却呈快速增加的趋势。其间，常住人口城镇化率从 77.07%增加到 80.29%，增幅不足 4 个百分点；户籍人口城镇化率却从 64.69%迅速增长至 73.20%，增幅为 8.51 个百分点。常住人口与户籍人口城镇化率的差距也从 2010 年的 12.38 个百分点减少到 7.09 个百分点。2010—2018 年，尽管大量流动人口迁入武汉市，但常住人口城镇化率提升不明显，户籍人口城镇化率却有显著提升。这表明部分流入人口获得武汉户籍，成为新市民，但流动人口规模仍在加速扩大，市民化增长前景较大。

4. 成都

从成都人口变化趋势来看（图 5–16），2000—2018 年成都市人口规模整体呈增长趋势。城市常住人口从 2000 年的 1 110.85 万人增加到 2018 年的 1 633.00 万人，增长 522.15 万人，年均增长率 2.61%；同期户籍人口从 1 013.35 万人增加到 1 476.05 万人，增长 462.70 万人，年均增长率 2.53%，略低于常住人口增速。在变化趋势上，2000—2009 年，常住人口与户籍人口增速同步；常住人口在 2009—2010 年、2015—2016 年快速增加，户籍人口在 2015—2016 年也快速增加。从流动人口规模来看，2000 年成都市净流入人口 97.50 万人，占当年常住人口的 8.78%；2018 年净流入人口达到 156.95 万人，占常住人口的 9.61%。18 年间流动人口规模扩大了 1.61 倍，年均增速 3.39%。整体趋势来看，2000—2018 年成都常住人口与户籍人口增速大体同步，在 2009 年后均迎来增速高峰期，但二者之间有时间差。

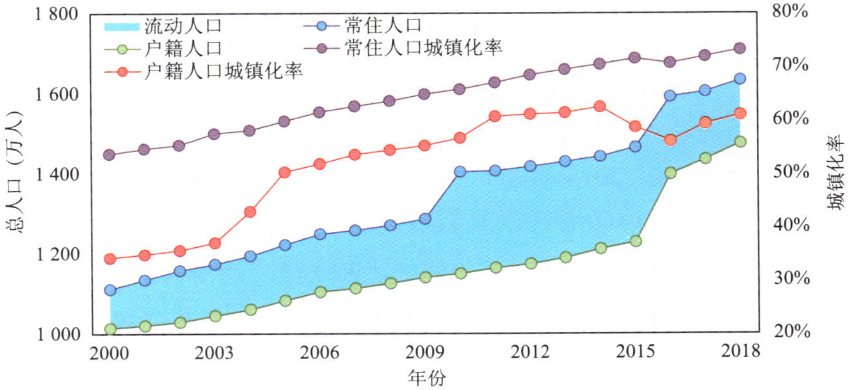

图 5–16　2000—2018 年成都人口与城镇化率变化趋势

对比成都常住人口与户籍人口城镇化率（图 5–16），2000—2018 年成都常住人口城镇化率从 53.72%增加到 73.12%，增幅为 19.40 个百分点，年均增幅 1.07 个百分点；同期，户籍人口城镇化率由 34.13%增长至 60.94%，增幅为 26.81 个百分点，年均增幅 1.49 个百分点，略高于常住人口城镇化率的增幅。在变化趋势上，常住人口城镇化一直保持匀速增长。户籍人口城镇化率在 2003—2005 年、2014—2016 年均有较大波动，但整体上增长趋势仍是明显的。综合来看，快速城镇化背景下的成都人口增长趋势显著，其中流动人口规模持续扩大。2009 年后，成都人口规模增长加速，部分流动人口向户籍人口转变，市民化进程加速，但是这一转变需要约 5 年的调整过程。

城市人口的变化除受到自然增长与机械迁移影响之外，还受到统计口径、行政区划调整的影响。但在快速城镇化背景下，乡城迁移流动人口仍是主要城市人口快速增加的主要驱动力。对比四个样本城市，东部的厦门城镇化率最高，西部的成都城镇化率相对较低。但从变化趋势来看，2009—2010 年是各主要城市人口增长趋势的分水岭，在此之前，东部的厦门人口与城镇化率增速较快，中西部武汉与成都增速较慢，而在此之后，东部增速降低，中西部人口与城镇化率发展加速，尤其是厦门和武汉最为典型。这种变化可能暗含了跨区域乡城迁移流动人口的迁移空间格局的最新趋势以及不同发展阶段城市转型发展特征的差异性。此外，户籍人口与常住人口城镇化率的变化趋势差异也说明市民化进程对城市人口结构和迁移预期的重要影响，成都市的案例清晰表明流动人口向户籍人口转变的时间滞后性与过程性，这对揭示城市转型发展背景下劳动力地理景观的变化周期与适应过程具有重要意义。

二、城市产业结构特征

1. 福州

图 5–17 展示了 2000—2018 年福州三次产业占 GDP 的比重变化趋势及其各产业对 GDP 增长的贡献率。2000—2018 年，福州第一产业占 GDP 比重持续下降，从 2000 年的 15.42%下降到 2018 年的 6.30%，下降幅度达到 9.12 个百分点；第二产业整体上也呈下降趋势，从 2000 年的 43.23%下降到 2008 年的 40.80%，下降幅度为 2.43 个百分点；而第三产业则呈持续上升趋势，从 2000 年的 41.34%上升到 2018 年的 52.90%，增长幅度为 11.56 个百分点。由此可见，福州的产业主导地位逐步从第二产业向第三产业过渡，而第一产业持续萎缩。图 5–17b 显示三次产业对 GDP 增长的贡献率变化波动较大。第一产业贡献率始终在低位徘徊，约为 2.30%。第二、三产业贡献率波动较为明

显，2000—2007 年，第三产业贡献率持续增加；2008—2012 年，受国际金融危机影响，第二产业对 GDP 增长的贡献率逐渐增加，但幅度有限；2012—2018 年，第二产业贡献率显著下降，第三产业逐渐成为 GDP 增长的核心驱动力，其贡献率达到 63.30%。整体来说，第三产业贡献逐渐走强，第二产业对 GDP 的拉动作用逐渐疲软。这表明福州市当前产业结构逐步优化，服务业与消费逐渐成为经济增长的核心引擎，制造业进行升级换代，淘汰落后产能，积极进行创新驱动发展。这也是当前我国东部城市产业结构转型升级的主要趋势。

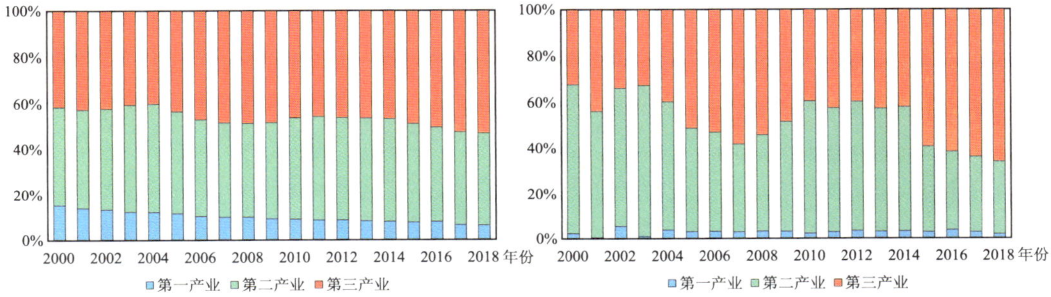

a. 三次产业占比　　b. 三次产业对经济增长的贡献

图 5–17　2000—2018 年福州三次产业占比及其对经济增长的贡献率

在产业结构的空间分布上（图 5–18），福州的区域差异较为明显。中心城区的鼓楼区、台江区以第三产业为主，占比超过 80%，第二产业占比极小，没有第一产业。福州市的第二产业主要集聚于仓山区、马尾区、长乐区、福清市、罗源县，而第一产业集聚于连江县、永泰县等远郊区。这显示出福州的产业结构空间布局配置模式：中心城区为服务业与商业，城郊区为制造业、建筑业等，远郊区则为农业、渔业等。产业布局的空间模式也将影响城市人口定居、通勤、乡城迁移及公共服务配置等，成为影响区域劳动力地理景观的基础条件之一。

2. 厦门

从 2000—2018 年厦门产业结构变化趋势看（图 5–19），第二产业占比持续下降，第三产业占比上升。第一产业占比极小，从 2000 年的 4.20%缩小到 2018 年 0.50%，表明种植业、渔业等农业经济部门在厦门经济发展中的作用几乎可以忽略不计；第二产业从 2000 年的 50.60%减小到 2018 年的 41.30%，18 年间下降幅度达到 9.30 个百分点；第三产业则从 2000 年的 45.20%上升到 2018 年的 58.20%，上升幅度达 13 个百分点。在第三产业中，2016 年厦门信息传输、软件和信息技术服务业、金融业、租赁与商业

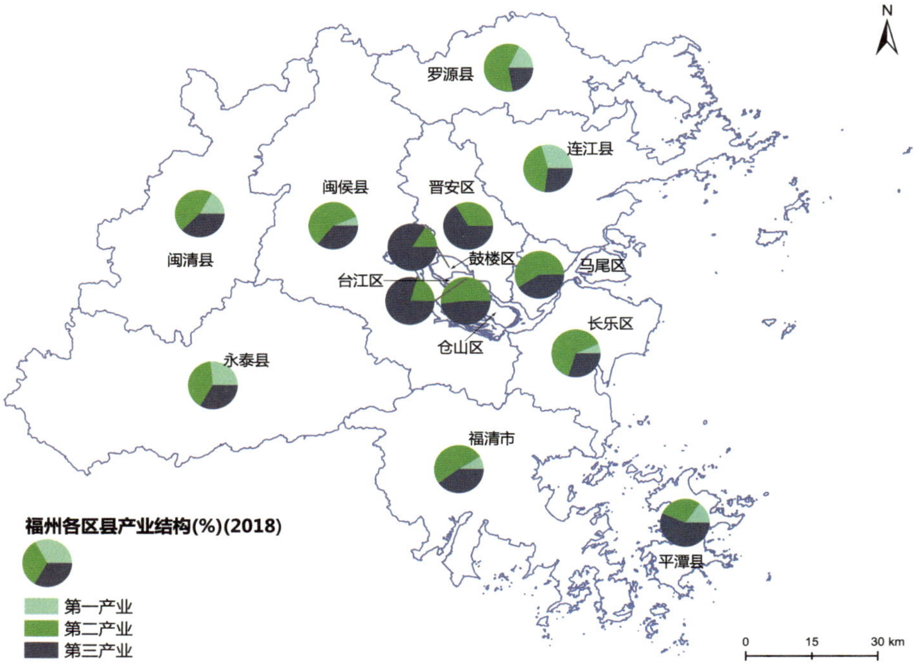

图 5–18　2018 年福州各区县产业结构空间格局

服务业、居民服务业及其他服务业、教育、卫生与社会、公共管理等行业的增加值指数均超过 110。综上所述，厦门 2000—2018 年第三产业在产业结构中的主导地位进一步增强，服务业、商业对 GDP 增长的拉动作用显著。厦门作为我国改革开放的前沿地带，又是经济特区，推动厦门成为一个完全的工商业城市。

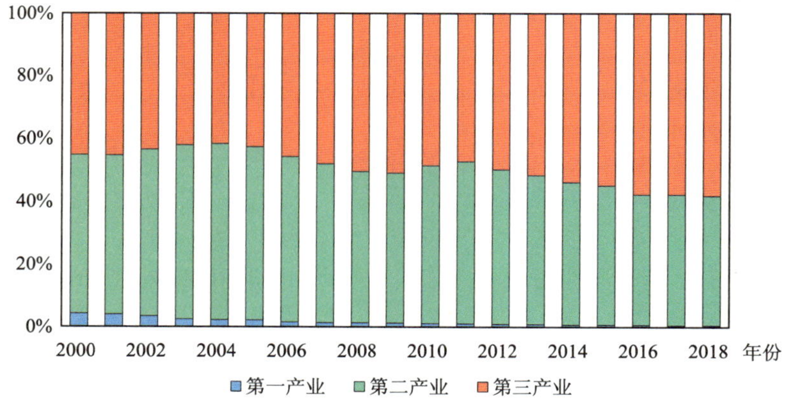

图 5–19　2000—2018 年厦门三次产业占比及变化趋势

图 5–20 展示了 2018 年厦门各区三次产业结构的空间格局。思明区的第三产业占比最高，达到 87.85%；第三产业占比最低的是翔安区，仅有 24.37%。第二产业占比最高的是翔安区，达到 73.94%；最低的为思明区，只有 12.02%。第一产业在各区中占比均极低，只有同安区和翔安区超过 1%。从各区产业结构来看，岛内以第三产业为主，主要发展商业与服务业，而岛外的海沧、同安与翔安三区第二产业占比极高，建筑业与制造业发达。厦门在海沧、同安与翔安三区均建有集中式工业园区，并有货物吞吐量 2.17 亿吨的厦门港（2018 年），是我国东南及海峡两岸的主要工业制成品生产地和集散地。

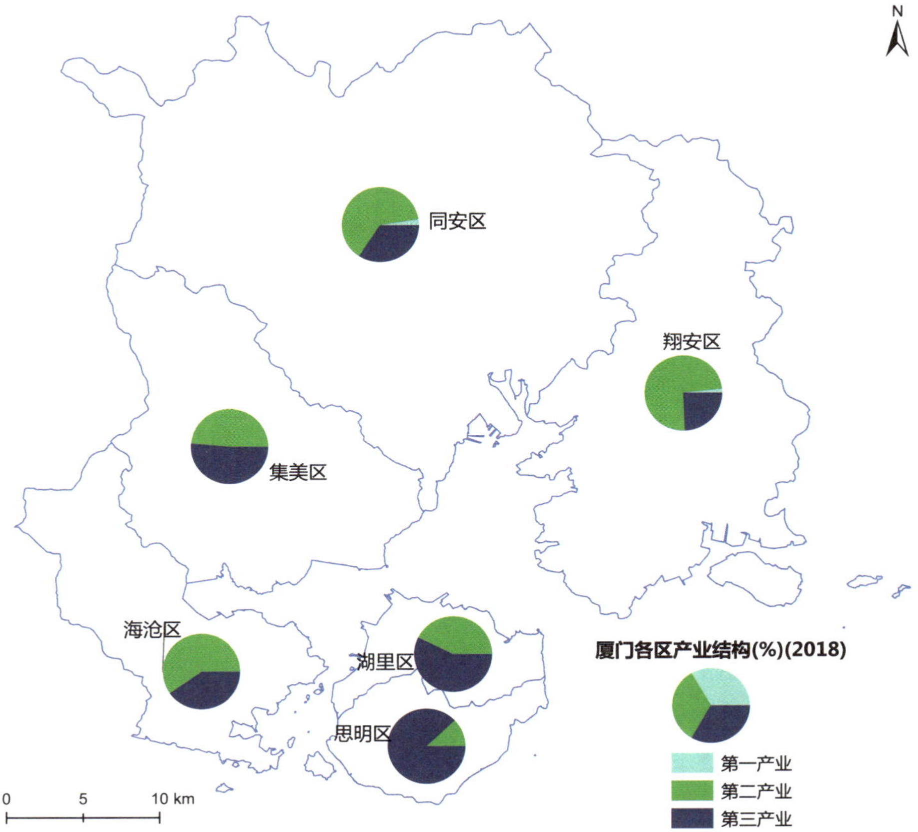

图 5–20　2018 年厦门各区产业结构空间格局

3. 武汉

武汉的产业结构也表现出同样的变化趋势（图 5–21），第二产业占比下降，第三产业占比上升，第一产业逐渐萎缩。从具体数值来看，第一产业从 2000 年的 6.70%下降到 2.40%，降幅为 4.30 个百分点；第二产业从 2000 年的 44.20%下降到 43.00%，降幅仅 1.20 个百分点；第三产业则从 2000 年的 49.10%上升到 54.60%，增幅达到 5.50 个百分点。总体来讲，武汉产业结构也在逐步优化，农业、制造业、建筑业的比重在下降，服务业、商业、技术创新产业占比逐步提升。但相比东部的厦门，第三产业占比仍较低，2000—2018 年第二产业占比下降幅度较小，农业占比仍较高，这表明武汉市的产业结构仍有进一步优化调整的空间，同时也从另一个侧面反映，武汉作为我国中部重要的工商业中心，先进制造业仍然占据着举足轻重的地位。此外，武汉也是承接东部产业转移的重要城市，仍在吸纳东部部分劳动密集型产业和其他制造业与服务业等。

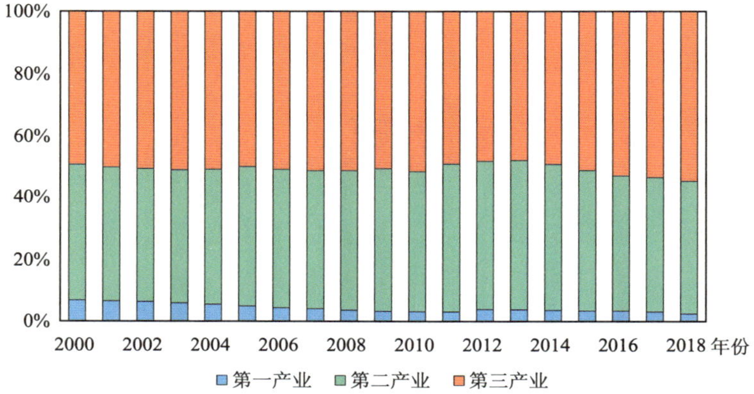

图 5–21　2000—2018 年武汉三次产业占比及变化趋势

分区看武汉的产业结构（图 5–22），武汉市第一产业集聚于蔡甸区、江夏区、黄陂区和新洲区，以种植业和渔业为主，农业在这些区县 GDP 中占比超过 10.00%。其中黄陂区的农业占比最高，达到 18.00%；第二产业最高的区为东西湖区，占比达到 74.71%。武汉的制造业主要集聚于东西湖区、江夏区、汉阳区、青山区、海南区，占比均超过 60.00%。武汉在这些区域建有东西湖临空工业园区、青山造船工业区和汉南工业园区，拥有钢铁、汽车、光电子、化工、冶金、纺织、造船与医院等一大批先进制造业，着力打造光电子信息、汽车及零部件、生物医药、节能环保等世界级产业集群。第三产业占比最高的区为江汉区，达到 93.45%。服务业与商业集聚于江汉区、江岸区、武昌区、硚口区和洪山区。武汉地处九省通衢之地，商贸物流、批发零售业发达，且境内拥有光谷先进信息技术科技园区，其信息技术服务业发展较快。整体而言，武汉市三次产业结构较为协调合理，各层次产业均有充分发展。

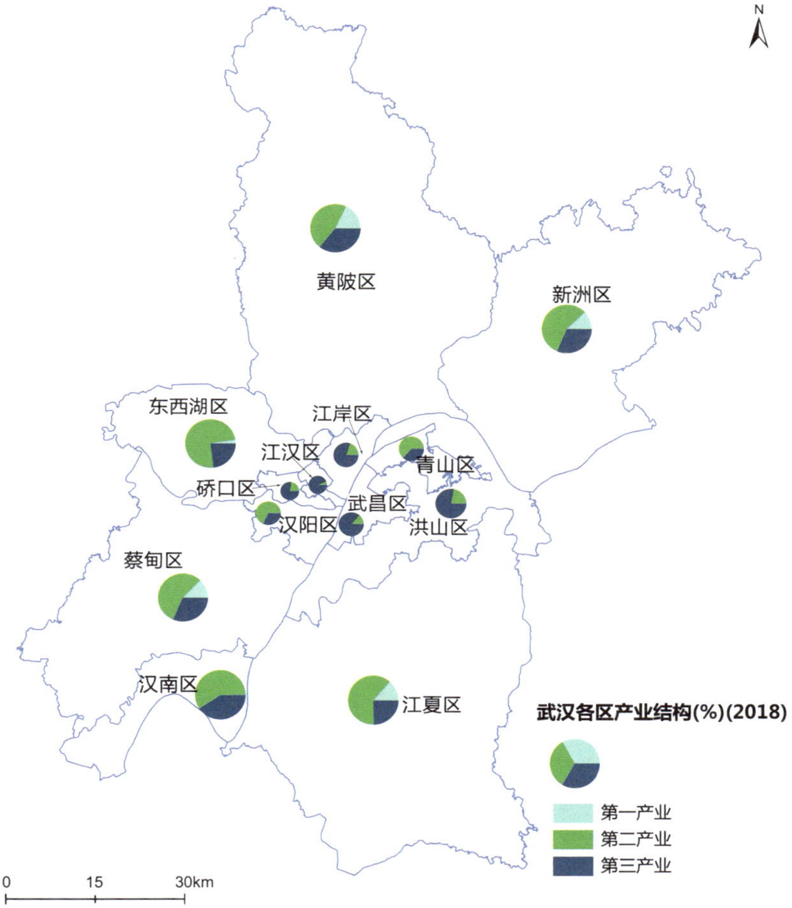

图 5–22　2018 年武汉各区产业结构空间格局

4. 成都

不同于福州、厦门与武汉，成都 2000—2018 年产业结构表现出不同的变化趋势（图 5–23），第二产业快速增长，第三产业增幅较小，第一产业持续下降。第一产业从 2000 年的 10.10%下降到 2018 年的 3.40%，降幅为 6.70 个百分点；第二产业则从 2000 年的 36.50%增加到 2018 年的 42.50%，增幅为 6.00 个百分点；第三产业从 2000 年的 53.40%上升到 54.10%，增幅仅 0.70 个百分点。相比第二产业，第三产业的增幅极小。三次产业的占比趋势表明，2000—2018 年，成都的制造业与建筑业快速发展，种植业持续下降，农业产值在 GDP 中占比逐年下降。相比工业的发展速度，服务业的发展相对较慢，说明成都仍处在工业化进程中，工业发展是经济增长的主要动力。

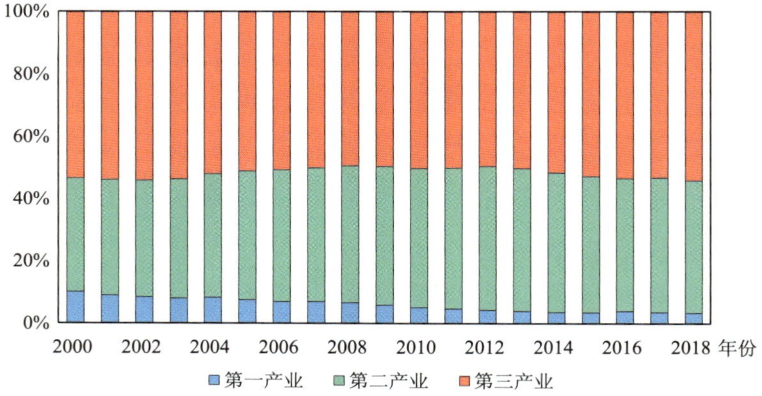

图 5–23　2000—2018 年成都三次产业占比及变化趋势

在空间结构上，成都产业结构圈层差异仍较为明显（图 5–24）。总体来说，各区县第一产业占比均较小。第一产业占比最高的区县为大邑县，达到 15.30%。金堂县、蒲江县、简阳市、彭州市、邛崃市和崇州市是成都市农业生产主要集聚地，这些区县第一产业占比均超过 10%，远在成都平均水平（3.40%）之上。第二产业占比最高的区县是龙泉驿区，占比达到 77.18%；其次是青白江区，占比达到 71.04%；此外，新都区、温江区、双流区、郫都区、新津县和彭州市第二产业占比超过 50%，这些区县均是成都工业发展的主要地区。成都第三产业主要集聚于第一圈层内的中心五城区，占比均超过 80%。由此可以发现，成都产业结构的空间圈层格局如下：第一圈层是服务业的主要发展区；第二圈层是工业的主要发展区，尤其是东部的龙泉驿和青白江区；第三圈层是都市农业的主要发展区。这种圈层式的产业结构配置将深刻影响城市劳动力的就业空间格局以及人口迁移格局。

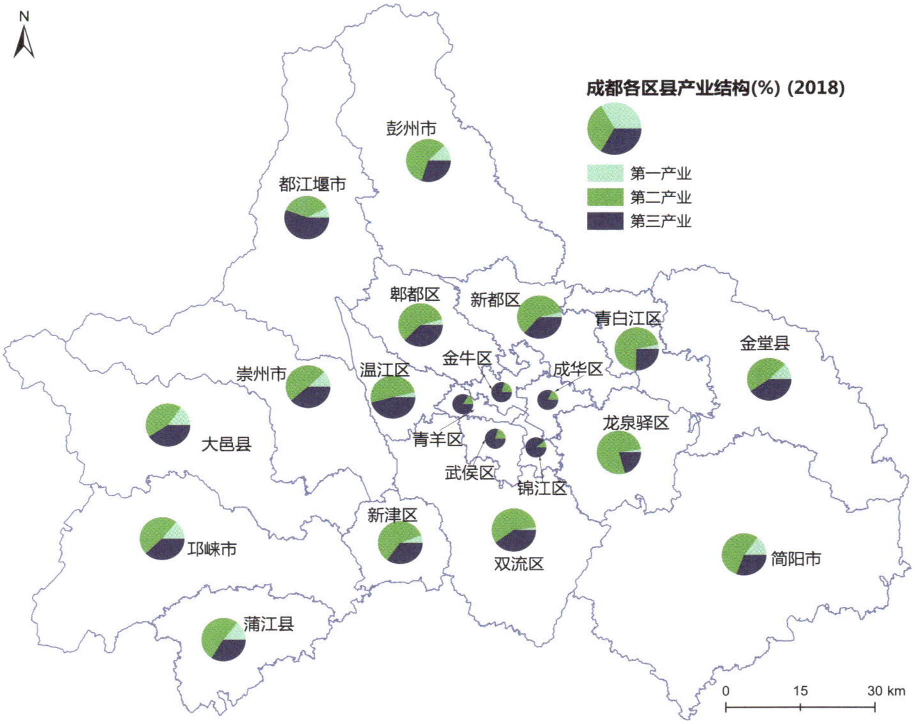

图 5–24　2018 年成都各区县产业结构空间格局

三、城市就业结构特征

1. 福州

图 5–25 展示了福州 2000—2018 年劳动力就业的产业结构与城乡结构。在产业结构上，第二、第三产业已成为福州劳动力就业的绝对主力，2018 年在第二、第三产业就业的劳动力占全部就业人员的 99.82%，第一产业仅占 0.18%。从变化趋势来看，第二产业就业人员占比逐年升高，从 2000 年的 47.35%上升到 2018 年的 54.39%，增幅达到 7.04 个百分点；第三产业则从 2000 年的 51.02%下降到 45.53%，降幅为 5.49 个百分点。这表明福州的第二产业吸引了越来越多的就业人员，第三产业吸引的就业人员则相对较少，即社会新增就业人员主要从事制造业、建筑业等第二产业的工作。在城乡结构上，乡村就业人员占比持续下降，城镇就业人员占比上升。2000 年乡村从业人员占比为 68.61%，2018 年乡村就业人员仅占全体就业人员的 41.65%，降幅达到 26.95 个百分点，即有 26.95%的全社会从业人员就乡村就业迁移到城镇就业中。城乡结构的

变化趋势表明，2000—2018年，福州市劳动力的乡城流动趋势比较显著，乡村劳动力向城镇迁移是就业结构变化的主要原因，城镇就业已占据劳动力就业的主导地位。

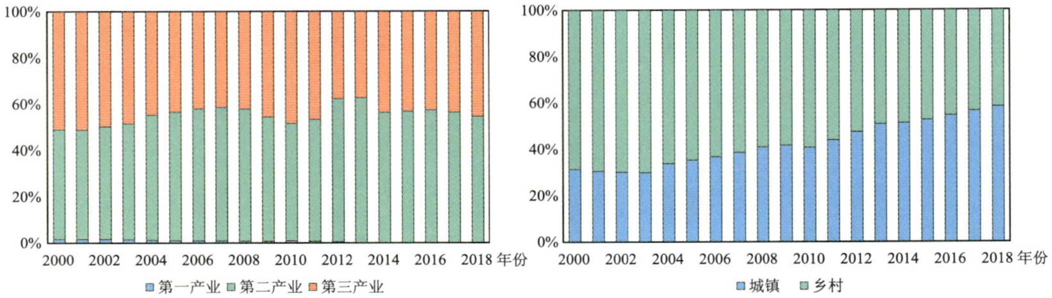

a. 就业的产业结构　　b. 就业的城乡结构

图 5–25　2000—2018 年福州劳动力就业的产业结构与城乡结构

2. 厦门

图 5–26 展示了厦门 2000—2018 年劳动力从业结构的变化趋势。在产业结构上，第一、第二产业的就业人员占比下降，第三产业占比上升。具体讲，2000 年第一产业就业人员占比达到 24.81%，远高于同期的福州，此后逐年下降，到 2011 年时占比已不足 1%，表明 2000—2010 年厦门的第一产业就业人员大量流失，外出迁移到其他产业中。第二产业就业人员占比从 2000 年的 41.33%下降到 2018 年的 40.38%，降幅为 0.95 个百分点；同时第三产业就业人员占比从 2000 年的 33.88%增加到 2018 年的 59.40%，增幅为 25.52 个百分点。这表明厦门农业就业人员和新增就业人员逐步迁移到第三产业中，第三产业成为新增就业的主要产业。结合就业的城乡结构来看，城镇就业在厦门的就业结构中已占据绝对主导位置。在变化趋势上，乡村就业人员占比持续减少，由 2000 年的 38.06%下降到 2018 年的 6.46%，降幅达到 31.60 个百分点。综合分析可以认为，厦门的就业结构在 2000—2018 年经历大规模的非农化和乡城流动，即大规模的乡村就业人员从乡村迁移到城镇，寻求非农就业。这其中，服务业、商业等第三产业为大量乡村劳动力提供就业机会，成为新增就业的主要提供者。这也从侧面说明，服务业、商业等第三产业的发展推动了厦门市劳动力就业结构的非农化和城镇化。

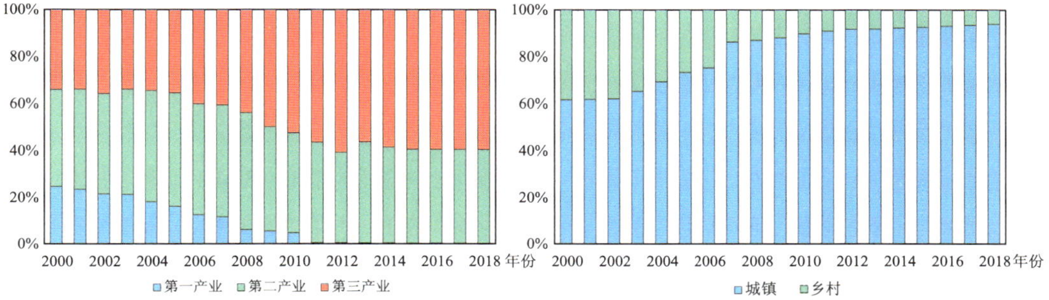

a. 就业的产业结构　　b. 就业的城乡结构

图 5–26　2000—2018 年厦门劳动力就业的产业结构与城乡结构

3. 武汉

武汉 2000—2018 年全社会劳动力就业的产业结构变化趋势显示（图 5–27），第一产业就业人员占比下降，第二、第三产业就业人员占比上升，其中第三产业就业人员占比上升幅度最大。具体来看，第一产业就业人员占比由 2000 年的 22.25%下降到 2018 年的 8.79%，降幅为 13.46 个百分点；第二产业就业人员占比从 2000 年的 36.35%上升到 2018 年的 37.07%，增幅仅为 0.72 个百分点；相比之下，第三产业就业人员占比由 2000 年的 41.40%上升到 2018 年的 54.14%，增幅为 12.74 个百分点。由此发现，武汉的社会劳动力主要从第一产业转移到第三产业，第二产业就业人员相较之下比较稳定。在城乡结构中，不同于福州、厦门，2000—2018 年武汉就业的城乡结构比较稳定，变化趋势较小。乡村就业人员占比由 2000 年的 28.93%下降到 24.57%，降幅仅有 4.36 个百分点，远小于福州 26.95 个百分点和厦门 31.60 个百分点的降幅。这表明武汉乡城劳动力迁移不如福州和厦门那样显著，但乡村劳动力就业的非农化和城镇化仍是大趋势。

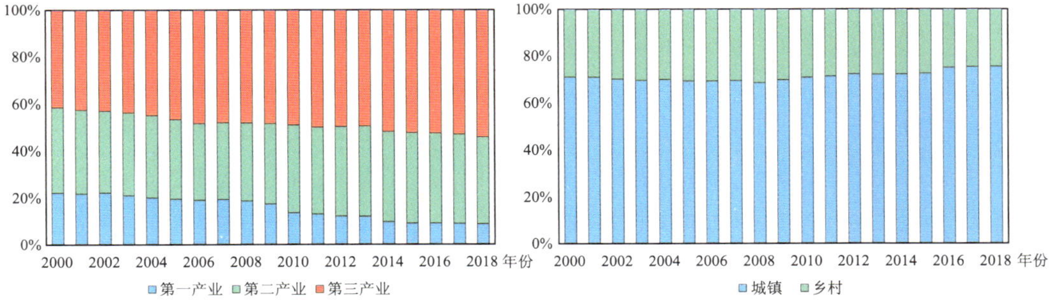

a. 就业的产业结构　　b. 就业的城乡结构

图 5–27　2000—2018 年武汉劳动力就业的产业结构与城乡结构

4. 成都

成都2000—2018年全社会劳动力就业结构变化趋势显示（图5–28），在产业结构上，第一产业就业人员占比快速下降，第三产业就业人员占比急剧上升，第二产业占比变化相对较小。具体看，第一产业就业人员占比由2000年的43.60%下降到2018年的15.60%，降幅达到28.00个百分点，远超福州、厦门和武汉的降幅；第二产业就业人员占比由2000年的26.20%上升到2018年的33.00%，增幅为6.80个百分点，高于厦门和武汉，但低于福州；第三产业就业人员占比由2000年的30.20%增加到2018年的51.40%，增幅为21.20个百分点。整体来看，成都仍处于快速城镇化的过程中，乡城劳动力迁移到第二、第三产业的趋势仍非常显著。但对比武汉、厦门和福州，第一产业就业人员占比仍较高，第二产业就业人员占比较低。在城乡结构中，乡城转变的趋势非常显著。乡村就业人员占全社会就业人员的比重由2000年的67.37%下降到2018年的34.98%，降幅达到32.38个百分点，远超福州和厦门。尽管如此，成都的乡村就业人员比重仍高于其余三市，表明乡村劳动力仍有进一步迁移的空间，第二、第三产业的发展还可以吸收乡村剩余劳动力，实现乡村劳动力就业的非农化和城镇化。

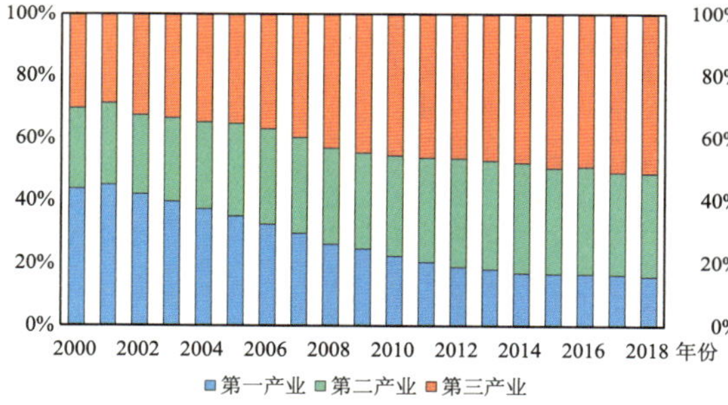

a. 就业的产业结构

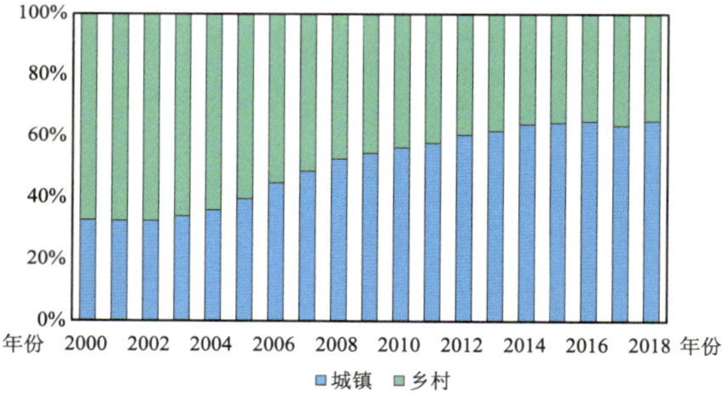

b. 就业的城乡结构

图5–28　2000—2018年成都劳动力就业的产业结构与城乡结构

图5–29展示了成都各区县的劳动力就业结构，表现出一定的圈层分异性。中心五城区中第三产业占据就业人员的主导位置，其中锦江区的第三产业就业人员占比最高，达到84.79%；第二圈层中郫都区、新都区的第二产业就业人员占比高于第三产业，其余各县第三产业就业人员占比高于第二产业；第三圈层中第三产业仍占据大部分县市就业结构的主导位置，但部分县市第一产业就业人员占比仍比较高，如彭州市、金堂县、蒲江县，其中彭州市第一产业就业人员占比达到42.48%。这表明第三圈层的郊区仍有大量的乡村劳动力有待迁移到城镇和非农就业中。整体来看，成都就业结构的空

间格局同产业结构的空间格局较为一致，表现出明显的圈层特征。乡村劳动力的乡城迁移及就业非农化和城镇化仍将是未来一段时间成都劳动力就业格局的发展趋势。

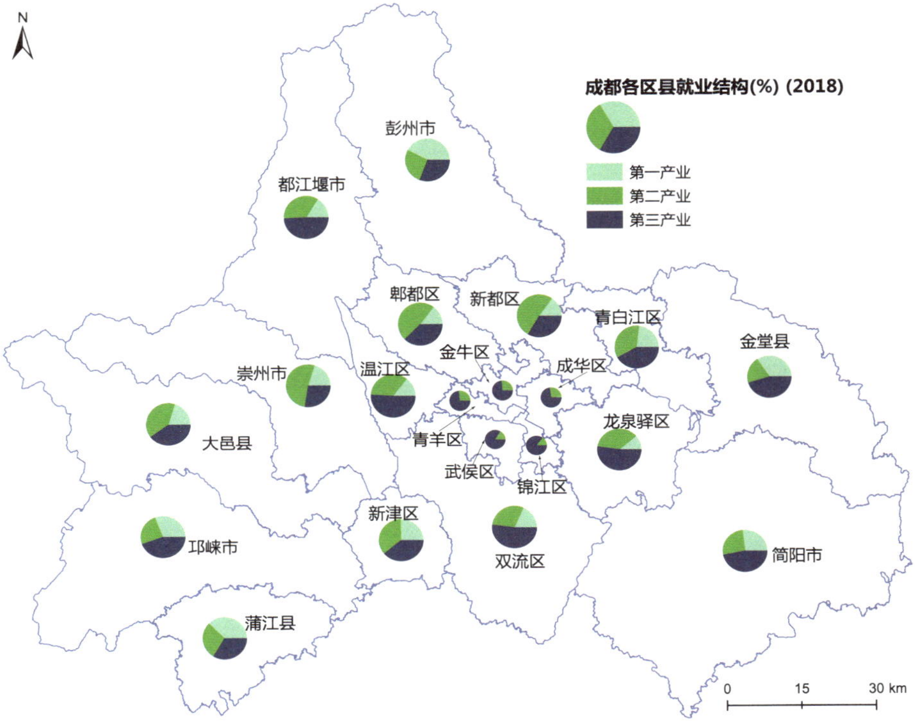

图 5–29　2018 年成都各区县劳动力就业结构空间格局

四、城市经济转型特征

1. 福州

投资、消费与出口被认为是拉动经济增长的三驾马车，是经济增长的核心驱动力（赵昌文等，2015）。因此，利用固定资产投资额、全社会消费品零售总额和出口总额占同时期 GDP 的比重，来揭示福州历年经济增长的驱动力变化趋势，如图 5–30 所示，2000—2008 年，福州投资、消费与出口占 GDP 的比重较为稳定。2008 年后，出口额占 GDP 的比重开始下降，到 2018 年时占比仅为 20.92%；消费和投资占比持续上升，到 2018 年时消费额占 GDP 的比重为 59.19%，投资额占比为 82.19%。变化趋势表明，2008 年后福州经济增长愈来愈依靠投资与社会消费；而受金融危机与全球市场需求疲软的影响，出口对经济增长的拉动作用降低；固定资产投资的增加进一步促进社会生产，尤其是房地产与基础设施建设，增加建筑、交通运输等行业的就业；消费业发展则会促进服务业、商业等行业的就业增长。

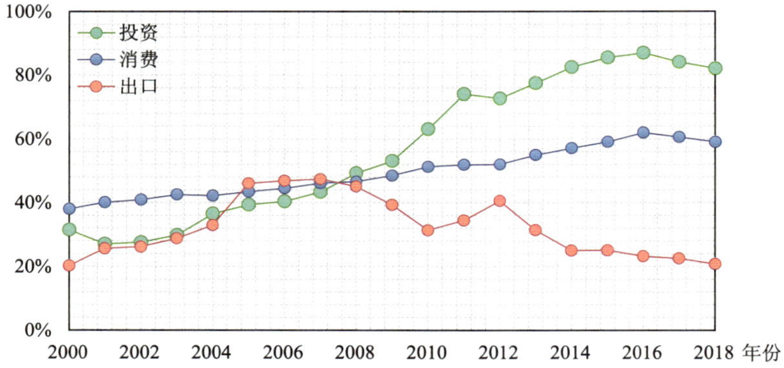

图 5–30　2000—2018 年福州固定资产投资、社会消费与出口额占 GDP 的比重

2. 厦门

厦门作为改革开放设立的经济特区，是我国东南方的主要港口城市。在经济增长驱动力中（图 5–31），出口额占厦门 GDP 的比重一直高于消费与投资，2008—2009 年，占比达到 123%。从变化趋势来看，2000—2008 年，出口额占 GDP 的比重逐年增加，2008 年后，因受国际金融危机影响，出口额占比下降；固定资产投资额占比整体稳定在 40%～50%，其中 2006—2008 年突然增加到 60%以上；消费额占比较为稳定，一直

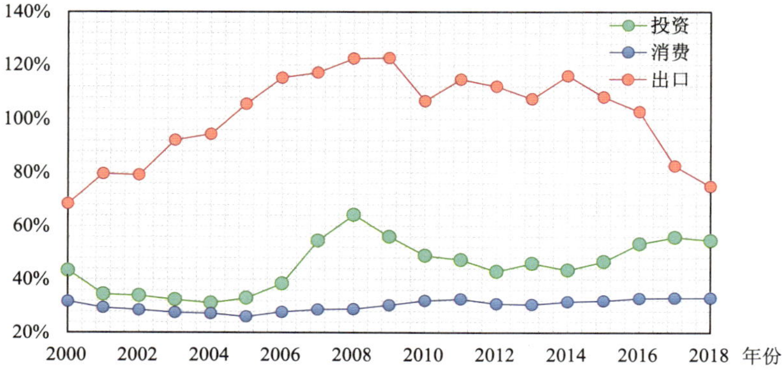

图 5–31　2000—2018 年厦门固定资产投资、社会消费与出口额占 GDP 的比重

徘徊在 30%左右。综上所述，2000—2018 年，出口一直是厦门经济增长的核心驱动力，由此带动劳动密集型产业的发展，如服装、家具、电子、机械、光学仪器等。

3. 武汉

图 5–32 展示了武汉 2000—2018 年投资、消费与出口占 GDP 比重的变化趋势。武汉的固定资产投资与社会消费占 GDP 的比重远高于出口，是武汉经济增长的主要驱动力。相比厦门，武汉的出口额及出口额占比极低，仅占 GDP 的 10%左右，即对外出口对武汉经济增长的拉动作用有限；投资占比从 2000 年的 39.72%上升到 2018 年的 58.70%，即固定资产投资对经济增长的贡献越来越大，由此带动城市的建筑、运输、制造业等行业的发展；消费占比从 2000 年的 49.70%下降到 2018 年的 46.21%，稳中略降。整体来看，武汉的经济发展仍依赖于固定资产投资的驱动，但社会消费对 GDP 拉动作用高于厦门。武汉作为中部工业生产基地，其工业产值及其对经济增长的贡献均高于沿海出口主导型的厦门，表明区域分工对经济增长模式具有明显影响。

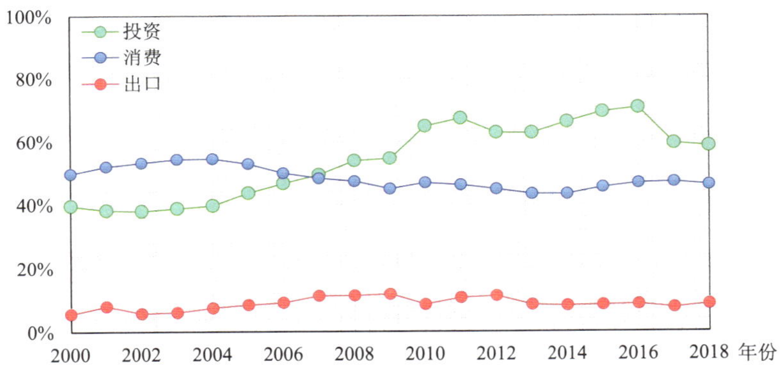

图 5–32　2000—2018 年武汉固定资产投资、社会消费与出口额占 GDP 的比重

4. 成都

成都投资、消费与出口占 GDP 比重的变化趋势（图 5–33）显示，固定资产投资仍是经济增长的第一驱动力，其占 GDP 的比重高于消费与出口额。成都位于西部内陆地区，无大型通航港口，其对外出口额在 GDP 中占比较小。2000—2018 年，出口占比从 4.83%上升到 14.96%，其中 2013 年出口占比达到 25.37%。由于航空港的建设和亚欧铁路货运通道的开通，一定程度上拉动了成都对外出口额的增长；社会消费额占比稳中有降，从 2000 年的 47.86%下降到 2018 年的 46.10%，降幅为 1.76 个百分点；固定资产投资额占比整体呈上升趋势，其中 2010 年达到 89.11%，2011—2018 年则呈一定下降趋势。

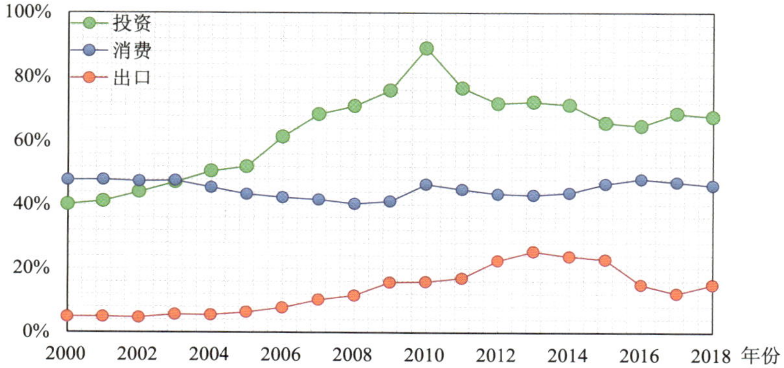

图 5–33　2000—2018 年成都固定资产投资、社会消费与出口额占 GDP 的比重

比较而言，中西部的武汉和成都的经济增长仍比较依赖于固定资产投资，以此带动制造业、建筑业和运输业的发展；而厦门则是出口型经济，对外出口的增长是 GDP 增长的主要动力。东中西不同城市经济增长的核心驱动力有所不同，这将影响产业转移背景下的劳动力就业格局、迁移决策与社会融合等，并进一步影响劳动力地理景观格局。

第四节　本章小结

本章以样本城市转型发展特征为重点，以中国经济与城镇化宏观格局下样本城市转型发展特征为研究脉络，基于各级社会经济统计数据，运用时空趋势分析法，展示了改革开放以来，尤其是新千年来，我国人口、经济与城镇化发展的时空趋势以及样本城市在空间结构、人口、产业、就业与经济发展等方面的转型发展特征。

整体上，经济转型发展持续推动我国城镇化战略转型，促进乡城间人口迁移并重塑人口地理分布格局。常住人口继续向东部大城市及中西部中心城市集聚，城镇人口持续增加，乡村人口占比下降。城市转型发展呈现如下特点：城市人口和城市空间规模持续扩大，产业与人口要素逐渐由中心城区向郊区拓展延伸；第二产业占比呈逐渐呈下降趋势，第三产业占比增加，服务业、商业等第三产业为大量乡城迁移劳动力提供就业机会，成为新增就业的主要提供者；尽管投资仍然是拉动 GDP 增长的主要动力，但消费对 GDP 的贡献逐渐增加。在转型发展中，东中西区域间不同城市的转型发展特征存在明显的分异性。

在城市人口发展方面，2009—2010 年是各样本城市人口增长趋势的分水岭，在此之后，中西部城市人口与城镇化率增速加快并逐步超过东部城市，东部人口增速趋缓，尤其是东部与中部城市间这种增速差异性变化最为明显。人口增速的转折变化暗含着跨区域下乡城流迁人口空间格局的最新趋势，以及不同发展阶段城市转型发展特征的差异性。成都市的案例分析显示流动人口与户籍人口增长趋势间具有明显的滞后性和过程性，这成为研究转型期劳动力地理景观变化周期与市民化进程的重要窗口；在城镇化率空间格局上，各城市中心城区城镇化率趋于饱和，近郊成为城镇化率快速增长的主要区域，城市发展步入中心城区优化提升、外围郊区加速蔓延的阶段；在城市空间发展特征上，福州与武汉作为典型的多中心组团式城市，在城市扩张、功能分区、就业市场、居住空间特征上明显不同于成都这种中心圈层式的城市，这种差异积极参与到城市空间结构对城市职住平衡、就业地理格局、居住选择与社会空间的塑造中。

在城市产业、就业与经济增长方面，各城市新千年来产业与就业结构进一步向第二、第三产业倾斜，农业产值与乡村就业的占比持续下降。这其中，服务业、商业与消费在 GDP、就业与经济增长中的占比逐渐超过制造业与建筑业，成长为就业与经济增长的主要驱动力。相比中西部城市，东部城市产业与就业结构向商业和服务业转变的趋势更加明显，第一、第二产业占比下降趋势明显快于中西部城市。与此同时，中西部城市制造与建筑业占比下降幅度较小，尤其是成都市还略有增长，这表明中西部城市积极承接东部产业转移，工业发展仍是经济增长的主要动力，其产业结构仍有进一步优化调整的空间。产业与经济增长结构的转型直接推动就业结构的转型，这将深刻影响区域劳动力市场与就业地理格局，成为劳动力就业关系调整的内生性力量，还会进一步增强劳动力市场分割与弹性变革的趋势。此外，东中西城市间的产业与经济增长结构转型的差速性和异步性成为推动乡城劳动力迁移空间格局演变的关键变量。

参考文献

[1] 张少尧, 宋雪茜, 邓伟. 空间功能视角下的公共服务对房价的影响——以成都市为例[J]. 地理科学进展, 2017, 36(8): 995-1005.

[2] 赵昌文, 许召元, 朱鸿鸣. 工业化后期的中国经济增长新动力[J]. 中国工业经济, 2015(6): 44-54.

第六章　乡城劳动力迁移转型发展特征

本章以乡城劳动力迁移的宏观特征为研究重点，以全国流动人口时空特征、乡城劳动力迁移特征的时空变化为研究框架，基于宏观统计数据、人口普查与抽样调查数据、农民工监测调查及微观社会调查数据，运用时空趋势分析、线性回归、结构方程模型等方法，分析了我国人口流动、乡城劳动力迁移的规模、路径、迁移结构、年龄、教育、收入、就业与居住等特征的时空格局变化趋势，以及典型山区乡村劳动力迁移的基本概况、生计特征及其与农业转型的联系。本章分析结果可以为下一章的迁移生命历程特征分析提供初始化的价值研判和宏大叙事背景的参照坐标。

第一节　全国人口流迁时空演变特征

一、全国人口流动概况及空间分布

1. 流动人口总量及增速

图 6–1 展示了我国 2000—2018 年人户分离人口（居住地与户口登记地所在的乡镇街道不一致且离开户口登记地半年以上的人口）和流动人口（市辖区之外的人户分离人口）的变化趋势。2000—2010 年，人户分离人口和流动人口快速增加，人户分离人口从 1.44 亿人增加到 2.61 亿人，年均增加 0.117 亿人；流动人口则从 1.21 亿人增加到 2.21 亿人，年均增加 0.1 亿人。从趋势上看，2000—2014 年，我国人户分离人口和流动人口呈增加趋势，其中 2000—2010 年快速增加，2010—2014 年增加幅度减缓；从 2014 年起，人户分离人口和流动人口双双下降，降幅均为 0.12 亿人，年均减少 0.03

亿人。整体来讲，人户分离人口显著影响流动人口的变化趋势，流动人口数量整体上少于人户分离人口。2014 年起，随着各大城市逐渐开放外来人口落户政策，部分符合条件的流动人口逐渐获得城市户口，成为城市居民。未来，人户分离人口和流动人口仍将呈继续减少的趋势。

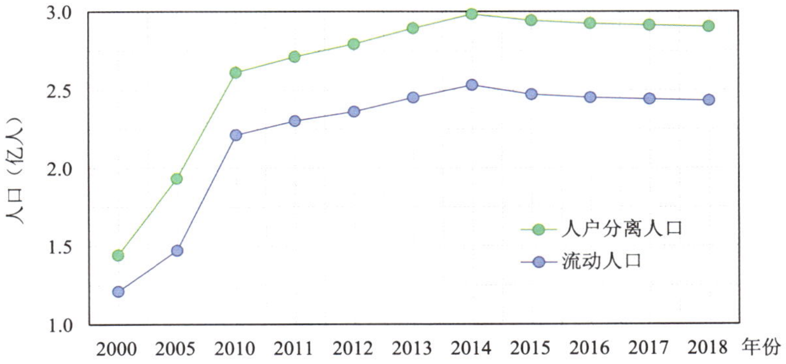

图 6–1　2000—2018 年我国流动人口变化趋势

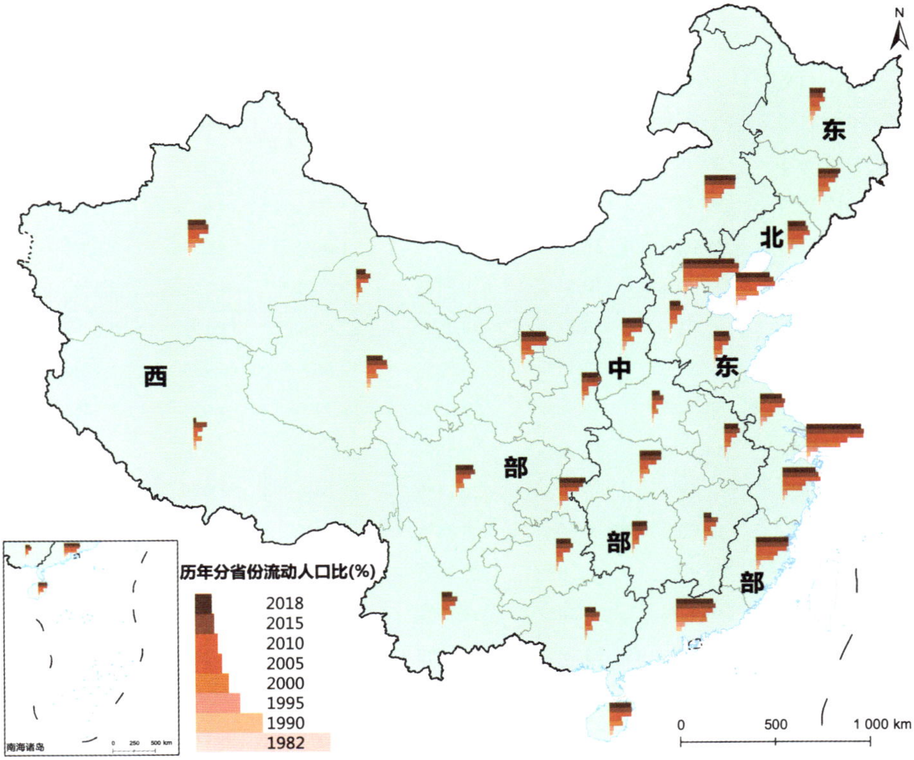

图 6–2　我国历年分省份流动人口比例空间格局

注：港澳台地区资料暂缺。

图 6–2 揭示了 1982—2018 年我国分省份流动人口比例的空间格局。分区域对比，东部地区的流动人口数量高于中西部地区，其中北京、天津、上海、浙江、福建、广东是主要的流动人口分布地区。从逐年流动人口比例来看，1982—2000 年各省份流动人口比例较低，2000—2015 年流动人口比例快速上升，尤其是东部各省份，2015—2018 年不少省份流动人口比例开始出现轻微下降（表 6–1）。以上海为例，1982 年上海流动人口比例仅为 1.74%，1995 年增加到 11.17%，2005 年已增加到 39.75%，2015 年达到最高值，为 55.71%。2015 年开始，上海市流动人口比例开始降低，2018 年降至 52.78%。全国大部分省份 2018 年流动人口比例低于 2015 年，其中西藏（10.29 个百分点）和江西（6.59 个百分点）两省份的下降比例最大。当然，也有部分省份流动人口比例在 2015 年后继续增加，包括重庆、黑龙江、吉林和内蒙古。

表 6–1　1982—2018 年我国各省份流动人口比例

省份	2018 年	2015 年	2010 年	2005 年	2000 年	1995 年	1990 年	1982 年
北京	49.41%	53.79%	53.53%	36.98%	34.18%	14.15%	4.80%	1.46%
天津	32.72%	36.67%	38.27%	20.34%	22.15%	10.20%	2.08%	1.36%
河北	10.11%	12.97%	11.55%	7.00%	7.32%	2.46%	1.17%	0.58%
山西	19.11%	20.06%	18.94%	8.43%	11.46%	4.07%	2.65%	1.07%
内蒙古	29.76%	29.45%	29.02%	18.35%	16.41%	6.41%	2.81%	1.27%
辽宁	17.19%	19.42%	21.28%	15.27%	15.50%	4.89%	2.07%	0.79%
吉林	21.17%	19.03%	16.25%	9.59%	11.00%	4.98%	2.03%	1.12%
黑龙江	15.05%	12.79%	14.51%	9.51%	10.40%	5.36%	3.55%	1.68%
上海	52.78%	55.71%	55.11%	39.75%	32.82%	11.17%	4.07%	1.74%
江苏	21.32%	24.36%	23.17%	14.58%	12.46%	6.28%	1.93%	0.56%
浙江	31.65%	34.74%	36.56%	22.00%	18.72%	4.62%	1.74%	0.54%
安徽	13.16%	14.87%	11.93%	6.57%	6.03%	2.17%	1.35%	0.65%
福建	31.48%	31.59%	30.02%	21.11%	17.34%	4.09%	2.62%	0.93%
江西	7.27%	13.86%	11.90%	6.84%	8.33%	3.06%	1.51%	0.50%
山东	14.63%	15.94%	14.30%	8.30%	8.30%	3.41%	0.97%	0.47%
河南	7.22%	10.97%	10.38%	3.73%	5.70%	1.60%	1.04%	0.59%
湖北	20.65%	20.90%	16.16%	8.11%	9.59%	3.23%	1.71%	0.64%
湖南	14.69%	14.92%	12.02%	6.96%	6.95%	2.76%	1.19%	0.39%
广东	35.79%	38.07%	35.28%	28.88%	29.69%	8.47%	5.25%	0.52%
广西	10.31%	14.33%	13.67%	6.33%	7.38%	1.92%	1.42%	0.40%

续表

省份	2018年	2015年	2010年	2005年	2000年	1995年	1990年	1982年
海南	20.88%	21.47%	21.26%	11.81%	12.94%	4.03%	3.30%	1.09%
重庆	25.26%	22.81%	18.86%	7.95%	8.60%	2.85%	1.12%	0.23%
四川	16.87%	18.69%	14.59%	6.95%	8.09%	2.85%	1.12%	0.23%
贵州	14.04%	16.17%	13.32%	6.46%	6.85%	2.20%	1.36%	0.37%
云南	9.82%	15.04%	13.17%	7.62%	9.14%	3.07%	1.46%	0.32%
西藏	2.61%	12.90%	8.73%	3.99%	8.17%	2.51%	2.83%	0.00%
陕西	15.97%	19.08%	15.79%	6.33%	6.69%	2.26%	1.44%	0.71%
甘肃	9.53%	14.22%	12.17%	4.74%	6.20%	2.68%	1.40%	0.69%
青海	15.41%	19.55%	20.28%	9.25%	10.82%	3.97%	4.05%	1.68%
宁夏	23.92%	26.04%	24.35%	9.44%	12.26%	3.73%	2.05%	0.83%
新疆	17.25%	19.85%	19.60%	10.77%	15.33%	7.07%	3.70%	2.15%

2. 流动人口空间分布

1982、1990、2000、2010和2018年我国分省份流动人口比例的空间格局（图6–3），揭示了我国近40年流动人口的空间格局与变化趋势。1982年，我国流动人口主要分布在西北和东北地区，由于特殊的国情及经济体制，西北与东北地区城镇化率较高，集中了大批国有企业，加之西北和东北地区相对地广人稀，吸引了不少内地劳动力迁移到此。此外，国家动员不少青年学生、科技人员、军人与技术骨干到青海、新疆、黑龙江、内蒙古等地援建当地企业（陈熙，2014；李斐，2014；吴文钰，2014）。1990年，随着改革开放的深入，东部沿海地区经济与城镇化快速发展，并引入一批劳动密集型企业，如纺织、电子、玩具等。政策层面，国家放开乡村劳动力进城务工等政策条件，大批乡村劳动力开始涌入早期改革开放的试点城市和经济特区。因此，广东成为1990年我国流动人口比例最高的省份，达到5.25%。与此同时，北京、上海的流动人口比例也增加到4%以上。2000年，改革开放继续深入全国各地，西北地区、东北地区的流动人口比例相对东部有所下降，东部的北京、上海、广东、福建与浙江的流动人口比例继续增加，其中北京、上海和天津的流动人口比例突破20%，最高的北京达到34.18%，广东也达到29.69%。至此，我国流动人口东多西少的格局逐渐形成。

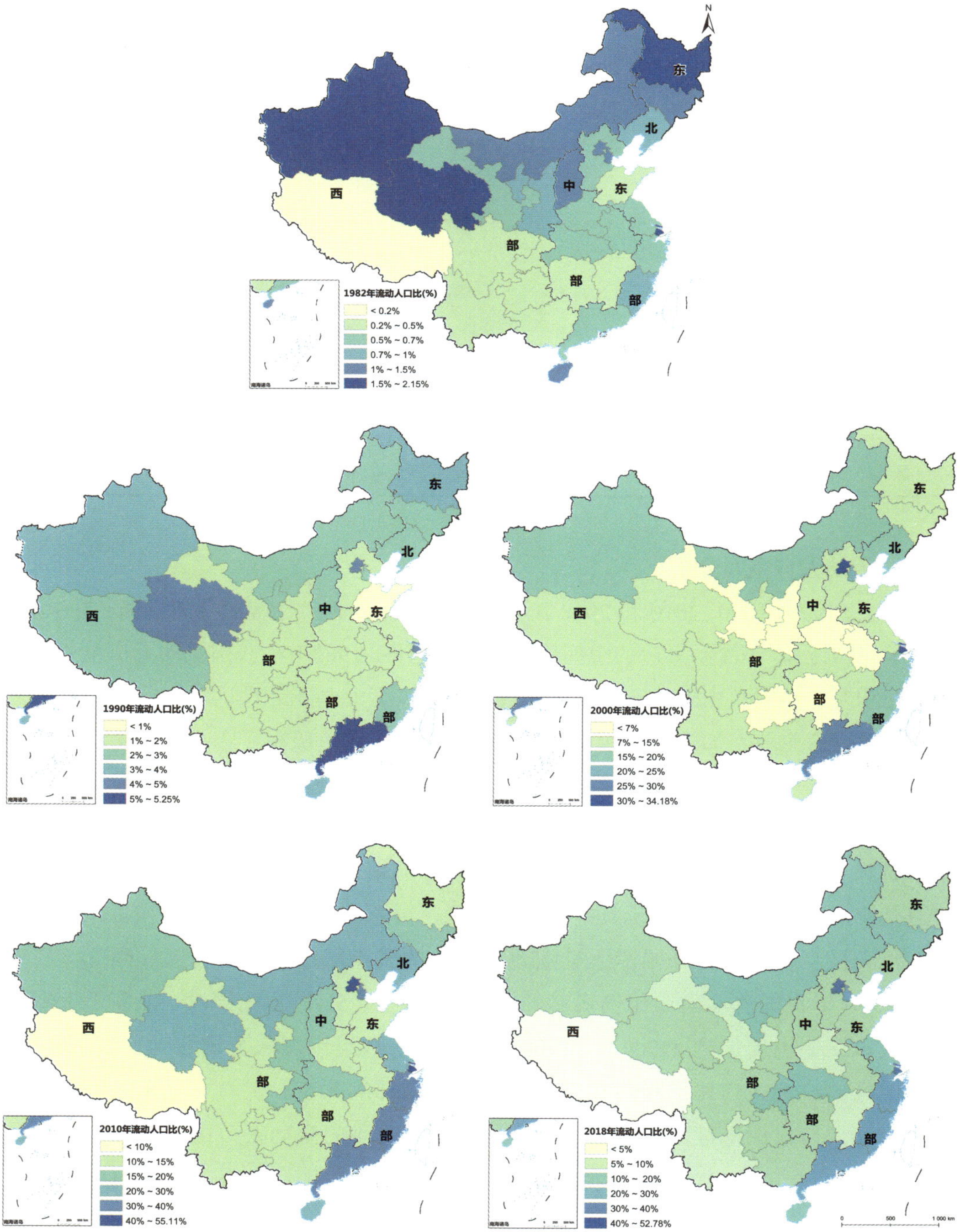

图 6–3　1982—2018 年我国分省份流动人口比例空间格局

注：港澳台地区资料暂缺。

2010 年，东部各省份流动人口比例优势继续凸显，东南沿海各省份成为流动人口主要集聚区，流动人口比例均超过 30%。与此同时，京津城市圈逐渐形成，成为北方流动人口主要分布城市，内蒙古和青海的流动人口比例也突破 20%。我国流动人口格局继续朝东多西少、南多北少的格局发展。2018 年，东南沿海各省份依然是我国流动人口比例较高的区域，而最高的北京市流动人口比例达到 49.41%，即市域常住人口中有近一半来自外地。尽管如此，相比 2015 年，2018 年这一比例开始下降（表 6–1）。与此同时，中西部的湖北、重庆流动人口比例也超过 20%。中西部其余各省份流动人口比例也超过 10%，随着迁移到东部城市的劳动力开始回流，中西部吸引越来越多的乡村劳动力。

分区域统计 2000、2018 年我国流动人口比例（图 6–4），可以发现，新千年来东中西各区域流动人口平均占比均有所增加，其中东部区域增幅最大，从 2000 年的 16.79% 增加至 2018 年 30.08%。相较之下，中部地区流动人口占比增幅较小。从区域格局来看，东部地区流动人口在全国占比显著增加，而东北地区占比有所下降，中西部占比保持不变。从区域内来看，东部地区 2000 年山东、福建两省流动人口占比最高，到 2018 年时以北上广三省份为代表的三大城市群已占据东部流动人口的主导地位；中部地区湖北与内蒙古流动人口占比显著增加，西部地区则是宁夏、重庆、新疆与四川流动人口占比增幅最明显，东北地区省内格局保持不变。这表明 2000—2018 年全国流动人口进一步向东部三大城市群集聚，同时中西部部分省份也逐渐出现一定的流动人口集聚。

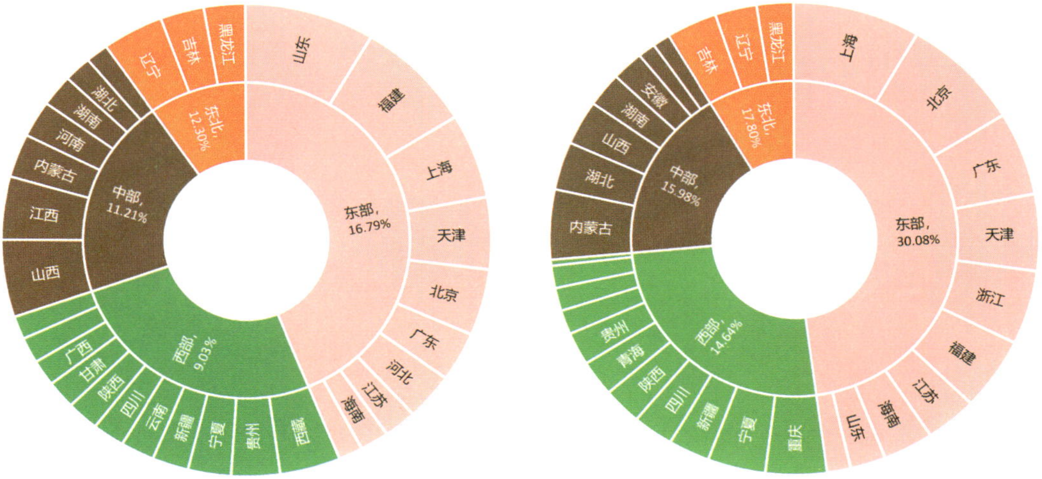

a. 2000年　　b. 2018年

图 6–4　2000、2018 年流动人口占比的区域结构

注：图中数字为区域平均流动人口占比。

二、流动人口迁移路径及其空间格局

基于人口普查数据和1%人口抽样调查数据中的省际人口迁移流向，图6–5展示了我国2000、2005、2010和2015年省际人口迁移的空间格局变化。就整体趋势而言，我国省际人口迁移呈现出南强北弱、东多西少的格局，即南方省际人口迁移规模、迁移强度均高于北方，东部省际人口迁移多于西部，我国省际人口迁移量低值区在西北及东北地区。

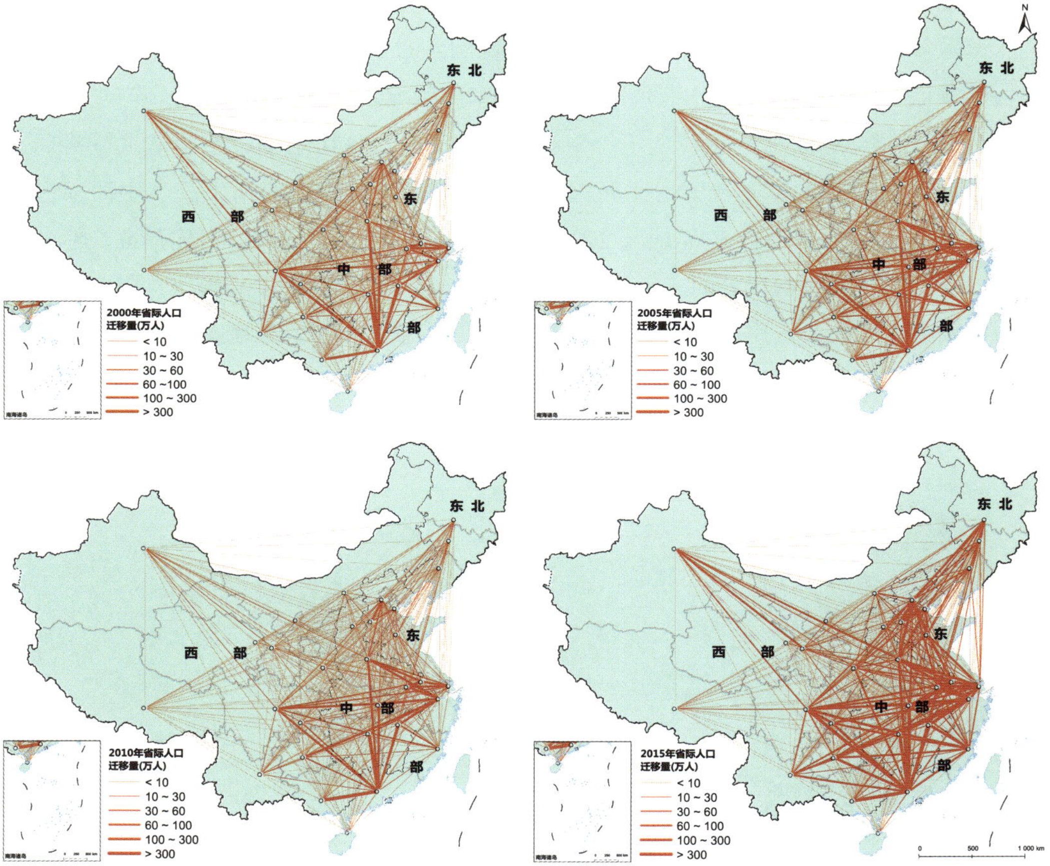

图6–5　2000、2005、2010和2015年我国省际人口迁移路径及其空间格局

注：港澳台地区资料暂缺。

从流向来看（图 6–5），2000—2015 年，四川→广东、广西→广东、湖南→广东、湖北→广东、河南→广东、江西→广东、安徽→江苏、安徽→上海、河南→上海、河南→北京是我国迁移人口的主要迁移方向，这些流向间的迁移人口均超过 300 万人。其中，2015 年，湖南迁移到广东的人口达到 829 万多人（按 1%比例放大，下同），广西迁移到广东的人口也达到 684 万多人，成为广东外来迁移人口的主要来源。2000—2015 年，原有迁移格局整体上未有显著变化，但是向长三角、京津和新疆迁移的人口（2015 年净迁入 200 万人）显著增加，各流向间迁移人口均超过 100 万人，这表明我国迁移趋势逐渐增强，各主要流向间迁移规模增大，迁移目的地与迁移路径更加多元化。在空间格局上，我国省际迁移人口集中于长江流域和华南一带，三大沿海城市群是我国迁移人口的主要目的地，城市群周边各省为城市群人口迁移主要来源地，具有典型的近域性特征。同时，京津冀城市群的人口迁移占据北方人口流动的主导地位，新疆逐渐成为除内地城市群之外的另一大迁移目的地。整体格局呈现出北京→广东、四川→上海的“十”字形流向路径，以此为轴形成的菱形构成中国人口迁徙的大格局。

基于第五、第六次全国人口普查数据和 2005、2015 年全国 1%人口抽样调查数据，绘制四个时期我国省际人口迁移和弦图（图 6–6）。从迁移流向来看，长江流域的安徽、江西、重庆、贵州、四川、湖南、湖北各省是我国主要人口迁出地，而广东、浙江、江苏、上海、北京、天津是主要人口迁入省份。其中，2015 年广东迁入人口达到 3 736 万人，占全国迁移人口的 24.79%；在迁移空间格局上，尽管广东跨省迁入人口规模逐年增加，但其在全国所占比例却呈逐年下降趋势，而长三角与京津城市迁入人口占比逐年增加，这表明我国人口迁移空间均衡性有所提高，迁移方向从单极迁移向多极迁移发展。另外，迁移和弦图还显示跨省迁移人口也存在地域就近性，华南各省份多往广东迁移，华东及长江中游地区多迁移到长三角，东北与华北多迁移到京津区域，这表明城市群对迁移人口的吸引力具有显著的地理距离衰减性。

根据人口普查与抽样调查数据，分省份统计四个时期各地跨省迁移比例（表 6–2），发现各省省际迁移人口规模及比例整体呈增加趋势。2000 年全国跨省迁移人口规模为 4 242 万人，2015 年跨省迁移人口规模增加到 1.51 亿人，迁移比例则从 2000 年 3.36% 增加到 2015 年的 7.07%。其中，安徽、江西、重庆、贵州、四川、湖南、湖北 2015 年各省份外迁率均超过 10%。相较而言，辽宁、天津、北京、新疆、上海、广东各省份外迁率不足 3%。整体而言，低外迁率的省份主要集中于西北、东北等地。分省份来看，安徽、重庆和贵州三省市外迁率增长幅度显著高于其他各省份，其中安徽外迁率 2000—

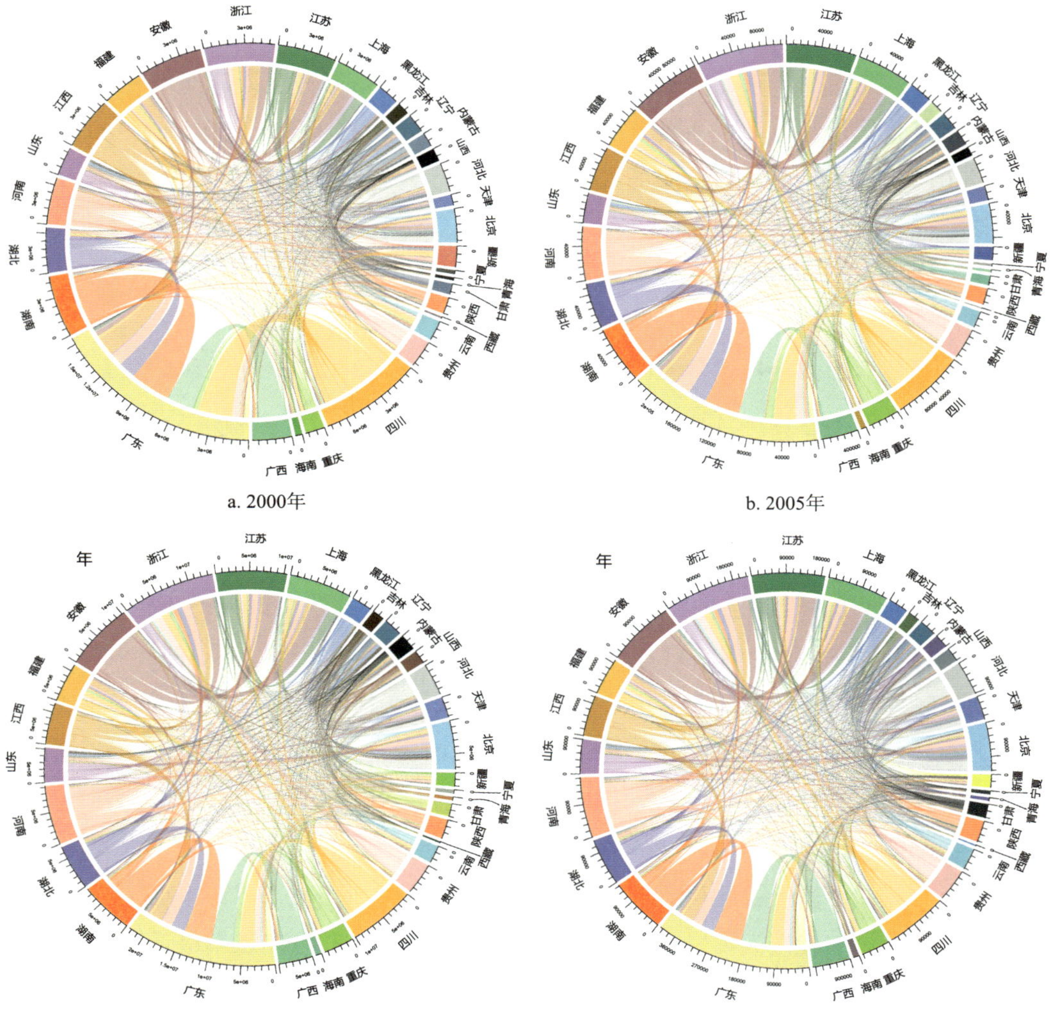

a. 2000年　b. 2005年

c. 2010年　d. 2015年

图 6–6　2000、2005、2010、2015 年我国省际人口迁移和弦图

2015 年提高了 9.23 个百分点，重庆、贵州分别提高了 8.23、8.27 个百分点，湖南、湖北也各提高了 5 个百分点以上。这表明以上省份在新千年来大量乡村劳动力跨省迁移到东部城市，尤其是长江流域各省份，成为人口输出大省。但同时也应看到，各省份在 2010—2015 年跨省迁移比例增幅较 2000—2010 年明显下降，其中个别省份 2010—2015 年迁移比例有所降低，如重庆、四川、河北、福建、青海等，这显示我国迁移人口规模与比例增速均呈现一定下降趋势，而且中西部部分省份出现一定的迁移人口回流现象，省内迁移增速开始超过跨省迁移。

表 6–2　我国各省份跨省迁移比例

省份	2000 年	2005 年	2010 年	2015 年	省份	2000 年	2005 年	2010 年	2015 年
安徽	7.23%	9.39%	16.15%	16.46%	青海	1.83%	2.27%	4.30%	4.04%
江西	8.89%	8.60%	12.97%	13.50%	江苏	2.31%	2.39%	3.89%	4.50%
重庆	3.25%	8.31%	12.16%	11.38%	宁夏	1.60%	1.64%	3.57%	4.33%
贵州	4.53%	6.20%	11.64%	12.80%	浙江	3.17%	2.51%	3.40%	4.43%
四川	8.33%	7.12%	11.07%	10.30%	山东	1.22%	1.54%	3.23%	3.70%
湖南	6.69%	7.36%	11.00%	12.10%	云南	0.80%	1.46%	3.22%	4.43%
湖北	4.65%	6.22%	10.28%	10.52%	海南	1.52%	2.02%	3.17%	4.14%
河南	3.32%	4.81%	9.17%	9.91%	山西	0.93%	1.16%	3.03%	4.57%
广西	5.44%	6.07%	9.08%	10.78%	辽宁	0.85%	1.16%	2.32%	2.90%
黑龙江	3.18%	4.14%	6.66%	7.28%	天津	0.82%	1.00%	2.10%	2.54%
甘肃	2.29%	2.57%	6.22%	7.15%	西藏	0.76%	0.71%	1.84%	2.15%
陕西	2.23%	2.89%	5.25%	5.82%	北京	0.66%	0.97%	1.40%	2.62%
吉林	2.23%	3.02%	5.00%	5.27%	新疆	0.81%	0.77%	1.36%	2.05%
河北	1.81%	2.04%	4.86%	5.66%	上海	0.85%	0.79%	1.09%	2.57%
福建	2.34%	2.74%	4.51%	5.16%	广东	0.50%	0.46%	0.84%	1.78%
内蒙古	2.12%	2.79%	4.32%	4.43%	总计	3.36%	3.90%	6.44%	7.07%

注：2005、2015 年省际迁移比根据 1%人口抽样调查数据进行同比例计算。

第二节　乡城劳动力迁移时间变化趋势

一、乡村人口与乡村劳动力

图 6–7 展示了 2000—2018 年我国乡村人口与农业劳动力的变化趋势。我国乡村人口总数及占比呈逐年下降趋势，从 2000 年的 8.20 亿人下降到 2018 年的 5.77 亿人，共计减少 2.44 亿人，年均减少 0.14 亿人。乡村人口占总人口的比重由 2000 年的 65.20% 下降到 2018 年的 41.50%，累计降低 23.70 个百分点。趋势表明，我国乡村人口大量迁移到城镇。乡村农业劳动力是乡村经济和农业发展的主体。2000—2018 年，我国乡村农业劳动力呈先轻微增加后急剧下降的趋势。乡村农业劳动力 2000—2003 年从 3.58 亿人增加到 3.66 亿人，2003—2018 年从 3.66 亿人下降到 2.09 亿人，共计减少 1.57 亿

人，年均减少 0.10 亿人。从农业劳动力占乡村劳动力的比重来看，也是呈现先增加后急剧下降的趋势。2004 年农业劳动力占乡村劳动力的比重最高，达到 76.20%。2004—2018 年，乡村农业劳动力占乡村劳动力的比重从 76.20%下降到 59.50%，降幅达到 16.70 个百分点。趋势表明，越来越多乡村农业劳动力开始从事非农工作，乡村中农业劳动力呈持续减少趋势，乡村劳动力就业的城镇化和非农化仍是我国未来乡村劳动力变化的主要趋势。

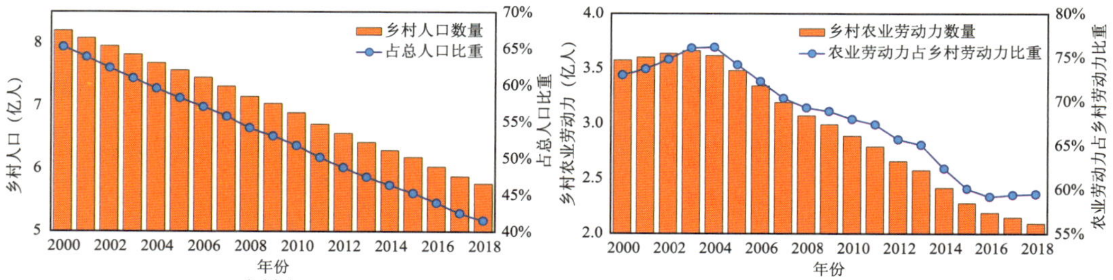

a. 乡村人口　　b. 乡村农业劳动力

图 6–7　2000—2018 年我国乡村人口与乡村农业劳动力数量及变化趋势

二、农民工数量与结构

根据 2008—2018 年国家统计局发布的年度农民工监测调查报告数据①，梳理 10 年来我国乡城劳动力迁移数量及结构变化（图 6–8）。2008 年我国农民工（农民工：指户籍仍在乡村，在本地从事非农业生产或者外出 6 个月以上的劳动者，即乡村迁移劳动力）总数为 2.25 亿人，此后呈逐年增加趋势，至 2018 年时我国农民工总数已经突破 2.88 亿人。但从年度增速来看，2008—2010 年，年度增速呈上升趋势，2010—2018 年，年度增速逐渐降低，2018 年已低至 0.64%，说明我国农民工已走过高速增长的阶段，农民工总量虽然还在增长，但已逐渐趋于稳定。从农民工结构来看，外出农民工一直占据农民工总数的主导地位。但在趋势上，2008—2018 年，本地农民工的增速快于外出农民工，占农民工总数的比重由 2008 年的 38%增加到 2018 年的 40%。比较而言，外迁的农民工数量逐渐呈下降趋势，越来越多的农民工选择在本地务工。尽管如此，

① 为同政府的农民工监测调查报告数据保持一致，本节分析使用农民工代指乡村迁移劳动力，在全国范围内，二者可视为近似概念，关于二者具体区别，详见第三章第一节。

迁移到外地（户籍所在乡镇地域外）就业仍是农民工就业首选。

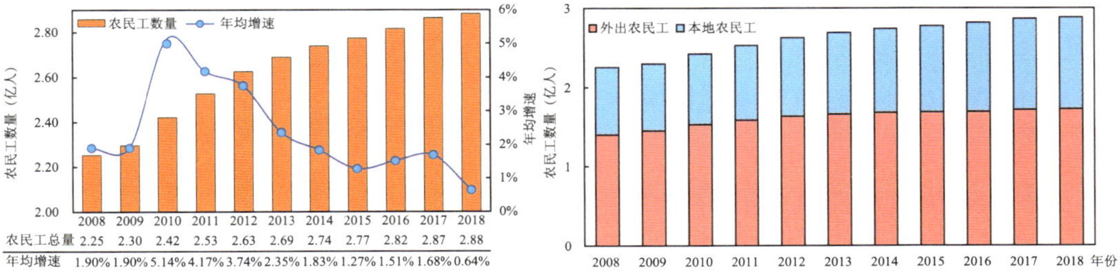

a. 农民工数量　　b. 农民工迁移结构

图 6–8　2008—2018 年我国农民工数量及其迁移结构变化趋势

三、农民工迁移结构

图 6–9 展示了 2008—2018 年我国东中西部农民工跨省迁移比例。统计不同区域农民工跨省迁移的平均值，东部地区农民工跨省迁移比为 18.12%，中部地区农民工跨省迁移比则为 64.84%，西部地区农民工跨省迁移比为 55.17%。整体上，中西部农民工跨省迁移比远高于东部，其中中部地区农民工跨省迁移比最高。从趋势上来看，东中西各区域农民工跨省迁移比均呈下降趋势。其中，东部地区农民工跨省迁移比从 2008 年的 20.30%下降到 2018 年的 17.20%，下降幅度达到 3.10 个百分点；中部地区农民工跨省迁移比从 2008 年的 71.00%下降到 60.60%，降幅为 10.40 个百分点；西部地区农民工跨省迁移比从 2008 年的 63.00%下降到 2018 年 49.60%，降幅为 13.40 个百分点。

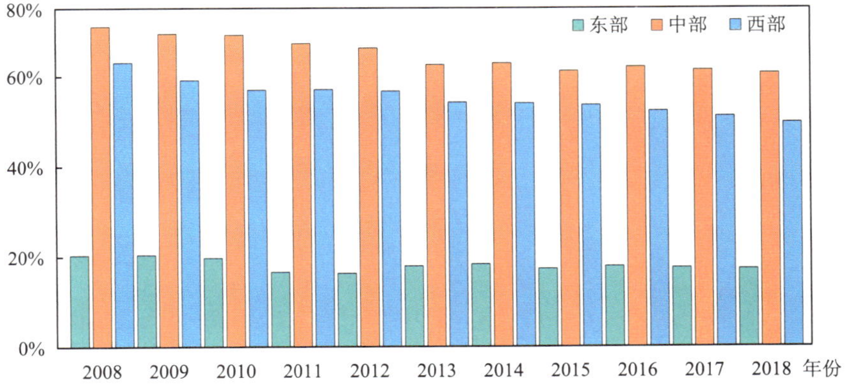

图 6–9　2008—2018 年我国各区域农民工跨省迁移比

比较而言，中西部的降幅要大于东部，西部的降幅最大。我国乡城劳动力迁移格局依然是中西部迁移到东部，东部主要是乡城劳动力迁移目的地。东部地区乡村劳动力主要是省内迁移，跨省迁移比相对较小。而中西部由于社会经济发展相对东部落后，大部分乡村劳动力外出迁移到东部地区，其中中部靠近东部，跨省迁移比更高。但随着农民工数量增速减缓以及中西部社会经济发展，部分农民工选择回流到中西部地区，因此跨省迁移比逐年降低。

图 6–10 对比了 2008、2018 年我国各区域农民工迁移地域的差异，发现 2018 年我国农民工省内迁移比高于 2008 年的省内迁移比，且省内迁移比开始超过省外迁移比。其中，2018 年前往热门迁移地——长三角、珠三角地区的农民工占比，较 2008 年有显著下降，迁移到长三角的农民工占全国农民工的比重下降幅度最大，从 2008 年的 22% 下降到 2018 年的 10%，降幅达到 12 个百分点。与此同时，迁移到西部和中部的农民工占比上升，迁移到东部的农民工占比下降，尽管迁移到东部的农民工仍占据全国迁移农民工的绝对主力（63%，2018 年）。对比不同区域省内省外迁移趋势，相较于 2008 年，2018 年东中西区域省内迁移占比扩大，其中西部地区扩大趋势最为显著。同样地，各区域农民工省外迁移占比出现不同程度的缩小。从输出地看，2018 年，东部地区输出农民工 1.04 亿人，占农民工总量的 36.10%；中部地区输出农民工 0.95 亿人，占全国农民工的 33.10%；西部地区输出农民工 0.79 亿人，占农民工总量的 27.50%。从输入地看，2018 年，在东部地区就业的农民工 1.58 亿人，同比下降 1.20%，占全国农民工的比重为 54.80%，其中在京津冀地区就业的农民工 0.22 亿人，占东部地区农民工的比重为 13.84%，在长三角就业的农民工占比为 34.49%，在珠三角就业的农民工占比为 28.69%；在中部地区就业的农民工 0.71 亿人，同比增长 2.40%，占全国农民工 24.10%；在西部地区就业的农民工有 0.60 亿人，同比增长 4.20%，占全国比重为 20.80%。由此

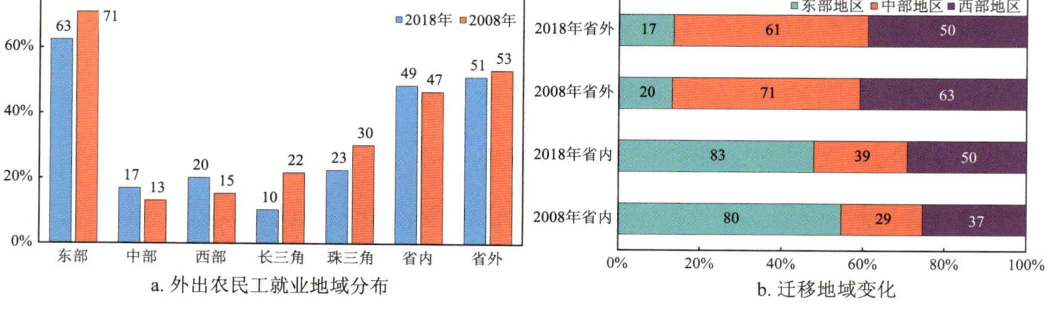

图 6–10　我国各区域农民工迁移地域的趋势变化

看出，向东迁移依然是我国乡城劳动力迁移的大趋势、大格局，但随着农民工增幅减缓以及中西部经济的发展，部分农民工开始回流，并呈现出以省内迁移为主的趋势。

四、农民工年龄与教育特征

整体上，2008—2018 年我国农民工年龄结构呈大龄化的发展趋势（图 6–11a）。其中，50 岁以上农民工占比逐年增加，从 2008 年的 11.40%增加到 2018 年的 22.40%，增幅为 11 个百分点；41～50 岁的农民工占比则从 2008 年的 18.60%增加到 2018 年的 25.50%；31～40 岁的农民工占比 2008—2018 年基本保持稳定，维持在 24%左右；30 岁以下的农民工占比则呈下降趋势，其中 21～30 岁的农民工占比从 2008 年的 35.30%下降到 2018 年的 25.20%，降幅达到 10.10 个百分点；16～20 岁的农民工占比从 2008 年的 10.70%下降到 2018 年的 2.40%。2018 年，农民工平均年龄为 40.20 岁，相比 2008 年的 29.60 岁增加了 10.60 岁；其中本地迁移就业的农民工平均年龄为 44.90 岁，而外出农民工平均年龄为 35.20 岁。外出务工仍以青壮年农民工为主，老生代农民工以本地迁移就业为主；1980 年及以后出生的新生代农民工占全国农民工总数的 51.50%，相比 2014 年 47.00%的占比有显著提高。在新生代农民工中，“80 后”“90 后”“00 后”分别占 50.40%、43.20%、6.40%。由此可见，2008—2018 年我国农民工群体较为稳定，并呈大龄化发展趋势。

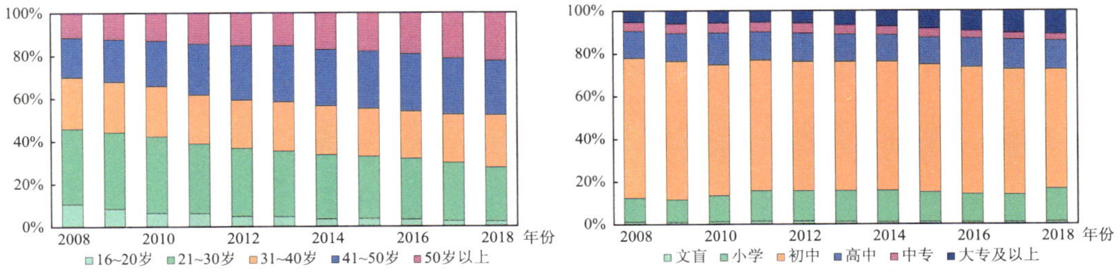

a. 年龄结构　　b. 教育结构

图 6–11　2008—2018 年我国农民工年龄结构与教育结构

图 6–11b 展示了我国农民工的教育结构年际变化，可以看到绝大部分农民工的教育程度为初中文化水平，占比超过 50%。在趋势上，初中文化的农民工占比从 2008 年的 65.50%下降到 2018 年的 55.80%；与此同时，高中与大专及以上学历的农民总占比上升，高中文化水平的农民工占比从 2008 年的 12.70%增加到 2018 年的 13.60%，大专

及以上文化的农民工占比从 5.20%上升到 10.90%。在外出农民工中，大专及以上文化程度的占比达到 13.80%，同比增加 0.30%；在本地农民工中，大专及以上文化程度的农民工占 8.10%，同比增加 0.70%。整体而言，我国农民工群体的教育文化程度逐年提高，且外出农民工相对本地迁移就业的农民工拥有更高的教育文化程度。

五、农民工收入状况

图 6–12 展示了我国农民工人均月收入的年际变化。2008—2018 年农民工人均月收入呈逐年增长趋势，从 2008 年的人均 1 340 元增加到 2018 年的 3 721 元，共计增加 2 381 元，每年月收入增加 238 元。年均增速呈先增加后减少的趋势。2008 年农民工人均月收入的增速为 5.70%，2011 年增速已达到 17.50%。此后，月收入的年均增速开始下降，2018 年增速降至 6.30%。分迁移区域看，2018 年外出务工农民工人均月收入 4 107 元，同比增长 302 元，增长 7.90%；本地农民工人均月收入 3 340 元，同比增长 5.30%。相比之下，外出迁移的农民工人均月收入增速及增幅均高于本地务工的农民工，即证明东部的就业机会与平均报酬仍高于中西部地区，高收入吸引乡村劳动力进行长距离迁移。对比东中西区域的农民工，2018 年在东部就业的农民工人均月收入超过 3 900 元，同比增加 7.60%；中部地区就业的农民工人均月收入 3 568 元，比 2017 年增加 237 元，同比增长 7.10%；在西部地区就业的农民工人均月收入 3 522 元，同比增长 5.10%。可以发现，东部就业的农民工在收入绝对值及增速上均高于中西部，即东部的高报酬就业机会仍然吸引大部分中西部劳动力向东迁移。

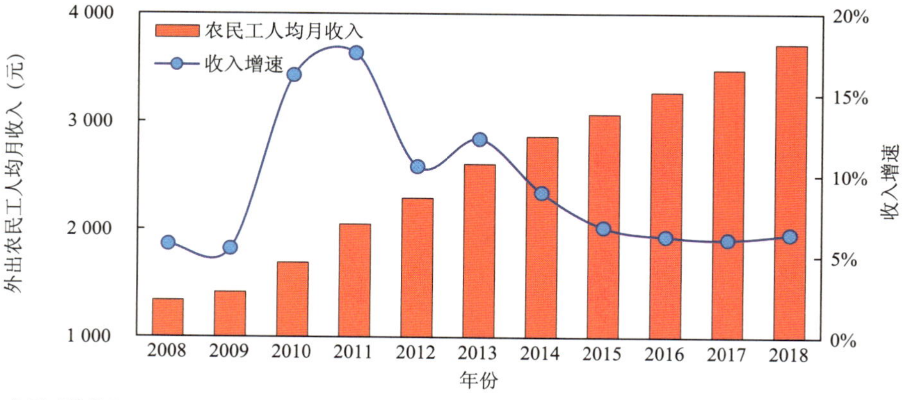

农民工月收入	1 340	1 417	1 690	2 049	2 290	2 609	2 864	3 072	3 275	3 485	3 721
收入增速	5.7%	5.4%	16.2%	17.5%	10.5%	12.2%	8.9%	6.8%	6.2%	6.0%	6.3%

图 6–12　2008—2018 年我国农民工人均月收入

六、农民工就业状况

图 6–13 展示了 2008—2018 年农民工的就业结构及分行业的收入变化。在就业结构中（图 6–13a），制造业与建筑业依然是农民工就业的主要行业，2018 年制造业和建筑业就业的农民工占全国农民工的 46.50%，但这一主导地位近年呈下降趋势，其中制造业就业的农民工 2008 年占比为 37.20%，2018 年下降到 27.90%；而建筑业就业的农民工占比却扩大了，从 2008 年的 13.80%增加至 18.60%。此外，批发与零售业就业的农民工占比进一步增加，从 2008 年的 6.40%增加至 2018 年的 12.10%。分产业统计，2018 年从事第三产业的农民工比重为 50.50%，比 2017 年提高 2.50 个百分点。一是从事传统服务业的农民工占比继续增加，从事住宿和餐饮业的农民工比重为 6.70%，从事居民服务及其他服务业的农民工比重为 12.20%；二是近年来国家脱贫攻坚开发了大量的公益性岗位，在公共管理、社会保障和社会组织行业中就业的农民工比重为 3.50%。2018 年从事第二产业的农民工比重为 49.10%，同比下降 2.40%。但整体而言，我国农民工就业的整体结构在 2008—2018 年未有太大变化，基本保持较为稳定的趋势。

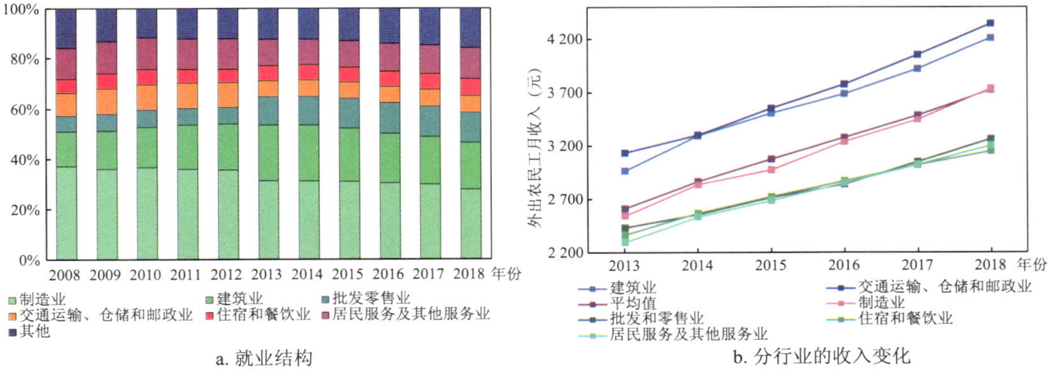

a. 就业结构　　b. 分行业的收入变化

图 6–13　我国农民工就业结构及分行业收入变化

对比不同行业就业的农民工的人均月收入（图 6–13b），可以发现较为明显的分组差异。首先在整体趋势上，各行业就业农民工的人均月收入均呈上升趋势。其中，制造业的农民工人均月收入增速最快，2008—2018 年增长 47.10%，超过全体农民工的平均增速 42.62%；相比之下，住宿和餐饮业的农民工增速最小，仅有 33.05%。分行业来看，交通运输、仓储和邮政业就业农民工拥有农民工中最高的人均月收入，2018 年达到 4 345 元，超过 2018 年全体农民工的平均值 3 721 元；其次是建筑业，2018 年达到 4 209 元；收入最低的行业是住宿和餐饮业，该行业从业农民工人均月收入仅 3 148 元，低于平均值 15.40%。从图 6–13 很明显看出，不同行业的农民工收入分为不同组别，建筑业与交通运输、仓储和邮政业属于第一梯队，远高于其他行业的平均水平；制造业处于第二梯队，和全行业平均水平保持一致；余下的批发和零售业、住宿和餐饮业、居民服务及其他服务业处于第三梯队，就业农民工的人均月收入低于其余各行业和平均水平。

七、农民工居住状况

统计进城农民工的住房情况（图 6–14），可以发现，租赁房屋居住的农民工占比最高，2008 年占比达到 35.50%，2018 年占比升至 45.50%，增幅达到 10 个百分点，其中独自租赁房屋的农民工占比增幅最为显著，达到 9.50 个百分点。其次是在单位宿舍居住的农民工，2008 年占比达到 35.10%，2018 年降至 21.60%。占比最低的是务工地自购房居住的农民工，2008 年占比不到 1%，但呈逐年增加的趋势，2018 年已增加至 1.70%。从居住面积来看，2018 年进城农民工人均居住面积 20.20 平方米，户均居住面积在 5 平方米及以下的农民工占比为 4.40%。从不同规模城市来看，500 万人以上的城市中，人均居住面积 15.90 平方米，50 万人以下的城市中，人均居住面积 23.70 平方米。农民工在大型城市的居住成本高于小城市，但居住条件较小城市差。

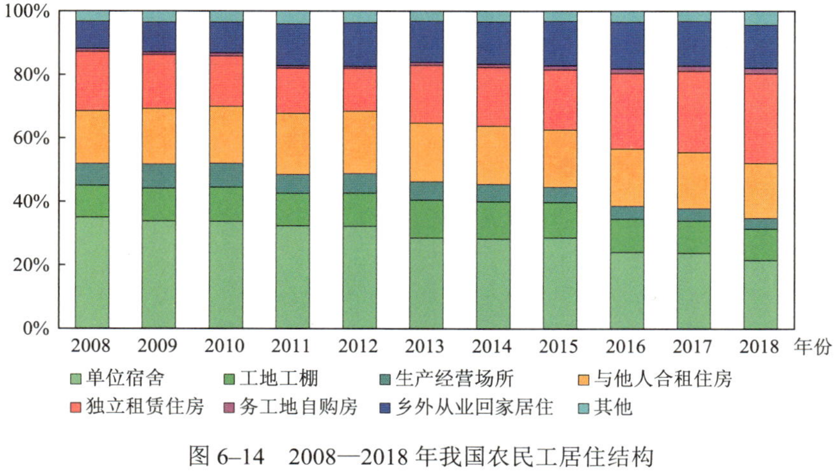

图 6–14 2008—2018 年我国农民工居住结构

对比 2008 年，2018 年农民工在居住设施、居住面积、家用电器、卫生设施等方面不断改善，82.10%的农民工住房拥有洗澡设施，71.90%的住房拥有独用厕所，能上网的占 92.10%，拥有电冰箱、洗衣机的比重分别达到 63.70%、63.00%。

从农民工居住结构来看，农民工居住独立性在增加，突出表现就是独立租赁住房占比呈逐年增加趋势，表明农民工对于独立住房的需求成为居住选择的重要影响因素。独立住房的增加可能受到两方面因素的驱动：一是家庭迁移、新生代农民工对住房的独立性、个体隐私性等特征的客观刚性需求，增加了农民工群体租房选择比例；二是就业结构的变化，尤其是弹性就业与自雇佣比例的增加，弱化了就业单位在农民工居住选择上的制约与依赖。此外，单位宿舍等集中式住房不再适合高度弹性化的就业关系，其对新生代农民工的适宜性有所下降。透过居住结构的变化，可以发现乡城劳动力迁移结构转型与劳动力市场重塑及就业关系变革对迁移群体居住特征的深刻影响。

第三节　乡城劳动力迁移空间转型特征

一、乡村劳动力迁移地域分布与变化

图 6–15 展示了我国外出农民工不同的迁移地域。2013 年，外出农民工中，迁移到小城镇的农民工占比最高，达到 35.70%；其次是迁移到地级市，占比为 33.4%；相较而言，迁移到省会城市和地级市的农民工占比较少，其总和占比才 30.50%。跨省迁移的农民工中迁移到地级市的占比最高，达到 39.60%，其次是迁移到省会城市和小城镇，迁移到直辖市的占比为 14.40%。省内流动的农民工中，迁移到小城镇的占比显著高于其他迁移选项，占比达到 47.10%，其次是地级市和省会城市。跨省迁移到直辖市的农民工占比高于省内迁移，表明迁移到北京、天津、上海的农民工多为跨省迁移的乡村劳动力。对比 2016 年，迁移地域整体格局未有大变化，但在跨省迁移地域中，迁移到地级市的农民工占比增加到 42.10%，迁移到小城镇的占比下降到 19.00%；省内迁移的农民工迁移到小城镇的占比也略有下降，从 2013 年的 47.10%下降到 2016 年的 45.40%，迁移到地级市和省会城市的农民工占比增加。整体而言，省内迁移的农民工以迁移到小城镇为主，跨省迁移以迁移到地级市为主。但在变化趋势上，越来越多的农民工迁移到省会城市和地级市，即有从小城镇向大城市迁移的趋势。

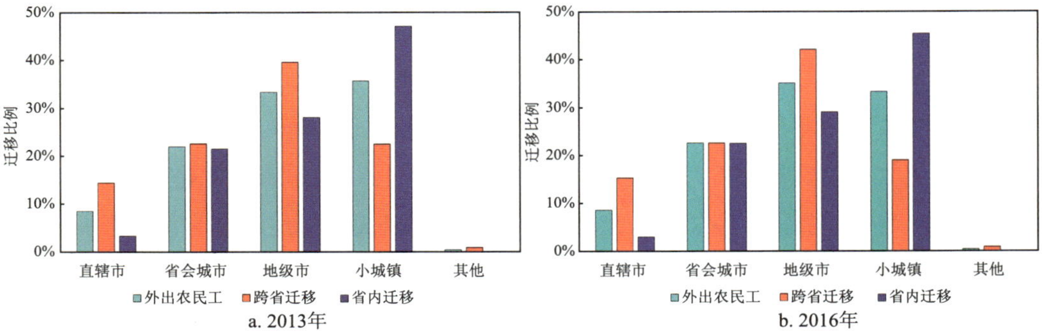

图 6–15　2013、2016 年我国外出农民工迁移地域分布变化

二、乡城劳动力迁移特征空间格局

根据第二次全国农业普查（2006 年）数据，绘制我国外出乡村劳动力迁移特征的空间格局（图 6–16）。分省份的乡城劳动力迁移特征格局显示，贵州、四川、重庆、湖南、湖北、江西、安徽、河南各省份省外迁移比均超过 50%，显著高于其余各省份。其中，贵州的跨省迁移劳动力占外出乡村劳动力的 81.58%，为全国最高。反之，广东、上海、北京、西藏、新疆、辽宁各省份省内迁移比超过 90%，外出跨省迁移劳动力占比极少。整体来看，跨省迁移的乡村劳动力主要集中在长江南北两岸，西起四川，东到安徽，成为我国跨省乡村劳动力的主要输出地。而东部沿海地区因为经济发达程度高，外出跨省迁移比极低；西北和东北等地因城镇化率高，剩余乡村劳动力较少，故跨省迁移比低。

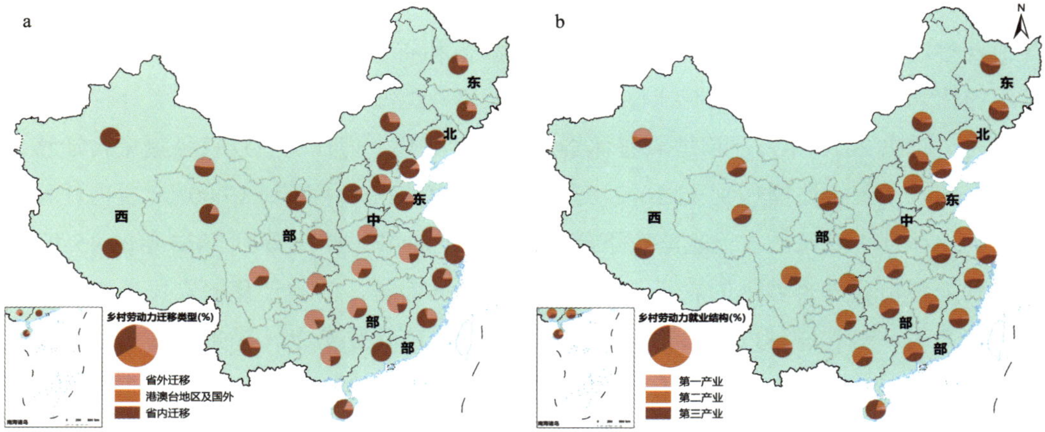

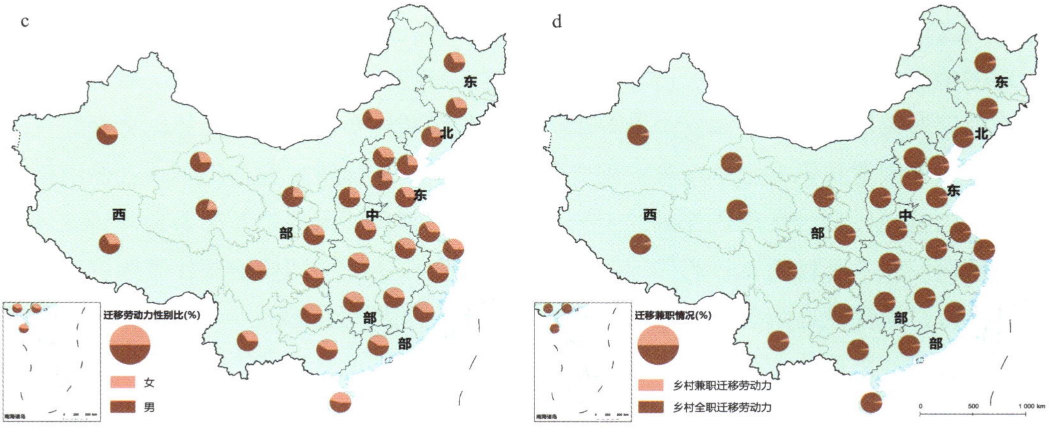

图 6–16　我国外出农民工迁移特征空间格局

注：港澳台地区资料暂缺。

外出乡村劳动力就业结构的空间格局（图 6–16b）呈现出一定的南北分异的趋势，北方外出乡村劳动力多从事第三产业，如服务业、商业等；南方外出乡村劳动力多从事第二产业，如制造业、建筑业等。分省份来看，四川、贵州、重庆西南三省份外出乡村劳动力超过 60%在第二产业就业，其中贵州超过 68.03%，全国最高。此外，江西外出乡村劳动力二产就业比也超过 60%，达到 66.36%，还有江苏、湖北等省份。外出乡村劳动力在第三产业就业比最高的省份是海南，达到 79.05%。此外，北京、山西、内蒙古、吉林的第三产业就业比超过 60%，西藏、陕西等省份也超过 50%。整体而言，南方乡村外出劳动力大多选择第二产业就业，而北方外出乡村劳动力选择第三产业就业的占比超过南方。北方制造业多为资源与资金密集型的国有企业，吸纳就业能力有限，而南方轻工业发达，且多为劳动密集型产业，所以南方第二产业就业比高于北方。值得注意的是，新疆外出乡村劳动力竟有 47.50%选择了第一产业，即农业生产，反而选择第二产业占比仅 9.63%。新疆地广人稀，光热条件较好，耕地规模大，是国家重点农垦地区和农产品供应区，新疆外出乡村劳动力以省内迁移为主（97.35%），所以近一半新疆农民工选择在省内从事农业生产（欧阳金琼，2015）。

从性别结构来看（图 6–16c），整体上我国乡城劳动力迁移以男性为主，各省份外出乡村劳动力中男性占比高于女性。青海外出农民工中男性占比达到 79.05%，宁夏、甘肃、天津、河北、山西、辽宁各省份外出乡村劳动力男性占比均超过 70%。相比之下，海南男性乡村外出劳动力占比仅 54.47%，其余各省份男性占比均在 60%左右。在空间格局上，北方乡村外出劳动力中男性占比高于南方，尤其是西北和东北地区。外出乡村劳动力的男女性别结构可以反映出区域劳动力迁移的完整性和稳定性，男女占比均衡的区域以家庭为单位的迁移率更高，更有可能长期稳定在城市中。而男性占比较高的区域表明迁移多为家庭个别劳动力的迁移，其返乡率较高。此外，男女的就业参与度与性别文化也是影响迁移性别比的重要因素，在传统家庭分工中，女性承担照顾家庭的重任，而男性则是家庭的主要生计来源，因此外出务工首选为男性。这也从一个侧面反映，男性占比较高的地区，其劳动力迁移还处于初期阶段，等到劳动力迁移成熟时，女性也逐渐参与到迁移中来，家庭式迁移成为主流。

至于劳动力迁移的兼职情况（图 6–16d），全国各省份全职劳动力迁移的占比均超过 94%，证明大多数外出乡村劳动力都是全职式迁移到城市中，仅有不到 6%的劳动力是兼职迁移。半劳动力则指没有完全放弃农业生产，部分兼职式地迁移到城镇中。这种迁移多具有临时性、季节性和循环式的特征，且多为省内迁移，尤其是附近乡镇、城镇等周围地区。在空间格局上，未有明显的空间分异，各地绝大部分外出乡村劳动力均完全放弃农业生产，全职参与到城镇的非农就业中。

三、乡村劳动力就业行业空间格局

根据第二次全国农业普查数据，图 6–17 展示了我国分省份外出劳动力在国民经济不同行业的就业比例。整体而言，全国外出乡村劳动力就业以第二、第三产业为主，其中建筑业、制造业、居民服务业等其他行业是农民工就业的主要行业。分省份来看，第二产业中，电力热力燃气及水生产和供应业与采矿业占比较小，主要是建筑业和制造业，但不同地区在建筑业和制造业间比例差异较大。具体来看，天津、上海、江苏、浙江、安徽、福建、江西、湖北、湖南、广东、广西、重庆、四川和贵州的外出乡村劳动力从事制造业的占比高于建筑业，其中占比最高的省份是贵州，达到 49.92%，其次是江西，达到 49.66%。与此相对，河北、山西、内蒙古、辽宁、吉林、黑龙江、云南、陕西、甘肃、青海、宁夏各省份外出乡村劳动力中从事建筑业的占比高于制造业，其中甘肃的占比最高，达到 39.52%。整体来看，即使在第二产业内部，就业行业南北差异较为明显，北方外出劳动力从事建筑业的比例高于南方，而南方外出乡村劳动力从事制造业的比例高于北方，其原因在于南北方工业结构的差异，即南方劳动密集型产业多于北方，北方资源密集型产业多于南方。

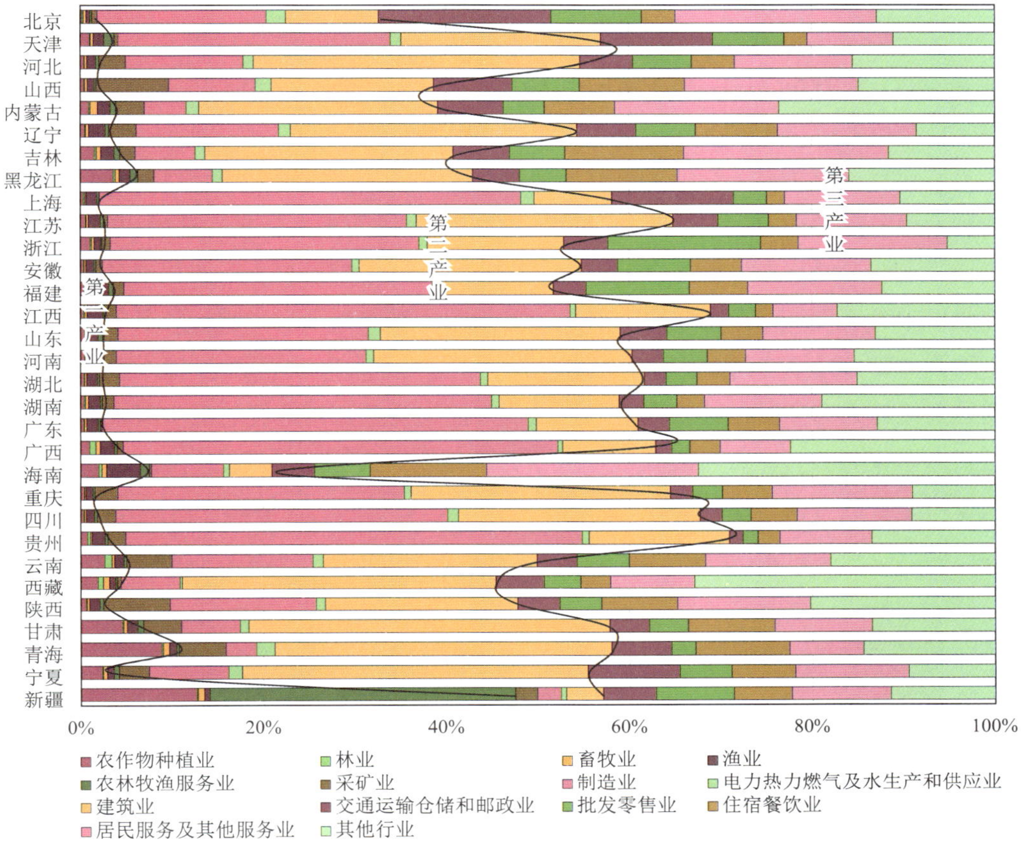

图 6–17　我国外出农民工就业行业分布

在第三产业内部，区域差异也较为显著，中东部各省份从事交通运输、仓储和邮政业、批发零售业、住宿餐饮业的外出乡村劳动力占所有外出乡村劳动力的比重高于西部各省份。但批发零售业、居民服务业及其他服务业和其他行业是第三产业中外出乡村劳动力的主要就业行业。这其中，海南与新疆两省份乡村外出劳动力就业结构同其他各省份差异较大。海南外出乡村劳动力在第三产业就业比例高达 79.05%，第二产业仅 13.40%。相比之下，新疆外出乡村劳动力在第二产业就业占比仅 9.63%，而第一产业占比为 47.50%。细分行业来看，新疆从事农林牧渔服务业的乡村劳动力占比高达 33.41%，是其余全国各省份总和的 2.5 倍多，海南从事居民服务及其他行业的乡村劳动力占比达到 55.62%，远高于其他各省份。究其原因，海南是我国著名旅游度假胜地，旅游业发达，其产业结构和就业结构以旅游业为主（林弋筌，2011）；新疆的原因在本章第三节第二小节第二段中有详细阐述，此处不再赘述。

四、乡城迁移劳动力年龄结构空间格局

分省份统计各年龄层的外出乡村劳动力的比例情况(图 6–18)，在整体格局上，2006 年我国外出乡村劳动力大部分在 40 岁以下，以中青年为主。其中，贵州 40 岁及以下的农民工占比最高，达到 90.83%；占比最小的天津仅有 67.60%，表明我国乡城劳动力迁移仍以中青年为主。在区域格局上，20 岁及以下的乡村劳动力占比最高的省份为云南，达到 20.91%，其次是湖南，为 20.91%，贵州为 20.01%，广西为 19.66%。一方面表明这些区域人口年龄结构较为年轻，另一方面也说明西南地区的辍学率较高以及高等教育入学率较低，教育质量与规模低于其他地区。21～30 岁是占比最高的年龄段，表明青年是乡城劳动力迁移的主力。分省份比较，海南的占比最高，达到 49.45%，其次为广西、广东、西藏、贵州、内蒙古、新疆、云南、江西与福建等省份，占比分别为

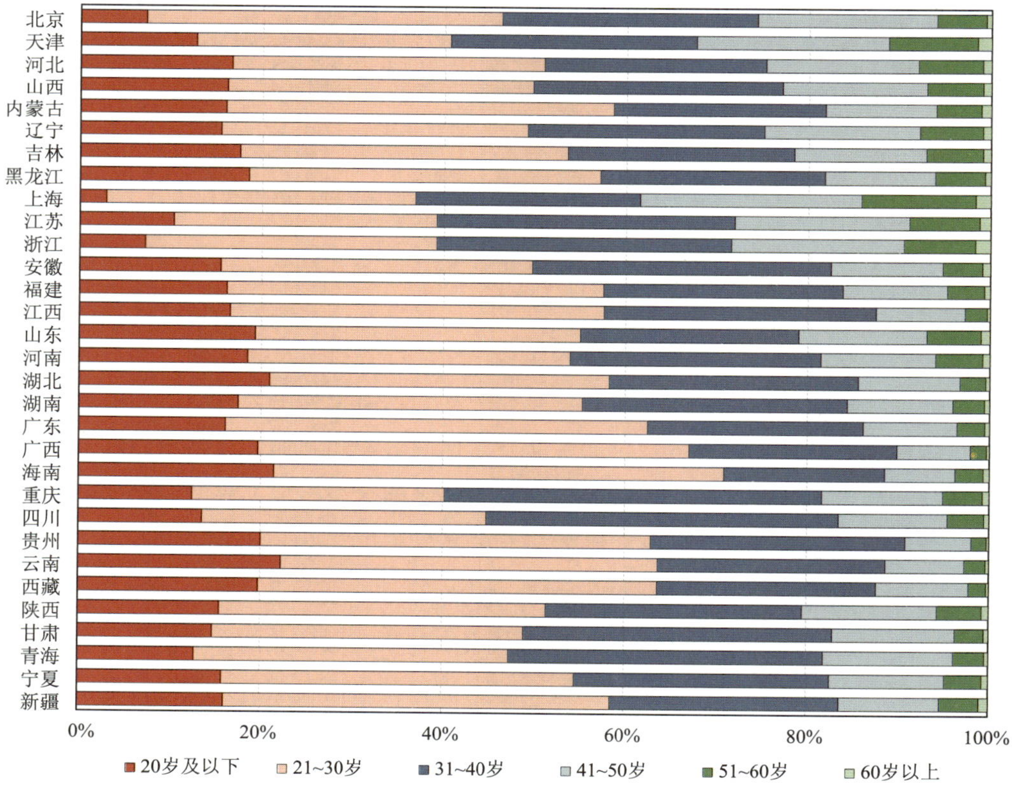

图 6–18 我国分省份外出农民工年龄结构

47.37%、46.38%、43.87%、42.88%、42.51%、42.46%、41.45%、41.36%、41.06%。31～40 岁年龄段占比最高的省份是重庆，达到 41.44%，占比最低的省份为海南，仅 17.63%。41～50 岁年龄段占比最高的省份是天津，达到 21.09%，占比最低的省份是贵州，仅 7.23%。51～60 岁年龄段占比最高的省份是上海，达到 12.55%，占比最低的省份是贵州，仅 1.66%。60 岁以上年龄段占比最高的省份是浙江，达到 1.66%，占比最低的仍是贵州，仅 0.28%。可以发现，东部沿海发达省份高龄段乡村劳动力占比高于西部欠发达省份，南方省份低龄段乡村劳动力占比高于北方，呈现出西部年轻化东部大龄化、南方年轻化北方大龄化的格局，西南各省份年轻外出乡村劳动力占比最高。

五、乡城劳动力迁移地域结构空间格局

将外出乡城劳动力迁移地域分为乡外县内、县外市内、市外省内、省外、港澳台地区及国外，根据第二次全国农业普查资料分省份统计我国外出乡村劳动力的迁移地域（图 6–19），结果显示，外出乡城劳动力迁移存在省内外迁移的差异。比较不同省份的省外迁移比，贵州占比最高，有 81.58%的外出乡城劳动力迁移到省外。其次是江西、安徽、广西、湖南、湖北、重庆、四川等，占比分别为 77.84%、77.65%、75.13%、69.07%、68.90%、67.59%、64.19%，即长江流域乡村劳动力输出大省也是跨省劳动力迁移大省。分省份比较迁移到乡外县内的乡村劳动力占比，天津的占比最高，有 63.74%的乡村劳动力留在县内，即本地迁移就业。其次是上海、北京、山西、宁夏、浙江，占比分别为 56.66%、52.49%、47.16%、43.72%、43.33%。整体而言，东部发达省份和北方迁移到乡外县内的占比高于南方各省份，表明本地有充足的就业机会可供乡城劳动力迁移。县外市内和市外省内的占比小于乡外县内和省外，但在个别省份，县外市内和市外省内的占比显著高于其他迁移选项，如广东的市外省内迁移比高达 65.38%，占省内迁移的 60.97%；西藏的县外市内迁移比为 45.00%，占省内迁移的 45.24%；此外，还有北京、新疆、宁夏和青海等地。综合而言，最发达地区和最不发达地区的乡城劳动力迁移距离均较短，主要是市内迁移。除此之外，福建与吉林迁移到港澳台地区及国外的乡村劳动力占比显著高于全国其余各省份，吉林靠近朝鲜和俄罗斯，近年来劳务输出规模加大；福建是著名的侨乡，有到港澳台地区以及南洋的传统，近年来赴国外和港澳台地区务工的农民工较多（张芸，2012）。

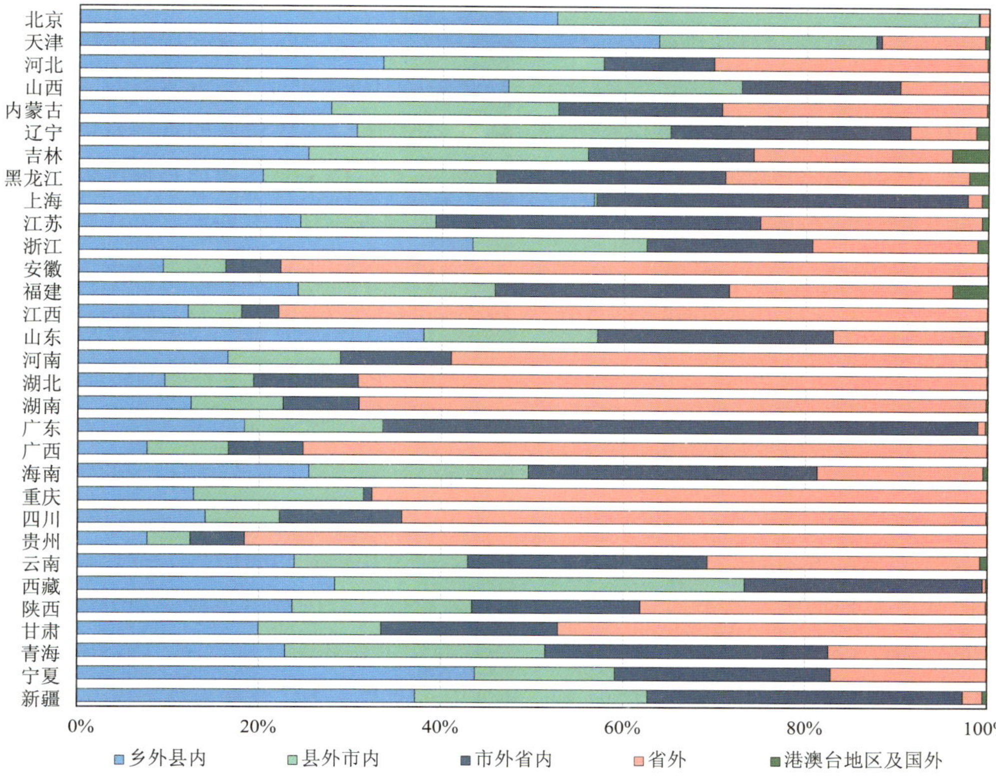

图 6–19 我国分省份外出农民工迁移地域结构

六、乡城迁移劳动力受教育结构空间格局

以文盲、小学、初中、高中、大专及以上分段分省份统计我国外出乡村劳动力的受教育程度（图 6–20），结果发现，我国大部分外出劳动力的受教育程度以初中为主，其中河南具有初中文化的外出乡村劳动力占比最高，达到 77.55%，其次是山西、河北、广东、山东、辽宁等省份，占比分别为 76.14%、75.82%、74.89%、74.66%、73.65%。占比最低的省份是西藏，仅 10.67%，其次是云南和青海，占比均接近 50%。其余各省份的占比多在 60%～72%。在基础教育学历中，西部欠发达省份如新疆、宁夏、青海、甘肃、云南、贵州、重庆的小学文化占比较高；在高等学历中，北京、上海高中、大专及以上学历的外出乡村劳动力占比显著高于其他各省份，北京拥有高中学历的乡村劳动力超过 30%，大专及以上学历也达到 10.70%。东部沿海各省份高中文化程度以上的外出乡村劳动力占比均超过 10%。总之，教育结构的空间格局同各省份经济社会发展

程度密切相关，东部乡村劳动力受教育程度整体高于中西部地区，尤其是西北地区。这其中，西藏外出乡村劳动力文盲占比最高，达到 29.27%，小学文化程度占比为 59.00%，其受教育程度排名最后。受教育程度在一定程度上会影响乡城劳动力迁移决策、迁移地域、迁移路径、就业门类、职业发展和城镇化水平等，是劳动力地理景观的重要影响因素。

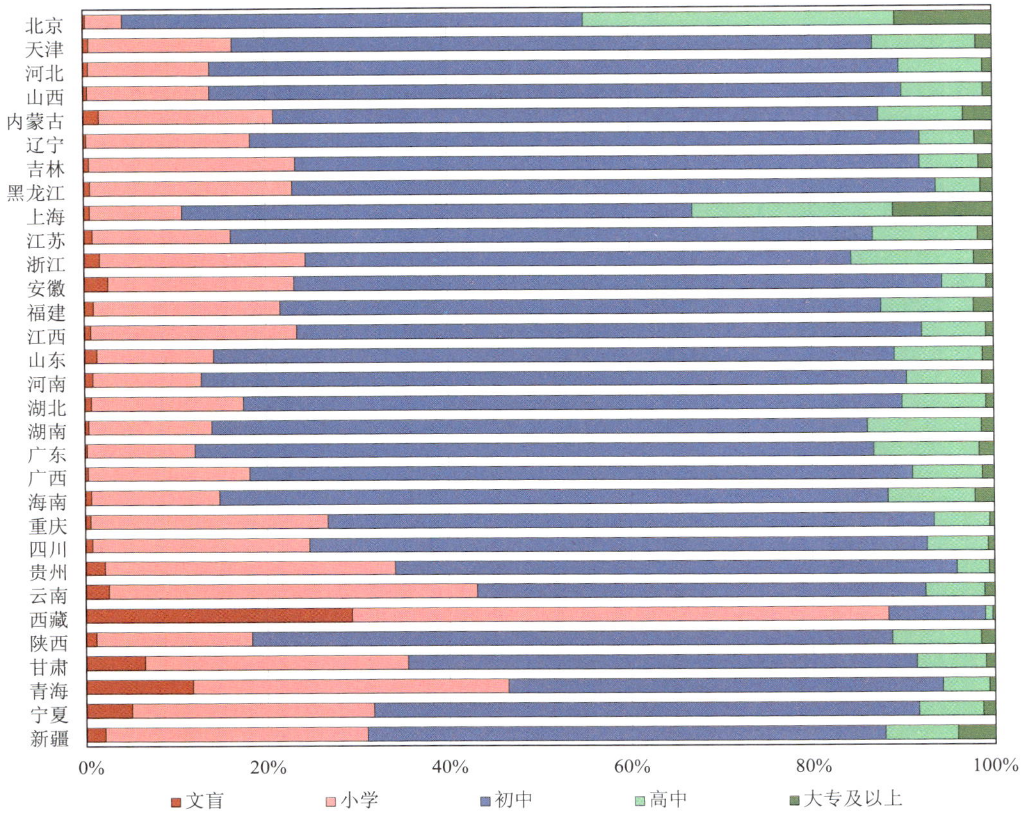

图 6–20　我国分省份外出农民工受教育结构

七、乡城迁移劳动力就业时间的空间格局

分省份统计外出乡村劳动力年均迁移就业时间（图 6–21），可以发现，绝大部分乡村劳动力年均外出迁移就业时间在 10 个月以上。在区域格局上，上海外出乡村劳动力就业时间在 10 个月以上的占比达到 86.14%，为全国最高；其次为北京、广西、广东，

占比均在 80%以上。从区域来看，传统乡村劳动力输出大省湖南、湖北、四川、重庆、贵州的乡村劳动力就业时间在 10 个月以上的占比均在 70%以上，表明这些区域乡城劳动力迁移较为成熟与彻底，能够全职投入迁移就业中。相比之下，西藏、山西、甘肃、青海、宁夏、新疆等地外出乡村劳动力年均就业迁移时间在 10 个月以上的比例低于其他各省份，平均比例在 33%左右，且有平均约 2.24%的乡城劳动力迁移就业时间仅 1 个月，其他就业时间也在 2～9 个月。此外，天津、河北、山西、内蒙古、辽宁、吉林和黑龙江外出乡城劳动力迁移就业时间在 10 个月以上的比例平均只有 44.64%，低于南方地区。整体来看，南方地区乡城劳动力迁移的就业时间长于西北、华北和东北地区。外出迁移就业时间较短表明劳动力流动性较大，就业与迁移稳定性差，也可反映区域乡城劳动力迁移的成熟度，但在不同经济发展程度的地区不一样。

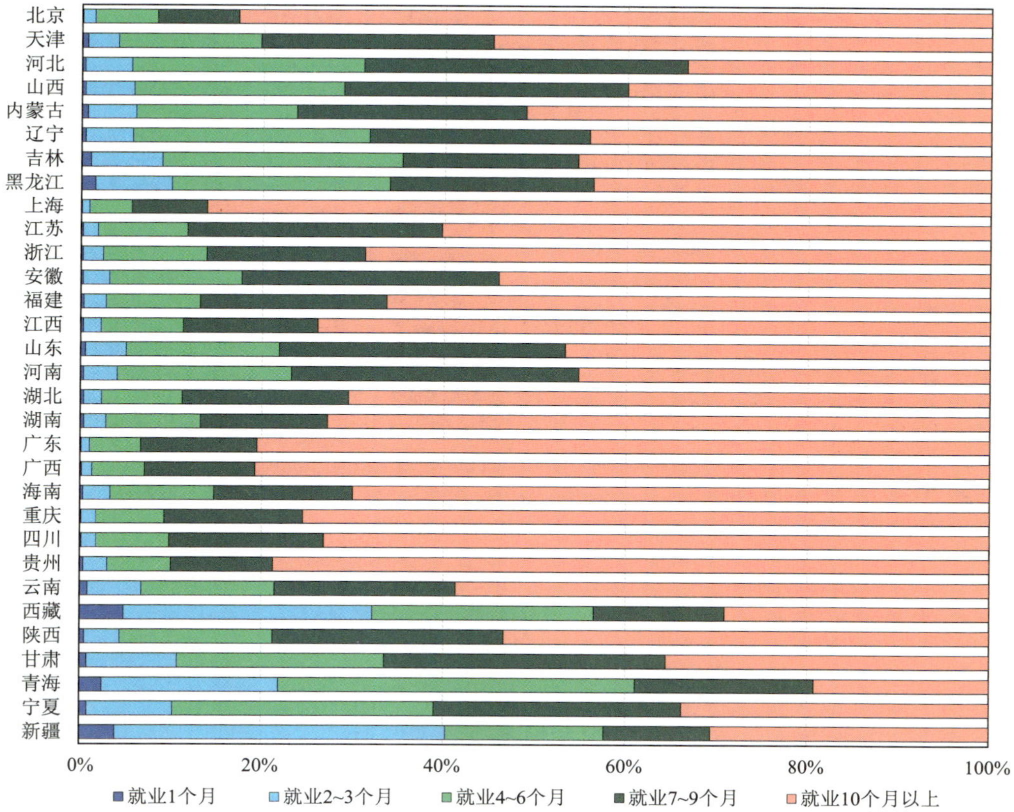

图 6–21　我国分省份外出农民工就业时间结构

第四节　山区乡村劳动力迁移转型特征

一、山区乡村劳动力迁移概况

1. 西昌人口空间分布与变化

2016 年，西昌户籍人口 66.31 万人，常住人口 77.50 万人，流动人口 11.19 万人，占常住人口的 14.44%，城镇化率 57.57%。2006—2016 年，西昌为人口净流入区，流动人口总体呈上升趋势，但 2007—2009 年有所下降（图 6–22）。10 年间，西昌市流动人口累计增加 4.73 万人，年均增长率 7.32%。图 6–22 表明，2006—2016 年，西昌户籍人口增长较为稳定，2009—2011 年由于东部城市农民工返乡、西昌旅游业发展以及水电工程移民等原因，西昌常住人口增长迅速。结果表明，西昌人口的变化不仅是单纯的自然增长的结果，而是城镇化、乡村劳动力迁移等因素造成的。

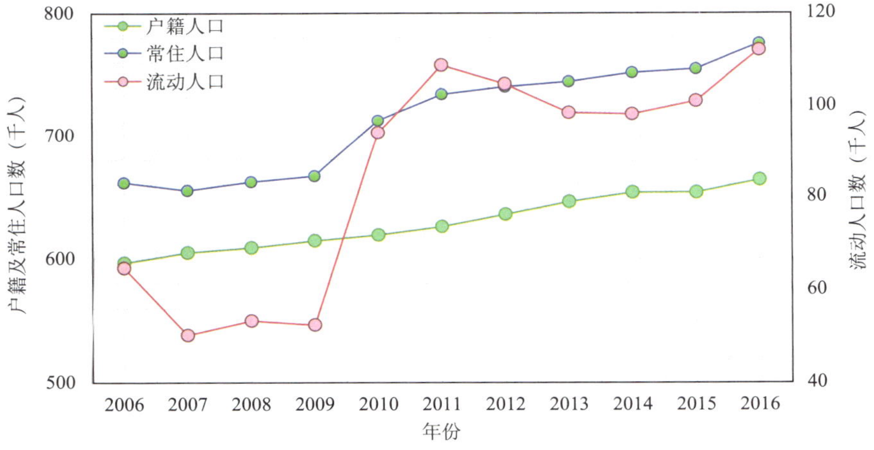

图 6–22　2006—2016 年西昌人口变化趋势

图 6–23 展示了 2006—2016 年西昌户籍人口密度的空间格局及其变化，其中人口主要集中在安宁河流域和靠近市区的邛海盆地，这两个地区也是该市人口最多的地区。安宁河流域是我国重要的农业区，其平坦开阔的地形有利于农业的大规模机械化。西昌西部的牦牛山和东南部的螺髻山地势崎岖，人口密度低，是少数民族聚居的主要地区。利用 Moran’s I 指数对 2006—2016 年人口密度的空间自相关性进行测算，结果表

明，西昌人口空间分布呈现集聚趋势，总体集中度在2006—2016年呈上升趋势。在乡镇方面，以市区和沿岸地区增长最为显著，特别是它的人口增长也明显大于河谷地区。综上所述，在总人口和流动人口增加的同时，人口的空间分布也呈现出向城市区域流动的集聚趋势。

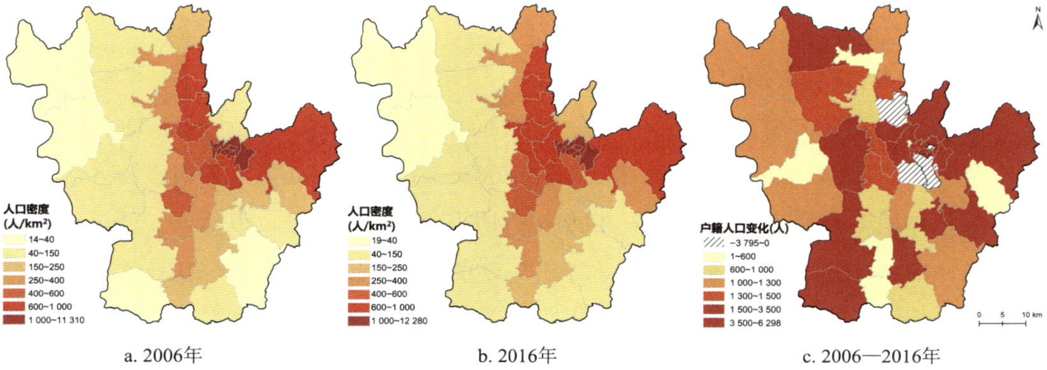

图6–23 2006—2016年西昌户籍人口密度及其人口变化

2. 乡村劳动力就业结构变化

西昌是攀西地区的中心，2016年GDP达到457.2亿元，同比增长了6.30%，第一、第二、第三产业对GDP的贡献率分别为9.41%、49.48%、41.11%。从变化趋势上看，2006—2016年，农业占比从15.68%下降到9.74%，下降了5.94个百分点。其他服务业和消费业经历了不同程度的下降，而交通运输业、建筑业和工业所占比例显著增加（图6–24）。在2008年汶川地震后，中央政府投入巨资重建和升级西部山区的基础设施，以修复地震所造成的损失，从而带动交通运输业投资的快速增长。尽管西昌的工业部门在地震中受到了轻微的损失并在2009年迅速恢复，但这也带来了2008年交通运输业的增长和工业的下降。综上所述，2006—2016年，第二产业比重增长了6.83个百分点，农业比重下降了5.94个百分点，服务业小幅度下降了0.88个百分点，表明西昌正处于从农业经济向工业经济转型的过程中，而且工业和建筑业在促进西昌经济发展中发挥着越来越重要的作用。

2006年，全市共有乡村劳动力23.72万人，到2016年，这一数字增加到26.15万人，增长了10.26%。就乡村劳动力的就业结构而言，农业一直是首选，尽管它的比例从2006年的81.68%下降到2016年的76.67%，下降了5.01个百分点（图6–25）。与此同时，从事消费业和建筑业的乡村劳动力比重大幅上升。其中，消费业增长了57.41%，表明从事批发零售、住宿餐饮等行业的乡村劳动力比重大幅增加。乡村劳动力在工业、交通等领域的比重虽有所提高，但增速低于消费领域和建筑业。以上发现表明，近年来乡村劳动力向非农业转移，即向第二、第三产业转移，这代表了过去 10 年的乡村就业趋势。

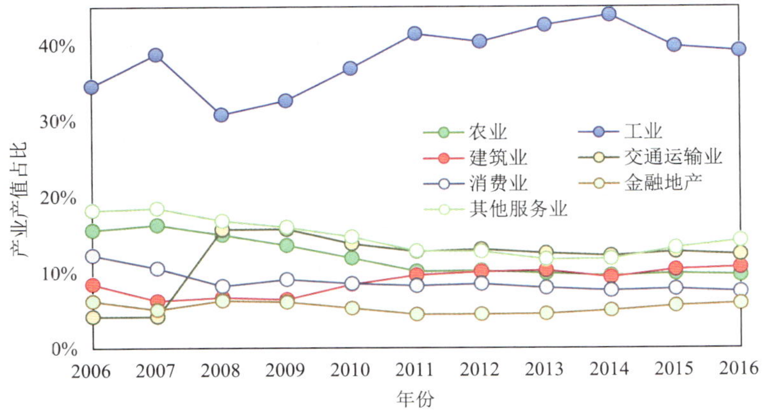

图 6–24　2006—2016 年各产业产值占 GDP 比重变化趋势

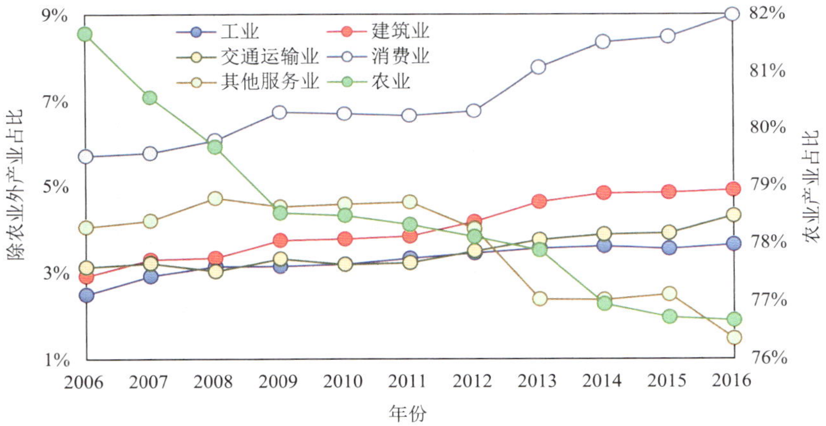

图 6–25　西昌乡村劳动力就业结构变化趋势

统计农业、工业、建筑业、交通运输业、消费业和其他服务业占 GDP 的比重，并分别记为 Agr/GDP，Ind/GDP，Bui/GDP，Tran/GDP，Con/GDP，Oth/GDP。这些行业人数占乡村劳动力总数的比重分别由 Agr_labor，Ind_labor，Bui_labor，Tran_labor，Con_labor，Oth_labor 表示。回归分析表明，产业结构（x）与乡村劳动力就业结构（y）

之间存在线性关系；农业、工业、建筑业和消费业在产业结构中的比重与其就业比重显著对应（$p < 0.05$）（图 6–26），而交通运输业和其他服务业的比重较弱。Agr/GDP 与农业劳动力呈显著正相关（$p < 0.01$），Agr/GDP 之比每下降 1%，乡村劳动力就向非农业就业转移 1.5053%。这表明农业在产业结构中的比重下降，增加了乡村劳动力向非农产业的转移。

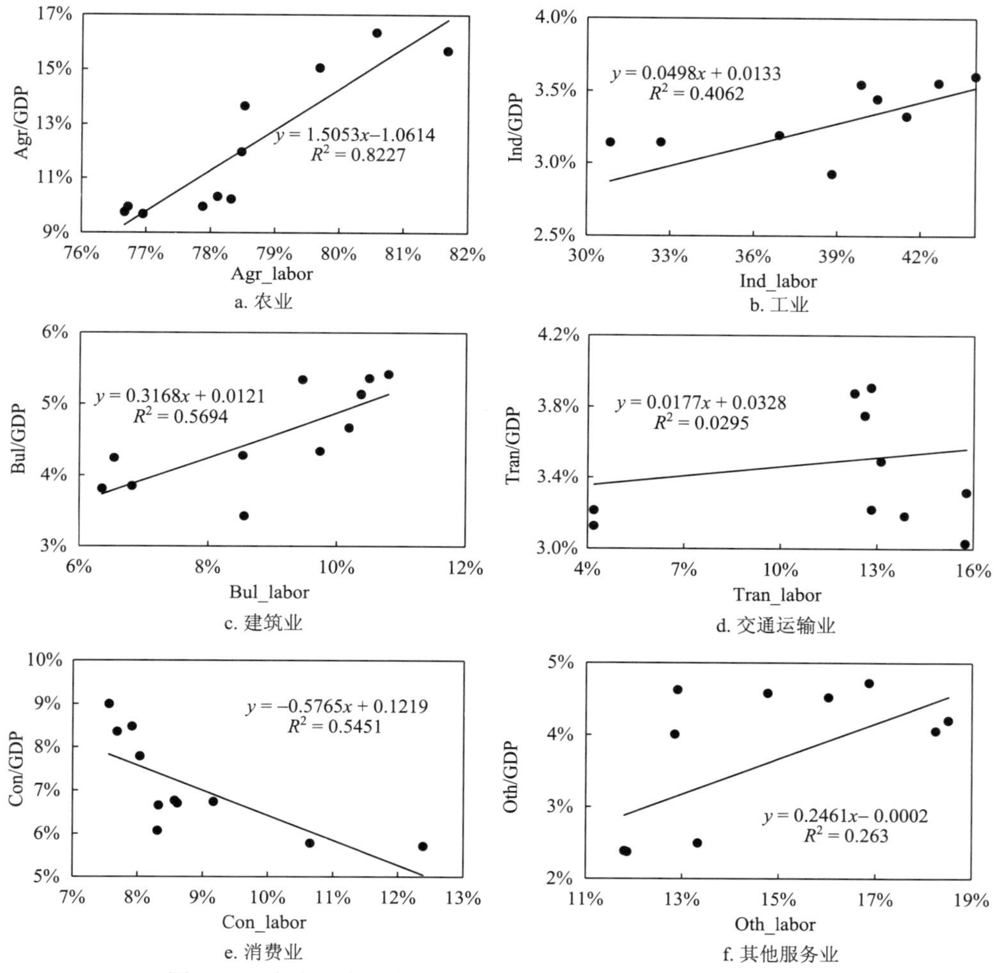

图 6–26　各产业产值占 GDP 比重与乡村劳动力就业结构的关系

尽管 Ind/GDP，Bui/GDP 逐渐增加，但吸引的乡村劳动力数量在逐年减少。相比之下，Con/GDP 的比重逐年快速下降，而吸引的乡村劳动力总量和增幅均大于工业和建筑业（图 6–26），因此，它对乡村剩余劳动力的吸收效率最高，建筑业对乡村剩余劳动力的吸收效率高于工业。在乡村新增剩余劳动力中，女性占 57.45%，并且 2006—2016

年女性在乡村劳动力中的比重从48.15%上升到49.01%。尽管女性人数少于男性，但女性的增长率明显高于男性。此外，在新增乡村剩余劳动力中，从事消费业的女性新增劳动力占64.21%，而从事建筑业的女性新增劳动力仅占24.29%。由此可以推断，乡村女性劳动者更倾向于消费业，而男性更倾向于建筑业。总之，农业的相对弱化和第二、第三产业的相对增长代表了乡村劳动力迁移的驱动力，证明了产业结构的变化促进了乡村劳动力就业结构的转变。

3. 乡村劳动力迁移空间格局变化

从图6–27可以看出，2016年安宁河流域乡村劳动力的空间分布格局及其迁移比重同西昌地区人口密度格局相似（图6–23b）。西昌西部山区和东南山区乡村劳动力相对较少，特别是银厂乡，乡村劳动力人口只有1 414人，只占乡村劳动力最多的兴胜乡的9.07%。乡村劳动力迁移比例较高的乡镇位于城区周边（如高枧乡、海南乡、太和镇、小庙乡、马道镇等），表明城镇化能够促进乡村劳动力迁移。另一个共同特征是这些高迁移率乡镇的乡村劳动力相对较少（如马道镇、海南乡等），而乡村劳动力相对较多的乡镇，其迁移比例则低于其他乡镇（如月华乡、礼州镇等）。

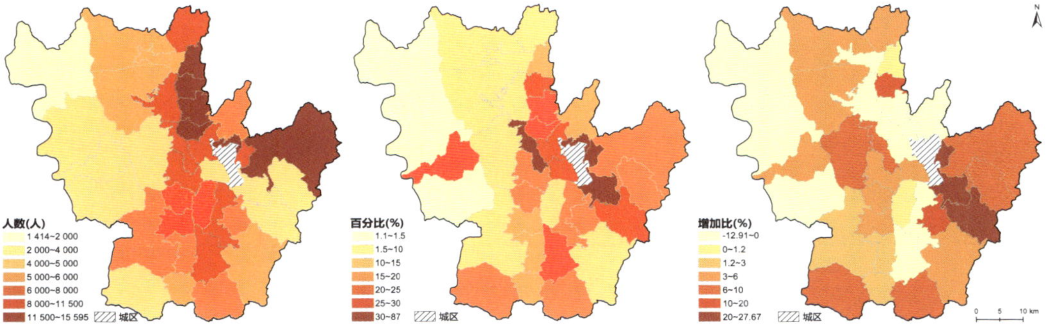

a. 2016年乡村劳动力数　b. 2016年迁移比例　c. 2006—2016年迁移比例变化

图6–27　乡村劳动力空间分布格局及其迁移比例和趋势

与2006—2016年乡城劳动力迁移率的变化趋势相比，除西溪乡下降了12.91%外，几乎所有乡镇都有不同程度的增长。增长最显著的是邛海湖盆区域（即海南乡、高枧乡等），说明这些乡镇几乎都受到了西昌城镇化的影响。2006—2016年，劳动力较多的河谷地区的乡村劳动力迁移率低于非河谷地区，也就是说，农业相对发达、乡村劳动力较多的河谷型乡镇的迁移动力弱于农业相对不发达、山地较多的乡镇，表明农业的发展影响了乡村剩余劳动力的迁移。但在彝族聚居地（如银厂乡、白马乡、马鞍山乡等）也有例外，乡村劳动力较少，其迁移率和增长率也均较低。

4. 乡村劳动力迁移的影响因素

本研究使用乡村劳动力迁移比例作为因变量（y），乡村劳动力数量（$x1$）、乡镇城镇化率（$x2$）、作物种植面积（$x3$）、户籍人口迁出率（$x4$）、户籍人口迁入率（$x5$）、农民人均纯收入（$x6$）和地形起伏度（$x7$）作为自变量。使用的面板数据包括 2006—2016 年 37 个乡镇的统计数据。多元线性回归分析结果如表 6–3 所示，$R^2 = 0.836$（$F = 235.802$，$p < 0.01$）表明拟合结果显著。研究结果发现，乡村劳动力数量、乡镇城镇化率、作物种植面积、户籍人口迁入率、农民人均纯收入、地形起伏度对乡村劳动力迁移比例有显著影响（$p<0.10$），尤其是乡村劳动力数量、农民人均纯收入和地形起伏度（$p<0.01$）。此外，户籍人口迁出率、户籍人口迁入率、农民人均纯收入为正向驱动因素，乡村劳动力数量、乡镇城镇化率、作物种植面积和地形起伏度为负向阻碍因素。

表 6–3　乡村劳动力迁移比率的线性回归检验统计

变量	参数估计	标准系数	t	p
常量	0.287	—	9.617	0.000**
乡村劳动力数量（$x1$）	–0.450	–0.561	–13.256	0.000***
乡镇城镇化率（$x2$）	–0.067	–0.055	–1.805	0.072*
作物种植面积（$x3$）	–0.069	–0.093	–3.020	0.003***
户籍人口迁出率（$x4$）	–0.020	0.020	0.693	0.488
户籍人口迁入率（$x5$）	0.034	0.040	1.657	0.098*
农民人均纯收入（$x6$）	0.168	0.203	4.561	0.000***
地形起伏度（$x7$）	–0.290	–0.358	–0.827	0.000***

注：*、**、***分别表示在指标 10%、5%和 1%的水平上统计显著。

研究结果表明，与乡村劳动力较少的乡镇相比，河谷流域乡村劳动力较多的乡镇，其农业相对发达（图 6–27），农业部门可以为乡村劳动力提供充足的就业机会和预期收入，从而降低乡村劳动力迁移比例。同样，作物种植面积规模越大，表明农业潜力越大，农业经济效益越好，也能更好地吸纳乡村劳动力，从而使乡村劳动力向非农转移的意愿降低。乡镇的城镇化率越高，乡村剩余劳动力越少，非农就业机会就越多，因此乡镇本地城镇化可以减少乡村劳动力向乡镇外转移，如向大都市转移。此外，城镇化对农业的需求增加了农业生产的利润和效率，降低了乡村剩余劳动力的转移意愿。然而，乡镇城镇化率的回归显著性低于乡村劳动力数量和作物种植面积（绝对值系数和显著性统计）（表 6–3）。地形起伏较大的乡镇，其自然资源和地理条件较为艰苦，并且是彝族的主要聚居地。实地调查显示，由于交通、教育、语言和就业等方面的障碍，山区乡村劳动力很少向外迁移。如果因为生计而必须迁移，他们更有可能迁往河谷乡从事农业，而不是非农就业。这种转变是暂时的、不可持续的，也反映了山区少数民族乡村劳动力迁移的难度和特殊性。

农民人均纯收入直接反映了乡村劳动力的富裕程度。根据刘易斯的二元结构理论，由于城市化，非农的边际收入高于农业，收入的提高将进一步刺激乡村劳动力向非农转移，更多的劳动力将拒绝回归农业。户籍人口迁入率（$x5$）和迁出率（$x4$）反映了人口迁移的规模，但后者的影响不显著。相对于人口迁出，户籍人口迁入更能促进乡村剩余劳动力向其他地区转移。自 2009 年以来，由于雅砻江流域水电站的建设，大部分贫困移民都迁移到西昌市乡村地区，并分配到了耕地和住房。这就是大部分户籍人口进入乡镇的原因，并与当地乡村劳动力形成了就业竞争的基础，导致原来的乡村剩余劳动力迁移到了非农就业。目前，在中国的社会背景下，乡村人口更改户籍，主要是由于教育、体制内就业或婚姻，乡村劳动力在城市没有住房、没有正式工作的情况下，很难将农业户口迁移到城市，因此，户籍人口迁出对乡村劳动力迁移的影响较弱。

二、山区乡村劳动力迁移与生计资本

1. 乡村移民的生计资本分析框架

（1）可持续生计分析框架

在过去的几十年里，许多机构，如联合国粮食及农业组织（FAO）、联合国开发计划署（UNDP）和英国国际发展部（DFID），已经确定和发展了可持续生计框架。其中，DFID（1999）提出了可持续生计分析框架，以分析影响生计的不同因素：生计脆弱性、生计资本、生计战略以及体制进程和结果。受生计资本分析框架的启发，许多学者研究了生计资本对生计战略的影响，包括人力、社会、金融、物质和自然五种资本（Babulo et al.，2008；Ulrich et al.，2012；Fang et al.，2014）。

DFID 框架阐释了对贫困的理解并指出消除贫困的潜在机会，揭示了人们如何利用其财产、权利和可能的战略来追求更好的生活（Chakravarty，1983；Ashley and Carney，1999）。生计资本是指农村家庭的资源禀赋，或者更准确地说，生计资本包括人们谋生所需的能力、资产（包括物质和社会资源）和活动。不同的生计资本组合可以获得不同的结果，而对于是否转移，那些拥有更多资本的个体通常拥有更多的选择并有能力确保他们的生计安全。非农就业外迁已成为人们转换生计资源和积极创造生计成果的主要途径。劳动力流动通过交换家庭劳动力的使用权，提高了家庭占有其他资本所有权的能力和机会。移民可以明显地缓解贫困和提高生活水平，而生计资本变化的最终结果或影响体现在劳动力转移上。

实际上，生计策略的定义较为宽泛，包括人们为实现其生计目标而进行的活动和选择（Carloni and Crowley，2005）。也就是说，生计策略也可以理解为农民工为其生计目标所做出的非农就业时长和地点选择。因此，在研究中，通过建立新的生计资本对劳动力转移的相关分析框架，我们构建了可持续生计分析框架（图 6–28）。从时空的角度，我们将生计资本对非农就业地点和非农就业持续时间的影响，分别定义为生计资本对劳动力转移的空间特征和时间特征的影响。

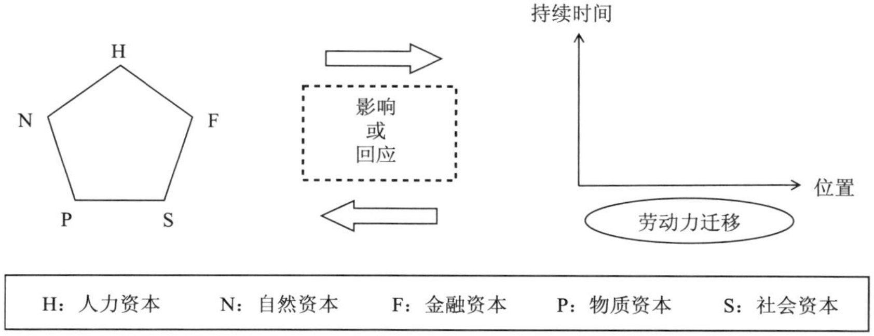

图 6–28 生计资本和劳动力迁移理论框架

（2）指标选择及测量方法

我们的研究中有两个独立的因变量：移民每年的非农就业地点和持续时间。我们测量了从 0 天到 365 天的劳动力迁移时间，劳动力迁移的过程实际上是一个关于向何处迁移和迁移持续多长时间的决策过程（刘家强等，2011），本书中时间和空间的影响是指对时间和空间选择的影响。目前的文献大多集中于决策：迁移或非迁移和向省内或省外迁移（Guang and Zheng，2005；Poncet，2006；李小建，2010）。攀西地区位于四川省西南部边缘，属于山区。在调查过程中，我们发现山区居民迁移最多的城市是攀枝花和西昌，在他们看来迁移到成都以后照顾家庭不太方便。通常一个劳动力迁移到攀西地区以外，由于通勤成本过高而不能很好地照顾自己的家庭，但是尽管如此，也有不少劳动力存在跨区域迁移现象。

为了进一步了解迁移的空间差异，我们将迁移类型划分为：非劳动力迁移（家庭中没有劳动力外出务工）；本地城市内的劳动力迁移（劳动力在家乡城市从事非农就业）；跨地区的劳动力迁移（劳动力在家乡城市之外从事非农就业）。在我们的研究中，这三种类型分别占 48.4%、28.7%和 22.9%。跨地区流动的劳动力类型主要集中在成都、广州、深圳、重庆、杭州、中山、北京、佛山和昆明。移民劳工的职业类型包括建筑工人、服务人员（如厨师、保安和服务员）、企业职员、司机，少数是教师和医生，然而仍有少数劳动者从事不稳定的短期雇佣工作。

夏普（Sharp，2003）提出了调查数据分析中基本且流行的指标选择，并结合 DFID 框架和方一平等（Fang et al.，2014）的研究，选择五个资本作为自变量：人力资本、社会资本、金融资本、物质资本和自然资本。根据 DFID 框架，生计资本是个人或家庭做出生计选择时的基础资源。其中，人力资本通常指家庭劳动能力、技能和男性成年劳动力；社会资本通常代表家庭所拥有的社会资源或社会网络；金融资本主要指一个家庭可获得的可支配现金；自然资本是指家庭成员赖以生存的自然资源；物质资本通常指农民生产生活所需的物质设备或基础设施。基于对资本的定义、问卷调查方法、区域条件特点以及数据适用性，我们的研究确定了 15 个关键指标来描述五种资本的属性（表 6–4）。表 6–4 列出了与案例相关的关键属性和代理变量。在这些指标中，我们

表 6–4　生计资本测量指标体系

资本类型①	具体指标（指数）	权重②	Min	Max	Mean	STD
人力资本	家庭规模	0.05	0.008	0.952	0.560	±0.213
	家庭劳动力占比	0.32				
	劳动力技能	0.63				
社会资本	人情往来消费	0.25	0.049	0.931	0.360	±0.173
	家庭成员和亲戚是否担任干部	0.45				
	就业渠道	0.30				
金融资本	人均年收入	0.46	0.013	0.945	0.353	±0.247
	家庭存款	0.28				
	家庭贷款	0.26				
物质资本	房子类型	0.12	0.025	0.962	0.377	±0.201
	家用电器拥有量	0.08				
	家庭牲畜拥有量	0.56				
	家庭汽车拥有量	0.24				
自然资本	人均耕地	0.88	0.001	0.479	0.067	±0.085
	宅基地面积	0.12				

注：①生计资本按标准化公式计算。②权重通过熵值法计算。

选择了家庭劳动力占比作为指标之一，而不是传统研究中通常使用的家庭劳动力的数量。因为一个家庭单位的剩余劳动力越多，劳动力迁移的可能性就越大，所以选择这个指标作为更新指标。为了准确反映耕地对劳动力释放或约束的影响，我们使用人均耕地作为指标。

2. 生计资本对劳动力迁移的空间影响

如表 6–5 所示，家庭社会资本对劳动力迁移的空间影响最显著，其系数值最大。回归系数的比较结果（1.111<1.183）表明，家庭社会资本对地区间劳动力迁移的空间影响大于本地城市内的迁移。根据敏感性分析（图 6–29），如果社会资本增加一个单位，本地城市内劳动力迁移和跨地区迁移的概率分别显著增加 203.6%和 226.4%。从回归系数大小来看，如果农民工拥有更强的社会资本，他们就有很大的可能性远离家乡就业。家庭自然资本也是影响农民工就业区位选择的一个极其重要的因素，但它是负面的。回归系数比较结果为 4.836>0.276，表明缺乏自然资本的劳动力容易跨地区迁移。此外，在敏感性分析中需要注意：如果自然资本增加一个单位，本地城市内劳动力迁移的概率降低 24.1%，跨区域劳动力迁移的概率降低 88.3%。人力资本只影响当地城市内的劳动力迁移，对区域间的劳动力迁移没有显著影响。敏感性分析表明，家庭人力资本每增加一个单位，当地城市内劳动力迁移的可能性增加 37.1%。金融资本是影响迁移劳动力就业区位选择的另一个重要因素，回归系数的比较结果（0.817>0.720）表明，如果金融资本增加，劳动力倾向于跨地区迁移。此外，敏感性分析表明，如果金融资本增加一个单位，当地城市内劳动力迁移的概率显著增加 105.4%，跨地区劳动力迁移的

表 6–5　生计资本对劳动力迁移空间影响的多项 logistic 回归估计与检验

资本类型	劳动力在本市内的迁移		跨区域的劳动力迁移	
	回归系数	优势比	回归系数	优势比
人力资本	0.316**	1.371	–0.112	0.894
社会资本	1.111**	3.036	1.183**	3.264
金融资本	0.720*	2.054	0.817**	2.264
物质资本	–0.209	0.811	0.873*	2.393
自然资本	–0.276*	0.759	–4.836**	1.883
常数	–1.237**	—	–1.427***	—

注：参考分类是非迁移劳动力，观测值为 279，Wald chi^2（12）=103.54，Pseudo R^2=0.1743；*、**、***分别表示回归系数在 0.10、0.05、0.01 的水平上统计显著。

概率显著增加 126.4%。物质资本对当地城市内的劳动力迁移没有显著影响，但会影响跨地区的劳动力迁移。从敏感性分析来看，如果物质资本增加一个单位，劳动力跨地区迁移的概率会增加 139.3%。

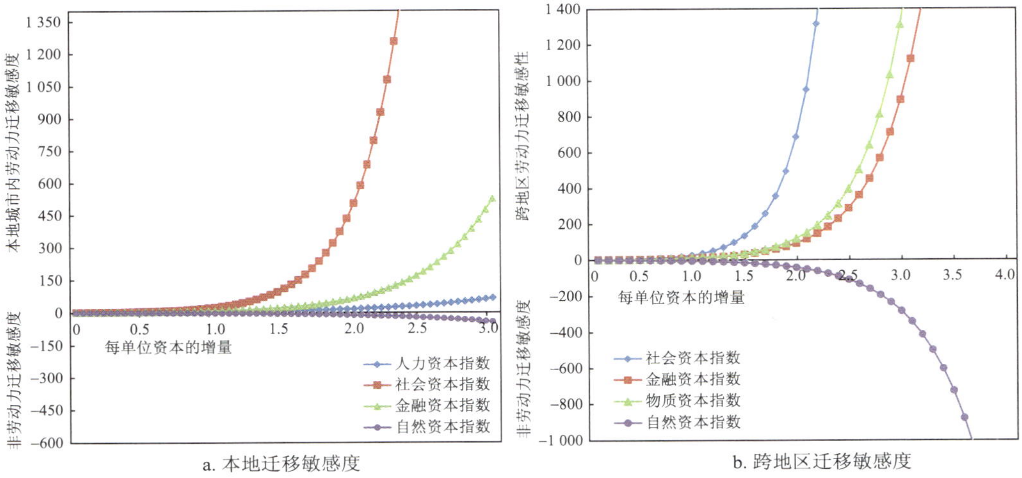

图 6–29　劳动力在本地迁移敏感度和跨地区迁移敏感度

3. 生计资本对劳动力迁移的时间影响

如表 6–6 所示，从显著性水平来看，社会资本在 1%的置信水平上显著，且为最高水平；人力资本和自然资本在 5%的置信水平上显著；金融资本在 10%置信水平上显著。物质资本未通过检验，其余四个资本放入线性回归模型。也就是说，除了物质资本之外，民生资本对劳动力迁移的持续时间有显著影响，社会资本、金融资本和人力资本是其积极影响因素。其中，社会资本对非农就业持续时间的影响最大，回归系数最高，为 2.489。换句话说，控制其他变量或条件，如果社会资本增加一个单位，劳动力迁移的非农就业持续时间会增加 2.489 天，我们可以用同样的方法解释人力资本和金融资本的回归系数。自然资本对劳动力迁移的持续时间也有很大影响，得分为 3.450，但其是负面影响，即控制其他变量或条件，如果自然资本增加一个单位，非农就业的劳动力可能减少 3.450 天。

表 6–6　生计资本对劳动力迁移持续时间影响的线性回归检验

资本类型	参数估计	标准系数	T 值
人力资本	1.309	0.101	2.634**
社会资本	2.489	1.150	4.731***

续表

资本类型	参数估计	标准系数	T 值
金融资本	1.378	0.124	1.352*
物质资本	0.277	0.010	0.265
自然资本	–3.450	–2.054	–2.435**
常数	10.807	—	12.302***

注：*、**、***分别表示回归系数在 0.10、0.05、0.01 的水平上统计显著。

4. 生计资本对山区劳动力迁移的时空影响

（1）社会资本对劳动力迁移的时空影响

如表 6–5 和表 6–6 所示，社会资本在空间和时间上都显著影响劳动力迁移。同样，越来越多的人认识到，当劳动者拥有更多的社会资源时，他们更倾向于选择远离家乡的就业地点（高更等，2009；Liu et al.，2014；Xu et al.，2015a）。根据我们的研究定义，社会资本主要是指家庭拥有的社会资源和社会网络。事实上，社会网络或社会资源可以为想要向外迁移的潜在劳动力提供一些非农就业信息和不同种类的支持。因此，社会资本可以降低向外迁移的风险和成本，通常可以引导劳动者选择就业地点。我们的结果与实际调查的结果一致，正如一个受访者所说：

> 我丈夫和岳父是建筑工人，他们已经迁移到广东省就业两年了。他们从一个工程承包商的亲戚那里得到了这份工作，他在广东惠州有一个很大的建筑项目，这个项目会持续五六年，他们也会继续在那里工作直到项目结束。

此外，我们发现使用社交网络获得的工作会持续更长时间、更稳定。这与之前的一项研究（Deng，2015）相一致，该研究认为，社会资本对劳动力长期迁移有积极影响。这个结果也反映了一个现象，在中国一些偏远的山区农村，电子信息水平不高，通过社交网络找工作仍然是一个重要的渠道。

（2）自然资本对劳动力迁移的时空影响

自然资本对劳动力迁移也有很强的影响，但在时间和空间上是负向影响的。这与以往的研究（Xu et al.，2015a）不一致，但我们的研究结果与刘绍权等（Liu et al.，2014）进行的研究相似，即在自然资本充足的情况下，劳动者跨地区迁移的可能性较小。造成这种差异的一个可能的原因是刘绍权等（Liu et al.，2014）和本研究的研究区域比徐定德等（Xu et al.，2015b） 的研究区域有更富足的耕地，这反映出耕地等自然资本是就业区位选择的主导因素。我们在攀西地区调查时，一位村主任对这一现象描述如下：

> 有些村民不会选择离我们村太远的就业地点，因为他们有充足的耕地可以耕种，选择离家近的工作使他们能够在农忙季节帮助田间的农业活动。

因此，如果家庭的可用耕地减少，对劳动力的限制就会减少，劳动者就会在外面工作更长时间。这与句芳等（Ju et al.，2008）的研究一致，该研究指出，如果农民工拥有更多的耕地资源，他们不太可能长期迁移就业。我们还发现，随着自然资本的增加，家庭更倾向于从事农业生产，通过土地耕种或畜牧业作为家庭生计的主要来源。

（3）人力资本对劳动力迁移的时空影响

无论在空间上还是在时间上，人力资本一直是决定劳动力迁移选择的关键因素之一。攀西地区作为西部大开发战略的重要阵地，近年来发展迅速，特别是旅游业的发展，城市建设和工业发展也突飞猛进。经济的发展为当地农村剩余劳动力带来了更多的就业机会，在对攀西的调查过程中，我们发现了另一个有趣的现象：如果一个劳动者有专业技能，很容易在当地城市找到合适的工作，因此劳动者不太可能跨地区迁移工作。这些结果与以前的研究（高更，2009；Liu et al.，2014）形成对比，主要结论是，如果人力资本充足，劳动力跨地区流动的可能性较大，这可能与中国近年来出现的劳动力回流现象有关，回归系数的正负方向也证明了这种观点（表 6–5）。但是对于人力资本而言，具有专业技能的劳动者可以从事稳定的工作，相应地，迁移就业持续时间也更长。这与句芳等（Ju et al.，2008）进行的研究不一致，他们认为劳动者的技能对非农就业持续时间没有显著影响。此外，如果家庭有足够的劳动力，劳动者更倾向于长期迁移就业。正如一位受访者所说：

> 如果耕种我们的耕地，两个人就够了，所以每年我和老公都会去外面找一些工作，我的父母将耕种耕地并照顾我们的孩子。

（4）金融资本对劳动力迁移的时空影响

对家庭来说，较高的金融资本通常代表较高的收入或更多可管理的资金。家庭的金融资本越高，家庭成员越有可能从事第二或第三产业。当劳动力意识到向外迁移就业的收入高于本地就业时，劳动力会更倾向于迁移。事实上，大城市或东部发达城市的工资水平高于当地城市水平，所以劳动力自然会选择去遥远的城市，以获得更高的收入。这一结果与之前的一项研究（Xu et al.，2015a）一致：工资收入越高，劳动者远离家乡迁移的可能性越大。这也可以解释为：人们越来越认识到，随着时间的推移，迁移就业可能会从汇款中积累金融资本（Fang et al.，2014；Liu et al.，2014）。结果还表明，家庭金融资本与劳动力迁移持续时间之间存在密切的关系。一方面，更大的货币积累增强了劳动力迁移的能力；另一方面，劳动力迁移增加了收入，增加了金融资本。劳动力迁移和金融资本是相互促进的，因此劳动力迁移的持续时间也更长。

（5）其他因素对劳动力迁移的时空影响

由于本研究的对象是家庭单位的生计资本变量，因此，模型没有考虑年龄、性别、家庭所在地等因素对劳动力迁移的影响，但我们对这些变量进行了描述性统计分析。我们得出，在 478 名农民工中，劳动者的年龄主要分布在 16～60 岁，其中，20～50 岁年龄段人数相对较多。男性比女性更倾向于迁移，每组分别为 280 和 198。生计资本分析与已有研究相结合表明（高更等，2009；刘家强等，2011），男性在选择就业岗位时更倾向于跨地区迁移，年轻劳动力更具冒险精神，倾向于长距离迁移就业。我们发现，家庭所在地因素与劳动力迁移的空间和时间效应没有很强的联系。物质资本对跨地区劳动力迁移只有部分影响，对于一个地方城市内的劳动力迁移和劳动力迁移的持续时间没有影响。所以，我们认为物质资本可能对劳动力迁移没有影响，或者可能是我们目前无法解释的结果，需要在未来研究中进一步探索。

三、山区乡村劳动力迁移与农业转型

1. 乡村迁移与农业转型的分析框架

尽管已经研究了乡村迁移与土地使用变化、农业耕作和农民生计之间的联系，但不同地理区域的实证分析往往导致不一致的见解（Qin and Liao，2016；Xu et al.，2019；Zhang et al.，2019；Nguyen et al.，2019）。在不同的发展阶段，乡村人口迁移对城乡转型的作用和影响并不一致。就数据而言，许多研究分析了调查数据，无法检验用长期面板数据得出结论的稳定性。城乡转型和乡村重构之间的联系应该在统一的城乡地域下确定与发展，土地使用变化、耕作效率、耕作结构调整、农民生计和区域差异在城镇化背景下的乡村移民与重构中发挥作用。目前关于乡村移民和重构的分析框架没有考虑到更详细的联系，也缺乏系统的分析。例如，对乡村人口迁移和农田变化之间关系的分析没有充分考虑耕作结构的变化；此外，关于乡村移民与农业耕作效率之间关系的研究没有考虑到区位差异的影响。这些缺陷影响了实证分析结论的全面性和代表性。

城乡转型和乡村重构应该在地域系统的动态框架下进行研究，乡村移民和农业种植之间的适应联系应该是多元与多路径的，而不是依赖于单一的影响关系（图 6–30）。

此外，将城乡体系作为一个统一的地域功能体系进行研究，从区位差异的角度考察乡村移民与农业种植之间的联系，将有助于增强结论的全面性和代表性。作为世界上最大的发展中国家，中国正在经历影响深远的城镇化和现代化。中国庞大的乡村人口、快速的城镇化和显著的区域差异，使得中国的城乡转型和乡村重构更加复杂与多样化（Zhang et al.，2019），对乡村移民和农业种植的这一分析将为其他发展中国家提供有代表性及有用的见解。因此，本节以中国西南山区典型的农业和中心城市西昌为例，探讨城镇化背景下乡村劳动力迁移与农业结构调整的影响关系；此外，还将考察城乡转型和乡村重构之间的适应联系，其结果为更加区域化的乡村政策和粮食安全提供了科学参考。

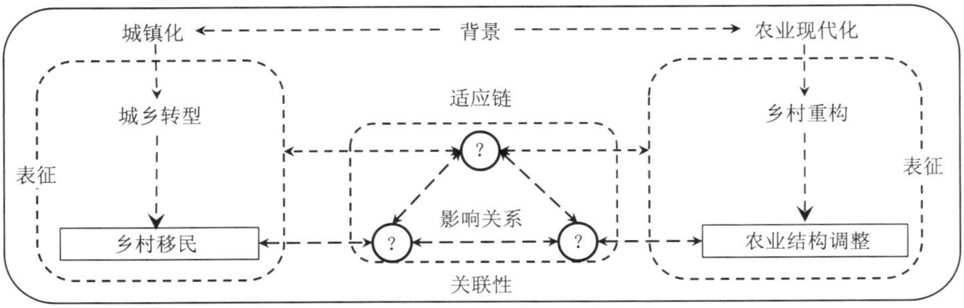

图 6–30　城乡转型和乡村重构的理论框架与研究设计

2. 城镇化与乡村劳动力迁移

利用西昌 2005、2010 和 2015 年的土地利用数据，展示过去 10 年土地利用变化的趋势和特征（图 6–31）。在此期间，城市建设用地大幅增加，从 16.88 平方千米增加到 32.66 平方千米，年增长率 9.35%。城市建设用地占国土面积的比例从 0.64%上升到 1.23%，8.8 平方千米的森林和部分草原及乡村居民点转为城市用地。与此同时，耕地也有所增加（18.43%），由于坡耕地的开垦和基本农田的建设，新增耕地主要集中在安宁河流域的两侧。对比耕地的年度变化（图 6–32a、图 6–32b），2006—2010 年耕地快速增加，2012 年后增加趋势逐渐稳定。新增耕地以旱地为主，水田保持稳定。虽然耕地以水田为主，但旱地占耕地的比例从 2006 年的 27.33%上升到 2016 年的 35.21%。从乡镇来看，所有乡镇的耕地在 2006—2008 年都呈现出显著的增长趋势（图 6–32c）。2008 年后，河谷区乡镇的耕地面积保持稳定，而民族山区乡镇的耕地面积逐年缓慢增加。

相比之下，湖盆区乡镇的农田面积急剧下降。这些变化表明，城市扩张导致湖盆区乡镇耕地减少，而民族山区乡镇耕地开垦仍很活跃。农田的类型也在变化，各乡镇水田比例下降，尤其是民族山区乡镇（图 6–32d）。由于水田主要种植水稻，这种变化可以理解为粮食作物的种植比例也在下降。总体而言，2005—2016 年西昌城市建设用地和耕地面积有所增加，而森林和草原等生态用地面积有所减少，表明西昌城镇化明显改变了该地区的土地利用和耕地结构，并将进一步影响该地区的农业种植。

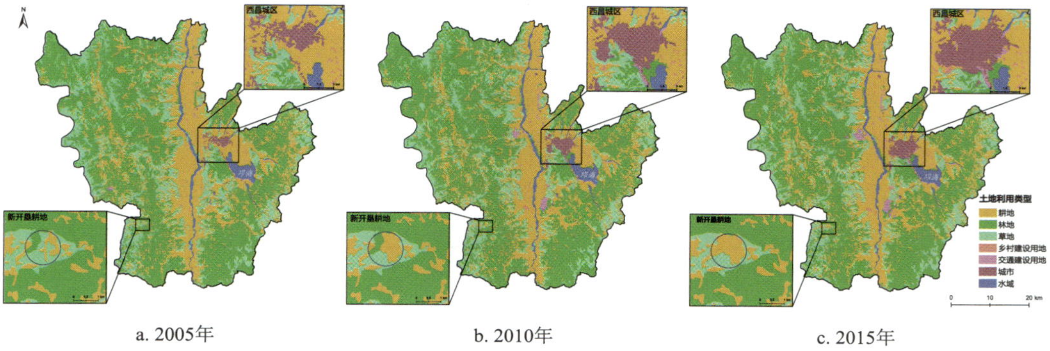

图 6–31　2005、2010 和 2015 年西昌城镇扩张与耕地开垦

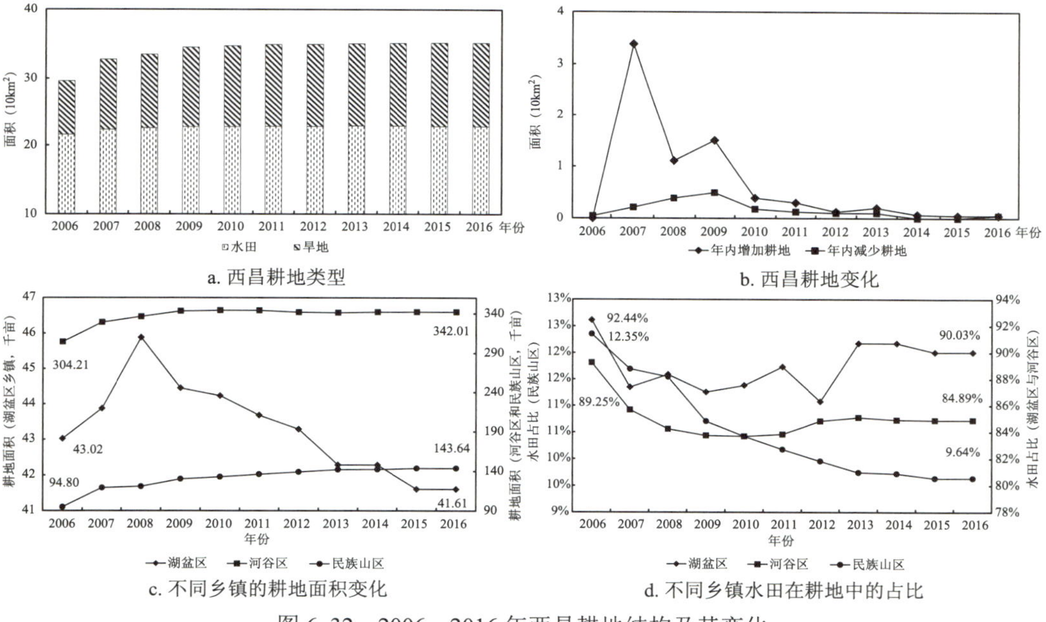

图 6–32　2006—2016 年西昌耕地结构及其变化

2016 年，西昌常住人口 77.5 万人，比 2006 年增长 17.25%；乡村人口 45.26 万人，比 2006 年增长 9.75%。2006—2016 年，常住人口城镇化率从 47.62%上升到 57.57%，增长 9.95 个百分点（图 6–33）。从变化趋势来看，2009—2011 年和 2015—2016 年的常住人口增长率最快，但乡村人口的增长率是逐渐上升的。乡村劳动力增加，增长率为

10.24%，高于乡村人口增长率。然而，农业劳动力的增长速度仅为3.5%，明显低于乡村人口和劳动力的增长速度。农业劳动力占乡村劳动力的比例也有所下降，从2006年的81.68%下降到2016年的76.67%，下降了5.01个百分点。总体而言，2006—2016年，西昌城镇人口增长迅速，大量乡村劳动力迁移到城镇从事非农就业。与此同时，农业劳动力比例继续下降，表明城镇化导致乡村劳动力从农业就业转向非农就业，但是农业部门仍然是乡村劳动力的主要就业选择。

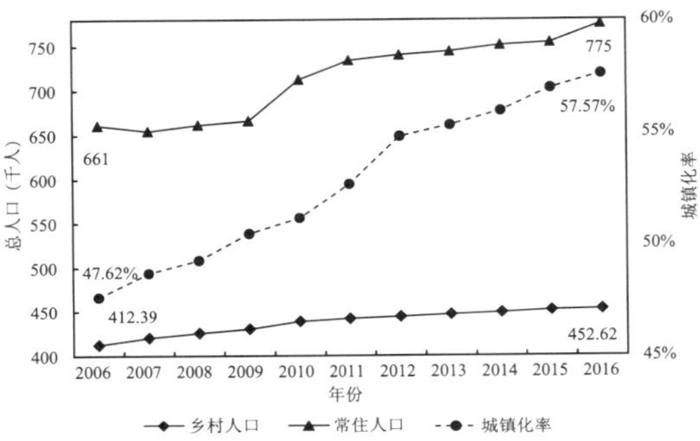

a. 人口变化

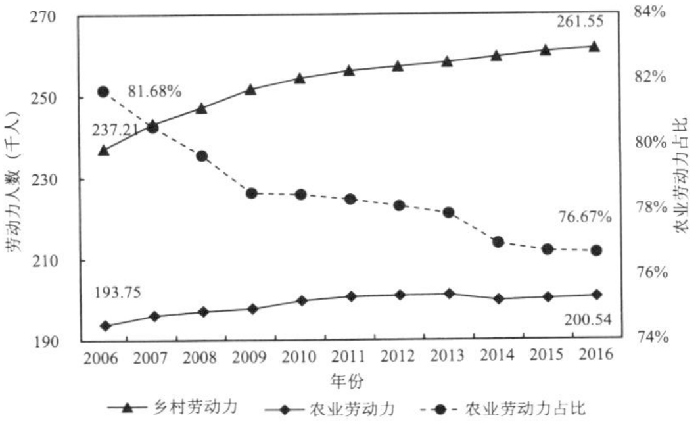

b. 乡村与农业劳动力

图6–33　2006—2016年西昌人口和劳动力变化

3. 乡村农业种植结构转型

（1）农业种植结构变化

西昌农业种植结构以粮食作物为主，其次是蔬菜、经济作物和水果（图6–34）。2006—2016年，粮食作物种植面积先增加后减少，种植比例总体下降。与此同时，蔬菜种植面积和比例稳步上升，种植面积占总种植面积的比例从9.34%上升到13.39%。经济作物的种植面积和比例波动较大，2007—2009年增长较快，2010年后略有下降。2006—2016年，水果种植占比增加了1.1%。相比较而言，蔬菜种植的增长率最显著，经济作物和水果的增长率较小且波动较大；然而，粮食作物种植面积略有增加，但其所占比例大幅下降。

2006—2016年，西昌粮食作物、经济作物、蔬菜和水果的产量呈上升趋势，蔬菜和水果的增长趋势最为显著，粮食和经济作物略有增加。从产量结构来看，蔬菜产量所占比重最大，其次是粮食作物、水果和经济作物（图6–34）。粮食作物和蔬菜的产量结构趋势发生了显著变化。2006—2016年，粮食作物产量占比下降11.13%，蔬菜占比上升7.36%，相比之下，水果增产3.98%，经济作物减产0.21%。尽管播种面积和作物产量的绝对值受到生长季节、物种差异、耕作方法、气候与市场等的影响，但农业种植结构的变化表明，粮食作物的比重和重要性下降，而蔬菜和水果的比重及重要性上升，尤其是蔬菜。这一发现表明，西昌的农业种植已经从自给农业逐渐转变为商品化农业。

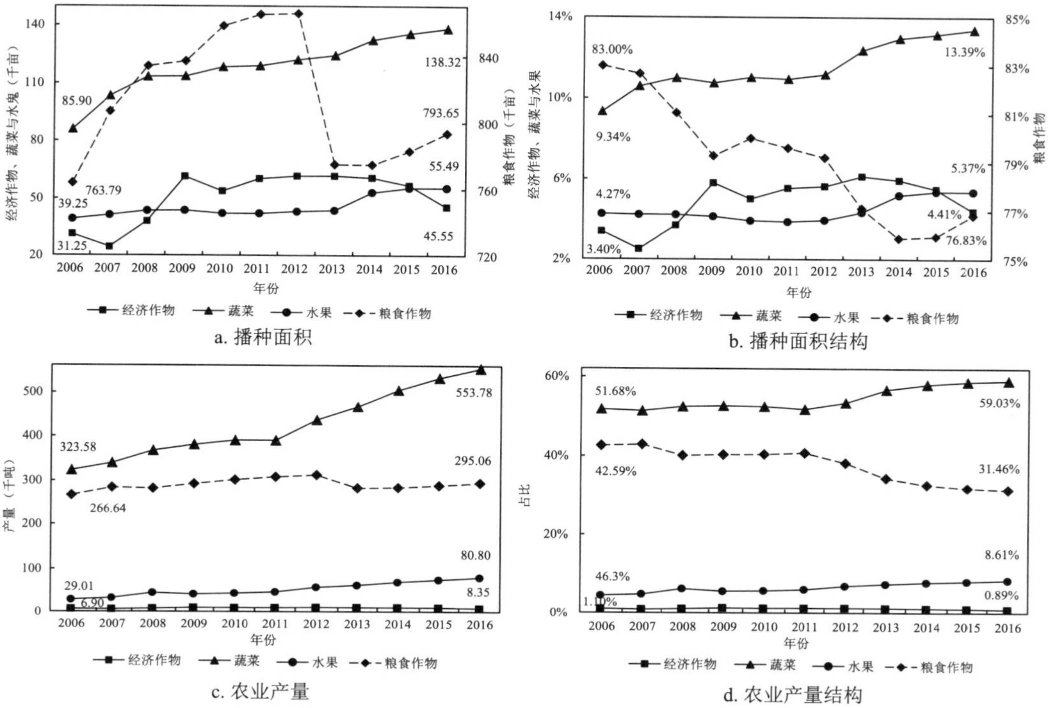

图 6–34　2006—2016 年西昌农作物播种面积及产量结构

（2）种植结构的区域差异

根据各乡镇粮食作物、经济作物、蔬菜和水果播种面积的逐年比例统计（图 6–35），各乡镇农业种植结构的变化差异显著。具体来说，所有乡镇的粮食作物比例都有所下降，而湖盆区下降幅度最大，达到 14.51%。粮食作物在河谷区所占比例最高，其递减率与民族山区相近。经济作物占比较低，且所有乡镇的波动趋势相似。由于经济作物易受市场波动的影响，所以播种比例波动较大。蔬菜的播种比例仅次于粮食作物，产量高于粮食作物。蔬菜播种比例在各乡镇均有所增加，湖盆区增幅最大，达到 14.77%。相比之下，河谷区和民族山区乡镇的增长率分别只有 4.28%和 2.58%。湖盆区和河谷区的水果种植面积增加明显，尤其是河谷乡，达到 38.73%，而民族山区呈减少趋势（44.44%）。湖盆区的粮食作物和蔬菜变化最显著，河谷区的水果变化显著，表明粮食作物、蔬菜和水果的变化趋势受结构性因素的影响，具有规律性和区域性差异。总之，2006—2016 年，西昌的农业种植结构变化表明粮食作物占比降低，而蔬菜和水果明显增加。

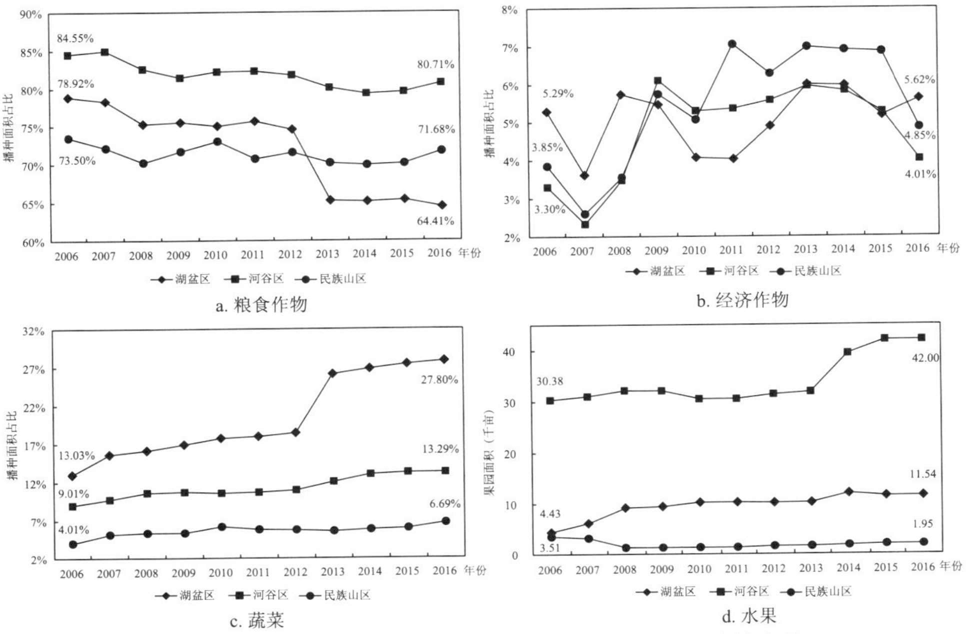

图 6–35　2006—2016 年西昌各地区农作物播种面积占比变化

图 6–36 进一步比较了不同乡镇作物产量所占份额结构的差异——单一作物产量（kg）占所有作物产量（kg）的比例。总体而言，粮食作物和经济作物的产量份额下降，水果的产量份额显著增加，蔬菜的产量份额缓慢增加。与各乡镇相比，河谷区乡

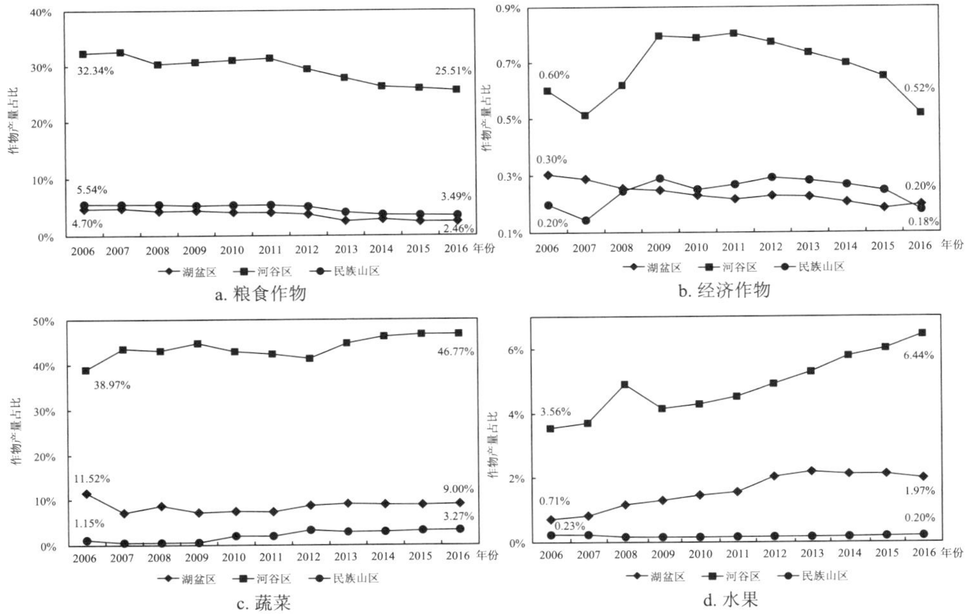

图 6–36　2006—2016 年西昌各地区不同农作物产量结构变化

镇的农业产量占西昌农业产量的大部分，尤其是粮食作物和蔬菜的产量。可以看出，河谷区是西昌的主要农业种植区。比较不同乡镇的作物产量趋势，河谷区和湖盆区的作物产量份额结构变化显著。河谷区的粮食作物和经济作物的产量份额显著下降，而水果和蔬菜的产量份额增加。湖盆区的趋势也与河谷区相似，但变化幅度较小。民族山区粮食作物产量份额下降，蔬菜产量份额上升，其他作物产量变化不大。总之，产量结构的变化与作物播种面积结构一致，表明西昌正处于影响种植规模和作物产量的农业结构调整过程中。

（3）农业种植集约化

2006—2016 年，民族山区和湖盆区的复种指数呈显著下降趋势，而河谷区的复种指数稳步上升（图 6–37）。所有乡镇的复种指数都大于 1，表明区域农业耕作加强，耕地有一定程度的轮作。从变化趋势来看，河谷区乡镇是西昌农业种植的重点区域，其种植集约化程度逐步提高，而民族山区和湖盆区乡镇的集约化程度明显降低。总体而言，每户农业劳动力数量逐渐减少，而每户农业劳动力的耕地和播种面积增加。按乡镇类型划分，湖盆区乡镇的总户数和每户农业劳动力减少最多，耕地和每户农业劳动力播种面积增加最多，其次是民族山区乡镇（图 6–37）。2006—2016 年，虽然劳动力总数略有增加，但河谷乡镇每户农业劳动力数量保持稳定，表明没有大规模的农业劳动力外流。农业劳动者人均耕地显著增加，河谷乡镇农业劳动者人均播种面积仅略有增加。河谷区的农业劳动者人均播种面积明显大于民族山区。2006—2016 年，湖盆区的增长速度最快，其农业劳动者的人均播种面积大于河谷区和民族山区。虽然民族山区农业劳动力总数有所增加，但每户农业劳动力略有减少，表明存在小规模的乡村劳动力外流。

在一定程度上，农业劳动者人均播种面积代表机械化和农业劳动的耕作效率，复种指数代表农业耕作的强度，两者都可以看作是农业集约化的代表。通过比较各乡镇发现，民族山区和湖盆区乡镇的农业劳动力大量外迁，农业发展强度逐渐降低，然而农业集约化略有改善。由于农业耕作强度和劳动力稳定，河谷区乡镇的农业集约化程度逐渐提高。总体而言，农业劳动力的迁移在一定程度上影响了农业集约化和垦殖强度。

4. 乡村移民与农业转型的关联性

（1）农业种植结构变化的影响因素分析

本书基于 2006—2016 年西昌 37 个乡镇的时间序列面板数据，粮食作物、经济作物、蔬菜和水果的播种（种植）面积为因变量，包括乡镇区位、城镇化、劳动力和农业集约化在内的 12 个指标被选为自变量（表 6–7），构建四个多元线性回归模型来解释作物

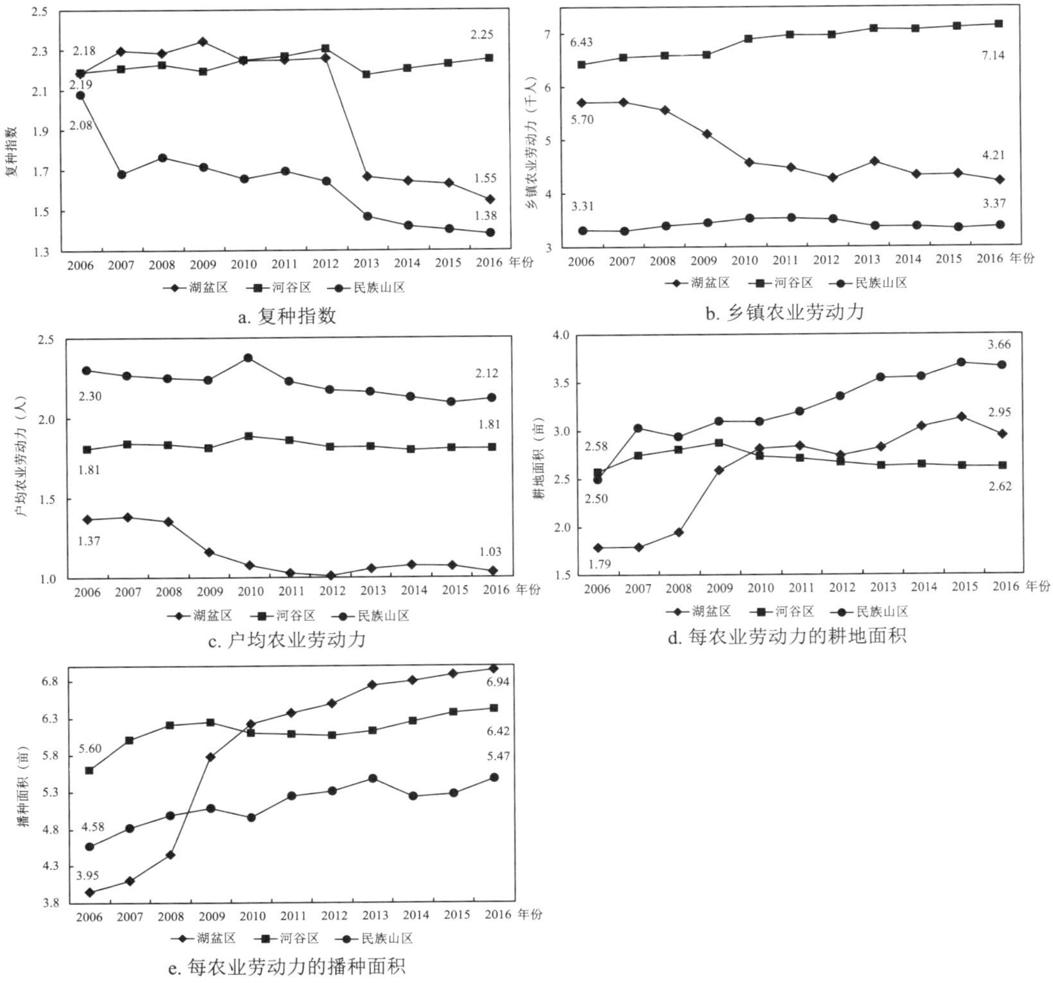

图 6–37　2006—2016 年西昌各地区复种指数、农业劳动力、耕地和乡镇播种面积

表 6–7　不同作物播种面积的多元回归模型报告

变量	粮食作物		经济作物		蔬菜		水果	
	标准系数	p	标准系数	p	标准系数	p	标准系数	p
乡镇区位	0.220**	0.000	0.061**	0.003	0.297**	0.000	–0.448**	0.000
乡镇城镇化率	–0.076**	0.000	–0.016	0.272	0.030*	0.038	0.005	0.909
乡镇农业劳动力占比	0.364**	0.000	0.047	0.116	0.235**	0.000	0.378**	0.000
农业劳动力	0.612**	0.000	0.165**	0.000	0.352**	0.000	0.437**	0.000
农户人均纯收入	0.019	0.459	–0.043	0.489	–0.242**	0.000	–0.007	0.924
农业产值	0.104**	0.001	0.128**	0.000	0.361**	0.000	0.244**	0.006
地形起伏度	–0.412**	0.000	–0.030	0.408	–0.186**	0.000	0.272**	0.005

续表

变量	粮食作物		经济作物		蔬菜		水果	
	标准系数	p	标准系数	p	标准系数	p	标准系数	p
户均耕地面积	0.240**	0.000	0.257**	0.003	–0.155**	0.001	–0.354**	0.007
户均农业劳动力	–0.045	0.218	–0.062	0.463	0.154**	0.000	0.145	0.155
每农业劳动力耕地面积	–0.341**	0.000	–0.232**	0.000	0.050	0.296	0.455**	0.001
每农业劳动力播种面积	0.639**	0.000	0.292**	0.000	0.329**	0.000	–0.137	0.155
复种指数	0.027*	0.046	0.039**	0.008	–0.013	0.326	0.282**	0.000
模型拟合度（R^2）	0.933**	0.000	0.596**	0.000	0.939**	0.000	0.466**	0.000
F	51.17	0.000	17.64	0.000	40.17	0.000	7.22	0.000
Hausman chi（12）	17.90	0.057	3.65	0.962	–186.79	—	29.49	0.001
模型	Fixed effect		Random effects		Fixed effect		Fixed effect	

注：*、**分别代表指标在 95%、99%的水平上统计显著。

播种面积变化的影响因素。基于时间序列面板数据的 F 检验和 Hausman 检验，固定效应回归用于粮食作物、蔬菜和水果种植面积模型，随机效应回归用于经济作物播种面积模型。结果表明，所有回归模型在 0.05 置信水平下都是显著的（表 6–7）。蔬菜播种面积的回归模型拟合度最高（R^2= 0.939），水果种植面积的回归模型拟合度相对较低。粮食作物、经济作物、蔬菜和水果的回归模型分别有 10 个、7 个、10 个和 8 个自变量，差异显著（p< 0.05）。

乡镇区位、农业劳动力、农业产值和户均耕地面积等变量对粮食作物、经济作物、蔬菜和水果的种植面积有显著影响（p<0.01），表明区位、劳动力和耕地等基本投入要素对农业种植结构有关键影响。然而，不同类型作物的回归模型也存在显著差异。城镇化和乡村移民对经济作物的影响很弱，而对粮食作物和蔬菜的影响很大。农户人均纯收入对蔬菜有显著影响，蔬菜模型中农业产值的回归系数也大于其他三个回归模型，表明蔬菜种植规模对区域经济发展和农民收入的意义大于其他作物的种植，这刺激了蔬菜种植规模的扩大。同时，农业产值对播种面积影响的滞后性值得关注，尤其是在农业结构调整和转型过程中。地形起伏度仅在粮食作物、蔬菜和水果的回归模型中显著，表明经济作物具有较好的地形适应性。户均农业劳动力只对蔬菜有显著影响，户均耕地面积和复种指数对蔬菜没有显著影响；也就是说，蔬菜种植的劳动密度大于其他作物。总体而言，基本投入要素对农业种植结构有显著影响，但不同作物的投入密度和敏感性不同。然而，不同变量之间存在明显的交叉关系和多重影响，它们之间的联系需要进一步分析。

（2）城乡转型与农业结构调整的路径分析

为了进一步明确城乡转型和农业结构调整的影响联系，本书利用结构方程模型对乡村移民和农业种植进行了探索性路径分析。在上述分析的基础上，提出了路径分析中的六个潜在变量：城镇化与乡村移民、区位、农业集约化、农业种植结构、乡村经济以及农业产量结构。根据每个潜在变量的含义，选择观察变量（表 6–7）来表示潜在变量，以定量表示潜在变量之间的路径效应。最后，Amos 24.0 被用来构建城乡转型和农业结构调整的路径分析框架（图 6–38）。在框架中，椭圆变量代表综合潜变量，矩形框为观察变量，圆代表随机误差。

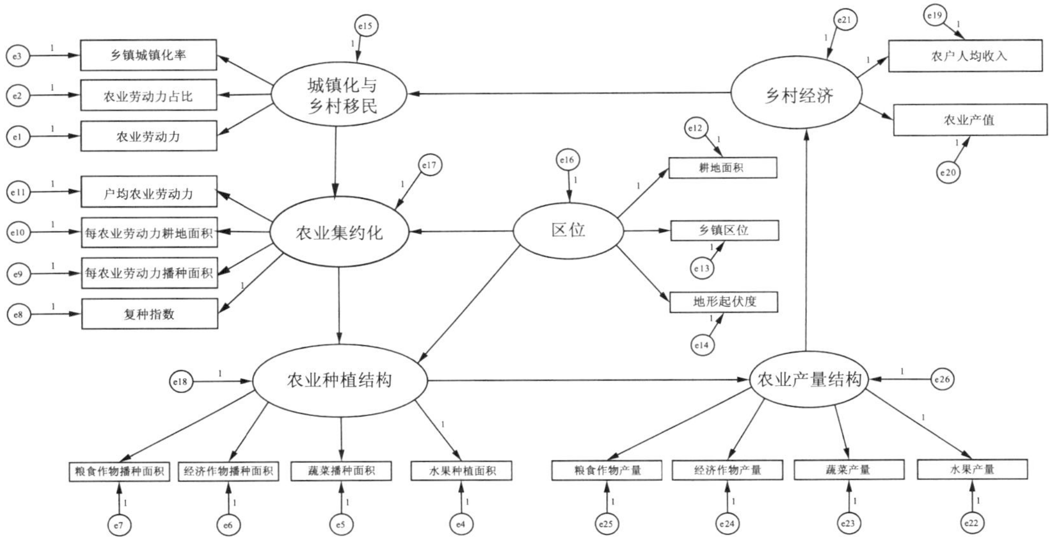

图 6–38　城乡转型与农业结构调整的路径分析框架

在 Amos 24.0 中，用最大似然法估计结构方程模型中潜在变量的系数，得到模型的拟合指数（表 6–8），并与相应的参考值进行比较。结果表明，被测模型拟合度显著。可以用各种观察变量来表示潜在变量，并且基于潜在变量的联系来执行影响关系评估。

如图 6–39 和表 6–8 所示，假设的因果联系的显著性得到了检验。城镇化与乡村移民对农业集约化的直接影响为 0.33，表明乡村人口迁移是工业化、农业集约化和提高农业耕作效率的关键。例如，乡村劳动力的迁移增加了人均耕地，进一步提高了复种指数；移民汇款有助于农业机械化和化学化。农业集约化对农业种植结构的直接影响为 0.11，农业集约化的改善有利于增加蔬菜和水果的产量，这也降低了粮食作物的比例。农业集约化对区位的路径影响系数为–0.59，表明复杂的地形阻碍了农业集约化。

表 6–8　Amos 24.0 中结构方程模型拟合结果

拟合指标	参考值	拟合值
自由度（DF）		163
Minimum fit function Chi-Square		6 511.806
P	>0.05	0.310
RMSEA（近似均方根误差）	<0.05	0.017
GFI（拟合优化度）	>0.90	0.913
NNFI（非归一化拟合指数）	>0.90	0.997
SRMR（标准均方根误差）	<0.05	0.013

也就是说，民族山区乡镇的农业集约化程度弱于河谷区，远离城市中心的乡镇的农业集约化程度不如靠近城市中心的乡镇。然而，区位对农业种植结构的直接影响为 1.14，表明基础地理环境对农业的重要性。农业种植结构对农业产量结构的直接影响为 0.98，说明这种影响是直接的、决定性的。农业产量结构对乡村经济的直接影响为 0.62，表明农业产量的增加可以增加农业产值，促进农民人均纯收入。此外，乡村经济发展促进了乡村劳动力的迁移，从而促进了区域城镇化（0.37）。

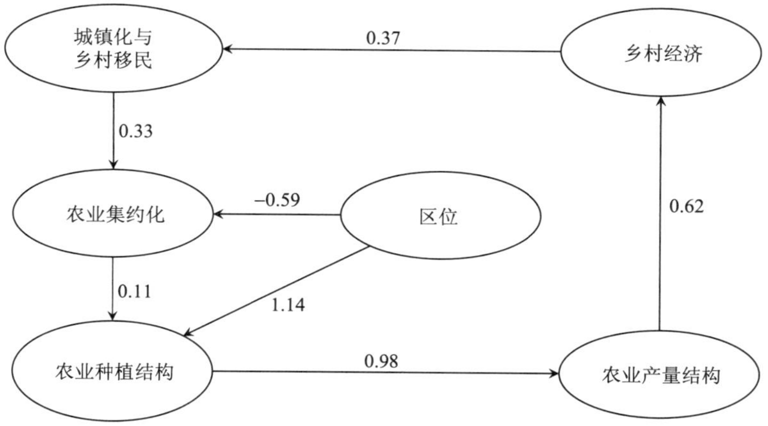

图 6–39　潜在变量之间的直接效应（标准化估计）

潜在变量之间的直接影响证实了城乡转型和农业结构调整之间复杂而显著的联系。在这种联系中，城镇化与乡村移民通过农业集约化改善并促进了农业种植结构的变化。农业种植结构的变化通过农业产量促进乡村经济发展，从而推动乡村劳动力迁移和城镇化的发展。循环联系表明城镇化对区域农业的影响是一种链式联系。通过改变不同的经济和社会要素，农业的各种投入要素引发了农业耕作结构的广泛而深刻的变化，这些变化进一步影响了乡村经济，进而影响了区域城镇化与乡村移民。在循环联系中，地域差异使得农业种植结构的变化趋势具有区域性和差异性，表明城镇化与农业发展的关系受到地理环境和资源禀赋的制约。

5. 讨论

（1）乡村移民同农业转型间关联性的地域性

区位差异对乡村移民和农业结构调整之间的联系产生了重大影响。湖盆区乡镇靠近市中心，因此，尽管大量乡村劳动力向外迁移，但 2006—2016 年农业劳动力的人均耕地和播种面积迅速增加。这一结果表明，农业机械化提高了湖盆区乡镇的农业耕作效率。乡村移民的影响可以分为两个方面：首先，虽然城市扩张占用了一些农田，但乡村劳动力迁移导致人均耕地面积增加，因此大规模的机械化耕作成为可能；其次，移民汇款可以支持农业投资，为机械化和化学化提供资本（Zhang et al.，2019）。在这种情况下，农业种植结构也受到湖盆区城镇化的显著影响，反映了对农业种植的需求和商品化农业在市场经济中的自我适应。虽然民族山区乡镇也受到城镇化的影响，但影响不如湖盆区强烈。虽然民族山区种植的粮食作物比例下降，但蔬菜和果园的比例逐渐增加。同样，经济作物的比例显著增加，但波动性极强。这一发现表明，城镇化与乡村移民并没有有效促进民族山区农业种植的商品化和市场化，但仍在一定程度上提高了农业种植效率。有所不同的是，虽然河谷区乡镇也受到城镇化和乡村移民的影响，但河谷区的耕地和农业劳动力人均播种面积的增加很小，表明乡村移民不仅没有影响河谷区的农业劳动力供应，而且扩大了种植规模。在农业种植结构上，河谷区的水果种植增加最多，蔬菜和粮食作物也发生了变化，但变化不如湖盆区显著。这一发现表明，乡村移民显著提高了河谷区乡镇的农业耕作效率，促进了农业结构调整。

尽管湖盆区、河谷区和民族山区都在统一的城乡体系下，都面临同样的城镇化与乡村移民挑战，但对这些地区农业结构调整的影响并不一致。地理位置的差异决定了不同类型的乡镇在面对城镇化与乡村移民时适应过程的多样性，包括乡村移民规模、市场距离、耕地质量和地形。根据乡镇与市区的距离，不同类型作物的种植规模依次为：蔬菜、水果、粮食作物和经济作物（图 6–40）。蔬菜生长周期短，效率高，能快速满足城市需求。水果和粮食作物需要大规模种植，因此，河谷的种植规模最大。经济作物需要特殊的地理条件，受市场波动影响大，民族山区种植规模最多。这种农业模式是农业耕作适应乡村迁移和城镇化的过程（Sinclair，1967），也是市场经济条件下农业商品化的最优配置。

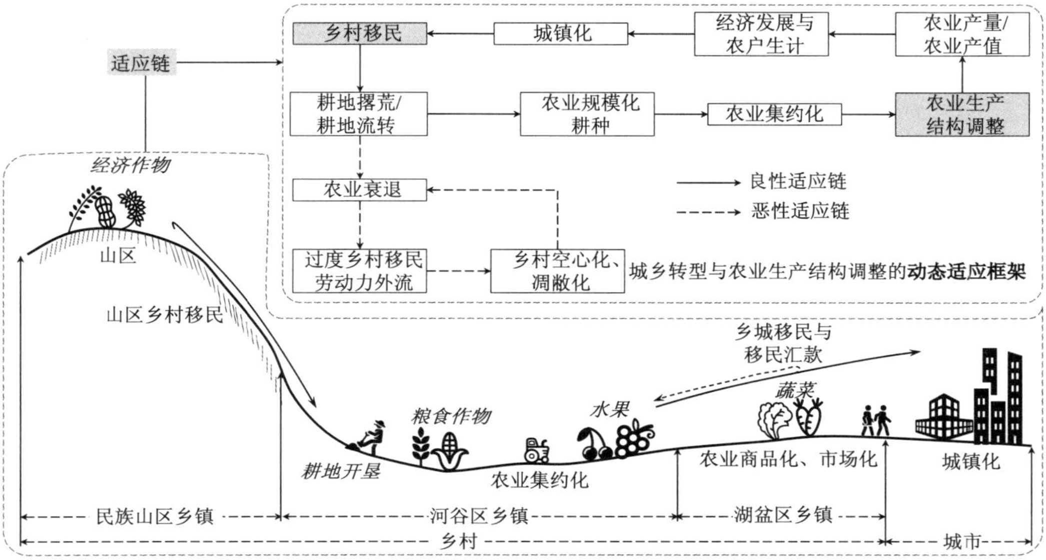

图 6–40 城乡转型与农业结构调整的适应性联系

（2）乡村移民同农业转型间的适应性联系

尽管关于乡村移民对城乡转型与农业结构调整影响的研究已经就宏观趋势和一般原则达成共识，但在各种微观研究中得出了许多不同的结论，主要是由于区域差异（Xiao and Zhao，2018；Xu et al.，2019）。在不同地区，由于资源禀赋、社会文化等原因，农业结构往往表现出不同的城镇化与乡村移民的适应过程（Zhang et al.，2019）。在靠近城市的乡村地区，城镇化与乡村移民通过侵占耕地减少了耕地；类似地，遥远的山区耕地因农田废弃而减少。然而，乡村移民支持农业集聚区农业种植规模和技术效率的提高，增加了耕地面积（Vanwey et al.，2012）。虽然农业集约化和机械化可以在一定程度上补偿劳动力外流造成的农业生产率损失，但不同地区的补偿水平不同（Davis and Lopez-Carr，2014；Liu et al.，2019）。在湖盆区，乡村移民导致粮食产量下降，但这些地区向城市和非农业部门提供了大量蔬菜及乡村劳动力。在河谷区乡镇，山区移民和移民汇款提高了粮食及水果产量（Zhang et al.，2019）。从跨区域的角度来看，乡村移民间接协调了不同地区的农业种植模式，从而确保了整个区域的粮食安全（Sinclair，1967）。

因此，在城乡转型与农业结构调整的动态框架下，农业耕作对乡村移民表现出多样化的适应联系。城镇化促进了乡村移民，这导致农田被遗弃或流转，进而导致两种不同的适应联系（图 6–40）。一方面，通过乡村移民进行的农田流转使大规模农业耕作成为可能，促进了农业集约化和农业结构调整。因此，农业更好地适应了城镇化和市场经济的要求，从而为农民的生计和乡村发展奠定了基础。这一基础又促进了城镇化与乡村移民，在动态框架下形成了良性的适应链。另一方面，乡村移民导致农田被遗弃或撂荒，劳动力和农田的减少导致农业种植逐渐萎缩。因此，更多的乡村人口向外迁移，进一步导致乡村人口减少；反过来，农业萎缩加剧，并造成过度的劳动力人口损失。最终，这个过程陷入了恶性适应循环。但是，这种情景有利于乡村生物多样性和生态福利。在发展中国家，小农农业仍然是乡村经济的基础，但分散的自给性小农耕作无法满足城镇化和市场经济对农业的需求（Jayne et al.，2010；Samberg et al.，2016；Abdul-Rahaman and Abdulai，2018）。在乡村移民的推动下，分散的小农农业可以通过适当的乡村政策进行整合和重组。此外，农业种植将逐步向规模化种植、专业化和商品化转变，从而释放乡村剩余劳动力，促进城乡转型和协调发展。然而，当区位条件和乡村政策不能满足农业结构调整的要求时，乡村移民将削弱农业和乡村发展。

第五节　本章小结

本章以乡城劳动力迁移的宏观特征为研究重点，以全国流动人口时空特征、乡城劳动力迁移特征的时空变化为研究框架，基于宏观统计数据、人口普查与抽样调查数据、农民工监测调查及微观社会调查数据，运用时空趋势分析、线性回归、结构方程模型等方法，分析了我国人口流动、乡城劳动力迁移的规模、路径、迁移结构、年龄、教育、收入、就业与居住等特征的时空格局变化趋势，以及典型山区乡村劳动力迁移的概况、生计特征与农业转型等特征，为余下章节的乡城迁移劳动力地理景观的分析奠定认知背景与分析基础。

2000—2018 年，我国流动人口增长趋势呈先快后慢的趋势，流动人口规模与迁移比例逐渐趋于稳定。在空间上，全国流动人口在向东部三大城市群集聚的同时，部分迁移到东部城市的流动人口开始回流，中西部中心城市吸引越来越多的省内乡村迁移人口与回流人口。我国省际人口迁移集中于长江流域与华南一带，城镇群的人口迁移具有明显的近域性特征。在整体格局上，呈现出北京到广东、四川到上海的十字形的迁移路径框架，以此为轴形成的菱形构成中国人口迁移的大格局。

乡城劳动力迁移的整体趋势和流动人口一致，规模及其增速渐趋稳定；跨省迁移仍是乡城劳动力迁移的主要方式，但其占比有所降低；乡城迁移劳动力呈大龄化趋势，但跨省迁移的乡村劳动力以青壮年为主，且受教育程度更高；乡城迁移劳动力的收入呈逐年增加趋势，其中迁移到东部群体的收入与增速更高；在就业结构上，迁移到建筑与制造等第二产业的乡村劳动力占比下降，而新迁移到服务业、商业的乡村劳动力占比逐渐增加；在居住方面，独立租房成为乡城迁移劳动力的主要住房选择，但其居住条件整体较为简陋。

家庭生计资本对劳动力迁移具有强烈的时空影响；社会资本、人力资本和金融资本对劳动力迁移的就业地点和持续迁移就业时间有积极影响；而自然资本对迁移地点和持续时间的影响都是消极的；物质资本只是部分影响跨地区的劳动力迁移，而对本地城市内劳动力迁移及其持续时间的影响不显著。除了这些结论，我们的研究还有其他特殊的应用。本研究通过从生计资本的角度加强对山区劳动力向外迁移就业的理解，为文献研究做出了贡献，此外我们还为劳动力迁移的空间和时间提供了一个综合的研究方法。因此，当政策制定者在发展当地经济并保持农业可持续发展时，可以考虑提高当地居民的生计资本水平。

乡村迁移、城乡转型和农业结构调整之间的适应联系与影响关系的研究表明，快速城镇化引发了乡村劳动力迁移以及河谷区城镇和新耕地的扩张。虽然农业仍然是乡村劳动力就业的主要部门，但乡村移民导致农业劳动力占乡村劳动力总数的比例逐年下降，尤其是在湖盆区乡镇。2006—2016 年，西昌的粮食作物种植比例下降，而蔬菜、水果和经济作物的种植比例上升，尤其是蔬菜。湖盆区乡镇的农业种植结构变化最为显著，而河谷区的农业集约化程度最高。农业种植结构回归分析结果表明，耕地和劳动力等基本投入要素对农业种植结构有显著影响，但不同作物的农业种植强度和敏感性不同。综合分析表明，乡村移民削弱了湖盆区和民族山区的农业耕作，但增强了河谷区的农业耕作。基于城镇化、乡村移民、农业集约化、种植结构和经济发展，乡村移民和农业结构调整之间建立了适应联系，揭示了发展中国家城乡转型与乡村重构的链式变化和适应过程以及联系结构和区域差异，为区域乡村政策和粮食安全提供科学参考。

参 考 文 献

[1] ABDUL-RAHAMAN A, A ABDULAI. Do farmer groups impact on farm yield and efficiency of smallholder farmers? Evidence from rice farmers in northern Ghana[J]. Food Policy, 2018, 81: 95-105.

[2] ASHLEY C, D CARNEY. Sustainable livelihoods: lessons from early experience[M]. London: Russell Press Limited, 1999: 125-139.

[3] BABULO B, B MUYS, F NEGA, et al. Household livelihood strategies and forest dependence in the highlands of Tigray, Northern Ethiopia[J]. Agricultural Systems, 2008, 98(2): 147-155.

[4] CARLONI A S, E CROWLEY. Rapid guide for missions: analysing local institutions and livelihoods[J]. Rome: Vialedelle Terme di Caracalla, 2005: 6-11.

[5] CHAKRAVARTY S. Poverty and famine: an essay on entitlement and deprivation[J]. Journal of Comparative Economics, 1983, 7(4): 471-472.

[6] DAVIS J, D LOPEZ-CARR. Migration, remittances and smallholder decision-making: implications for land use and livelihood change in Central America[J]. Land Use Policy, 2014, 36: 319-329.

[7] DENG N. The social capital's impact on rural labor employment time[D]. Beijing: Beijing Forestry University, 2015.

[8] DFID. Sustainable Livelihoods guidance sheets[M]. London: DFID, 1999: 8-9.

[9] FANG Y P, J FAN, M Y SHEN, et al. Sensitivity of livelihood strategy to livelihood capital in mountain areas: empirical analysis based on different settlements in the upper reaches of the Minjiang River, China[J]. Ecological Indicators, 2014, 38: 225-235.

[10] GUANG L, L ZHENG. Migration as the second-best option: local power and off-farm employment[J]. China Quarterly, 2005(181): 22-45.

[11] JAYNE T S, D MATHER, E MGHENYI. Principal challenges confronting smallholder agriculture in Sub-Saharan Africa[J]. World Development, 2010, 38(10): 1384-1398.

[12] JU F, M GAO, Z ZHANG. An analysis of the factors affecting farmer's non-farm employment time in central plains, China[J]. Chinese Rural Economy, 2008, 3: 57-64.

[13] LIU J, Z XU, Q ZHENG, et al. Is the feminization of labor harmful to agricultural production? The decision-making and production control perspective[J]. Journal of Integrative Agriculture, 2019, 18(6): 1392-1401.

[14] LIU S, F XIE, H ZHANG, et al. Influences on rural migrant workers' selection of employment location in the mountainous and upland areas of Sichuan, China[J]. Journal of Rural Studies, 2014, 33: 71-81.

[15] NGUYEN D L, U GROTE, T T NGUYEN. Migration, crop production and non-farm labor diversification in rural Vietnam[J]. Economic Analysis and Policy, 2019, 63: 175-187.

[16] PONCET S. Provincial migration dynamics in China: borders, costs and economic motivations[J]. Regional Science and Urban Economics, 2006, 36(3): 385-398.

[17] QIN H, T F LIAO. Labor out-migration and agricultural change in rural China: a systematic review and meta-analysis[J]. Journal of Rural Studies, 2016, 47: 533-541.

[18] SAMBERG L H, J S GERBER, N RAMANKUTTY, et al. Subnational distribution of average farm size and smallholder contributions to global food production[J]. Environmental Research Letters, 2016, 11(12): 124010.

[19] SHARP K. Measuring destitution: Integrating qualitative and quantitative approaches in the analysis of survey data[J]. Measuring Destitution: Integrating Qualitative and Quantitative Approaches in the Analysis of Survey Data, 2003.

[20] SINCLAIR R. Von Thünen and urban sprawl[J]. Annals of the Association of American Geographers, 1967, 57(1): 72-87.

[21] ULRICH A, C I SPERANZA, P RODEN, et al. Small-scale farming in semi-arid areas: Livelihood dynamics between 1997 and 2010 in Laikipia, Kenya[J]. Journal of Rural Studies, 2012, 28(3): 241-251.

[22] VANWEY L K, G R GUEDES, A O D'Antona. Out-migration and land-use change in agricultural frontiers: insights from Altamira settlement project[J]. Population & Environment, 2012, 34(1): 44-68.

[23] XIAO W, G ZHAO. Agricultural land and rural-urban migration in China: a new pattern[J]. RI Working Papers, 2018, 74: 142-150.

[24] XU D, J ZHANG, F XIE, et al. Influential factors in employment location selection based on "push-pull" migration theory — a case study in Three Gorges Reservoir area in China[J]. Journal of Mountain Science, 2015a, 12(6): 1562-1581.

[25] XU D, J ZHANG, G RASUL, et al. Household livelihood strategies and dependence on agriculture in the mountainous settlements in the Three Gorges Reservoir area, China[J]. Sustainability (Switzerland), 2015b, 7(5): 4850-4869.

[26] XU D, X DENG, S GUO, et al. Labor migration and farmland abandonment in rural China: empirical results and policy implications[J]. Journal of Environmental Management, 2019, 232(FEB.15): 738-750.

[27] ZHANG R, G JIANG, Q ZHANG. Does urbanization always lead to rural hollowing? Assessing the spatio-temporal variations in this relationship at the county level in China 2000-2015[J]. Journal of Cleaner Production, 2019, 220: 9-22.

[28] ZHANG S, X SONG, J WAN, et al. The features of rural labor transfer and cultural differences: evidence from China's southwest mountainous areas[J]. Sustainability, 2019, 11(6): 1522.

[29] 陈熙. 中国移民运动与城市化研究(1955—1980)[D]. 复旦大学, 2014.

[30] 高更, 李小建, 乔家君. 论中部农区农户打工区位选择影响因素——以河南省三个样本村为例[J]. 地理研究, 2009, 28(6): 1484-1493.

[31] 李斐. 1962-1980 年新疆知识青年上山下乡运动研究[D]. 西北师范大学, 2014.

[32] 李小建. 还原论与农户地理研究[J]. 地理研究, 2010, 29(5): 767-777.

[33] 林弋筌. 海南城市化与产业结构演进的相互关系研究[D]. 海南师范大学, 2011.

[34] 刘家强, 王春蕊, 刘嘉汉. 农民工就业地选择决策的影响因素分析[J]. 人口研究, 2011, 35(2): 73-82.

[35] 欧阳金琼. 新疆劳动力资源宏观配置效率的实证研究[D]. 华中农业大学, 2015.

[36] 吴文钰. 政府行为视角下的中国城市化动力机制研究[D]. 华东师范大学, 2014.

[37] 张芸. 改革开放后山区农村人口跨境迁移的地理学分析: 基于福建省明溪县沙溪村的调查[D]. 福建师范大学, 2012.

第七章　乡城劳动力迁移生命历程特征分析

前章从宏观层面分析了全国及样本城市的人口、经济与城镇化特征，重点剖析了新千年来我国流迁人口、乡城劳动力迁移的时空特征、格局与趋势。本章深入到乡城迁移劳动力个体间，利用横跨东中西四个样本城市的社会调查数据，以地理叙事主义为分析视角，详尽考察乡城迁移劳动力从迁移行为、就业关系、职业发展到居住选择与家庭生活一系列完整的迁移生命历程特征。通过对迁移个体的回溯性调查，本章全面分析与揭示乡城迁移劳动力在整个迁移生命历程中的就业、居住与生活的分异特征和趋势格局，为下章建立劳动力地理景观格局指数，揭示乡城劳动力迁移对城市转型发展的适应过程奠定基础。

第一节　乡城迁移劳动力人口学特征

人口学特征是劳动力研究的基础，也是人口地理学中的基础性指标。传统意义上的人口学特征包括数量、空间分布、年龄、性别、受教育程度、户籍、职业、收入、婚姻、健康、生育率、宗教信仰等指标。本研究的重点是乡城迁移劳动力的迁移、就业、居住与生活特征，所以，在人口学特征方面主要选取性别、年龄、受教育程度、出生地和户籍五项指标，并将职业、收入归入迁移特征部分，婚姻归入生活特征部分，由此展开乡城迁移劳动力的人口学特征分析。

一、乡城迁移劳动力基础特征

1. 性别与年龄

分城市与行业统计调查者的性别占比（图 7–1），发现整体上受访者以男性居多，占比为 58.97%，女性劳动力占比仅 41.03%，男女劳动力性别比为 143.70 : 100，表明乡城迁移劳动力整体上性别比失衡，呈现男多女少的格局。分城市来看，各城市受访者男性占比均超过女性占比，其中福州和厦门男性受访者占比高于 60%，而中西部的武汉和成都男性受访者占比不足 60%，表明东部城市男性乡城迁移劳动力占比高于中西部城市，但二者差别不大。分行业来看，男性受访者占比在各行业中呈现一定的趋势，建筑运输业的男性受访者占比最高，达到 89.18%；其次是重工制造业，占比为 69.85%；然后依次为高新技术、轻工制造、生活服务、基础商业、其他行业和知识服务，其中基础商业、其他行业、知识服务三类行业中男性受访者占比不足 50%，呈现出女多男少的格局。这表明不同行业性别结构存在显著差异，这种性别结构上的差异将会是不同行业间劳动力就业格局的基础性影响因素。

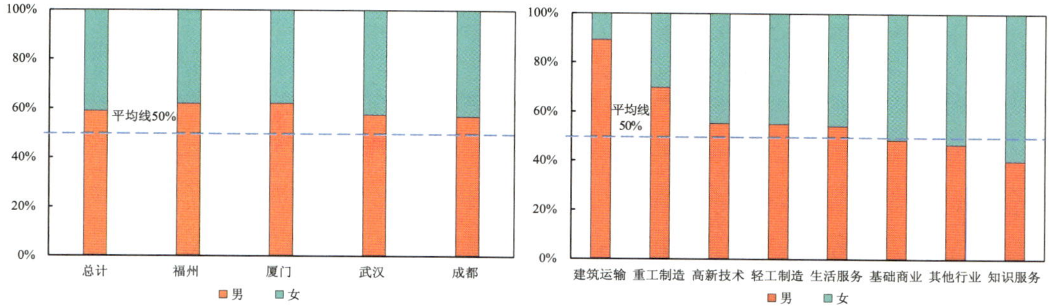

a. 不同城市　　b. 不同行业

图 7–1　不同城市与行业乡城迁移劳动力性别结构

将受访者的年龄（以调查年份 2018 年为基础）按照<20、20～30、31～40、41～50、51～60 和>60 岁分段，分城市与行业统计受访者的年龄结构（图 7–2）。在总体上，41～50 岁的受访者占比最高，为 28.48%；其次是 20～30 岁，占比 25.86%；再次是 31～40 岁，占比 20.15%；占比最少的年龄段是<20 岁，仅占 3.16%。分城市来看，厦门的年轻年龄段受访者占比最高，20～30 岁受访者占比达到 45.69%，≤40 岁受访者占比 76.40%，福州≤40 岁受访者占比 55.51%，高于中西部武汉的 43.30%和成都的 36.79%。

这表明东部城市乡城迁移劳动力低年龄段占比高于中西部，即东部城市吸引了更多年轻的乡城迁移劳动力；与之相对，中西部城市乡城迁移劳动力年龄结构呈大龄化趋势，如成都>60 岁受访者占比 8.02%，高于其余三个城市。分行业来看，不同行业受访者年龄段占比差异较大，高新技术与知识服务行业 20～30 岁受访者占比高于其余行业，占比超过 72%；基础商业、建筑运输、生活服务、轻工制造行业年轻受访者占比较低，20～30 岁受访者占比均低于 30%；而这四类行业 41～50 岁受访者占比高于其余行业，占比均超过 30%；建筑运输行业 51～60 岁受访者占比达到 25.11%，高于其他行业同年龄段的占比。年龄结构差异表明乡城迁移劳动力在不同行业的从业存在主动型和被动型选择性趋势，这种趋势既是产业与行业对从业者的主动选择，也是乡城迁移劳动力对新型城镇化及经济转型的响应与选择。不同行业间的年龄结构差异既是不同行业就业地理格局的表征，也是其就业地理格局的基础组成要素。

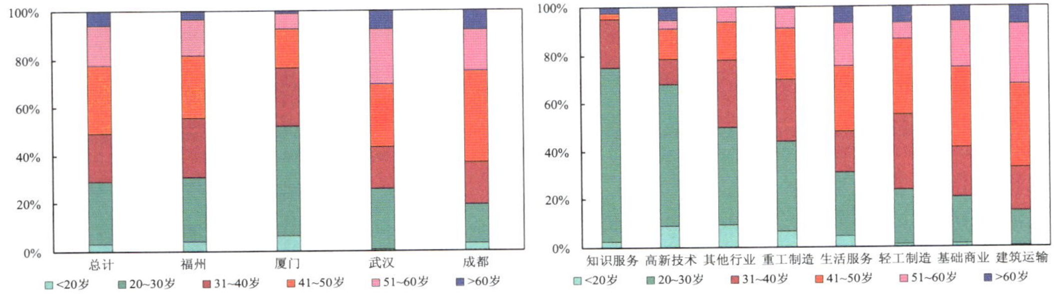

a. 不同城市　　b. 不同行业

图 7–2　不同城市与行业乡城迁移劳动力年龄结构

2. 受教育程度

按文盲、小学、初中、高中/中专、大专、本科、研究生区分受访者的受教育程度，分城市与行业进行统计（图 7–3），结果表明，36.80%的受访者受教育程度为初中，26.60%的受访者受教育程度为小学，18.07%的受访者受教育程度为高中/中专，7.45%的受访者为文盲，4.10%的受访者拥有大专学历，本科及以上学历受访者占比 6.98%。分城市来看，各城市受访者受教育程度主体为初中及以下，其中成都初中及以下受访者占比达到 81.02%，福州占比 80.61%，武汉占比 65.63%，厦门最低，仅 50.56%。这表明厦门近一半的受访者拥有高中及以上学历，其中高中/中专学历占比最高，而武汉的本科学历受访者占比最高。

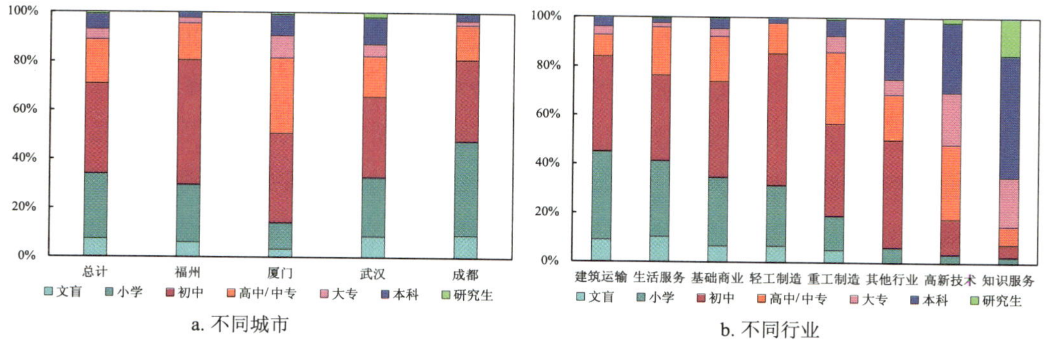

图 7–3　不同城市与行业乡城迁移劳动力受教育程度结构

分行业来看，高新技术、其他行业与知识服务行业的高学历受访者占比明显高于其余行业。根据初中及以下学历受访者占比进行降序排列，依次为轻工制造、建筑运输、生活服务、基础商业、重工制造、其他行业、高新技术、知识服务，即轻工制造行业低学历受访者占比最高，知识服务行业高学历受访者占比最高。从受访者受教育程度的结构来看，可以将八类行业分为两大类：生活服务、基础商业、建筑运输、轻工制造为低技术知识含量类行业，重工制造、高新技术、其他行业、知识服务为高技术知识含量类行业。不同行业受访者的受教育程度结构差异将进一步影响不同行业间受访者的迁移、就业乃至居住与生活特征，成为就业地理格局的基础构成。

3. 民族

在调查中，仅有 15 名少数民族的乡城迁移劳动力接受了我们的访问与问卷填写，占调查样本总体受访者的 1.01%。15 名少数民族的民族类别包括苗族、回族、藏族、彝族、壮族、土家族等，尤其是以来自贵州的苗族和全国广泛分布的回族居多。尽管尝试访问一些藏族、维吾尔族等少数民族，但都被委婉拒绝了。被成功访问的少数民族受访者主要来自四川的甘孜、阿坝、凉山三州以及湖北恩施土家族苗族自治州、贵州省、广西壮族自治区。大多少数民族受访者都从事餐饮与建筑行业，月均收入低于 3 000 元。整体而言，我国乡城迁移劳动力仍以汉族为主，少数民族地区的乡城劳动力迁移比较低（王建顺等，2018）。尤其是我国乡城劳动力迁移的主要地区分布于长江流域一带，如四川、贵州、湖北、湖南、安徽和江西等省，这些省份的少数民族人口总数及其乡村劳动力占比均较小，所以可供调查的少数民族样本较少。此外，少数民族的跨省迁移、远距离迁移的意识与动力较弱，所以在东中西主要城市中外来少数民族占比较少。由于样本偏少，少数民族样本对乡城劳动力迁移的代表性不足。因此，本研究不将民族变量纳入劳动力地理景观研究中。

4. 户籍

根据调查年份（2018 年）受访者的户籍状态，本研究分城市与行业统计受访者城市户籍、乡村户籍的人数及占比（表 7–1）。由于受访者的出生户籍全部为乡村户籍，所以，调查年的户籍状态可以表征乡城迁移劳动力的户籍迁移状态。总体上， 91.13%的受访者依然维持着乡村户籍，而 8.87%的受访者将自己的乡村户籍转变为城市户籍，完成劳动力迁移的完整过程。分城市来看，武汉拥有城市户籍的受访者占比最高，达到 13.17%；其次是厦门，占比 11.61%；最低的是成都，仅占 5.09%。受访者的户籍结构未有明显的地域差异。分行业来看，知识服务行业 50%的受访者将自己的户籍转变为城市户籍，其次是高新技术行业，21.43%的受访者拥有城市户籍，此外依次是其他行业、重工制造、建筑运输、基础商业、生活服务与轻工制造。这表明高技术知识含量类行业的受访者更容易将乡村户籍转变为城市户籍，建制化、系统性、单位化职业的从业者转变户籍的意愿与能力更强，而低技术知识含量类行业受访者户籍转变的意愿与能力较低。当前，中国各大城市虽然对外来乡村迁移人口开放了落户选项，但也提出了不少要求，包括就业、收入、受教育程度、住房、社保以及迁移年限等等，说

表 7–1　被调查时乡城迁移劳动力的户籍结构

类别		城市户籍		乡村户籍	
		人数	占比	人数	占比
城市	福州	16	6.08%	247	93.92%
	厦门	31	11.61%	236	88.39%
	武汉	59	13.17%	389	86.83%
	成都	26	5.09%	485	94.91%
行业	知识服务	20	50.00%	20	50.00%
	高新技术	12	21.43%	44	78.57%
	其他行业	5	15.63%	27	84.38%
	重工制造	12	8.82%	124	91.18%
	建筑运输	20	8.66%	211	91.34%
	基础商业	35	7.78%	415	92.22%
	生活服务	24	5.27%	431	94.73%
	轻工制造	4	4.49%	85	95.51%
总计		132	8.87%	1 357	91.13%

明转变户籍对于大部分乡城迁移劳动力来说，仍具有一定的挑战性与难度。拥有城市户籍意味着受访者彻底放弃乡村的房屋、土地及其他不动产，完全准备融入城市就业、居住、生活中来，即表示完成了劳动力迁移的全部阶段，也表明受访者拥有稳定的职业、收入和住房等。

5. 迁移来源

以省级行政单元统计乡城迁移劳动力调查样本来源地占比结构，结果显示（图 7–4），受访者中来自四川的乡城迁移劳动力最多，达 549 人，占受访者总数的 36.87%；其次是湖北，共计 363 人，占比 24.38%；然后是福建，为 171 人，占比 11.48%；其余各省份外迁乡村劳动力均低于 100 人，人数最少的省份是海南、吉林、内蒙古和天津，各只有 1 人。从累计百分比来看，四川、湖北和福建的受访者占比超过 73%，成为本次调研受访者的主要外迁区。因为本次调查的四个城市正好位于福建、湖北和四川，考虑到省内迁移的比例，所以来自这三省的受访者人数众多。而且四川、湖北也是我国主要的乡村劳动力外迁区，所以来自四川和湖北的调查样本数远超过福建。在低于 100 人的省份中，重庆最多，共计 82 人，其次是河南、江西、湖南、安徽和贵州，这些省份均是我国外迁乡村劳动力的主要地区。相比之下，来自西北、华北、东北地区的受访者人数极少，不足 10 人。调查样本的乡村劳动力出生地空间格局同宏观层面的乡城劳动力迁移格局保持一致，表明调查样本具有代表全国性乡城劳动力迁移、就业、居住与生活等特征的能力与数据信息容量。

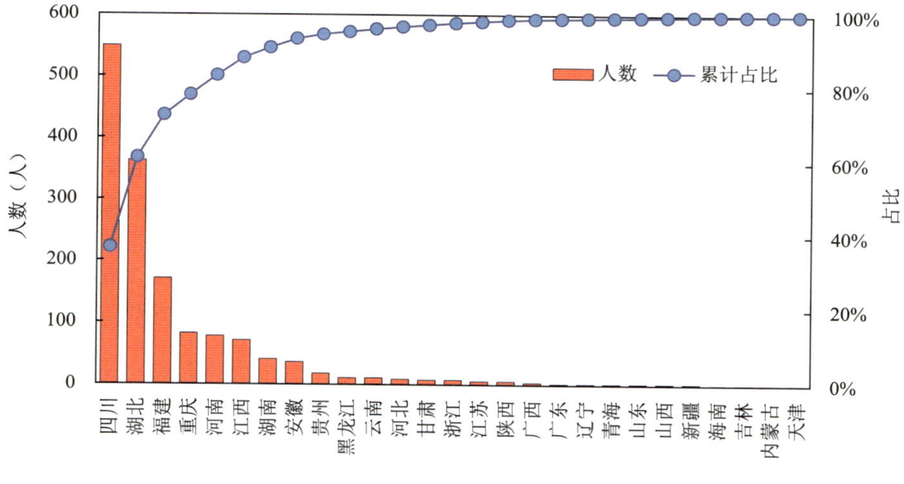

图 7–4 乡城迁移劳动力出生地分省份统计

二、乡城迁移劳动力代际特征

1. 不同城市与行业的代际分布

根据受访者的年龄分段，将≤40 岁的受访者归为新生代乡城迁移劳动力，>40 岁的受访者归为年老代乡城迁移劳动力，分城市与行业统计新生代与年老代受访者的占比及其结构（图 7–5）。整体上，新生代受访者占总体的 49%，略低于年老代的占比。分城市来看，东部城市新生代受访者占比高于中西部的武汉和成都，尤其是厦门新生代受访者占比达到 76%，福州的新生代受访者占比为 56%，高于武汉和成都的 43%和 37%。这表明东部城市吸引了更年轻的乡城迁移劳动力，而中西部则吸引了较年长的乡城迁移劳动力。分行业来看，年老代受访者占比按照建筑运输、基础商业、生活服务、轻工制造、重工制造、高新技术、其他行业和知识服务顺序呈递减趋势，新生代受访者占比则呈增加趋势，证明新生代乡城迁移劳动力就业格局偏向于重工制造、高新技术和知识服务等。其中，知识服务行业中新生代受访者占比 95%。由此可见，乡城劳动力迁移在区域格局上、就业行业间具有明显的差异性，新生代迁移者更倾向于东部城市与高技术知识含量类行业就业。

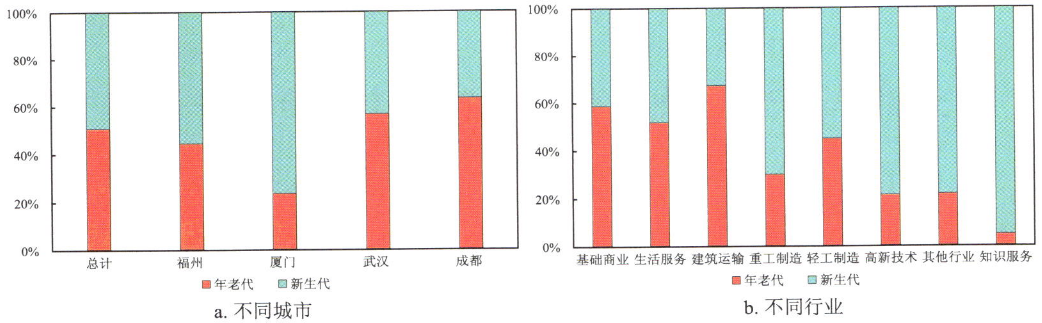

图 7–5　不同城市与行业乡城迁移劳动力代际分布

2. 就业收入的代际差异

根据新生代与年老代受访者的月收入，计算不同城市与行业代际收入的均值，如图 7–6 所示，整体上，新生代受访者的月收入高于年老代受访者，月均收入差距为 1 140.33 元。分城市来看，各城市新生代受访者月收入均高于年老代受访者，但收入差距有显著差异。四城市中，厦门的差距最小，武汉的差距最大，武汉受访者代际收入差距为 1 512.72 元，而厦门这一差距仅 79.37 元。这表明中西部城市受访者的收入差距高于东部城市，新生代从业者在中西部城市更具收入优势，这是因为中西部新生代乡城迁移劳动力较少，相对年老代更具竞争优势。分行业来看，仅轻工制造和知识服务行业的年老代受访者月收入高于新生代，其余各行业均是新生代受访者月收入高于年老代。从收入均值来看，知识服务行业的受访者月收入最高，其次是高新技术行业。月收入最低的行业是轻工制造，其次是生活服务及其他行业。从收入差距来看，知识服务行业受访者收入的代际差异最大，年老代受访者比新生代月收入高出 1 578.95 元；其次是建筑运输行业，新生代受访者月收入比年老代高出 1 455.35 元。月收入代际差异最小的行业是轻工制造和重工制造，收入差距仅 350～560 元。这表明代际差异在制造业中对收入差距没有显著影响，反而在高新技术与知识服务类行业中能显著影响收入差距，年老代从业者更具收入优势。

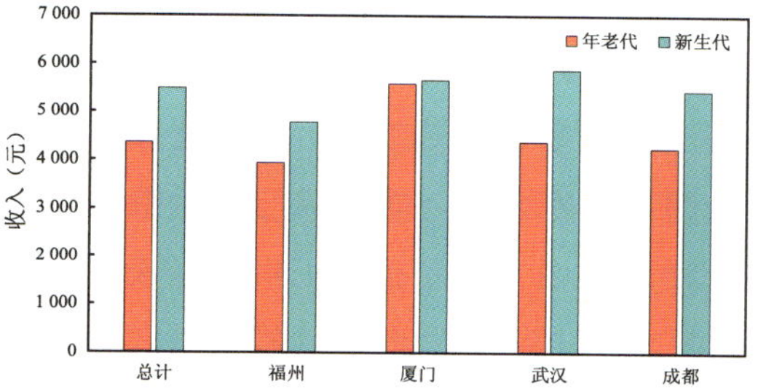

a. 不同城市

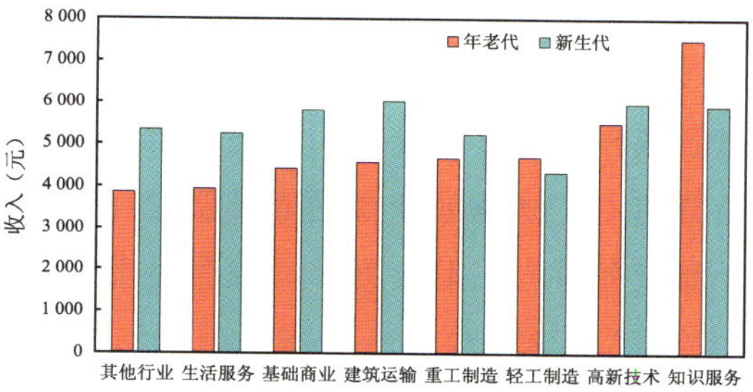

b. 不同行业

图 7–6　不同城市与行业乡城迁移劳动力收入代际差异

进一步比较受访者初始迁移与受访时（2018 年）的月收入差距，表征劳动力迁移对收入增长的作用，并分城市和行业加以统计比较，如图 7–7 所示，整体上，新生代受访者的收入增长高于年老代，差距为 316.39 元。分城市来看，厦门年老代收入增幅高于新生代，其余三城市新生代受访者收入增幅均高于年老代，但福州的差距仅 27.63 元，而武汉和成都的差距分别为 572.53 元和 531.22 元，表明中西部城市新生代受访者收入增幅高于东部城市新生代受访者。

分行业比较，年老代受访者收入增幅按照生活服务、其他行业、基础商业、建筑运输、重工制造、轻工制造、高新技术、知识服务顺序呈增长趋势，而新生代受访者收入增幅波动较大，建筑运输业受访者增幅最大，轻工制造业增幅最小。以上综合表明高技术知识含量的行业老生代受访者收入增幅更具优势，但这与迁移年限有关。比较新生代与年老代受访者的增幅差距，发现生活服务、其他行业、基础商业、建筑运输行业的新生代受访者收入增幅高于年老代，而轻重工制造、高新技术与知识服务行业的年老代受访者收入增幅高于新生代。具体而言，知识服务行业受访者收入增幅的代际差异最大，年老代比新生代高出 934.21 元，其次是轻工制造，收入增幅代际差异最小的行业是重工制造，年老代比新生代高出 222.85 元。

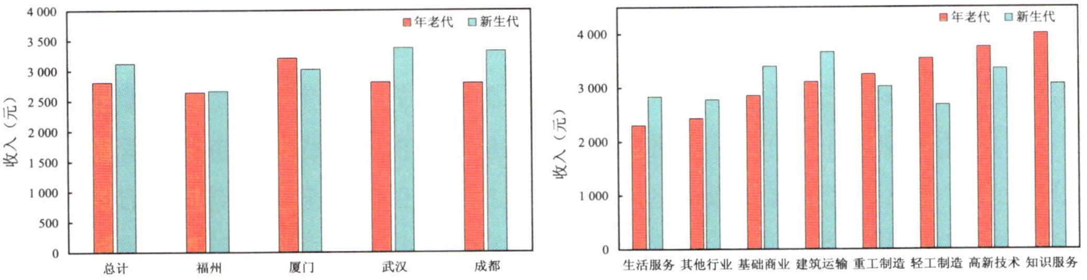

a. 不同城市　b. 不同行业

图 7–7　不同城市与行业乡城迁移劳动力收入代际增长

收入增幅显著受到迁移年限的影响，越长的迁移年限越容易获得更大的收入增幅。为进一步突出区域与行业差异的影响，根据迁移年限和收入增幅计算受访者年均增幅并加以统计对比，如图 7–8 所示，整体上新生代受访者年均收入增幅显著高于年老代，差距为 366.91 元，表明新生代受访者更容易快速提升收入与经济能力。分城市比较，各城市新生代受访者年均收入增幅均高于年老代，其中武汉的差距最大，达到 364.05 元，差距最小的是 230.60 元，但无明显的区域差异。

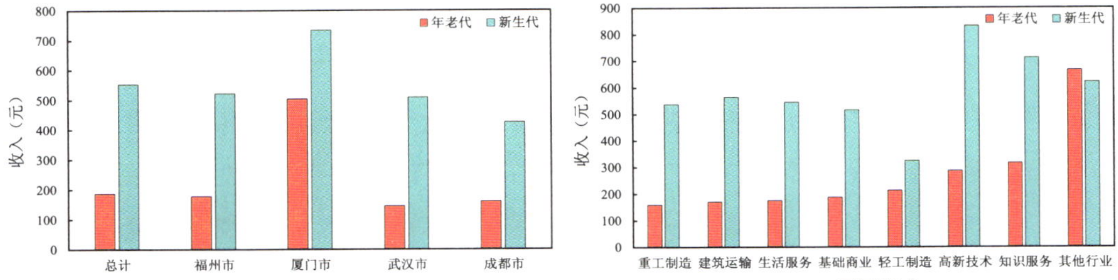

a. 不同城市　b. 不同行业

图 7–8　不同城市与行业乡城迁移劳动力代际收入年均增幅

在各行业中，除其他行业外其余各行业新生代受访者年均收入增幅均高于年老代，其中年均增幅差距最大的行业是高新技术，其次是知识服务；年均增幅差距最小的行业是轻工制造。分别来看，年老代受访者年均收入增幅按照重工制造、建筑运输、生活服务、基础商业、轻工制造、高新技术、知识服务顺序呈递增趋势，表明高技术知识含量类行业年老代从业者更容易快速提升收入。综合而言，新生代乡城迁移劳动力比年老代更容易快速提升薪酬待遇，表明新生代劳动力较年老代在生计改变、职业发展、就业竞争中更具优势。

3. 迁移与就业的代际差异

统计不同城市与行业受访者在迁移生命历程中更换职业的次数（图 7–9），平均来看，年老代受访者在迁移周期中平均更换 1.73 次职业，而新生代受访者平均更换 1.89 次，考虑到迁移时间等问题，表明新生代受访者的职业稳定性低于年老代受访者。分城市来看，福州、武汉与成都新生代受访者更换职业的次数高于年老代，而厦门年老代受访者更换职业的次数高于新生代，但是差距不是很大。二者差距最大的城市是福州和武汉，其中，福州新生代受访者更换职业的次数高于年老代受访者 0.26 次。

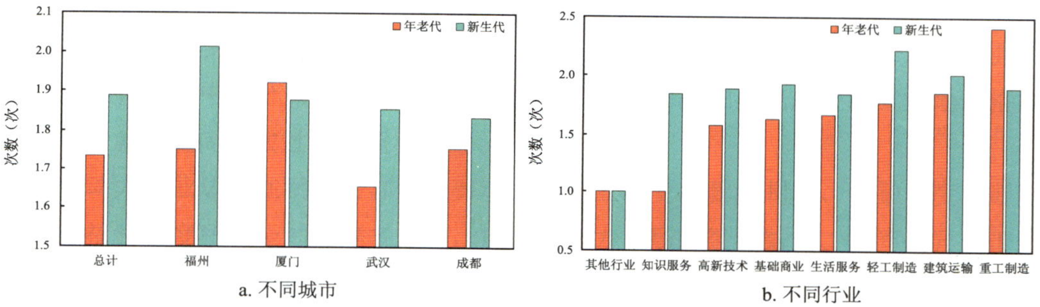

图 7–9　不同城市与行业乡城迁移劳动力更换职业次数代际比较

分行业来看，重工制造行业受访者平均更换职业次数高于其余各行业，平均达到 2.15 次；其他行业从业者平均更换职业次数最低，仅 1 次；知识服务行业从业者平均更换职业次数 1.42 次，低于建筑运输、轻工制造、生活服务等行业。除重工制造和其他行业外，其余行业新生代受访者平均更换职业次数均高于年老代受访者，其中知识服务行业的差距最大，达到 0.84 次；重工制造行业年老代受访者平均更换职业次数高于新生代受访者，差距达到 0.52 次；其他行业从业者在职业更换上没有代际差异。尽管更换职业受到就业行业的影响，但迁移年限和阶段对其亦有重要影响。

同理，统计不同城市与行业受访者在迁移生命历程中更换工作城市的平均次数（图 7–10），可以发现，整体上新生代受访者更换工作城市的平均次数（1.38 次）高于年老代受访者（1.15 次）。分城市来看，福州受访者更换工作城市次数最高，其次为厦门，最后是武汉和成都，表明东部城市受访者更换工作城市的次数高于中西部，中西部城市乡城迁移劳动力工作城市稳定性高于东部。具体而言，除福州外，其余三城市新生代受访者平均更换工作城市的次数高于年老代受访者，其中武汉的差距最大，达到 0.27 次。横向对比各行业，发现受访者更换工作城市的平均次数按照其他行业、基础商业、高新技术、知识服务、生活服务、轻工制造、建筑运输、重工制造的顺序呈逐渐递增的趋势，重工制造行业受访者更换工作城市的平均次数最高，达到 1.75 次，而基础商业行业受访者更换工作城市的平均次数仅 1.11 次。

纵向对比更换工作城市平均次数的代际差异，其他行业、基础商业、生活服务、轻工制造、建筑运输行业新生代受访者更换工作城市的平均次数高于年老代受访者，而高新技术、知识服务、重工制造行业年老代受访者更换工作城市的平均次数高于新生代受访者。综合而言，受访者更换工作城市的次数在地域与行业间均有趋势性差异变化，即东部城市与低技术知识含量类行业受访者更换工作城市的平均次数高于中西部城市和高技术知识含量类行业，但代际差异对其影响不够显著，缺乏趋势性规律。高技术知识含量类行业年老代受访者较新生代受访者更换工作城市次数更高，但这一差异受到迁移年限、个体年龄等时间性因素影响。

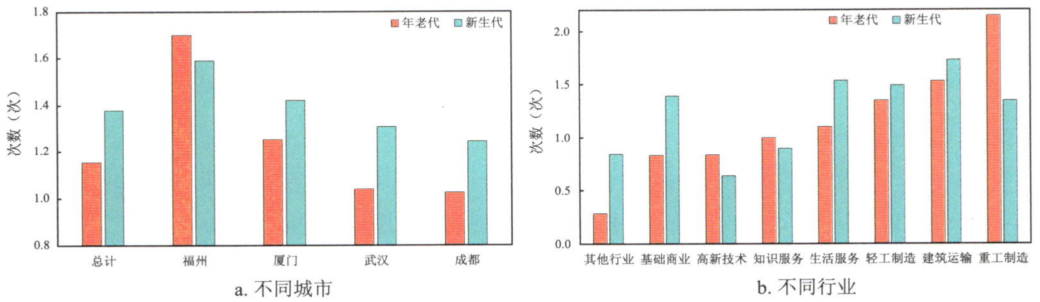

图 7–10　不同城市与行业乡城迁移劳动力更换工作城市次数代际比较

综上所述，乡城迁移劳动力显著的代际差异表明我国乡城人口流动正逐渐进入人口结构调整与代际更替的阶段，基础人口结构的趋势性发展也将影响到乡城迁移劳动力。如老龄化在乡城人口迁移中也日渐显示出来，年老代乡城劳动力迁移逐渐步入迁移生命历程的后半阶段，其所面临的就业变动、定居意愿、生计能力、回流、社会保障等一系列挑战日益突出。同时，随着迁移群体的性别均衡化、年轻化与高学历化，新生代迁移劳动力逐渐成为乡城迁移的主体，并处于迁移生命历程的前半段，他们的就业、居住、生活、家庭与社会参与特征将成为影响乡城迁移劳动力地理景观的主要变量，并对未来我国乡城人口迁移、城城人口与城市群内部人口流迁的发展趋势具有重要启示。

代际更替也表明当前中国乡城劳动力迁移，甚至是人口流迁，正处于结构转型期。这种结构转型既是人口地理过程内在逻辑的自然演化结果，也是人口与劳动力要素对城市、经济与社会转型发展的响应及调整。由此所展现的迁移生命历程特征将表现出更强烈的动态性与内在分异性，并成为时代转型与社会变革背景下迁移个体自选择和迁移生命历程变化的表征及呈现。

第二节　乡城劳动力迁移行为特征

一、劳动力迁移区域特征

1. 劳动力迁移路径

统计微观调研数据中乡村劳动力的出生地、初始迁移地和现务工城市的地理坐标，对受访者的出生地与现务工地的连线进行可视化（图 7–11a），展示乡村劳动力的来源以及每个城市乡村劳动力的跨省迁移率。各地调查样本的平均跨省迁移率为 62.46%，其中，福州、厦门的平均跨省迁移率远远高于武汉、成都；值得注意的是，福州 73.76%的乡村劳动力来自外省，而成都只有 16.83%来自外省。四川、河南、湖北、湖南、安徽和江西是乡村劳动力输出的主要地区，与其他地区相比，东北和西北地区向四个样本城市迁移的乡村劳动力较少。对劳动力初始移民经历的回顾性分析表明，29.01%的劳动力前往三个主要城市群，然后迁移到当前的工作城市（图 7–11b）。其中，厦门前往过三大城市群的乡村劳动力占比最高（41.39%），成都最低（25.96%）。福州和厦门的大多数受访者初始便迁移到这些城市并获得稳定的就业，而武汉和成都却有 55.74%的受访者在迁移到武汉或成都之前迁移到过三个主要城市群。虽然相应的省内迁移率高于东部城市，但向东迁移仍占主导地位，而中西部城市往往是乡村劳动力的第二选择。总之，东部城市可以从更远的距离吸引乡村劳动力，中西部城市主要吸引省内劳动力和回流乡村劳动力。此外，调查发现，32%的受访者表示他们愿意返回家乡或离家更近的城市。相比之下，成都的劳动力回流意愿比例最高（37%），而福州的回流意愿比例最低（22%），这进一步证实了东部城市经济发展所拥有的更多的就业机会和更高的回报对年轻及熟练的乡村迁移劳动力更具吸引力。在中西部城市，省内迁移的比例较高，迁移距离相对较短，回流意愿较高。

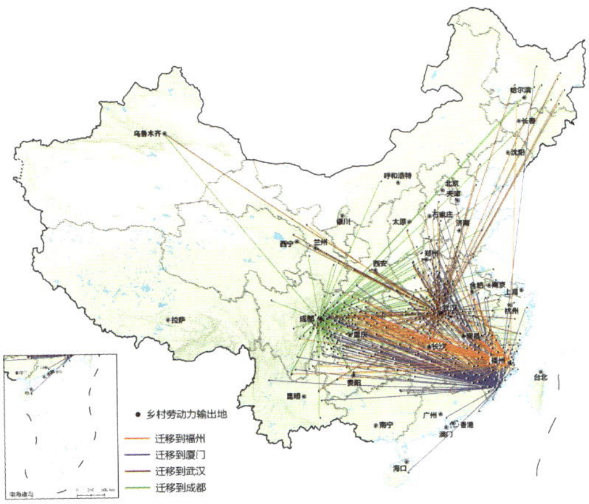

a. 调查样本来源地

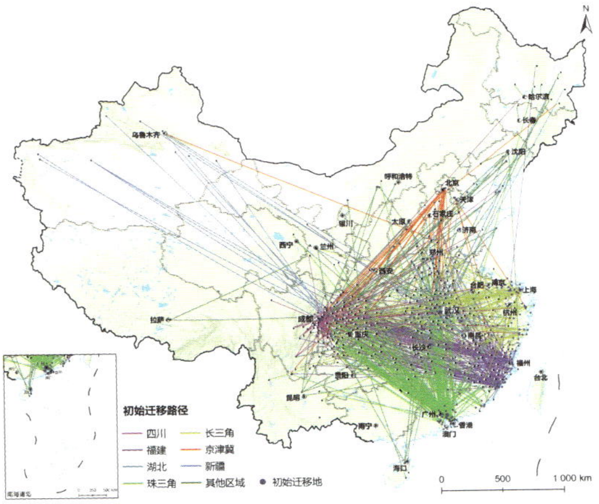

b. 调查样本初始迁移路径

图 7–11　调查样本乡村劳动力来源及初始迁移路径

进一步整理乡村劳动力迁移最远地点的地理坐标，分别连线现务工地与最远务工地、劳动力出生地、初始迁移地和最远迁移地，形成图 7–12 的乡村劳动力最远迁移路径与完整迁移路径。图 7–12a 展示了乡村劳动力曾远赴新疆、东北、京津冀、长三角与珠三角的情况，其中，中西部的武汉和成都乡村劳动力都曾最远迁移到三大城市群，后期回流到武汉和成都；东部的厦门和福州乡村劳动力也有一部分迁移到过东北、新疆、海南等地。最远迁移地可以表明劳动力迁移初期开拓进取和勇于探索的精神，也可反映劳动力迁移生命历程及稳定状态，如果最远迁移地同现务工地一致，则表明劳动力迁移较为稳定。回顾劳动力迁移的完整经历并可视化（图 7–12b），展现每名受访乡村劳动力从出生地到初始迁移地，再到最远务工地，后回到现务工地的地理空间路径。完整的迁移路径呈现出京津冀、成渝、珠三角、福州和厦门以及长三角间的多边形格局，武汉是多边形的中心点，表明大部分乡村劳动力都曾迁移到过三大城市群，即东部三大城市群是我国乡村劳动力主要迁移地域，大部分劳动力迁移均在此多边形范围内流动。对乡村劳动力迁移完整路径进行聚类分析，展现复杂路径下的劳动力迁移趋势，如图 7–12 所示，四根趋势线中有三根趋势线均朝向东南方，另外一根指向中西部地区。由此可见，向东迁移仍是我国乡村劳动力迁移的大趋势和宏观格局，在这种大背景下，也存在部分乡村劳动力回流中西部的趋势，这也将是未来一段时间我国人口迁移的大趋势。

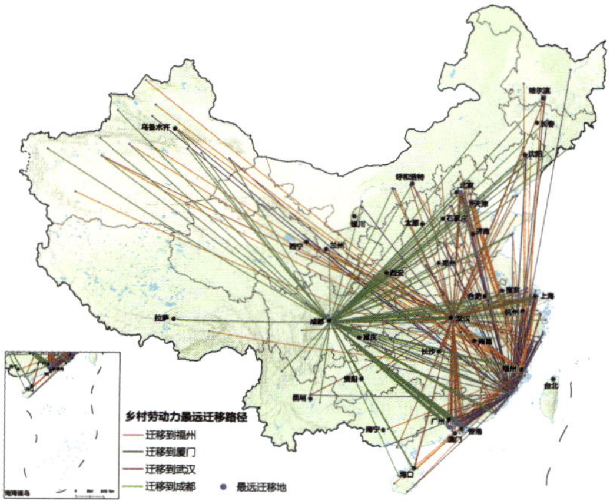

a. 调查样本最远迁移路径

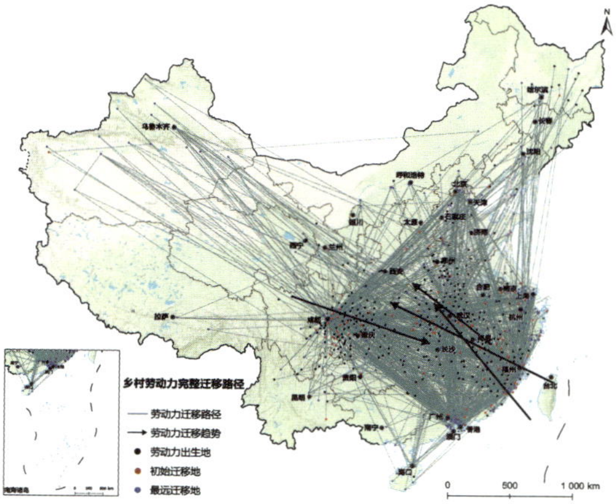

b. 调查样本完整迁移路径

图 7–12　调查样本乡村劳动力最远迁移路径及完整迁移路径

2. 初始迁移时间与人次

统计受访者的初始迁移时间，即从乡村到城市、从农业就业到非农就业的初始时间，表征乡城劳动力迁移生命历程的开始。图 7–13 显示从 1978 年改革开放开始，我国放开城乡人口迁移管治，允许乡村劳动力到城市就业后，就陆续有受访者开始迁移。1978 年，仅 8 名受访者迁移到城市，到 1985 年，17 名受访者迁移到城市；1992 年，20 名受访者开始了迁移，2000 年增加到 76 人，最高峰为 2008 年，这一年 108 人开始迁移。初始跨省迁移的时间变化趋势整体上同初始迁移变化趋势保持一致，但 2008 年初始跨省迁移下降幅度大于初始迁移下降幅度。从 1978—2018 年初始迁移人数变化趋势来看，有两个关键节点。一是 1992 年，初始迁移人数开始快速增加，从 20 人增加到 99 人。1992 年中共十四大召开，确立社会主义市场经济体制，改革开放进一步深入发展，在招商引资与劳动密集型产业发展背景下，进一步鼓励乡城劳动力迁移，我国乡村地区剩余劳动力进一步向城市迁移，为城市产业发展、城市建设和商业服务提供了充足、廉价劳动力。二是 2008 年，初始迁移劳动力开始逐步下降。这一年国际金融危机爆发，我国出口型外贸经济受到冲击，同时我国开始进行第一轮产业转移，沿海部分劳动密集型产业开始向内陆中西部地区迁移。与此同时，部分迁移到东部的乡村劳动力开始回流到中西部地区，乡城迁移劳动力的增速从 2010 年开始逐步下降，因此初始迁移劳动力逐渐减少。

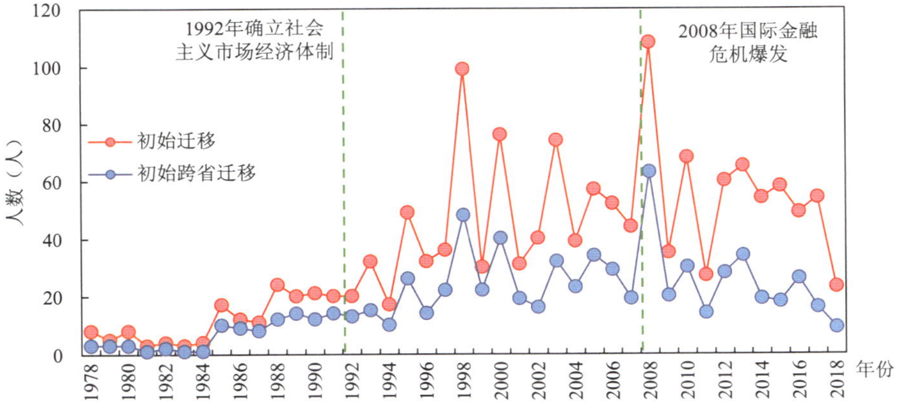

图 7–13　1978—2018 年乡村劳动力初始迁移时间及人次

3. 迁移来源的城市差异

分别统计各城市乡城迁移劳动力的主要来源地，以占比形式表示各城市外来乡城迁移劳动力的主要来源，如图 7–14 所示，福州 32%的受访者来自四川，而来自福建本省的受访者只有 26%，其余受访者主要来自重庆、江西、安徽、湖北和贵州；厦门受访者中 38%的来自本省，其余主要来自江西、四川、河南、湖南、湖北、安徽和贵州等省份；武汉受访者中75%来自本省，其余主要来自河南、安徽和湖南等省份；成都 83%的受访者来自四川省内，余下 17%的受访者主要来自邻近的重庆、甘肃和湖北等省份。

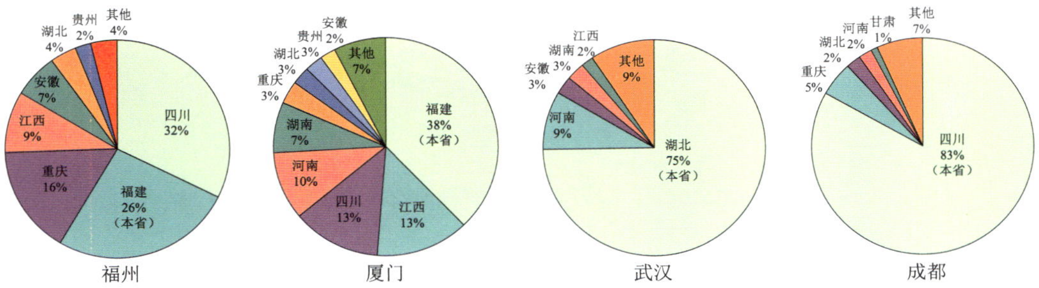

图 7–14　不同城市乡城迁移劳动力来源地

综合来看，四川、贵州、重庆、湖北、湖南、江西、安徽、福建和河南是受访者的主要来源地，也是我国乡城迁移劳动力的主要输出地（图 7–15）。分区域来看，成都与武汉受访者主要来自省内，而厦门与福州受访者来源更为广泛，除福建外，其余各省份迁往福州与厦门的受访者占比较为均衡。地理邻近效应在乡城劳动力迁移过程中也很明显，如来自河南的受访者多迁往武汉，江西受访者多迁往福州与厦门，重庆受访者多迁往成都。换言之，东部城市的省内迁移比低于中西部城市，越西部的城市省内迁移比越高，越东部的城市跨省迁移比越高，表明东部城市更能吸引跨省的乡城迁移劳动力。

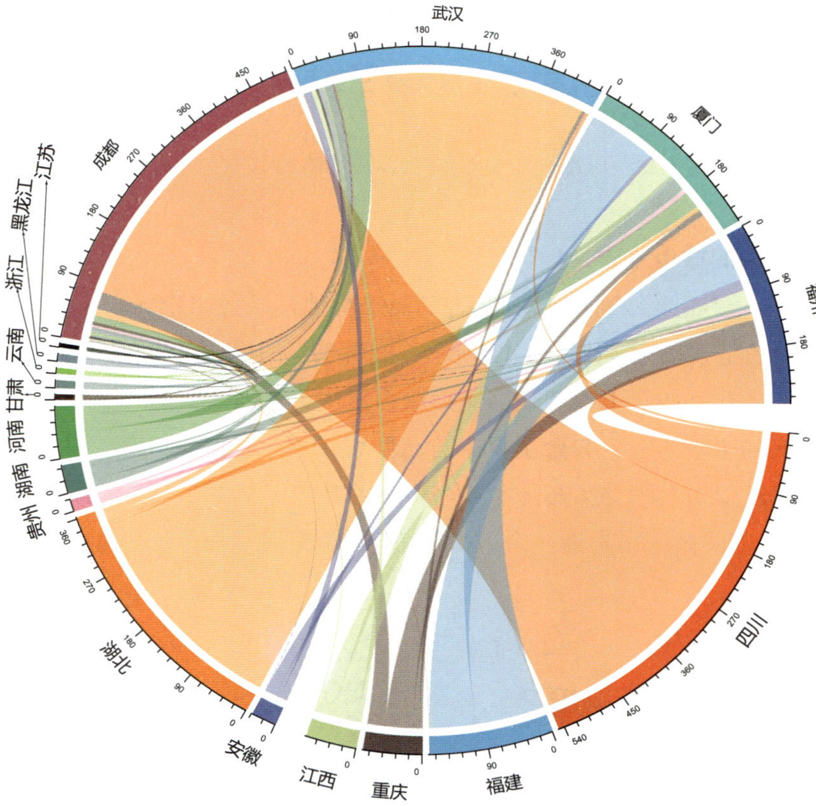

图 7–15　各样本城市受访者来源地及其迁移路径

4. 迁移经历与迁移类型

通过回顾乡城迁移劳动力完整迁移经历，将其迁移类型分为省内迁移、迁移到过珠三角、迁移到过长三角、迁移到过京津冀、迁移到过新疆和其他共计六种迁移类型（省内迁移指受访者从初始迁移到受访时均在省内迁移，从未跨省迁移；如果出现过跨省迁移，即使受访时受访者依然在省内，仍归属于跨省迁移），并分城市统计其占比（图 7–16）。结果显示，福州和厦门受访者中其他迁移类型最多，其次为省内迁移、到过珠三角、到过长三角、到过京津冀和到过新疆迁移类型，而武汉和成都占比最高的为省内迁移，其次为其他、到过珠三角、到过长三角、到过京津冀和到过新疆的迁移类型。在三大城市群中，迁移到过珠三角的受访者占比高于长三角和京津冀，迁移到过京津冀的受访者占比最少，表明三大城市群中珠三角对乡城迁移劳动力的吸纳能力最强。分区域来看，福州和厦门受访者的迁移类型较武汉和成都更为复杂，纯粹的省内迁移远低于武汉和成都，表明东部城市受访者绝大多数经历不止一次的跨省迁移。相比之下，中西部的武汉和成都近一半的受访者仅在省内迁移，跨省迁移的复杂度低于东部城市受访者。

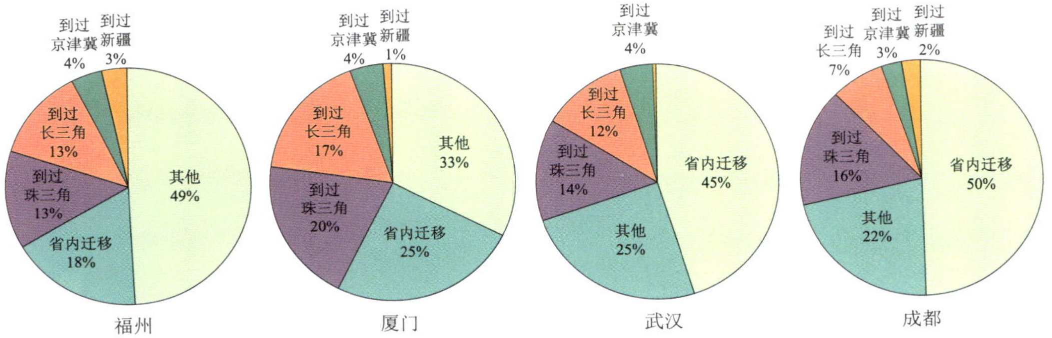

图 7–16　不同城市乡城迁移劳动力迁移经历

进一步综合乡城迁移劳动力的迁移类型，统计各城市受访者的跨省迁移比和迁移到过三大城市群的比例（图 7–17），结果显示，受访者整体上的跨省迁移比为 62.46%，即超过一半的受访者经历过跨省迁移；福州的跨省迁移比最高，达到 73.76%；其次是厦门，为 62.17%；中西部的武汉和成都跨省迁移比远低于东部城市，成都跨省迁移的受访者占比不到 20%，外来乡城迁移劳动力的跨省迁移比呈现出从东向西逐渐降低的趋势，且东西部城镇间差异显著。东部的珠三角、长三角和京津冀城市群是我国城镇化率最高、经济发展最成熟的区域，更是全国乡城迁移劳动力的主要迁移目的地。统计迁移到过三大城市群的劳动力比例有助于评估三大城市群对乡城迁移劳动力的影响程度，结果表明，受访者中平均 29.01%的乡城迁移劳动力迁移到过三大城市群，福州有 30.00%的受访者迁移到过三大城市群；厦门的比例最高，达到 41.39%，中部的武汉为 29.78%，而西部的成都显著低于平均水平，为 25.96%。综合分析来看，东部城市受访者跨省迁移比远高于中西部城市受访者，而且在迁移生命历程中更容易受到三大城市群的影响，纷纷将初始迁移目的地设置为三大城市群，这其中尤以珠三角为甚。由此发现，东部城市受访者的迁移时长更长，迁移路径更为复杂，迁移特征受到区域差异与新型城镇化的影响更明显。

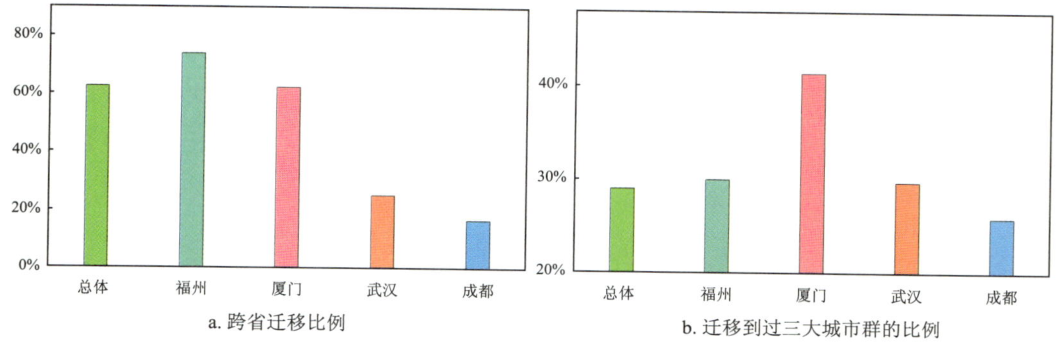

图 7–17 不同城市乡城迁移劳动力跨省迁移比和迁移到过三大城市群的比例

二、劳动力就业行业分布

1. 初始就业结构

将乡城迁移劳动力的初始就业类型分为生活服务、基础商业、建筑运输、重工制造、轻工制造、其他行业、高新技术、知识服务八种，分别统计各城市不同行业受访者初始就业比例（图 7–18）。结果显示，乡城迁移劳动力初始就业选择生活服务行业的受访者占比高于其余各行业，其他依次为基础商业、建筑运输、重工制造、轻工制造、其他行业、高新技术与知识服务，整体上展现出乡城迁移劳动力的就业格局。可以发现，大部分乡城迁移劳动力主要从事低技术知识含量类行业，如生活服务、基础商业和建筑运输及轻工制造，具体职业包括建筑建材、房屋装修、餐饮住宿、保洁家政、外卖快递、环卫搬运、批发零售、肉蔬供销、服装销售等等，这些职业就业门槛与职业要求相对较低，而且多为劳动密集型职业，用工量较大，临时性和非建制性强，更适合自由求职者。相对而言，在高技术知识含量类行业就业的乡城迁移劳动力占比较小，具体包括机械加工、冶金矿产、化工材料、能源石化、信息技术、金融保险、科教文卫、文化创意等等，这些职业均要求从业者具备一定的受教育程度与专业技术，对经验与知识要求较高，而且提供这些职业的多为建制化、系统化的单位，如各种企业、事业单位、党政机关和其他社会团体等，对大部分缺乏足够高等教育和专业技能的乡城迁移劳动力而言，在这些行业就业极具挑战性，因此就业占比较少，但随着新生代迁移劳动力的加入，其专业技能与受教育程度均有所提供，在高技术知识含量类行业就业占比有所提升。

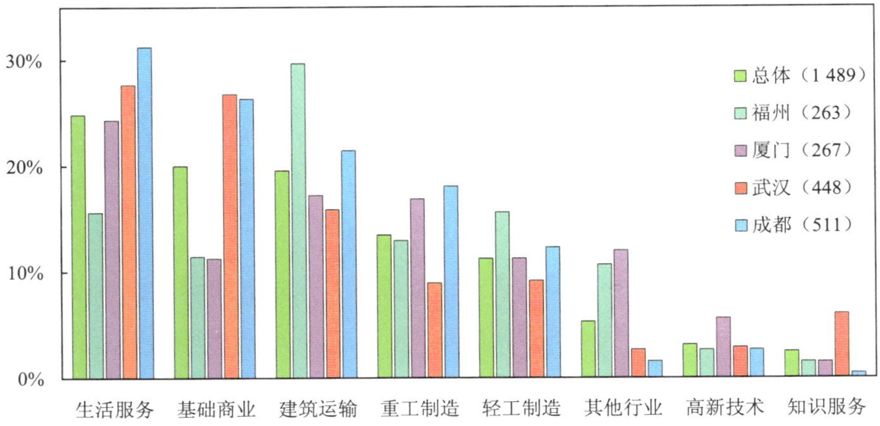

图 7–18　不同城市与行业乡城迁移劳动力初始就业结构

2. 当前就业结构

将受访者在当前城市（调查时所在城市）的当前职业（被调查的职业）分为八类并分城市加以统计（图 7–19），结果显示，生活服务依然为乡城迁移劳动力就业的主要门类，共有 30.56%的受访者从事生活服务业，其中成都从事生活服务业的受访者占比最高，达到 34.46%；其他占比较高的行业依次为基础商业、建筑运输、重工制造、轻

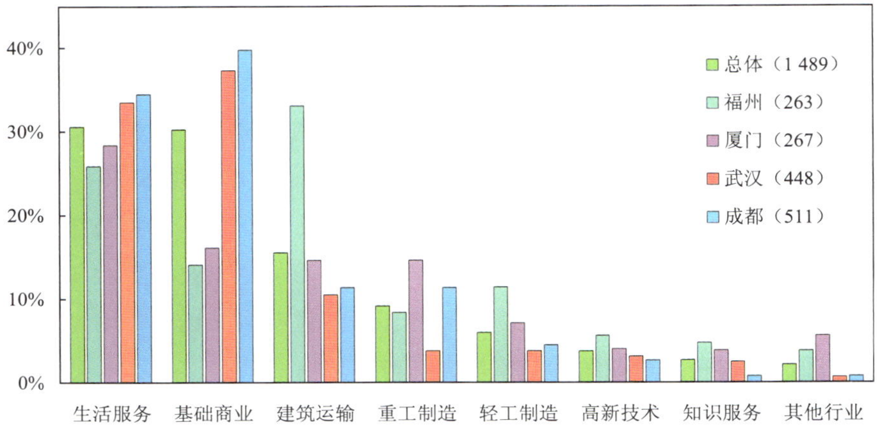

图 7–19　2018 年不同城市与行业乡城迁移劳动力就业结构

工制造、高新技术、知识服务和其他行业，整体趋势和初始就业格局基本保持一致，个别顺序略有微调，如其他行业从业者占比从初始就业顺位中的第六名下降到当前就业格局顺位中的第八名。这反映乡城迁移劳动力的流动性与临时性逐步降低，表明随着迁移生命历程的发展，乡村劳动力的就业格局逐步趋向具体化和稳定化。

分城市具体来看，生活服务业中，福州和厦门受访者的从业占比较低，武汉和成都的占比较高；基础商业的地域差异最为显著，东部的厦门和福州受访者从业占比仅15%左右，而中西部的武汉和成都受访者从业占比高达 38%左右；福州受访者从事建筑运输行业的占比最高，达到 33.08%，远高于其余三市，但整体而言东部城市高于中西部城市；重工制造行业中，武汉受访者从业占比最低，厦门和成都占比较高；轻工制造、高新技术和知识服务行业表现出明显地域差异，东部城市这三类行业从业占比依次高于中西部城市，呈现从东向西递减的趋势；其他行业的东部城市受访者从业占比高于中西部。总之，中西部城市受访者的生活服务、基础商业两类行业从业占比高于东部，但轻工制造、高新技术与知识服务三类行业从业占比低于东部城市，由此可见，东部城市乡城迁移劳动力从事技术与技能类行业的比例高于中西部，即东部的乡村劳动力就业结构优于中西部，这也表明区域产业结构、新型城镇化等宏观特征影响了乡村劳动力的就业地理格局。虽然就业占比结构受到采样与调查等主客观因素的影响，但当前城市的当前职业分布可以反映当前城市乡城迁移劳动力就业的地理格局以及城市产业结构，这将是城市乡城迁移劳动力迁移、就业、居住与生活特征的基础组成，也是劳动力地理景观的区域差异构成。

在回顾受访者的完整迁移经历时，统计受访者初始就业与当前就业的行业分布变化，构建乡城迁移劳动力就业迁移路径，如图 7–20 所示，相比初始迁移时的就业分布，基础商业、生活服务、高新技术、知识服务四类行业受访者占比呈增加趋势，而建筑运输、轻工制造、重工制造与其他行业从业的受访者占比呈下降趋势。其中，基础商业的增加趋势和轻工制造的下降趋势最为显著，从业者占比分别增加 10 个百分点和降低 5 个百分点，对应的从业者人数分别增加 152 人和减少 78 人。这种趋势表明我国乡城迁移劳动力的就业逐渐从第二产业向第三产业转变，从建筑业与工业向服务业与商业迁移，第三产业从业的受访者占比增加趋势显著，说明乡城迁移劳动力的就业行业分布受到宏观经济增长与产业结构调整等大趋势的影响。

3. 就业经历与转变路径

利用和弦图展示受访者的就业迁移路径，如图 7–20 所示，轻工制造行业受访者流向生活服务与基础商业，重工制造行业受访者流向建筑运输、生活服务与基础商业，建筑运输行业受访者主要流向生活服务和基础商业，而生活服务与基础商业受访者极少流出到其余行业中，表明生活服务与基础商业成为众多受访者就业转变的首选目标行业，也是乡城迁移劳动力实现稳定就业与居住的主要行业。相比初始就业，其他行业受访者占比在当前就业分布中降低 3 个百分点，且主要流向生活服务行业，说明乡城迁移劳动力的就业稳定性与确定性在增加，劳动者初始迁移稳定性弱于当前迁移稳定性，即劳动者需要时间去适应城市非农工作与生活，实现稳定迁移与就业。

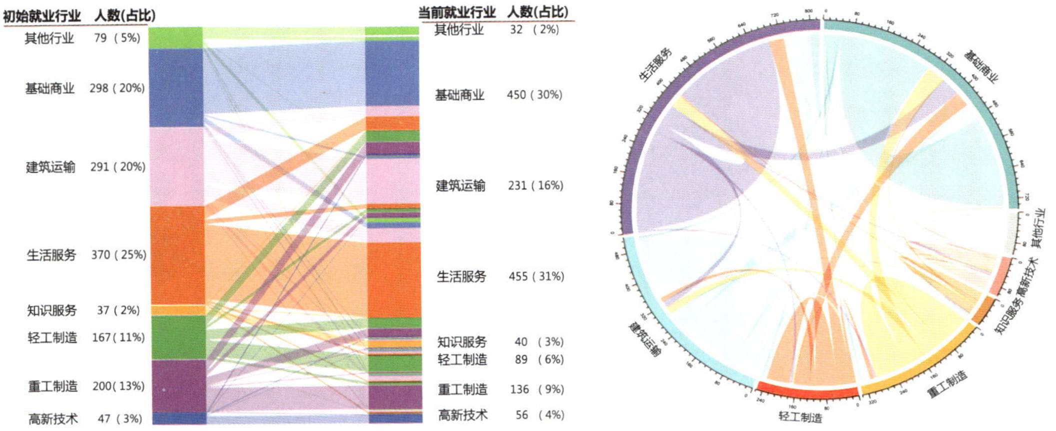

a. 就业行业分布　　b. 就业行业迁移路径

图 7–20　乡城迁移劳动力就业行业分布及其迁移路径

然后分城市与行业加以统计（因其他行业样本量极少，暂不统计），显示不同城市与行业乡城迁移劳动力的就业经历，如图 7–21 所示，图中左侧纵向列表示当前受访者的职业，顶部横向行表示不同的城市，饼图表示当前行业为某一行业从业者曾经就业转变的具体行业与比例。如第二行第二列的第一个饼图表示在总体调查对象中，现在建筑运输行业从业的受访者曾经有 28%的人从事过生活服务行业，18%的受访者曾经从事过基础商业。在建筑运输行业中，大部分受访者都曾从事过生活服务行业，其中，厦门的这一占比最高，37%的受访者都曾从事过生活服务行业。其次是重工制造，尤其是福州，有 33%的建筑运输行业受访者都从事过重工制造，可见建筑运输与生活服务、重工制造、轻工制造等行业间职业流动性较强。生活服务行业 1/4 的受访者都曾从事过建筑运输行业，另有 1/4 的受访者来自基础商业，17%的受访者从事过重工制造，这种转变趋势在成都尤为明显，超过 96%的生活服务行业受访者来自建筑运输、基础商业、轻重工制造这四类行业。基础商业行业 26%的受访者从事过生活服务行业，22%的受访者从事过建筑运输行业，20%的受访者从事过重工制造行业。

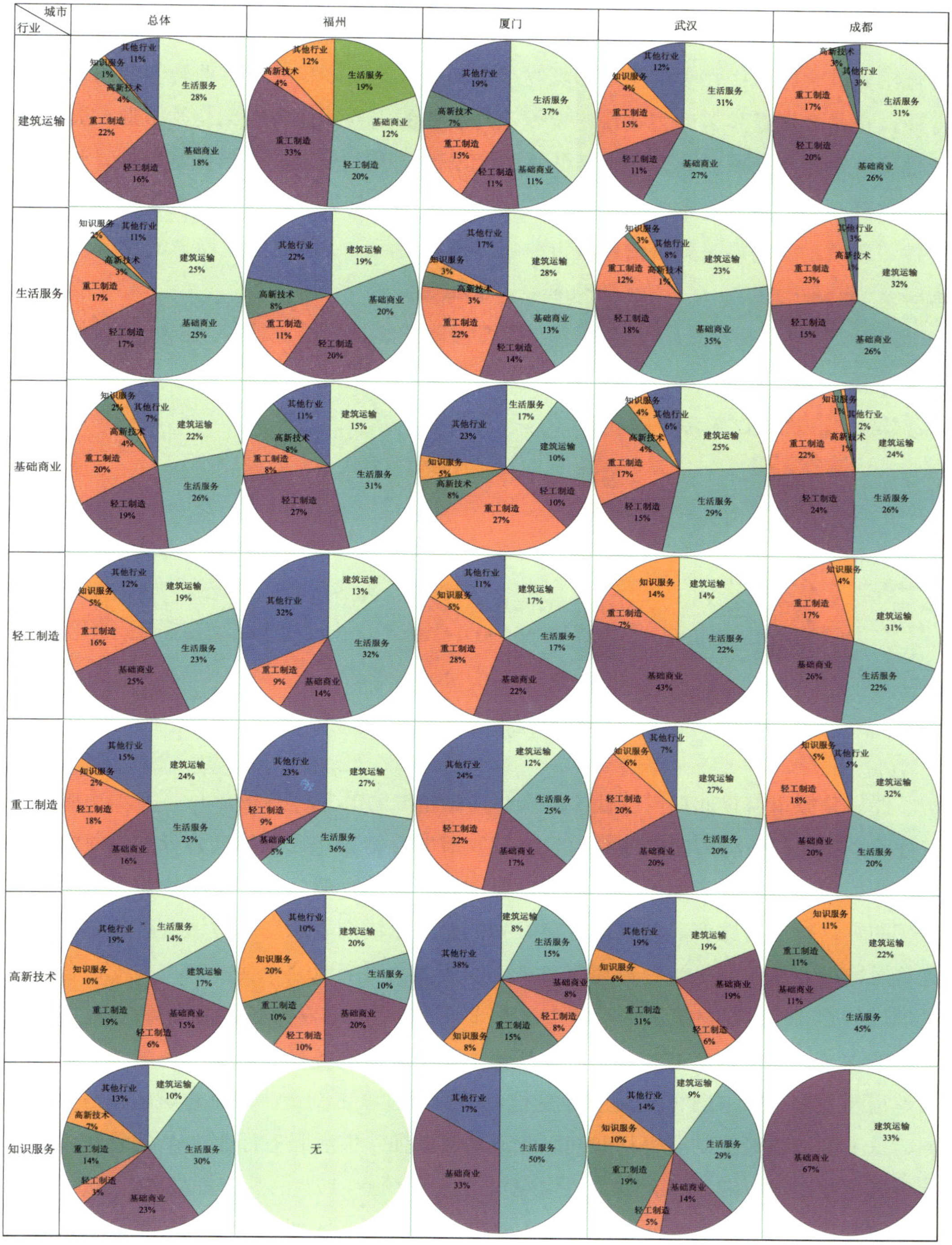

图 7–21　不同城市与行业乡城劳动力迁移的就业经历

分城市看，福州基础商业行业 54%的受访者来自生活服务、建筑运输和重工制造三类行业，厦门基础商业行业也有 54%的受访者来自这三类行业，武汉的这一比例为 71%，成都这一比例则为 72%，表明这种转变趋势自东向西逐渐增强；轻工制造行业 25%的受访者从事过基础商业、23%的受访者从事过生活服务。这其中武汉轻工制造行业 43%的受访者从事过基础商业，很明显的是，武汉和成都的转变趋势较福州和厦门更明显。重工制造行业 1/4 的受访者来自生活服务行业，24%的受访者来自建筑运输行业，其中，东部的福州和厦门重工制造行业受访者曾经从事最多的行业是生活服务，而中西部的武汉和成都受访者从事最多的行业是建筑运输。高新技术行业受访者曾经主要从事过其他行业、建筑运输、重工制造、基础商业等，在各城市之间，转变趋势的差异较大，武汉的受访者主要来自重工制造，厦门则有 38%的受访者从事过其他行业。知识服务行业 30%的受访者从事过生活服务，其余主要是基础商业，分城市来看，武汉知识服务行业受访者来源最为广泛。

综上所述，生活服务和基础商业从业者的就业转变经历最为丰富，各行业从业者均有部分受访者从事过这两类行业，表明基础商业和生活服务行业的从业经历成为大部分乡城迁移劳动力的曾经就业选项。建筑运输行业也是各行业从业者重要的从业经历，特别是重工制造行业受访者，在建筑运输与重工制造之间进行就业转变的受访者占总体的 48%，即近一半的乡城迁移劳动力先后从事过建筑运输与重工制造，也表明这两类行业间的互通性和兼容性高于其他转变选项。分城市与区域来看，中西部城市受访者就业转变趋势强于东部城市，但东部城市各行业受访者行业转变来源多于中西部城市，表明东部城市乡城迁移劳动力的行业变化途径与选项多于中西部，而中西部城市的乡城迁移劳动力行业转变路径较为固定和单调，这也从侧面反映出东部城市能为乡村劳动力提供更为多样化、广泛化和充足的就业机会与门类，但乡村劳动力更换就业也会更加频繁。

三、劳动力迁移决策分析

1. 迁移前就业经历

将受访者迁移前的就业经历分为务农、在校学习、做生意、乡镇务工、待业、单位就业、其他共七种类型，分城市与行业加以统计，如图 7–22a 所示，务农与在校学习成为乡城劳动力迁移前就业经历的两种主要类型。其中，迁移前务农的受访者占全体受访者的 41.64%，在校学习的受访者占比为 41.10%，其余就业类型占比均不足 10%，做生意和乡镇务工占比分别为5.37%和3.90%。分城市来看，拥有务农经历的受访者占比趋势与拥有在校学习经历的受访者占比趋势在各城市间恰好相反，东部的福州和厦门拥有务农经历的受访者占比低于中西部的武汉和成都，而拥有在校学习经历的受访者占比高于中西部的武汉和成都。具体来讲，厦门拥有在校学习的受访者占比为50.56%，而成都仅34.83%。这意味着厦门一半多的受访者在完成学校学业后直接迁移到厦门，这其中包括初中毕业、高中/中专和大学毕业等。图7–3a显示厦门67.42%的

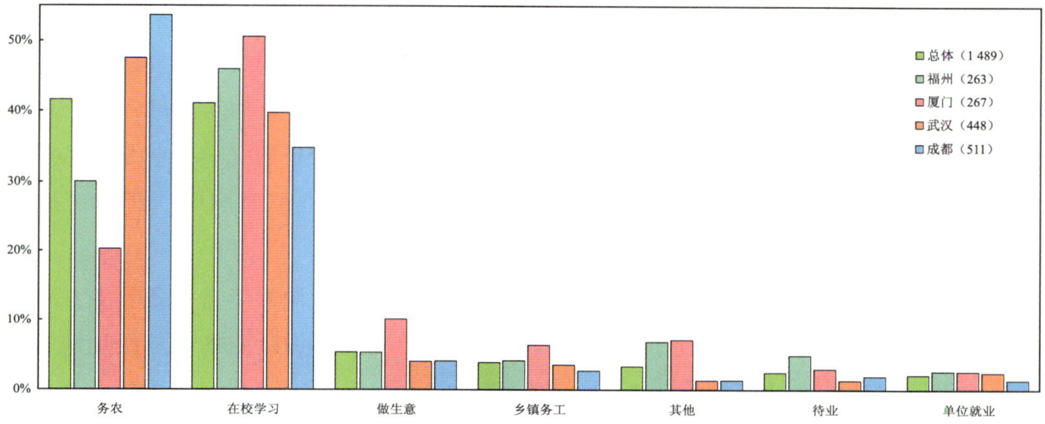

a. 不同城市

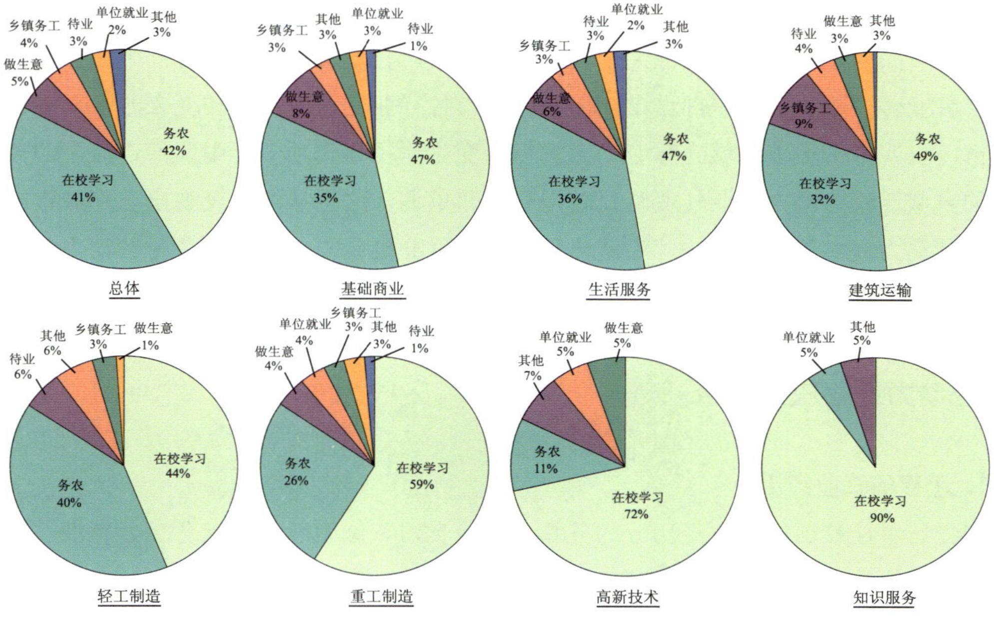

b. 不同行业

图7–22　不同城市与行业乡城劳动力迁移前就业经历

受访者拥有初中与高中学历，52.06%的受访者年龄<30岁，综合分析可以得到，以厦门为代表的东部城市相对于中西部城市吸引了更多年轻化、受教育程度较高、拥有专业技能的新生代乡村劳动力；与之相对，中西部的武汉和成都受访者中超过 50%迁移前在家从事农业生产，表明中西部城市主要吸纳了大龄化、低教育程度的年老代乡村劳动力。相比务农和在校学习，其他就业经历的受访者占比极小，表明我国乡城迁移劳动力主要来自乡村地区的剩余农业劳动力和学校毕业生。

分行业比较（图 7–22b），基础商业、生活服务和建筑运输行业中近一半的受访者在迁移前为乡村农业劳动力，其次约 1/3 的受访者迁移前为在校学生；而轻工制造、重工制造、高新技术和知识服务行业超过 50%的受访者迁移前为在校学生，尤其是知识服务行业，90%的受访者迁移前在校学习。这表明轻重工制造、高新技术和知识服务行业受访者更加年轻化、学生化、技能化，且乡城劳动力迁移前的就业经历会显著影响他们迁移之后的就业行业选择，其自身的职业经历、受教育程度、技能水平等将进一步影响乡城劳动力迁移的就业关系的塑造与职业发展。由此，可以认为，乡村地区剩余农业劳动力更容易迁移到中西部城市从事基础商业、生活服务和建筑运输，而在校学生毕业后更多地跨省迁移到东部城市，从事制造业与技术服务行业。

2. 初始迁移动机

乡城劳动力初始迁移动机主要包括家庭朋友的影响、追求更高的收入、自身求职、单位或其他组织的派遣以及迁移习惯等。尽管乡城劳动力迁移的原因是复合型的，往往不止一种，但都会有一个核心的驱动原因。分城市与行业统计乡城劳动力迁移的最主要原因（图 7–23），可以发现，家庭朋友是大部分（57.35%）乡村劳动力初始迁移的主要动因，24.98%的受访者则表示追求更高的收入是他们初始迁移的最主要动机。其余动机的受访者占比较小，自身求职的受访者仅有 8.46%。可见，家庭朋友、生计改善与财富追求是我国乡城劳动力迁移的初始动机，尤其是家庭朋友对劳动力迁移决策与迁移目的地的影响甚大。分城市来看（图 7–23a），东部城市因为家庭朋友迁移的受访者占比高于中西部城市，但因为追求更高收入迁移的受访者占比低于中西部的武汉和成都的受访者，东部城市自身求职的受访者占比也低于中西部城市。可见，迁移到东部城市的乡村劳动力受到家庭朋友的影响更为深刻，因为迁移到东部基本上属于跨省长距离迁移，家庭朋友的支持对初始迁移者快速融入城市就业与社会网络至关重要，其迁移目的地更多会选择拥有家庭成员或朋友等的城市，所以，自身求职前往东部城市的占比低于中西部城市。而中西部城市的迁移多为省内迁移，对迁移者来说迁移成本与心理负担较小，相对于东部更多地会因为追求财富和自身求职而迁移到中西部城市，尽管如此，家庭朋友仍是乡城劳动力迁移的主要驱动力。

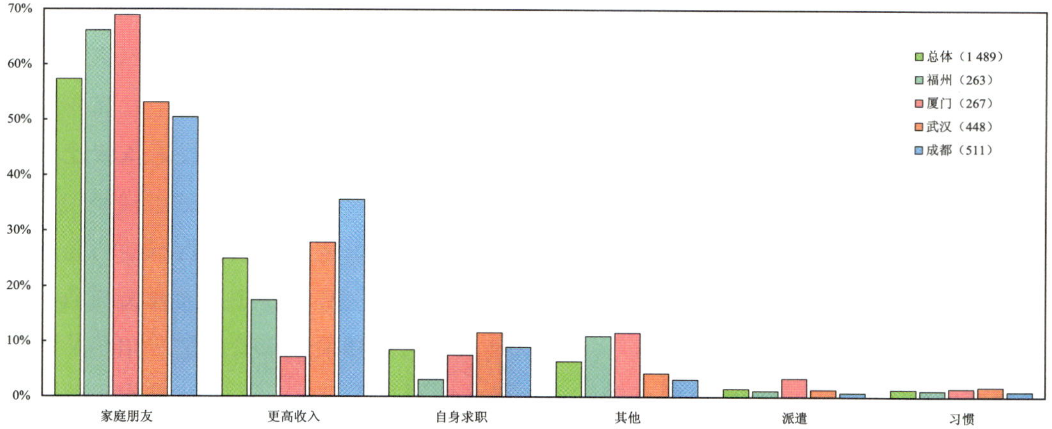

a. 不同城市

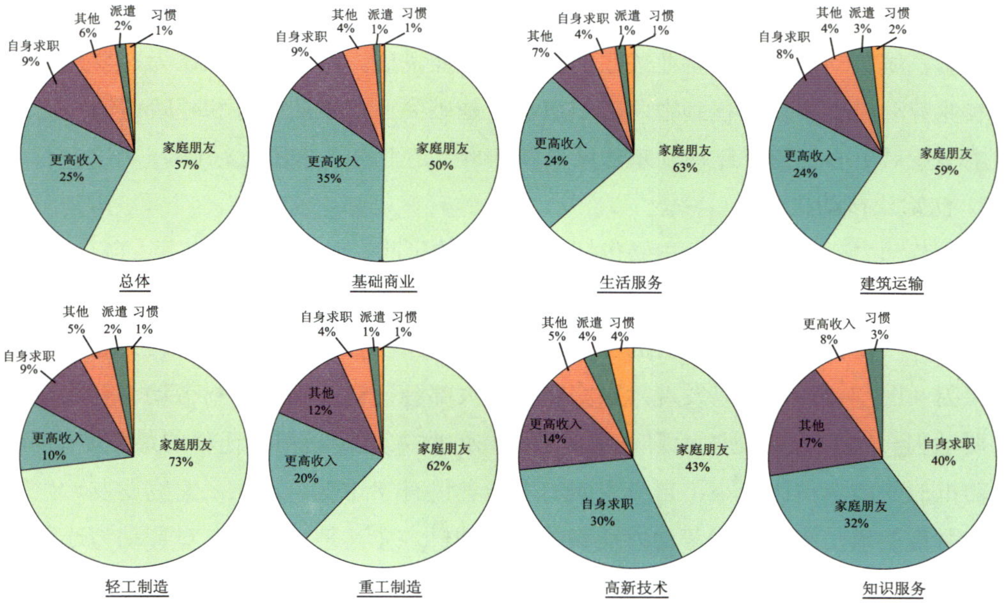

b. 不同行业

图 7–23　不同城市与行业乡城劳动力初始迁移动机

分行业比较（图 7–23b），除知识服务行业外，其余各行业受访者均表示家庭朋友为他们迁移的最主要驱动力，其中轻工制造行业 73%的受访者均是由于家庭朋友而选择迁移，重工制造行业这一比例也超过 60%。但高新技术与知识服务行业由于家庭朋友迁移的受访者占比下降到 50%以下，其中知识服务行业这一比例仅 32%，自身求职而迁移的受访者占比均超过 30%。这两类行业因追求更高收入和其他原因迁移的受访者占比也高于其余六个行业受访者，表明家庭朋友等社会关系对高新技术与知识服务行业受访者迁移决策的影响不如制造业、生活服务与基础商业等行业，这两类行业的受访者更加突出自身求职的主动性与追求性。不同的迁移动机可以反映乡城迁移劳动力不同群体间的差异，如高新技术和知识服务行业受访者更多是出于自身发展、价值成就等主观性因素迁移到城市就业，并逐步尝试融入城市生活，而基础商业、生活服务、建筑运输、轻重工制造行业更多是出于家庭朋友、生计改善等客观性、环境胁迫性等被动性因素做出迁移决策，这种差异将会影响乡城迁移劳动力的迁移特征、就业特征以及居住与生活特征，进一步深入地塑造劳动力的就业地理格局与劳动力地理景观，如稳定性、就业边缘性与可持续发展性等。

3. 就业转变原因

乡村劳动力在城市中的就业并非是固定的，往往出于主客观因素做出更换就业的决策，通过统计不同城市与行业受访者更换就业的最主要原因（图 7–24），可以发现，受访者更换就业的原因较为综合与多样化，31.56%的受访者出于综合性原因做出更换就业的决定，包括待遇、家庭与工作环境等，而 23.91%的受访者主要因为待遇环境问题做出更换就业的决定，23.64%的受访者为更好的工作选择辞职，14.71%的受访者表示因为家庭去改变自己的就业，3.96%的受访者因为项目结束不得不重新寻找工作，仅有 2.22%的受访者因为辞退与歧视而被迫辞去工作。分城市来看（图 7–24a），东部的福州与厦门因为待遇环境更换就业的受访者占比高于中西部城市的受访者占比，而东部城市由于追求更好工作而选择更换就业的受访者占比低于中西部武汉市和成都市的占比。此外，各城市由于辞退与歧视更换就业的受访者占比自东向西递减，其余各种更换工作原因占比未有明显区域差异。这表明东部城市受访者更容易因为待遇问题、歧视与辞退更换就业，相比之下，中西部受访者更换就业更为主观性，这意味着东部城市乡村劳动力就业环境竞争压力、职业要求较中西部更高，而中西部城市较为宽松、竞争压力较小，但就业质量较差。

分行业来看（图 7–24b），各行业受访者更换就业的决策是基于多方面考量之后才做出的。其中，待遇环境、更好工作与家庭是受访者更换就业原因的前三名。建筑运输行业因为待遇环境更换工作的受访者占比最高，重工制造行业因为家庭更换工作的受访者占比最高，而高新技术与知识服务行业因为追求更好工作选择更换就业的受访者占比高于其他行业受访者超 30%，表明这两类行业受访者更容易因为好工作而选择辞职跳槽。因为项目结束而更换工作的受访者占比在建筑运输行业最高，这是由行业工作特性决定的，这类工作更具临时性与承包性，导致该行业受访者更换工作更加频繁。不同的更换就业的原因也会导致不同的劳动力就业特征，因此，乡城迁移劳动力更换就业的主要原因是劳动力地理景观中劳动力市场分割的重要组成部分，对于劳动者维持稳定的就业及职业发展具有重要作用。

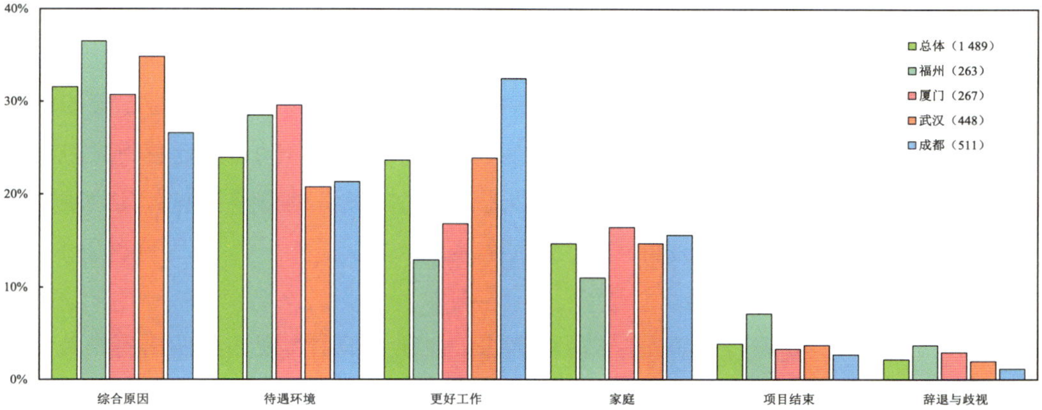

a. 不同城市

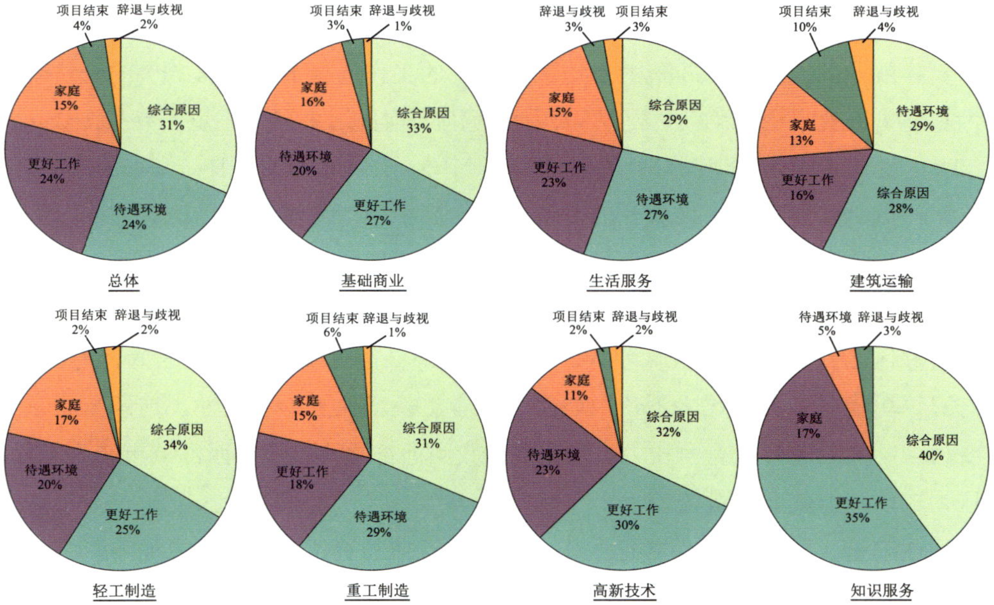

b. 不同行业

图 7–24　不同城市与行业乡城迁移劳动力就业转变原因

4. 长久务工意愿

维持稳定的务工地对乡城劳动力迁移的成熟性与可持续发展影响重大，分城市与行业统计受访者在当前城市（受访时所在务工地）长久务工的意愿（图 7–25），可以发现，57.89%的受访者表示对在当前城市长久务工表示悲观，即在迁移生命历程中可能会离开当前城市，前往其他城市；只有21.76%的受访者表示争取留在当前城市长久务工并争取融入当前城市；10.34%的受访者已确定离开当前城市；10.01%的受访者已确定留在当前城市持续工作并实现定居。综合来看，68.23%的受访者对留在当前城市信心不足，仅有31.77%的受访者有足够的信心与能力在当前城市定居。分城市来看（图7–25a），武汉受访者在当前城市长久务工意愿最强烈，而成都与福州的受访者离开意愿最强烈。分行业来看（图7–25b），受访者离开意愿最强烈的行业是轻工制造，占比超过70%，基础商业、生活服务、建筑运输、重工制造各行业表达离开意愿的受访者占比均超过60%，而高新技术与知识服务行业表达定居意愿的受访者占比超过

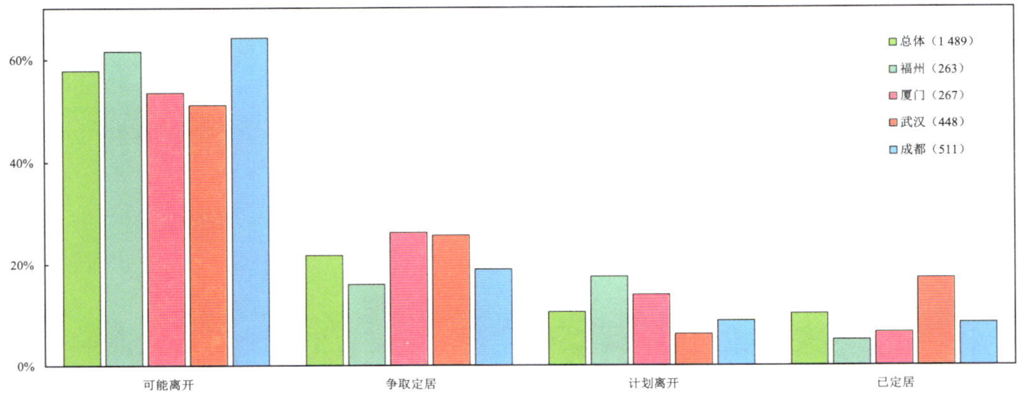

a. 不同城市

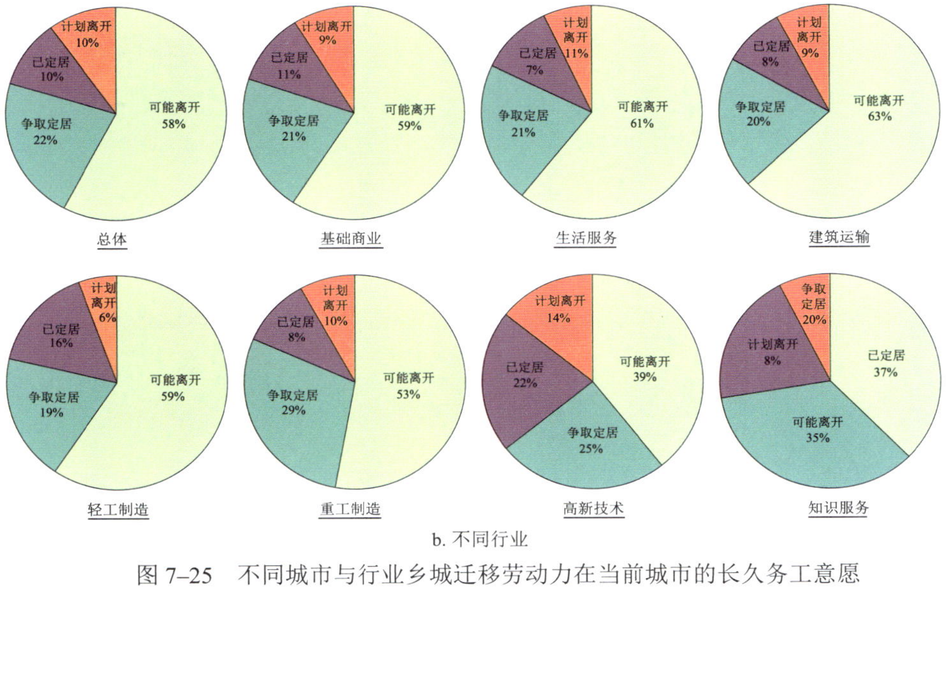

b. 不同行业

图 7–25　不同城市与行业乡城迁移劳动力在当前城市的长久务工意愿

40%。整体来看，高技术知识含量类行业受访者长久务工意愿更强烈。维持稳定的务工地是乡城劳动力迁移稳定性的重要组成部分，离开意愿强烈表明受访者对当前城市的就业与居住生活特征满意度较低，城市对乡村劳动力的响应度与乡村劳动力对城市发展的适应度均不足以将这段乡城劳动力迁移发展成熟并完全吸纳。

5. 回流意愿

通过询问受访者是否愿意回到离家（故乡）更近（出生地省域范围内）的城市务工，可以了解乡城迁移劳动力的回流意愿。将回流意愿分为四种：愿意；不愿意 1（因为外出机会更多）；不愿意 2（因为家乡逐渐淡忘）；不清楚。分城市与行业加以统计之后发现（图 7–26），超过 60%的受访者愿意回到离家乡更近的地方就业，27.33%的受

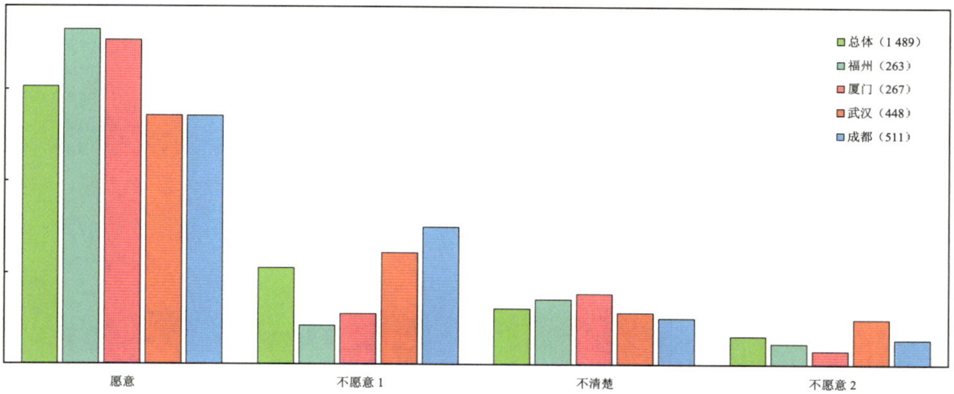

a. 不同城市

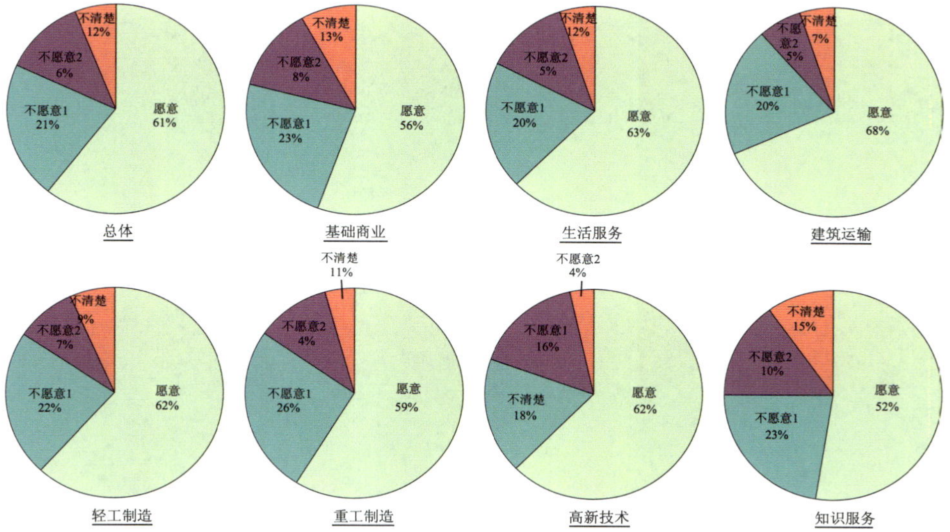

b. 不同行业

图 7–26 不同城市与行业乡城迁移劳动力的回流意愿

访者则不愿意回去，这其中21.16%的受访者是因为外出机会更多而选择留在远方城市，仅6.18%的受访者表示因为家乡逐渐淡忘而不会回去。此外，还有12.02%的受访者对此问题表示犹豫和不清楚，仍处于观望状态。分城市比较（图7–26a），东部城市受访者的回流比高于中西部，而中西部城市不愿意回流的受访者占比高于东部，这是因为中西部城市众多受访者为省内迁移，而东部城市跨省迁移者较多。中西部城市愿意回流的受访者占比仍然高于不愿意回流的受访者占比，尽管中西部的调查城市是湖北省和四川省的省会，但仍有超过50%的受访者愿意回到省会以外离家乡更近的城市，表明中西部的省会城市对省域内的乡村劳动力吸纳能力偏弱。

分行业比较（图7–26b），受访者回流意愿最强烈的行业是建筑运输，该行业68%的受访者愿意回到离家乡更近的地方就业，而知识服务行业这一占比仅52%，为全行业最低，但也证明各行业一半多的受访者仍然希望就业地离家乡更近。横向比较，基础商业、重工制造和知识服务行业超过30%的受访者不愿意回到离家乡更近的地方工作，其中，因为家乡逐渐淡忘这个原因的受访者占比最高的行业是知识服务，因为外出机会更多的受访者占比最高的行业是重工制造。这表明不同行业的就业地理格局会影响到乡城劳动力迁移决策，重工制造的就业机会分布在特定地域，不如其他就业机会分布广泛与普遍，所以，该行业受访者更重视当前城市的就业机会。此项回流意愿只是针对受访者在当前阶段回流就业的前景性意向，而非真正意义上的迁移决策，也不是当前需要立马做出的决定，所以，还需结合受访者的定居意愿与挑战进行综合分析。

6. 定居意愿

将受访者的定居意愿分为回到乡村、回到镇上、回到县城、回到市区、争取留下、已留下和犹豫中七种类型，分城市与行业加以统计来检视乡城迁移劳动力的定居意愿（图7–27），结果显示，29.35%的受访者愿意回到乡村，回到镇上、县城和市区的受访者占比为21.42%，30.15%的受访者愿意在当前城市定居，另有19.07%的受访者还在犹豫中。可见，回到乡村和在当前城市定居的受访者占比均为1/3，离开当前城市回到乡村、镇上、县城和市区的受访者占比达到50.77%，一半多的受访者不愿意或不能在当前城市定居。分城市而言（图7–27a），成都愿意回到乡村的受访者占比最高，达到37.57%，而厦门这一占比仅16.85%；愿意在当前城市定居的受访者占比武汉最高，有42.41%的受访者愿意定居在武汉。东部城市表示愿意在当前城市定居的受访者占比低于中西部城市，无论是争取留下还是已留下；此外，东部城市受访者相对于西部城市更愿意回到县城，实现就地城镇化。综合来看，东部城市的定居压力大于中西部，东部城市受访者更愿意回到县城或市区，实现就地城镇化；而中西部城市表达回去定居的受访者更多回到乡村，未能实现完全城镇化。

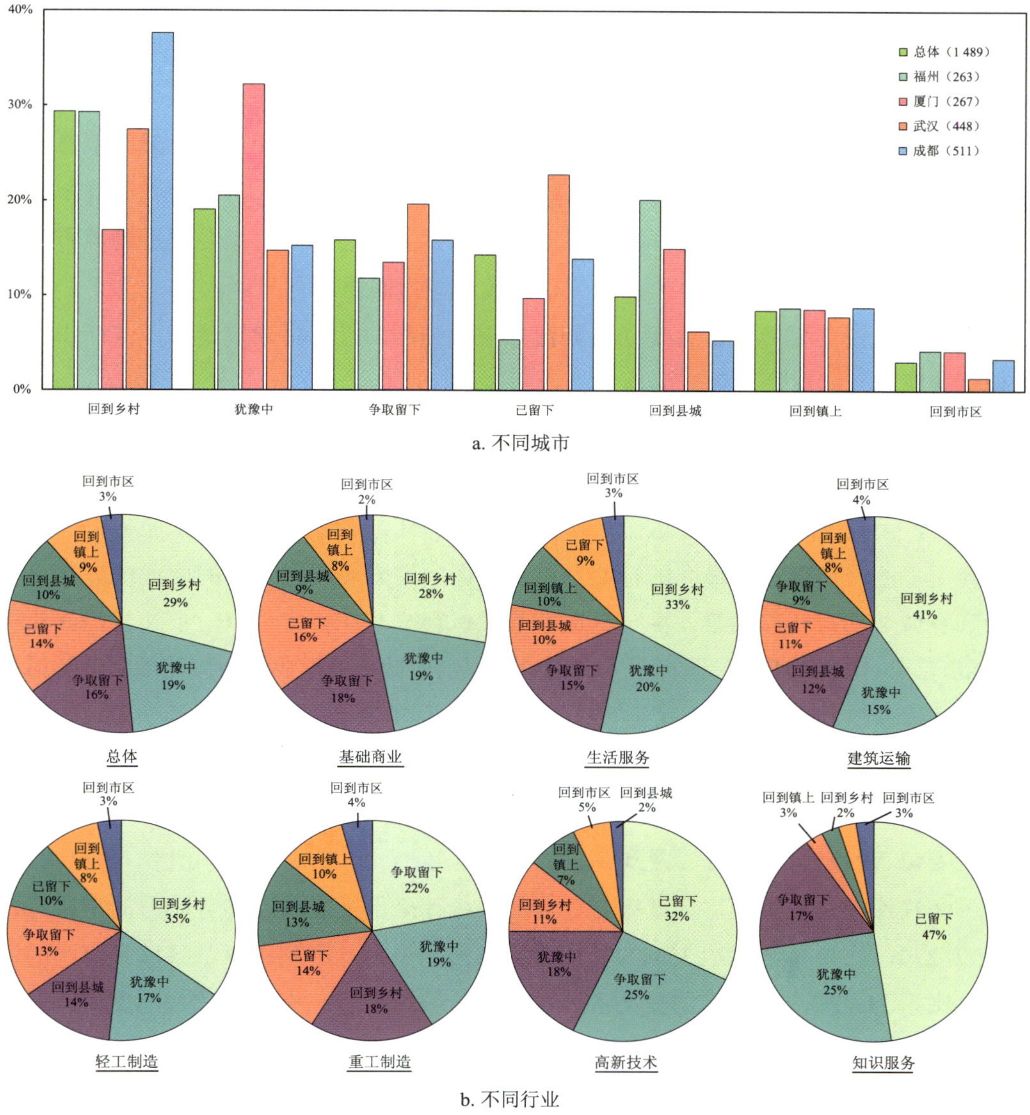

图 7–27　不同城市与行业乡城迁移劳动力的定居意愿

分行业来看（图 7–27b），基础商业、生活服务、建筑运输和轻工制造行业回到乡村的受访者占比最高，而重工制造、高新技术和知识服务行业争取留下或已留下的受访者占比最高，尤其是知识服务行业，近一半的受访者已在当前城市定居，争取留下的受访者占比也达到 17%。可见，高技术知识含量类行业的从业者更有意愿、能力在当前城市定居，低技术知识含量类行业从业者的定居能力与意愿均不足。定居意愿不仅是乡城迁劳动劳动力个体的定居能力与意向的表达，也是个体对当前城市定居挑战做出的直接响应。不同城市劳动力的定居意愿表达出不同城市对乡村迁移劳动力的接纳与包容能力，为新型城镇化对乡城劳动力迁移的响应性之一；不同行业劳动力的定居意愿表达出乡城迁移劳动力个体在就业中展现出的个人能力，为乡城劳动力迁移对新型城镇化的适应性之一，共同构成劳动力地理景观的组成部分。

7. 定居挑战

定居挑战是乡村劳动力个体在面对定居选择时所面临困难性、挑战性的经济、文化、家庭、制度、环境等方面的主客观障碍，可以清晰地反映宏观层面新型城镇化对乡村劳动力的制度性便利程度与环境包容度，以及个体微观层面的生计能力、融入意愿与发展成就等。分城市与行业对受访者的定居挑战进行统计（图 7–28），发现房价（租房/购房/建房）成为一半多受访者所认为的最大定居挑战，49.83%的受访者表示过高的居住成本成为他们在当前城市定居的最大障碍，其中 34.21%的受访者认为商品房的出售价格过高，15.62%的受访者则认为租房价格过高，但城市的商品住房销售价与出租价是联动的。房价之后，14.51%的受访者认为城市生活成本过高影响他们的定居决策，7.72%的受访者认为就业是最大的定居挑战，6.45%的受访者认为户籍及相关政策是最大的定居挑战；此外，11.15%的受访者认为在当前城市定居无任何挑战，这部分受访者可以认为是已在当前城市成功实现定居。分城市比较，东部城市认为房价是最大定居挑战的受访者占比高于中西部城市，而认为生活成本是最大定居挑战的受访者占比低于中西部城市，同时，东部城市认为无挑战的受访者占比远低于中西部城市。整体来看，东部城市受访者的住房成本压力大于中西部城市，而中西部城市受访者定居难度与挑战性低于东部城市。

不同的定居挑战也存在各种关联性，如根据当前大多城市出台的政策，户籍、住房、就业三者共同成为城市筛选外来乡村劳动力的标准门槛（李飞、杜云素，2016；李竞博等，2018）。如获取户籍需要稳定就业及社保连续缴纳证明，或者拥有住房的不动产权，但是购买商品房又需要社保或户籍，而缴纳社保又需要正式的就业关系，非建制性就业或无单位自雇佣的乡村劳动力又难以按规定缴纳社保。三者的相互衔接与嵌套，住房市场以制度形式将大部分乡城迁移劳动力排除在正式定居选项之外。但不同城市的定居挑战结构差异较大，东部城市希望吸引高素质、技能型的人才，而且东部主要大城市面临人口过多、城市拥挤等问题，所以希望通过一定的定居挑战实现有条件的迁移人口筛选；而中西部城市希望吸引劳动力回流，故在定居挑战上降低难度，但今年中西部各大中心城市随着迁入人口急剧增长，房价快速上涨，出台了一系列限购政策，开始有条件筛选迁移人口，引导流动人口迁移到部分地级市或区域中心城市，实现城镇化和产业的均衡发展（方兴，2018）。所以，恰当的定居挑战可以帮助城市控制人口规模，筛选最适合城市与产业发展的劳动力；但过高的定居挑战不利于以人为本的城镇化，造成城市人口流动性增加，城镇化质量下降。

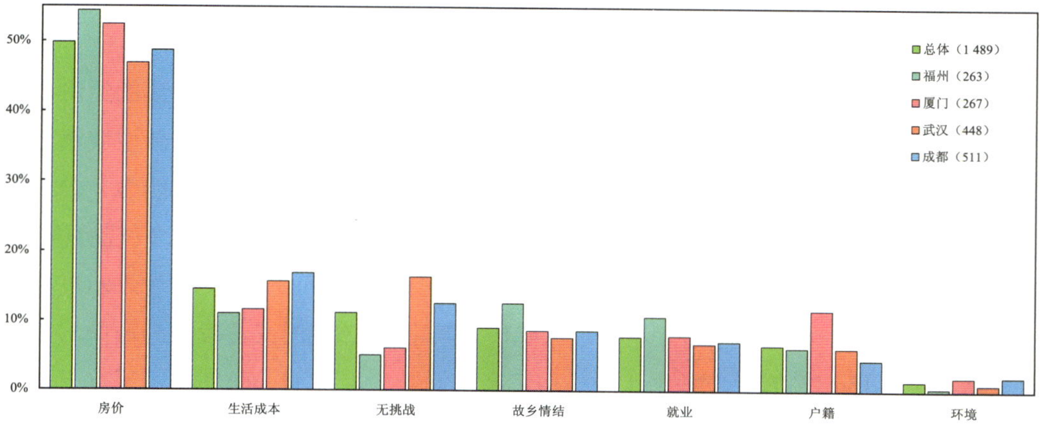

a. 不同城市

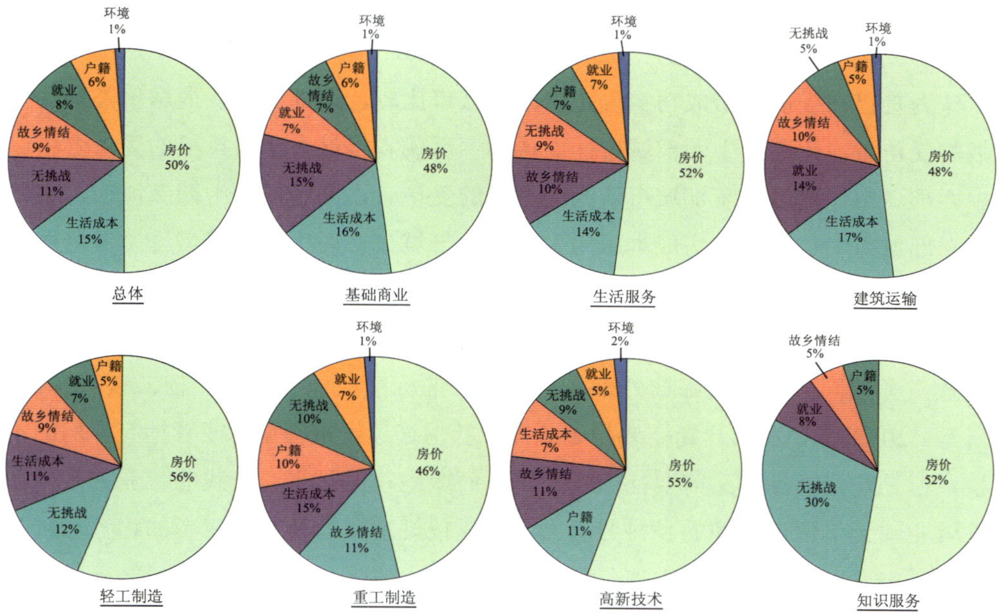

b. 不同行业

图 7–28　不同城市与行业乡城迁移劳动力的定居挑战

第三节　乡城迁移劳动力就业关系特征

一、劳动力就业方式与结构

乡城迁移劳动力的就业方式与结构是劳动力就业地理格局的重要组成部分，也是乡城迁移劳动力就业特征的重要表征，包括劳动合同类型、劳动负责制、薪酬结构、工作地点与工作时间等，这对劳动力地理景观的组分、格局与过程具有重要影响。

1. 劳动合同类型

将乡城迁移劳动力的劳动合同分为无合同意识、有固定期限、无固定期限、临时性、计件制与永久性六种类型，分城市与行业统计受访者劳动合同结构（图 7–29）。结果显示，60.78%的受访者没有签订劳动合同的意识，仅 33.65%的受访者签订有正式劳动合同，其中 19.21%的受访者签订有固定期限合同，13.70%为无固定期限合同，另有 0.74%为永久性合同。此外，4.30%的受访者以非书面形式签订临时性合同，1.28%的受访者实行计件制。分城市来看，厦门受访者劳动合同意识强于其他城市受访者，该市 55.81%的受访者签订有正式劳动合同；其余三城市受访者劳动合同类型的结构占比无明显差异，同平均水平保持一致。

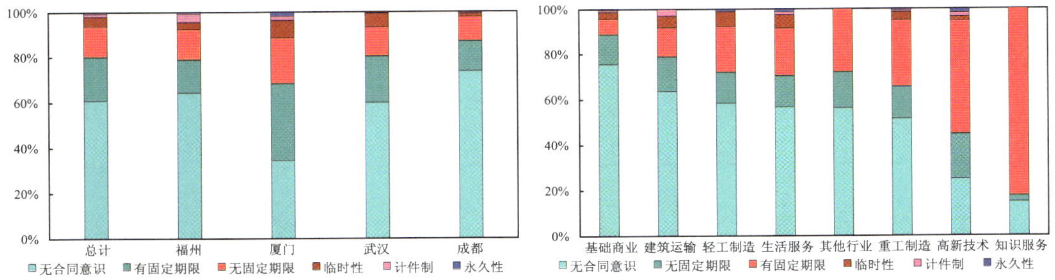

a. 不同城市　　b. 不同行业

图 7–29　不同城市与行业乡城迁移劳动力的劳动合同类型

分行业比较，劳动合同类型结构在不同行业间展现出趋势性差异，各行业无合同意识的受访者占比按基础商业、建筑运输、生活服务、轻工制造、其他行业、重工制造、高新技术和知识服务的顺序呈逐渐降低趋势。同样，签订有正式固定期限劳动合同的受访者占比依上述行业顺序呈逐渐递增趋势，这一点在高新技术和知识服务行业表现尤为明显，这两类行业签订有正式劳动合同的受访者占比达到77.08%，而这一占比在基础商业与生活服务行业仅27.51%。这表明低技术知识含量类行业受访者的劳动合同意识弱于高技术知识含量类行业受访者，后者的就业建制性、系统性和规范性要强于基础商业、生活服务、建筑运输等行业受访者。正式的劳动合同保障意味着劳动者的就业得到法律与劳资双方的共同承认、担保与负责，也从侧面反映劳动者就业的稳健性和可保障性。生活服务、基础商业、建筑运输等行业的从业者多在非建制性就业市场获取就业机会，如摊贩、零售市场、居民服务和建筑工地等，就业性质为临时型与自由机动型，难以建立稳定、可依托的劳资关系，也无从签订劳动合同；此外，这些行业的从业者因教育程度、专业知识和社会关系的缺失，也没有足够的意识去认识劳动合同的价值。

2. 劳动负责制

劳动负责制也是劳动力市场分割与管治的重要指标，主要指劳动者在就业时的劳动负责人或法人机构，也包括监管与审计人或法人机构。根据调查，将受访者的劳动负责人/法人机构分为自己、经理或高管、家庭或个人、中介代理、单位与其他等，分城市与行业加以统计来观察受访者的劳动负责制（图 7–30）。结果显示，39.89%的受访者劳动负责人为自己，19.07%的受访者劳动负责人为经理或高管，15.98%的受访者劳动负责人为家庭或个人，11.42%的受访者劳动负责人为中介代理，仅 9.00%的受访者劳动负责人为单位性机构，如企事业单位。这表明受访者中自雇佣比例最高，接近40%的受访者为个体性就业，反映出乡城迁移劳动力就业的自主性与自由化。分城市来看，东部城市福州与厦门受访者的自雇佣比例低于中西部的武汉和成都，但东部劳动负责人为经理或高管、中介代理与单位的受访者占比高于中西部的受访者，中西部

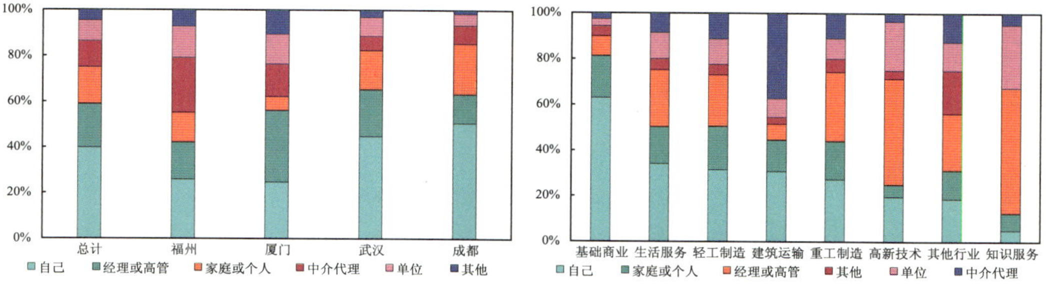

a. 不同城市　　b. 不同行业

图 7–30　不同城市与行业乡城迁移劳动力的劳动负责制

受雇于家庭或个人的受访者占比高于东部，这表明东部受访者的劳动约束性、监管性、责任性强于中西部受访者，而中西部受访者就业与工作的自由性与非规制性高于东部受访者。

分行业来看，自雇佣、受雇于家庭或个人的受访者占比从基础商业、生活服务、轻工制造、建筑运输、重工制造、高新技术、其他行业到知识服务呈递减趋势，而劳动负责人为经理或高管、单位和中介代理的受访者占比依上述行业顺序呈递增趋势。其中，基础商业行业自雇佣比例达到63.11%，而知识服务行业的自雇佣比例仅5.00%，但其受雇于单位的受访者占比（27.50%）是基础商业（3.11%）的9倍。可见低技术知识含量类行业受访者自雇佣比与工作自由性高于高技术知识含量类行业受访者。劳动负责制同劳动合同类型具有强烈相关性，受雇于单位、经理或高管的从业者签订正式劳动合同的概率更高，而自雇佣或受雇于家庭或个人的从业者难以签订正式合同；劳动负责制越自由的非正式就业越难以获得正式就业保障，而管制性、正式性越强的劳动负责制的从业者越容易获得就业保障，前者也更容易被就业市场所分割与边缘化，后者所受到的劳动市场监管与政策干预也更明显。

3. 薪酬制度

薪酬是乡城迁移劳动力就业最为关注的因素，薪酬制度也是就业特征的重要指标。本书将受访者的薪酬制度分为小时制、日薪制、周薪制、月薪制、年薪制、工作量制、外包制和不固定八种类型。分城市与行业统计受访者的薪酬结构（图7–31），可以发现，月薪制是受访者最为普遍的薪酬制度，42.91%的受访者的薪酬方式为月薪制，24.24%的受访者没有固定的薪酬制度，18.33%的受访者为工作量制，7.72%的受访者为日薪制。相比之下，采用外包制、小时制、年薪制与周薪制的受访者占比极小。分城市比较，福州和厦门受访者的薪酬结构较为多样化，武汉和成都采用工作量制的受访者占比高于东部城市，东部城市采用日薪制、外包制、小时制的受访者占比高于中西部城市。

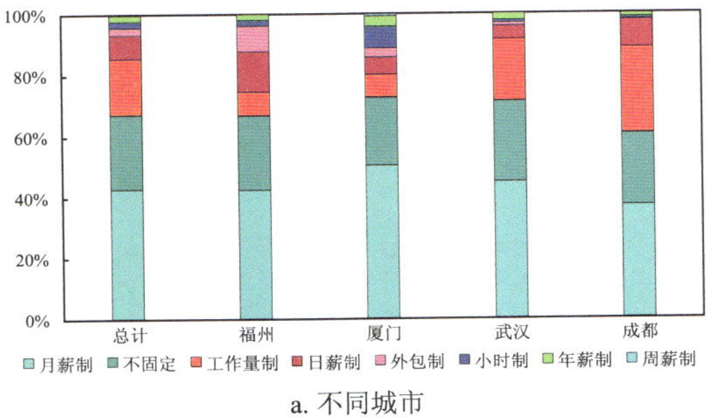

a. 不同城市

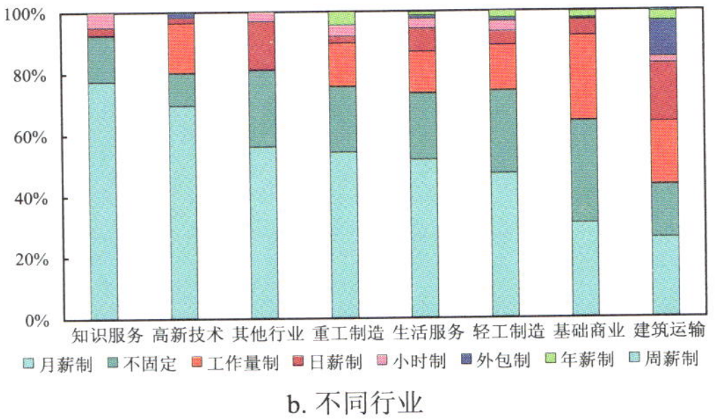

b. 不同行业

图7–31　不同城市与行业乡城迁移劳动力薪酬制度

分行业比较，采用月薪制的受访者占比从知识服务、高新技术、其他行业、重工制造、生活服务、轻工制造、基础商业到建筑运输呈降低趋势，占比从知识服务行业的77.50%下降到建筑运输行业的25.97%，而采用不固定与工作量制的受访者占比则依上述行业顺序呈递增趋势，占比从知识服务行业的15.00%增加到建筑运输行业的37.66%。此外，知识服务与高新技术等行业受访者的薪酬结构较为单一，仅有四种薪酬方式，而建筑运输、基础商业等行业受访者的薪酬方式多达八种，结构更为多元化。这表明高技术知识含量类行业从业者的薪酬方式更为固定化、单一化，并以月薪为主；而低技术知识含量类行业受访者的薪酬结构更为多样化与碎片化，没有主导薪酬方式。薪酬结构反映出不同行业乡城迁移劳动力就业方式的某些特征，如低技术知识含量类行业的乡村劳动力就业方式更加破碎化、边缘化，异质性较强。月薪制是我国当前劳动力市场最主流的薪酬方式，月薪制的占比可以反映不同行业劳动者在劳动力市场中的分割程度，薪酬结构越破碎化，其就业特征在劳动力市场中分割越严重，边缘化越明显。

4. 薪酬支付方式

薪酬支付方式也是薪酬结构的重要组成部分，不同的薪酬支付方式可表征不同薪酬制度与工作性质。分城市与行业统计结果显示（图 7–32），42.51%的受访者的薪酬支付方式为现金，30.89%的受访者使用银行卡获取薪酬，23.77%的受访者使用支付宝、微信支付等移动支付方式获得薪酬，1.75%的受访者薪酬支付方式为汇款，1.07%的受访者薪酬支付方式较为特殊，包括实物、礼物、等价证券、虚拟货币等等。整体来看，现金仍是受访者最主要的薪酬支付方式，其次为银行卡和移动支付。分城市比较，东部福州和厦门的受访者使用银行卡获取薪酬的占比高于中西部城市受访者，而使用现金的受访者占比低于中西部，中西部受访者使用移动支付的占比略高于东部。

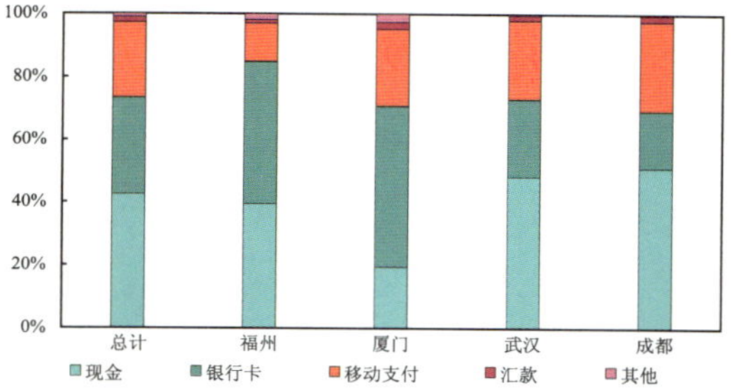

a. 不同城市

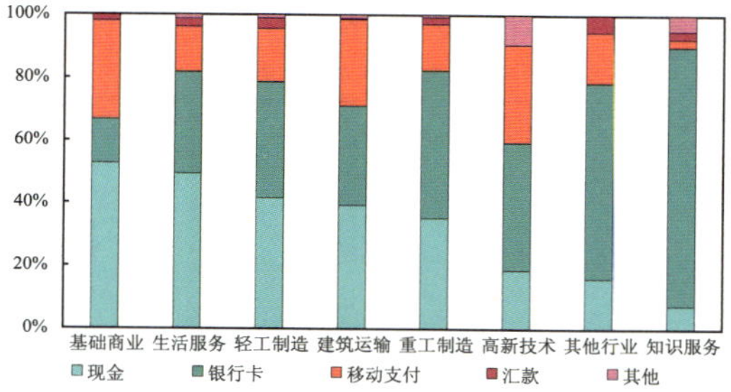

b. 不同行业

图 7–32　不同城市与行业乡城迁移劳动力薪酬支付方式

分行业比较，使用现金的受访者占比从基础商业、生活服务、轻工制造、建筑运输、重工制造、高新技术、其他行业到知识服务行业呈递减趋势，使用银行卡的受访者占比则依上述顺序呈递增趋势。以基础商业和知识服务行业受访者为例，基础商业行业52.67%的受访者使用现金支付，仅14.01%的受访者使用银行卡；与之相反，知识服务行业82.50%的受访者使用银行卡，仅7.50%的受访者使用现金。使用移动支付的受访者占比最高的是基础商业，达31.33%，其次为高新技术，占比31.25%。可见低技术知识含量类行业受访者更偏爱或者习惯于现金支付，而高技术知识含量类受访者更倾向于银行卡支付。现金支付意味着薪酬支付较为零碎化、自由化和非正式化，而银行卡支付意味着薪酬支付更为固定化、建制化和可预期化。薪酬支付方式也是乡城迁移劳动力生计能力的重要表现，使用银行卡获取薪酬的受访者往往拥有稳定的就业和可预期的收入，比使用现金支付的劳动者的就业更加固定化、规制化，保障性与稳定性也更强，这些特征也是乡城迁移劳动力可持续生计与就业的重要表征。

5. 工作地点固定性

拥有稳定的工作城市（工作与居住统一的城市）并不意味着劳动者也拥有稳定的工作地点（具体性的上班地点），通过观测受访者工作地点的固定性，来检视乡城迁移劳动力的工作特征。分类统计结果显示（图 7–33），61.52%的受访者工作地点长期保持固定，即在同一个地方上班，表明大部分受访者工作地点较为固定，变动较小；20.28%的受访者工作地点在城市（市区）内部变动，9.20%的受访者工作地点飘忽不定（调查城市行政区范围内），6.11%的受访者工作地点随单位变动，另分别有1.88%、1.01%的受访者工作地点在省内、国内与跨国流动。分城市来看，东中西城市间受访者的工作地点固定性差异显著，东部城市福州与厦门受访者工作地点飘忽不定、随单位而动比例较高，而保持工作地点固定的受访者占比较低，福州受访者这一占比为42.59%，厦门为50.94%。与之相对，武汉保持工作地点稳定的受访者占比为66.52%，成都占比为72.41%。可见，中西部城市受访者工作地点的固定性高于东部城市，东部城市受访者工作地点变动性较强，这一点可以和本章中受访者迁移特征的分析相结合，东部城市受访者跨省迁移者居多，迁移经历与更换就业的次数较多，工作地点稳定性较差，表明不同区域乡城迁移劳动力的迁移特征与就业地理格局差异显著。

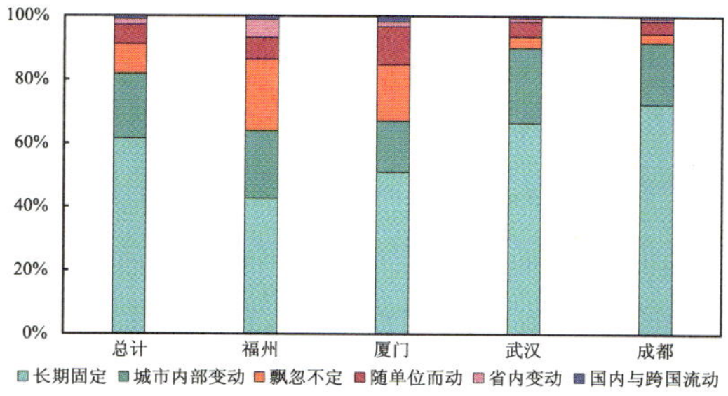

a. 不同城市

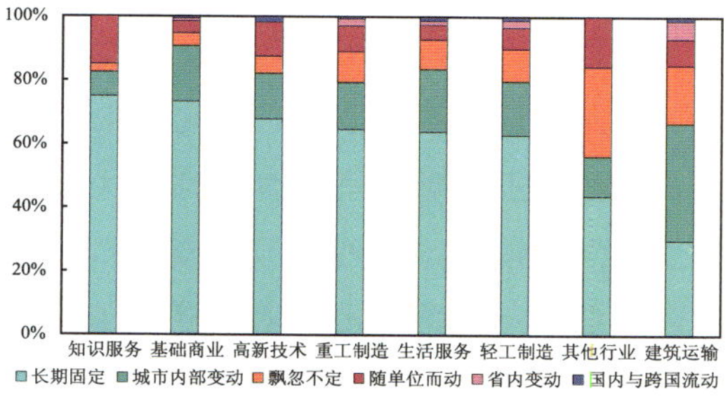

b. 不同行业

图 7–33 不同城市与行业乡城迁移劳动力工作地点固定性

分行业比较，知识服务、基础商业行业工作地点固定的受访者占比超过 70%，最高的知识服务行业达到 75.01%；最低的是建筑运输行业，占比仅 29.87%，且受访者中城市内部变动比例高达 36.80%。飘忽不定的受访者占比最高的行业是其他行业，其次为建筑运输行业，二者占比均超过 20%，其余行业飘忽不定的受访者占比不足 10%。综合而言，建筑运输、其他行业受访者的工作地点固定性较差，尤其是建筑运输行业。这是由其工作性质决定的，建筑业工作地点随施工地点变动而变动，运输业工作地点由运输任务决定；知识服务、基础商业、高新技术、重工制造行业受访者拥有较为固定的工作地点和固定的工作场所，表明其生计与工作的稳定性和可依托性。总之，区域与行业的差异均能影响乡城迁移劳动力的就业和工作特征，迁移者的个人经历与工作城市的行业结构共同影响乡城迁移劳动力的就业选择和就业方式，在就业自选择过程中，劳动者与行业、城市间的相互响应和适应过程形成行业与城市间的差异特征，并通过劳动力市场分割形成并固化为区域性的就业特征与地理格局。

6. 每天工作时间

以 4 小时内、4～8 小时、8～10 小时、10～12 小时、12～14 小时、14 小时以上和不固定七个分段，统计受访者的平均每天工作时间（图 7–34），结果显示，40.09%的受访者平均每天工作时间为 8～10 小时，24.24%的受访者平均每天工作时间达到 10～12 小时，超过 12 小时的受访者占比为 13.36%，4～8 小时的受访者占比为 12.63%，4 小时内的受访者占比为 1.01%，另有 8.66%的受访者工作时间不固定。分城市比较，各城市受访者平均每天工作时间结构较为一致，并无明显差异，仅福州工作时间不固定的受访者占比高于其余三市。可见，大部分（64.34%）受访者的工作时间在 8～12 小时，但也有 13.36%的受访者严重超时工作。

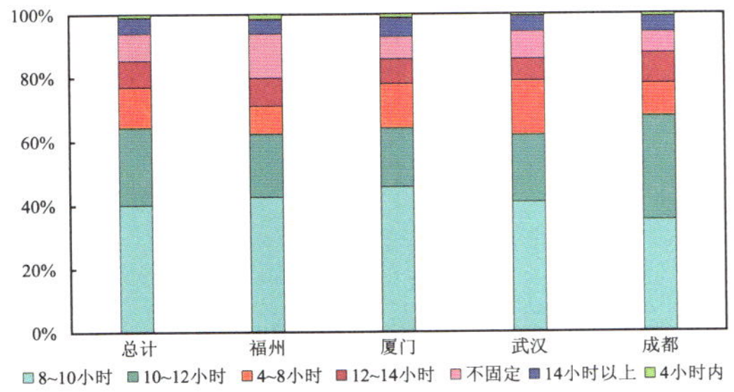

a. 不同城市

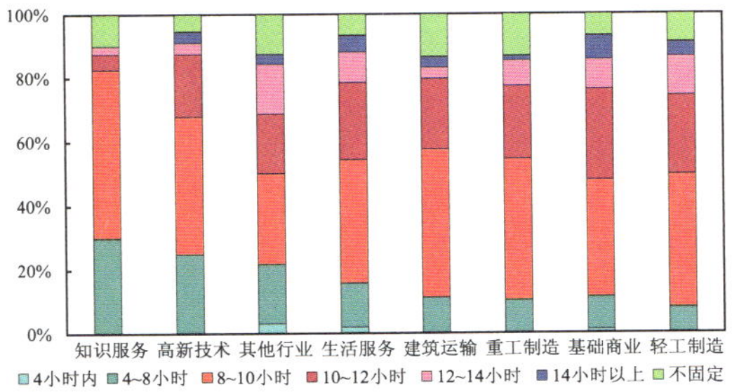

b. 不同行业

图 7–34　不同城市与行业乡城迁移劳动力的每天工作时间

分行业比较，知识服务和高新技术行业受访者平均工作时间显著短于其余行业受访者。具体讲，知识服务行业平均工作时间低于 10 小时的受访者占比为 82.50%，其中 30.00%受访者工作时间不足 8 小时；而生活服务、建筑运输、基础商业、轻重工制造业工作时间低于 10 小时的受访者占比平均为 57.87%；与之相反，仅 7.50%的知识服务行业受访者工作时间超过 10 小时，而轻工制造行业超过 10 小时工作时间的受访者占比达到 41.57%。整体而言，行业差异导致了乡城迁移劳动力每天平均工作时间的差异，制造业与基础服务业受访者平均工作时间长于知识服务、高新技术等高端服务业。工作时间的长短可以反映劳动者生计的胁迫性与底层性，较长的工作时间表明劳动者单位时间劳动效率、单位时间收入比均低于短时间劳动者，底层性就业所带来的效率与利润损失迫使其延长平均工作时间，因此，劳动者所受到的生计胁迫、就业、竞争与发展压力较大，这种差异会进一步影响劳动者的生计稳定性、职业发展性与迁移前景等。

7. 上班时间固定性

进一步统计受访者日常工作时上班时间的固定性（图 7–35），结果显示，52.79%的受访者上班时间相对固定，18.87%的受访者上班时间绝对固定，16.59%的受访者上班时间由自己安排，9.81%的受访者上班时间不固定，1.95%的受访者上班时间需要等待通知。整体而言，大部分（52.79%）受访者能够在固定时间上班，28.34%的受访者没有较为固定的上班时间。分城市比较，福州受访者上班时间固定性低于其余三市，有 38.02%的受访者没有固定上班时间；厦门、武汉和成都受访者上班时间固定性结构总体较为一致，但成都自由安排的受访者占比高于其余三市，达到 23.68%。整体而言，福州和成都受访者上班时间的固定性不如武汉和厦门，但未有明显地域性趋势。

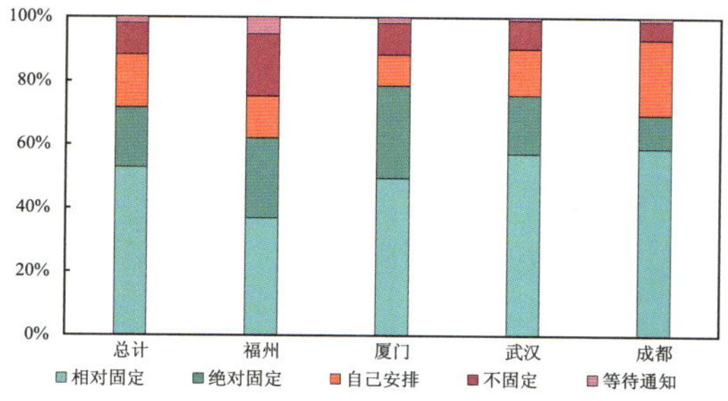

a. 不同城市

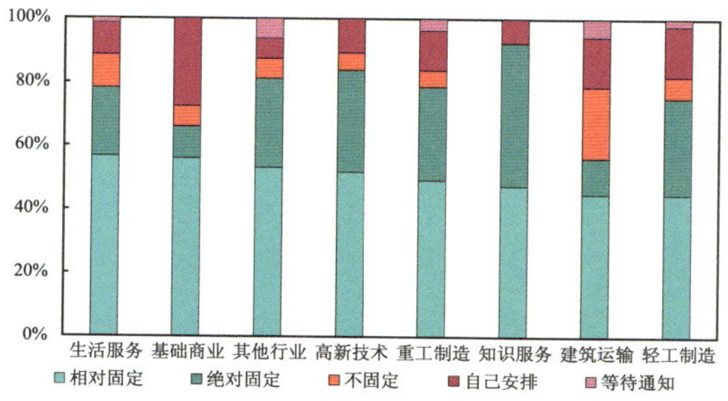

b. 不同行业

图 7–35　不同城市与行业乡城迁移劳动力上班时间固定性

分行业比较，固定性最强的行业是知识服务，最低的是建筑运输，知识服务行业固定上班的受访者占比达 92.50%，而建筑运输行业这一比例仅 56.28%。变化最显著的是上班时间绝对固定的受访者占比，沿知识服务、高新技术、轻工制造、重工制造、其他行业、生活服务、基础商业、建筑运输的行业顺序逐渐降低，从 45.01%到 10.26%。可见低技术知识含量类行业受访者的上班时间固定性低于高技术知识含量类行业受访者，即底层就业的乡城迁移劳动力就业与工作的破碎化、自由化、非建制化较为明显。对比来看，乡城迁移劳动力上班时间固定性的地域差异不如行业差异显著，表明劳动力就业地理格局更多地受到行业结构性影响。上班时间固定性同工作地点固定性，均是劳动力市场分割的重要标志，不同行业从业者表现出不同的就业方式与工作规律，这类差异就是不同行业或地域结构对劳动力市场与就业关系的分割和调整，由此塑造劳动力就业地理格局在地理空间与社会空间中的趋势性格局。

二、劳动力就业保障与待遇

1. 薪酬发放准时性

劳动力就业保障与待遇是乡城迁移劳动力就业特征的主要组成部分，而薪酬发放准时性是可负担性薪酬与可持续生计的重要指标。分城市与行业的薪酬发放准时性统计显示（图 7–36），75.56%的受访者薪酬发放准时准点，16.66%的受访者薪酬发放时间浮动变化，5.37%的受访者薪酬发放偶尔不准时，2.42%的受访者薪酬经常被拖欠。整体看来，80.93%的受访者薪酬可以得到准时发放，可负担性薪酬保障性较强。分城市比较，东部城市福州与厦门受访者薪酬发放准时性低于中西部城市，福州拖欠薪酬的受访者占比达到 7.98%，偶尔不准时发放薪酬的占比也高于其余三市。相比之下，武汉和成都准时发放薪酬的受访者占比高于东部城市。分行业比较，基础商业的受访者薪酬准时性最强，而建筑运输行业31.60%的受访者表示薪酬发放准时性较差，其中表示薪酬经常拖欠的受访者占比为全行业最高，达到 8.23%，表明建筑运输行业薪酬拖欠的发生概率远高于其他行业。

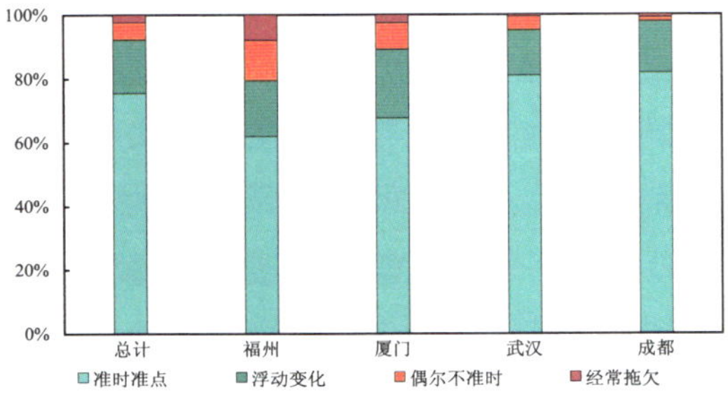

a. 不同城市

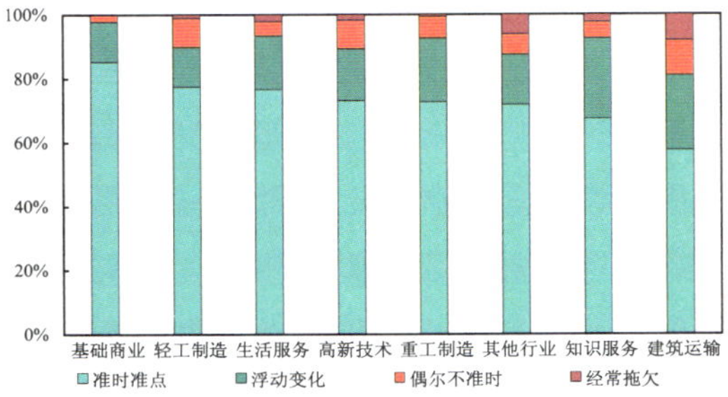

b. 不同行业

图 7–36　不同城市与行业乡城迁移劳动力薪酬发放准时性

准时的薪酬发放意味着稳定、连续、可预期的生计收入，而拖欠薪酬不仅意味着劳动者无法获得稳定、可承担、等价、连续的生计收入，也表示劳动者就业的碎片化、短期化与非稳定化，劳动者未能建立成熟、稳定、可靠的双边或多边劳资关系，并在劳动力就业市场中处于卖方市场的被动地位。薪酬发放的准时性直接关系到乡城迁移劳动力的生计保障、家庭收入与乡村劳务汇款、资本投资与市场消费等，拖欠薪酬是对劳动者劳动权利与就业保障的严重侵犯。不同地域与行业间的劳动者薪酬发放准时性有所差异，这是其就业性质及其所处劳动力市场监管环境所决定的，维持一段良好的劳资关系不仅对劳动者个人而言极其重要，也对区域劳动力市场管治及劳资关系政策建设意义重大。

2. 权益被侵犯时的选择

劳动力合法权益包括平等就业、自由选择职业、及时取得合理的劳动报酬、劳动安全与卫生保护、社会保险和福利、职业技能培训、提请劳动争议处理和休息休假等权利（赵蓉，2014），保障劳动者合法权益是构建可持续劳资关系的重要环节。分城市与行业统计受访者合法权益受侵犯时的反应（图 7–37），以观察受访者合法权益保障情况。结果显示，49.90%的受访者在迁移阶段未受到过合法权益被侵犯的情况；余下50.10%的受访者在迁移阶段遭遇了合法权益被侵犯，其中 36.40%的受访者选择通过法律与政府等公权力机构来解决，7.52%的受访者自认倒霉，选择忍受权益被侵犯，5.04%

的受访者会通过社会关系求助解决，仅1.14%的受访者会选择激烈对抗性的抗议示威等手段来解决问题。可见，乡城迁移劳动力的合法权益被侵犯仍普遍存在，权益受到侵犯的劳动者中，82.71%的劳动者运用合法性手段积极为自己争取应得权益，其中72.65%的受访者会选择法律手段，仅15.01%的受访者选择忍受，2.28%的受访者走向激烈对抗中。

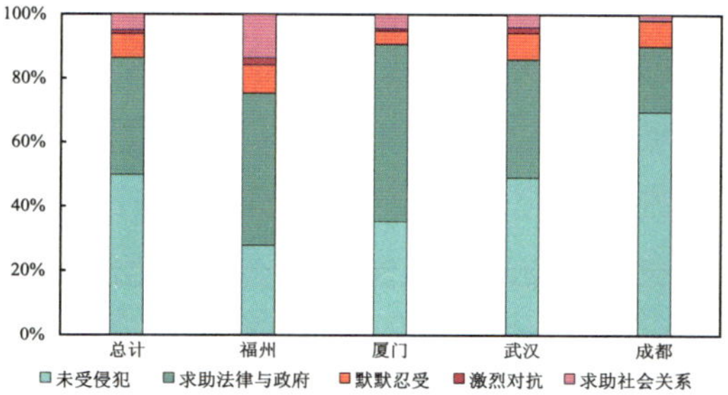

a. 不同城市

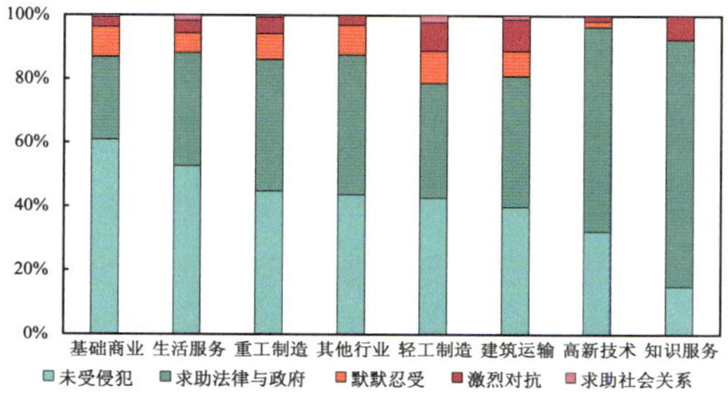

b. 不同行业

图 7–37　不同城市与行业乡城迁移劳动力权益被侵犯时的选择

分城市比较，东部城市福州与厦门合法权益未受侵犯的受访者占比低于中西部城市，福州最低，占比仅有27.76%，其次为厦门、武汉，成都受访者占比最高，为69.67%。而合法权益受到侵犯后选择法律与政府的受访者占比东部城市高于中西部城市，可见，东部城市受访者合法权益受侵犯的比例高于中西部，但东部受访者更愿意采用合法手段为自己争取应得权益。分行业比较，合法权益受侵犯的受访者占比从基础商业、生活服务、重工制造、其他行业、轻工制造、建筑运输、高新技术到知识服务逐次增加，而在受侵犯后选择法律与政府的受访者占比则沿上述行业顺序呈递增趋势，其中，轻工制造与建筑运输行业权益被侵犯后选择激烈对抗的受访者占比显著高于其余行业，可见，基础商业、知识服务等低技术知识含量类行业受访者合法权益受侵犯的比例低于高新技术、知识服务等行业，但后者在受侵犯后选择合法手段的受访者占比高于低技术知识含量类行业受访者。在调查受访者合法权益受侵犯时，发现部分受访者对于自己所拥有的合法权益不甚了解，即存在即使受访者个人合法权益已被侵犯，但受访者本人并未察觉或者感知到。所以，受访者的合法权益被侵犯后选择受到受访者个人对自身合法权益的了解程度与维护决心的影响。如上述统计发现，高新技术与知识服务行业的受访者合法权益受侵犯比例高于基础商业与生活服务，其主要原因在于基础商业与生活服务行业受访者未能全面了解自身所享有的合法劳动权益，故多数情况下认为自身未受到侵犯。但其合法权益受到侵犯后，基础商业与生活服务行业选择消极忍受和激烈对抗的受访者占比高于高新技术及知识服务行业受访者。

3. 加班情况

劳动者依法享有休息休假的权益，而对受访者加班情况（周末与法定假日）的调查有助于评估乡城迁移劳动力的就业状态与合法权益保障情况。分城市与行业统计结果显示（图 7–38），44.93%的受访者没有加班概念，31.77%的受访者偶尔加班，10.41%的受访者经常加班，9.00%的受访者从未加班，严格按照周末与法定假日休息，3.90%的受访者一直在加班。这表明，14.30%的受访者加班情况比较普遍，40.77%的受访者极少加班，余下 44.93%的受访者无法判断自己是否在加班，这部分受访者包括个体经营者、流动性工作者等。分城市看，东部城市福州与厦门受访者加班情况较中西部武汉与成都受访者更加普遍和严重，尤其是厦门，11.24%的受访者表示一直在加班，22.10%的受访者经常加班，相比之下，这一比例在成都分别仅有 1.17%、4.31%。中西部城市未有加班概念的受访者占比却远高于东部城市，如成都 66.34%的受访者未能认识加班，这一比例在厦门仅有 16.10%。可见，东部城市受访者更能认识与了解加班，且加班现象较中西部更为普遍。

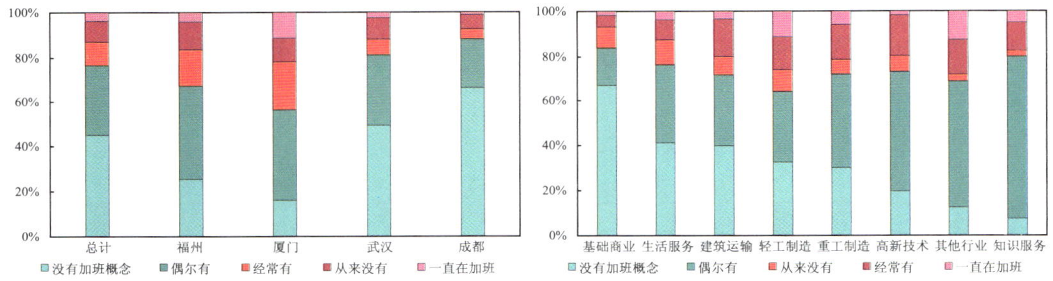

a. 不同城市　　b. 不同行业

图 7–38　不同城市与行业乡城迁移劳动力加班情况

分行业比较，没有加班概念的受访者占比从基础商业、生活服务、建筑运输、轻工制造、重工制造、高新技术、其他行业到知识服务行业呈递减趋势，而偶尔加班的受访者占比则呈递增趋势。建筑运输、轻重工制造、高新技术、其他行业与知识服务行业经常有加班或一直加班的受访者占比平均超过 20%，高于基础商业与生活服务。由此表明，低技术知识含量类行业的加班普遍性低于高技术知识含量类行业，且制造业行业受访者加班现象最为严重。不同的加班情况可以反映乡城迁移劳动力的就业状态，尤其是就业的规范性与时间保障性。没有加班概念意味着受访者的就业零碎化与自由化，未能建立起稳定、有组织的就业关系，且没有加班概念并不意味着劳动者没有加班，反而表明劳动者未能将规范化的休息时间纳入到工作环境中，或者其工作性质决定劳动者未能按照法定休息日安排工作，从而未能保障自身休息权利。

4. 加班津贴

加班时发放津贴或补助是劳动者应享有的正常权利，本书继续调查受访者加班津贴发放情况，分城市与行业的统计显示（图 7–39），67.70%的受访者未能在加班时享受到津贴补助，20.42%的受访者能够享受正常的津贴补助，5.84%的受访者能享受到少量、不足额的津贴补助，3.29%的受访者能够享受多倍津贴补助，2.75%的受访者加班时偶尔才会有津贴补助。可见，加班津贴与补助发放在乡城迁移劳动力就业中仍属于少数现象，大部分受访者未能得到应有的津贴补助。分城市看，东部城市的津贴发放比例高于中西部城市，尤其是多倍工资津贴的发放比例显著高于武汉和成都，表明东部城市在劳动力就业保障上强于中西部城市。分行业比较，基础商业、生活服务等低技术知识含量类行业受访者津贴发放比例低于重工制造、高新技术与知识服务等高技术知识含量类行业，且轻工制造、重工制造、建筑运输与高新技术行业的多倍工资津贴发放比例高于其余行业。整体而言，津贴发放比例在区域与行业间均有显著差异，表明区域化的劳动力市场监管与行业差异所带来的工作性质差异均能影响劳动者津贴发放比例等就业保障权益，建制性、规范性与组织性更强的行业从业者的就业保障性越强，也更容易受到劳动力市场的管治。

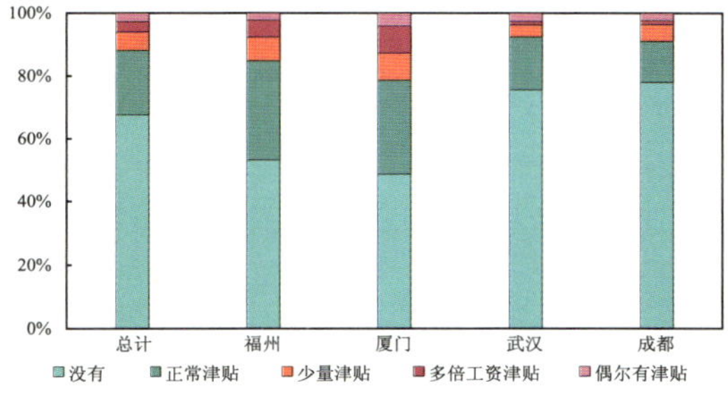

a. 不同城市

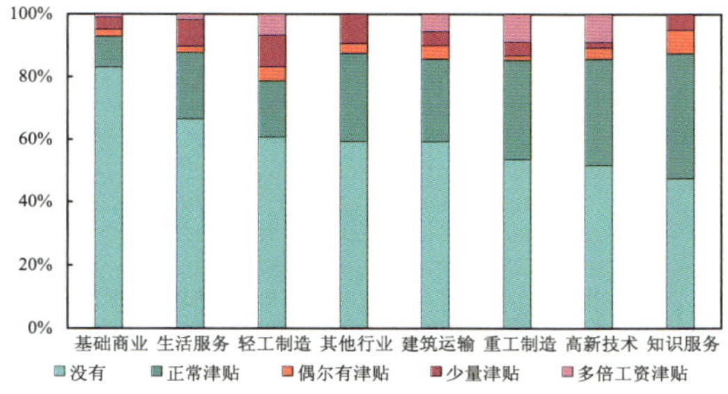

b. 不同行业

图 7–39 不同城市与行业乡城迁移劳动力加班津贴情况

5. 周末休息

周末的休息情况也是劳动者就业保障的重要内容，事关劳动者的身心健康与可持续迁移。分城市与行业统计受访者的周末休息情况（图 7–40），结果发现，42.51%的受访者无周末，即全周都需工作；34.12%的受访者自行安排，休息时间由自己决定，并非严格周末休息；11.69%的受访者在周末两天中仅能选择其中一天休息；8.26%的受访者能够按时双休，可以享受完整的周末；3.43%的受访者根据工作调休至工作日，无明确的周末休息时间。比较不同城市受访者的周末休息情况，各城市间未有明显差异，仅厦门无周末的受访者占比略低，调休至工作日的受访者占比高于其余三市。总体上，各城市受访者周末休息结构同平均水平保持一致。比较不同行业受访者的周末休息情况，生活服务、基础商业等低技术知识含量类行业无周末或自行安排的受访者占比高于高新技术、重工制造、知识服务等行业，而后者按时双休与休息一天的受访者占比高于前者。综合分析，周末休息情况受就业环境与行业差异的影响更大，不同的工作性质决定从业者的休息安排，自由性、非建制性较高的就业者周末休息更为随意与零碎，而规范性与建制性较强的从业者周末休息也更为固定化、规律化。但这其中也存在差异，重工制造等制造业的加班情况也高于知识服务等服务型行业，这一点在加班情况统计中也予以证实。

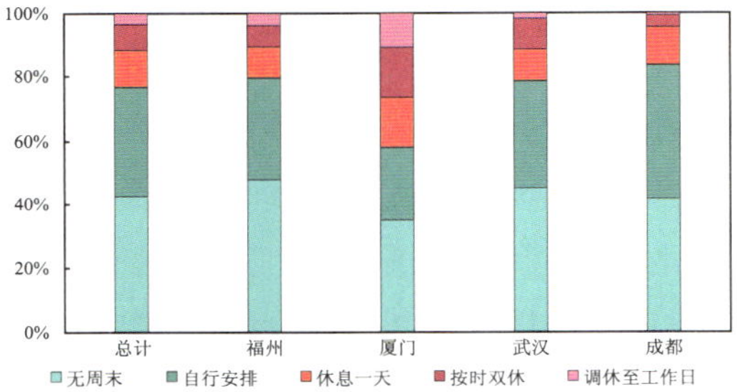

a. 不同城市

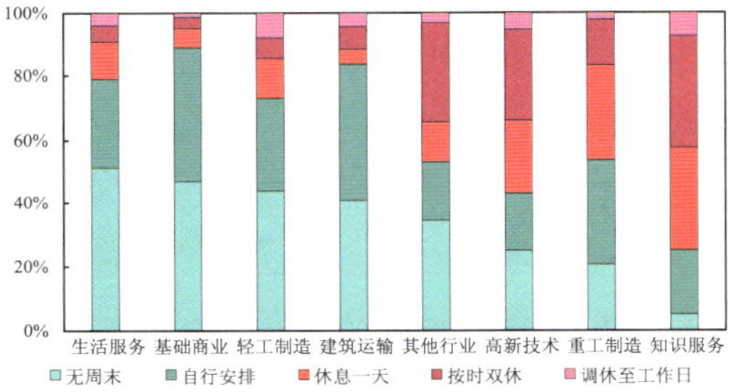

b. 不同行业

图 7–40　不同城市与行业乡城迁移劳动力周末休息情况

6. 工作安全

劳动者应享有安全的工作环境与卫生保护，这也是就业保障的主要内容。通过对受访者的工作安全环境自述调查（图 7–41），可以发现，46.94%的受访者认为自身的工作环境很安全，39.02%的受访者认为自身工作环境比较安全，而分别有 9.00%、2.35%的受访者认为自身工作环境不是很安全和一直有危险，另有 2.69%的受访者表示不清楚自身工作环境的安全状况。分城市来看，东部的福州和厦门认为自身工作环境不够安全或者有危险的受访者占比高于中西部的武汉和成都。以福州和成都为例，福州 16.73%

的受访者认为自身工作环境有危险，而成都仅 8.02%的受访者认为有危险。工作环境的安全性主要还是受到行业与就业性质的影响，所以分行业比较发现，在工作环境的安全自评估过程中，建筑运输行业 31.17%的受访者认为自身在有危险的环境下工作，其次是重工制造，15.44%的受访者认为工作环境具有危险性。相比之下，基础商业、知识服务等行业 90%多的受访者认为工作环境比较安全。可见，第二产业中的制造业、建筑业等行业从业者的工作危险性较大。非安全的工作环境更容易导致劳动者的意外伤害，从而引发劳资纠纷与赔偿，导致劳动者的身体健康与其家庭生计能力受损，因此，保障安全的工作环境对乡城迁移劳动力持续发展具有重要作用。

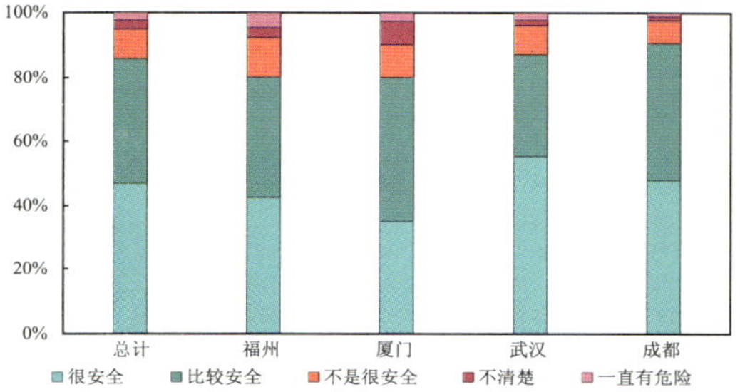

a. 不同城市

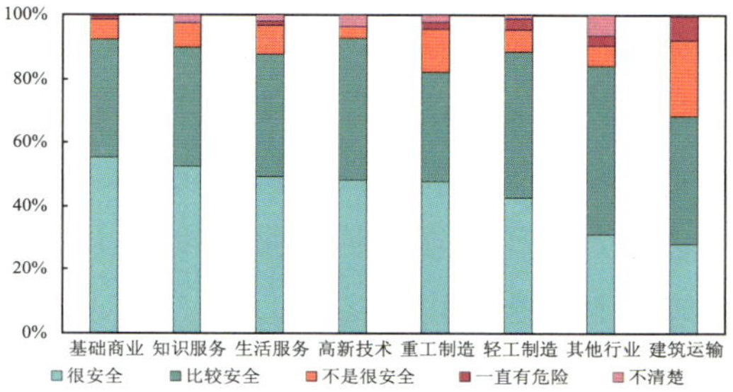

b. 不同行业

图 7–41　不同城市与行业乡城迁移劳动力工作安全情况

7. 工作制服

制服不仅是行业从业者的标志，体现从业者的工作性质，也是劳动者身份的彰显，还附带了对劳动者的保护，如安全帽、口罩、荧光服、特殊性防护材料（手套、防火服、眼镜等）安全标志等等。对受访者工作制服穿戴情况的调查结果显示（图 7–42），43.18%的受访者没有工作制服，22.90%的受访者的工作不要求制服，15.98%的受访者明确要求穿戴工作制服，11.48%的受访者对工作制服无明确要求，另有 6.45%的受访者被推荐穿制服，但未有硬性规定。不同城市受访者调查结果差异较大，东部的福州和厦门被软性或硬性要求穿戴制服的受访者占比高于中西部城市，其中厦门 29.21%的受访者被明确要求穿戴制服，而成都这一占比仅 11.55%。行业间的差异较城市间的差异更大，高新技术行业被要求穿戴制服的受访者占比最高，为 35.71%，其次为生活服务，占比为 35.60%；相比之下，知识服务行业 95.01%的受访者没有制服穿戴要求。基础商业行业 85.11%的受访者表示没有制服穿戴要求或者没有制服。总之，生活服务、重工制造、高新技术行业工作的标志性和保护性要求高于其余行业，但这种标志性与保护性并不意味着工作环境更安全，职业地位更显著。

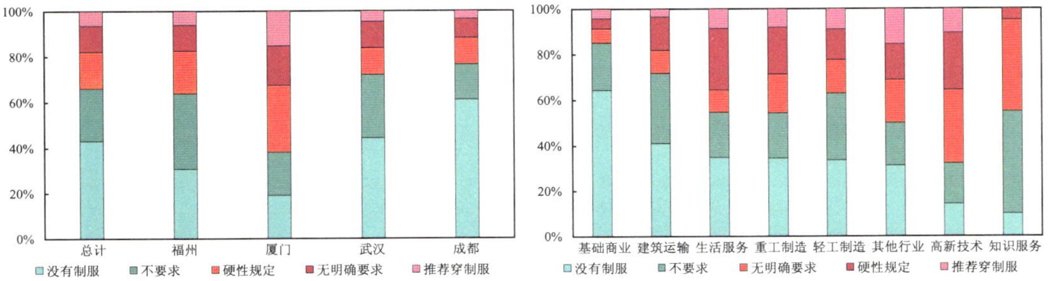

a. 不同城市　　b. 不同行业

图 7–42　不同城市与行业乡城迁移劳动力工作制服情况

8. 工伤赔偿

通常而言，不安全的工作环境总容易引起工伤等意外伤害事故，即使是安全的工作环境也不能保证绝对不会出现劳动者的意外伤害，所以，建立合理的工伤赔偿制度是对劳动者安全保障的必要措施。通过调查受访者对自身经历、同事经历或潜在可能性的评估分析，调查受访者在劳资关系中所能获得工伤赔偿结果，分城市与行业进行统计（图 7–43），结果发现，82.27%的受访者表示能够获得合理的工伤赔偿，而有 12.83%的受访者表示仅有适度的赔偿，3.69%的受访者认为自己会被拖延赔偿，1.21%的受访者认为对方坚决不赔。不同城市的比较发现，厦门认为拖延赔偿的受访者占比最高，合理赔偿的受访者占比最低。总体来讲，东部城市受访者认为得到合理或适度赔偿的占比低于中西部城市。分行业来看，建筑运输行业受访者认为得到合理适度赔偿的占比最低，该行业 11.26%的受访者认为资方拖延赔偿或坚决不赔；基础商业、高新技术与知识服务行业所有受访者均认为自己能得到合理或适度赔偿。对比受访者对工作环境的安全自评估调查结果，可以发现，危险性较高的制造业、建筑业等行业受访者同样也对资方的合理与适度赔偿信心最低，即危险性越高的行业存在拖延赔偿或坚决不赔的比例越高。尽管如此，各行业 80%以上的受访者仍相信工伤能够得到合理适度的赔偿，表明我国乡城迁移劳动力的工伤赔偿制度与环境是很好的。

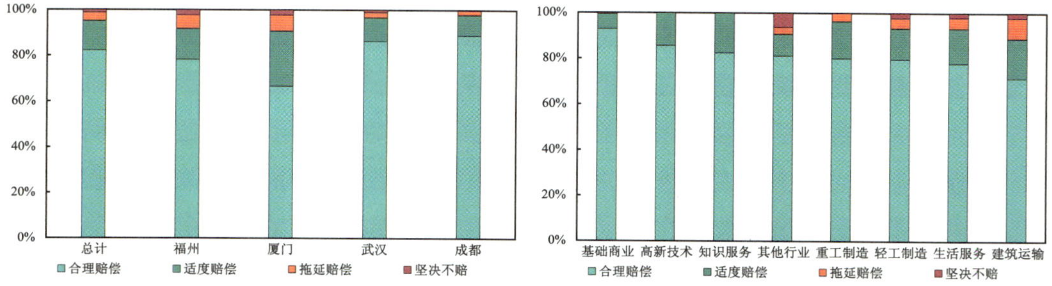

a. 不同城市　　b. 不同行业

图 7–43　不同城市与行业乡城迁移劳动力工伤赔偿情况

三、劳动力职业发展与挑战

1. 技能培训

劳动力的技能培训关系到劳动者的就业能力与职业发展，受到良好技能培训的劳动力更容易在技术行业就业并取得长足发展。对受访者的劳动技能培训/学习情况按城市与行业进行统计（图 7–44），结果发现，41.84%的受访者没有技能培训经历，18.01%的受访者劳动技能跟随师傅学习，15.72%的受访者通过自学习得劳动技能，14.57%的受访者通过学校教育完成技能培训，9.87%的受访者由单位培训劳动技能。不同城市的比较发现，东部城市福州与厦门接受技能培训的受访者占比高于中西部城市，厦门仅16.85%的受访者没有接受过技能培训/学习，而成都这一占比高达 61.64%；与之相对，厦门接受过学校与单位技能培训/学习的受访者占比为 45.63%，而成都这一受访者占比仅 11.15%。由此可见，东部城市受访者受教育培训程度高于中西部城市，结合不同城市受访者学历水平结构发现（本章第一节），学历越高者，其劳动技能培训程度越高，越有利于劳动者的就业与职业发展。

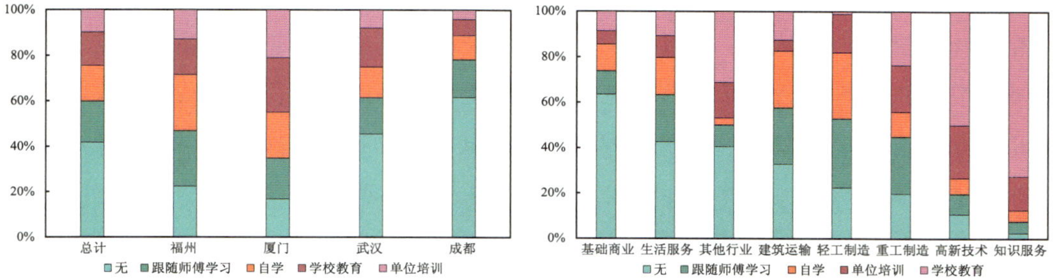

a. 不同城市　　b. 不同行业

图 7–44　不同城市与行业乡城迁移劳动力技能培训情况

不同行业间受访者的技能培训情况大为不同，重工制造、高新技术、知识服务行业受访者的技能培训程度高于基础商业、生活服务、建筑运输等行业，表明高技术知识含量类行业从业者的教育培训程度高于低技术知识含量类行业，且前者从业条件也要求接受一定的技能培训，相对而言，后者对从业人员的劳动技能要求较低。建筑运输与轻工制造行业自学的受访者占比高于其余行业，而高新技术与知识服务行业在学校培训学习的受访者占比远高于其余行业，其中知识服务行业 72.50%的受访者是在校接受技能培训，这一点也和本章第一节中不同行业受访者学历结构一致。由此可见，受教育程度与技能培训程度密切正相关，学历越高者，其受培训方式与途径越规范、越完善，也更系统化；相反，学历程度较低的受访者技能培训更加自主化和关系化，其培训的规范性和系统性也不如单位培训与学校教育。

2. 技能证书

技能证书是对劳动者个人劳动技能等级、类别进行认证的标志，分城市与行业统计受访者对个人工作领域劳动技能证书的认知情况（图 7–45），结果发现，31.23%的受访者不知晓个人工作领域相关劳动技能证书情况，18.54%的受访者表示技能证书对自己工作并无用处，14.30%的受访者认为技能证书作用不大，而有 26.60%的受访者认为拥有技能证书有助于自己职业发展，9.34%的受访者认为从事本领域工作必须拥有相关技能证书。总体来讲，64.07%的受访者未能认识或有限认识劳动职业技能证书，仅有 35.93%的受访者认可劳动技能证书的作用与价值。不同城市受访者对技能证书的认知情况也有所不同，东部城市福州与厦门认可技能证书价值（有则更好、必须拥有）的受访者占比显著高于中西部武汉和成都的受访者，如厦门 53.93%的受访者认为最好拥有或者必须拥有技能证书，而成都这一占比仅 23.29%。

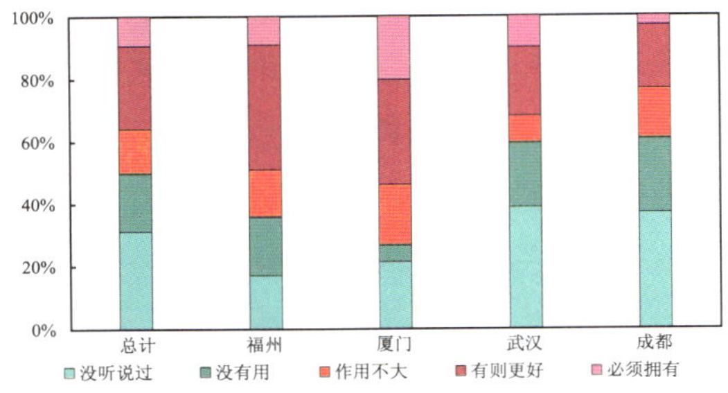

a. 不同城市

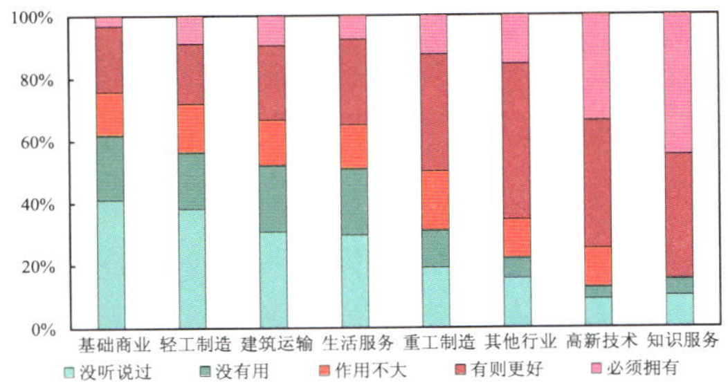

b. 不同行业

图 7–45　不同城市与行业乡城迁移劳动力技能证书认知情况

不同行业受访者对技能证书的认知差异较大，认可职业技能证书作用的受访者占比从基础商业、轻工制造、建筑运输、生活服务、重工制造、其他行业、高新技术到知识服务呈递增趋势，基础商业仅 24.22%的受访者认可职业技能证书的价值，而知识服务行业超过 85%的受访者认为职业技能证书对个体职业发展具有重要作用，其中，认为必须拥有技能证书的受访者占比变化最为明显。这种趋势可以反映出不同行业对从业者职业技能专业化、素质化、系统化和等级化的要求，这也是劳动力市场就业结构对劳动力的分割途径之一。技能证书认知情况与劳动者的培训教育经历、学历结构、年龄结构保持一致性趋势，也由此塑造了不同行业从业者在学历教育、职业发展、就业方式、收入、居住与生活等层面上的差异。

3. 职场歧视

职场歧视广泛存在当今劳动力市场的各个方面，而乡城迁移劳动力作为外来劳动者在城市就业市场上不可避免地面临一定的歧视。本书将歧视分为学历歧视、地域歧视、年龄歧视与外在歧视，外在歧视包括外形与身体歧视、性别歧视、口音歧视与民族歧视。通过调查不同城市与行业受访者遭受歧视的情况（图 7–46），结果显示，77.64%的受访者在就业中没有遭遇过任何歧视，9.40%的受访者遭遇过学历歧视，5.51%的受访者遭遇过地域歧视，4.16%的受访者遭遇过年龄歧视，3.29%的受访者遭遇过外在歧视。总体上，受访者遭遇歧视的占比较低（22.36%），其中以学历歧视、地域歧视和年龄歧视为主。不同城市受访者的遭遇歧视经历的结构占比未能表现出明显的趋势性差异，不过厦门遭遇学历歧视受访者占比最高，而福州经历过地域歧视的受访者占比最高。相比之下，东部城市遭遇歧视经历的受访者占比高于中西部，但相差甚微。

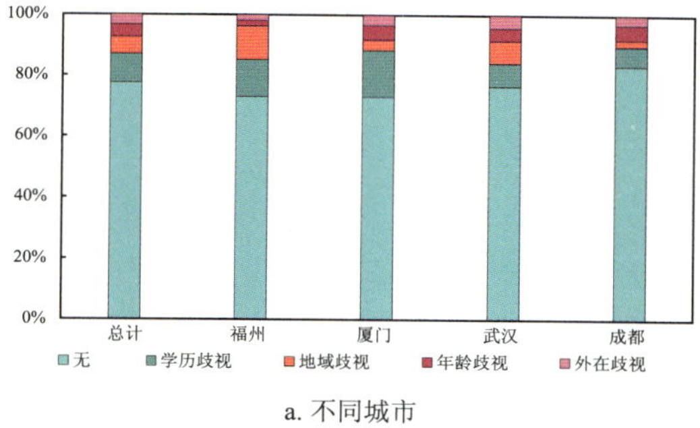

a. 不同城市

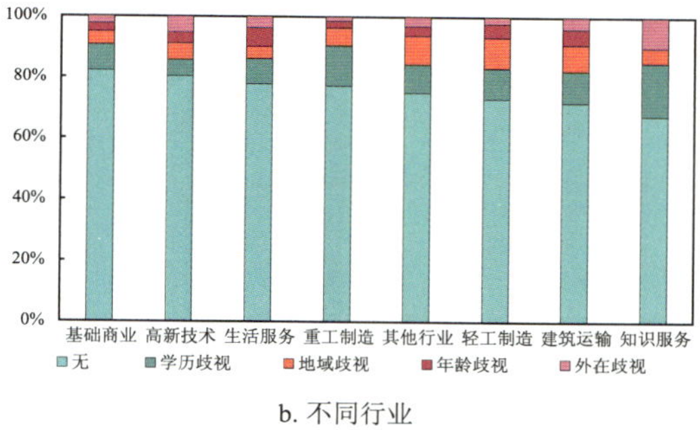

b. 不同行业

图 7–46　不同城市与行业乡城迁移劳动力遭遇歧视情况

不同行业受访者遭遇歧视的经历有轻微的趋势性差异，轻工制造、建筑运输与知识服务行业遭遇歧视的受访者占比高于其余行业，其中，知识服务行业经历外形歧视的受访者占比最高，且该行业遭遇学历歧视的受访者占比为全行业最高，而重工制造行业遭遇学历歧视的受访占比仅次于知识服务行业。不同的歧视类型代表不同的就业要求，但某些歧视带有侮辱性或恶意排他性，如外形歧视中的口音、外貌歧视和地域歧视等。而学历歧视、年龄歧视则反映了行业对从业者的学历、年龄要求，这类要求在很大程度上是合理且必要的，如知识服务与重工制造行业对从业者的学历要求，建筑运输行业对从业者的性别与年龄要求。就业市场中的歧视也是劳动力市场分割的途径之一，从侧面促使劳动者在各行业、各地域间实现合理的分配与流动。

4. 职业发展要求

调查受访者当前职业发展对受访者个体的最大要求，分城市与行业进行统计（图 7–47），结果显示，33.18%的受访者认为当前职业发展对个体最大要求是体力要求，30.96%的受访者认为是技能与经验要求，15.51%的受访者认为暂无要求，8.19%的受访者认为是时间要求，即需要付出更多时间，7.39%的受访者认为是年龄要求，3.02%的受访者认为是资金要求，还有 1.75%的受访者认为职业发展对自己有学历要求。可见，体力与技能经验是乡城迁移劳动力在职业发展上主要的要求，即大部分劳动者从事的工作多为体力型劳动和技能经验型劳动。不同城市受访者的职业发展要求结构未有地域性差异，整体上同平均水平保持一致。差异点在于厦门职业发展要求为时间、年龄、资金和学历要求的受访者占比高于其余三市，成都职业发展要求为体力要求的受访者占比最高，达到 46.18%，但东中西城市间未有显著差异。

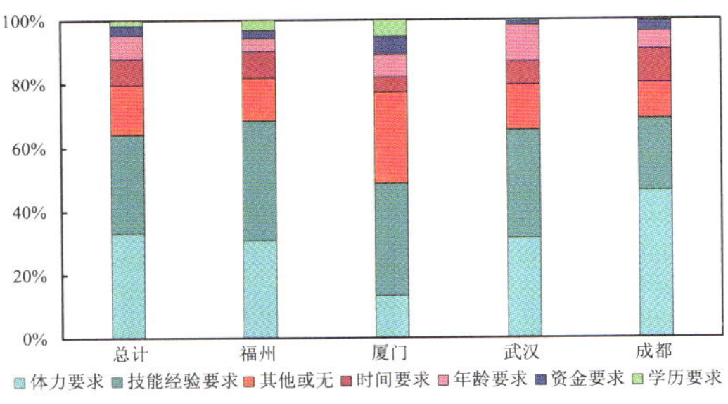

a. 不同城市

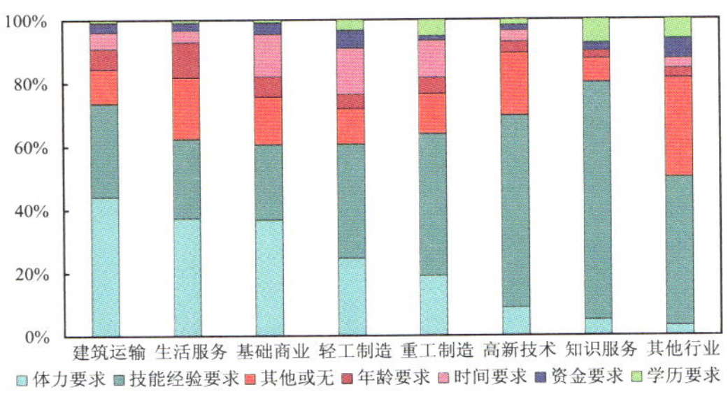

b. 不同行业

图 7–47　不同城市与行业乡城迁移劳动力职业发展要求

不同行业受访者的职业发展要求差异大于城市间差异，知识服务、高新技术、重工制造行业认为技能经验要求的受访者占比远高于其余行业，表明这些行业的就业属于技能经验型；建筑运输、生活服务与基础商业行业中认为体力要求的受访者占比高于其余行业，也是该行业中占比最高的职业发展要求，表明这三类行业的就业属于体力密集型；基础商业、轻工制造、重工制造行业认为时间要求的受访者占比高于其余行业，表明这些行业时间要求较高，加班情况普遍且平均工作时间较长（本章第三节），如轻工制造中的服装制造行业，该行业平均每天工作时间在 10～12 小时以上的受访者占比为全行业最高，且表示经常加班的受访者占比达到 60%以上。不同的职业发展要求反映了乡城迁移劳动力的职业发展挑战，调查结果显示，大部分受访者的职业挑战为体力、经验与时间等低层次方面，在学历、资金、技术等高层次挑战较少，表明当前我国大部分乡城迁移劳动力的职业发展仍处于初级阶段，如需实现稳定、可持续的就业与迁移，则需提升职业发展要求。

第四节 乡城迁移劳动力居住与生活特征

一、乡城迁移劳动力的居住选择特征

1. 住房类型

按不同城市与行业统计乡城迁移劳动力的住房类型（图 7–48），可见自己租房是绝大部分（80%）乡村劳动力在城市中的住房选择。分城市来看，自己租房占比最高的城市是福州，约 90%的乡城迁移劳动力在福州选择自己租房居住；占比最低的城市是武

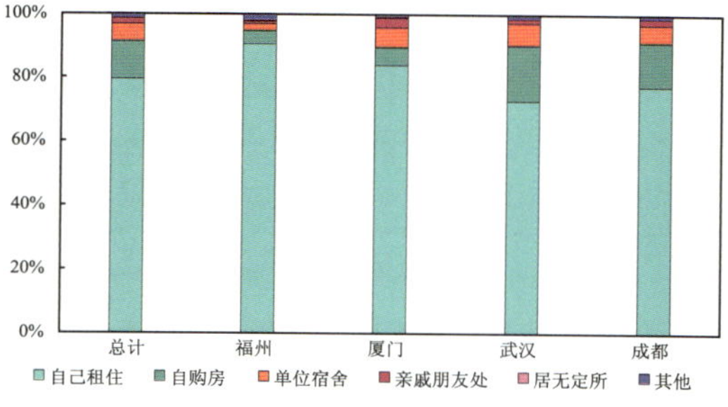

a. 不同城市

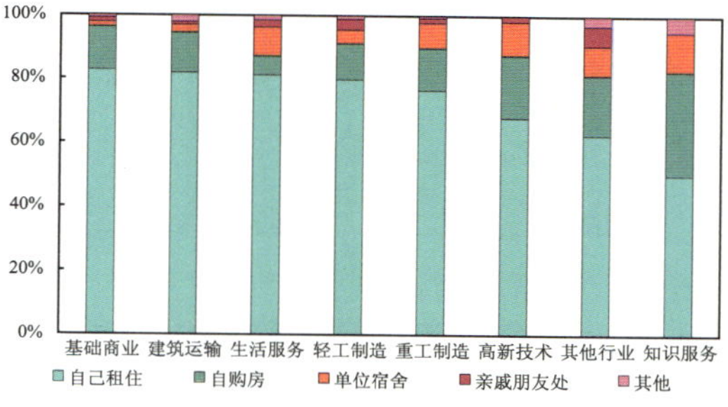

b. 不同行业

图 7–48 不同城市与行业乡城迁移劳动力住房类型

汉，仅 72.77%。整体来看，东部的福州、厦门租房率高于中西部的武汉、成都。从自己购房的农民工占比来看，中西部的武汉和成都自购房农民工占比高于东部城市，其平均占比约为 15.54%，东部仅 4.91%。其他住房类型还包括单位宿舍、亲戚朋友处借宿等方式，但占比极小。总之，东部城市的租房市场更加完善，选择租房的乡城迁移劳动力占比高于中西部，但由于高房价，自购房的农民工占比不如中西部。

分行业来看，整体趋势依然一致，即租房仍是各行业乡城迁移劳动力的住房首选。但这一占比从基础商业、生活服务、建筑运输、轻工制造、重工制造、高新技术、其他行业到知识服务呈逐渐下降趋势，而自购房占比却呈逐渐增长趋势。即随着从业行业的技术与知识含量增加，租房占比下降，购房占比上升，意味着高端行业的乡城迁移劳动力可承受的住房成本高于低端行业，也拥有更强的在城市定居落户的意愿。此外，重工制造、高新技术、知识服务和其他行业选择单位宿舍作为住房选择的农民工占比高于其他行业，平均占比约为 9.47%，表明这些行业更愿意给劳动者提供集体住房解决方案。

2. 同居人数

统计每位受访者住房内同居人数，分析乡城劳动力迁移到城市中同居设施的拥挤程度（图 7–49）。整体上，独自一人居住的乡城迁移劳动力占比为 18.80%，两人同居的占比为 32.37%，三人同居的占比为 21.49%，四人及以上同居占比较小，合计共占 27.33%。分城市来看，除厦门的独居占比略高外，其余各城市同居人数占比结构较为一致，表明乡城迁移劳动力在城市中的同居人数结构在东中西之间无明显差异。分行业来看，其住房人数结构同城市中同居人数结构较为一致。相比之下，从事高新技术行业的受访者独居与二人同居的占比较高，三人及以上同居的占比较小。可见，区域与城市差异、行业差异并不是影响乡城迁移劳动力住房人数结构的主要原因。分年龄段统计，发现 20～30 岁受访者独居比例最高，其次是<20 岁的受访者。另外，>60 岁的受访者独居比例高达 22.99%。这表明刚开始迁移的青年劳动力和大龄劳动力的独居比例更高，前者因为初始迁移时经验、人际关系和资金受限，独居更受欢迎，后者却因为和子女隔代关系、伴侣关系等原因较多选择独居。此外，>60 岁的受访者四人及以上同居的比例高于其他年龄段，而 31～50 岁受访者 3～4 人同居的占比高于其他年龄段，表明乡城迁移劳动力的同居人数结构受到年龄的显著影响，不同年龄段的受访者的家庭结构决定了其住房人数。

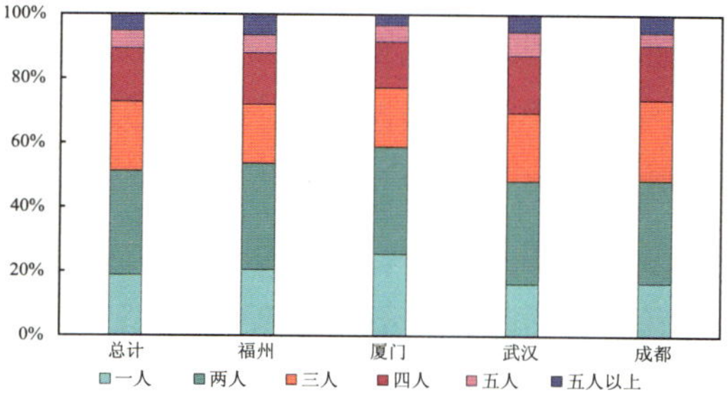

a. 不同城市

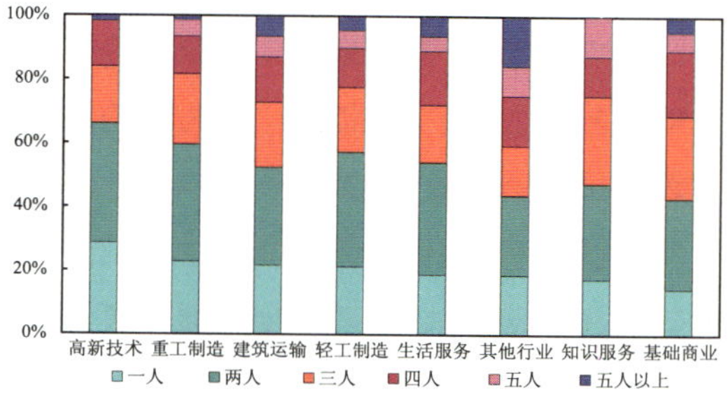

b. 不同行业

图 7–49　不同城市与行业乡城迁移劳动力同居人数

3. 住房成本

分段统计受访者每月承担的房租或房贷等居住成本费用，来衡量乡村劳动力迁移到城市的居住成本及其差异性（图 7–50）。结果显示，40.70%的受访者每月住房成本在 500 元以下，31.70%的受访者每月需支付 500～1 000 元的住房费用，22.50%的受访者每月需要支付 1 000～3 000 元的房费，仅 5.10%的受访者每月需要支付 3 000 元以上的房费，这部分受访者大部分为支付购房之后产生的每月按揭贷款。分城市来看，福州、厦门每月房费 500 元以下的受访者占比低于武汉、成都。东部城市中仅 33.39%的受访者每月支付 500 元以下的房费，而中西部武汉、成都这一占比平均为 44.73%，其中，成都占比达到 50.89%。因此，东部城市的居住成本要高于中西部，西部的居住成本最低。西部城市能够为乡城迁移劳动力提供相较东部更低廉优质的住房服务，也是吸引部分劳动力回流的原因。分行业来看，生活服务、基础商业、建筑运输、重工制造、轻工制造及其他行业每月支付 500 元以下房费的受访者占比平均为 41.78%，而高新技术与知识服务行业这一类受访者占比仅为 25.00%。具体比较而言，高新技术行业

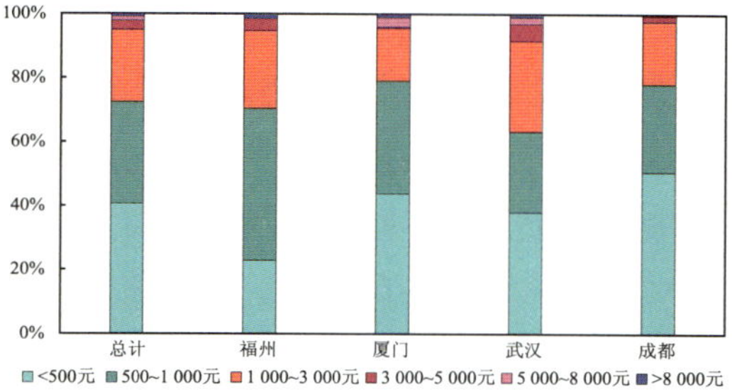

a. 不同城市

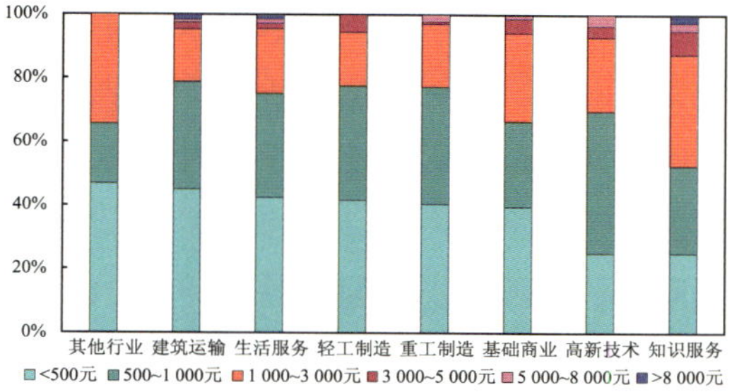

b. 不同行业

图 7–50　不同城市与行业乡城迁移劳动力每月支付房费水平

每月支付 500～1 000 元房费的受访者占比在所有行业中最高，达到 44.64%；知识服务行业每月支付 1 000～3 000 元房费的受访者占比也高于其他行业，达到 27.50%，其他高房费段的占比也高于其他行业。整体来看，高新技术与知识服务行业从业者可以追求更好的居住条件，承担更高的住房成本。相对而言，生活服务、基础商业、建筑运输、轻工制造、重工制造行业受访者更愿意追求低价的住房服务。

4. 住房面积

分段统计不同城市与不同行业受访者的住房面积（图 7–51），结果显示，受访者在不同住房面积段的占比较为均匀。住房面积在 10～20 平方米的受访者占比最高，为 23.77%；其次是 20～30 平方米，占比为 18.40%；30～50 平方米的受访者占比为 15.92%；50～80 平方米的受访者占比为 13.36%。所以，大部分受访者（71.46%）的住房面积在 10～80 平方米，12.56%的受访者住房面积在 10 平方米以下，15.45%的受访者住房面积超过 80 平方米。分城市来看，各城市受访者住房面积结构较为一致。相比之下，厦门住房面积<5 平方米的受访者占比高于其他各城市，5～20 平方米的受访者占比也高于其他各城市，表明厦门的住房成本高于其他各城市。分行业来看，则差异较大。生活服务、基础商业、建筑运输、重工制造、轻工制造在小住房面积段的占比高于高新技术与知识服务行业，而高新技术与知识服务行业在>50 平方米面积段的占比高于其他行业，表明生活服务、基础商业、建筑运输、重工制造、轻工制造行业从业的受访者住房面积低于其他行业受访者。住房面积一方面受到所在城市住房成本的影响，另一方面受访者个人经济能力与可负担房费是住房面积的决定性因素。在宏观层面，东部城市经济发达程度高，城市地价溢价率高，由此住房价格也高于中西部城市；在个体层面，在高新技术、知识服务、重工制造等行业从业的受访者的个人收入高于生活服务、基础商业等行业从业者，这就决定了高端行业从业者更有经济能力负担更大面积的住房。

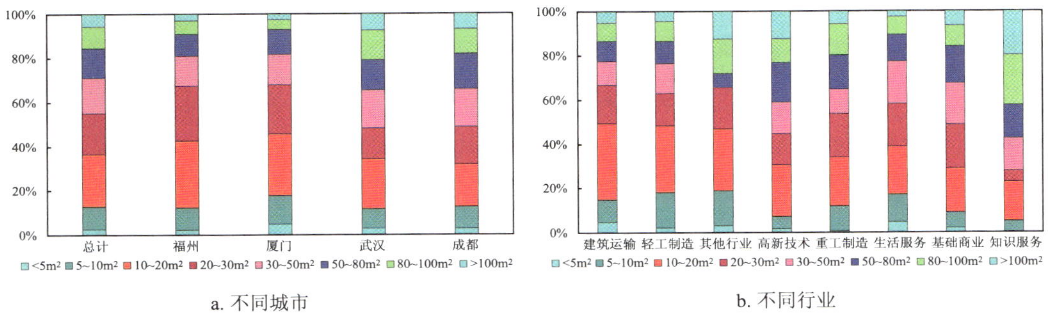

图 7–51　不同城市与行业乡城迁移劳动力的住房面积

5. 搬家次数

图 7–52 统计了不同城市与行业受访者在当前城市的搬家次数，整体上，受访者平均搬家次数为 1.97 次，表明各受访者至少在当前城市更换过 2.00 次住所。分城市看，福州受访者搬家次数最多，达到 2.71 次；厦门受访者搬家次数最低，平均 1.52 次；武汉受访者平均搬家次数 2.16 次；成都受访者平均搬家次数 1.66 次。分行业来看，建筑运输行业受访者搬家次数最多，平均 2.56 次，其次是轻工制造、重工制造、高新技术、生活服务、基础商业、知识服务，最后是其他行业，搬家平均次数从 2.21 次降低到 1.43 次。比较而言，建筑运输和轻工制造行业受访者搬家次数高于其他行业，其中建筑运输行业搬家次数最高，这是由于工作性质决定的，建筑运输行业工作地多变，工作细分性和可替代性强。

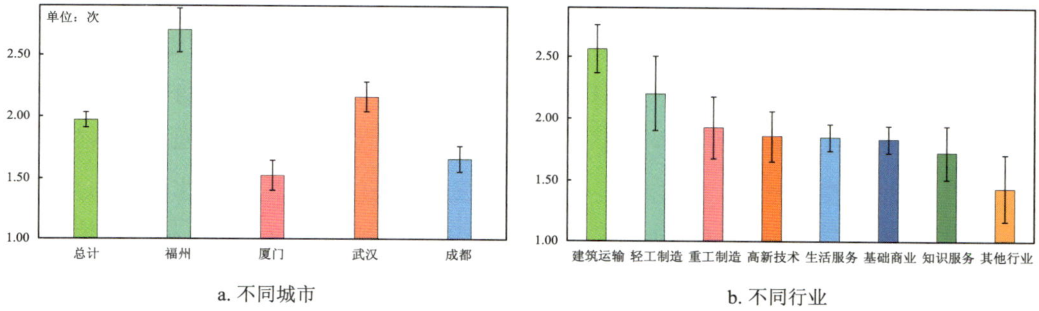

图 7–52 不同城市与行业乡城迁移劳动力平均搬家次数

图 7–53 统计了不同城市与行业受访者更换居住地和搬家的原因，40.56%的受访者表示因为房租太贵选择更换居住地或搬家，为各个原因之首；16.05%的受访者因为城建拆迁搬家；15.72%的受访者因为工作变动搬家；5.57%的受访者因为家庭原因搬家；此外，还有 17.39%的受访者搬家原因归结为个人、朋友、偶然因素和临时性因素等。分城市比较，福州因为房屋拆迁搬家的受访者占比最高，为 35.74%，其他城市这一比例均较低，如武汉仅 11.83%的受访者因为拆迁搬家。乡城迁移劳动力多居住于城中村和老城区，近年来，各城市都启动了旧城改造以及城市建成区扩大等改建工程，不少移民集中居住区因此搬迁。福州自 2016 年来的旧城改造迫使大批乡村移民搬迁，寻找新的集中居住地（彭永宸，2018）。各行业搬家原因结构无明显差异，房租太贵仍是各行业受访者搬家的主要原因，此外，房屋拆迁、工作变动与家庭原因也是搬家的重要原因。租房成本依然是各行业劳动者搬家的首选项，近年来，我国东中西各大城市土地价格与住宅价格快速上涨，导致房租上涨，加之城市改建与扩张，房租上涨压力进

一步增大（刘蕾，2014）。所以，寻求可负担的住房成为乡村移民选择住所的重要考量。此外，工作与家庭的变动也会影响乡村移民更换住所。

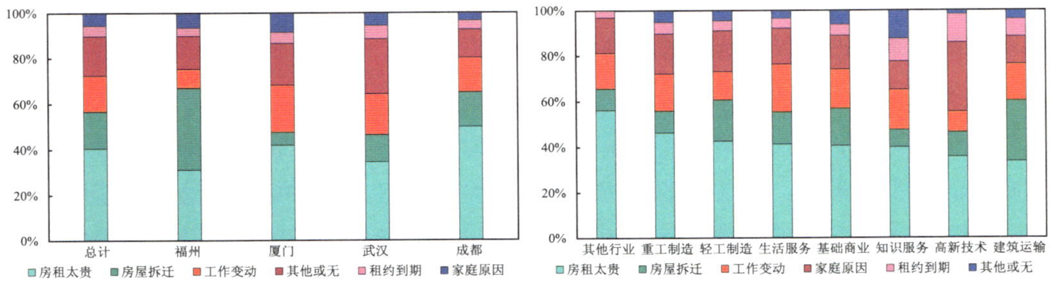

a. 不同城市　　b. 不同行业

图 7–53　不同城市与行业乡城迁移劳动力搬家原因

进一步分析受访者选择住所时的主要考虑因素，分城市与行业加以统计（图 7–54）。结果表明，住房费用及与工作地的距离是乡城迁移劳动力选择居住地最重要的考量因素，41.50%的受访认为住房费用是选择住所时最重要的因素，27.94%的受访者认为离工作地近更为重要。此外，其他因素主要包括生活环境、交通、熟人朋友关系、房屋质量等。分城市来看，东部的福州、厦门认为房屋费用及职住距离最重要的受访者占比低于中西部的武汉、成都，福州认为熟人朋友关系最重要的受访者占比明显高于其余三个城市。分行业来看，从生活服务、基础商业、建筑运输、重工制造、轻工制造、高新技术到知识服务行业，认为住房费用为最重要因素的受访者占比呈下降趋势，而认为生活环境为最重要因素的受访者占比呈逐渐增加趋势。这表明不同行业从业者选择住所时的考量具有一定差异与趋势性规律，高新技术与知识服务等行业从业者经济

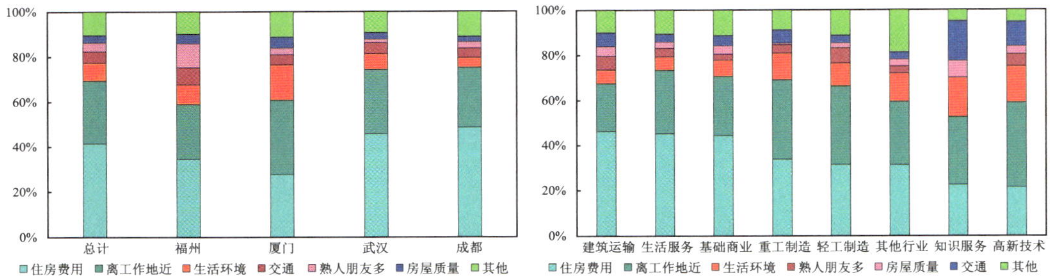

a. 不同城市　　b. 不同行业

图 7–54　不同城市与行业乡城迁移劳动力选择住所时的考虑因素

收入高于基础商业和生活服务等行业，所以房屋费用的重要性在下降，而房屋质量、生活环境、交通等内在品质的重要性在上升。整体而言，对大部分外来乡村劳动力而言，住房成本与职住距离仍是影响他们居住自选择的最重要因素（张少尧等，2018），但不同经济条件的移民在选择时更具灵活性。

6. 社区人际关系

分析受访者居住社区的人际关系（图 7–55），可以发现，50.30%的受访者认为居住社区的陌生人最多，25.72%的受访者表示同乡者最多，17.73%的受访者表示同事最多，6.25%的受访者表示亲戚与同学最多。分城市看，福州表示同乡者最多的受访者占比最高，其次是厦门、武汉和成都；表示陌生人最多的受访者占比从福州、厦门到成都、武汉呈增加趋势，中西部的武汉与成都表示同事最多的受访者占比高于东部的福州和厦门。可见，同乡的外来乡村劳动力在东部城市更容易集聚，因为东部城市中外省长距离迁移的乡村劳动力占比较高，中西部因多为省内迁移，同乡者集聚度较低。分行业来看，建筑运输与轻工制造行业认为同乡最多的受访者占比高于其余行业，其余行业大部分受访者认为社区中陌生人最多。值得注意的是，知识服务行业认为同学最多的受访者占比远高于其他行业，因为知识服务行业从业者均接受过完整长时序教育，其同学关系在就业与居住中发挥重要作用。此外，各行业认为社区中亲戚最多的受访者占比平均为 17.73%，表明以血缘关系为纽带的人际网络在乡城迁移劳动力居住自选择过程中的重要作用。社区人际关系也是劳动力地理景观的组成部分，关系到乡城移民在城市中的社区归属感与社会融合，对于实现以人为本新型城镇化意义重大。

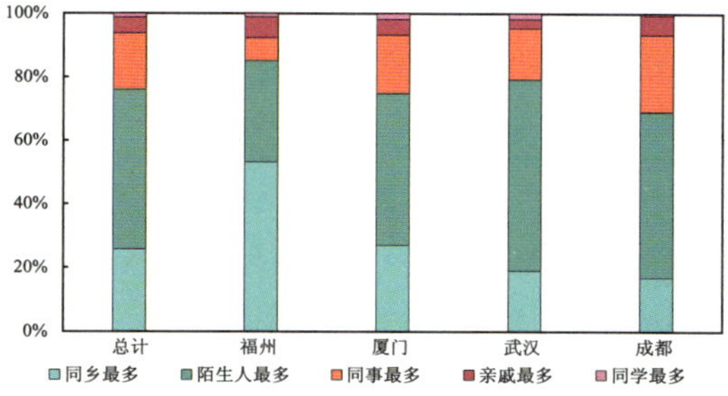

a. 不同城市

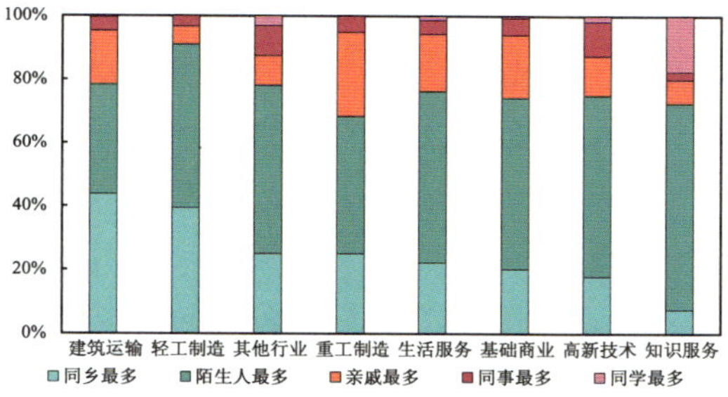

b. 不同行业

图 7–55 不同城市与行业乡城迁移劳动力的社区人际关系

7. 住房距市中心距离

以 10 分钟以内、10～30 分钟、30～60 分钟、1～2 小时、2 小时以上为时间段，统计受访者住所到所在城市市中心的时间距离（驾车）（图 7–56）。市中心以所在城市的著名地标性建筑或商业中心，如成都天府广场、武汉汉口区江汉路或武昌区洪山广场、福州台江区五一广场、厦门中山路。结果显示，绝大部分（83.75%）受访者住所到市中心的时间距离在 1 小时以内，其中，40.30%的受访者住所到市中心的时间距离为 30～60 分钟，32.37%的受访者其住所离市中心 10～30 分钟车程，11.08%的受访者住所邻近市中心，不到 10 分钟车程。分城市来看，福州和厦门受访者住所到市中心时间距离结构同整体水平一致。武汉 92.63%的受访者住所离市中心车程距离在 1 小时之内，仅 7.37%的受访者住在离市中心车程 1 小时之外的区域。与此相对，成都仅 73.19%的受访者住所在市中心 1 小时车程范围内，另有 26.81%的受访者住在市中心 1 小时车程范围外。武汉由于长江、汉江及众多湖泊影响，城市空间结构为多中心组团式，无唯一明确的市中心，因此，受访者住所离市中心较近；而成都空间结构为环形放射状，建成区面积大于其余各市，迁移到成都的乡村劳动力多居住于城郊接合部，远离市中心。

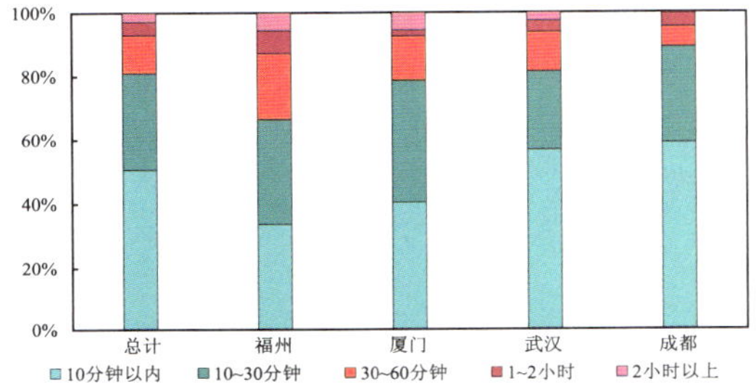

a. 不同城市

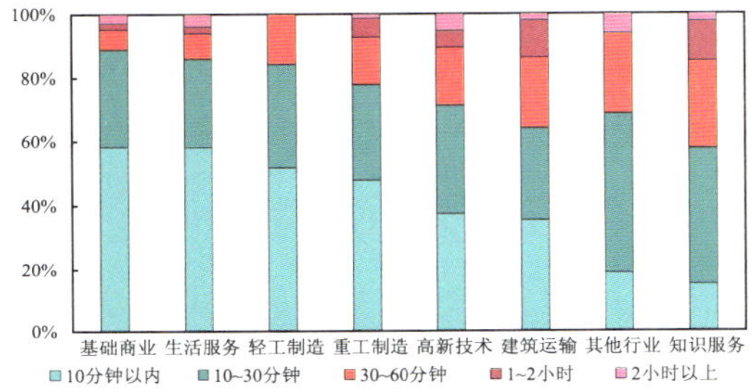

b. 不同行业

图 7–56　不同城市与行业乡城迁移劳动力住所到市中心的时间距离

分行业来看，住所离市中心距离在 10 分钟内的受访者占比沿基础商业、生活服务、建筑运输、重工制造、轻工制造、高新技术、其他行业和知识服务各行业递减；与此相反，住所在市中心 1 小时车程之外的受访者占比却沿此行业顺序递增。综合分析表明，基础商业、生活服务等行业从业者较高新技术、知识服务等行业从业者住所离市中心更近。究其原因，从事基础商业和生活服务的乡城迁移劳动力的工作多为居民服务业类，如餐饮住宿、搬运环卫、肉蔬供销等，离市区居民区较近；高新技术、知识服务行业受访者更有能力购买住房，因房价沿市中心到城郊递减而多购买稍微远离市中心的住房。

8. 通勤时间

同样以 10 分钟以内、10～30 分钟、30～60 分钟、1～2 小时、2 小时以上为时间段，统计受访者从住所到工作地的时间距离，即上班时间（图 7–57）。结果表明，50.50%的受访者上班时间不足 10 分钟，30.42%的受访者上班时间在 10～30 分钟，11.95%的受访者需要 30～60 分钟的上班时间，仅 7.12%的受访者上班时间超过 1 个小时。分城市来看，福州、厦门上班时间短于 10 分钟的受访者占比小于中西部的武汉、成都，而福州、厦门上班时间在 30～60 分钟的受访者占比高于武汉、成都，上班时间超过 2 小时的受访者占比也远高于成都。由此可见，东部城市务工者的通勤时间整体长于中西部城市，即职住分离程度高于中西部城市。从福州、厦门到武汉再到成都，平均通勤时间逐步增加，职住分离程度逐渐减弱。

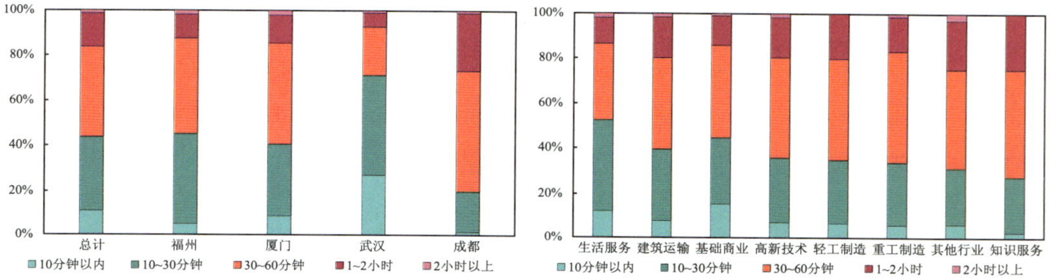

a. 不同城市　　b. 不同行业

图 7–57　不同城市与行业乡城迁移劳动力上班所需时间

分行业来看，生活服务、基础商业、重工制造、轻工制造等行业受访者平均上班时间短于建筑运输、高新技术、知识服务、其他行业受访者，后者上班时间长于 30 分钟的受访者占比高于前者，表明不同行业显著影响乡城迁移劳动力的通勤时间。通勤时间受到居住地、工作地、居住地到市中心距离、城市就业空间分布以及城市空间结构形态的综合影响。此外，不同行业的工作性质也会影响从业者的通勤时间，如运输行业从业者。高新技术与知识服务行业的就业地多在城市中心，而这些行业受访者居住地离市中心较远，导致通勤时间增加。通勤与职住分离是就业地理格局及劳动力地理景观格局的重要组成部分，决定着城市就业与劳动力的空间格局。

9. 通勤工具

分城市与行业统计受访者上班所用不同交通工具的占比（图 7–58），整体而言，步行与电动车为受访者通勤交通工具的首选，其中步行占比 41.10%，骑电动力占比

21.16%，合计占比 62.26%。此外，选择公共交通者占比 16.45%，汽车自驾者占比 7.25%，选择其他交通工具者占比 14.04%。分城市来看，福州选择电动车的受访者占比最高，为 49.43%；厦门选择公共交通的受访者占比最高，为 27.72%。相比而言，从福州、厦门到武汉再到成都，选择步行的受访者占比逐步增加，这一趋势同各城市受访者通勤时间的变化趋势一致。

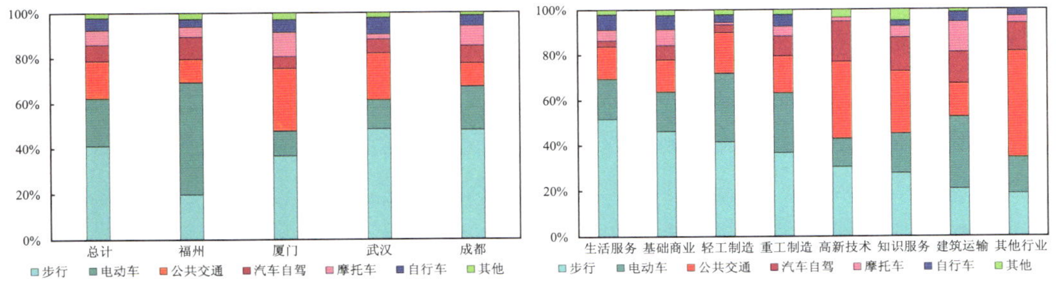

a. 不同城市　　b. 不同行业

图 7–58　不同城市与行业乡城迁移劳动力通勤工具

分行业比较，生活服务、基础商业、重工制造、轻工制造各行业选择步行的受访者占比高于高新技术、知识服务、建筑运输、其他行业受访者，而高新技术、知识服务、其他行业选择公共交通的受访者占比高于生活服务、基础商业、重工制造、轻工制造，表明生活服务、基础商业、重工制造、轻工制造行业从业者通勤方式、通勤时间、通勤路线较后者而言更加自由，而高新技术、知识服务、其他行业通勤方式、时间与路线更加固定和规制化。其中，建筑运输行业由于工作性质原因，选择公共交通的占比较小，选择电动车与摩托车的占比较高。由于该行业工作地较远，且城市公共交通难以到达，所以，选择电动车与摩托车更方便。通勤方式受到通勤时间、住所位置、工作性质和城市空间结构的影响，也是影响职住分离的重要因素。

二、乡城迁移劳动力的生活家庭特征

1. 婚姻状况

以已婚、单身、恋爱、离异与丧偶五种婚姻状态，分城市与行业统计受访者的婚姻状态分布（图 7–59）。结果显示，受访者中大部分婚姻状态为已婚，占比达到 77.77%，15.58%的受访者婚姻状态为单身，4.37%的受访者为恋爱状态，还有 2.28%的受访者婚姻状态为离异与丧偶。分城市比较，厦门单身受访者占比最高，已婚受访者占比最低；福州单身受访者占比低于武汉和成都，成都已婚受访者占比高于武汉。整体而言，东部城市已婚受访者占比低于中西部，这一点是因为东部受访者平均年龄小于中西部。分行业比较，基础商业、生活服务、建筑运输等行业已婚受访者占比高于重工制造、高新技术、知识服务等行业，而后者恋爱与单身受访者占比高于前者。婚姻状态的决定性因素是年龄，不同行业从业者平均年龄有所差异，如高新技术与知识服务行业受访者平均年龄小于基础商业、生活服务等行业。

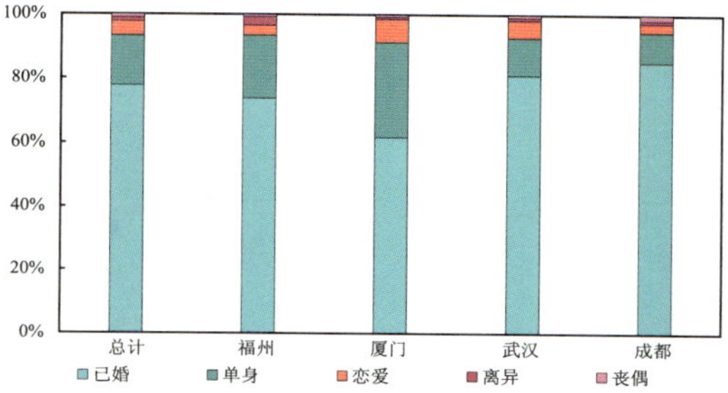

a. 不同城市

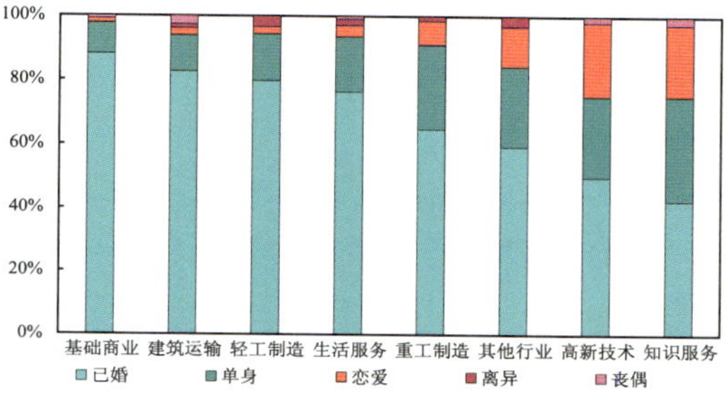

b. 不同行业

图 7–59　不同城市与行业乡城迁移劳动力婚姻状况

2. 同居状况

进一步统计不同城市与行业受访者的同居状况（图 7–60），深入分析婚姻状态特征。结果显示，66.62%的受访者与配偶/伴侣同居，17.13%的受访者无配偶伴侣同居，11.48%的受访者与配偶伴侣分居，可见大部分受访者都和配偶伴侣同居。分城市来看，整体格局同婚姻状态结构一致，厦门同居受访者占比最低，东部城市受访者同居比例低于中西部。分行业来看，同居状态的比例结构与婚姻状态结构保持一致，即基础商业、生活服务、建筑运输等行业受访者同居比例高于高新技术、知识服务、其他行业受访者。可见，同居状态的决定性因素是婚姻状态。横向对比分城市与分行业的婚姻状态结构比例和同居状态结构比例，发现同居占比低于已婚和恋爱占比，无配偶伴侣与分居占比高于单身、离异、丧偶占比，已婚中仍有 178 名受访者处于分居状态，占已婚的比例为 15.37%。这表明即使受访者已婚或恋爱，仍有部分配偶未能和伴侣同时迁移到当前城市或当前工作地，即二人未能在劳动力迁移上保持协同。婚姻与同居状态是影响乡村劳动力在城市中安居落户的重要影响因素，对于保持稳定迁移和市民化至关重要，也是反映迁移完整程度的重要指标。

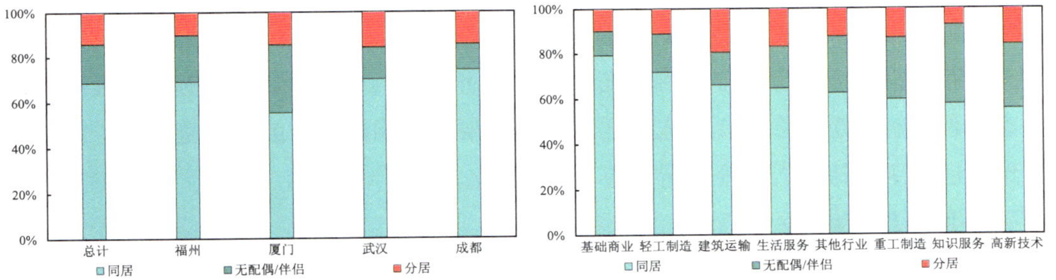

a. 不同城市　　b. 不同行业

图 7–60　不同城市与行业乡城迁移劳动力同居状况

注：调查问卷中关于同居状况还有“经常分居”“经常同居”两类，因数据为 0，故图中不显示。

3. 故乡家人留守状况

统计不同城市与行业受访者家人留守状况（图 7–61），结果显示，35.93%的受访者家中仅有父母留守，26.66%的受访者除自己外的家人均在家留守，19.74%的受访者已没有家人在故乡家中留守，其余 17.66%的受访者故乡家中还有儿女、配偶及其他亲人留守。整体而言，全家随迁的比例不足 20%，相对较少。大部分受访者均还有家人留守故乡，尤其是父母留守的占比达到 43.92%，儿女留守的占比 10.81%。相比之下，配偶留守比例仅 2.28%，可见配偶随迁的比例高于儿女与父母。分城市来看，成都全家随迁的比例最高，占比 24.27%，武汉全家随迁比例为 19.87%；相比之下，东部福州和厦门全家随迁比例仅 15.28%，厦门全家留守比例最高，为 37.45%，高于武汉和成都的 29.02%、18.19%。由此表明，东部全家随迁比例低于中西部，中西部全家随迁占比及未来概率均高于东部城市。东部外来劳动力迁移多为跨省远距离迁移，而中西部多为省内迁移，较短的迁移距离、较低的生活与迁移成本、较为一致的文化与生活习惯使得全家随迁更容易实现和成功。分行业来看，各行业受访者故乡家人留守状况结构

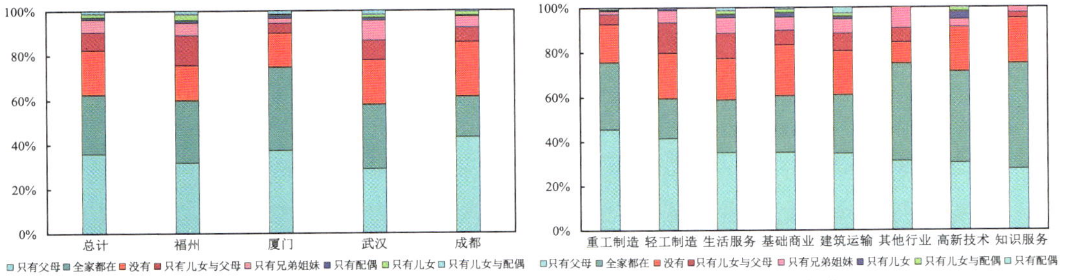

a. 不同城市　　b. 不同行业

图 7–61　不同城市与行业乡城迁移劳动力故乡家人留守状况

占比大为一致，细微处便是高新技术与知识服务行业受访者全家留守比例较高，轻重工制造行业受访者父母留守比例更高，但无显著差异，表明行业差异对乡城迁移劳动力家人留守状况影响微弱。家人留守状况的主要影响因素是年龄、家庭结构、迁移目的地、迁移距离等个人与地域特征。

4. 回乡探亲状况

回乡探亲状况是衡量乡城迁移劳动力对故乡眷恋程度以及迁移完整性的重要指标，分城市与行业统计受访者回家探亲状况（图 7–62），结果发现，67.90%的受访者仅在春节回家探亲，10.75%的受访者回家无固定时间，工作闲暇时回家的受访者占比9.67%，另有 8.93%的受访者极少回家或不回家。分城市来看，表示仅在春节回家的受访者占比大致相同，约 65%；差异明显的是厦门和武汉表示工作闲暇时回家的受访者占比高于另外两市，但差异不大。分行业来看，回家探亲的比例结构同全体受访者结构相差无几，保持较为稳定的结构，仅轻工制造行业受访者工作闲暇时回家和极少回家的占比高于其他行业。综合而言，回家探亲状况可以反映乡城迁移劳动力的迁移完整和成熟度，回家越少的迁移成熟度越高，表明在城市的社会融合度和市民化程度越高；回家次数越多，时间越固定，表明迁移仍处于初期阶段，对在城市安居落户和市民化的接受度越低，但回家探亲决策受到传统节日文化、家庭结构、年龄、个人心理等多方面影响。

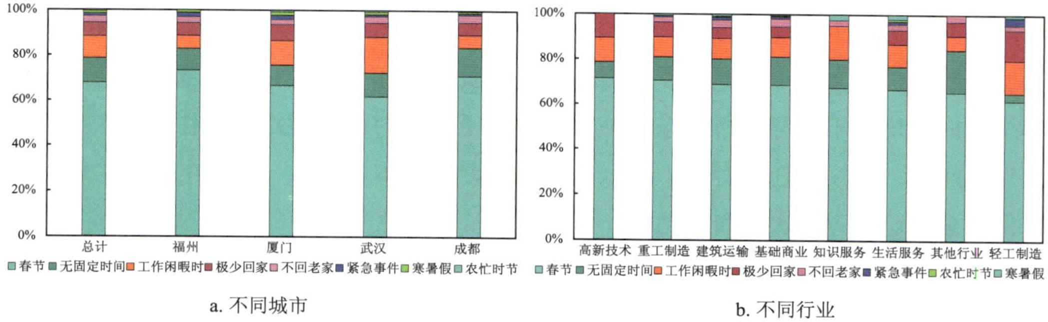

图 7–62　不同城市与行业乡城迁移劳动力回乡探亲状况

5. 社保购买状况

购买社会保险是衡量乡城劳动力迁移中社会保障程度的重要指标，统计各城市与行业受访者的社会保险购买情况（图 7–63），结果发现，56.15%的受访者因经济能力、认知等原因未能购买社会保险，其中 26.93%的受访者不打算购买社会保险；43.85%的受访者通过自己或单位购买的方式已获得社会保险，其中自己单独购买的受访者占比

22.63%。分城市比较，厦门和武汉由单位购买社会保险的受访者占比高于福州和成都，其余购买方式的占比结构差异较小，无明显区别。分行业来看，不同行业受访者社保购买情况差异显著，高新技术和知识服务行业由单位购买的受访者占比远高于其他行业，其中，知识服务行业62.50%的受访者由单位购买社保。基础商业、生活服务、建筑运输、轻重工制造等行业表示不打算购买和买不起的受访者占比高于其他行业，即这些行业受访者社保购买的意识不如高新技术与知识服务等行业从业者。社保购买情况受到个人经济能力、认知情况、就业体系的影响，具有正式单位的就业者购买意识往往高于边缘化的自由就业者。购买意愿同时也受个人学历、年龄等因素影响，但受地域差异的影响较小。

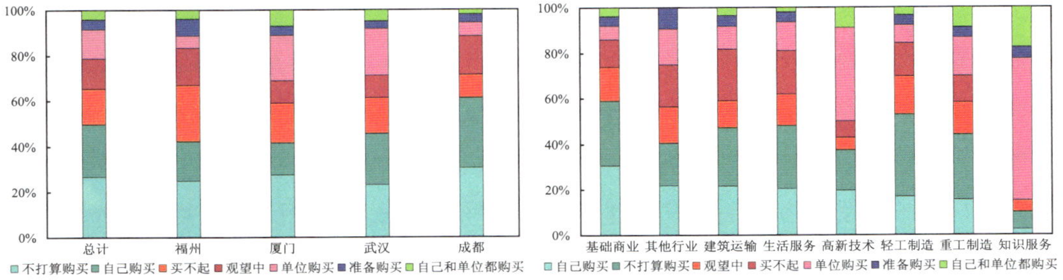

a. 不同城市　　b. 不同行业

图 7–63　不同城市与行业乡城迁移劳动力社保购买情况

6. 主要消费结构

将受访者的消费项目加以合并，整理出受访者占比最大的主要消费项目，分城市与行业统计受访者的消费结构占比（图 7–64）。结果显示，46.14%的受访者最主要的消费是日常消费，包括服装、饮食、通信与交通、家居与娱乐等事项；19.88%的受访者认为儿女的婚姻与教育为当前最主要的消费项目，包括子女的学费、抚养费、购房置业费、婚姻开支等事项；26.39%的受访者认为建房/买房为最主要的消费支出，包括租房、建房、改扩建、装修、购房及其贷款债务等其他建设性工程开支事项；余下7.05%的受访者最主要的支出项目为积蓄与债务（2.75%）、医疗健康（1.41%）、社会保障、个人发展、旅游、意外事故等事项。四个城市的受访者的主要消费结构无趋势性差异，福州和武汉认为建房/买房/租房为最主要消费支出的受访者占比略高于厦门和成都。除高新技术与知识服务外的其余行业受访者消费结构相差无几，保持一致。高新技术行业认为日常消费为最大消费支出的受访者占比高于平均水平，而知识服务行业中认为建房/买房/租房为最大消费支出的受访者占比显著高于其他行业，尤其是购房费用开支，表明该行业从业者安居落户的意愿较强。

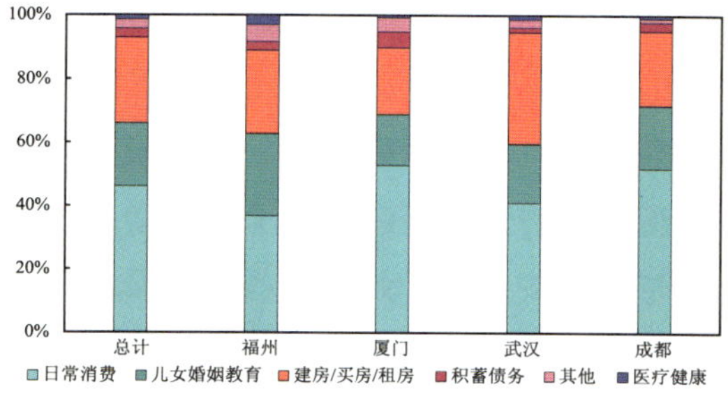

a. 不同城市

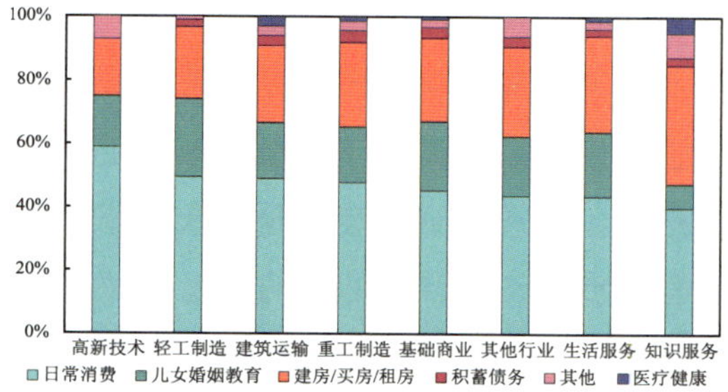

b. 不同行业

图 7–64　不同城市与行业乡城迁移劳动力主要消费项目

7. 重大关切

进一步探究受访者当前生活的重大关切，以表征迁移之后在城市中生活面临的重大挑战与障碍。分城市与行业统计发现（图 7–65），38.75%的受访者表示薪酬待遇、经济能力是目前重大担忧；20.95%的受访者表示儿女的婚姻与教育为目前最大担忧和关切；14.44%的受访者最关注家人健康；18.87%的受访者担忧日益上涨的物价与生活成本；还有 6.98%的受访者面临就业困难的挑战。整体而言，薪酬、生计与就业仍是大部分（45.74%）受访者在迁移之后面临的重大挑战。分城市看，东部城市认为就业困难的受访者占比高于中西部，中西部认为生活成本为最大挑战的受访者占比高于东部，表明东部城市的就业压力与挑战高于中西部，而中西部快速攀升的物价引发受访者的重大关切。分行业比较，各行业受访者的重大关切结构较为一致，高新技术行业受访者最担心家人健康，而其他行业受访者最担忧就业困难，因为其余行业多为流动性、临时性、边缘化极强的工作，可持续就业始终是该行业从业者的主要挑战。尽管如此，受访者的重大关切还受到性别、年龄、收入、家庭等个体特征影响，宏观地域与行业差异的影响构成个体特征影响的基础。

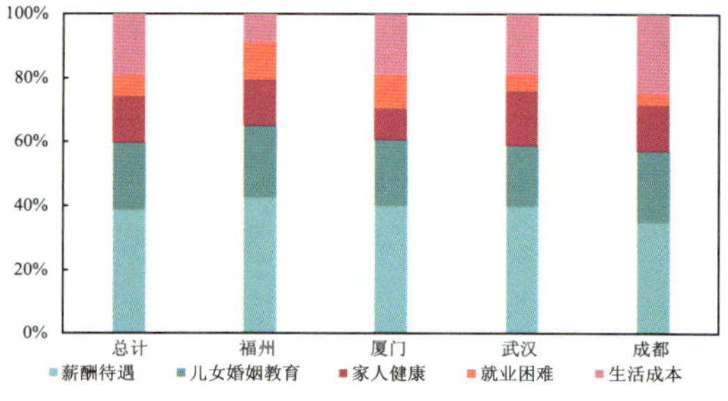

a. 不同城市

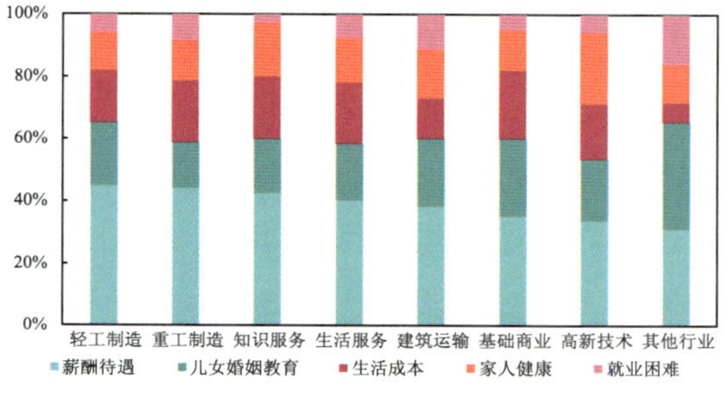

b. 不同行业

图 7–65　不同城市与行业乡城迁移劳动力的重大关切

第五节　本章小结

本章在上一章对全国乡城迁移劳动力宏观背景分析的基础上，对乡城劳动力迁移生命历程中各项特征进行详细、全面的特征解析。分析框架根据地理叙事脉络进行组织与搭建，全章分为乡城迁移劳动力的基础人口学、迁移行为、就业关系、居住与生活特征分析四节内容，分城市与行业对调查选项中每项信息进行详尽比较与考察，提炼乡城迁移劳动力在基础人口学、代际差异、迁移时间、迁移区域、迁移决策、就业方式与结构、就业保障与待遇、职业发展与挑战、居住选择、职住与通勤、婚姻与家庭、社会保障与参与方面的共同表现、区域差异及行业分异等特征，为下一章劳动力地理景观指数构建奠定坚实基础。

基础人口学特征中性别、年龄、受教育程度变量在城市与行业间均有明显差异，而民族、户籍变量差异极小，因为少数民族和实现户籍迁移的乡城迁移劳动力占比极少；乡城迁移劳动力的代际差异在城市与行业分布、收入、收入增幅、更换职业等特征方面具有明显的趋势性差异，新生代群体跨省迁移比、受教育程度、在东部城市与高级服务业中占比、收入与收入增幅上更高。

受访者中，四川、湖北与福建是其主要迁出地，中西部地区跨省迁移比高于东部，大部分乡城迁移劳动力都有迁移到东部城市群的经历，但也存在部分受访者向中西部回流的趋势；在行业分布上，基础商业与生活服务是受访者的主要就业行业，尤其是在中西部的武汉和成都；乡城迁移劳动力的就业趋势明显，逐渐从第二产业向第三产业转变，具体表现为从建筑与制造业向服务与商业转变；在就业自选择中，个体与城市、行业特征被劳动力市场分割形成并固化为区域性的就业地理格局；乡城迁移劳动力在迁移前的就业经历、迁移与更换就业的原因、长久务工意愿、回流与定居意愿及定居挑战在城市与行业间均有明显差异，这些差异特征显著影响其迁移、居住与生活特征，也塑造了劳动力地理景观在区域与行业上的空间格局。

乡城迁移劳动力的就业方式与结构包括劳动合同类型、劳动负责制、薪酬制度与支付方式、工作地点固定性、工作时间及其固定性特征；就业保障与待遇包括薪酬发放准时性、权益被侵犯时的选择、加班与津贴情况、周末休息、工作安全、工作制服与工伤赔偿特征；职业发展与挑战包括技能培训、技能证书认知、职场歧视与职业发展要求特征。分析发现，就业关系与职业特征在行业间表现出明显的劳动市场分割性与就业弹性，其中，基础服务行业的乡城迁移劳动力就业特征在劳动力市场中分割最严重、就业弹性最强，其次是建筑制造行业，最后是高级服务行业。总体而言，区域与行业的差异均能影响乡城迁移劳动力的就业与工作特征，但行业差异的影响最为显著。迁移者的个人经历与工作城市的行业结构共同影响乡城迁移劳动力的就业选择和就业方式，在就业自选择过程中，劳动者与行业、城市间的相互响应与适应过程形成行业与城市间的差异特征，并通过劳动力市场分割形成并固化为区域性的就业特征与地理格局。

乡城迁移劳动力的住房条件与居住稳定特征包括住房类型、居住人数、住房成本、住房面积、搬家次数、搬家原因、居住选择因素与社区人际关系；职住分离与通勤特征包括住所到所在城市中心距离、通勤时间与通勤工具；婚姻与家庭特征包括婚姻与同居状况、故乡家人留守状况、回老家状况；社会保障与参与特征包括社保购买状况、主要消费结构与重大关切。乡城迁移劳动力的居住和生活特征在城市与行业差异上均有明显分异性，这些特征构成了劳动力地理景观中的居住边缘性与社会融合性的组分和空间格局分异的塑造力量。

参考文献

[1] 方兴. 中国房地产限购政策能够有效抑制房价上涨吗——基于 70 个大中城市的实证研究[J]. 财经科学, 2018(1): 41-53.
[2] 李飞, 杜云素. 城镇定居、户籍价值与农民工积分落户——基于中山市积分落户入围人员的调查[J]. 农业经济问题, 2016, 37(8): 82-92.
[3] 李竞博, 高瑗, 原新. 积分落户时代超大城市流动人口的永久迁移意愿[J]. 人口与经济, 2018(1): 17-27.
[4] 刘蕾. 城中村自主更新改造研究[D]. 武汉大学, 2014.
[5] 彭永宸. 福州市北城区旧城改造与功能湿地一体化模式建构[D]. 华侨大学, 2018.
[6] 王建顺, 林李月, 朱宇, 等. 西部民族地区流动人口户籍迁移意愿及影响因素——以新疆为例[J]. 地理科学进展, 2018, 37(8): 1140-1149.
[7] 张少尧, 时振钦, 宋雪茜, 等. 城市流动人口居住自选择中的空间权衡分析——以成都市为例[J]. 地理研究, 2018, 37(12): 2554-2566.
[8] 赵蓉. 当代中国转型社会新生代农民工权益保障研究[D]. 陕西师范大学, 2014.

第八章　劳动力地理景观指数构建与特征分析

在对乡城劳动力迁移生命历程特征分析的基础上，本章借鉴景观生态学的相关理念，将个体尺度的迁移生命历程的不同特征进一步综合凝练为群体尺度的劳动力地理景观指数。通过对劳动力地理景观格局分异与组分关系的解析，以表达从乡城迁移劳动力个体的身体实践到群体性空间生产、修复与结构调整的尺度转换过程，审视乡城迁移劳动力的主体性与能动性对劳动力地理景观的塑造。本章的分析结果将为下章转型期乡城迁移劳动力地理景观的适应过程分析提供定量表达的工具与分析基础。

第一节　乡城迁移劳动力地理景观概念与指数

一、劳动力迁移稳定性

1. 指数概念

稳定的劳动力迁移应该意味着劳动者能够在相对固定的工作城市中获得稳定的就业并实现可持续生计发展，即劳动者在迁移生命历程中应尽可能少地更换就业与工作城市或尽量保持更换就业与工作城市的同步性。因此，可以利用劳动者从事当前职业的开始时间年份（T_e，2008）减去他初始迁移到当前城市的时间年份（T_c，2013），便可得到该劳动者在当前城市的迁移稳定性指数（$S_c= T_e - T_c$）。如果 $S_c>0$，说明当前职业的开始时间晚于他迁移到当前城市的时间，则表明该劳动者在当前工作城市更换过至少一次就业职业，该值就表示劳动者的就业不稳定性；如果 $S_c<0$，说明当前职业的

开始时间早于他迁移到当前城市的时间年份，表明该劳动者在从事这份职业期间至少更换过一次就业城市，该值则表示劳动者的就业城市不稳定性；如果 S_c=0，表明劳动者更换工作城市和就业职业保持同步并且在同一城市保持稳定就业。

特定城市的劳动力迁移稳定性指数（S_c，X 轴）同劳动力工作年限（Y 轴）间的关系可以用图 8–1 来表示。在受访者中，66.28%表示在被调查城市（福州、厦门、武汉和成都）保持着稳定的就业职业与工作城市，而有 23.11%表示在被调查城市至少更换了一次就业职业，表现出就业的不稳定性，另有 10.61%表示在被调查时从事当前职业期间至少更换了一次工作城市，即在不同的迁移城市间从事同样的就业职业，表现出工作城市的不稳定性。这些结果表明，维持稳定的就业与工作城市仍是大部分乡城迁移劳动力的优先选择。在迁移非稳定性的调查样本中，大部分受访者都表现为就业不稳定，表明维持稳定就业职业的挑战难度高于维持稳定的工作城市，也说明当面临迁移转变时，迁移劳动力仍倾向于改变他们的就业职业，而不是轻易改变他们的工作城市或迁移目的地。随着乡城迁移劳动力工作年限的增加，大部分劳动者仍能保持较高的就业职业稳定性和工作城市稳定性，即较低的稳定性指数；少部分受访者则随迁移年限的增加，迁移稳定性指数增加，稳定性变差，经历频繁的就业职业与工作城市的更换，最终不得不面临返乡、脱离城镇化等非理想化结局。尽管如此，当前的劳动力迁移稳定性指数仅仅考虑了特定城市的劳动者迁移经历，而非是对完整经历的评估，所以现阶段特定城市的劳动力迁移稳定性指数仍是不完善的。

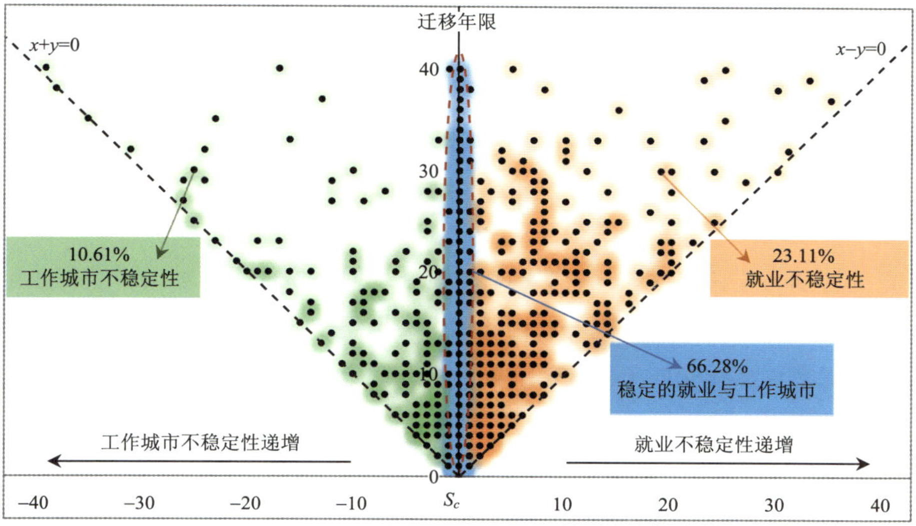

图 8–1　劳动力迁移稳定性的构成

2. 指数构建

由于劳动力更换就业职业与工作城市的方式、时间、同步性较为复杂，并且更换次数也不一致，完整意义上的劳动力迁移稳定性指数需要全面回顾与评估劳动者的迁移和就业经历，所以，本书通过评估劳动力历次迁移城市与就业职业转变来构建一个更加全面、准确的劳动力迁移稳定性指数。具体的构建方法如下：用劳动力在整个迁移生命历程中更换就业职业与工作城市的次数同劳动力迁移年限的比值来计算劳动力更换就业职业与工作城市的频率，来表示劳动力在单位年份内更换就业职业或工作城市的频繁程度，将此作为相应的劳动力就业稳定性指数和工作城市稳定性指数。乡村劳动力的迁移包括就业迁移与工作城市（迁移目的地）迁移，但劳动力更换就业职业与工作城市并不总是一致的。只要劳动力的就业职业与工作城市之一发生更改，均会降低劳动力的迁移稳定性。将就业稳定性指数与工作城市稳定性指数相乘，得到综合性的迁移稳定性指数。迁移稳定性指数越高，说明更换就业职业与工作城市的频率越高，表示其迁移稳定性也就越差。

因此，本书中的乡城劳动力迁移稳定性指数是指劳动力在迁移生命历程中更换就业职业和工作城市评价的综合性评估指数，用来表征乡城迁移劳动力在外出迁移生命历程中的稳定状态以及就业与定居挑战。根据乡城劳动力迁移稳定性的定义与劳动力迁移稳定性指标构建体系（表 8–1），分别构建就业稳定性和工作城市稳定性，由此推导出乡城劳动力迁移稳定性指数的计算公式如下：

$$T_s = E_s \times W_s , E_s = \left(\frac{E_c}{\left(Y_s - Y_n\right)} \right), W_s = \left(\frac{W_c}{\left(Y_s - Y_n\right)} \right) \qquad (8\text{–}1)$$

式中：T_s 表示综合性的劳动力迁移稳定性指数；E_c 表示劳动力在迁移生命历程中更换就业职业的次数；W_c 表示劳动力在迁移生命历程中更换工作城市或迁移目的地的次数；Y_s 表示劳动力的初始迁移年份，如 2004 年；Y_n=2018 表示被调查的年份；E_s 表示就业稳定性指数；W_s 表示工作城市稳定性指数。

表 8–1　劳动力迁移稳定性指标构建体系

准则层	指标层	选项层	量化制
就业稳定性	初始迁移时间	被调查劳动力初始迁移的年份时间	数量制
	调查时间	2018 年	数量制
	职业更换次数	被调查劳动力在迁移阶段所从事不同职业的次数	数量制
工作城市稳定性	工作城市更换次数	被调查劳动力在迁移阶段所迁移的工作城市数（半年且跨市）	数量制

二、劳动力就业边缘性

1. 指数概念

边缘化（marginalization）是指某种事物远离属性值域范围的中心地带，被动地处于破碎化、弹性化的属性空间的状态（姚华松，2012；唐青叶，2015）。由于劳动力市场的分割性与弹性化，劳动力就业表现出圈层化、功能化与外延化的结构性空间。受到历史发展中经济与城乡结构等因素的影响，当今城镇化过程中的乡城迁移劳动力仍处于劳动力就业的结构化空间中边缘性的弱势地位，尽管部分迁移劳动力能够通过自身能动性积极实现结构化层级之间的流通。但弹性化的结构化就业市场仍会对乡城迁移劳动力造成潜在的负面影响，如更大的就业与生计风险、就业与收入的不稳定性，加强不同地区的就业分异、极化，进而损害市民化与城镇化的潜在增长预期与内在质量。因此，评估乡城迁移劳动力的就业边缘性，是准确认知迁移劳动力在当下就业市场的结构化空间中的分布格局、集聚状态、空间分异的基础，也是理解就业地理格局与迁移者就业空间形成过程的重要途径。

劳动力就业边缘性涵盖内容包括劳动力的就业制度、薪酬制度、考勤制度、通勤制度、福利制度和安全制度等多方面，反映劳动力市场的组织结构、空间分异、市场分割与管治约束等边缘化过程，此过程塑造出劳动力从就业关系、工作条件到福利制度上一系列的分工与重构。本研究将劳动力就业边缘性分为三个方面（图 8–2）：劳动市场分割性，关注劳动力在市场中寻求与建立就业关系的差异性与分割性，包括劳动合同类型、劳动负责制与薪酬制度，体现雇佣性质与结构；工作规制性，聚焦劳动力在工作中表现出来的市场与雇佣关系特征，如工作地点、时间及加班情况；权益保障性，意在体现劳动力的工作福利的可预期性，包括薪酬与津贴的准时性以及受侵犯时的可选择性，表达劳动力在工作薪酬与福利上的主观能动性及其空间位置。

2. 指数构建

考虑到我国劳动力市场的社会规范、历史传统、法律结构、政府管理体系等正式与非正式的管治制度和约定，将政府与国有企业等国民经济关键部门正式雇佣的全时性、建制化、具有永久地位、受到法律全面保障、具有正式额定编制的劳动力市场作为当下我国劳动力市场的核心，以此为中心在劳动市场分割性、工作规制性与权益保障性三个方向上向周围递减，形成次级与边缘化的劳动力市场，并在不同细分方向上划定不同的值域单元，最终构建适用于本研究的乡城迁移劳动力就业空间（图 8–2）。

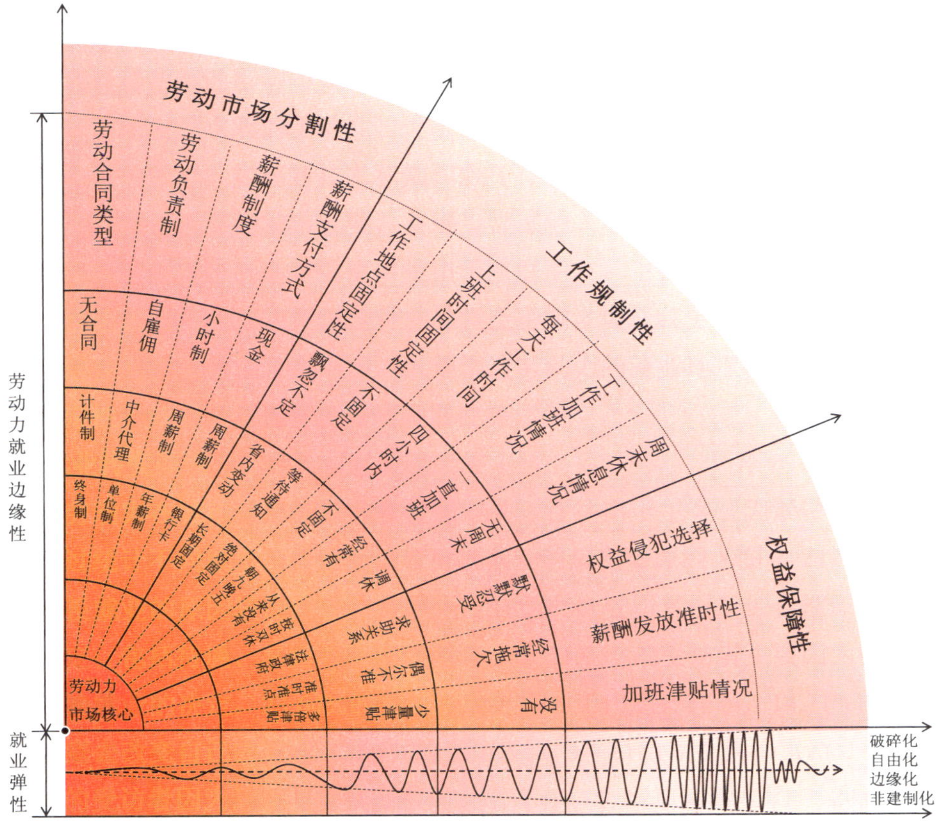

图 8–2　劳动力就业边缘性示意

根据受访者的就业特征信息，建立乡城迁移劳动力的就业边缘性指标构建体系（表 8–2）。将就业边缘性指标体系分为三个准则层：劳动市场分割性、工作规制性和权益保障性，并进一步细分为 12 个指标层。通过对比受访者的指标层中的选项信息在劳动力就业空间中的位置和顺序，计算劳动力就业边缘性及准则层指数。

表 8–2　劳动力就业边缘性指标构建体系

准则层	指标层	选项层	量化制
劳动市场分割性	劳动合同类型	无合同意识；临时性；计件制；无固定期限；有固定期限；永久性	评分制
	劳动负责制	其他；自己；家庭或个人；中介代理；经理或高管；单位	评分制
	薪酬制度	小时制；日薪制；不固定；周薪制；工作量制；外包制；月薪制；年薪制	评分制
	薪酬支付方式	其他；现金；移动支付；汇款；银行卡	评分制

续表

准则层	指标层	选项层	量化制
工作规制性	工作地点固定性	飘忽不定；城市内部变动；随单位而动；省内变动；国内与跨国流动；长期固定	评分制
	上班时间固定性	不固定；自己安排；等待通知；相对固定；绝对固定	评分制
	每天工作时间	4 小时以内；14 小时以上；不固定；12～14 小时；4～8 小时；10～12 小时；8～10 小时	评分制
	工作加班情况	一直在加班；没有加班概念；经常有；偶尔有；从来没有	评分制
	周末休息情况	无周末；自行安排；调休至工作日；休息一天；按时双休	评分制
权益保障性	权益被侵犯时的选择	默默忍受；激烈对抗；求助社会关系；未受侵犯；求助法律与政府	评分制
	薪酬发放准时性	经常拖欠；偶尔不准时；浮动变化；准时准点	评分制
	加班津贴情况	没有；偶尔有津贴；少量津贴；正常津贴；多倍工资津贴	评分制

注：选项层中的信息按照评分值由低到高排列。

据上述分析，乡城迁移劳动力的就业边缘性指标数据处理与计算公式如下：

$$T_M = \frac{1}{j} \times \sum_{j=1}^{j} \left[M_j : min(N_i) + \frac{(\theta - \vartheta)}{max(N_i) - min(N_i)} \times (N_i - min(N_i)) \right] \tag{8–2}$$

式中：T_M 为劳动力就业边缘性指数，该指数为正向化指数，其值越大，表示劳动力就业边缘性越强；M 为劳动力就业边缘性指标层；N 为劳动力就业边缘性指标层选项；θ 为指标标准化区间最大值，此处取 10；ϑ 为指标标准化区间最小值，此处取 1；i 为指标层选项的顺序数，1，2，3，…；j 为指标层个数。根据准则层的区分，分别计算劳动市场分割性、工作规制性与权益保障性指数；再根据所有指标层统一计算劳动力就业边缘性指数。为保证就业边缘性指数计算的一致性，劳动市场分割性指标选项正向排序，工作规制性与权益保障性指标选项逆向排序，即工作规制性与权益保障性指数值越大，代表乡城迁移劳动力的工作规制性与权益保障性越差。就业边缘性指数也为负向性指数，其值越大，边缘性越弱。

三、劳动力职业发展性

1. 指数概念

劳动力的职业发展是劳动力发展的重要过程，是指劳动者就业职业的规范性、市场认可度、升迁性与技术成长性等。较高的职业发展性有助于提升劳动者的职业认同感、归属感与事业感，也有助于劳动者自身成就与价值的实现。同时，职业发展性可以展示劳动者个人职业的自选择过程与职业追求，这种主动选择与追求可认为是劳动者在个人能力与就业市场间交互关系的动态权衡过程。就业及相关联的职业发展是乡城劳动力迁移主要目的的最重要实现途径，关系到劳动者的迁移成长、生计改善、个人成就、自我实现与社会认同等方面，也是劳动者个体在市民化与城镇化上主观能动性的体现。

职业发展性可以分为主客观两方面：一是劳动者对客观就业市场的认识以及就业/雇佣关系对劳动者的认同度，反映劳动者在就业结构中的属性值域及自身职业客观发展性，即客观的就业市场与职业属性给劳动者所预留的成长和发展空间，这种发展空间由劳动者本身所选择职业特性决定，且在一定市场经济条件下是客观和固定的；二是劳动者本身主观能动性在职业发展空间内所做出的进取与追求行为，包括自身职业技能、教育经历与发展认知，重在体现劳动者本身在就业结构中的积极性空间行为，也是劳动者对就业结构的积极适应性过程的一部分。尽管职业发展性包括客观的就业市场与职业特性，但都能表达出劳动者自身的职业自选择性，虽然这种自选择性有时也是自身能力与客观就业要求相互妥协的产物。劳动者的主观能动性不仅体现在进取与追求行为上，还能通过个人成长的客观经历塑造个体的能力性，所以劳动者的自身能力性也是其主观能动性的表现，这种表现有效地综合了客观成长与迁移经历对个体的烙印以及现阶段个体的主观认知与积极行为。

2. 指数构建

基于微观社会调查，本研究建立了劳动力职业发展性指标建构体系（表 8–3）。职业发展性分为两个准则层：一是职业建制性，通过劳动者从业行业组织性、工作制服与职场歧视来体现劳动者就业职业在就业地理格局中多阶平稳性，如组织性、规范性、认同度与分割性。更高平稳性的职业能够为劳动者提供更为广阔的职业发展空间，这

表 8–3　劳动力职业发展性指标构建体系

准则层	指标层	选项层	量化制
职业建制性	行业组织性	无；单位工会；公益组织；地区组织；行业协会	评分制
	工作制服	没有制服；不要求；无明确要求；推荐穿制服；硬性规定	评分制
	职场歧视	地域歧视；外在歧视；无；年龄歧视；学历歧视	评分制
职业技能性	技能证书	没听说过；没有用；作用不大；有则更好；必须拥有	评分制
	技能培训	无；自学；跟随师傅学习；单位培训；学校教育	评分制
	职业发展要求	其他或无；体力要求；年龄要求；时间要求；技能经验要求；资金要求；学历要求	评分制

注：①选项层中的信息按照评分值由低到高排列。②“行业组织性”在第七章没有提及，是因为该项数据仅分布在个别选项，偏态分布明显，故第七章未做单独分析。

种空间有助于劳动者充分发挥主观能动性，缩小其职业空间同劳动力核心市场的距离，缓解职业边缘化的风险。二是职业技能性，通过劳动者在职业证书、技能培训和职业要求的客观性认知来测度劳动力职业的技能性和劳动者在就业市场中的主观进取与追求行为。根据两个准则层所对应的六个指标层及其相应的选项层，综合可得劳动力职业发展性指数。

根据上述分析，乡城迁移劳动力的职业发展性指标数据处理与计算公式如下：

$$T_D=\frac{1}{j}\times\sum_{j=1}^{j}\left[M_j:min(N_i)+\frac{(\theta-\vartheta)}{max(N_i)-min(N_i)}\times\left(N_i-min(N_i)\right)\right] \qquad (8\text{–}3)$$

式中：T_D 为劳动力职业发展性指数，该指数为正向化指数，其值越大，表示劳动力职业发展性越强；M 为劳动力职业发展性指标层；N 为劳动力职业发展性指标层选项；θ 为指标标准化区间最大值，此处取 10；ϑ 为指标标准化区间最小值，此处取 1；i 为指标层选项的顺序数，1，2，3，…；j 为指标层个数。根据准则层的区分，分别计算劳动力职业建制性与职业技能性指数；再根据所有指标层统一计算劳动力职业发展性指数。所有指标层选项均为正向排序。

四、劳动力居住边缘性

1. 指数概念

劳动者的居住空间及其特征是除就业特征之外另一重要的劳动力地理景观特征，其内容包括劳动者的居住位置、设施、费用、可达性、社区环境等。劳动者的居住空间包括两个层级上的空间结构特征：一是在家庭与同居层面，居住空间是劳动者生活空间结构与家庭关系的空间化表达，也是劳动者生活与迁移的载体，承载着劳动者迁移的目的与意义；二是在社区与城市层面，乡城迁移劳动力的居住空间是城市化与市民化的具体表现，也是劳动者基于自身能动性积极营造群体性社区空间与人际关系、社会交往的平台，更是劳动力地理景观在实体地理空间上的具象表达。

由于乡城迁移劳动力作为城市居住空间主体的外来者和后来人，其居住空间的建构只能基于城市已有居住空间展开，当传统性和正式性的居住空间被城市本土永久性居民占有时，外来移民者可供选择的改造空间相当有限，包括城镇扩张过程中郊区、尚未完全现代化改造的老城区以及城市边缘非建制化的破碎居住空间。因此，外来移民和乡村迁移者所改造的居住空间远离城市中心与主流居住空间，无法完全共享正式化居住空间所附带的居住与生活福利，逐渐形成边缘化的居住空间。边缘化的居住空间成为迁移者在居住地理格局中空间位置的投影，成为劳动力地理景观格局的重要组成部分。

居住空间的边缘性既是迁移劳动者居住自选择的空间表达，也是城市发展包容性与社会融合性的体现。一方面，在当下居住空间中，劳动者可以根据自身生活需要和对城市的感知选择居住场所，逐渐在群体上形成一定的居住空间，并达到工作、生活、家庭与社会交往等各方面需求的平衡；另一方面，迁移者的居住自选择受到城市已有空间结构，尤其是居住空间结构的基础性约束。而且，城市中地方与非地方的社会规则、条例、认知传统会塑造和限制迁移者的自选择行为，如户籍、房地产市场、城市本土居民的外来歧视等，均会影响迁移者居住空间的形成与生产。尤其是在城市转型发展期，这种影响更加显著。所以，居住边缘性成为认知乡城迁移劳动力在城市转型发展期居住与社会空间生产、塑造的重要途径，也是探究乡城迁移劳动力地理景观对新型城镇化适应过程的重要窗口。为准确评估劳动力居住边缘性，需要考虑劳动者居住自选择的参考因素和居住空间在劳动者就业与生活中的作用。

2. 指数构建

本研究从住房压力性、职住分离性两方面选择 8 个指标层指标来测度劳动者的居住边缘性（表 8–4）。住房压力性主要通过住房类型、同居人数、住房成本、住房面积与搬家次数来展现居住经济性与稳定性；职住分离性主要通过通勤时间、住房距市中心距离与通勤工具展现迁移者在城市空间的居住位置及其与就业的关系。

表 8–4　劳动力居住边缘性指标构建体系

准则层	指标层	选项层	量化制
住房压力性	住房类型	自购房；自己租住；单位宿舍；亲戚朋友处；居无定所；其他	评分制
	同居人数	一人；两人；三人；四人；五人；五人以上	数量制
	住房成本	>8 000 元；5 000～8 000 元；3 000～5 000 元；1 000～3 000 元；500～1 000 元；<500 元	评分制
	住房面积	>100m^2；80～100m^2；50～80m^2；30～50m^2；20～30m^2；10～20m^2；5～10m^2；<5m^2	评分制
	搬家次数	当前城市搬家次数	数量制
职住分离性	通勤时间	10 分钟以内；10～30 分钟；30～60 分钟；1～2 小时；2 小时以上	评分制
	住房距市中心距离	10 分钟以内；10～30 分钟；30～60 分钟；1～2 小时；2 小时以上	评分制
	通勤工具	其他；步行；自行车；电动车；摩托车；公共交通；汽车自驾	评分制

注：选项层中信息按照评分值由低到高排列。

根据上述分析，乡城迁移劳动力的居住边缘性指标数据处理与计算公式如下：

$$T_H = \frac{1}{j} \times \sum_{j=1}^{j} \left[M_j : min(N_i) + \frac{(\theta - \vartheta)}{max(N_i) - min(N_i)} \times (N_i - min(N_i)) \right] \qquad (8\text{–}4)$$

式中：T_H 为劳动力居住边缘性指数，该指数为正向化指数，其值越大，表示劳动力居住边缘性越强；M 为劳动力居住边缘性指标层；N 为劳动力居住边缘性指标层选项；θ 为指标标准化区间最大值，此处取 10；ϑ 为指标标准化区间最小值，此处取 1；i 为指标层选项的顺序数，1，2，3，…；j 为指标层个数。根据准则层的区划，分别计算劳动力住房压力性和职住分离性指数，其指标层选项均为正向排序；再根据所有指标层统一计算劳动力居住边缘性指数。

五、劳动力社会融合性

1. 指数概念

社会融合是指不同社会群体能够相互结合与整合，将个体与群体间的冲突最小化，以实现不同社会群体生产方式、经济权利、社会福利、生活习惯与文化价值在社会层面的最大公约数，并显著促进城市与社会发展的包容性、多样性及可持续性。乡城迁移劳动力作为城市发展中的外来人口，由于其曾经生活与成长的背景性和经历性印记，其在城市转型发展中面临一系列与城市本土群体的社会分异与割裂特征。这些分异特征包括就业关系、生计能力、家庭婚姻、福利保障、消费环境、公共服务、生活习惯与文化价值等，进而塑造出乡城迁移劳动力与城市本土劳动力在迁移特征、就业市场、职业发展、居住空间等劳动力地理景观上显著的空间分异性。由于乡城迁移劳动力在经济、教育、制度等层面上的弱势地位，这种空间分异性导致迁移者表现出迁移的不稳定性、就业边缘性、职业发展性不足与居住边缘化等景观特征。

新型城镇化的要义在于促进城市各方外来人口的市民化与本土化，乡城迁移劳动力本身其目的也在于积极融入城市的生产方式与社会体系，所以，社会融合成为各方的共同目标。在乡城劳动力迁移层面上，社会融合关系到迁移者本身的生命历程完整性，包括经济就业的融合、身份认同的融合、心理价值的融合、文化习俗的融合，其融合过程从经济与就业的整合，到文化与价值的接纳，最后为社会行为的适应。因此，准确评估乡城迁移劳动力的社会融合性不仅有助于认知新型城镇化背景下的市民化进程，也能更深层次认识乡城劳动力迁移的发展与影响，而且还能为转型期我国城市包容性与均衡性发展提供科学启示。

2. 指数构建

鉴于我国乡城迁移劳动力特性，家庭作为基本的社会单元，其在迁移者的行为决策中发挥重要作用，因此，本研究从家庭视角出发测度乡城迁移劳动力的社会融合性。社会融合不仅要求迁移者能够逐步放弃原来乡村的生产生活方式，将其家庭从乡村地区过渡到城市中来，还要求迁移者能够在城市顺利组建稳定的家庭，并能以家庭为单元积极参与城市社会生活与家庭远期发展。所以，本研究从家庭迁移性和社会参与性两个维度来表征社会融合性（表 8–5）。家庭迁移性通过乡城迁移劳动力的婚姻状况、同居状况、故乡家人留守状况、回乡探亲状况来表征迁移者同乡村原生家庭的关系紧密程度以及城市现有家庭的稳定性，同原生家庭关系越远，城市现有家庭越稳定，则其家庭迁移性越高，越有助于迁移者在城市家庭发展与家庭参与，反之亦然；社会参与性则重点考察乡城迁移劳动力在城市家庭的发展性和社会关系的参与性，考察内容包括社区人际关系、社保购买状况、主要消费结构与重大关切，更高的社会参与性有助于迁移者在家庭和社区层面建立良好的适应行为和联通渠道，将个体、家庭的发展同城市与社会的发展相结合，进而成为城市社会的一员。

表 8–5　劳动力社会融合性指标构建体系

准则层	指标层	选项层	量化制
家庭迁移性	婚姻状况	丧偶；单身；离异；恋爱；已婚	评分制
	同居状况	分居；无配偶/伴侣；经常分居；经常同居；同居	评分制
	故乡家人留守状况	全家都在；只有儿女与配偶；只有儿女与父母；只有儿女；只有配偶；只有父母；只有兄弟姐妹；没有	评分制
	回乡探亲状况	农忙时节；工作闲暇时；寒暑假；春节；无固定时间；紧急事件；极少回家；不回老家	评分制
社会参与性	社区人际关系	同乡最多；亲戚最多；同事最多；同学最多；陌生人最多	评分制
	社保购买状况	不打算购买；买不起；观望中；准备购买；自己购买；单位购买；自己和单位都购买	评分制
	主要消费结构	日常消费；儿女婚姻教育；建房/买房/租房；积蓄债务；医疗健康；其他	评分制
	重大关切	生活成本；就业困难；薪酬待遇；儿女婚姻教育；家人健康	评分制

注：选项层中的信息按照评分值由低到高排列。

据上述分析，乡城迁移劳动力的社会融合性指标数据处理与计算公式如下：

$$T_U = \frac{1}{j} \times \sum_{j=1}^{j} \left[M_j : min(N_i) + \frac{(\theta - \vartheta)}{max(N_i) - min(N_i)} \times (N_i - min(N_i)) \right] \tag{8–5}$$

式中：T_U 为劳动力社会融合性指数，该指数为正向化指数，其值越大，表示劳动力社会融合性越强；M 为劳动力社会融合性指标层；N 为劳动力社会融合性指标层选项；θ 为指标标准化区间最大值，此处取 10；ϑ 为指标标准化区间最小值，此处取 1；i 为指标层选项的顺序数，1，2，3，…；j 为指标层个数。根据准则层的区划，分别计算劳动力家庭迁移性和社会参与性指数，其指标层选项均为正向排序；再根据所有指标层统一计算劳动力社会融合性指数。

第二节 乡城迁移劳动力地理景观分布与特征

一、劳动力迁移稳定性

将所调查的乡村劳动力在整个迁移生命历程中工作城市的变动次数（W_c）、就业职业的变动次数（E_c）以及工作城市与就业职业变动次数之和（$W_c + E_c$）以频率直方图的形式加以展示（图 8–3），可以发现，受访者工作城市和就业职业变动次数的分布具有非常明显的泊松分布特征，尤其是乡城迁移劳动力工作城市与就业职业变动次数之和，其概率密度函数可以写为：

$$P(X = k) = \frac{4.075^k}{k!} e^{-4.075} \tag{8–6}$$

式中：P 表示工作城市与就业职业变动单位次数乡城迁移劳动力占总体样本比例的概率；k 为变动的单位次数。依据概率密度分布可知，在受访者的迁移生命历程中，40%的受访者工作城市与就业职业变动次数低于 3 次，75.63%的受访者变动次数不超过 5 次，92.73%的受访者变动次数不超过 7 次。变动次数在 3～4 次的受访者占比最高，为 38.68%。由此可见，大部分乡城迁移劳动力在迁移生命历程中都会改变其工作城市与就业职业，且就业职业与工作城市变动次数均超过 1 次。

由于乡城迁移劳动力工作城市与就业职业的变动受到其迁移年限的影响，所以，很有必要考虑不同迁移年限对工作城市和就业职业变动次数的影响。因此，就业稳定性指数和工作城市稳定性指数通过计算单位迁移年限上受访者在就业职业与工作城市上的变动频率，以此作为乡城迁移劳动力迁移、就业和工作城市稳定性的测量指标。

通过公式 8–1 的计算，得到全体受访者的工作城市稳定性指数、就业稳定性指数和迁移稳定性指数。计算结果显示，全体受访者的工作城市稳定性指数平均值为 0.231，标准差为 0.316；就业稳定性指数平均值为 0.201，标准差为 0.258；迁移稳定性指数平均值为 0.100，标准差为 0.441。对比发现，工作城市稳定性指数均值依次高于就业稳定性指数和迁移稳定性指数，迁移稳定性指数的标准差高于工作城市稳定性指数和就业稳定性指数。将工作城市稳定性指数、就业稳定性指数和迁移稳定性指数的频率分布以直方图形式展示（图 8–3），结果显示，工作城市与就业稳定性指数的直方图分布显示其数据分布并没有呈现出明显正态分布或泊松分布，数据集中在多个分布段内。这其中，工作城市与就业稳定性指数均在 0.300～0.365 分布段内成为数据分布峰值区，表明大部分受访者工作城市与就业稳定性分布区间为 0.300～0.365，但这依然不是绝对区间。

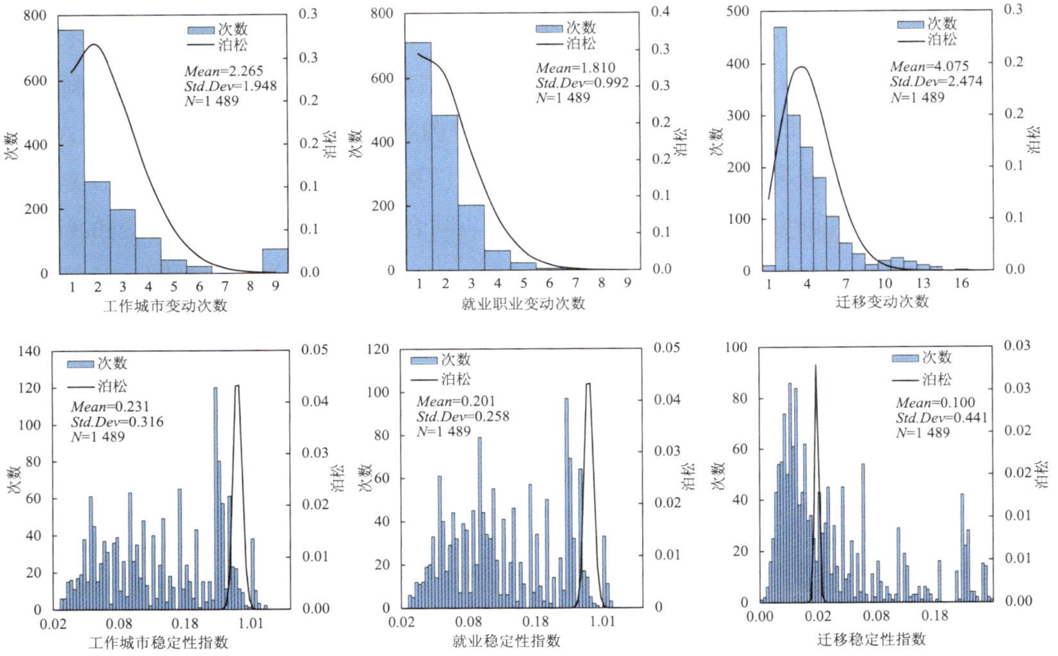

图 8–3　工作城市与就业职业变动次数及稳定性指数分布

叠加工作城市与就业稳定性指数，迁移稳定性指数的数据分布峰值更加明显。第一个分布峰值区在 0.006～0.008，其迁移稳定性介于这之间的受访者占比为 15.514%，另在 0.113～0.128、0.3～0.5 还存在两个小峰值区段。整体来看，大部分受访者迁移稳定性分布在 0.02 以下的区间段，但在局部高值区间段也存在一定集聚分布，表明大部分受访者仍维持在较为稳定的迁移状态，但身处不稳定迁移状态的乡城迁移劳动力仍有一定规模的分布。

综合分析，受访者在迁移生命历程中工作城市与就业职业变动次数的分布满足泊松分布，而在单位迁移年限上的稳定性指数难以满足正态分布、泊松分布等其他分布曲线，其数据分布展现出多峰值性和多中心性。将乡城迁移劳动力在其迁移生命历程中个体所做出的每一次变动决策视为区间上的随机事件，但在迁移群体中单位变动区间上迁移变动事件却满足规律性的分布概率。这表明个体迁移的随机变动促成了群体上的规律性分布，这种规律性的分布展现出在新型城镇化背景下个体迁移者的自选择性，其迁移的自选择过程折射出城市转型发展对乡城迁移劳动力就业职业与工作城市的影响。而迁移稳定性所展现出来的多峰值性和多中心性表明乡城迁移劳动力的迁移稳定状态存在较强的分异性，这种分异性可能是由城市转型发展与个体特征等结构化因素所塑造的。

二、劳动力就业边缘性

根据公式 8–2 计算得到全体受访者的就业边缘性指数、劳动市场分割性指数、工作规制性指数与权益保障性指数，结果显示，就业边缘性指数均值为 5.043，标准差为 1.290；劳动市场分割性指数均值为 5.838，标准差为 2.078；工作规制性指数均值为 4.840，标准差为 1.575；权益保障性指数均值为 4.321，标准差为 1.483。从各项指数的数据分布来看（图 8–4），就业边缘性指数和工作规制性指数呈现明显的正态分布，劳动市场分割性指数的正态分布不如就业边缘性指数和工作规制性指数。而权益保障性指数的数据分布更为杂乱，数据集中度和中心性较差，没有明显的数据分布态势。

具体来看，就业边缘性指数峰值段在 5.6～5.8，其边缘性在此区间的受访者占总体样本的 17.53%，边缘性大于 6 的受访者共 437 名，占比 29.35%；边缘性小于 5.6 的受访者共 791 名，占比 53.12%。这表明乡城迁移劳动力在就业空间结构中大部分处于次级劳动力市场，但仍有约 1/3 的群体面临更具弹性、破碎化的就业市场，其就业边缘性较强；在劳动市场分割性中，出现了两个数据峰值段 1.92～2.32 和 7.72～7.92，且其标准差较其他指数更大，说明受访者劳动市场分割性指数分异较为明显，在劳动市场分割与管治中空间距离较远，其市场分割与管治制度将受访群体分为两个不同群体，表现出截然不同的市场分割性景观；工作规制性指数的数据分布更接近标准的正态分布，分布峰值段为 4.32～5.52，其规制性在此区间段的受访者占比为 35.06%。工作规制性低于 4.32 和高于 5.52 的受访者占比分别为 31.04%和 31.90%，表明其工作规制性的群体分布较为均匀，整体上乡城迁移劳动力在工作规制性上处于劳动力市场的中间位置；

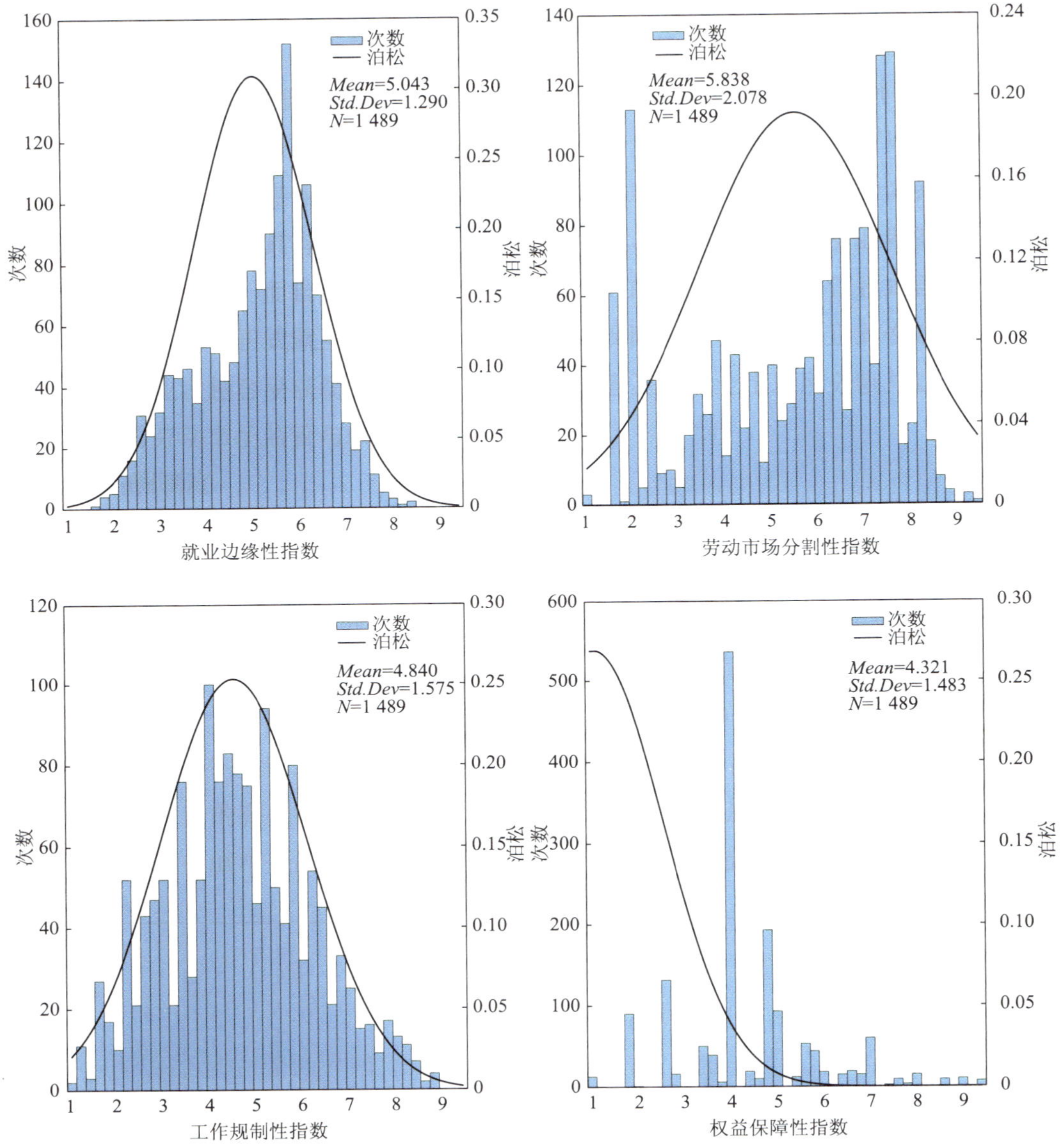

图 8–4　就业边缘性、劳动市场分割性、工作规制性与权益保障性指数分布情况

权益保障性指数分布最高峰值段为 4.0～4.2，在此区间段的受访者占比仅 36%，另在 1.8、2.6、4.8、6.4～6.8 等处有局部小峰值段，表明乡城迁移劳动力的权益保障性在劳动力市场中较为离散，未有明显的集聚趋势。

三、劳动力职业发展性

根据公式 8–3 计算得到全体样本的职业发展性指数、职业建制性指数和职业技能性指数。结果显示，职业发展性指数平均值为 4.025，标准差为 1.509；职业建制性指数平均值为 3.659，标准差为 1.417；职业技能性指数平均值为 4.392，标准差为 2.265。这表明职业技能性指数差异性较另两个指数大，其数据分布的内在分异性较大。从数据分布形态来看（图 8–5），职业发展性指数更接近标准正态分布，而职业建制性指数和职业技能性指数的分布更加离散化，数据分布的中心性和峰值性较低。

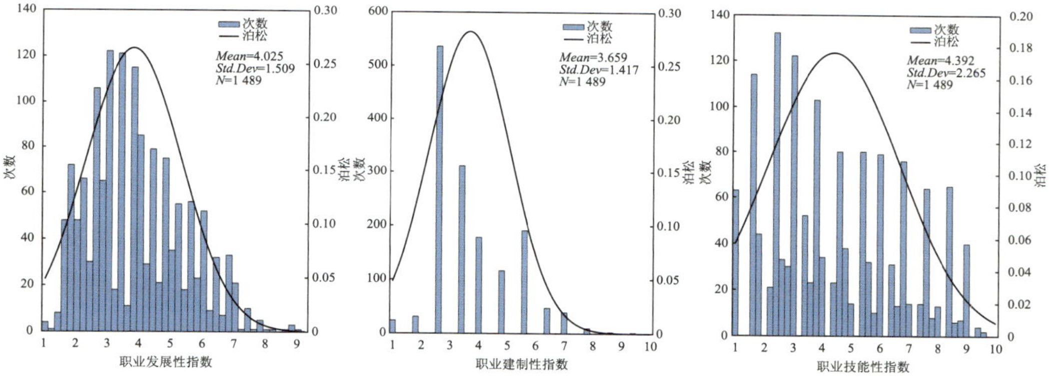

图 8–5　职业发展性、职业建制性与职业技能性指数分布

具体而言，职业发展性指数更加综合与连续，数据分布呈现出一定的集中度和峰值区。职业发展性指数在 2.85～4.05 区间段的受访者占比为 37.47%，在此区间段左右两侧的受访者占比分别为 18.61%和 43.92%，说明在受访群体中，大部分乡城迁移劳动力职业发展性指数较低，在职业空间选择与个体职业成就上仍有较大选择空间；而职业建制性指数的分布有显著的离散性，其峰值位于 2.6，对应的受访者占比为 35.93%，在平均值处（3.4）对应的受访者占比为 20.89%，表明受访者从业职业的非建制性较强。大部分乡城迁移劳动力在私营部门和非单位性部门从事半雇佣或自雇佣性质的工作，难以建立建制化的就业关系，也就难以获得更具预期职业成长空间；职业技能性指数

的分布在整体上具有一定的正态分布特征，但不是很明显。该指数的分布形态具有一定的离散性和波动性，局部峰值区伴随着局部低值区。尽管如此，主要的峰值区位于1.6～3.0 区间段，对应的受访者占比达到 33.31%。整体来看，受访群体的职业技能性仍偏低，但有部分受访者职业技能性居于中上段，表明这部分乡城迁移劳动力通过主观能动性的积极行为表达，在职业技能发展与个体价值实现上取得了显著进步。

四、劳动力居住边缘性

根据居住边缘性的定义与公式 8–4，计算得到全体样本的居住边缘性指数、住房压力性指数和职住分离性指数。结果显示，居住边缘性指数平均值为 4.460，标准差为 0.762；住房压力性指数平均值为 4.637，标准差为 0.803；职住分离性指数平均值为 4.165，标准差为 1.614。这表明职住分离性指数变异性较大，乡城迁移劳动力在职住分离性上具有较为明显的内部差异。相比之下，居住边缘性和住房压力性的差异较小。从各指数的分布形态来看（图 8–6），居住边缘性指数和住房压力性指数具有更加明显的正态分布趋势，尤其是居住边缘性指数，其分布峰值性和中心性较好；相比之下，职住分离性指数波动性、多集聚性较强，正态分布性较弱。

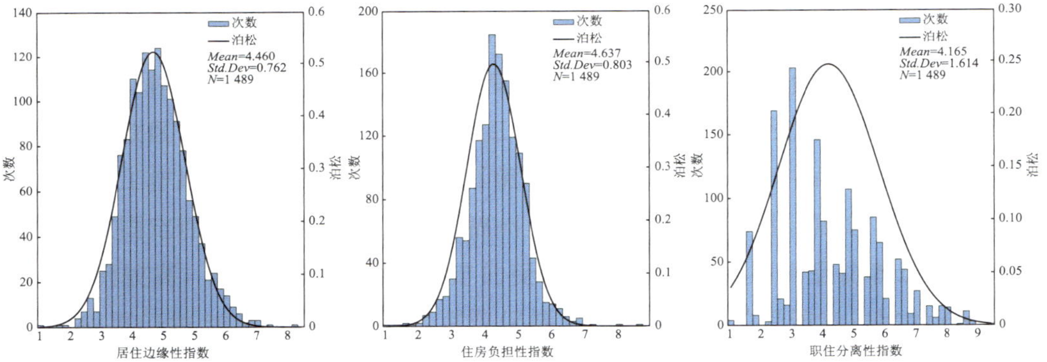

图 8–6　居住边缘性、住房压力性与职住分离性指数分布

具体来看，居住边缘性指数的分布峰值位于 3.975～4.875 区间段，其对应的受访者占比为 52.52%，位于该区间段左右两侧的受访者占比分别为 19.81%和 27.67%。这表明受访的乡城迁移劳动力少部分暴露在居住边缘性风险中，大部分能够融入较为稳定和建制化的居住空间；住房压力性指数的分布峰值位于 4.6～5.0 区间段，其对应的

受访者占比为 34.39%，而在 4.2～5.4 区间段对应的受访者占比为 66.08%。对比来看，住房压力性指数分布的中心性更强，但集中度不如居住边缘性指数，表明受访群体的住房负担在当下存在一个较为稳定的空间，即大部分乡城迁移劳动力面临类似的住房负担。职住分离性指数的分布形态离正态分布相差较远，具有更强烈的波动性和多中心性，分布频率的局部峰值伴随局部低值区，表明受访的乡城迁移劳动力在职住分离上具有较大的内部性群体差异，即某项结构化的城市特征或个体特征主导了乡城迁移劳动力职住分离性的群体差异。这也间接说明比起住房压力性，职住分离性对迁移者的居住边缘性影响更大，即面临相同的住房压力性，较差的职住分离性更容易令迁移者暴露在居住边缘性的风险之下。

五、劳动力社会融合性

根据社会融合性的定义与公式 8–5，计算得到全体样本的社会融合性指数、家庭迁移性指数和社会参与性指数。结果显示，社会融合性指数的平均值为 5.850，标准差为 1.197；家庭迁移性指数的平均值为 6.830，标准差为 1.823；社会参与性指数的平均值为 4.870，标准差为 1.539。这表明家庭迁移性指数内部差异性较大，不同群体间的家庭迁移性有较为明显的差异。从三大指数的分布形态来看（图 8–7），社会融合性指数和社会参与性指数的分布形态更接近正态（高斯）分布，但二者略有差异。相比之下，家庭迁移性指数的分布形态更为破碎，表现出明显的波动性与多中心性。

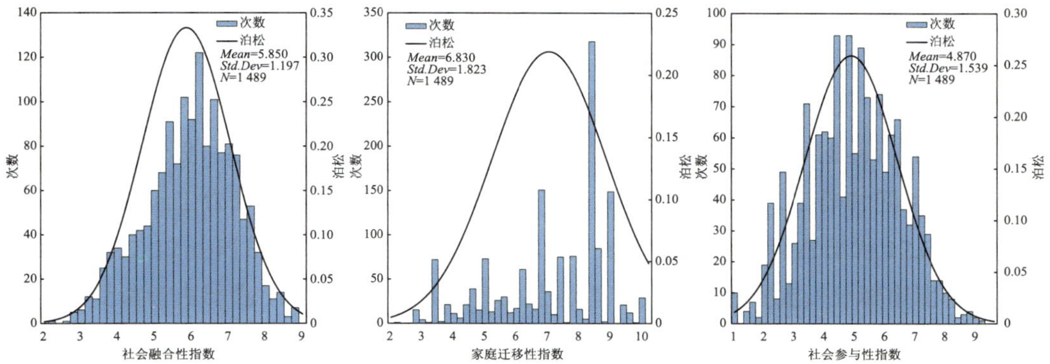

图 8–7　社会融合性、家庭迁移性与社会参与性指数分布

具体而言，社会融合性指数峰值区位于 5.8～6.6 区间段，其对应的受访者占比为 33.38%，分布于此区间段左右两侧的受访者占比分别为 38.55%和 28.07%，表明大部分受访的乡城迁移劳动力社会融合性仍较低，实现较高融合度的迁移劳动力占比较少。社会参与性指数的分布形态尽管有明显的波动性，但整体上仍服从正态分布。该指数的峰值分布段为 4.4～5.2，其对应的受访者占比 24.92%，且分布于该区间段两侧的受访者占比分别为 33.37%和 41.71%，表明受访的乡城迁移劳动力大部分能够有效积极参与城市社会生活。家庭迁移性指数的分布形态相距正态分布较远，数据具有强烈的差异性。该指数分布峰值位于 8.2 处，对应的受访者占比为 21.36%，但家庭迁移性指数低于此值的受访者占比高达 56.95%。进一步统计发现，家庭迁移性在 5.0～8.2 区间段的受访者占比达到 37.21%，<5.0 的受访者仍有 18.87%，表明乡城迁移劳动力不同群体间在家庭迁移性上分异显著，尽管有部分受访者同乡村原生家庭间的关系较远且在城市拥有稳定的家庭，但有相当部分乡城迁移劳动力仍同乡村原生家庭保持较强联系，并处于在城市组建家庭的过渡期。叠加家庭迁移性和社会参与性的数据分布可以发现，在同样的社会参与性背景下，更完整的家庭迁移有助于增强移民的社会融合性，即塑造家庭迁移性指数分异的结构性因素对乡村移民的社会融合性影响更大。

第三节　劳动力地理景观结构特征与格局

一、劳动力地理景观指数的统计特征

1. 劳动力地理景观的组成与类别

在乡城劳动力迁移的微观调查与特征分析基础上，本研究在乡城迁移劳动力的迁移特征、就业特征、居住与生活特征三个方面构建五类劳动力地理景观指数，并进一步将五类地理景观指数细分为 16 个具体化、专门化的景观指数（表 8–6）。五类景观指数测度了乡城迁移劳动力在迁移稳定性、就业边缘性、职业发展性、居住边缘性与社会融合性上的分布态势、结构差异、格局特征及组分关系，构成了乡城迁移劳动力从迁移行为到就业关系、职业发展，再到城市安顿、定居，最后到社会融合与价值认同的迁移者全生命历程在地理景观上的表达，成为透视乡城迁移劳动力在迁移全生命历程中的演化路径与适应过程的定量分析基础。

表 8–6　乡城迁移劳动力地理景观指数类别

地理景观	景观类别	景观指数
劳动力地理景观	劳动力迁移稳定类	迁移稳定性（QYWD）
		就业稳定性（JYWD）
		工作城市稳定性（GZCSWD）
	劳动力就业边缘类	就业边缘性（JYBY）
		劳动市场分割性（LDSCFG）
		工作规制性（GZGZ）
		权益保障性（QYBZ）
	劳动力职业发展类	职业发展性（ZYFZ）
		职业建制性（ZYJZ）
		职业技能性（ZYJN）
	劳动力居住边缘类	居住边缘性（JZBY）
		住房压力性（ZFYL）
		职住分离性（ZZFL）
	劳动力社会融合类	社会融合性（SHRH）
		家庭迁移性（JTQY）
		社会参与性（SHCY）

五类劳动力地理景观指数从不同角度与特征上表征乡城迁移劳动力在迁移生命历程中的不同阶段在地理景观上的投影踪迹。劳动力迁移稳定性从就业职业与工作城市的迁移展示了劳动者迁移周期中的稳定状态，这种状态涵盖乡村劳动者从初期的乡城迁移到中期的城城迁移，但未能包括迁移后期和迁移成熟阶段的城内迁移。在今天的中国，乡城间和城城间的迁移与流动对乡城迁移劳动力的实践意义以及对城市转型发展、市民化的指导意义更为具体，其在乡村移民的就业关系、职业发展、居住与生活层面上，发挥了自身主观能动性的身体实践与社会空间的生产及建构。因此，这种基于迁移全生命历程客观经历的迁移稳定性成为劳动力地理景观分析的基础与前提。

就业、生活与居住是乡城迁移劳动力在城市身体实践与社会空间生产的全部内容与途径，也是劳动力地理景观表达的核心内容。就业与职业发展是乡城迁移劳动力身体实践的主要行为内容，也是劳动者生产方式与经济能力的体现和保障，更是劳动者进行居住与生活等空间生产的生计基础。因此，劳动力就业边缘性与职业发展性成为迁移生命历程的演化动力，关乎劳动力迁移的可持续性。乡城迁移劳动力的居住与生活特征集成在劳动力居住边缘性和社会融合性中，成为迁移者社会空间生产的主要载体与实施途径。在迁移生命历程中，居住与社会融合性成为乡城劳动力迁移、城市转型发展以及市民化进程成熟度与完备度的标志，尤其是社会融合成为推动乡城迁移劳动力和城市转型发展更深层次的目的与意义。因此，劳动力居住边缘性与社会融合性在地理景观上所展现的格局特征和适应过程，刻画了迁移个体与社会整体、社区生产空间与城市治理空间等不同尺度的主体在转型期相互认知、联系、适应、交往、认同、参与的动态过程。

2. 劳动力地理景观指数描述性统计

全面深刻地理解乡城迁移劳动力地理景观指数间的组分动态与相互关系，成为洞察与分析我国乡村劳动力地理景观格局和适应过程的基础。运用描述性统计分析方法展示乡城迁移劳动力地理景观概况与基础信息（表 8–7），结果显示，劳动力迁移稳定性指数拥有最大的内部变异性，而就业稳定性内部变异性最小，但从标准差和方差统计量来看，迁移稳定性并不是标准差和方差最大的指数，职业技能性拥有最大的标准差和方差，最小标准差和方差的指数依然是就业稳定性；从最大最小值来看，迁移稳定性指数最大值最为突出，达到 11.250，同最小值差异显著，显示出存在一定的极端值和异常值。在就业边缘性、职业发展性、居住边缘性和社会融合性四类指数中，权益保障性、职业建制性、职业技能性三个指数的最大最小值同值域范围一致，表明这三个指数分布范围更大、分布平稳性更强；在平均值上，平均值最大的指数为家庭迁移性，最小平均值指数为职业建制性（由于迁移稳定性同另外四类指数算法与指标量化的差异，无法进行横向对比），表明受访群体在家庭迁移性上得分更高，但在职业建制性上得分偏低。因为就业边缘性、职业发展性、居住边缘性和社会融合性具有相同的值域空间，所以各指数平均值的差异可以说明乡城迁移劳动力在各指数层面取得进步所面临的困难性与挑战性的大小。在偏度上，迁移稳定性指数的偏态性指数最大，达到 15.242，具有强烈的偏态分布特征，另外，偏度大于 1 的指数还有就业稳定性和工作城市稳定性。整体而言，迁移稳定类指数的偏态分布较其余四类指数更为明显，这四类指数偏度均在 ±1 之间。其中，就业边缘性、劳动市场分割性、社会融合性、家庭迁移性与社会参与性指数偏度均小于 1，最小的为劳动市场分割性指数，偏度为–0.578，左倾分布明显。而这四类指数中偏度最大的为职业建制性指数，达到 0.941；峰度系数在各指数间的差异性和趋势性同偏度系数保持一致，迁移稳定类指数的峰值性远高于余下四类指数。而这四类指数中峰度系数最大的为住房压力性，最小的为劳动市场分割性。各项指数分布形态的偏度和峰度描述了劳动力地理景观的基础态势，展现了乡村劳动力在地理景观上的趋势性和差异性，但还需更深入的格局分析与过程揭示。

表 8–7 劳动力地理景观各指数描述性统计

	范围	最小值	最大值	均值		标准差	方差	偏度		峰度	
	Statistic	Statistic	Statistic	Statistic	Std. Error	Statistic	Statistic	Statistic	Std. Error	Statistic	Std. Error
QYWD	11.249	0.001	11.250	0.100	0.011	0.441	0.194	15.242	0.063	318.065	0.127
JYWD	2.976	0.024	3.000	0.201	0.007	0.259	0.067	4.658	0.063	32.798	0.127
GZCSWD	4.976	0.024	5.000	0.231	0.008	0.316	0.100	6.353	0.063	69.022	0.127
JYBY	6.735	1.595	8.330	5.043	0.033	1.290	1.665	–0.398	0.063	–0.489	0.127
LDSCFG	8.678	1.323	10.000	5.838	0.054	2.078	4.319	–0.578	0.063	–0.906	0.127
GZGZ	8.100	1.000	9.100	4.840	0.041	1.575	2.482	0.136	0.063	–0.410	0.127
QYBZ	9.000	1.000	10.000	4.321	0.038	1.483	2.198	0.651	0.063	1.252	0.127
ZYFZ	7.875	1.250	9.125	4.026	0.039	1.509	2.278	0.512	0.063	–0.398	0.127
ZYJZ	9.000	1.000	10.000	3.659	0.037	1.418	2.010	0.941	0.063	0.595	0.127
ZYJN	9.000	1.000	10.000	4.392	0.059	2.266	5.136	0.405	0.063	–0.889	0.127
JZBY	6.144	1.725	7.869	4.460	0.020	0.762	0.581	0.296	0.063	0.440	0.127
ZFFD	7.460	1.400	8.860	4.637	0.021	0.803	0.645	0.007	0.063	1.418	0.127
ZZFL	8.250	1.000	9.250	4.165	0.042	1.615	2.608	0.425	0.063	–0.367	0.127
SHRH	6.713	2.045	8.757	5.852	0.031	1.197	1.433	–0.278	0.063	–0.312	0.127
JTQY	8.116	1.884	10.000	6.835	0.047	1.823	3.324	–0.620	0.063	–0.535	0.127
SHCY	8.100	1.000	9.100	4.869	0.040	1.540	2.371	–0.067	0.063	–0.445	0.127

3. 劳动力地理景观指数间的相关性

在描述性分析基础上，为检视劳动力地理景观的组分关系，运用 Pearson 相关性分析展示各景观指数间的相关系数及其显著性检验结果（表 8–8）。结果显示，除社会参与性与家庭迁移性之外，五类景观指数内部各指数间均存在显著的相关关系，表明各类指数具有较强的共同指向性；进一步比较五类景观指数内部间的相关性，发现除职住分离性和住房压力性指数间呈显著负相关，其余景观指数内部间均为正相关。这一点说明职住分离性越大，其住房压力性越小，更深层次含义表明乡城迁移劳动力在职住平衡与住房负担间存在一个动态平衡关系，即居住空间越靠近就业空间，其住房成本与负担越大，反之亦然。从五类指数相互间的相关关系来看，迁移稳定性与就业边缘性和社会融合性呈显著负相关关系，与职业发展性和居住边缘性呈正相关关系，但与居住边缘性的相关性较弱；就业边缘性与职业发展性呈显著负相关关系，而与另外三类景观指数相关性较弱或不显著，表明乡城迁移劳动力在就业市场中的地位与其自身职业发展息息相关，而提高个体职业发展性有助于避免就业边缘化的风险；职业发展性虽然与居住边缘性和社会融合性指数呈现统计学上的显著相关关系，但其相关程度较弱；居住边缘性与社会融合性呈现一定显著的负相关关系，说明居住分异与隔离不利于社会融合，居住混合所带来的邻里效应有助于增强社会融合性。

通过相关性矩阵图进一步可视化劳动力地理景观各指数间的相关关系（图 8–8），图中红色圆圈表示正相关，蓝色圆圈表示负相关，圆圈大小表示相关性指数绝对值的大小。图示各类景观内部指数间的相关性程度更为明显，表明各类景观指数在表达乡城劳动力迁移的趋势性与分异性较为一致；从不同类别的地理景观指数来看，就业边缘类指数与职业发展类指数具有显著的负向相关关系，尤其是劳动市场分割性指数与职业发展性、职业建制性与职业技能性指数的负向相关程度最高，表明制度与规则对劳动市场分割的塑造作用能够显著影响市场中乡城迁移劳动力不同群体间的职业发展性、建制性、技能性的趋势性与差异性，这种影响暗含了制度环境（户籍、性别、市场管治等）对乡城迁移劳动力就业关系与职业发展的分割性和边界约束性；社会融合类与家庭迁移类指数存在较为明显的负向相关关系，尤其是家庭迁移性同就业稳定性及工作城市稳定性间相关关系最为明显，表明家庭性迁移有助于增强迁移者在就业与工作城市上的稳定性，进而有效促进社会融合性，但社会参与性同迁移稳定性未有明显相关关系。就业边缘类与迁移稳定类指数均显示负向相关，但相关性较弱；职业发展类与迁移稳定类指数均显示较弱的正向相关。各类景观指数间相互关系间相关关系较弱且正负各异，表明各类指数的相关关系受到自由度统计量与差异值的影响，各类指数的关系仍需进一步的分析与探究。

表 8-8 劳动力地理景观各指数间相关关系矩阵

	QYWD	JYWD	GZCSWD	JYBY	LDSCFG	GZGZ	QYBZ	ZYFZ	ZYJZ	ZYJN	JZBY	ZFFD	ZZFL	SHRH	JTQY	SHCY
QYWD	1	0	0	0	0	0.002	0.149	0	0.001	0	0.931	0.862	0.968	0	0	0.545
JYWD	0.734*	1	0	0	0	0	0.049	0	0	0	0.306	0.325	0.036	0	0	0.276
GZCSWD	0.790*	0.657*	1	0	0	0	0.022	0	0	0	0.526	0.616	0.224	0	0	0.363
JYBY	–0.105*	–0.187*	–0.155*	1	0	0	0	0	0	0	0.904	0.001	0.010	0.428	0	0
LDSCFG	–0.101*	–0.178*	–0.146*	0.814*	1	0	0	0	0	0	0	0.280	0	0.022	0	0
GZGZ	–0.079*	–0.151*	–0.117*	0.814*	0.437*	1	0	0	0	0	0.012	0	0.719	0.409	0	0
QYBZ	–0.0375	–0.051	–0.059	0.517*	0.193*	0.248*	1	0	0	0	0	0.014	0.007	0.953	0.188	0.099
ZYFZ	0.123*	0.249*	0.206*	–0.476*	–0.512*	–0.310*	–0.151*	1	0	0	0	0	0	0	0	0
ZYJZ	0.084*	0.153*	0.134*	–0.446*	–0.509*	–0.255*	–0.151*	0.699*	1	0	0	0.305	0	0	0	0.029
ZYJN	0.111*	0.236*	0.190*	–0.355*	–0.364*	–0.253*	–0.107*	0.894*	0.306*	1	0.003	0	0	0	0	0
JZBY	0.002	0.027	0.016	0.003	–0.104*	0.060	0.098	–0.111*	0.113*	0.077*	1	0	0	0.038	0.621	0.008
ZFFD	0.005	–0.026	–0.013	0.086	0.028	0.103*	0.064*	–0.117*	0.027	–0.173*	0.609*	1	0.015	0.010	0.044	0
ZZFL	–0.001	0.054	0.032	–0.067	–0.154*	–0.009	0.071*	0.236*	0.119*	0.240*	0.753*	–0.063	1	0.637	0.022	0.047
SHRH	–0.104*	–0.223*	–0.187*	0.021	0.059*	–0.021	–0.002	0.134*	–0.099*	–0.116*	–0.054	–0.067*	–0.012	1	0	0
JTQY	–0.150*	–0.317*	–0.265*	0.172*	0.198*	0.109*	0.034	–0.276*	–0.178*	–0.257*	–0.013	0.052	–0.059	0.766*	1	0.793
SHCY	0.016	0.028	0.024	–0.171*	–0.142*	–0.163*	–0.043	0.120*	0.057	0.124*	–0.069*	–0.167*	0.051	0.648*	0.007	1

注：表中下三角部分表示指数间的相关系数，上三角表示相关系数 t 检验的 p 值，*表示相关系数在 0.01 的水平上显著（双尾检验）。

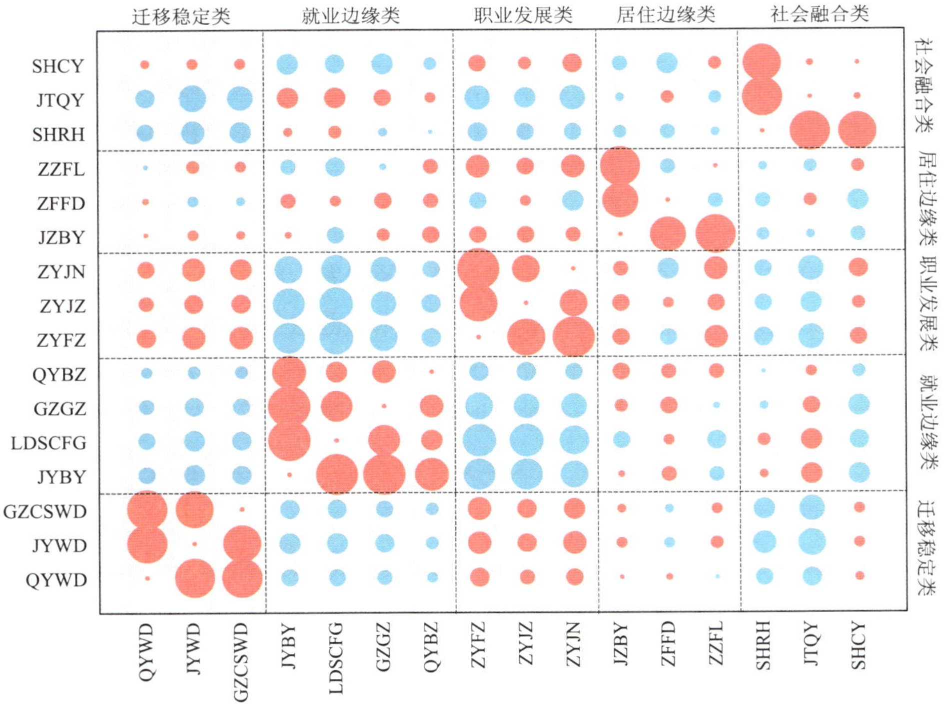

图 8–8 劳动力地理景观指数间相关性矩阵（红色正相关、蓝色负相关）

散点图可以在相关性分析的基础上更深入地展示两组变量间相关关系的走向及其数据分布，有助于理解数据变量相关关系的细节。将乡城迁移劳动力地理景观指数以散点图矩阵的形式进行可视化（图 8–9），展现各类指数在交互维度上的分布态势及其对应关系。散点图矩阵显示迁移稳定类指数在其余四类景观指数方向上存在数据集中分布与少量极端值分散分布的趋势，即使在迁移稳定性指数内部，其指数间的相互关系也未能展现良好的线性趋势；就业边缘类、职业发展类、居住边缘类和社会融合类指数间的散点分布较为均匀，在各类指数自身内部指数间散点分布有较为明显的趋势，如就业边缘性与工作规制性、职业发展性与职业技能性、社会融合性与家庭迁移性。此外，不同于迁移稳定类指数，其余四类指数由于指数计算使用固定选项指标项的量化评分制，造成数据分布呈现出一定的离散性和间隔性，表现最为明显的包括权益保障性指数与职业技能性指数。从散点图中可以看出（图 8–9），尽管权益保障性与职业技能性指数这两对变量的 Pearson 相关系数通过了统计学上的显著检验，但却没有表现出足够的线性的相关趋势。

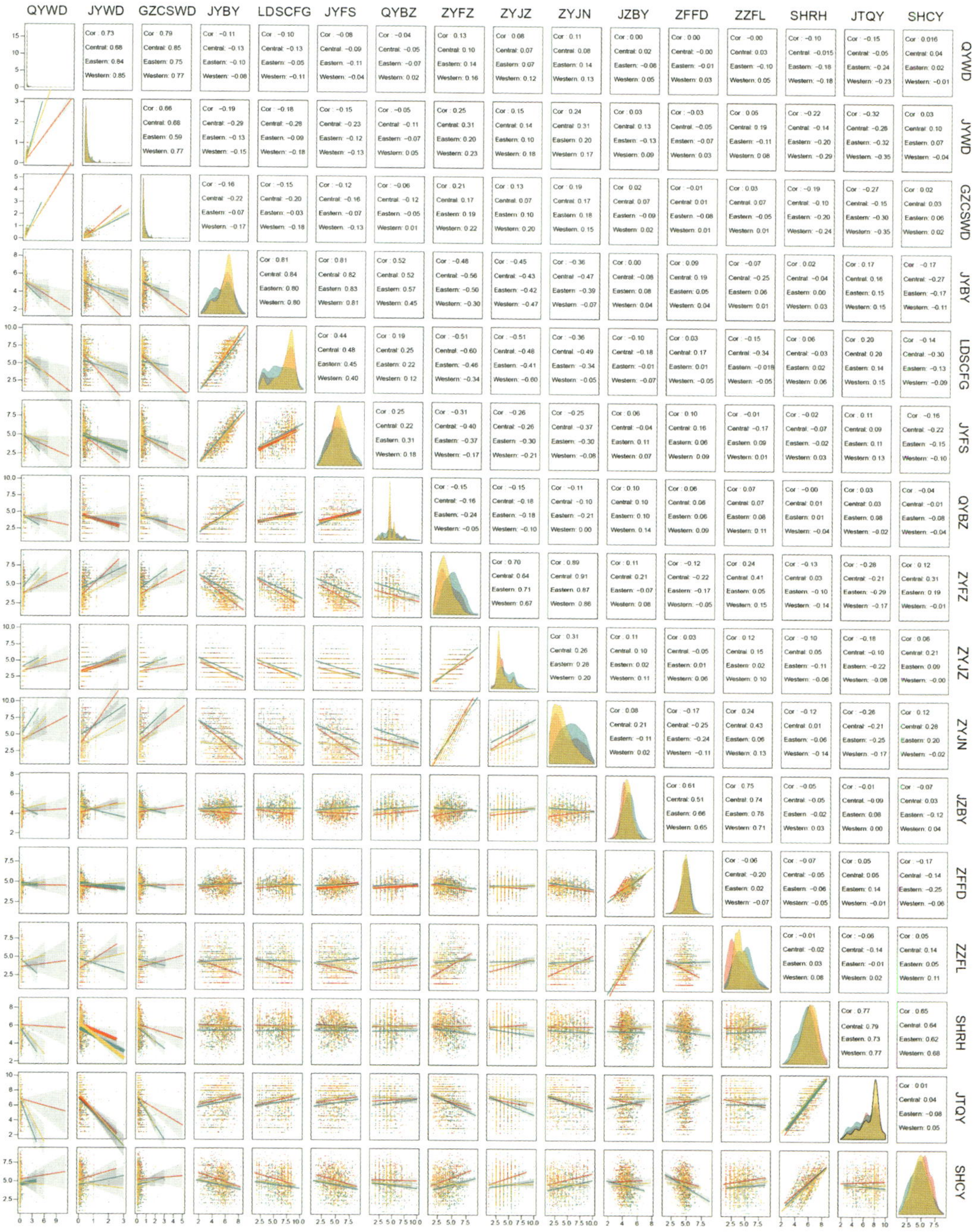

图 8–9　乡城迁移劳动力地理景观各指数间的散点图矩阵

二、劳动力地理景观的差异性与趋势性

1. 迁移稳定性

（1）城市与行业差异性统计

图 8–10 展示了全体被调查者的迁移稳定性指数及其在不同城市、不同行业间的差异性与趋势性。图示整体上被调查者的平均迁移稳定性指数为 0.10，工作城市稳定性指数平均值为 0.20，低于就业稳定性指数的平均值 0.23。对比不同城市受访者的迁移稳定性指数（图 8–10a），发现各城市受访者的就业稳定性指数均高于工作城市稳定性指数，展现出一致性趋势。东部的厦门受访者的迁移稳定性指数、就业稳定性指数和工作城市稳定性指数最高，显著高于其余三个城市，福州三种稳定性指数也略高于中西部的武汉和成都，表明东部城市迁移者的就业稳定性与工作城市稳定性较中西部城市迁移者更差。

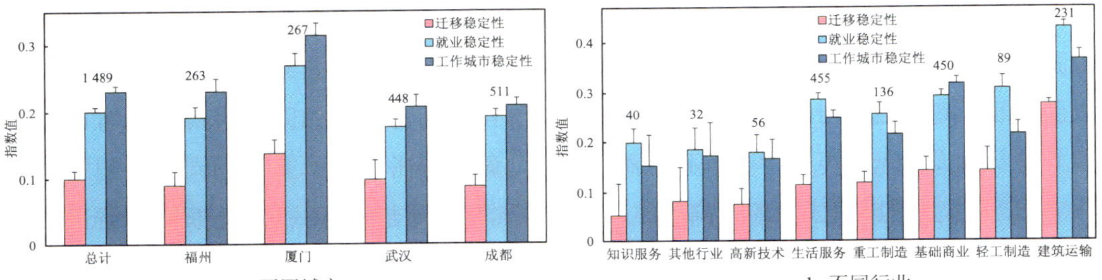

a. 不同城市　　b. 不同行业

图 8–10　不同城市与行业乡城迁移劳动力迁移稳定性差异

不同行业间比较发现（图 8–10b），劳动力迁移稳定性指数沿知识服务、高新技术、其他行业、生活服务、重工制造、基础商业、轻工制造和建筑运输的顺序呈递增趋势，表明其劳动力迁移稳定性沿上述行业顺序呈下降趋势。知识服务行业受访者迁移稳定性最高，建筑运输行业受访者迁移稳定性最差，高技术知识含量类行业受访者迁移稳定性高于低技术知识含量类行业受访者。因为建筑运输、轻工制造、基础商业行业的就业具有较高的灵活性、细分性和可替代性，这些行业的从业者具有更高的更换就业职业与工作城市的可能性。其中，建筑运输行业从业者经常因为项目、工程原因更换就业城市，由于从业门槛较低，该行业人员流动性较强，离职与新入职的频率高于其余行业，导致其单位年份内更换行业的次数较多；此外，建筑运输行业分工较细，不同职业间互换性与替代性较强，导致不少受访者拥有建筑运输行业多个工种的就业经

历。因此，建筑与运输行业从业者的迁移稳定性在被调查行业中最低。此外，除基础商业行业受访者外，其余行业受访者的就业稳定性高于工作城市稳定性，表明维持稳定的工作城市比维持稳定的就业职业更为重要。

（2）城市与行业差异显著性

利用单因素方差分析审视不同城市、行业迁移稳定性、就业稳定性和工作城市稳定性的差异性（表 8–9、表 8–10），通过不同城市间的对比发现，就业稳定性和工作城市稳定性差异最为显著，而综合性的迁移稳定性指数差异性较小，表明不同城市带来的迁移距离差异给乡城迁移劳动力工作城市稳定性造成的差异不如就业稳定性的差异大，迁移稳定性在不同城市间表现出某种共性，并受到城市特征差异之外的结构性因素影响。在不同职业之间，就业稳定性与工作城市稳定性依然表现出显著的差异性和趋势性。尽管迁移稳定性的职业差异显著性较弱，但依然比城市间的差异更大。对比分析发现，就业稳定性在不同职业的组间均方差（0.520）大于不同城市的组间均方差（0.459），而工作城市稳定性在不同城市的组间均方差（0.783）大于不同职业的组间均方差（0.580），表明区域与就业结构差异深刻影响了乡城迁移劳动力的就业与工作城市变动行为，且就业差异的影响更为深刻。进一步对不同职业的劳动力迁移稳定类指数同类子集进行事后多重比较（表 8–11），发现就业稳定性和工作城市稳定性可被分为四类子集，建筑运输（13）、高新技术（17）与知识服务（18）行业的迁移者就业与工作城市稳定性同其他行业的迁移者相差较大。结合不同行业的稳定性指数均值分析显示，迁移稳定性的边界约束了就业结构对乡城劳动力迁移差异的塑造与适应过程。

表 8–9　不同城市劳动力迁移稳定类指数 ANOVA 分析

		Sum of Squares	df	Mean Square	F	Sig.	方差齐性检验
迁移稳定性	组间	0.465	3	0.155	0.798	0.495	0.563
	组内	288.491	1 485	0.194			Sig. 0.639
	总计	288.956	1 488				
就业稳定性	组间	1.560	3	0.459	7.893	0.000	4.004
	组内	97.869	1 485	0.066			Sig. 0.007
	总计	99.430	1 488				
工作城市稳定性	组间	2.349	3	0.783	7.954	0.000	3.144
	组内	146.199	1 485	0.098			Sig. 0.024
	总计	148.548	1 488				

表 8–10　不同行业劳动力迁移稳定类指数 ANOVA 分析

		Sum of Squares	df	Mean Square	F	Sig.	方差齐性检验
迁移稳定性	组间	2.295	7	0.328	1.694	0.106	2.748 Sig. 0.008
	组内	286.661	1 481	0.194			
	总计	288.956	1 488				
就业稳定性	组间	3.216	7	0.520	7.073	0.000	3.660 Sig. 0.001
	组内	96.213	1 481	0.065			
	总计	99.430	1 488				
工作城市稳定性	组间	4.059	7	0.580	5.943	0.000	4.394 Sig. 0.000
	组内	144.489	1 481	0.098			
	总计	148.548	1 488				

表 8–11　不同行业劳动力迁移稳定类指数同类子集事后多重比较

比较方法	行业代码	N	迁移稳定性		就业稳定性				工作城市稳定性			
			Subset for alpha = 0.05									
			1	2	1	2	3	4	1	2	3	4
Student-Newman-Keuls [a]	13	231	0.052		0.154				0.199	0.199		
	15	89	0.075	0.075	0.167				0.180			
	12	450	0.082	0.082	0.173				0.185	0.185		
	14	136	0.115	0.115	0.248	0.248			0.286	0.286	0.286	
	11	455	0.119	0.119	0.215	0.215			0.255	0.255	0.255	
	16	32	0.142	0.142	0.215	0.215					0.308	
	17	56	0.142	0.142		0.318	0.318			0.292	0.292	
	18	40		0.275			0.366	0.366				0.429
	Sig.		0.861	0.066	0.184	0.056	0.236	1.000	0.055	0.055	0.338	1.000

注：a 表示分组规模不一致，将使用调和均值样本大小，调和均值样本大小为 78.860。

2. 就业边缘性

（1）城市与行业差异性统计

分城市统计乡城迁移劳动力的就业边缘性、劳动市场分割性、工作规制性和权益保障性的均值与标准差（图 8–11a），结果显示，厦门就业边缘类指数均值低于另三个城市及整体均值，而成都各指数均值最高，尤其是劳动市场分割性指数，达到 6.38，为最低的厦门均值的 1.31 倍。综合各项指数对比来看，乡城迁移劳动力就业边缘类指数在各样本城市的均值大小依次为：成都>武汉>福州>厦门，显示乡城迁移劳动力就业边缘性从沿海城市向中西部城市递增的趋势，即越西部的乡城迁移劳动力就业关系被边缘化的风险越大。根据不同行业就业边缘性指数均值进行由大到小的排列统计（图 8–11b），显示出乡城迁移劳动力就业空间格局：高新技术、知识服务、重工制造行业更为靠近劳动力核心市场，而基础商业、建筑运输、生活服务、轻工制造等行业处于次级和边缘性劳动力市场，受到更为明显的市场分割，并深刻地影响了迁移者的就业关系与过程。具体分析发现，劳动市场分割性的差异性和趋势性更为明显，最高的基础商业劳动市场分割性指数均值约为最低的知识服务的 2.14 倍，远超过其他指数的行业差异。与之相对，权益保障性指数在行业间与行业内部的差异性均小于其他指数，表明不同行业乡城迁移劳动力在权益保障层面的差异小于在市场分割层面的差异，说明劳动市场的分割程度对就业边缘性的影响更为显著。

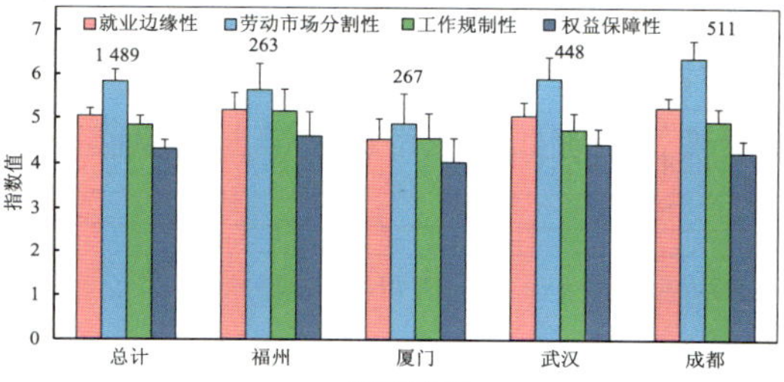

a. 不同城市

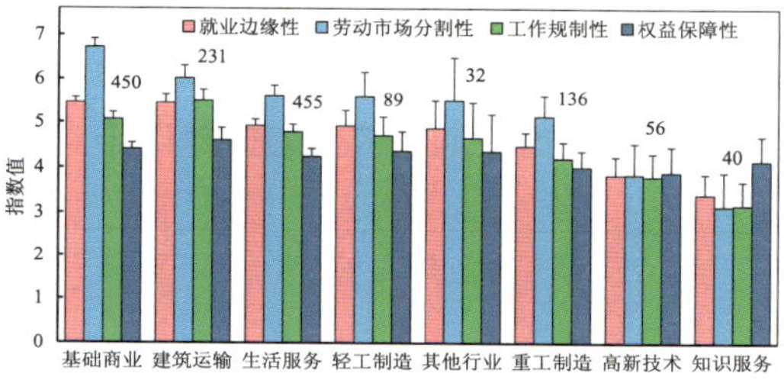

b. 不同行业

图 8–11　不同城市与行业乡城迁移劳动力就业边缘性差异

（2）城市与行业差异显著性

进一步比较劳动力就业边缘类指数在不同城市、不同行业差异的显著性（表 8–12、表 8–13），发现该类指数在不同城市与行业间均差异显著，表明城市与行业的差异能够显著影响乡城迁移劳动力的就业边缘性、劳动市场分割性、工作规制性与权益保障性。这种影响可以反映在不同城市的产业结构、就业结构、劳动法规管治与职业间的就业约束、工作规范与弹性改革等方面。对比不同城市与行业各指数的组间均方差，可以发现，就业边缘性、劳动市场分割性与工作规制性在不同行业的组间均方差大于不同城市的组间均方差，而城市权益保障性的组间均方差大于不同行业的方差。这说明行业间的就业约束、工作规范、弹性改革对就业边缘性、劳动市场分割性与工作规制性影响更明显，而城市间的市场分割与劳动法规管治更能影响乡城迁移劳动力的权益保障性。这也进一步引申出政府与非政府组织对劳动市场的干预能够影响乡城迁移劳动力的权益保障性，而就业边缘性、劳动市场分割性、工作规制性的改善需要区域经济、产业与劳动力市场的发展和变革，这将是一个市场化与发展化的过程。

表 8–12　不同城市劳动力就业边缘类指数 ANOVA 分析

		Sum of Squares	df	Mean Square	F	Sig.	方差齐性检验
就业边缘性	组间	94.193	3	31.398	19.571	0.000	20.619
	组内	2 382.355	1 485	1.604			Sig. 0.000
	总计	2 476.547	1 488				
劳动市场分割性	组间	414.201	3	138.067	34.066	0.000	16.634
	组内	6 018.641	1 485	4.053			Sig. 0.000
	总计	6 432.842	1 488				
工作规制性	组间	55.182	3	18.394	7.509	0.000	13.845
	组内	3 637.850	1 485	2.450			Sig. 0.000
	总计	3 693.032	1 488				
权益保障性	组间	50.334	3	16.778	7.737	0.000	24.183
	组内	3 220.271	1 485	2.169			Sig. 0.000
	总计	3 270.606	1 488				

表 8–13　不同行业劳动力就业边缘类指数 ANOVA 分析

		Sum of Squares	df	Mean Square	F	Sig.	方差齐性检验
就业边缘性	组间	356.545	7	50.935	35.582	0.000	9.569
	组内	2 120.002	1 481	1.431			Sig. 0.000
	总计	2 476.547	1 488				
劳动市场分割性	组间	969.199	7	138.457	37.531	0.000	16.486
	组内	5 463.643	1 481	3.689			Sig. 0.000
	总计	6 432.842	1 488				
工作规制性	组间	356.561	7	50.937	22.610	0.000	3.084
	组内	3 336.471	1 481	2.253			Sig. 0.003
	总计	3 693.032	1 488				
权益保障性	组间	48.788	7	6.970	3.204	0.002	6.936
	组内	3 221.818	1 481	2.175			Sig. 0.000
	总计	3 270.606	1 488				

表 8–14　不同行业劳动力就业边缘类指数同类子集事后多重比较

比较方法	职业代码	N	就业边缘性				劳动市场分割性				
			Subset for alpha = 0.05								
			1	2	3	4	1	2	3	4	5
Student-Newman-Keuls [a]	18	40	3.408				3.147				
	17	56		3.841				3.847			
	14	136			4.469				5.146		
	16	32			4.868				5.520	5.520	
	15	89			4.922				5.608	5.608	
	11	455			4.928				5.619	5.619	
	13	231				5.453				6.029	
	12	450				5.456					6.725
	Sig.		1.000	1.000	0.076	0.988	1.000	1.000	0.408	0.344	1.000

比较方法	职业代码	N	工作规制性					权益保障性
			Subset for alpha = 0.05					
			1	2	3	4	5	1
Student-Newman-Keuls [a]	18	40	3.171					4.144
	17	56		3.800				3.898
	14	136		4.200	4.200			4.011
	16	32			4.653	4.653		4.352
	15	89			4.707	4.707		4.362
	11	455			4.783	4.783		4.245
	13	231					5.502	4.603
	12	450				5.069	5.069	4.406
	Sig.		1.000	0.095	0.070	0.304	0.070	0.055

注：a 表示分组规模不一致，将使用调和均值样本大小，调和均值样本大小为 78.860。

对不同行业乡城迁移劳动力就业边缘类指数同类子集进行事后多重比较（表 8–14），可以发现，就业边缘性、劳动市场分割性与工作规制性有较为显著的行业差异性，不同行业样本可依据不同指数分为多类子集。从就业边缘性、劳动市场分割性与工作规制性的同类子集来看，基础商业与建筑运输行业由于较高的边缘性被分为一组，而高新技术与知识服务行业则由于较低的边缘性被分为两组。在同类子集中，劳动市场分割性与工作规制性的同类子集重叠度较高，表明生活服务、轻工制造与其他行业在就业边缘性上具有相似性。相比之下，各行业的权益保障性指数差异较小，仅有一个同类子集。同类子集的比较展示了不同行业在就业边缘性上的差异性与相近性，这种相近性与差异性成为就业结构和劳动力市场在劳动力地理景观格局上的空间表征。

3. 职业发展性

（1）城市与行业差异性统计

乡城迁移劳动力职业发展性在不同城市间的差异依然是显著的（图 8–12a），厦门受访者的职业发展性、职业建制性和职业技能性指数均值最高，而成都受访者各指数均值最低。厦门和成都差距最大的指数为职业技能性，差距达到 1.54 倍。综合对比，职业发展类各指数在样本城市的大小顺序依次为厦门>福州>武汉>成都，相比中西部，东部城市的乡城迁移劳动力拥有更好的职业发展性，能为乡村移民提供更好的就业平台，也更容易取得职业成功与个人发展。对比不同行业（图 8–12b），各行业的职业发展类指数均值沿知识服务、高新技术、重工制造、其他行业、轻工制造、生活服务、建筑运输、基础商业的次序呈逐渐降低趋势，技术知识含量越高的行业，其职业发展性也越高。从变化来看，职业建制性在各行业间的差异最小，而职业技能性的差异最大，职业发展性居中，表明职业技能性对不同行业乡城迁移劳动力的职业发展性影响最大，其在职业培训与认知上的差异将显著影响迁移者在职业发展上的成就。

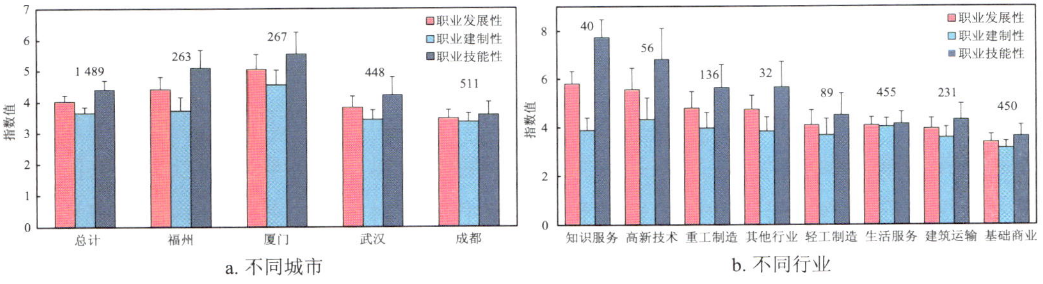

图 8–12　不同城市与行业乡城迁移劳动力职业发展类指数差异

（2）城市与行业差异显著性

不同城市间劳动力职业发展类指数的单因素方差分析发现其分异显著（表 8–15），同类子集多重比较也显示各指数在城市间的差异性（表 8–16）。职业发展性与职业技能性在每个城市形成单独子集，职业建制性在中西部的武汉和成都形成单独一类，而东部的福州和厦门各分为单独一类。这表明在职业建制性上，东部城市与中西部城市、东部城市间的差异要比中西部城市间的差异更大。同样地，不同行业间职业发展性指数 ANOVA 分析也显示出显著的差异性（表 8–17），各指数同类子集的多重比较将不同行业分为不同组别（表 8–18），以表示其在不同行业群体间的差异性与行业内的相近性。具体来看，各行业在职业技能性中被分为五个子集，知识服务、高新技术、重工制造、其他行业同其余行业表现出显著差异；各行业在职业建制性被分为三个子集，但具有一定重叠度；而在就业发展性上，各行业被分为四个完全不重叠的子集：基础商业、建筑运输和生活服务和轻工制造、重工制造和其他行业、高新技术和知识服务，这便呈现出乡城迁移劳动力在职业发展性上的分异格局。

表 8–15　不同城市劳动力职业发展类指数 ANOVA 分析

		Sum of Squares	df	Mean Square	F	Sig.	方差齐性检验
职业发展性	组间	491.106	3	163.702	83.862	0.000	18.687 Sig. 0.000
	组内	2 898.794	1 485	1.952			
	总计	3 389.900	1 488				
职业建制性	组间	281.855	3	93.952	51.500	0.000	6.668 Sig. 0.000
	组内	2 709.065	1 485	1.824			
	总计	2 990.919	1 488				
职业技能性	组间	825.783	3	275.261	59.967	0.000	28.329 Sig. 0.000
	组内	6 816.425	1 485	4.590			
	总计	7 642.208	1 488				

表 8–16　不同城市劳动力职业发展类指数同类子集事后多重比较

比较方法	城市	N	职业发展性				职业建制性			职业技能性			
			Subset for alpha = 0.05										
			1	2	3	4	1	2	3	1	2	3	4
Student-Newman-Keuls [a]	成都	511	3.474				3.356			3.587			
	武汉	448		3.827			3.434				4.217		
	福州	263			4.412			3.729				5.089	
	厦门	267				5.047			4.548				5.541
	Sig.		1.000	1.000	1.000	1.000	0.448	1.000	1.000	1.000	1.000	1.000	1.000

注：a 表示分组规模不一致，将使用调和均值样本大小，调和均值样本大小为 340.812。

表 8–17　不同行业劳动力职业发展类指数 ANOVA 分析

		Sum of Squares	df	Mean Square	F	Sig.	方差齐性检验
职业发展性	组间	552.824	7	78.975	41.226	0.000	2.640 Sig. 0.010
	组内	2 837.076	1 481	1.916			
	总计	3 389.900	1 488				
职业建制性	组间	225.468	7	32.210	17.249	0.000	9.981 Sig. 0.000
	组内	2 765.451	1 481	1.867			
	总计	2 990.919	1 488				
职业技能性	组间	1 337.515	7	191.074	44.884	0.000	4.290 Sig. 0.000
	组内	6 304.693	1 481	4.257			
	总计	7 642.208	1 488				

表 8–18　不同行业劳动力职业发展类指数同类子集事后多重比较

比较方法	行业代码	N	职业发展性				职业建制性			职业技能性				
			Subset for alpha = 0.05											
			1	2	3	4	1	2	3	1	2	3	4	5
Student-Newman-Keuls [a]	12	450	3.377				3.135			3.614				
	13	231		3.936			3.561	3.561		4.306	4.306			
	11	455		4.077				4.017	4.017	4.132	4.132			
	15	89		4.093				3.671			4.508			
	16	32			4.748			3.836	3.836			5.656		
	14	136			4.803			3.967	3.967			5.634		
	17	56				5.569			4.335				6.799	
	18	40				5.812		3.888	3.888					7.731
	Sig.		1.000	0.758	0.804	0.272	0.050	0.293	0.148	0.089	0.487	0.946	1.000	1.000

注：a 表示分组规模不一致，将使用调和均值样本大小，调和均值样本大小为 78.860。

对比劳动力职业发展性指数在城市与行业间的组间均方差和组内均方差（表 8–15、表 8–17），可以发现，职业发展类的三个指数在城市的组间均方差均大于行业的组间均方差，不同城市与行业的三个指数的组内均方差相差较小。而进一步对比组间均方差与组内均方差比值 F 指数，显示各指数在城市间的 F 值大于各行业间的 F 值，这说明乡城迁移劳动力职业发展性在各样本城市的分异性比各行业的分异性更显著，即区域性的城市转型发展特征所塑造的乡城迁移劳动力在职业发展性上的空间分异性比就业结构所塑造的更为深刻。

4. 居住边缘性

（1）城市与行业差异性统计

不同城市的乡城迁移劳动力居住边缘类指数均值分析显示（图 8–13a），整体与四个样本城市的居住边缘性和住房压力性指数较为一致，差异性较小；而武汉的居住边缘性、住房压力性和职住分离性指数低于另外三市，其中职住分离性指数同其余各市平均值相差显著。这表明福州、厦门、成都的乡城迁移劳动力面临同样相近的居住边缘性、住房压力性与职住分离性风险环境，相比之下，武汉的乡城迁移劳动力在居住边缘性与住房压力性上略低于其余三市，而在职住分离性上有更明显的优势。得益于武汉多中心组团式的城市空间格局，其就业与居住空间分异性弱于其余单一中心式的城市（成都、厦门），使得武汉乡村移民的居住与就业连接性更好，以减轻其在通勤与居住上的负担压力。

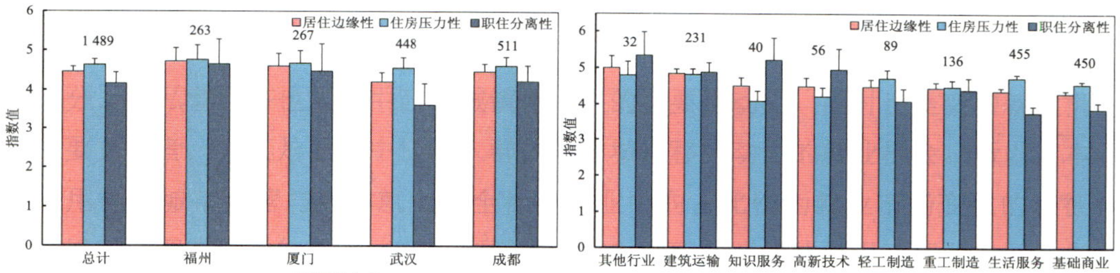

a. 不同城市　　b. 不同行业

图 8–13　不同城市与行业乡城迁移劳动力居住边缘性指数差异

依居住边缘性指数对不同行业进行排序比较（图 8–13b），其大小顺序依次为其他行业、建筑运输、知识服务、高新技术、轻工制造、重工制造、生活服务与基础商业。但在住房压力性与职住分离性指数上，各行业顺序发生了一些变化：建筑运输行业受访者面临最高的住房压力性，此外，其他行业与生活服务行业受访者均有较高的住房负担；而知识服务与高新技术行业受访者住房压力性较小，但是这两类行业却面临最高的职住分离性，尤其是知识服务行业；同样地，生活服务与基础商业的职住分离性为各行业最低。这种差异表明乡城迁移劳动力在职业分离与住房负担上存在负向相关关系，即如要减轻职住分离就需要承担更高的住房负担，而要减轻住房负担则会承担更严重的职住分离。从各行业均值分析发现，知识服务与高新技术行业的受访者通过增加职住分离来减轻住房负担，而生活服务与基础商业的受访者通过增加住房负担来缓解职住分离。这种行业差异可能由城市就业地理格局与行业就业特征的差异所造成。

（2）城市与行业差异显著性

检验不同城市居住边缘类指数差异的显著性（表 8–19），结果显示，居住边缘性和职住分离性在不同城市的差异性均能通过统计学上的置信检验（<0.01），而住房压力性的城市差异显著性较低（<0.05）。进一步对三个指数在不同城市的同类子集进行比较（表 8-20），居住边缘性指数在四个城市均可被分为单独一类；住房压力性指数被分为有交集的两类，其中武汉与福州的差异最为明显；职住分离性指数被分为三类，东中西城市间的差异能够显著影响职住分离性格局差异，东部城市的乡城迁移劳动力面临更高的职住分离性风险。同样地，比较不同行业间乡城迁移劳动力居住边缘类指数差

表 8–19　不同城市劳动力居住边缘类指数的 ANOVA 分析

		Sum of Squares	df	Mean Square	F	Sig.	方差齐性检验
居住边缘性	组间	51.763	3	17.254	31.541	0.000	6.256 Sig. 0.000
	组内	812.365	1 485	0.547			
	总计	864.128	1 488				
住房压力性	组间	7.189	3	2.396	3.734	0.011	3.258 Sig. 0.021
	组内	953.099	1 485	0.642			
	总计	960.288	1 488				
职住分离性	组间	224.686	3	74.895	30.417	0.000	14.693 Sig. 0.000
	组内	3 656.442	1 485	2.462			
	总计	3 881.128	1 488				

表 8-20　不同城市劳动力居住边缘类指数同类子集事后多重比较

比较方法	城市	N	居住边缘性				住房压力性		职住分离性		
			Subset for alpha = 0.05								
			1	2	3	4	1	2	1	2	3
Student-Newman-Keuls [a]	武汉	448	4.209				4.562		3.618		
	成都	511		4.473			4.617	4.617		4.230	
	厦门	267			4.604		4.678	4.678			4.479
	福州	263				4.721		4.761			4.652
	Sig.		1.000	1.000	1.000	1.000	0.143	0.051	1.000	1.000	0.149

注：a 表示分组规模不一致，将使用调和均值样本大小，调和均值样本大小为 340.812。

异的显著性（表 8–21），结果显示，三个指数均在<0.01 的置信区间上具有显著的差异性，表明就业结构能够显著影响乡城迁移劳动力的居住边缘性。不同行业的居住边缘类指数的同类子集比较显示（表 8–22），职住分离性在各行业间拥有更好的分异性与集聚性，所分的三类子集具有一定的重叠度；而各行业在居住边缘性与住房压力性指数上就能分为两类完全不重叠的同类子集，显示知识服务和高新技术及建筑运输和其他行业分别在住房压力性和居住边缘性上具有明显的差异性。

表 8–21　不同行业劳动力居住边缘类指数 ANOVA 分析

		Sum of Squares	df	Mean Square	F	Sig.	方差齐性检验
居住边缘性	组间	58.525	7	8.361	15.370	0.000	0.619 Sig. 0.740
	组内	805.603	1 481	0.544			
	总计	864.128	1 488				
住房压力性	组间	40.922	7	5.846	9.417	0.000	1.978 Sig. 0.055
	组内	919.366	1 481	0.621			
	总计	960.288	1 488				
职住分离性	组间	360.101	7	51.443	21.638	0.000	0.708 Sig. 0.665
	组内	3 521.027	1 481	2.377			
	总计	3 881.128	1 488				

表 8–22　不同行业劳动力居住边缘类指数同类子集事后多重比较

比较方法	行业代码	N	居住边缘性		住房压力性		职住分离性		
			Subset for alpha = 0.05						
			1	2	1	2	1	2	3
Student-Newman-Keuls [a]	12	450	4.302			4.561	3.768		
	11	455	4.372			4.734	3.869		
	14	136	4.455			4.488	4.090		
	15	89	4.488			4.725	4.397	4.397	
	17	56	4.498		4.223			4.881	4.881
	18	40	4.510		4.088			4.955	4.955
	13	231		4.845		4.822			5.213
	16	32		5.002		4.800			5.336
	Sig.		0.484	0.181	0.804	0.284	0.051	0.060	0.249

注：a 表示分组规模不一致，将使用调和均值样本大小，调和均值样本大小为 78.860。

横向比较居住边缘类指数在各城市、行业间的组间、组内均方差（表 8–19、表 8–21），居住边缘性、职住分离性指数在城市的组间均方差大于行业的组间均方差，而住房压力性指数在城市间组间均方差小于行业间组间均方差。这表明居住边缘性和职住分离性在样本城市间的分异性要强于行业间的分异性，而住房压力性在行业间的差异性更明显于城市间的差异性，这可以进一步理解为乡城迁移劳动力的职住分离性主要是受到城市转型发展特征与空间结构等宏观特征的影响，而住房压力性则更多是由就业市场结构及其所塑造的迁移经济与生计能力所影响。那么，城市转型发展与空间规划等社会管治措施可以改善迁移者的职住分离性与居住边缘性，而住房压力性的改善则需要迁移者自身在就业关系与生计发展等市场经济过程中的空间实践。

5. 社会融合性

（1）城市与行业差异性统计

分城市统计乡城迁移劳动力社会融合类指数的均值差异（图 8–14a），结果显示，武汉受访者社会融合性指数最高，达到 6.06；成都受访者社会融合性均值为 6.02，较为接近武汉的均值；厦门受访者社会融合性指数最低，仅为 5.48。对比家庭迁移性指数，成都受访者迁移性指数最高，厦门最低；武汉受访者的社会参与性指数均值最高，福州最低。横向对比来看，各城市家庭迁移性指数均高于社会融合性和社会参与性指数，其中社会参与性指数最低；分城市综合比较而言，中西部的武汉和成都的乡城迁移劳动力在社会融合性方面高于东部的福州和厦门，即中西部的乡村移民更容易取得社会融合，而东部移民的社会融合挑战与困难度更大。

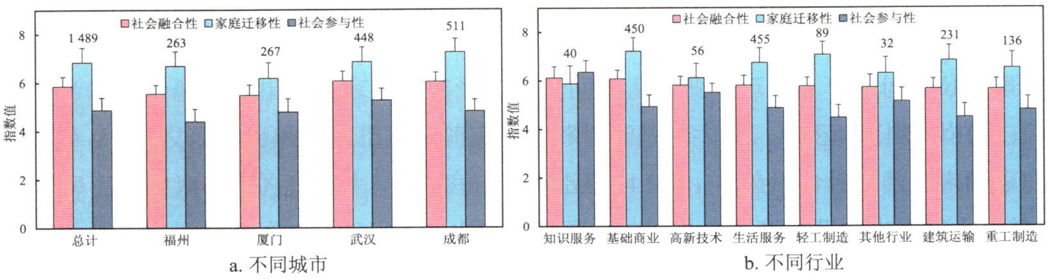

图 8–14　不同城市与行业乡城迁移劳动力社会融合类指数差异

分行业比较乡城迁移劳动力社会融合性指数（图 8–14b），得到各行业顺序为知识服务、基础商业、高新技术、生活服务、轻工制造、其他行业、建筑运输和重工制造；

在家庭迁移性上，基础商业受访者均值最高，而知识服务行业均值最低；与之相对，在社会参与性上，知识服务行业均值最高，轻工制造行业均值最低。这种差异说明乡城迁移劳动力在家庭迁移性与社会参与性上存在某种负向关联性，即拥有较高家庭迁移性的乡村移民社会参与度较低，而能积极参与城市社会并与之建立联系的乡村移民的家庭迁移性较低。尽管如此，社会融合类指数在行业间的差异较小，且这种负向关联性并不明显。其中的原因可能是由就业结构背后某种结构性因素所引起，如迁移者的人口学特征。

（2）城市与行业差异显著性

在 ANOVA 分析中（表 8–23），乡城迁移劳动力社会融合类指数在不同城市间的均值均在 0.01 的置信区间上差异显著，且各指数在城市中的组间、组内均方差均通过了方差齐性检验，表明四个样本城市乡城迁移劳动力在社会融合性方面差异显著。不同城市的同类子集比较显示（表 8–24），社会融合性、家庭迁移性和社会参与性在四个样本城市均能分为 2～3 类完全不重叠的同类子集。在社会融合性上，东部的福州与厦门同中西部的武汉和成都分别分为不同的两类，表明东中西乡城迁移劳动力在社会融合方面的差异。而在家庭迁移性与社会参与性方面，福州、厦门同武汉的差异性最显著，武汉的同类子集在家庭迁移性与社会参与性得分最高，表现出较强的社会融合能力。

表 8–23　不同城市劳动力社会融合类指数 ANOVA 分析

		Sum of Squares	df	Mean Square	F	Sig.	方差齐性检验
社会融合性	组间	96.836	3	32.279	23.540	0.000	3.554 Sig. 0.014
	组内	2 036.256	1 485	1.371			
	总计	2 133.092	1 488				
家庭迁移性	组间	203.729	3	67.910	21.281	0.000	5.179 Sig. 0.001
	组内	4 738.874	1 485	3.191			
	总计	4 942.603	1 488				
社会参与性	组间	135.195	3	45.065	19.726	0.000	2.641 Sig. 0.048
	组内	3 392.483	1 485	2.285			
	总计	3 527.679	1 488				

表 8–24　不同城市劳动力社会融合类指数同类子集事后多重比较

比较方法	城市	N	社会融合性		家庭迁移性			社会参与性		
			Subset for alpha = 0.05							
			1	2	1	2	3	1	2	3
Student-Newman-Keuls [a]	福州	263	5.540			6.687		4.395		
	厦门	267	5.480		6.179				4.783	
	武汉	448		6.060			7.238			5.271
	成都	511		6.024		6.850			4.810	
	Sig.		0.504	0.685	1.000	0.235	1.000	1.000	0.817	1.000

注：a 表示分组规模不一致，将使用调和均值样本大小，调和均值样本大小为 340.812。

对不同行业社会融合类指数进行单因素 ANOVA 分析（表 8–25），显示不同行业受访者的社会融合类指数的均值与方差均有显著差异。进一步的同类子集比较显示社会融合性指数在不同行业仅能划为一个包括全部行业的同类子集（表 8–26），家庭迁移性指数则可以划分出四个相互重叠的同类子集，社会参与性也可划分为三类子集。整体来看，知识服务与高新技术在社会参与性和家庭迁移性方面同其余各行业的差异性及独特性最为明显，并表现出截然相反的特性，即知识服务与高新技术行业受访者虽然有较高的社会参与性，但却在家庭迁移性上较低。横向比较不同城市、行业乡城迁移劳动力在社会融合类指数上的差异（表 8–23、表 8–25），发现不同城市社会融合类指数的组间均方差均大于城市间组内均方差，且社会融合性与家庭迁移性指数在城市中的

表 8–25　不同行业劳动力社会融合类指数 ANOVA 分析

		Sum of Squares	df	Mean Square	F	Sig.	方差齐性检验
社会融合性	组间	42.445	7	6.064	4.295	0.000	3.772 Sig. 0.000
	组内	2 090.648	1 481	1.412			
	总计	2 133.092	1 488				
家庭迁移性	组间	164.551	7	23.507	7.286	0.000	3.743 Sig. 0.001
	组内	4 778.052	1 481	3.226			
	总计	4 942.603	1 488				
社会参与性	组间	163.809	7	23.401	10.303	0.000	2.132 Sig. 0.038
	组内	3 363.870	1 481	2.271			
	总计	3 527.679	1 488				

组内均方差小于行业间的组内均方差。这可以被认为是乡城迁移劳动力的社会融合性在城市间的分异性强于行业间的分异性，城市转型发展特征对乡村移民社会融合性的影响大于就业特征，这也表明促进乡村移民的社会融合需要在城市治理上做出更大的努力。

表 8–26　不同行业劳动力社会融合类指数同类子集事后多重比较

比较方法	职业代码	N	社会融合性	家庭迁移性				社会参与性		
			Subset for alpha = 0.05							
			1	1	2	3	4	1	2	3
Student-Newman-Keuls [a]	18	40	6.119	5.883						6.354
	17	56	5.811	6.113	6.113				5.510	
	16	32	5.716	6.288	6.288	6.288		5.143	5.143	
	15	89	5.764			7.059	7.059	4.471		
	14	136	5.646	6.502	6.502	6.502	6.502	4.792		
	13	231	5.653		6.818	6.818	6.818	4.489		
	12	450	6.074				7.215	4.934		
	11	455	5.802		6.732	6.732	6.732	4.875		
	Sig.		0.198	0.134	0.099	0.055	0.093	0.058	0.126	1.000

注：a 表示分组规模不一致，将使用调和均值样本大小，调和均值样本大小为 78.860。

第四节　本章小结

本章在乡城劳动力迁移生命历程特征分析的基础上，基于受访样本的迁移、就业、居住与生活特征结构，分别构建劳动力迁移稳定性、就业边缘性、职业发展性、居住边缘性与社会融合性五大类、16 个具体化的劳动力地理景观指数。五大类景观指数测度了乡城迁移劳动力在迁移稳定性、就业边缘性、职业发展性、居住边缘性、社会融合性上的分布态势、结构差异、格局特征与组分关系，构成了乡城迁移劳动力从迁移行为到就业关系、职业发展，再到城市居住，最后到社会融合与价值认同的迁移者全生命历程在地理景观上的表达，成为透视乡城迁移劳动力在迁移生命历程中的演化路径与适应过程的定量分析基础。

通过对这五类劳动力地理景观指数的构建，本章对这五类指数的含义、指标体系与计算方式做出明确界定。迁移稳定性指乡城迁移劳动力个体在单位时间内更换就业职业与工作城市的频率程度；就业边缘性主要反映劳动力市场的组织结构、空间分异、市场分割与管治约束等边缘化过程，此过程塑造出劳动者从就业关系、工作条件到福利制度上一系列的分工与重构；职业发展性是指劳动者就业职业的规范性、市场认可度、升迁性与技术成长性等，一方面指劳动者对客观就业市场的认识以及就业/雇佣关系对劳动者的认同度，另一方面指劳动者本身主观能动性在职业发展空间内所做出的进取与追求行为；居住边缘性在家庭与同居层面，被认为是劳动者的生活空间结构与家庭关系的空间边缘化表达，在社区与城市层面，居住边缘性也是劳动者自身能动性营造的群体性社区空间同主流城市社会空间的亲近度；社会融合性是指乡城迁移劳动力在生产方式与社会体系等方面同城市的整合程度，包括经济就业、身份认同、心理价值与文化习俗的融合。

迁移稳定性、就业边缘性、职业发展性、居住边缘性与社会融合性指数成为五大类景观指数中最具代表性的综合性景观指数；在数据分布上，就业边缘性、居住边缘性与社会融合性指数最接近正态分布（高斯分布），而迁移稳定性与职业发展性的数据内部分异性更强，偏态分布更明显。工作城市与就业职业变动次数之和具有明显的泊松分布特征，表明个体层面在就业与工作城市变动的随机事件在群体层面形成趋势性的分布，也可认为是个体的迁移自选择形成了群体性的迁移趋势与格局。

劳动力地理景观指数的描述性统计显示各类指数内部各指数间具有显著的相关性。迁移稳定类与就业边缘类和社会融合类呈显著负相关关系，与职业发展类和居住边缘类呈正相关关系，但与居住边缘类的相关性较弱。就业边缘类与职业发展类呈显著负相关关系，居住边缘类与社会融合类呈负相关关系。对五类指数分城市与行业进行 ANOVA 分析，结果均表现出一定的显著差异性和趋势性，其中职业发展性指数在东中西城市间分异显著。

参考文献

[1] 唐青叶. 身体作为边缘群体的一种言说方式和身份建构路径[J]. 符号与传媒, 2015(1): 53-64.
[2] 姚华松. 广州流动人口空间问题: 基于社会地理学视角[J]. 世界地理研究, 2012, 21(1): 139-149.

第九章　乡城迁移劳动力地理景观的组分关系

本章遵循经典地理学中结构主义分析范式，在格局分析基础上，深入到地理景观内部，从乡城劳动迁移稳定性、就业边缘性、职业发展性、居住边缘性和社会融合性这五方面解构劳动力地理景观的组分关系，来绘制乡城劳动力迁移在不同阶段与方面所呈现的多方位景观画卷。本章所认为的组分关系是指劳动力地理景观各指数类别间的空间分布、嵌套、序列与对应关系，反映不同维度的劳动力地理景观组分间的共存模式、匹配效应与内在联系等。在乡城迁移劳动力地理景观中，不同类别景观指数间的组分关系被认为是乡城劳动力迁移生命历程的景观化呈现，这种景观化呈现积极参与到劳动力地理景观塑造过程中，成为认知与解构乡城迁移劳动力地理景观演化过程的主要途径和窗口。

第一节　劳动力地理景观空间分布格局

一、迁移稳定性

将东中西不同城市乡城迁移劳动力就业与工作城市变动次数之和与迁移稳定性以直方图形式进行数据分布展示（图 9–1），比较东中西区域间乡城迁移劳动力的差异性与趋势性。结果显示，东部乡城迁移劳动力的就业与工作城市平均变动次数高于中西部（4.402>3.897>3.217），由东向西呈递减趋势；从标准差来看，东部乡城迁移劳动力就业与工作城市变动次数的内部差异性更大，而中西部变动次数的内部差异较小

（2.564>2.504>2.311）；比较东中西迁移者变动次数的偏度和峰度系数，发现偏度与峰度数值均呈现出从东向西递增趋势（1.630<1.906<1.934，2.988<3.755<4.114）。这些趋势性差异表明东部乡城迁移劳动力在就业与工作城市的变动上次数更多，且分布与变化更广泛；相比之下，中西部乡城迁移劳动力变动次数更少，且分布更为集中。相比中西部乡城迁移劳动力，东部迁移劳动力在就业与工作城市上拥有更加丰富的迁移选项和选择能力，并处于动态与弹性迁移状态，其迁移实践性强于中西部迁移者。另外，由东向西的这种单调递增/减说明区域差异与空间距离能够显著影响乡村劳动力的迁移行为和迁移状态，不同城市的转型发展特征成为乡城劳动力迁移行为的塑造因子。

对东中西迁移劳动力的就业与工作城市变动次数、迁移稳定性的数据分布进行概率拟合（图 9–1），结果显示，东中西迁移者就业与工作城市变动次数呈现出较好的泊松分布，在其单位次数变动上的群体分布符合泊松分布，表明个体层面在就业与工作城市变动的随机事件在群体层面形成趋势性的分布，也可认为是个体的迁移自选择组成群体迁移趋势与格局。但在东中西迁移稳定性的数据分布与概率拟合上，均未呈现出明显的正态分布或泊松分布趋势。尽管由东向西乡城迁移劳动力迁移稳定性指数（迁移稳定性）呈现出递减（递增）趋势，但数据分布在右侧出现局部小峰值集聚。从整体来看，随着迁移稳定性指数增加（迁移变动次数增加，稳定性降低），乡城迁移劳动力分布频率逐渐降低（尽管有波动）。这可以理解为随着迁移变动次数的增加，越来越多的乡城迁移劳动力逐渐转为迁移稳定状态，即在不断的迁移变动中，移民稳定性概率（不是分布概率）逐渐增加，本书将这种现象称为迁移渐趋稳定性。

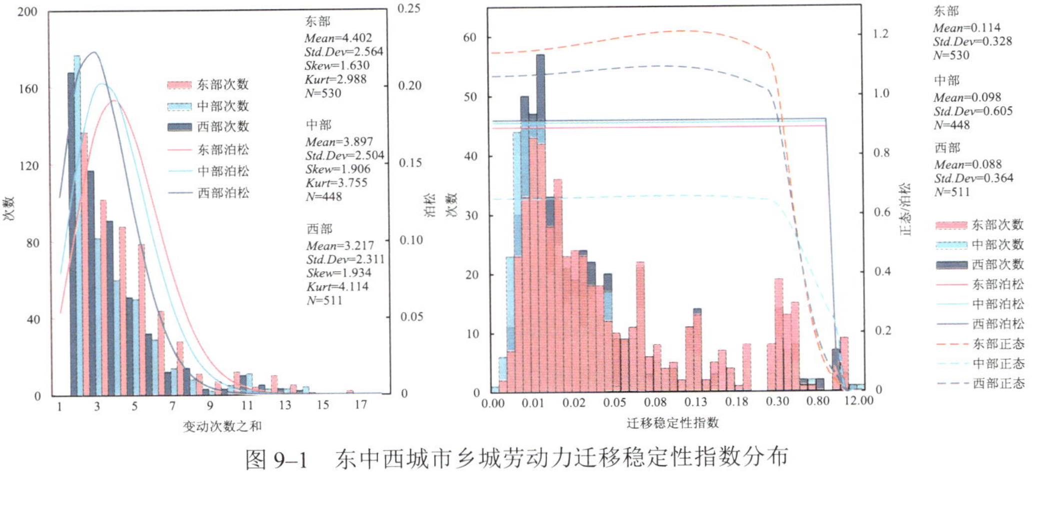

图 9–1　东中西城市乡城劳动力迁移稳定性指数分布

二、就业边缘性

分东中西展现不同城市区域乡城迁移劳动力就业边缘性指数的分布形态（图 9–2）。从分布概率上看，东中西乡城迁移劳动力就业边缘性指数分布均呈现一定的正态分布趋势，但仍存在较为显著的差异性。从均值与标准差来看，东中西乡城迁移劳动力就业边缘性指数呈现由东向西递增趋势，即乡城迁移劳动力的就业边缘性由东向西逐渐增强；但东中西就业边缘性指数的标准差却呈下降趋势，表明乡城迁移劳动力就业边缘性指数的内部差异性由东向西递减；从数据分布的偏度与峰度来看，由东向西，乡城迁移劳动力就业边缘性指数的偏度呈逐渐减小趋势，而峰度却呈逐渐变大趋势。就业边缘性指数介于 5.8～6.2 的乡城迁移劳动力占西部受访者的比例高达 32.29%，远高于同类的中部（19.87%）和东部乡城迁移劳动力的占比（14.72%），表明就业边缘性

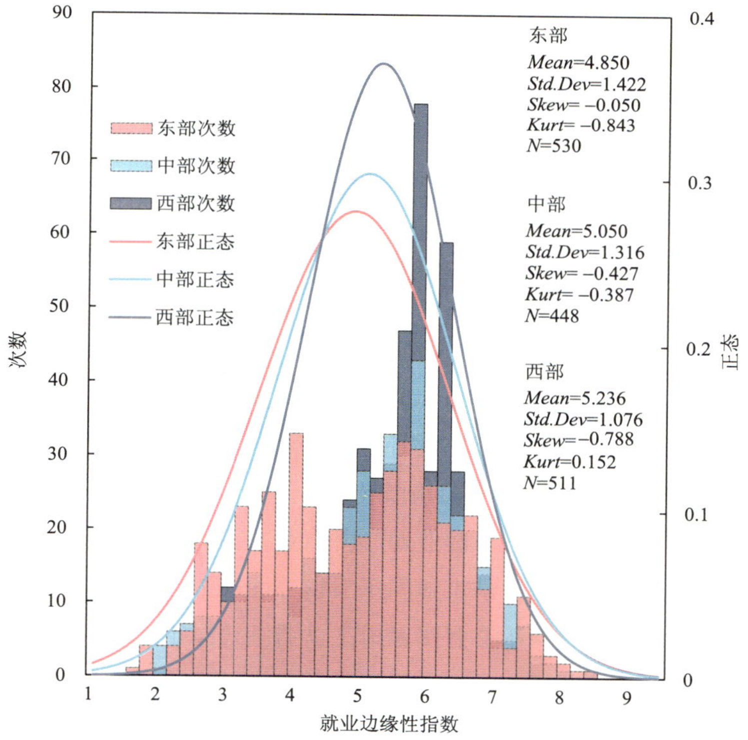

图 9–2　东中西城市乡城迁移劳动力就业边缘性指数分布

较强的西部乡城迁移劳动力的分布频率与集中度高于中部和东部。相较于中东部，西部乡城迁移劳动力的就业边缘性更为突出，其所受到的劳动力市场分割更为明显，面临更具弹性的就业市场与雇佣关系。

东中西的比较还表现出另外一个特点，即就业边缘性的均值、标准差、偏度和峰度系数呈现由东向西的次序性变化趋势，这种趋势显示乡城迁移劳动力的就业边缘性受到区域差异性的结构化因素影响，且城市转型发展显著影响迁移者的就业边缘性。从东部沿海城市到西部内陆城市，区域间的产业结构、城市转型发展、城市群结构等诸多变量积极参与区域劳动力就业市场的塑造过程，并基于此形成弹性与分割性不一的就业空间。乡城迁移劳动力因个体能力与管治措施，其就业实践仅能在业已分割成型的就业空间内展开，其就业市场弹性变化约束了迁移者雇佣关系的自适应过程。由此，乡城迁移劳动力在不同区域所展现的就业边缘性呈现出区域性、异质性的地理景观，也面临着不同的边缘化风险，并将影响迁移者个体的职业发展性。

三、职业发展性

相比就业边缘性，东中西乡城迁移劳动力职业发展性的数据分布形态差异性更为明显（图 9–3）。从均值与标准差来看，乡城迁移劳动力的就业发展性从东向西递减，而标准差并没有单调的递增或递减趋势，其中武汉乡城迁移劳动力就业发展性的标准差最大，成都最小。相比中西部，东部乡城迁移劳动力拥有更好的职业发展性，但西部乡城迁移劳动力职业发展性指数内部分异性相对较小；从数据分布的偏度和峰度来看，东中西乡城迁移劳动力职业发展性指数的偏度系数均为正数，且由东向西递增，表明东中西各区域大部分乡城迁移劳动力职业发展性指数低于平均值，尤其是西部，位于职业发展性指数低值区的乡城迁移劳动力占比最高。在峰值上，东中西乡城迁移劳动力职业发展性指数并无明显递减/增趋势，西部职业发展性指数的峰值最大，达到 0.411，而中东部的职业发展性指数均小于 0，其中武汉最小，仅–0.678，表明西部乡城迁移劳动力在职业发展性的分布上更为集中，而中东部乡城迁移劳动力在职业发展性指数分布上更为均匀。图 9–3 的东中西直方图可以看出，西部乡城迁移劳动力在职业发展性指数低值区分布频率远高于中东部，整体上也可以看出，相较于中西部，东部乡城迁移劳动力拥有更好的职业发展性。在职业发展性指数极端低值区（<2.5），相应的东部乡城迁移劳动力占比仅 5.28%，而中部、西部的这一比例分别高达 20.76%、24.66%，显示出中西部仍有相当比例的乡城迁移劳动力处于职业发展的底端，这种就

业格局将损害其职业成就与生计发展能力的预期可持续性和改善性。

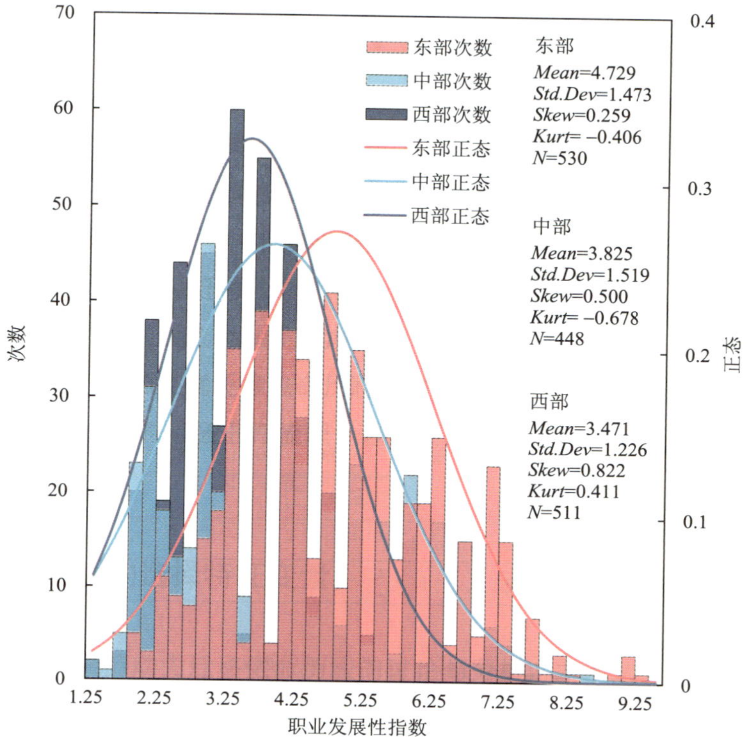

图 9–3　东中西城市乡城迁移劳动力职业发展性指数分布

对比东中西城市乡城迁移劳动力就业边缘性和职业发展性的数据分布（图 9–2、图 9–3），可以发现，就业边缘性与职业发展性的数据分布存在一定的对应性。西部乡城迁移劳动力在就业边缘性上存在一个明显的分布峰值，相较于中东部展现出更强的就业边缘性；在职业发展性上，西部乡村迁移劳动呈现出明显的偏正态分布，并在低值区也存在一个明显的分布峰值。这种分布对应性展现了就业边缘性与职业发展性的相关关系和区域差异性规律。在劳动力地理景观指数散点图矩阵中，就业边缘性与职业发展性呈现线性负相关关系，整体相关系数为–0.476，东中西相关系数分别为–0.495、–0.564 和–0.294，表明乡城迁移劳动力的就业边缘性越强，其职业发展性越低，且这种相关关系在中东部更为明显。就业边缘性反映了迁移者在就业市场中的层级位置，这种位置所展现的是就业市场的分割性与弹性对迁移者的职业影响，恰是这种影响全程参与了乡城迁移劳动力在职业技能认知与职业的建制化中的自选择和自适应过程。就业弹性与劳动市场分割性限制了乡城迁移劳动力所能获取的职业类型，工作规制性决定了职业建制化程度。这些塑造性的格局变量又反过来深化和局限了迁移者对职业技能的认知，这种认知降低了迁移者进一步通过职业技能来改善工作规制性的信心与能力。由此，乡城迁移劳动力的就业边缘性决定了其职业发展性，而职业发展性的不足又会进一步边缘化乡城迁移劳动力的就业格局。

四、居住边缘性

相比就业边缘性和职业发展性，东中部乡城迁移劳动力在居住边缘性上的分析相对较小，其正态分布态势更为明显（图 9–4）。从居住边缘性均值看，东部乡城迁移劳动力居住边缘性指数均值最高，中部最低。东部居住边缘性指数标准差最高，其次为中部，西部指数标准差最低。整体上，中部乡城迁移劳动力居住边缘性最低，东部和西部迁移群体居住边缘性较高，且东部迁移者内部差异性最明显。在偏度上，各区域

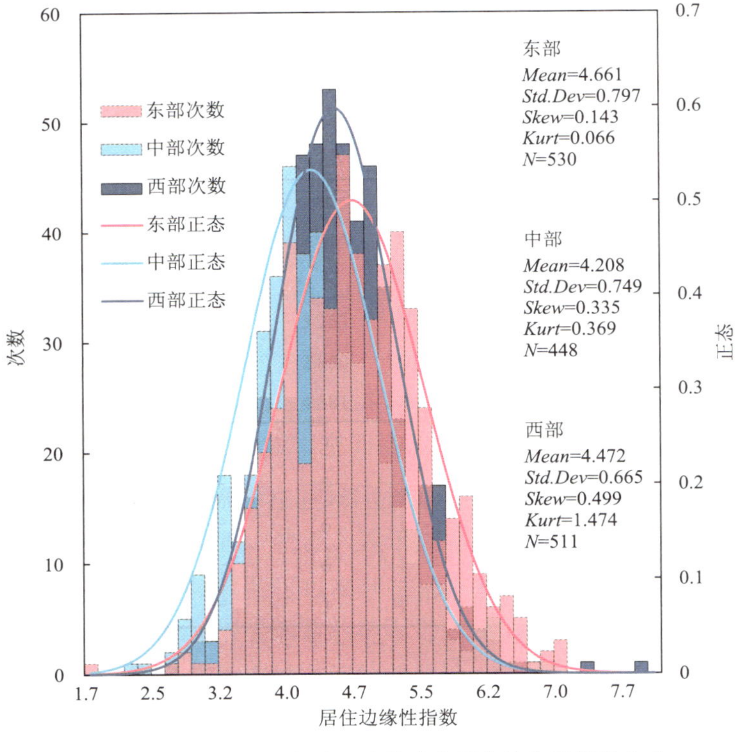

图 9–4　东中西城市乡城迁移劳动力居住边缘性指数分布

居住边缘性指数偏度系数均为正，且由东向西递增，可见分布于居住边缘性低值区的乡城迁移劳动力由东向西占比逐渐增加，即东部乡城迁移劳动力居住边缘性高于中西部地区。在偏度上，东中西乡城迁移劳动力居住边缘性指数均为偏态分布，偏度系数由东向西递增。峰度分布趋势同偏度一样，西部乡城迁移劳动力居住边缘性峰度指数最高，东部最低。偏度与峰度系数变化表明西部乡城迁移劳动力居住边缘性较低，且分布集中度更高，而东部乡城迁移劳动力居住边缘性更强，但其内部分异性明显。

从东中西的对比来看，尽管乡城迁移劳动力居住边缘性整体分布较为一致，但在不同区域仍有较为明显的差异。这其中，不同城市空间结构与城市发展特征对乡城迁移劳动力居住边缘性有明显影响。东部城市福州和厦门的居住成本高于中西部的武汉和成都，乡村移民由于经济能力与住房市场分割，其居住选择显著受到房屋租赁市场以及城市空间结构的影响。较高的居住成本迫使乡城迁移劳动力远离住房市场核心空间，通过加剧职住分离来降低住房成本。而在中西部的武汉与成都，相对较低的居住成本能够减轻住房市场对乡城迁移劳动力居住空间的分割性，缓解居住边缘性。城市空间结构对居住边缘性的影响在武汉这种多中心组团式城市表现尤为明显，武汉城市空间结构不同于成都、福州和厦门这类单一中心城市，其居住与就业空间混合性和邻近性更好，城市中心可达性更高，乡城迁移劳动力更容易实现就近居住和居住混合，既能控制居住成本，也能降低职住分离。

五、社会融合性

社会融合性指数在东中西部分布态势的差异显示（图 9–5），中西部乡城迁移劳动力社会融合性指数均值高于东部，且指数内部差异更小。在分布形态上，东中西间的偏度系数均小于 0，且呈由东向西递减趋势，表明东中西间乡城迁移劳动力大部分群体的社会融合性指数大于平均值，且中西部的这种偏态分布趋势更加明显。在峰度上，东中西各部峰度系数均小于 0，且呈由东向西递增趋势，显示出中西部样本城市乡城迁移劳动力在社会融合性分布上集中度更高，而东部的分布更均匀。整体而言，东部乡城迁移劳动力在社会融合性低值区分布频率高于中西部，而中西部在高值区的分布频率高于东部，这种分布差异构成了社会融合性的地理景观差异。

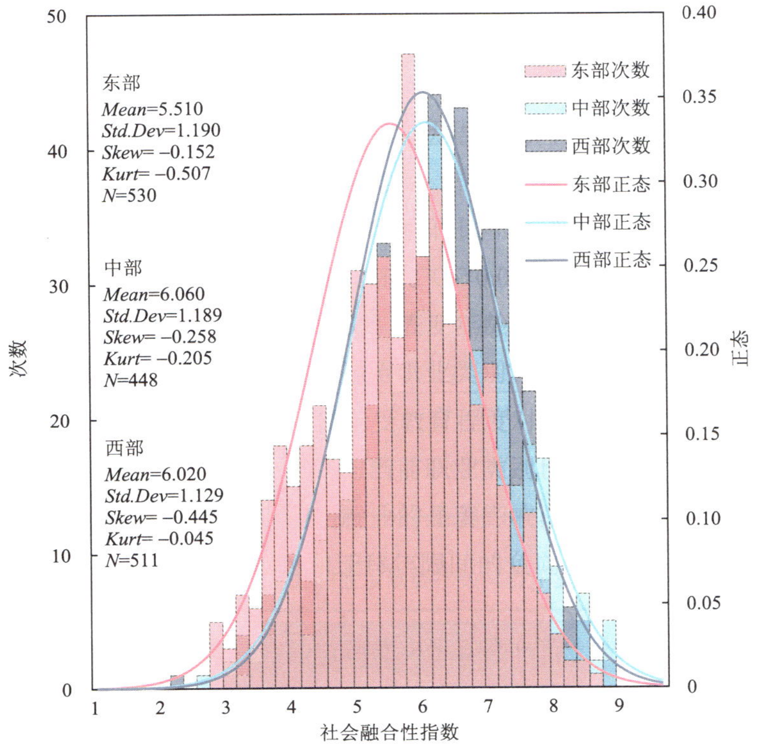

图 9–5　东中西城市乡城迁移劳动力社会融合性指数分布

东中西部间的社会融合性指数比较显示，东部乡城迁移劳动力在社会融合上的困难度与挑战性要高于中西部。这些困难与挑战包括就业格局和居住空间上的边缘性风险及迁移稳定性挑战，城市转型发展与区域空间结构通过作用于城市劳动力市场和职住空间，成功地塑造了乡城迁移劳动力社会融合性的景观差异，成为乡城迁移劳动力全生命历程的刻画表征，也是迁移者个体主观能动与城市空间两个尺度动态关系的折射。区域间社会融合性的差异也从某种程度上促成区域性乡村劳动力流动或回流，中西部地区乡城迁移劳动力较高的社会融合性也得益于东部较高的社会融合挑战。社会融合不仅是新型城镇化与区域治理层面的管治要求，也是迁移群体与移民个体层面在社区建设和人际交往层面的混居及协调要求，因此，寻找合适、有意义的社会融入成为乡城迁移劳动力在迁移渐趋稳定、就业与居住自选择及自适应的重要内容。东部较高的社会融合挑战在一定程度上促使迁移者回流到中西部地区，并利用东部迁移经历所带来的各项资本积极融入中西部城市，从而表现出较高的社会融合性。

第二节　迁移稳定性与迁移周期

一、迁移稳定性的分布频率

对东中西乡城迁移劳动力的迁移稳定性指数进行傅里叶变换（图 9–6），提取其不同群体在迁移稳定性变化中的分布周期。经调试，傅里叶变换频率参数（平滑带宽）为 0.15，滤波方法为低通滤波（Low Pass）。结果显示，经傅里叶变换后的东中西乡城迁移劳动力在迁移稳定性上的分布频率呈现出一定的趋势性。运用 t 检验寻找乡城迁移劳动力在迁移稳定性上的显著集聚区，发现东中西乡村迁移者在迁移稳定性为 0.008 附近形成第一次大规模集聚分布段（P1），而后分布概率呈波动下降趋势，并在 0.5 附近形成第二次小规模集聚分布段（P2）。比较东中西分布概率的差异，可以发现，东部迁移者在第一个分布段的分布频率低于中西部，而在第二个分布段显著高于中西部，说明处于较低稳定性状态的东部迁移者群体比中西部较低稳定状态的迁移群体在迁移状态波动性上有更高的分布概率，也可认为中西部乡村劳动力的迁移渐趋稳定性高于东部的乡村移民群体。尽管所有的乡村移民均呈现出迁移渐趋稳定性，但东部的乡村移民在迁移变动过程中，获得稳定就业与工作城市的难度、风险及挑战高于中西部的乡村移民。

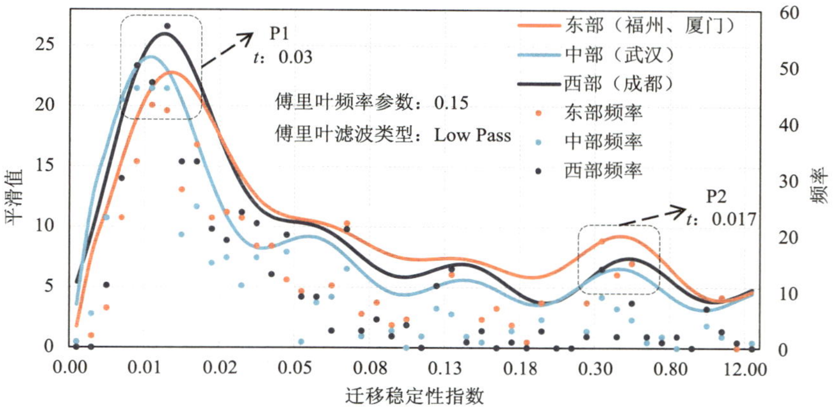

图 9–6　乡城劳动力迁移稳定性的傅里叶变换周期

统计不同迁移稳定性分区段内乡村劳动力的平均迁移年限，并叠加傅里叶变换的乡城迁移劳动力在迁移稳定性指数上集聚分布周期（图 9–7）。整体而言，乡城迁移劳动力随着迁移年限的增加，其迁移状态呈逐渐稳定的趋势（迁移稳定性指数减小）。乡城迁移劳动力在迁移生命历程中不断进行迁移调整与变动（就业与工作地），逐步实现迁移渐趋稳定性。观察乡城迁移劳动力在迁移生命历程中稳定性的变动周期，可以发现，迁移劳动力在迁移初期（4.8 年）会有一个变动小高峰期（P2），8.87%的受访者稳定性指数下降到 0.3 左右；随着迁移年限和就业稳定性的增强（指数减小），在迁移年限约 18 年时会迎来第二个变动主要高峰期（P1），在该高峰期内，三分之一（34.34%）乡城迁移劳动力的稳定性指数下降到 0.01 左右，其就业与工作城市达到长期稳定的状态。

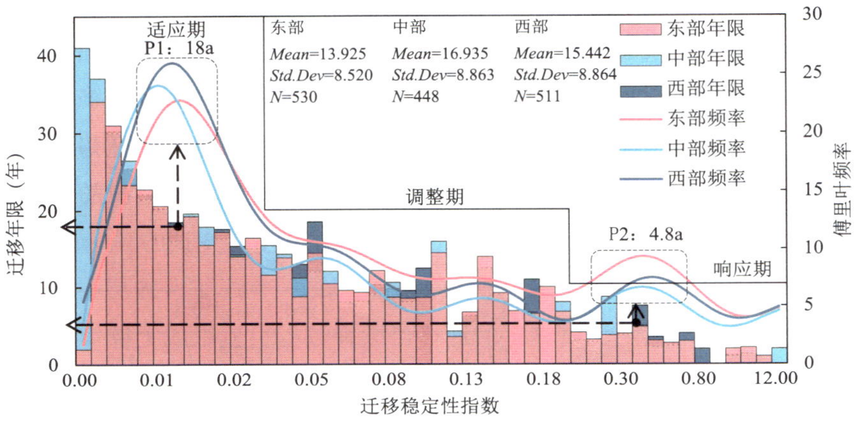

图 9–7　迁移稳定性与迁移年限及迁移周期的关系

二、迁移年限与稳定性周期

由此可见，乡城迁移劳动力在迁移全生命历程中，存在两个大小不一致的迁移稳定周期。在 P2 期内，乡城迁移劳动力平均迁移年限为 4～5 年，仍在快速感知城市转型发展并寻找恰当的就业与工作城市，其就业与工作城市的平均变动次数约为 3.44 次，这段时期便是乡村劳动力的迁移稳定小周期，也可称之为迁移响应期；迁移年限的继续增加，乡村劳动力的迁移稳定性继续增强，陆续有迁移者实现迁移渐趋稳定，这段时期可以称之为迁移调整期，乡城迁移劳动力逐步实现个体与城市间联通渠道和实践空间的确立；当迁移年限增加至 18 年时，出现乡村劳动力的迁移稳定大周期（P1），其就业与工作城市变动次数增加至 3.82 次，但迁移稳定性迅速下降至 0.01 左右。在此期间，迁移者实现个体的居住与就业同城市劳动力市场、工作城市的自选择和区域城市转型发展间的恰当及较为稳定的联系与实践，可以称之为迁移适应期，即乡城迁移劳动力通过主观能动性在就业与工作城市已适应区域调整和城市转型发展对自身的挑战及个体发展期望与要求。从东中西城市的区域差异来看，东部受访者在迁移小周期上分布频率高于中西部，而中西部在迁移大周期上分布频率高于东部。由此可见，东部乡城迁移劳动力在迁移渐趋稳定性上的适应性和速率高于中西部，即东部乡村移民能够更快地响应、调整与适应城市转型发展。而中西部的乡村移民由于迁移回流等原因，其在迁移渐趋稳定性上滞后于东部，但西部乡城迁移劳动力在迁移大周期上分布概率与稳定性更好，这也说明中西部乡城迁移劳动力拥有更好的迁移稳定性预期。

尽管本研究采用的是截面性的社会调查数据，但从迁移年限递增的受访者所展现的迁移稳定性连续变化，仍可探究乡村劳动力完整的迁移生命历程。乡城迁移劳动力从响应期到调整期再到适应期，是乡村劳动力个体的迁移自选择在迁移稳定性上的投影与折射，反映了乡村移民个体同城市转型发展的响应—调整—适应的链式过程。结合就业与工作城市变动次数的分布概率和迁移稳定性傅里叶变换的频率周期（图 9–6、图 9–7），发现迁移者个体在单位变动次数上的随机选择构成了群体层面迁移稳定性分布频率的周期性变化，其随机事件上的迁移自选择过程也就组成了群体层面上迁移响应—调整—适应的链式过程。

第三节　就业弹性与就业边缘化

劳动力就业边缘类指数包括就业边缘性指数、劳动市场分割性指数、工作规制性指数、权益保障性指数。其中，就业边缘性指数为综合性指数，全面反映乡城迁移劳动力在就业与劳动力市场中的边缘性、弹性和分割性。为进一步讨论就业边缘类景观指数间的组分关系，利用散点图与贝叶斯线性回归展示劳动市场分割性指数、工作规制性指数和权益保障性指数同就业边缘性指数的相关关系，解释乡城迁移劳动力就业边缘性的内在逻辑与演变过程。

一、劳动市场分割性与就业弹性

劳动市场分割性指数同就业边缘性指数的贝叶斯线性回归及散点图显示（图 9–8、图 9–9），劳动市场分割性同就业边缘性呈显著正相关关系（$p<0.05$，$R^2=0.66$），即乡城迁移劳动力就业被市场分割越严重，就业关系越破碎，弹性变化越大，其就业边缘性越强。从贝叶斯线性回归概率区间来看，在劳动市场分割性阈值空间内均能保持稳定。从东中西比较来看，劳动市场分割性与就业边缘性指数相关关系在东部样本城市的斜率最大（0.528），其次是中部（0.526），西部最小（0.481），表明劳动市场分割性对就业边缘性的影响在东部更为明显，而在西部相对较小。结合劳动市场分割性指数在样本城市间的差异来看（图 8–11），西部受访者的劳动市场分割性指数均值最高（回

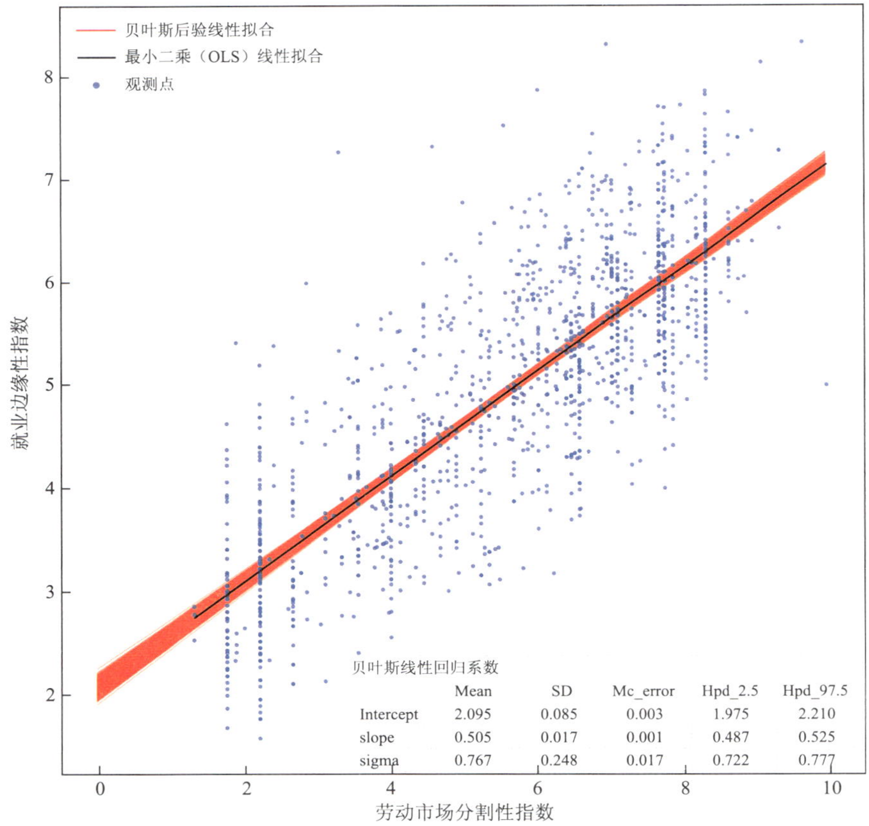

贝叶斯线性回归系数

	Mean	SD	Mc_error	Hpd_2.5	Hpd_97.5
Intercept	2.095	0.085	0.003	1.975	2.210
slope	0.505	0.017	0.001	0.487	0.525
sigma	0.767	0.248	0.017	0.722	0.777

图 9–8　劳动市场分割性指数与就业边缘性指数的贝叶斯线性回归

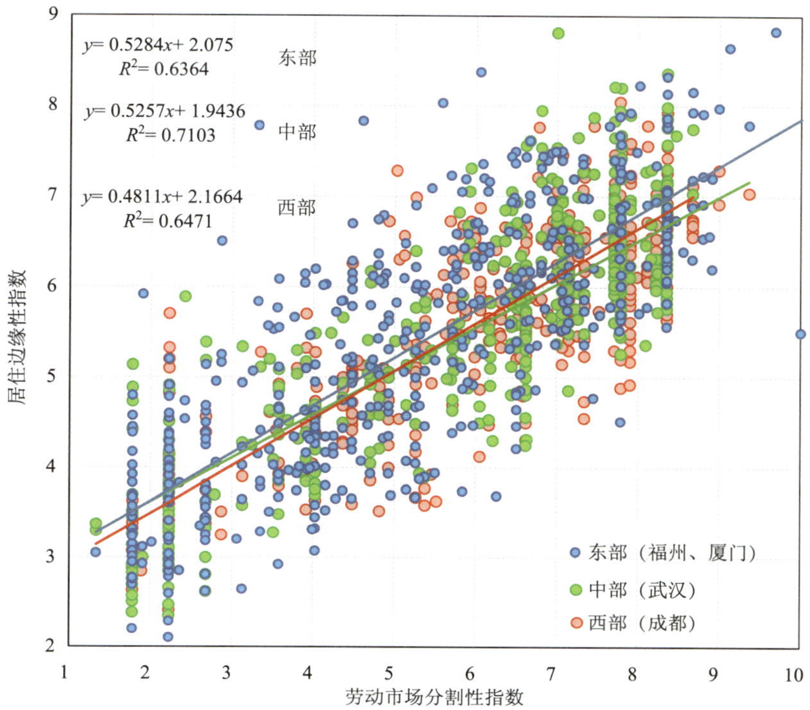

图 9–9　劳动市场分割性指数与就业边缘性指数分区域散点图

归截距最大），但其影响性并未高于中东部。散点图还展示了就业边缘性在劳动市场分割性变化中的弹性空间，尽管某些样本劳动市场分割性一致，但其就业边缘性相差甚远，表明在劳动市场分割性之外，仍有一些结构性和随机性因素影响乡城迁移劳动力的就业边缘性。

为进一步展示就业边缘性在劳动市场分割性变化中的弹性与不确定性，分段统计就业边缘性指数在劳动市场分割性指数区间段上的 Lowess 平滑的变动范围、均值与正态分布概率密度（图 9–10），详细展示随劳动市场分割性增强就业边缘性的演变过程。整体上，劳动市场分割性越强，其就业边缘性越强，但在不同阶段，劳动市场分割性对就业边缘性的推动作用有所不同。当劳动市场分割性指数介于 1.3～5.7，对应的就业边缘性快速增强；当劳动市场分割性指数介于 5.7～7.5，就业边缘性随着劳动市场分割性指数的增大出现较为明显的波动性；当劳动市场分割性指数>7.5，就业边缘性指数迅速变大且变动范围收窄。这种阶段性变化显示出劳动力市场不同分割程度对劳动力就业边缘性的差异化影响，较浅或较深的市场分割都能显著导致劳动者就业边缘化，而中度的市场分割则会加剧就业市场的弹性波动，在弹性劳动力市场上，乡城迁移劳动力就业不确定性增加，雇佣关系变动频繁，增加就业稳定性难度。在概率密度分布上，大部分迁移者处于分割性中度偏下的劳动力市场中，如果其就业市场分割性进一步加强，则会面临高度的就业弹性、临时性与边缘化。少部分受访者面临最为严重的劳动市场分割，导致其就业关系被排挤到就业市场外围边缘化地带，难以接近主要劳动力市场。整体而言，劳动市场分割性的强弱直接关系到劳动者就业边缘化程度，越破碎化的劳动力市场导致更为边缘化的就业格局。但仍需看到，在主要劳动力市场的外围区，较高的就业弹性在一定程度上为劳动者提供了接近甚至是进入主要劳动力市场的机会，但这需要劳动者充分发挥个体主观能动性。同时，劳动力市场的整合与市场管治干预仍可为劳动者进一步避免就业边缘化提供就业实践空间和操作途径。

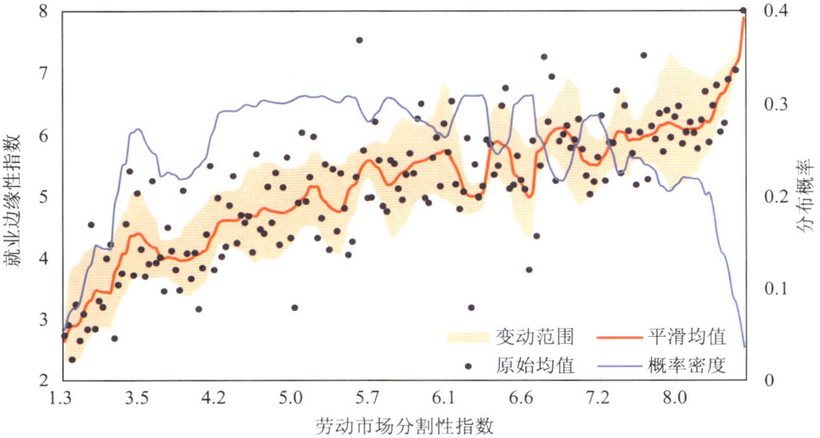

图 9–10　就业边缘性指数在劳动市场分割性指数上的变动区间与概率分布

二、工作规制性与劳动关系

图 9–11 对工作规制性指数与就业边缘性指数进行了贝叶斯线性回归拟合，结果显示工作规制性指数同就业边缘性指数呈显著正相关（$p<0.05$，$R^2=0.66$），表明工作规制性越低（工作规制性指数为反向指数），其就业边缘性越强。在贝叶斯后验拟合关系中可以发现，工作规制性与就业边缘性线性关系内部差异性较大，局部样本的后验拟合关系较最小二乘的线性拟合关系差异明显，且其线性方程的截距与误差不确定性（离散性）高于劳动市场分割性与就业边缘性的线性关系，表明工作规制性与就业边缘性间的趋势性较为多样化。对比东中西样本城市的拟合关系（图 9–12），中部群体的拟合

关系的斜率最大（0.676），其次是东部（0.682），西部最小（0.632），表明中部受访者的工作规制性对其就业边缘性影响最大，西部影响相对较小，但整体差异不大。在散点图中可以明显发现，同一工作规制性指数段上，其劳动者的就业边缘性指数仍有较大差异，其区间段内均值与误差线呈现一定波动性，这暗含着另有结构性或随机性因素对劳动者就业边缘性的影响。

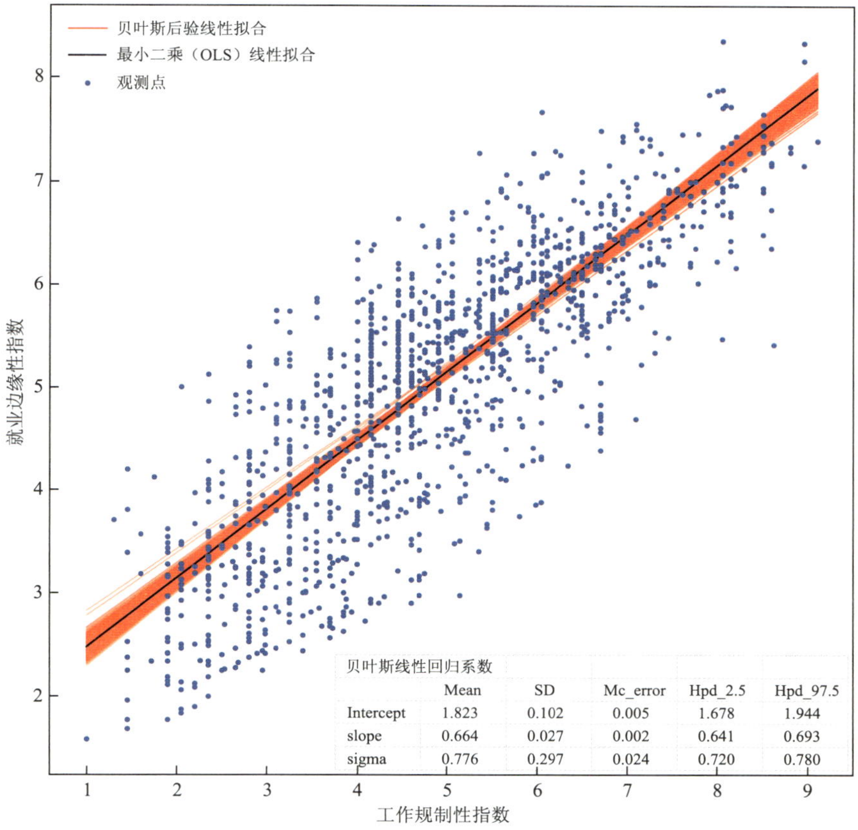

图 9–11　工作规制性指数与就业边缘性指数的贝叶斯线性回归

统计就业边缘性指数在工作规制性指数区间段上 Lowess 平滑的变动范围、平均值与正态分布概率密度（图 9–13），可以发现，随着工作规制性指数的上升（工作规制性降低），劳动者的就业边缘性指数在轻缓波动中上升。由此可见，工作规制性对就业边缘性的影响是持续且单调的，即在劳动力市场中，工作规制性从核心市场向外围边缘市场逐次降低，劳动者工作的临时性、弹性与管制性、约束性逐渐增强。尽管如此，工作规制性与就业边缘性关系仍有一些过程性变化。在工作规制性指数增加时，就业

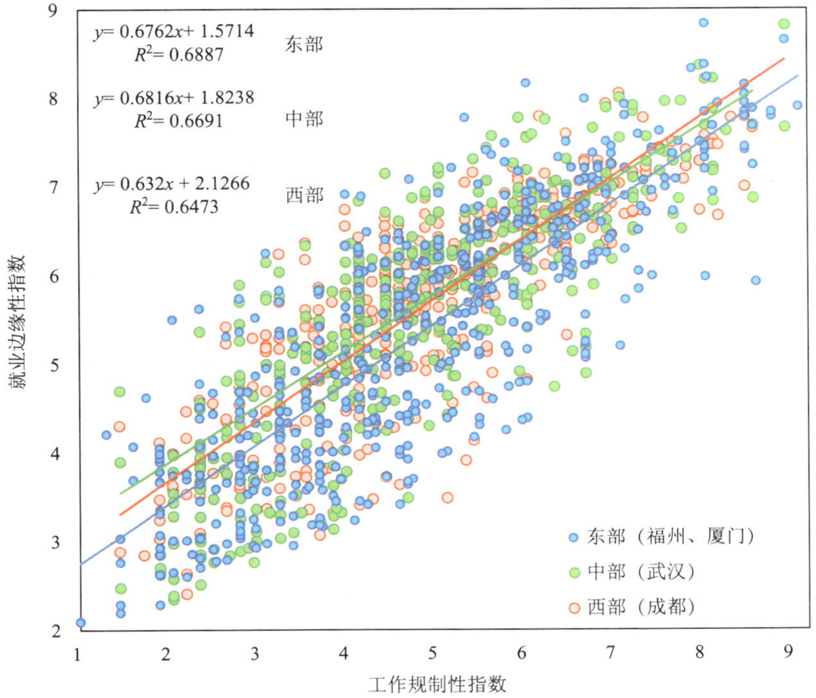

图 9–12　工作规制性指数与就业边缘性指数分区域散点图

边缘性指数的变动范围呈收敛趋势，即随着工作规制性降低，劳动者就业边缘化的确定性逐步增加，风险性更大。从分布概率上来看，大部分受访者仍处于中等工作规制性区间，其就业边缘性的不确定性仍较大。而在高确定性区间段内，受访者数量的分布概率呈下降趋势，但其就业边缘化风险快速增加。

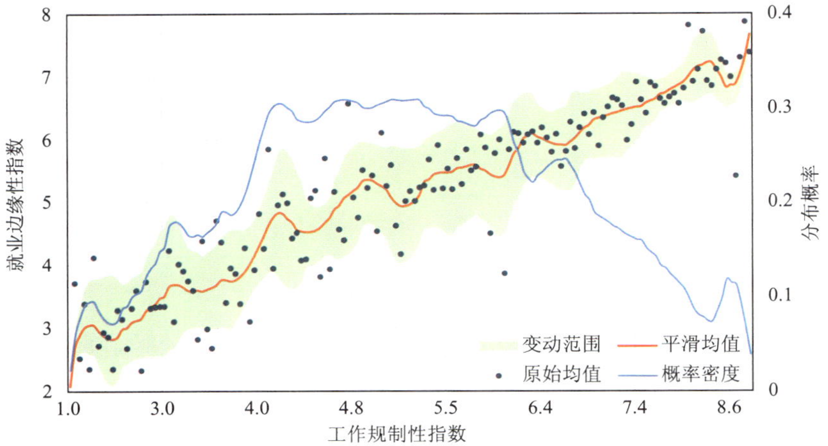

图 9–13　就业边缘性指数在工作规制性指数上的变动区间与概率分布

三、乡城迁移劳动力的权益保障

权益保障性指数与就业边缘性指数的贝叶斯线性拟合关系显示权益保障性指数（负向指数）同就业边缘性间的正向相关关系（图 9–14），表明权益保障性越高（指数值越小），其乡城迁移劳动力的就业边缘性越低，边缘性越强的就业关系难以有效保障劳动者的合法权益。贝叶斯后验拟合关系在权益保障性指数值域两端表现出较大不确定性，而在权益保障性指数为 4.2 处后验拟合关系确定性最高，这表明权益保障性与就业边缘性的关系具有明显的集聚分布特征。

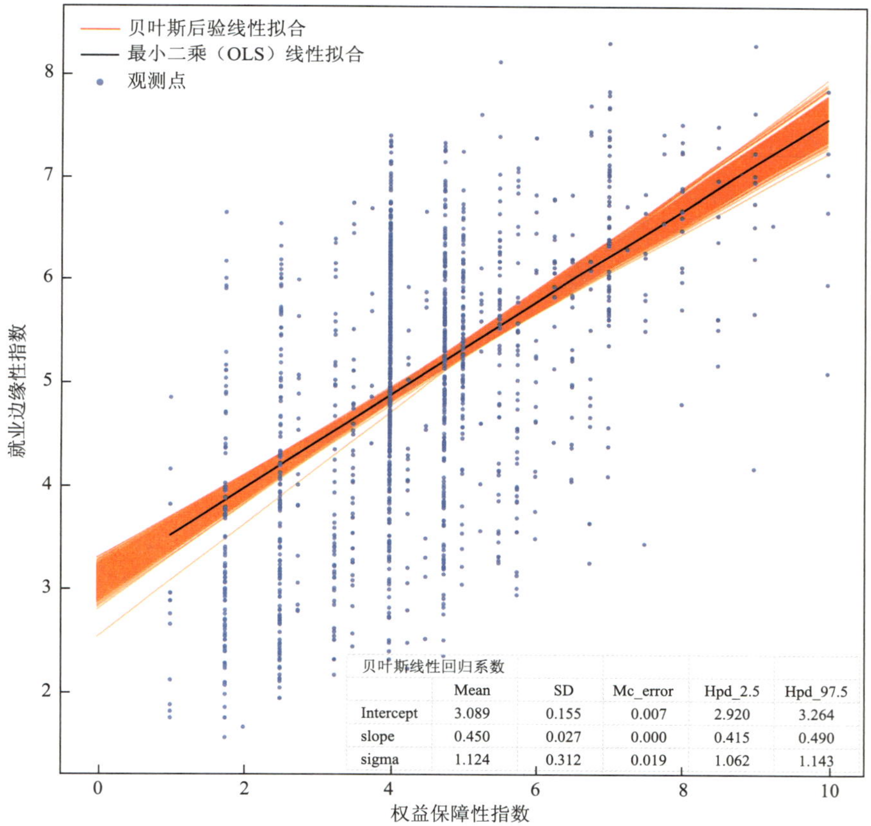

图 9–14　权益保障性指数与就业边缘性指数的贝叶斯线性回归

对比东中西样本城市乡城迁移劳动力权益保障性指数同就业边缘性指数的拟合关系（图 9–15），发现中东部群体间权益保障性指数与就业边缘性指数相关关系更强（斜率值)，而西部影响性明显较小，表明在相同劳动力市场环境下，中东部乡城迁移劳动力权益保障性较低，而西部乡城迁移劳动力感觉到更高的权益保障性。考虑到东中西样本城市间受访者权益保障性指数相差较小，主要的差异集中于行业之间，所以，拟合关系间的差异性显著度较低。此外，权益保障性指数还受到受访者对劳动者合法权益认知性的影响，认知性越全面，期待性与不满足感越高；而认知不全面，反而会有较高的满足感。就整体而言，更高的权益保障性有助于减缓就业边缘化的风险。就业边缘性指数在权益保障性指数区间段上 Lowess 平滑的变动范围、均值与概率分布密度显示（图 9–16)，权益保障性的降低（指数变大）会引起劳动者就业边缘性的风险增加，被边缘化的确定性变大，但其进一步边缘化的趋势有所减缓。

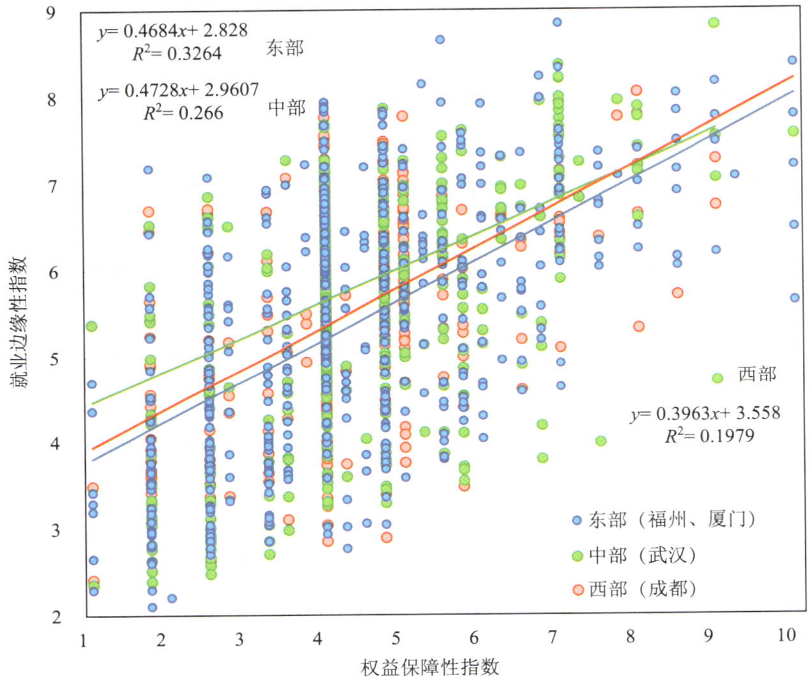

图 9–15　权益保障性指数与就业边缘性指数分区域散点图

对比劳动市场分割性指数、工作规制性指数与权益保障性指数同就业边缘性指数的拟合关系，发现工作规制性指数对就业边缘性指数影响最为显著（k=0.667)，其次是劳动市场分割性指数（k=0.506)，权益保障性指数的影响最小（k=0.450)。从东中西对比来看，三种指数同就业边缘性指数的拟合关系在不同城市间差异性较小，表明就业边缘性的景观差异受城市转型发展特征的影响较小，更多的影响应来自就业行业的差

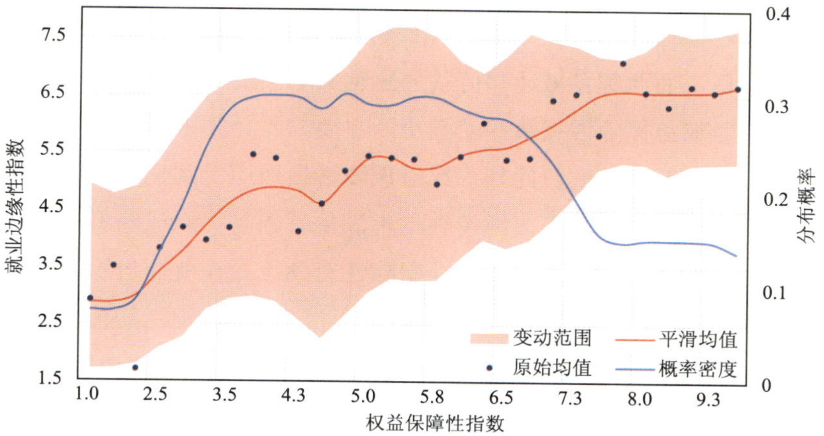

图 9–16 就业边缘性指数在权益保障性指数上的变动区间与概率分布

异。对比三种指数，工作规制性指数的影响体现在乡城迁移劳动力的劳动规范性、工作约束性与劳动时间制度性，这些特征又由劳动市场分割性所决定。工作规制性是最能体现就业市场弹性变化的，其所包含的劳动制度与规范是就业市场对劳动者个体和行业的分割，分割特征包括个体尺度上的民族、性别、年龄、受教育程度等以及行业尺度上的产业布局、市场干预、户籍、公共服务、福利制度与职业要求等，由此产生劳动者在劳动制度与规范上的弹性变化，成为就业边缘性最直观的体现。

第四节 劳动力职业发展与成就

图9–17综合展示了职业发展性指数在职业建制性指数与职业技能性指数上变化及其贝叶斯线性后验拟合关系，显示职业发展性与职业技能性的提升均能促进乡城迁移劳动力的职业发展性。但职业建制性指数同职业发展性指数的贝叶斯后验拟合线性关系的分布不确定性（斜率标准差）明显大于职业技能性指数同职业发展性指数的后验拟合分布。在最小二乘法的拟合方程中，职业技能性指数同职业发展性指数的回归方程的斜率均值（k，0.595）小于职业建制性指数同职业发展性指数拟合方程的斜率均值（0.744），但前者的拟合方程拟合度（R^2，0.800）远大于后者（0.490），这可理解为职业技能性对乡城迁移劳动力职业发展性的影响大于职业建制性。

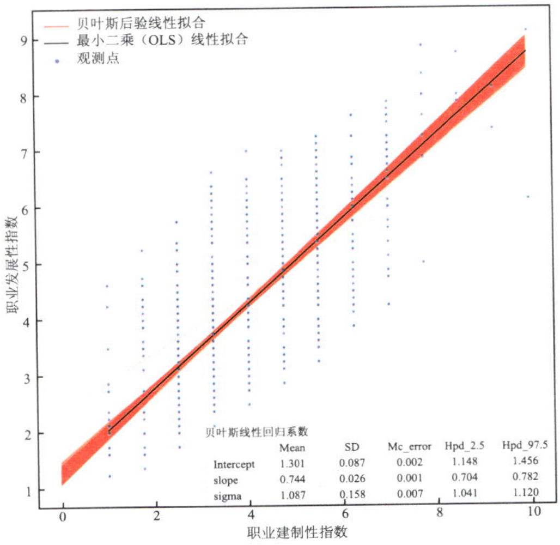

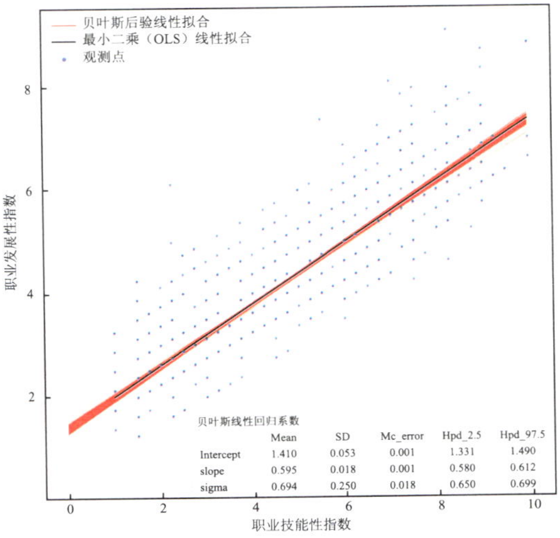

图 9–17　职业建制性指数、职业技能性指数与职业发展性指数的贝叶斯线性回归

进一步对比两组贝叶斯后验拟合线性关系（图 9–17），也可以发现，职业建制性指数同职业发展性指数线性关系的不确定性明显高于职业技能性指数同职业发展性指数的后验拟合关系，表明乡城迁移劳动力的职业建制性对其职业发展性的影响更为多样化，其群体内部的分异性也更强。职业建制性所包含的行业组织性、工作制服与职场歧视是劳工组织（工会地理）的组成部分，成为乡城迁移劳动力群体性认知与自我身份表达的主要内容。从统计结果来看（图 8–12），受访者在职业建制性上的差异性远小于职业技能性，无论是在东中西样本城市间还是各行业间，表明我国乡城迁移劳动力并未形成较为明显的群体性组织，也未能积极参与到就业格局、雇佣关系与权益争取等劳资关系尺度的实践行动中，因此，也未能显著地促进乡城迁移劳动力的职业发展性。

职业技能性表达了乡城迁移劳动力对职业证书、技能培训和职业要求的认知与经历，体现了劳动者在职业技能发展上的能力与意愿。拟合关系及回归方程的显著性表明职业技能对劳动者职业发展性的巨大提升作用，拥有良好的职业培训经历和职业技能要求认知有助于劳动力获得更大的职业选择、更高的职业报酬以及更稳定、更主动的雇佣关系，从而增强劳动者在职业发展上的信心与能力。为进一步认知二者间的关系，分析职业发展性指数在职业技能性指数区间段上的 Lowess 平滑均值、变动范围与概率分布密度（图 9–18）。随着职业技能性的增加，对应的职业发展性均值呈线性增加趋势，但其变动范围并未显著扩大或缩小。从平滑均值与原始均值分布来看，职业技能性对职业发展性的促进作用波动性较小，确定性维持在同一水平。在分布概率上，大部分受访者仍处于职业技能性对职业发展性显著提升的阶段。而在职业技能性发展的后期阶段，对应的职业发展性有一些小波动，但其分布概率较低。

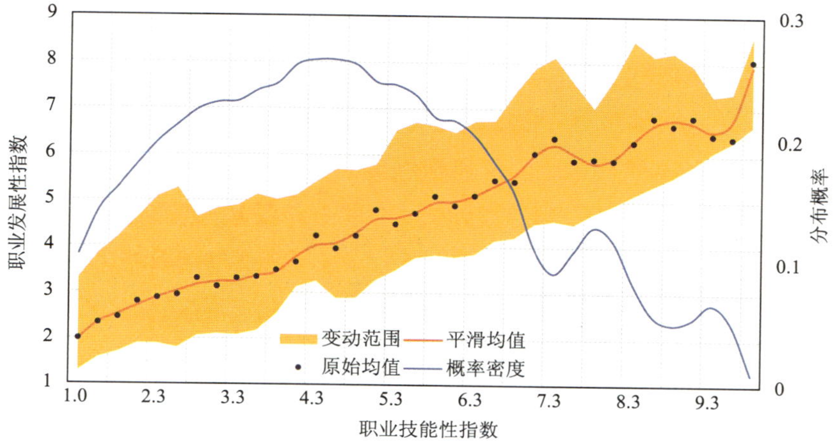

图 9–18　职业发展性指数在职业技能性指数上的变动区间与概率分布

第五节　居住选择与居住空间

一、住房压力性

住房压力性指数与就业边缘性指数的贝叶斯线性回归显示（图 9–19），乡城迁移劳动力的住房压力性与居住边缘性呈正相关关系，住房压力性越大的乡城迁移劳动力的居住边缘性越强。在住房压力性指数与居住边缘性指数的贝叶斯后验拟合关系中可以发现，有少数线性关系明显偏离最小二乘的线性关系，且在住房压力性指数较大的区间，贝叶斯后验拟合关系的不确定性快速增加。这表明住房压力性与居住边缘性的趋势关系较为多样化，尤其是面临较高住房压力的群体，其住房压力性对居住边缘性的影响机制更为复杂多样。

对比东中西迁移群体住房压力性指数与居住边缘性指数的最小二乘线性拟合关系（图 9–20a），发现中部受访者回归方程的拟合度最低（R^2=0.26），而东西部较高，其中东部拟合度最高（R^2=0.44）。回归方程的斜率变化也呈类似的趋势，东部的斜率最大（k=0.64），表明东西部乡城迁移劳动力的住房压力性对居住边缘性的影响强于中部。

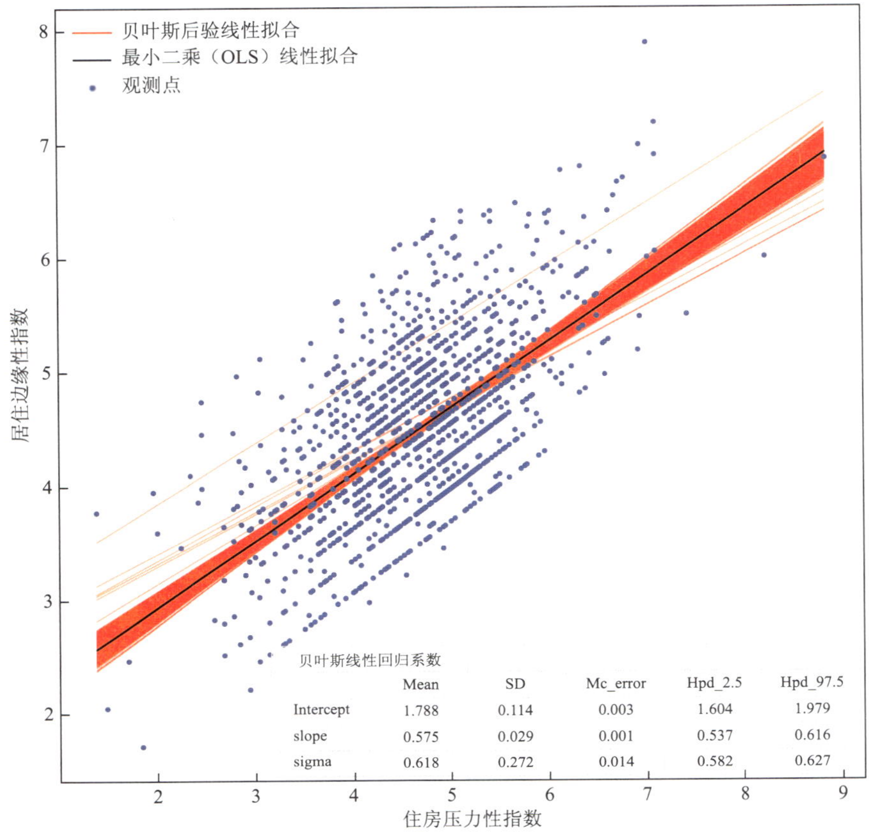

图 9–19　住房压力性指数与居住边缘性指数的贝叶斯线性回归

整体上，住房压力性指数同居住边缘性指数的回归方程拟合度仍比较低，尤其是中部群体。散点图也显示居住边缘性指数在住房压力性指数上仍有较大弹性变动，即同一居住空间内的乡城迁移劳动力在住房类型、同居人数、住房成本、住房面积与搬家次数上仍存在较大差异，表明存在较为明显的居住分异。

进一步检验住房压力性指数与居住边缘性指数的拟合关系，对二者的散点图进行分区拟合（图 9–20b）。首先在住房压力性指数与居住边缘性指数散点图中间寻找两个点，构建一条直线，分割最下部分的散点。两点分别为 S1（1.72，2.48）、S2（6.96，5.475），建立二元一次方程组，线性求解得到方程式 $y=0.571x+1.499$。基于此方程区分最下部分的散点，然后单独进行回归拟合；据此方法分割中间与最上部分散点，两点分别为 S3（2.26，3.475）、S4（6.42，6.075），建立二元一次方程组，线性求解得到方程式为 $y=0.625x+2.0625$。如此，对住房压力性指数与居住边缘性指数散点图的三部分

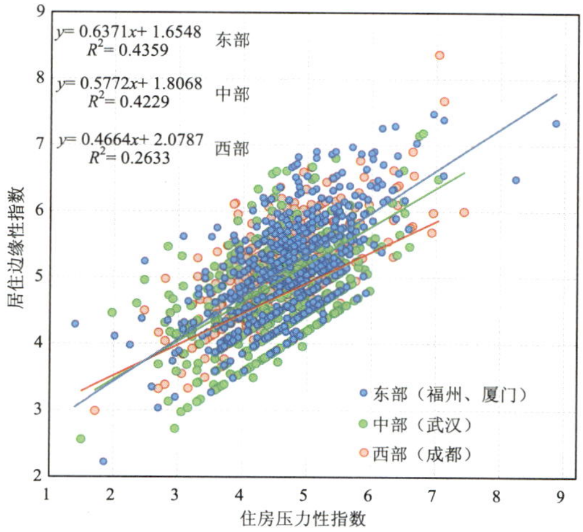

a. 分区域散点图

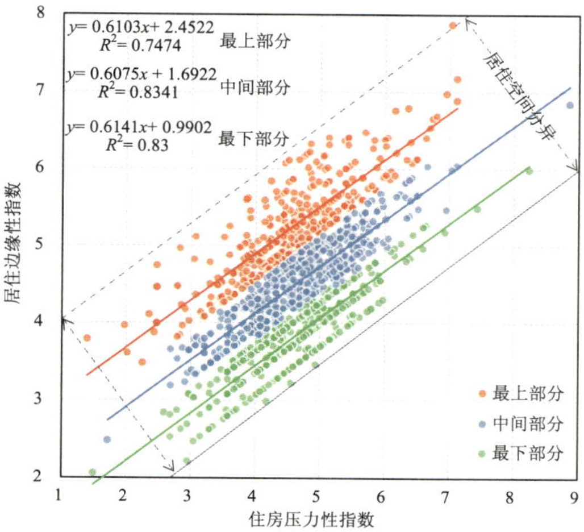

b. 分组散点图

图 9–20　住房压力性指数与居住边缘性指数的分区域和分组散点图

分别进行回归拟合，结果显示，分组之后线性拟合关系的拟合度远高于之前城市分组或不分组的线性拟合度，其中中间部分的回归方程拟合度达到 0.834，最上部分拟合度最低，但也达到 0.747。此外，不同组别间的线性趋势线接近于平行（k 值约相等），显示出同等的影响力。这表明在住房压力性与居住边缘性的相关关系中，不同居住空间/社区乡城迁移劳动力的居住边缘性所受到的住房压力性影响是趋同的，居住空间的分异并未弱化不同等级的住房市场对乡城迁移劳动力的住房压力。

分组散点图还说明，居住边缘性在住房压力性上被细分为许多内部更为均一化的居住空间，不同的居住空间代表居住边缘性在乡城迁移劳动力社区上的空间化，并承担不同层级的住房压力性。这可以进一步理解为，乡城迁移劳动力在住房压力性的分化下，其居住空间分异性显著突出，并成为居住边缘性的主要表现形式。在不同的住房市场内，居住空间分异性成为住房压力性在劳动力地理景观上的空间映射，并能进一步折射为乡村移民在城市地理居住空间与社会居住空间上的分异格局。

在上述分析基础上，图 9–21 显示了居住边缘性指数在住房压力性指数区间段上的变动范围、均值与正态分布概率密度变化，清晰地表明，随着住房压力性逐渐增加，乡城迁移劳动力居住边缘性变动范围逐渐收敛，居住空间边缘化逐渐增强。分阶段来看，当住房压力性指数<4.0 时，居住边缘性随住房压力性波动增强且变动空间扩大，这显示该阶段住房压力的增加导致乡城迁移劳动力居住空间逐渐分异并开始边缘化；当住房压力性指数在 4.0～5.6 时，居住边缘性随住房压力性变大而平缓地略微增强，但其变动范围扩到最大，表明该阶段住房压力性增加对居住空间边缘化推动作用不大，

但会显著引起居住空间的分异；当住房压力性指数>5.6 时，就业边缘性随住房压力性变大而快速增强，但其变动范围收窄，表明该阶段住房压力性的增加会导致乡城迁移劳动力居住空间快速边缘化，但其居住空间分异性会缩小。从居住空间分异性与边缘性来看，核心居住区空间与边缘区居住空间的分异性较小，而住房市场核心区与边缘区间的交错带或过渡区内居住空间分异性最强。在分布概率上，当下大部分乡城迁移劳动力位于城市住房市场过渡区内，面临较高的居住空间分异。而位于边缘区的乡城迁移劳动力分布概率与空间分异较小，但其边缘化风险最大。

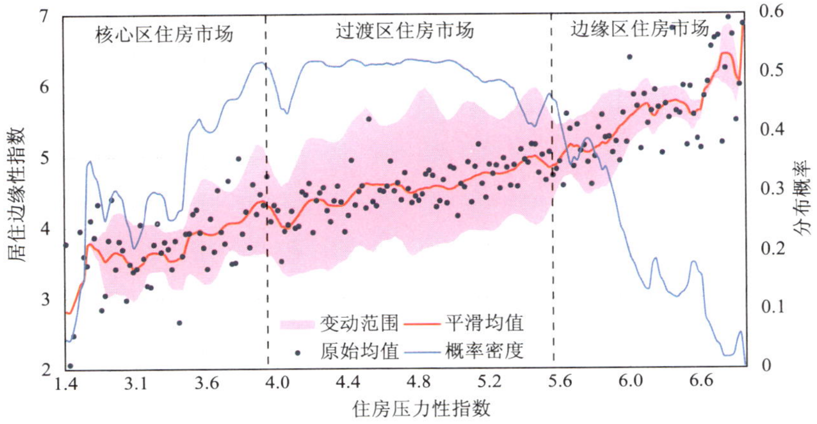

图 9–21　居住边缘性指数在住房压力性指数上的变动区间与概率分布

二、职住分离性

图9–22展示了乡城迁移劳动力的职住分离性指数与居住边缘性指数的正向相关关系，表明职住分离性越强的乡城迁移劳动力，其居住边缘性越强，职住通勤越长的迁移者，其居住空间距离核心住房市场越远。在贝叶斯后验拟合关系分布上，局部线性拟合关系偏离最小二乘的线性拟合关系，其斜率也大于最小二乘的线性拟合关系，表明局部样本所代表的乡城迁移劳动力的职住分离对其居住边缘性的影响更为强烈。

分东中西来看（图 9–23），不同样本城市群体的拟合关系较为趋同，无论是回归方程的斜率（k）、截距（b）还是拟合度（R^2），表明东中西城市职住分离与居住边缘性间的关系差异性较小。尽管如此，东中西城市职住分离性及其同居住边缘性的拟合关系仍有一些微小差异。比较东中西城市职住分离性指数均值，中部的武汉最低（图 8–13）；

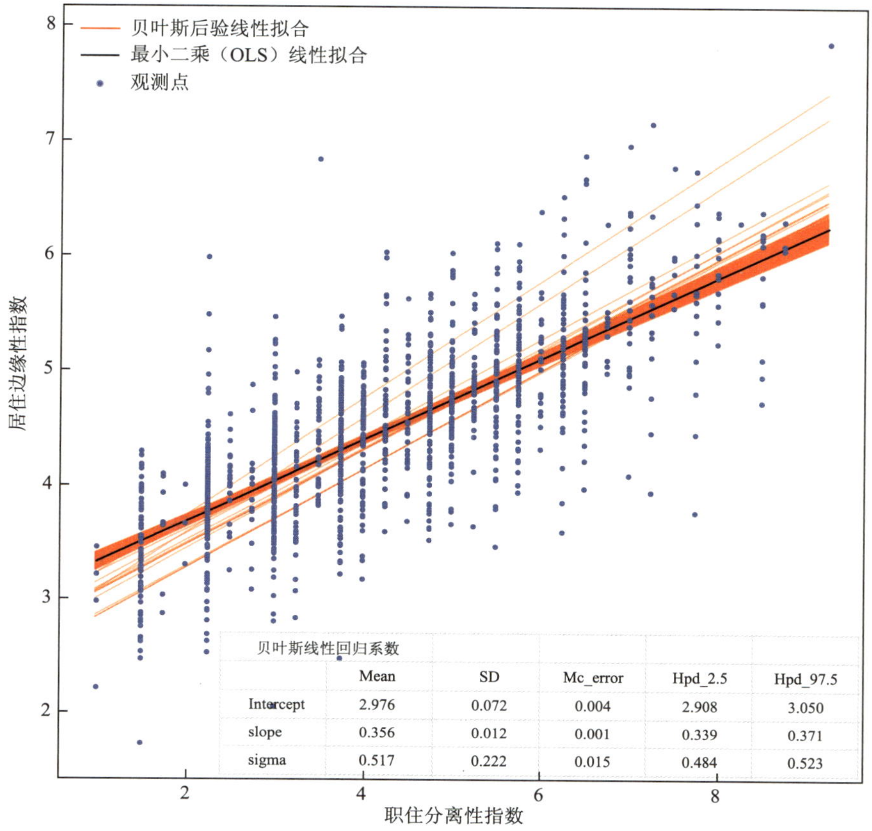

图 9–22 职住分离性指数与居住边缘性指数的贝叶斯线性回归

在拟合关系上，中部回归方程的斜率最低。这在某种程度上可认为中部乡城迁移劳动力的职住分离性在其同居住边缘性的关系中的重要性不如东西部。前文分析认为这种差异性可能和城市空间结构有关，同时也引发对职住分离性与居住边缘性关系的进一步理解：乡城迁移劳动力往往因为居住空间被边缘化，远离核心住房市场与就业空间，不得不面临更严重的职住分离，其中的原因可能包括就业关系的边缘化与住房市场改革。

从居住边缘性指数在职住分离性指数区间段上的变动范围、均值与正态分布概率密度变化来看（图 9–24），居住边缘性随职住分离性的增加而呈逐渐增强趋势，未有明显阶段性的变化。在变动范围上，居住边缘性指数在职住分离性指数区间段上整体保持一致，仅在职住分离性指数极小和极大区间段缩小。这表明职住分离性对乡城迁移劳动力居住空间分异性的影响整体较为一致，但当职住分离性指数>8.0 时，其居住空

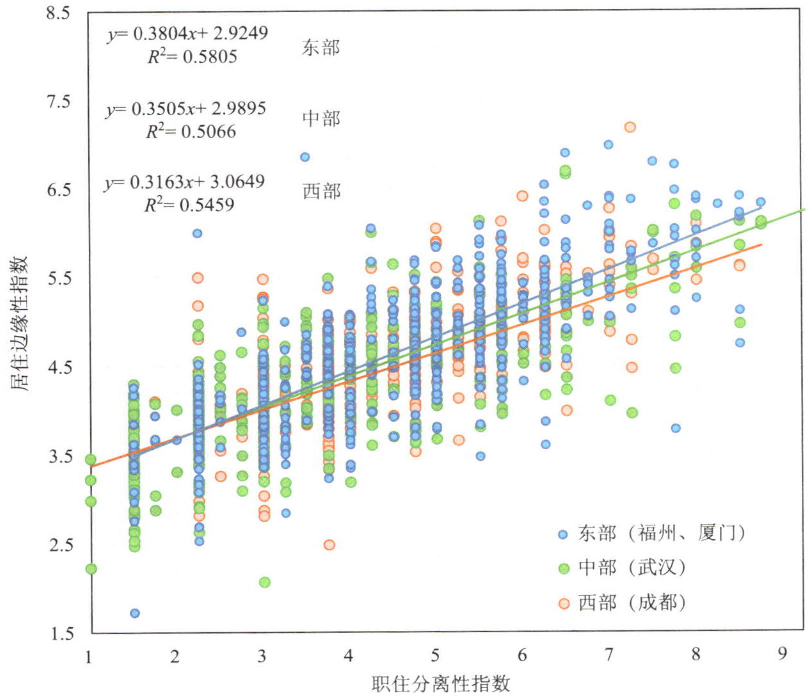

图 9–23　职住分离性指数与居住边缘性指数的贝叶斯线性回归

间分异性迅速缩小，但其居住空间边缘性风险急剧增加。在概率分布上，当下大部分受访者仍处于居住边缘性随职住分离性增加而增加的阶段，其面临的居住空间分异性也处于持续增强的态势，显示职住分离性的持续恶化将进一步削弱乡城迁移劳动力的居住混合。

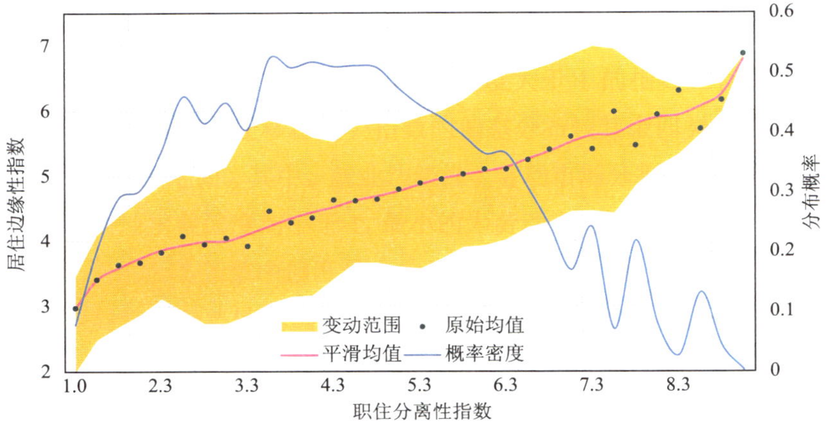

图 9–24　居住边缘性指数在职住分离性指数上的变动区间与概率分布

对比住房压力性指数与职住分离性指数同居住边缘性指数的关系，可以发现，尽管职住分离性指数同居住边缘性指数的拟合关系更显著，影响作用更强烈；职住分离性指数同居住边缘性指数的贝叶斯后验拟合关系的不确定性也小于住房压力性指数同居住边缘性指数的贝叶斯后验分布。但住房压力性指数同居住边缘性指数关系的阶段性变化更明显，且其散点图的分组性更强。这种差异表明职住分离性同居住边缘性之间有着更为直接与强烈的相关关系，职住分离在塑造乡村移民居住空间格局中扮演较为关键的角色，也说明职住平衡在促进乡村移民靠近主要住房市场中的重要作用，以及就业仍在乡城迁移劳动力的空间实践中占据比居住更为重要的地位。相比之下，住房压力性成为乡城迁移劳动力居住空间分异的主要塑造力量。居住空间分异不仅包括居住位置的地理空间分异，更重要的是包括住房类型、同居人数、住房成本、搬家次数等居住景观上的分异，还包括居住社区尺度上的社会空间的阶层分异，包括居住环境、生活环境、邻里环境和关系网络等。这些分异性将不同圈层的住房市场进一步细分，形成当今各城市乡村移民（外来移民）的居住空间格局。

第六节　社会融合与社会参与

一、家庭迁移性

家庭迁移性指数与社会融合性指数的散点图显示出乡城迁移劳动力的家庭迁移有助于促进迁移者的社会融合性（图 9–25），其贝叶斯后验线性拟合关系分布显示出家庭迁移与社会融合之间趋势关系的多样性，但整体上后验拟合关系的分布不确定性较小。部分样本的拟合关系所展现的趋势性弱于主流样本的拟合关系，表明部分乡城迁移劳动力家庭迁移性对其社会融合影响较弱。对二者的线性拟合关系进行东中西比较（图 9–26），发现其回归方程的斜率（k）由东向西递增，中部回归方程的拟合度（R^2）最高，其次为西部，东部最低。从家庭迁移性的均值比较来看（图 8–14），中西部乡城迁移劳动力的家庭迁移水平要高于东部，且其社会融合性也略高于东部。由此可见，中西部乡城迁移劳动力的家庭伴随迁移更有利于迁移者的社会融合，但这也受到迁移者年龄、迁移经历等因素的影响。东部迁移者多为跨省迁移，而中西部的省内迁移比要远高于东部，家庭跨省伴随迁移的成本与机会风险高于省内伴随迁移。而且中西部城市部分迁移者为从东部城市回流者，这种迁移经历与变化也包含了家庭迁移因素。

所以，促进中西部乡城迁移劳动力的家庭迁移，有助于乡村移民更快、更稳定地融合城市社会。

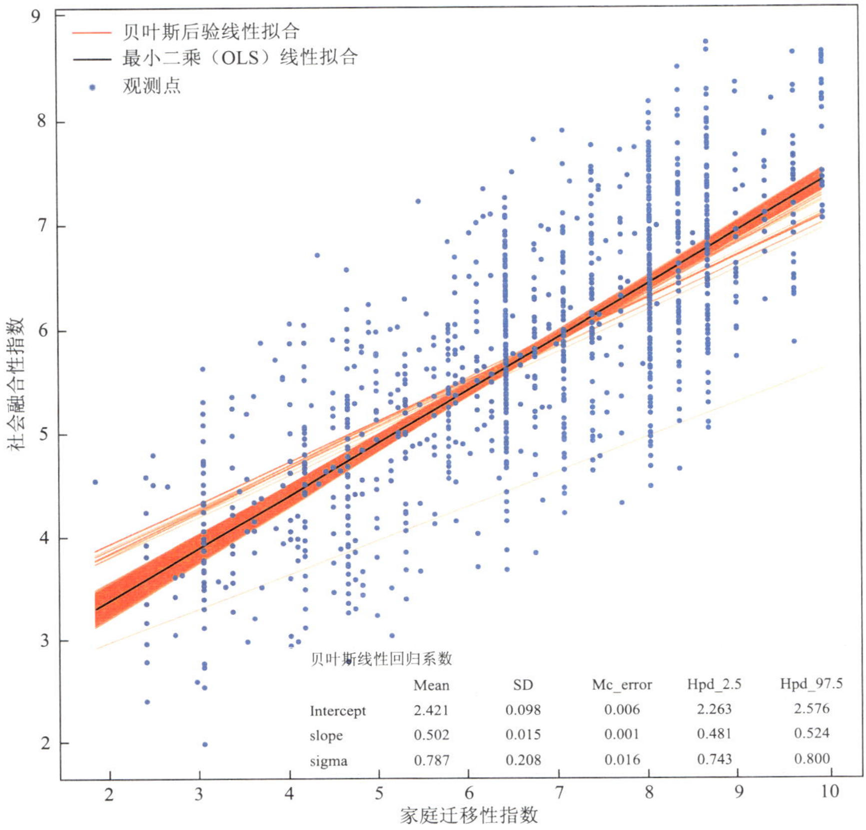

图 9–25　家庭迁移性指数与社会融合性指数的贝叶斯线性回归

计算社会融合性指数在家庭迁移性指数区间段上的变动范围、平均值与分布概率（图 9–27），发现社会融合性指数在随家庭迁移性指数变大时，其变动范围、均值与分布概率存在较为明显的波动性。当家庭迁移性指数<4.5 时，社会融合性指数并未随家庭迁移性指数的增加而增加，相反表现出较为剧烈的波动性，其变动范围也呈扩大趋势；当家庭迁移性指数在 4.5～7.0，社会融合性指数随家庭迁移性指数增大而增大，波动性较前一个阶段明显减弱，其变动范围较为稳定；当家庭迁移性指数>7.0 时，社会融合性指数随家庭迁移性指数增加而呈波动增加，尤其是家庭迁移性指数>8.0 时，社会融合性指数呈线性快速增加的趋势，其变动范围也呈逐渐收敛态势。

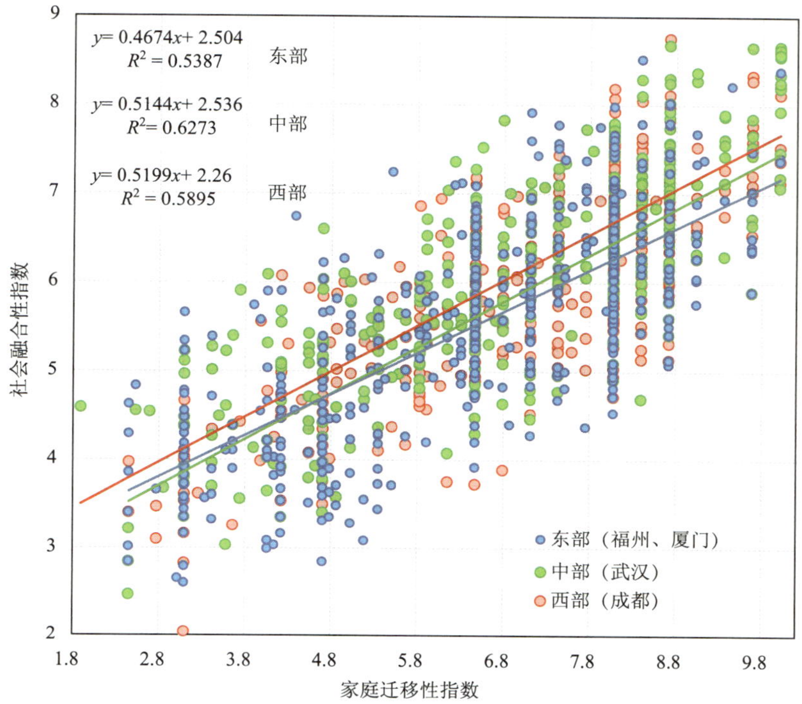

图 9–26 家庭迁移性指数与社会融合性指数分区域散点图

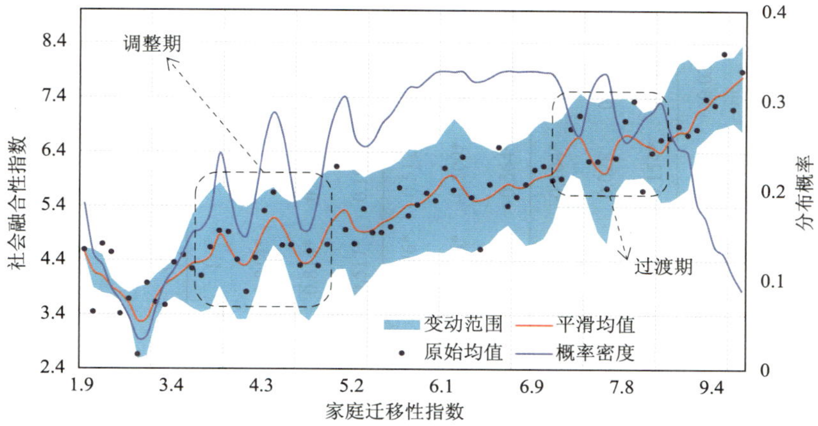

图 9–27 社会融合性指数在家庭迁移性指数上的变动区间与概率分布

整体上，家庭迁移性指数越强，其对社会融合性指数的提升和带动越显著，尤其是接近家庭整体性迁移，更能促进乡城迁移劳动力的社会融合。但在此过程中，也存在一定波动与弹性变化，家庭迁移性指数介于 3.6～5.0 和 7.0～8.0 这两个阶段，社会融合性指数的变化表现出非常强烈的波动，我们可将这两个阶段分别称为调整期和过渡期。在调整期，家庭开始伴随迁移，乡村移民需要面对家庭式就业与居住在个体和社区或社会层面所造成冲击及挑战，包括家庭与邻里关系、生活环境与生计变化等，从而造成迁移者在社会融合上的一些摩擦与冲突；在过渡期，家庭迁移已进入较为成熟的阶段，乡村移民需要面临持续性家庭迁移对居住与就业的稳定性要求以及在制度、文化、身份认同上的转变，逐步适应从个体迁移到家庭迁移的过渡，并准备好更彻底的家庭迁移与深入的社会融合。从分布概率来看，当前大部分受访者仍处于社会融合性随家庭迁移平缓增加的阶段，也面临更具变化与分异的社会融合环境。而在家庭迁移更为成熟阶段，也有部分受访者面临社会融合的过渡期，如能进一步促进家庭迁移，将有助于实现更高水平的社会融合。

二、社会参与性

图 9–28 所展现的社会参与性指数与社会融合性指数的贝叶斯线性拟合关系表明，乡城迁移劳动力的社会参与性指数同社会融合性指数呈正向相关关系，即更深入的社会参与有助于乡城迁移劳动力更好地融合城市社会。两指数的贝叶斯后验线性拟合分布趋势显示少数拟合关系的斜率高于最小二乘的线性拟合关系的斜率，即部分样本在社会参与同社会融合的趋势性略高于样本总体趋势性。分东中西区分二者间的拟合关系（图 9–29a），发现回归方程的斜率（k）由东向西递增，且其线性拟合度（R^2）也呈递增趋势，表明中西部乡城迁移劳动力的社会参与性水平更高，其同社会融合性也有着更为紧密和直接的联系，即中西部的迁移者在同迁移城市社会的互动性、依赖性和参与性联系上有着更高的能力和意愿，这可以反映迁移者在迁移城市的就业与居住稳定、就业与职业发展以及家庭迁移的综合状态。但从散点图来看，社会融合性在社会参与性上的变化仍具较大的动态变化性。

依据本章第五节的方法对社会参与性指数与社会融合性指数散点图进行分组拟合。分割中间与最上部分的两点分别为 S1（1.00，4.38）、S2（7.71，7.73），建立二元一次方程组，线性求解得到方程式 y=0.499x+3.881；分割中间与最下部分的两点分别为 S3（1.00，3.09）、S4（8.99，7.24），建立二元一次方程组，线性求解得到方程式 y=0.519x+2.571。据此分组后对社会参与性指数与社会融合性指数散点图分别进行拟合（图 9–29b），其结果显示回归方程的拟合度（R^2）从 0.42 提升到 0.90，显示出分组拟合对探究二者关系的必要性和显著性优势。分组散点图显示最上部分散点拟合效果最优，中间部分拟合效果次之，最下部分拟合效果最差，可见最上部分散点所代表的乡城迁移劳动力的社会参与性对其社会融合性的提升最为显著。

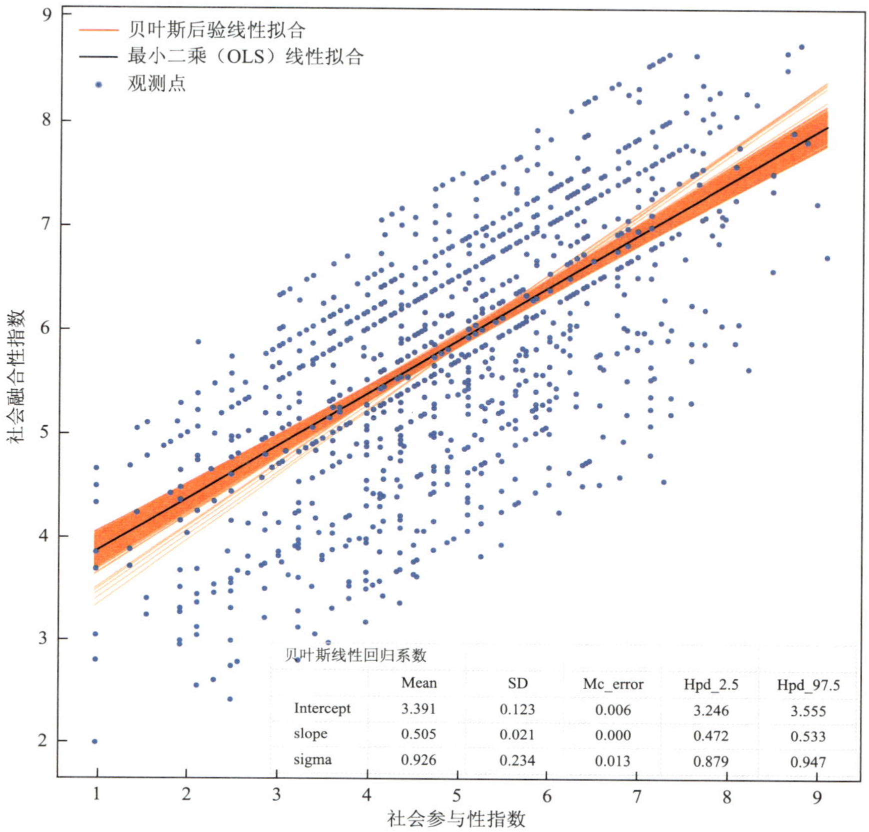

图 9–28　社会参与性指数与社会融合性指数的贝叶斯线性回归

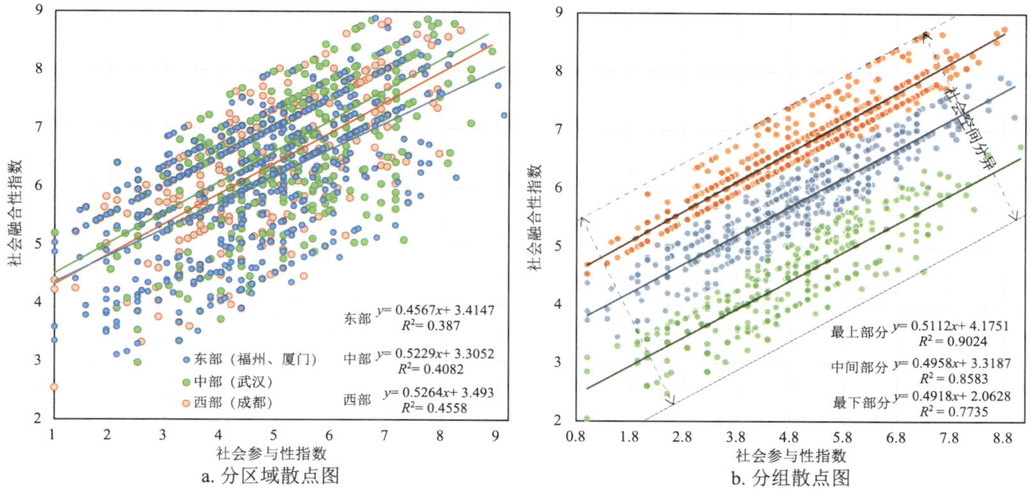

图 9–29　社会参与性指数与居住边缘性指数的分区域和分组散点图

在分组散点图中可以明显看到，散点可以被区分为很多条平行（k 值相近）的线性拟合趋势线，分别代表不同水平社会融合性群体的社会参与性同社会融合性的关系。尽管趋势线间接近相互平行，其所代表的影响趋势与力度较为一致，但不同的回归拟合度和散点图集中度仍可以区分不同层级社会融合性的群体分异性与内部趋同性。这种群体分异性可以进一步理解为社会空间的分异，不同层级的社会融合性将乡城迁移劳动力的社会空间进行区分与重组，形成组内差异较小、组间差异较大的社会空间分异。在分组散点图中可以看到，社会融合性更高的群体在其内部社会参与性的差异性更小，而融合性较低的群体内部在社会参与性上差异较大。尽管社会参与性对社会融合性的影响在各群体间的趋势与力度是趋同的，但乡城迁移劳动力在社会参与性上展现出更为明显的社会空间分异，在社会融合性上折射出多样化的劳动力地理景观。

统计社会融合性指数在社会参与性指数变化方向上的均值、变动范围与分布概率（图 9–30），发现社会融合性随社会参与性增加而增加，但其增加趋势在社会参与性的不同阶段有所不同。具体来看，当社会参与性指数<4.0 时，社会融合性随社会参与性增加而缓慢增加，其变动范围呈逐渐扩大趋势；当社会参与性指数介于 4.0～7.5 时，社会融合性随社会参与性增加而明显增加，且其变动范围较大；当社会融合性指数>7.5 时，社会融合性随社会参与性增加而快速增加，但其变动范围呈收敛趋势，迅速变小。在阶段对比上可以发现，随着社会参与性的不断提升，其对社会融合性的促进和带动作用越发明显，即越高水平的社会参与度越能促进乡城迁移劳动力积极融入城市社会。

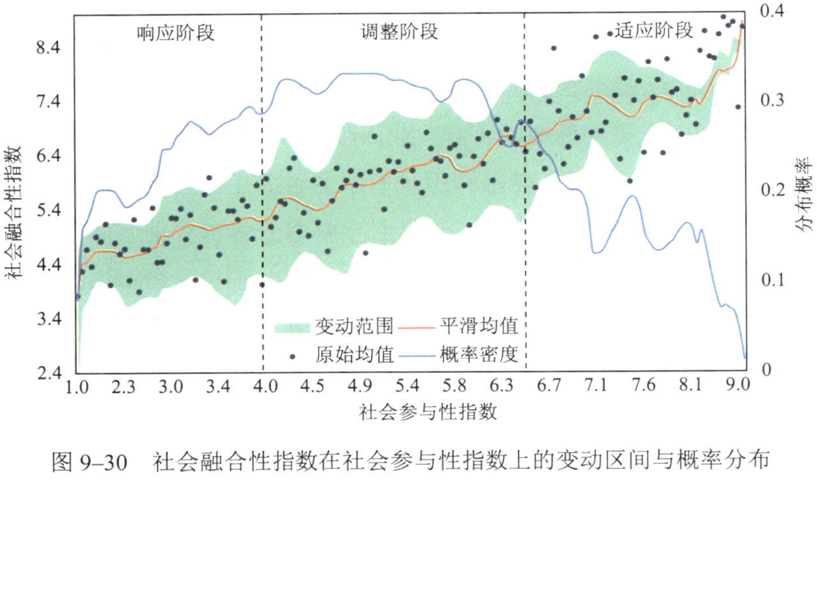

图 9–30　社会融合性指数在社会参与性指数上的变动区间与概率分布

从社会融合性的变动范围来看，在社会参与的初期和中期，乡城迁移劳动力在社会融合性上表现出较为明显的社会空间分异性，即在同等社会参与程度下，其所展现的社会融合性也不尽一致。但到社会参与的后期，乡村移民已进行较深入的社会参与，其所展现的社会融合性内部差异缩小，变动范围逐渐收敛。这表明较高程度的社会参与不仅能够提高乡城迁移劳动力的社会融合性，还能削弱移民群体内部的社会空间分异，进一步实现个体与群体尺度上的社会融合。在概率分布上，当下大部分乡城迁移劳动力仍处于社会参与的初期和中期阶段，虽然个体与群体社会参与的进步带动了移民的社会融合，但也持续造成移民群体内部社会空间的分异，这种分异也不利于个体同群体上社会融合的有机结合。

为此，根据均值、变动范围与概率分布的阶段性变化，可将乡城迁移劳动力的社会融合性指数在社会参与性指数上的增幅趋势划分为三个阶段（图 9–30）。①响应阶段：乡城迁移劳动力初步尝试参与到迁移城市社会中，促进社会融合性的提升，但其群体内开始出现一定的分化。该阶段是乡城迁移劳动力对城市转型发展做出的有益尝试，并积极响应城市化的就业与居住要求，包括迁移选择、就业选择与居住选择。②调整阶段：乡城迁移劳动力随着社会参与性的进一步提升，其与迁移城市社会的联系性、依赖性和融合性得到显著增强，而城市移民群体内部的社会空间分异性进一步加强，在社会融合性上表现出更为丰富的地理景观。在此阶段内，乡城迁移劳动力同城市转型发展的各种特征进行磨合，包括就业关系、居住选择与社区交际等，较成功的磨合有助于迁移者下一阶段参与城市社会并实现稳定的社会融合。③适应阶段：经过磨合阶段，乡城迁移劳动力逐渐实现较深入的社会参与，并快速促进迁移者的更为稳定和持久的社会融合。在此阶段，乡城迁移劳动力已能适应城市转型发展对个体就业关系、职业发展和居住空间的各种要求与挑战，在稳定迁移的基础上对实现家庭式的社会融合有更充足的信心与能力。从概率分布来看，大部分受访者处于响应到磨合的过渡阶段，进入适应阶段的受访者占比较少。因此，进一步提高乡城迁移劳动力的社会参与有助于促进城市移民群体的社会融合，以实现以人为本的新型城镇化。

对比家庭迁移性指数与社会参与性指数同社会融合性指数的拟合关系，可以发现，家庭迁移性对社会融合性的正向促进作用大于社会参与性，且家庭迁移性指数同社会融合性指数的贝叶斯后验拟合关系分布不确定性（斜率标准差）小于社会参与性指数同社会融合性指数的后验拟合分布。但从分组散点图与社会融合性指数在这两个指数上的变动区间来看，社会参与性对乡村移民群体内部社会空间分异的塑造作用要明显大于家庭迁移性。这种差异显然表明家庭迁移对于促进乡城迁移劳动力积极融入城市社会具有重要作用，但在融入城市的过程中，移民群体的社会参与程度、方式和效力则会导致其内部社会空间的分异。这种分异表现在乡城迁移劳动力不同层级的社会融合性，包括家庭建设、邻里交往、城乡文化转变和社区空间的身体实践等，这也成为社会融合性在劳动力地理景观多样性的表现。因此，家庭迁移虽然有效提升乡城迁移劳动力在社会融合上的信心与意愿，但未能对移民家庭与个人如何有效参与城市社会、积极的邻里交往与社区空间实践做出趋同性、柔性的指导和规范性建议。这种社会空间实践引导的缺失虽然不自觉地促进了乡村移民在社会融合实践中的自适应能力，但也不得不面临调整阶段中社会空间分异所附带的各种移民治理问题。如同居住空间分异，乡城迁移劳动力的社会空间分异在潜在的增长预期上削弱了城市移民社会融合与市民化进程的驱动力，最终不得不依靠移民个体与城市管理者共同在其居住选择和社会参与等方面更持久的努力，以促进可持续的社会融合。

第七节　本章小结

本章在乡城迁移劳动力地理景观指数构建的基础上，遵循经典地理学中结构主义分析范式，在格局分析基础上，深入到地理景观内部，从乡城劳动力迁移稳定性、就业边缘性、职业发展性、居住边缘性和社会融合性这五方面解构劳动力地理景观的组分关系，来绘制乡城劳动力迁移在不同阶段与方面上所呈现的多方位景观画卷。

劳动力地理景观指数组分分析显示各类指数间的组分关系表现出明显的阶段性。迁移稳定性与迁移年限及迁移周期的关系反映了乡村移民个体同城市转型发展间的响应—调整—适应的链式过程；就业边缘类指数分析表明就业边缘性的景观差异受城市转型发展特征的影响较小，更多的影响应来自就业行业的差异；职业发展类指数分析显示我国乡城迁移劳动力未能以明显的群体性行动，积极参与到就业格局、雇佣关系与权益争取等劳资关系尺度的实践行动中来；居住边缘类指数分析显示职住平衡在促进居住融合方面具有重要作用，就业仍是乡村移民居住选择的重要考量因素，而住房压力性成为乡城迁移劳动力居住空间分异的主要塑造力量；社会融合类指数分析表明家庭迁移对于促进乡城迁移劳动力积极融入城市社会具有重要作用，但在融入城市的过程中，移民群体社会参与的程度、方式和效力对其内部社会空间分异的塑造性更强。

贝叶斯线性回归与趋势散点回归的分析显示，住房压力性与社会参与性对乡城迁移劳动力的地理（居住空间）与社会空间分异具有显著的促进作用；根据居住边缘性在住房压力性、社会融合性在社会参与性区间段的变动范围、均值与正态分布概率变化，对其居住空间与社会空间进行分区。这成为住房压力性与社会参与性在劳动力地理景观上的空间映射，并折射出乡城迁移劳动力在城市居住空间与社会阶层（社会空间）的分异格局。

第十章　转型期劳动力地理景观的适应过程

在前章对乡城劳动力迁移的地理景观格局与组分关系解析基础上，本章将分析视角转为转型期的劳动力地理景观，从迁移生命历程特征变量的角度量化劳动力地理景观的形成过程，从城市转型发展特征维度揭示劳动力地理景观的适应过程及均衡机制，再以居住自选择的视角建构劳动力地理景观中的权衡过程。最后，归纳转型期城市迁移人口结构转型及其演变趋势，凝练转型期中国城市移民社会融合特征及其策略响应。本章直面第二个科学问题，旨在阐述劳动力地理景观对城市转型发展的适应过程及其背后广泛的政策实践、社群交往、制度建设等空间重塑与社会转型因素，并为全文提供核心结论。

第一节　迁移生命历程下劳动力地理景观的形成过程

一、迁移生命历程与劳动力地理景观的关系

乡城迁移劳动力的地理景观是乡村劳动力个体在迁移生命历程中在地理与社会空间上迁移、就业、居住与生活等生命活动的群体化和景观化表达，其景观格局与过程受到乡村劳动力的迁移动机、类别、历程、收益、预期与展望等一系列迁移生命历程中选择变量的影响。乡村劳动力在迁移生命历程中基于自身特征与外在城市特征的交互感知，构建出属于自身群体化的地理与社会空间，并塑造出差异化与特征化的劳动力地理景观。乡村劳动力的迁移生命历程不仅包括乡村迁移者从初始迁移到目前迁移

中的角色与事件，还包括在生命历程中所形成的城市特征感知、迁移预期与个体实践选择特征，这对于劳动力地理景观的形成与格局、组分关系的重塑具有重要影响。

乡城迁移劳动力地理景观可以认为是不同个体关于迁移动态与展望的最大公约化特征量，这种特征化的劳动力地理景观也是乡村劳动力在迁移生命历程中就个体特征和城市转型发展特征间相互选择与匹配、抗争与妥协、响应与适应的产物。乡村迁移者用个体的就业实践与居住选择在城市转型发展中进行新身份和新空间的生产、修复及调整，这也成为迁移个体与城市社会相互沟通和交流的渠道，并由此相互接纳和融合。迁移生命历程则成为从迁移个体特征（基质单元）到劳动力地理景观特征（景观格局）的孵化器与升华通道。因此，为进一步理解乡城迁移劳动力地理景观对城市转型发展的适应过程，有必要就迁移生命历程中乡城劳动力迁移个体对城市特征的感知、响应、适应与决策过程的特征进行梳理，以分析这些特征变量对劳动力地理景观形成过程的解释。

二、迁移生命历程的选择特征变量

根据上文对乡城劳动力迁移生命历程的讨论与分析，本节选择乡城迁移劳动力的基础人口学类变量、初始迁移类变量、收入类变量、迁移动态类变量和迁移预期类变量来表征乡城劳动力迁移生命历程的选择特征变量，共计五大类 25 个具体变量（表 10–1）。

基础人口学类变量是人口地理学分析的基础变量，包括所在城市、性别、年龄、教育与户籍迁移五个具体变量。户籍迁移变量表示乡村劳动力在迁移生命历程中是否将个体初始的乡村户籍变更为城市户籍，1 代表仍保留初始乡村户籍，2 代表已迁移到城市户籍。户籍管理作为我国劳动力市场与住房市场重要的社会管治措施，对于塑造与限制迁移者的就业和居住实践有重要作用。

初始迁移类变量包括迁移前经历、初始迁移原因与职业类型、当前职业类别、更换工作原因与务工地变更原因六个具体变量，表征乡城迁移劳动力初始迁移状态及其转变为当今状态（被调查时）的原因，可以较好地涵盖乡城迁移劳动力在城市转型发展中的初始感知与后续响应信息。迁移前经历主要指乡村劳动力在初始迁移前职业与教育经历，而这都会影响劳动者对初始迁移目的地与职业的选择。

收入类变量是乡城劳动力迁移收益的最直观表现，包括初始收入、目前收入（被调查时）和收入增长（迁移年限中年均收入增长），这三个具体变量可以较好地表征乡村劳动力在迁移生命历程中的经济收益及其增长幅度。

表 10–1　乡城劳动力迁移生命历程特征变量的描述性统计

类别	变量	量纲	值域			趋势		分布	
			Range	Min	Max	Mean	SD	Skewness	Kurtosis
基础人口学类	城市（x1）	—	3	1	4	2.81	1.09	–0.43	–1.13
	性别（x2）	（1 男 2 女）	1	1	2	1.41	0.49	0.36	–1.87
	年龄（x3）	岁	5	1	6	3.47	1.28	0.13	–0.86
	教育（x4）	—	6	1	7	3.06	1.26	0.75	0.52
	户籍迁移（x5）	（1 否 2 是）	1	1	2	1.09	0.28	2.90	6.40
初始迁移类	迁移前经历（x6）	—	6	1	7	4.50	1.07	–0.46	2.43
	初始职业类别（x7）	三级行业代码	7	11	18	13.07	1.84	0.76	–0.14
	初始迁移原因（x8）	—	4	1	5	2.47	1.00	1.20	1.05
	当前职业类别（x9）	三级行业代码	7	11	18	12.65	1.79	1.33	1.19
	更换工作原因（x10）	—	5	1	6	4.00	1.67	–0.01	–1.59
	务工地变更原因（x11）	—	5	1	6	2.27	1.39	1.68	1.98
收入类	初始收入（x12）	千元/月	14.5	0.05	15	1.95	1.74	2.92	14.87
	目前收入（x13）	千元/月	17.5	0.05	18	4.91	3.04	2.44	7.63
	收入增长（x14）	千元/年	17.5	0	17.5	2.96	2.66	2.89	11.92
迁移动态类	迁移年限（x15）	年	40	0	40	14.30	9.07	0.49	–0.37
	迁移类型（x16）	—	5	1	6	3.29	1.45	0.75	–0.64
	初始迁移类型（x17）	—	1	1	2	1.51	0.50	–0.02	–2.00
	最远迁移距离（x18）	km	3 253	0	3 253	682.71	616.81	0.85	0.28
	现在迁移距离（x19）	km	2 850	150	3 000	617.02	711.23	1.48	0.78
	回流距离（x20）	km	4 381	–1 340	3 042	254.70	499.91	1.61	3.22
迁移预期类	稳定意向（x21）	—	3	1	4	2.31	0.79	0.60	0.02
	持续迁移年限（x22）	—	5	1	6	2.64	1.79	0.53	–1.31
	定居意愿（x23）	—	6	1	7	3.63	2.24	0.20	–1.42
	定居挑战（x24）	—	6	1	7	3.00	2.27	0.51	–1.40
	回流意愿（x25）	—	3	1	4	3.30	1.03	–1.30	0.33

迁移动态类变量包括六个具体的变量，分别是迁移年限、迁移类型、初始迁移类型、最远迁移距离、现在迁移距离与回流距离，展现乡村劳动力在迁移生命历程中的动态变化，尤其是迁移目的地与迁移路径。迁移年限指迁移者初始迁移年份到被调查

时（2018）的迁移持续时长（年），用于评估乡村劳动力的迁移时间长短。迁移类型是指乡村劳动力在完整迁移生命历程中迁移目的地类型情况，其值域包括东部三大城市群（京津冀、长三角、珠三角）、西北（新疆、西藏、青海、甘肃）、省内与其他迁移，表征乡村劳动力对迁移目的地选择和对城市发展差异的认知情况。初始迁移类型表示乡村劳动力初始迁移时是否为跨省迁移的情况，1 为省内迁移，2 为跨省迁移。最远迁移距离指乡村劳动力最远迁移地（非当前城市）距离其出生地的直线距离，而现在迁移距离指被调查时受访者所在城市距离其出生地的直线距离，回流距离则指最远迁移距离相对于现在迁移距离的差值，表示乡村劳动力在迁移目的地更换中距出生地的距离变化，其值越大，离家越近，其值越小，离家越远。回流距离表示乡村劳动力在迁移目的地的扩张性和迁移生命历程的成熟性，可以作为迁移动态的变化量。

迁移预期类变量主要展现乡村劳动力对于可预见的迁移安排与预期性行为计划，可以表现乡村劳动力对迁移生命历程的满意度以及未来的展望性安排，具体包括稳定意向、持续迁移年限、定居意愿、定居挑战与回流意愿五个变量。稳定意向指乡城迁移劳动力对于保持稳定就业与工作地的意愿，而定居意愿与定居挑战分别指乡城迁移劳动力定居在当前（被调查时）迁移城市的意愿及其挑战，回流意愿是指乡城迁移劳动力对于回到家乡（出生地）附近城市就业与居住的意愿。持续迁移年限指乡村劳动力对于个体未来继续迁移计划的安排，也包括对个体就业年限的计划与安排。迁移预期类变量体现了乡城迁移劳动力对已有迁移经历的总结性感知，包括对城市转型特征与个体特征匹配性的权衡评估，也是个体与城市社会沟通和交往在迁移生命历程中的反馈，成为乡城迁移劳动力对新型城镇化适应过程在迁移生命历程中的具象化表达。

表 10–1 展示了乡城劳动力迁移生命历程五大类 25 个具体变量的描述性统计。25 个变量中，最远迁移距离、现在迁移距离和回流距离三个变量为连续性数值型变量；年龄与收入为数值阶段型变量，如 30～40 岁、2 000～3 000 元；其余变量均为离散型的名义型变量。为保证所有变量类别一致，对数值型变量和阶段型变量依据自然阶段法进行离散化处理或中值化处理。为便于后续建模与数据分析，对所有离散型变量进行顺序编码，如城市变量，1 为福州，2 为厦门，3 为武汉，4 为成都，以此类推。在顺序编码中，意愿类、能力类、年限类等具有强弱大小顺序类变量，一律按由小及大的顺序编码。除收入类、迁移年限、迁移距离与回流距离七个变量外，其余变量均为无量纲变量。为体现不同职业的差异性并考虑到样本数量，职业类别变量采用三级行业分类代码（表 4–2）。各变量的具体含义、分布区间与比例可见第七章第一、二节分析内容。

图 10–1 为乡城劳动力迁移生命历程变量相关关系热力图，较为清楚地展示了变量间线性相关关系的程度与方向。整体来看，乡城劳动力迁移生命历程变量间的相关关系较弱，变量整体共线性较小，说明迁移生命历程变量间相互独立性较强，冗余变量和共线性变量较少。尽管如此，我们仍可发现一些变量间具有一定的相关关系。年龄与教育变量间相关系数为–0.52（$p<0.01$），说明相比年长劳动力，年轻劳动力的受教育程度更高。另如年龄与迁移年限呈显著正相关（$p<0.01$），年龄与持续迁移年限、定居意愿也有较为明显的负相关关系（$p<0.05$），表明年龄变量是迁移生命历程中的一个基础性变量，能够影响其他变量；教育与初始职业类别、当前职业类别以及迁移原因有着较为显著的正相关关系（$p<0.01$），显示受教育程度对乡城迁移劳动力的迁移动机与职业选择的影响较为大；初始职业类别与当前职业类别也存在显著的正相关关系，表明乡城迁移劳动力的就业格局受到初始就业的显著影响，初始就业能够影响迁移者的后续就业关系与职业发展；初始收入和迁移年限间的负向相关关系表明迁移者的经济

图 10–1　乡城劳动力迁移生命历程变量相关关系热力图

收益同宏观经济增长密切相关，乡村劳动力的年均收入增长也有赖于迁移者的目前收入；很明显，初始迁移类型、初始迁移距离、现在迁移距离与回流距离间都存在显著的正向相关关系（$p<0.01$），而现在迁移距离同回流距离却为明显负向相关关系（$p<0.05$）；稳定意向与定居意愿有着显著的正相关（$p<0.01$），即越愿意保持稳定工作地与就业的乡城迁移劳动力越愿意定居于当前城市，其定居意愿越强烈。

三、迁移生命历程对劳动力地理景观的影响

基于迁移生命历程对乡城迁移劳动力地理景观的重要性，并考虑到迁移生命历程变量的特点，本研究采用地理探测器探查迁移生命历程在乡城迁移劳动力地理景观形成过程中的作用力度及其显著性（表 10–2）。探测结果显示，首先，就业边缘性和职业发展性拥有较多的显著性解释变量，尤其是职业发展性，25 个变量中 21 个变量对乡城迁移劳动力的职业发展性具有显著的解释力，其中基础人口学类变量、初始迁移类变量和收入类变量中所有变量均对职业发展性有显著影响。其次是就业边缘性和迁移稳定性，共有 14 个变量对其具有显著解释力。基础人口学类所有变量对就业边缘性均有显著影响，迁移动态类除初始迁移类型变量外其余变量均对迁移稳定性有显著影响。再次是社会融合性，共有 9 个变量对其具有显著的解释力，这其中迁移预期类变量中所有变量均对社会融合性具有显著影响，这显然表明较高的迁移预期对于促进乡城迁移劳动力的社会融合有显著意义。最后是居住边缘性，仅有 6 个变量对其具有显著解释力，分散在基础人口学类、初始迁移类和迁移动态类中。

此外，表 10–2 中还列举出具有较大解释力的显著变量。其中，最远迁移距离对迁移稳定性具有最大的解释力，达到 0.566，其次是回流距离和迁移年限，表明迁移距离同乡村劳动力的迁移动态有强烈的相关关系，越远的迁移距离越容易促使迁移者频繁更换迁移目的地和就业，而明显性的回流则表明迁移者更愿意保持稳定的迁移目的地和就业。此外，迁移与回流距离也能表现出迁移生命历程中的阶段性，较远的迁移距离表明迁移者仍处于迁移初期，和城市进行初期性的交互感知，探索意愿强烈；而明显的回流则表明迁移者处于迁移成熟期，能够确定适合自身的迁移目的地，迁移探索渐趋收缩。另外，年龄和教育变量对职业发展的解释力也超过 0.2，显示出教育对职业发展的重要性，受教育程度越高的乡城迁移劳动力越具有更好的职业发展性。而年轻化的迁移劳动力受教育程度更高，因此，年龄变量对职业发展性的解释力较大，显示出年轻代乡城迁移劳动力的职业发展性更高。

表 10–2　迁移生命历程特征变量对乡城迁移劳动力地理景观的解释力及其显著性

变量	迁移稳定性		就业边缘性		职业发展性		居住边缘性		社会融合性	
	q	p	q	p	q	p	q	p	q	p
城市（x1）	0.002	0.497	0.038	<0.001***	0.145	<0.001***	0.060	<0.001***	0.045	<0.001***
性别（x2）	<0.001	0.490	0.006	0.007***	0.007	<0.001***	0.003	0.082*	0.024	<0.001***
年龄（x3）	0.081	<0.001***	0.110	<0.001***	0.233	<0.001***	0.008	0.917	0.113	<0.001***
教育（x4）	0.033	<0.001***	0.138	<0.001***	0.260	<0.001***	0.007	1.000	0.014	0.978
户籍迁移（x5）	0.001	0.265	0.038	<0.001***	0.055	<0.001***	<0.001	1.000	0.010	0.400
迁移前经历（x6）	0.035	<0.001***	0.063	<0.001***	0.160	<0.001***	0.004	1.000	0.022	0.971
初始职业类别（x7）	0.009	0.062*	0.069	<0.001***	0.129	<0.001***	0.049	0.006***	0.015	0.791
初始迁移原因（x8）	0.022	<0.001***	0.058	<0.001***	0.144	<0.001***	0.004	1.000	0.013	0.730
当前职业类别（x9）	0.008	0.131	0.144	<0.001***	0.163	<0.001***	0.068	0.013**	0.020	0.839
更换工作原因（x10）	0.002	0.771	0.003	0.986	0.019	0.046**	0.028	0.403	0.009	0.905
务工地变更原因（x11）	0.005	0.276	0.023	0.326	0.049	<0.001***	0.023	0.985	0.013	0.995
初始收入（x12）	0.046	<0.001***	0.067	<0.001***	0.059	<0.001***	0.019	0.999	0.021	0.989
目前收入（x13）	0.003	0.829	0.030	0.488	0.061	<0.001***	0.017	0.999	0.017	0.991
收入增长（x14）	0.031	0.003***	0.045	1.000	0.067	0.027**	0.038	1.000	0.043	1.000
迁移年限（x15）	**<u>0.334</u>**	<0.001***	0.126	0.049**	0.122	<0.001***	0.032	1.000	0.115	0.656
迁移类型（x16）	0.007	0.064*	0.011	0.709	0.026	0.003***	0.014	0.986	0.010	0.942
初始迁移类型（x17）	<0.001	0.631	0.001	0.388	0.001	0.390	0.007	<0.001***	0.010	<0.001***
最远迁移距离（x18）	**<u>0.566</u>**	<0.001***	0.013	0.968	0.016	0.344	0.022	0.995	0.012	0.998
现在迁移距离（x19）	0.009	0.034**	0.008	0.974	0.026	0.006***	0.041	0.246	0.026	0.550
回流距离（x20）	**<u>0.428</u>**	0.028**	0.006	1.000	0.038	0.463	0.008	1.000	0.014	1.000
稳定意向（x21）	0.003	0.249	0.015	0.035**	0.016	0.007***	0.008	0.819	0.042	<0.001***
持续迁移年限（x22）	0.012	0.004***	0.018	0.062*	0.044	<0.001***	0.005	0.999	0.053	<0.001***
定居意愿（x23）	0.032	<0.001***	0.025	0.004***	0.056	<0.001***	0.011	0.840	0.069	<0.001***
定居挑战（x24）	0.007	0.162	0.014	0.738	0.013	0.343	0.019	0.960	0.071	<0.001***
回流意愿（x25）	<0.001	0.942	0.006	0.765	0.021	<0.001***	0.009	0.863	0.031	0.011**
方差解释量（Sum of q）	167.6%		107.5%		193.0%		50.4%		83.2%	

注：*、**、***分别表示统计值在 0.1、0.05、0.01 的水平上显著；加粗下划线的统计量表示该变量具有较大解释力（$q \geqslant 0.200$）。

综合来看，五大类变量对五个地理景观指数的方差解释量之和的差异性明显。其中，迁移生命历程变量对职业发展性方差解释量接近 200%，q 指数达到 1.930，表明职业发展性的分异性能够完全被迁移生命历程变量所解释；迁移稳定性的方差解释量达到 167.6%；就业边缘性的方差解释量也超过 100%，这均显示迁移生命历程对塑造乡城迁移劳动力的职业发展性、迁移稳定性和就业边缘性的主导型作用。相比之下，迁移生命历程变量对居住边缘性和社会融合性的方差解释量均低于 100%，其中社会融合性方差解释量 83.2%，居住边缘性仅 50.4%，表明在迁移生命历程变量之外，仍存在能够显著解释居住边缘性和社会融合性的特征变量，如城市转型发展特征等。迁移生命历程是乡城迁移劳动力个体的特征变量，尽管能够涵盖个体与社会互动关系的一些特征信息，但未能充分表达个体所在的群体社会特征信息与宏观环境的变化特征。而劳动力地理景观是迁移者个体在与城市社会互动和积极实践过程所呈现与凝练的，因此，劳动力地理景观定会受到宏观城市转型发展特征的影响。从方差解释量的差异性可以看出，迁移者的个体特征与生命历程在塑造乡城迁移劳动力的迁移稳定性、就业边缘性和职业发展性中发挥绝对性的主导作用，而居住边缘性和社会融合性不仅受到迁移生命历程的影响，更受到城市转型发展特征的影响，尤其是居住边缘性。居住空间分异不仅同迁移者个体居住自选择密切相关，还深受迁移城市住房市场与城市空间格局的交叉影响。这可以进一步引申出，乡城迁移劳动力的迁移稳定性、就业边缘性和职业发展性的境况改善与格局优化需要充分发挥迁移者个体的主观能动性和身体实践，而居住边缘性和社会融合性的景观优化不仅需要迁移者的空间建构与身体实践，更有赖于城市管理者的积极政策实践和城市服务性及包容性的发展，便于乡城迁移劳动力的社会融合。

四、劳动力地理景观分异格局的形成过程

1. 区域差异与景观形成过程

表 10–3 显示了城市变量对就业边缘性、职业发展性、居住边缘性和社会融合性均有显著的解释力，乡城迁移劳动力地理景观具有显著的区域差异。为详尽分析劳动力地理景观的区域性同景观形成过程的联系，本研究将样本按城市分为东（福州和厦门）、中（武汉）、西（成都）三部分，运用地理探测器分别探查迁移生命历程变量对东中西样本的劳动力地理景观的解释力并对比其差异性。结果显示（表 10–3），分区域的探测结果同全局样本的探测结果趋势保持一致，职业发展性是拥有最多较大解释力的显著

表 10–3　分区域比较迁移生命历程特征变量对乡城迁移劳动力地理景观的解释力

变量	迁移稳定性			就业边缘性			职业发展性			居住边缘性			社会融合性		
	东	中	西	东	中	西	东	中	西	东	中	西	东	中	西
x2	0.001	0.013*	0.004	0.008	0.016*	0.000	0.009***	0.002	0.039	0.002***	0.000	0.008	0.017***	0.030	0.022***
x3	0.166***	0.040***	0.154***	0.089	**0.212*****	0.036***	**0.213*****	**0.298*****	0.082	0.031*	0.024***	0.009	0.097***	0.067	0.157***
x4	0.026*	0.049***	0.040***	0.111	**0.316***	0.041***	**0.226*****	**0.383*****	0.160	0.015	0.059***	0.023	0.013***	0.026	0.046
x5	0.001	0.055*	0.010	0.021	0.100	0.005	0.016***	0.125***	0.060	0.001	0.003*	0.000	0.006***	0.037	0.000
x6	0.039***	0.075	0.037***	0.059	0.140	0.022***	0.128*	**0.217*****	0.073	0.043	0.030**	0.017	0.023	0.031	0.024
x7	0.013	0.027***	0.013*	0.071	0.152	0.049	0.077***	**0.204*****	0.127	0.055	0.078	0.031	0.005**	0.014	0.038
x8	0.036	0.013**	0.056***	0.044	0.192	0.005	0.124***	**0.254*****	0.028	0.012	0.018***	0.009	0.005	0.018	0.023
x9	0.012	0.013***	0.020*	0.083	**0.279***	0.163	0.086***	**0.263*****	0.169	0.089	0.077	0.038***	0.008***	0.025	0.034
x10	0.003	0.012	0.006	0.016	0.021	0.012	0.029	0.036	0.041	0.049	0.050	0.038	0.020	0.010	0.034
x11	0.008	0.003	0.032	0.052	0.043	0.015	0.045	0.072	0.046	0.025	0.020**	0.027	0.012	0.008	0.013
x12	0.107***	0.047	0.091	0.034	0.142	0.077***	0.058	0.101***	0.025	0.047	0.029***	0.020	0.042	0.025	0.019
x13	0.097***	0.011	0.005***	0.027	0.052	0.034	0.070	0.070**	0.009	0.036	0.024	0.019	0.019	0.028	0.044
x14	0.115***	0.023	0.082	0.026	0.079	0.081	0.034	0.104	0.056	0.026	0.074***	0.065	0.035	0.059	0.091
x15	**0.485*****	**0.234**	**0.562***	0.111	**0.314***	0.152***	0.159**	0.245***	0.106	0.106	0.082***	0.056	0.104	0.134	0.192
x16	0.007	0.019	0.014	0.020	0.023	0.011	0.031	0.046	0.022	0.045	0.014	0.007	0.012	0.012	0.011
x17	0.002	0.002	0.008***	0.002***	0.002	0.006	0.022	0.008*	0.001	0.033	0.001	0.003	0.005	0.005	0.000
x18	0.007	0.022	0.029	0.037	0.021	0.020	0.033	0.032	0.021	0.039	0.018**	0.017	0.007	0.015	0.025
x19	0.006	0.111	0.068	0.014	0.014	0.012***	0.025	0.016	0.008	0.068	0.014***	0.010	0.017	0.021	0.007
x20	0.012	0.062	0.002	0.025	0.032	0.022***	0.070	0.056	0.026	0.013	0.054	0.020	0.018	0.025	0.016

续表

变量	迁移稳定性			就业边缘性			职业发展性			居住边缘性			社会融合性		
	东	中	西	东	中	西	东	中	西	东	中	西	东	中	西
x21	0.004	0.005	0.006	0.021	0.072	0.007	0.011***	0.062***	0.004	0.019*	0.004	0.007	0.035	0.059	0.022
x22	0.020*	0.016***	0.019**	0.040	0.045	0.006	0.035	0.058	0.036	0.009	0.026	0.003	0.031	0.052	0.052
x23	0.025**	0.144	0.045**	0.039	0.080	0.022***	0.056**	0.110***	0.078	0.050**	0.005***	0.012	0.037***	0.096	0.085**
x24	0.030**	0.023	0.009	0.024	0.027	0.011	0.009	0.060	0.006	0.061	0.009	0.019	0.056	0.123	0.064
x25	0.003	0.002	0.003	0.002	0.031	0.018	0.005	0.019	0.014	0.003	0.009	0.014	0.007	0.056	0.022
Sum of *q*	1.224	0.951	1.306	0.975	2.402	0.825	1.565	2.841	1.234	0.875	0.722	0.472	0.632	0.975	1.040

注：变量名称参见表 10–1；*、**、***分别表示统计值在 0.1、0.05、0.01 的水平上显著；加粗下划线的统计量表示该变量具有较大解释力（$q \geq 0.200$）。

性变量，而居住边缘性和社会融合性的显著性解释变量较少。对比不同景观指数的方差解释量（q 指数之和），职业发展性和就业边缘性指数在不同区域的方差解释量差异较大，而居住边缘性和社会融合性的方差解释量的区域差异性相对较小。这表明不同区域的乡城劳动力迁移生命历程对就业边缘性和职业发展性有较大影响，而区域差异则对居住边缘性和社会融合性影响较小。

分指数对比来看，迁移稳定性拥有一个具有较大解释力的显著解释变量，为迁移年限，尤其是对东部样本解释力的显著性最强，而对西部样本解释力最大。在第九章第二节中我们分析了迁移渐趋稳定性，即乡村劳动力随着迁移年限的增加，其迁移状态趋于逐渐稳定的状态。分区域探测结果显示，东部群体有着更为强烈的迁移渐趋稳定性，也说明迁移渐趋稳定性对乡村劳动力迁移稳定性的重要作用。教育变量对中西部群体迁移稳定性的解释力强度与显著性均大于东部，说明中西部乡城迁移劳动力的受教育程度差异性较大，且对其迁移稳定性的影响大于东部。户籍迁移变量仅对中部群体的迁移稳定性有显著影响，显示武汉乡城迁移劳动力户口迁移的成功率与容易性更大。在初始迁移类变量中，迁移前经历、初始职业类别、初始迁移原因和当前职业类别对迁移稳定性的影响均有明显的区域差异性。其中初始迁移职业类别与原因及当前职业类别对中西部群体的迁移稳定性影响更为显著，而迁移前经历则对东西部群体的影响更大。从这些差异性中可以发现，初始迁移特征对于中西部样本的迁移稳定性影响较东部更大，进一步可以理解为东部群体的当前迁移特征相较于初始迁移变化更大，初始迁移对其后续迁移动态影响相对较小。收入类变量对东部群体迁移稳定性的影响更大，显然说明东部群体的迁移动态受到经济收益的影响更大，其迁移决策出于理性经济的考虑特征更为明显。迁移动态类变量对迁移稳定性的影响东中西差异性较小，除迁移年限外，仅初始迁移类别对西部群体的迁移稳定性有显著影响，这同初始迁移类变量的分析结果较为一致。迁移预期类变量仅持续迁移年限、定居意愿和挑战对迁移稳定性有显著性影响及明显区域差异。其中，定居挑战仅对东部群体的迁移稳定性有显著影响，说明东部城市乡城迁移劳动力的定居挑战与压力成为其迁移动态变化的主要原因。

就业边缘性中具有较大解释力的显著解释变量均位于中部群体，显示中部群体的迁移生命历程对其就业边缘性有着更为显著的影响。分别来看，基础人口学类变量中年龄和教育对中西部群体的就业边缘性影响最为明显；在初始迁移类变量中，迁移前经历对西部群体的就业边缘性有显著影响，而当前职业类别仅对中部有显著影响；收入类变量整体对就业边缘性的解释区域差异性较小，且显著性较弱；迁移动态类变量中迁移年限对中西部的解释更为显著，且迁移和回流距离仅对西部解释显著；在迁移预期类变量中，仅有定居意愿对西部群体的就业边缘性有显著解释力，其余变量的解释力微弱且不显著。

职业发展性的显著性解释变量最多。基础人口学类变量中，年龄、教育、户籍迁移对中东部群体的职业发展性影响显著，其中年龄和教育变量具有较大解释力；在初始迁移类变量中，不同于迁移稳定性的趋势，各变量对中东部群体的职业发展性具有更显著的解释力，尤其是中部，表明初始迁移特征对中东部地区乡城迁移劳动力的职业发展具有重要影响，相比之下，西部迁移者多为东部回流者，其初始迁移特征对在西部城市的职业发展影响较弱；收入类变量对职业发展性的解释在中部更为显著，但其解释力较弱；迁移动态类变量中仅迁移年限对中东部群体的职业发展性有显著解释力，说明持续的稳定迁移有助于中东部乡城迁移劳动力的职业发展；迁移预期类变量中仅稳定意向与定居意愿对中东部群体的职业发展性有显著解释力，这显示较为强烈的稳定与定居意愿有助于中东部群体的职业发展，也暗示中东部乡城迁移劳动力职业发展性更高，但其稳定与定居意愿却较低。

居住边缘性与社会融合性均没有较大解释力的显著变量。在基础人口学类变量对居住边缘性的解释中，年龄、教育与户籍迁移对中部群体解释力更显著，而性别在东部解释力显著，但强度较弱；初始迁移类变量中迁移前经历、初始迁移原因与务工地变更原因仅对中部群体的居住边缘性有显著影响，而当前职业类别仅在西部有显著解释力；在收入类变量中，初始收入和收入增长仅在中部解释显著，说明收入增长对中部乡城迁移劳动力改善居住边缘性有推动作用；在迁移动态类变量中，迁移年限和迁移距离仅对中部群体的居住边缘性有显著解释力，但解释力度较弱；在迁移预期类变量中，定居意愿对中东部群体的居住边缘性有显著影响，且稳定意向在东部的解释力最显著，这说明提高东部城市乡城迁移劳动力的定居意愿和稳定性，有助于改善他们的居住边缘性，但面临较高住房压力导致迁移者的定居意愿较低。基础人口学类变量对社会融合性的解释力具有明显的区域差异，性别、年龄、教育和户籍迁移在东部的解释力更为显著；在初始迁移类变量中，初始与当前职业类别仅对东部群体的社会融合性有显著解释力，这显示在东部城市乡城迁移劳动力中，社会融合性的行业分异性强于中西部；迁移收入类和迁移动态类对东中西群体的社会融合性均没有显著的解释力；迁移预期类变量中的定居意愿对东西部群体的解释力最显著，但对中部的解释力度最大，这可能是由于样本数量差导致的自由度变化所引起的。

综合比较分析，迁移生命历程变量对迁移稳定性和职业发展性的解释力在中东部最为显著，而对就业边缘性的解释在中西部更为显著，对社会融合性的影响在东西部更为明显，对居住边缘性的解释在中部更显著。对比分区域探测的不同景观指数的方差解释量，可以发现，迁移稳定性分区域探测后的方差解释量低于总体探测的方差解释量，尤其是中部损失最多；就业边缘性分区探测的方差解释量在东中西间差异显著，中部方差解释量远高于总体探测的方差解释量，而东西部方差解释量略低于总体探测；职业发展性也是同样趋势，中部探测的方差解释量高于总体探测，而中西部分区探测低于总体探测；居住边缘性在中东部的分区探测提高了方差解释量，而西部解释量降低了；社会融合性中西部分区探测的方差解释量高于总体探测，而东部却低于总体探测。这种差异性体现了乡城劳动力迁移生命历程在东中西之间的区域差异，这种差异进一步作用于不同区域间的劳动力地理景观，从而表现出不同区域探测结果。和总体探测结果深度对比分析，可以发现，就业边缘性和职业发展性的分区探测中部方差解释量均超过总体探测，表明中部乡城迁移劳动力在迁移生命历程中其个体特征较好地适应了城市就业市场与职业发展要求，相比之下，东西部的乡城迁移劳动力在适应就业市场与职业发展上其主观能动性和身体实践性有待进一步提高。在居住边缘性与社会融合性上，中东部乡城迁移劳动力在居住自选择上的适应力高于西部，但中西部的乡城迁移劳动力在社会融合上的适应性更强，主观能动性更为积极。尽管如此，这些差异性并非完全来自乡劳动力迁移生命历程中所展现的主观能动性和身体实践性，同时也会受到城市转型发展特征的影响。如东部城市的定居压力和居住成本高于中西部，尽管付出同样的主观能动和身体实践，其融合难度仍高于中西部；又如受城市空间结构影响，西部的成都居住空间分异性高于中部的武汉，导致西部乡城迁移劳动力的居住适应性要求与挑战高于中部，所以，其在迁移生命历程中的能动性与实践性对居住边缘性的缓解作用弱于中部。对迁移生命历程在不同区域劳动力地理景观上的影响差异分析有助于加深对劳动力地理景观形成过程中的区域化认知，也可为管理者实施因城而异的优化乡城迁移劳动力地理景观格局的政策实践提供科学参考。

2. 行业差异与景观形成过程

表 10–2 的总体探测显示职业类别对劳动力地理景观指数有较为显著的解释力，为进一步探测不同行业乡城劳动力迁移生命历程对劳动力地理景观形成的联系与影响，本研究以二级行业分类为依据，运用地理探测器分行业探查迁移生命历程变量对景观指数的解释力及其显著性。结果显示（表 10–4），分行业探测的显著性解释变量少于总体探测结果。从变量类别看，基础人口学类显著解释变量最多，其次是迁移预期类变量，初始迁移类和迁移动态类中的显著变量最少。由此可见，基础人口学特征与

表 10–4　分行业比较迁移生命历程特征变量对乡城迁移劳动力地理景观的解释力

变量	迁移稳定性			就业边缘性			职业发展性			居住边缘性			社会融合性		
	S1	S2	S3	S1	S2	S3	S1	S2	S3	S1	S2	S3	S1	S2	S3
x1	0.007	0.004	0.018	0.062***	0.037***	0.179***	0.121***	0.163***	0.003	0.070***	0.061***	0.022*	0.026**	0.052***	0.003
x2	0.001	0.003	0.012	0.020**	0.000	0.051**	0.001	0.013***	0.055	0.003	0.000	0.093	0.041**	0.015***	0.158
x3	**0.253*****	0.066***	0.049	0.179***	0.044***	0.188	**0.250*****	**0.210*****	0.171*	0.033	0.007	0.007	0.078**	0.150***	0.016
x4	0.045***	0.047***	0.018	0.112***	0.059***	**0.314*****	**0.259*****	**0.200*****	0.082*	0.006	0.012	0.011	0.017	0.021	0.025
x5	0.000	0.002	0.006	0.020	0.012	0.090***	0.052**	0.020**	0.117	0.007	0.001	**0.228*****	0.010	0.007	0.032
x6	0.035**	0.059***	0.011	0.076	0.023	0.146	0.176***	0.126***	0.033	0.006	0.002	0.029	0.012	0.037	0.149
x7	0.021	0.015*	0.013	0.075	0.026	0.134	0.101	0.069***	0.095	0.034	0.019	0.088	0.004	0.023	0.069
x8	0.031**	0.021***	0.029	0.020	0.020	0.160**	0.075	0.136***	0.094***	0.009	0.009	0.096*	0.009	0.016	0.015
x10	0.011	0.003	0.054	0.013	0.011	0.043	0.060	0.022	0.088	0.050	0.032	0.019	0.031	0.011	0.054
x11	0.003	0.006	0.017	0.026	0.021	0.084	0.075	0.031	0.039	0.026	0.017	0.023	0.011	0.021	0.150***
x12	0.090***	0.052***	0.038	0.047	0.060	0.149	0.060	0.057**	0.092	0.032	0.031	0.066	0.016	0.043	0.070
x13	0.029	0.003	0.016	0.025	0.027	0.101	0.076	0.048***	0.139	0.053	0.016	0.050	0.048	0.019	0.133
x14	0.102***	0.034	0.052	0.059	0.036	0.162	0.114	0.061	0.183	0.071	0.038	**0.304*****	0.081	0.047	**0.257*****
x15	**0.675*****	**0.262*****	**0.553*****	0.160	0.134	0.265	0.154	0.126***	0.030	0.088	0.055	0.049	0.130	0.162	0.052
x16	0.004	0.019***	0.007	0.014	0.013	0.091	0.052*	0.025	0.057***	0.036	0.004	0.055**	0.017	0.016	0.010
x17	0.000	0.001	0.002	0.000	0.003	0.000	0.000	0.003	0.120	0.014**	0.000	0.055	0.008	0.006**	0.070
x18	0.004	0.009	0.057	0.049	0.016	0.072	0.019	0.031	0.171	0.037	0.011	0.101	0.031	0.024	0.063
x19	0.007	0.025***	0.018	0.018	0.025	0.082	0.024	0.037*	0.048	0.064	0.026	0.080	0.050	0.019	0.133
x20	0.005	0.015	0.213	0.016	0.019	0.112	0.035	0.045	0.101	0.012	0.017	0.098	0.028	0.029	0.059

续表

变量	迁移稳定性			就业边缘性			职业发展性			居住边缘性			社会融合性		
	S1	S2	S3	S1	S2	S3	S1	S2	S3	S1	S2	S3	S1	S2	S3
x21	0.004	0.003	0.063*	0.013	0.009	0.073*	0.008	0.011	0.049	0.021	0.009	0.073	0.043	0.033	0.026
x22	0.027**	0.012*	0.069	0.102***	0.005	0.069	0.072	0.049***	0.046	0.009	0.005	0.082	0.033	0.081***	0.055
x23	0.011	0.063***	0.049	0.037	0.008	0.140	0.058	0.051***	0.073	0.035	0.010	0.134	0.079**	0.064***	**<u>0.205</u>*****
x24	0.023	0.015*	0.021	0.043	0.010	0.063	0.025	0.016	0.023	0.058	0.009	0.016	0.092	0.058	0.049
x25	0.000	0.001	0.030	0.002	0.010	0.039	0.021	0.020**	0.023	0.015	0.006	0.016	0.017	0.037*	0.049
Sum of q	1.389	0.741	1.414	1.187	0.626	2.807	1.889	1.572	1.932	0.791	0.398	1.794	0.914	0.995	1.903

注：*、**、***分别表示统计值在 0.1、0.05、0.01 的水平上显著；加粗下划线的统计量表示该变量具有较大解释力（$q \geq 0.200$）；S1，S2，S3 为二级行业分类代码（表 4–2）。

迁移预期特征对劳动力地理景观的行业差异塑造性最为明显。从景观指数类别来看，职业发展性的显著性解释变量最多，达到 16 个，其次是迁移稳定性，有 13 个显著性解释变量。就业边缘性和社会融合性分别有 6 个和 8 个显著性解释变量。而居住边缘性最少，仅有 3 个显著性解释变量，远低于总体探测的 6 个。这说明迁移稳定性和职业发展性在迁移生命历程序列上的行业分异性强于居住边缘性、就业边缘性及社会融合性。

分指数具体比较而言，基础人口学类变量中年龄与教育仍是最为显著的解释变量，尤其是年龄对建筑制造行业乡城劳动力迁移稳定性具有较大的显著解释力，表明建筑制造业和基础服务业对乡城迁移劳动力年龄和教育的重视，并对其迁移稳定性具有重要影响；初始迁移类变量中，迁移前经历和初始迁移原因对建筑制造业和基础服务业群体的迁移稳定性有显著影响；收入类变量中初始收入和收入增长也仅对建筑制造业和基础服务业群体的迁移稳定性影响；迁移年限对所有行业群体均有显著性影响，且具有较大解释力；现在迁移距离对基础服务业群体的迁移稳定性有显著性影响，剩余迁移动态类变量影响微弱且不显著；持续迁移年限和定居意愿也仅对建筑制造和基础服务业群体的迁移稳定性有显著影响。总体而言，建筑制造业和基础服务业群体的迁移稳定性受到显著影响的解释变量远多于高级服务业群体，表明前者的迁移动态性要大于后者，后者的迁移稳定性更强，前者迁移稳定性受迁移生命历程的影响更为显著。

就业边缘性的显著性解释变量主要集中于基础人口学类变量，城市与教育变量对所有行业均有显著解释力，尤其是教育对高级服务业群体的就业边缘性解释力更大。年龄和性别对建筑制造业与基础服务业群体的就业边缘性影响更显著，而户籍迁移仅对高级服务业群体的就业边缘性有显著解释力。这说明教育与户籍制度对高级服务业群体的就业格局塑造力更强，而年龄和性别则对建筑制造业与基础服务业群体的就业格局重大，这种差异表明不同行业对乡城迁移劳动力的选择性和要求性，这种选择性则参与了劳动力就业地理格局的塑造与形成过程。同样地，基础人口学特征所有变量对建筑制造业和基础服务业群体的职业发展性均有显著影响，尤其是教育和年龄变量对建筑制造业与基础服务业群体职业发展性具有较大解释力。对比就业边缘性和职业发展性在人口学类变量中的解释力，可以明显发现年龄与教育对乡城迁移劳动力就业结构与职业发展的重大意义，这种重要性深度塑造了劳动力就业关系与职业发展的行业差异性，并映射到劳动力地理景观上。基础人口学类变量是迁移生命历程的起点与基础，年龄与教育的显著性解释力也会影响后续其他类别变量对就业边缘性和职业发展性的解释力。初始迁移类变量中，迁移前经历仅对建筑制造业和基础服务业群体职业发展性有显著解释力，初始迁移原因仅对基础服务业群体职业发展性有影响；收入类变量中只有初始收入和当前收入对基础服务业群体职业发展性有影响；迁移动态类变量中迁移年限与迁移类型对不同行业的职业发展性有显著差异，高级服务业的最显著变量为迁移类型，而基础服务业的最显著变量是迁移年限；迁移预期类变量中仅有持续迁移年限、定居意愿与回流意愿对基础服务业群体的职业发展性有显著解释力。

分行业探测的居住边缘性显著性解释变量较少。基础人口学类变量中城市对各行业的居住边缘性均有显著影响，但对建筑制造业的解释力度最大；户籍迁移仅对高级服务业群体的居住边缘性影响最为显著，且具有较大解释力，表明住房市场的户籍管理制度能够显著影响高级服务业群体的居住空间格局，即社会管治也能影响劳动力地理景观。收入类变量中收入增长也仅对高级服务业群体的住房边缘性有显著影响和较大解释力，即高级服务业群体的经济收益被用于住房开支以缓解其住房压力和住房边缘性。居住边缘性的行业差异表明迁移者个体在经济收益方面的主观能动性对于平衡住房市场、削弱居住空间分异有较大的推动作用。由此可见，户籍等社会管治措施与迁移个体的经济收益增长对于塑造乡城迁移劳动力的居住空间分异具有重要影响力，这也说明宏观上的城市转型发展特征与迁移生命历程的个体对劳动力地理景观形成的共同性过程，表明居住边缘性的景观格局优化需要宏观社会与个体迁移者的双向努力。

分行业探测的社会融合性显著性解释变量集中于基础人口学类变量以及务工地变更原因、收入增长和定居意愿等几个少数变量中。基础人口学类变量中城市、性别与年龄对建筑制造业与基础服务业群体的社会融合性影响显著，表明性别与年龄塑造了乡城迁移劳动力在家庭迁移中的分异性；初始迁移类变量中仅务工地变更原因对高级服务业群体的社会融合性有显著解释力；收入增长和定居意愿对高级服务业群体的解释力度最大，且最显著。这说明在迁移生命历程中，收入增长能够增强乡城迁移劳动力社会融合的信心与能力，同样也会带动其定居意愿。定居意愿越强烈，对城市社会的适应性、包容性与接纳性也就越强。此外，持续迁移年限仅对基础服务业的解释力最显著，回流意愿也仅对基础服务业有较显著的影响，说明迁移预期中的迁移动态性展望对于基础服务业群体的社会融合决策与行为至关重要。

对比不同景观指数分行业探测的方差解释量和总体探测方差解释量，可以发现，分行业探测的迁移稳定性的方差解释量均低于总体探测的方差解释量，就业边缘性在建筑制造业与高级服务业上的方差解释量高于总体探测，但基础服务业探测的方差解释量低于总体探测；职业发展性分行业探测的方差解释量同总体探测基本保持一致，仅基础服务业探测的方差解释量略有降低；居住边缘性和社会融合性在高级服务业上探测的方差解释力远高于总体探测，且社会融合性分行业探测后各行业的方差解释量均大于总体探测。归纳总结发现，社会融合性和居住边缘性在迁移生命历程序列上的行业分异性被显著突出，尤其是高级服务业群体在居住边缘性和社会融合性上所具有的显著解释力。需要看到的是，迁移稳定性、就业边缘性与职业发展性分行业探测的方差解释量仍远大于居住边缘性和社会融合性，即这三个指数在迁移生命历程序列上的行业分异性仍大于居住边缘性和社会融合性，说明行业差异对于塑造劳动力地理景观中的就业关系与职业发展具有重要作用。同时也应注意到，行业差异本身是迁移生命历程演化过程中的选择性结果和城市劳动力就业市场分割所共同作用的差异性特征变量，也可将之理解为乡城迁移劳动力就业实践与宏观就业市场相互选择和作用的中间变量，它成为乡城迁移劳动力对城市转型发展的适应过程的参数化表达，并传递映射到乡城迁移劳动力地理景观中。

第二节　典型城市流迁人口居住自选择与权衡过程

一、居住自选择与居住空间

1. 居住自选择与流迁人口

居住自选择可被理解为个体对居住地的偏好态度以及能充分表达自身特征和选择态度的行为决策（Jarass and Scheiner，2018）。居住自选择多被用在交通（Cao and Yang，2017；Scheiner，2018）或出行行为（Ettema and Nieuwenhuis，2017）同建成环境关系的研究中，来探讨其在建成环境和行为关系间的作用及其同土地利用（Guan et al.，2019）和公共政策的关系（De Vos and Witlox，2016；Li et al.，2019），研究证明社会经济属性、主观态度及生活方式都是居住自选择的成因（Lin et al.，2017）。空间权衡指对空间不同区域进行权衡比较，选择更适合的区域（林世伟，2016）。城市空间的异质性决定同一区域在不同变量衡量下或不同区域在同一变量衡量下空间特性的差异化，使得城市中少有完美区域可同时满足多个变量的衡量（Sener et al.，2011），所以居住自选择具有空间性，即不同变量对居住自选择的影响在空间上不一致（宇林军等，2012）。这种不一致使得城市不同区域在满足居住自选择时表现出差异性，所以要求居住自选择的主体对不同区域进行空间权衡，其权衡过程受不同变量影响。

流迁人口成为现代大城市的重要组成部分，其居住空间格局对城市发展和社会融合意义重大（任远，2014；朱宇、林李月，2019）。自 1998 年我国改革住房商品化制度以来，城市流迁人口可以更自由地根据收入、工作、家庭和个人偏好选择居住地（He et al.，2017；De Vos and Alemi，2020；Guo and Peeta，2020），流迁人口个体的居住自选择共同构成总体的居住空间格局。关于流迁人口居住空间格局的研究可以分为三类：一是研究职业、收入、教育、家庭构成等流迁人口自身特征对居住空间选择的影响（周春山等，2016）；二是阐述住房价格和城市空间对流迁人口的“过滤”和“筛选”作用（廖邦固等，2012；肖扬等，2016；王洋等，2017）；三是根据普查数据分析国家或区域层面流迁人口居住空间分异格局及驱动机制（田盼盼等，2015；钟奕纯、冯健，2017）。但对流迁人口居住空间格局形成的过程研究较少，缺乏对城市特征的考量和影响因素空间差异性的探讨。

城镇化背景下，大量流迁人口进入城市，租房成为流迁人口主要的居住方式（Pawson et al.，2020），居住成本也就成为影响居住自选择的重要因素。同时，流迁人口还参加通勤、就业和享受城市生活环境（钟奕纯、冯健，2017），以实现自我发展，城市活动构成其对空间环境的感知并影响他们的空间权衡，在此基础上完成居住自选择，个体的居住自选择反映总体的居住空间格局（李志刚等，2014）。因此，本研究试图寻找表征流迁人口对城市空间环境感知的变量，分析其对空间权衡的作用，揭示居住自选择中的空间权衡过程。

2. 居住空间分异理论

对居住空间分异的研究主要有三种视角：以社会—空间理论、社会生态学为代表的结构主义（蒋亮、冯长春，2015；Badmos et al.，2020）；以自选择理论、家庭生命周期为代表行为主义（柴宏博、冯健，2016）；以公共政策和制度为代表的制度主义（李志刚，2014）。结构主义主要分析居住空间格局及其影响因素，行为主义则更多从个体选择和行为决策的视角分析居住空间分异形成原因，有利于分析在城市转型中流迁人口对城市空间感知、权衡的过程，认知个体的空间权衡和空间选择在居住空间格局形成过程中的作用。所以，本研究以城市流迁人口行为决策为视角，基于影响流迁人口对城市空间环境感知的变量，分析流迁人口居住自选择的空间权衡过程，试图揭示不同变量对空间权衡的影响作用，阐述流迁人口如何根据影响变量对城市空间不同区域进行空间权衡，以完成居住自选择并最终形成居住空间格局。尝试构建空间感知→空间权衡→空间选择（居住自选择）→空间格局的流迁人口居住空间分异研究的逻辑架构，深化对流迁人口居住空间分异的认识，以期为流迁人口的社会融入和城市管理提供参考，促进宜居城市建设和城市竞争力的提升。

3. 案例城市选择与数据来源

前文分析已提到，成都的乡城迁移劳动力面临较强的居住边缘性，且其居住空间分异性显著。因此，本研究选择成都中心六区构成的主城区为案例区（图 10–2），包括青羊区、锦江区、武侯区、金牛区、成华区和高新技术产业开发区（以下简称“高新区”），共计 77 个街道办事处。成都作为四川省省会和西南经济、文化中心，大量流迁人口涌入推动了全市常住人口城镇化率从 2000 年的 34.13%上升到 2015 年的 67.51%，其主城六区已实现 100%的城镇化。2015 年成都主城六区常住人口 644 万人，其中流迁人口 304 万人；2010 年常住人口 511 万人，流迁人口 270 万人。5 年间常住人口增长 25.91%，流迁人口增长 12.57%，流迁人口占常住人口比重由 2010 年的 52.79%降到 2015 年的 47.2%。成都地处成都平原腹地，是成渝城市群核心城市，市内无大型河流、

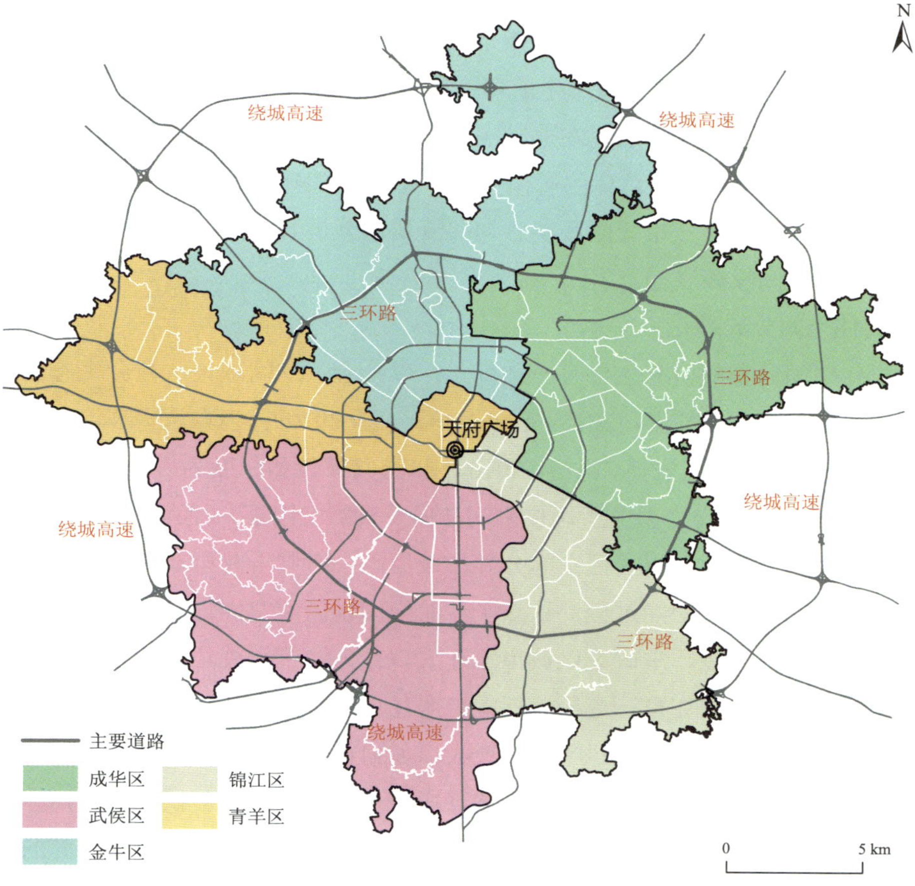

图 10–2　成都中心城区行政区划与空间结构

山脉割裂城市空间。在历史发展进程中，逐步形成了中心圈层式的空间格局，并对城市布局和发展产生重大影响。其中心圈层式的空间格局完全由社会经济力量所塑造，更能体现城市空间分区和转型发展特征的空间差异，有利于研究城市空间分异性对流迁人口居住自选择的影响。

2010、2015 年的户籍和流迁人口数据分别来自 2011、2016 年的《青羊年鉴》《金牛年鉴》《锦江年鉴》《成华年鉴》《武侯年鉴》《成都高新技术产业开发区年鉴》中各街道所统计的户籍人口与流迁人口。其中，流迁人口指市区外流入所在街道半年以上的人口，户籍人口指居住在本街道且拥有本地户籍的人口，对于街道间、城区内的人户分离人口计入户籍人口中，二者共同构成街道的常住人口。居住区面积来自成都市 2015 年 1∶10 万土地利用类型图，住宅价格、房租及出租房数量来自互联网房地产网站，数据截至 2016 年年末。住宅价格为商品房出售单价，单位为元/平方米，出租房数量以小区可出租房屋套数计算，出租价格根据房屋面积和月租金换算为元/平方米/月。公交站及线路、医院、药店、商场及餐馆数据来自百度地图（http://map.baidu.com/），企业数据来自顺企网（http://www.11467.com/chengdu/），全部整理为空间矢量数据，统一投影和坐标。

住宅价格和房租均按街道统计其单价的平均值，出租房数量以街道计算总量，分别表示每一个街道的平均住宅价格、房租和可出租房屋总套数；居住区面积来自各街道的居住用地面积之和；以每个公交站的公交路线数为权重，对各街道公交站点数加权求和，计算不同街道的公交优势度；计算企业、医院、药店、商场、餐馆点矢量数据的核密度，然后提取各街道核密度的均值；最终形成研究区 77 个街道的常住人口、流迁人口、居住区面积、住宅价格、房租、出租房总数、公交、企业、医院、商场、药店、餐馆的数据集。

二、城市流迁人口居住空间格局

1. 流迁人口居住空间分布

2010—2015 年，成都主城区流迁人口增加了 34 万人，其中重点增长区域位于高新区和锦江区南部、城市中心区、金牛区北部及成华区中部（图 10–3a），成都主城区南部增长率整体上高于北部，而在二环附近区域流迁人口有所减少，三环至绕城区域多为流迁人口增长区。增长趋势的空间分布说明 2010—2015 年成都主城区的流迁人口显现出外围和内核增加、中环收缩的趋势。从 2015 年流迁人口占常住人口比重的空间分布来看（图 10–3b），主城区的西北部，即武侯区、青羊区和金牛区流迁人口集聚度最高，占比多超过 50%，相比之下，成华区的流迁人口集聚度最低，表现出明显的西高东低的集聚特点，这和成都市城市空间格局紧密相关。西部是传统的居住区和教育文化区，北部为小商品集散批发区，东边为工业区，南部为高新技术产业开发区。流迁人口的居住自选择明显受到城市空间结构和要素特征空间分布的影响。

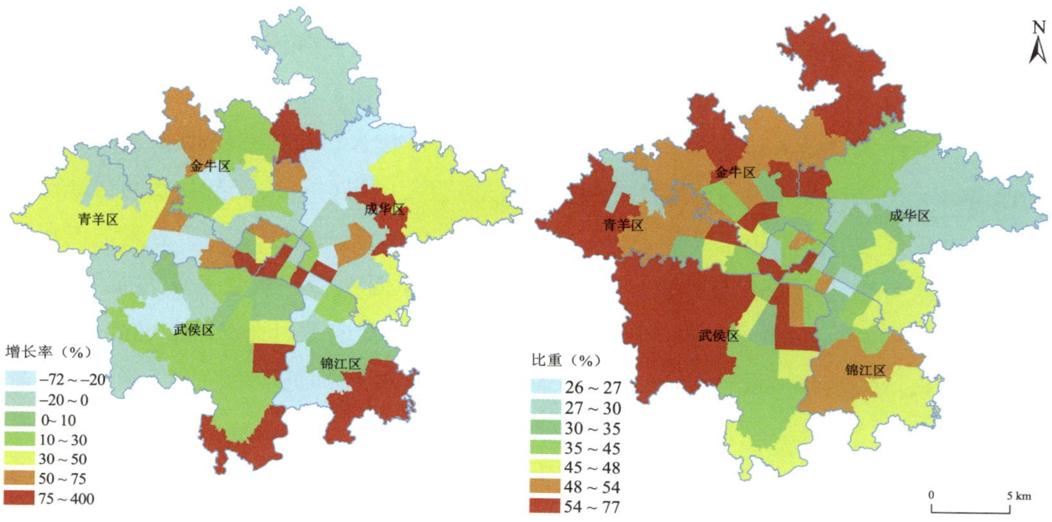

a. 2010—2015年流迁人口增长率　　b. 2015年流迁人口占常住人口比重

图 10–3　2010—2015 年成都主城区流迁人口增长率及其占常住人口比重

2. 居住空间分异测度与格局

运用国际通用指标分异指数（Index of Dissimilarity）对成都主城区流迁人口居住空间分异性进行测度。分异指数衡量流迁人口的居住分异性程度，能比较不同群体均匀居住而需重新进行空间选择比例，其计算公式为（陈杰、郝前进，2014）：

$$ID = 0.5 \times \sum_{i=1}^{n} \left| \frac{x_i}{X} - \frac{y_i}{Y} \right|$$

式中：ID 为分异指数，x_i 和 y_i 分别是区域单元 i 中群体 x 和群体 y 的人数；n 是区域空间单元个数；X 和 Y 分别是全市群体 x 和群体 y 的总人数。分异指数值域范围为 [0，1]，当 ID>0.3 时，被认为分异程度较高。

将常住人口分解为本地户籍人口和外来流迁人口，用分异指数测度流迁人口相对于本地户籍人口的居住分异性，结果表明，2010 年流迁人口与本地户籍人口规模分异指数为 0.260，2015 年为 0.215，即成都主城区存在一定程度的居住分异，但分异程度有所减小。将分异指数按街道进行可视化（图 10–4），发现流迁人口与本地户籍人口分异性较高的区域集中于三环外，如武侯区西部、金牛区和成华区北部，这些区域流迁人口集聚度较高，其数量超过本地户籍人口。流迁人口与本地户籍人口居住分异性较低的区域多在城市中心及锦江区和高新区等东南方，其流迁人口占比较低。2010—2015 年，成都主城区的居住分异性有所减小，尤其是金牛区和成华区的北部，但武侯区流迁人口的居住空间分异性仍较高。同 2010—2015 年流迁人口的增长趋势（图 10–3a）结合分析，发现流迁人口快速增加的区域居住空间分异程度较低，且有显著降低，如高新区、锦江区南部等。而武侯区西部流迁人口减少，导致其居住空间分异性维持在较高水平。这反映流迁人口有从居住分异性较高区域向较低区域流动的趋势，即新增流迁人口倾向于流迁人口与本地户籍人口分异性较小的区域，也可以认为流迁人口占常住人口比重在一定程度上影响流迁人口的居住自选择。

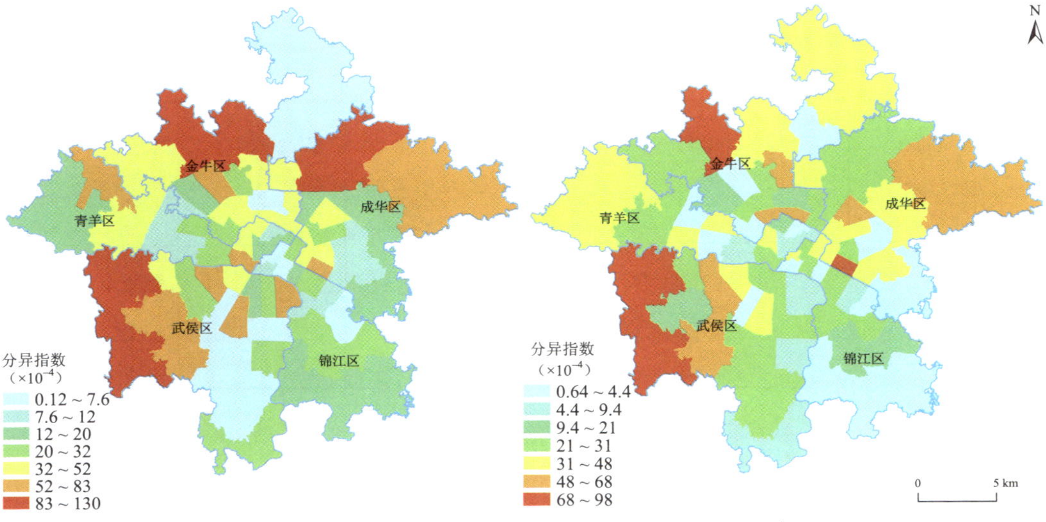

图 10–4　2010 年、2015 年成都主城区流迁人口居住空间分异程度

三、城市流迁人口居住自选择与定居意愿

1. 变量选择与相关性分析

根据流迁人口规模空间分布及居住空间分异性分析，本书选择出租房总数、房租、

居住区面积和住宅价格作为衡量居住成本的指标；选择企业密度代表就业机会；选择商场、药店、医院和餐馆的密度衡量生活成本；选择最大众化的公共交通作为通勤成本的指标；选择流迁人口占常住人口的比重为分析居住隔离度和生活环境提供支撑；加入街道面积，分析空间可塑单元面积差异对流迁人口统计的影响。图 10–5 表明了流迁人口与各变量的相关强度和方向，其中流迁人口占常住人口比、街道面积、居住区面积、企业、公交、药店、医院和餐馆同流迁人口数量明显相关，而出租房总数与住宅价格同流迁人口相关性较弱，房租和住宅价格同流迁人口呈负相关。相关性分析表明，占常住人口比对流迁人口集聚有正向作用，表现出居住融入性；街道面积对流迁人口的统计有显著影响，回归分析中应考虑街道面积的差异；房租和住宅价格对流迁人口有负向作用，但住宅价格相关性微弱，表明流迁人口更加关注租房居住，而不是购买商业住宅。居住区面积越大的区域对流迁人口吸引力越大；此外，企业、公共交通、商场、药店和餐馆都与流迁人口正向相关，就业机会、通勤和生活服务设施吸引流迁人口的集聚。相关性分析说明流迁人口居住自选择显著受到居住成本、就业机会、通勤成本和生活成本的影响。

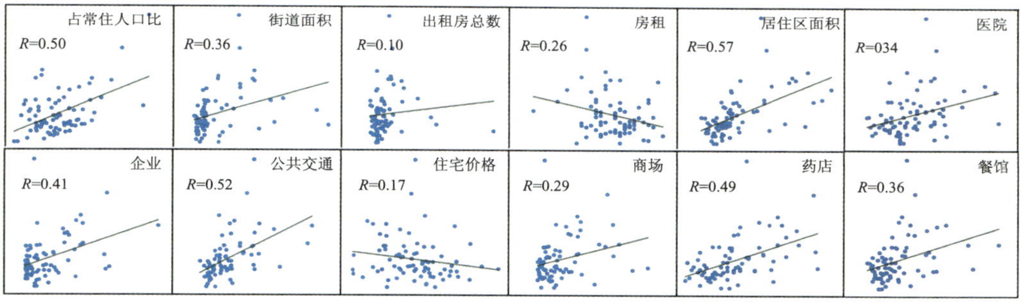

图 10–5　流迁人口同各变量的相关强度和方向

2. 多元回归分析

剔除相关性微弱的变量，利用回归模型分析剩余变量对流迁人口的影响关系。结果表明（表 10–5），经典线性回归拟合度 R^2 为 0.566，变量中流迁人口占常住人口比重、房租、居住区面积和药店通过显著性检验，所有变量方差膨胀因子（VIF）均小于 7.5。回归残差的空间自相关分析显示街道间的空间相关性对回归结果产生影响，所以采用空间滞后模型和空间误差模型。似然比检验表明空间误差模型比空间滞后模型更加显著（p：0.0005<0.009）。在空间误差模型中，R^2 为 0.66，高于经典线性回归模型和空间滞后模型，且占常住人口比、房租、居住区面积通过回归模型的显著性检验。模型显

示空间误差变量统计显著，表明流迁人口的空间自相关对回归结果影响显著。

表 10–5　城市流迁人口空间格局回归分析结果

变量	经典线性回归			空间滞后模型		空间误差模型	
	Coefficient	Probability	VIF	Coefficient	Probability	Coefficient	Probability
占常住人口比	0.314	0.003*	1.313	0.335	0.00014*	0.374	0.00002*
街道面积	–0.001	0.070	6.244	–0.00082	0.160	–0.00041	0.461
房租	–1 109.536	0.039*	1.9154	–670.731	0.175	–1 012.775	0.049*
居住区面积	5 276.621	0.0007*	3.5994	4 063.539	0.002*	3 961.595	0.009*
企业	13.907	0.3617	3.6604	10.644	0.423	9.322	0.419
公交	26.576	0.553	4.493	33.328	0.394	27.622	0.485
商场	–81.003	0.143	5.841	–51.369	0.288	–43.318	0.297
药店	627.435	0.0256*	4.788	503.612	0.037*	310.010	0.176
医院	–213.722	0.397	4.377	–64.306	0.771	149.298	0.469
餐馆	0.434	0.995	3.8097	–52.431	0.368	–67.974	0.189
CONSTANT	42 212.844	0.030*	—	15 053.04	0.434	37 068.27	0.035*
Lag coeff	—	—	—	0.345	0.004*	—	—
LAMBDA	—	—	—	—	—	0.617	0.000*
R^2		0.566		0.612		0.660	
Likelihood Ratio	—	—	—	6.6459	0.009*	12.0361	0.0005*
Moran's *I*	0.204	0.001*	—	—	—	—	—

注：*表示在 0.05 级别（双尾）上相关性显著。

回归分析表明，流迁人口的居住自选择显著受到常住人口规模及流迁人口占比的空间分布的影响，常住人口分布越多的区域人居环境越好，生活服务设施更加便利，受到流迁人口的青睐。房租是影响流迁人口空间分布的重要变量，受地价竞租理论的影响，城市房价从中心向郊区递减。流迁人口因自身经济收入的原因，会偏向于房屋质量或周边环境较差、远离城市中心的低房租区域居住，即增加通勤成本以承受居住成本。居住区用地面积越大，居住小区越多，流迁人口居住自选择选项更多，便可选择自身经济条件承受范围内性价比最高的居住地。此外，大的居住区往往形成流迁人口集聚区，相同的居住环境、消费环境、交通及就业环境会吸引更多流迁人口，而城市流迁人口也会倾向于具有归属感和融入感的居住社区。

3. 空间权衡变量分析

空间回归分析虽说明了变量对流迁人口居住自选择的影响关系及强度，但仍无法揭示各变量对居住选择影响的空间差异及解释流迁人口居住空间格局的形成过程，且空间回归模型显著受到变量的空间自相关性的影响，其全局性回归系数无法说明自变量的空间差异对居住自选择的影响，所以，本书运用地理加权回归分析各自变量对居住自选择解释能力的空间差异。自变量的选择依据经典线性回归中的 VIF 的大小和空间误差模型中各自变量的显著性（表 10–5），以避免出现完全或局部多重共线性。最终选择 2015 年的流迁人口为因变量，流迁人口占常住人口比、房租、居住区面积、企业、公共交通作为自变量，街道面积作为模型的权重变量，以平衡街道面积差异对流迁人口的影响。上述变量组成的地理加权回归模型通过显著性检验，其中模型拟合度 R^2=0.68，模型评价系数 Condition Number（Cond）小于 30，表明模型的局部共线性可以接受。

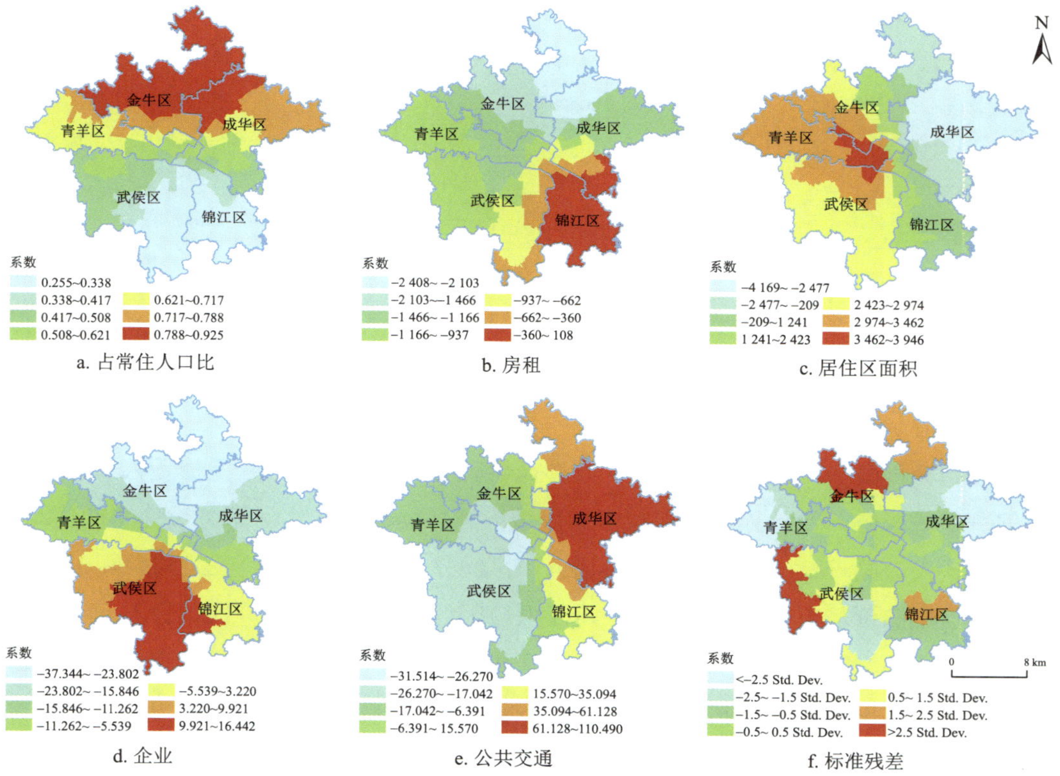

图 10–6　GWR 模型各变量回归系数及残差的空间分布

地理加权回归模型中各变量回归系数的空间分布（图 10–6）表明：流迁人口占常住人口比对流迁人口解释能力北高南低，在金牛区流迁人口居住自选择显著受到户籍人口分布的影响，而高新区和锦江区影响较弱；房租对流迁人口居住自选择的影响是负向的，金牛区和成华区流迁人口对房租更加敏感，敏感程度自西北向东南递减；居住区面积能反映可出租房屋数量和生活环境，面积越大，流迁人口居住自选择余地也越大，居住区面积的回归系数西高东低，即在主城区西部居住面积对流迁人口有显著集聚作用，企业数量代表就业机会，其对居住自选择解释力的空间分布表明就业机会对流迁人口影响的空间差异，武侯区、高新区和锦江区充足的就业机会吸引流迁人口的居住集聚；公共交通代表通勤成本，公共交通优势度越差，则通勤成本越高，公共交通对流迁人口居住自选择解释力最高的区域位于成华区，此处也是流迁人口分布最少的区域（图 10–3b），说明流迁人口偏向选择通勤成本较低或公共交通优势度较好的区域。而在公共交通优势度较差的区域（成华区），流迁人口的空间分布会更加依赖公交站的空间分布（解释力最高）；地理加权回归模型的残差仅在武侯区西部、金牛区北部等少数边缘地带较大，大部分区域残差较小，表示利用占常住人口比、房租、居住区面积、企业和公共交通五个变量能较好地拟合流迁人口居住空间格局。

四、流迁人口居住自选择的空间权衡过程

1. 城市空间结构与居住自选择

成都主城区因历史和社会经济发展所导致的功能分区影响城市特征空间分异格局，其西部是传统居住区，东部为工业区，北部为商贸批发区，南部近年发展为高新技术区（张少尧等，2017），由此导致了居住成本、就业机会、生活成本、通勤成本的空间差异。例如西北部居住人口多于东南；西南部房价高于东北部；高新技术企业多集中南部，而小商贩多位于北部。城市流迁人口的居住自选择需考虑不同影响变量在城市空间中的差异，成都主城区北部较多的常住人口规模能吸引流迁人口的集聚，形成流迁人口集聚区，相同的消费环境能够降低生活成本，但北部流迁人口对房租更加敏感，影响其居住自选择。西北部充足的居住区能为流迁人口提供丰富的居住选择，吸引流迁人口，而就业机会多集中于南部。东部的通勤成本对流迁人口空间分异影响最为显著，从而使得流迁人口偏向选择通勤更为方便的其他区域。不同影响变量的空间差异要求流迁人口必须在不同的区域间做出空间权衡，选择更适合自身的居住区域，完成居住自选择。

2. 居住自选择的空间权衡过程

综合相关性分析（图 10–5）和空间误差模型（表 10–5）可知，在流迁人口居住自

选择空间权衡中，各变量的影响力依次为居住面积、公共交通、户籍人口规模、企业、药店和餐馆等，即流迁人口在空间权衡中会优先考虑居住成本，其次为通勤成本、生活环境和就业机会，权衡过程根据变量权重（影响力）的大小分步完成（图 10–7）。首先流迁人口需要权衡居住成本，选择居住面积更大、出租房更多、房租更便宜的区域；其次权衡通勤成本，流迁人口偏向选择公共交通更方便、离市区和工作地稍近的区域；然后权衡生活环境，选择具有便利生活服务设施、流迁人口集聚的区域；最后权衡就业机会，选择尽可能靠近工作地的区域。每次权衡具有递进性，即在上一次权衡的区域内进行下一次权衡，如果两次权衡区域不能同时满足两次权衡条件，则会优先选择影响力更大的权衡条件。如虽然生活环境更好，但房租较贵，流迁人口则会选择生活环境稍差、但房租更便宜的区域。从权衡次序中，认为居住成本是城市流迁人口首要考虑的因素，即使不满足通勤成本更低、良好的生活环境和靠近工作地等条件，但较低的居住成本依然能吸引流迁人口的集聚。就业机会的权衡次序低于通勤成本，表明流迁人口往往通过寻找交通更加便利的区域或增加通勤成本来降低居住成本，而不是靠近工作地增加居住成本。综合各变量回归系数的空间分布（图 10–6）认为，成都主城区的西、西北和西南部能较好地满足流迁人口空间权衡中各因素的优先次序，即充分的居住选择、较低的房租、便利的通勤、较好的生活环境和靠近就业地。居住成本、就业机会、生活环境和通勤成本的空间差异塑造了流迁人口居住空间的分异格局（图 10–3b），这种格局便是流迁人口空间感知、空间权衡和空间选择（居住自选择）的直接反映。通过对居住自选择的空间权衡过程分析构建起空间感知→空间权衡→空间选择（居住自选择）→空间格局的逻辑架构（图 10–7），深化对流迁人口居住空间分异形成过程的认识。

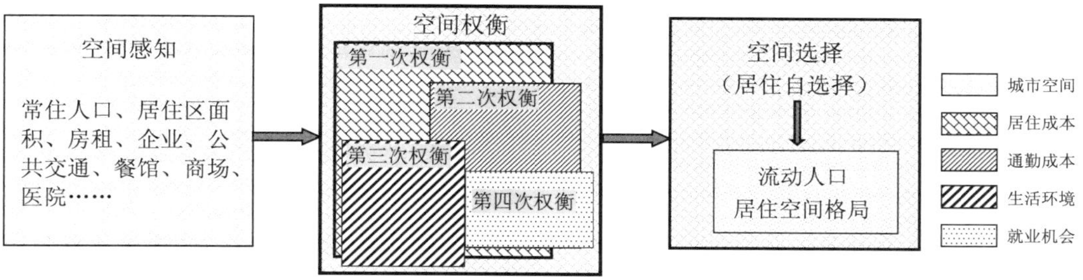

图 10–7　流迁人口居住自选择的空间权衡过程

3. 居住空间分异与社会融合

流迁人口居住自选择的空间权衡是一个复杂的过程，虽然居住自选择能表达一定程度的个体的主观态度，但个体特征依然会影响流迁人口的空间感知和空间选择（柴宏博、冯健，2016；Jarass and Scheiner，2018）。如职业、收入、家庭生命周期等（柴宏博、冯健，2016）主观态度及流迁人口群体内部的社会差异（钟奕纯、冯健，2017）都有可能影响居住自选择。个体特征的数据则需要依靠问卷调查或者大数据等手段来获取，后续研究中应进一步丰富流迁人口居住自选择研究中的数据源，以求更加完善地反演其空间权衡过程。此外，城市不同空间尺度下空间权衡过程可能不同，开展社区尺度的研究可能会更加精细地反映流迁人口居住自选择的空间权衡过程。

在经济转型、城镇化和全球化背景下，流迁人口进入城市成为中国现代化发展的一部分，推动城市社会空间的融合与阶层重构（汪明峰等，2015；宁越敏、杨传开，2019）。在流迁人口居住自选择的空间权衡过程中，流迁人口从不同变量的角度深化对城市空间环境的感知，以更好地融入城市生活。但在多重原因推动下，城市社会贫富差距扩大，阶层重构和社会空间分异进程加速，居住群体更加多元。本研究发现流迁人口占常住人口比对其居住自选择影响显著，即流迁人口相对于本地户籍人口的居住分异性影响其居住迁入和流动，表明流迁人口更加在意居住区群体间的差异性和融洽度。本地户籍人口集聚区代表着更好的居住环境、公共服务和就业机会，但外来流迁人口与本地户籍人口间的个体特征差异则会影响居住归属感和社区融入感。而流迁人口集聚区因相同的居住环境、消费环境、交通及就业环境会吸引更多流迁人口，如此则会加剧居住空间分异。从权衡结果看，流迁人口更加偏向于流迁人口集聚区，而 2010—2015 年新增流迁人口更倾向于本地户籍人口集聚区，追求更好的就业机会和公共服务，表明居住空间分异和社区融入感已成为流迁人口居住自选择的重要权衡变量。在流迁人口快速涌入的城镇化背景下，可以通过产业结构升级、公共服务的优化配置、住房补贴、完善公共交通、 打造多元社区等手段构建更包容、更多元、更宜居和更具全球竞争力的城市（吴缚龙等，2018）。

第三节 劳动力地理景观对城市转型发展的适应过程

一、城镇化战略转型与乡城劳动力迁移

新型城镇化是我国转型期城镇化发展的战略性行动，其中人口城镇化是新型城镇化的核心要求之一，乡城迁移人口的变化最能体现人口城镇化的发展转型。乡城迁移

劳动力作为乡城迁移人口的重要组成部分，其增长趋势受到城市人口增长的整体趋势性变化的影响。由此，本研究对比各样本城市迁移人口的年际变化（图 10–8a）和调查样本中历年新迁移到样本城市的乡村劳动力占比的年际变化（图 10–8b），以审视乡城迁移劳动力的迁移动态趋势同城市人口变化趋势的时空对应性。结果显示，各样本城市的迁移人口整体上均呈显著增加趋势，尤其是武汉与成都。从增长趋势来看，2000—2009 年，厦门和福州迁移人口增长率明显高于中西部的武汉和成都。其中，厦门迁移人口从 2000 年的 74 万人迅速增加至 2019 年的 153 万人，年均增长率达到 11.95%，福州迁移人口年均增长率为 7.99%；对比同期武汉与成都，2000—2009 年两市迁移人口年均增长率分别仅为 3.76%和 5.64%，显著低于东部城市。2010 年后，福州和厦门的迁移人口增速放缓。其中，厦门 2015 年迁移人口略有下降；同时期的武汉与成都迁移人口快速增加，2010—2016 年武汉迁移人口增加了 90 万人，年均增长率达到 10.56%；成都 2009—2010 年城市迁移人口大规模增加，之后逐年下降，尤其是 2015 年后。整体来看，2009 年前东部城市迁移人口增速快于中西部，而 2010 年后中西部城市迁移人口增速快于东部。这种时空差异性变化表明乡城迁移劳动力的迁移格局和趋势呈现出一定的空间调整，由之前集中涌入东部城市转变为部分迁移回流到中西部城市，中西部的中心城市对乡城迁移劳动力的吸引能力正逐步增强。但同时也应看到，2015 年后，各样本城市的迁移人口规模均有一定程度的下降，表明乡城劳动力迁移规模和迁移积极性有所收缩与降低。

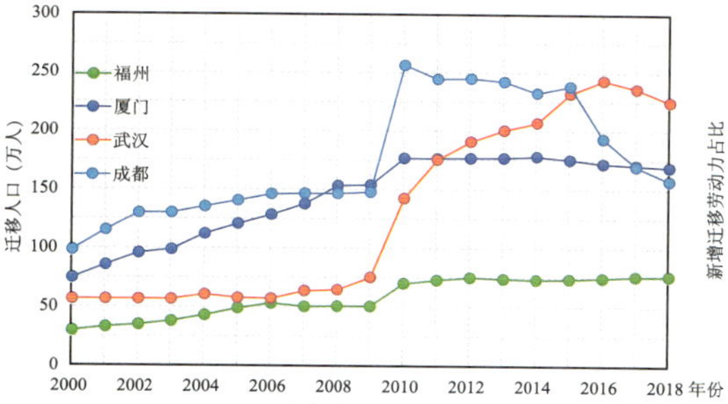

a. 迁移人口年际变化

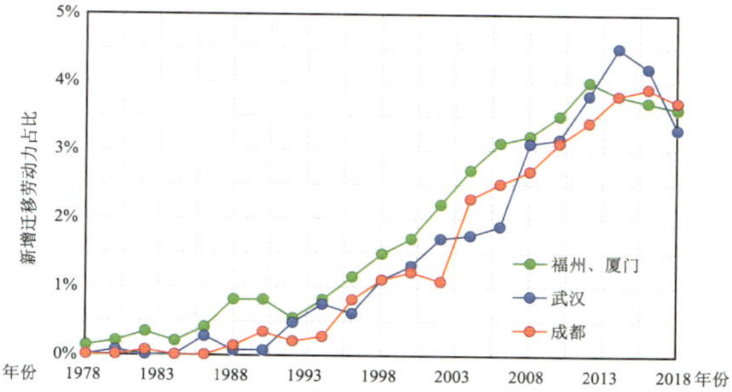

b. 新增迁移劳动力占比

图 10–8　东中西城市常住人口年际增长率和调查样本历年新增迁移劳动力占比

从图 10–8b 可以发现，各城市调查样本中历年（即调查样本迁移到当前城市的年份）新增迁移劳动力占城市调查样本总体的比例呈逐年增加的趋势，其中 1993—2013 年新增迁移劳动力占比的增加趋势最为显著，2013—2018 年占比呈略微下降的趋势。

这表明大部分乡城迁移劳动力迁移时间集中于 2000—2013 年，其中 2008—2013 年为迁移高峰期；2013 年后，各样本城市新增迁移劳动力占比下降。对比各样城市新增迁移劳动力占比的趋势变化，发现 1978—2013 年东部的福州与厦门新增迁移劳动力占比明显高于中西部的武汉和成都，其增长趋势也更为明显；2009 年后，中部的武汉新增迁移劳动力占比开始超过东部，2014 年成都占比也超过东部城市。由此可见，在乡城迁移劳动力时间变化的总体趋势下，也暗含着东中西城市间的空间差异性变化。中西部城市在 2010 年后新增迁移劳动力逐步多于东部城市，这可以进一步理解为新增乡城迁移劳动力的迁移目的地逐步从东部城市过渡到中西部的中心城市，其中包括从东部城市回流的乡城迁移劳动力和初始迁移的乡城劳动力。

2000—2018 年，我国城镇化发展格局也有明显变化，由注重东部城市群建设逐渐转向东中西城市群协调发展、加快中西部主要城市群建设。新型城镇化战略要点之一就在于促进中西部城镇化发展，尤其是中心城市和本地城镇化建设。这种国家级城镇化战略转型直接影响乡村劳动力的迁移格局与迁移规模，中西部城镇化加速直接带动乡村劳动力向中西部城市迁移的步伐。从城市统计数据到微观社会调查的趋势性分析可见，宏观性的城镇化战略转变对城乡人口迁移与劳动力地理景观的影响是直接性与全局性的，尤其是在区域空间过程的塑造上。由此表明，迁移空间格局与迁移动态性调整成为乡城迁移劳动力对新型城镇化最直接的响应性表现，并通过乡城迁移劳动力的主观能动性驱动劳动力地理景观对新型城镇化的适应性过程。

二、城市空间结构与劳动力地理景观

城市空间结构包括城市形态布局和建成区结构，深刻影响了一个城市的人口、商业、公共服务、交通网络布局与城市扩张方向，进而奠定了城市就业空间格局、劳动力空间分布与居住空间分异格局等，这些直接关系到乡城迁移劳动力的就业与居住地理格局。因此，城市中的乡城迁移劳动力地理景观显然受到所在城市空间结构的影响。为分析乡城迁移劳动力地理景观在城市空间上的分布与集聚状态，对比城市内部不同区域间的劳动力地理景观差异，本研究利用微观社会调查所获取的每个调查样本的详细地址，将其转换地理坐标（CGS-WGS-1984），展布于城市空间地图上；然后根据调查样本的空间分布，利用 K-Means 聚类算法将其分为不同的组团，分组计算其对应的景观指数均值和加权标准差椭圆；接着利用 Anselin Local Moran' s I 识别劳动力地理景观指数的高低值空间聚类及其异常值，据此分析劳动力地理景观在城市中的空间格局与差异。需要说明的是，由于调查样本未能按照空间均匀分布的原则进行布设，主要反映所在城市乡城迁移劳动力集聚处（城中村）的劳动力地理景观，其比较分析仅限于不同类型城中村所代表的乡城迁移劳动力地理景观的差异性。

1. 福州

福州为福建省省会，位于闽江下游，闽江穿城而过，将市区分为南北两部分。福州建成区主要集中于闽江北岸，包括台江区、鼓楼区、晋安区与仓山区，其中，台江区与鼓楼区为福州中心城区。此次社会调查主要集中于仓山区一个城中村（高湖村）、晋安区的两个城中村（鼓山镇、新店镇）及其毗邻流动人口集聚社区。图 10–9 展示了福州调查样本的劳动力地理景观空间格局。从空间分布上看，2、3 号组团的调查样本在劳动力地理景观各指数上分布集聚性要强于 1 号组团样本；从标准差椭圆来看，1 号组团样本的劳动力地理景观内部分异性强于 2、3 号组团；分指数来看，2 号组团的迁移稳定性和就业边缘性最低，而 3 号组团的职业发展性最低；2 号组团的居住边缘性最强，而 1 号组团的社会融合性最强。1、3 号组团位于福州城市扩张方向，新区建设带动当地就业与住房市场的改善，而 2 号组团位于旧城边缘地带，就业市场多以零售、

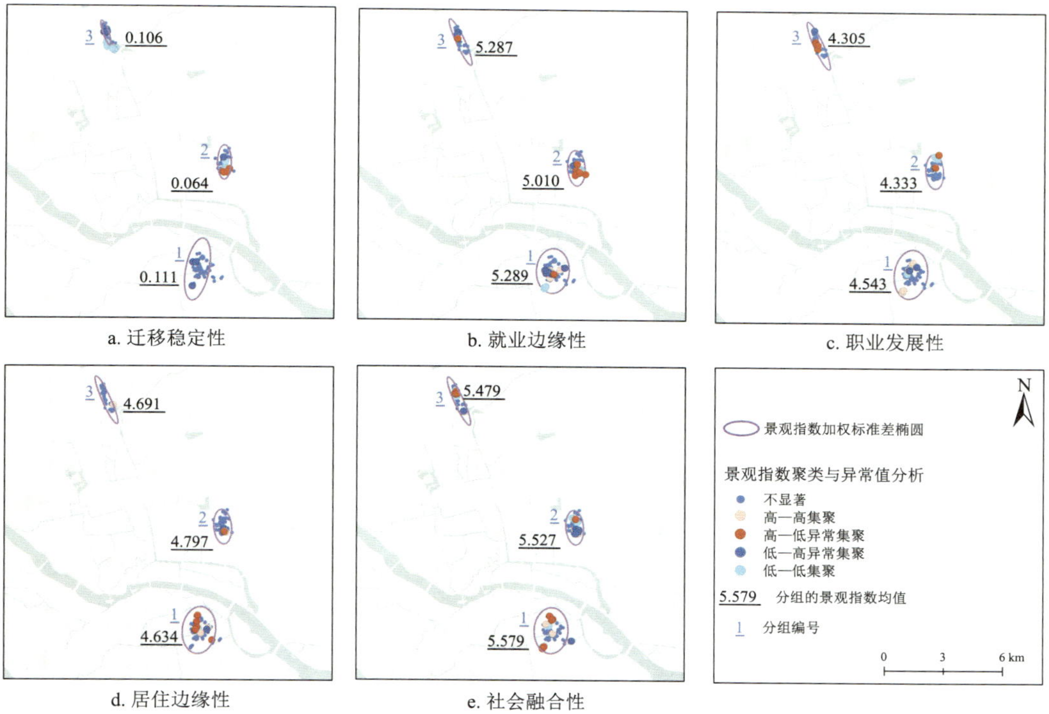

图 10–9 福州调查样本的劳动力地理景观空间格局

建筑和生活服务为主，住房较为陈旧且更新缓慢。南部的仓山区是福州近年来大学城与城市新区拓展主要方向，新生代乡城迁移劳动力较为集聚，所以其人员流动性和内部分异性更强，但也表现出更加明显的社会融合性。由此可见，城市更新与新区建设积极推动乡城迁移劳动力集聚格局的变化，尤其是新生代迁移人口。这种变化通过就业与劳动力市场推动，又以住房市场改善与居住自选择得以加强，从而塑造劳动力地理景观的空间差异化与动态化过程。

2. 厦门

厦门位于我国东南沿海，是改革开放早期沿海重点开放的经济特区。厦门下辖思明区、湖里区、集美区、海沧区、同安区和翔安区，其中厦门岛的湖里区和思明区是厦门中心城区，而海沧区与集美区则是新城区，同安区与翔安区是厦门市主要工业区。本研究社会调查样本主要集中于岛内的思明区、湖里区和岛外的海沧区与集美区（图 10–10），从空间分布来看，岛内调查样本城中村集聚性强于岛外，尤其是湖里区的 5 号组团；从标准差椭圆来看，岛外区域组团样本分异性强于岛内，尤其是集美区的 2 号组团；从景观指数来看，岛外调查样本的迁移稳定性弱于岛内（指数更大），人

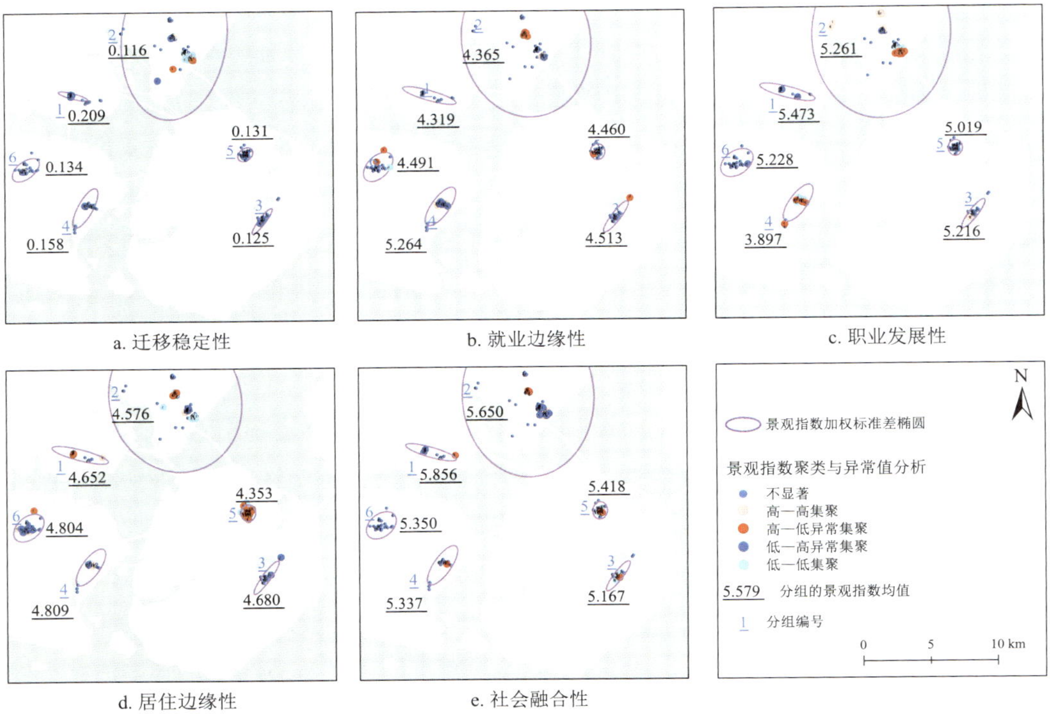

图 10–10　厦门调查样本的劳动力地理景观空间格局

员流动性与迁移动态性更强；海沧区的 4 号组团调查样本就业边缘性最强，且其职业发展性最低，而 1 号组团的职业发展性最好；在居住边缘性上，湖里区的 5 号组团的居住边缘性最弱，岛外海沧区 4 和 6 号组团的居住边缘性最强；在社会融合性上，岛外集美区的调查样本的社会融合性最高，而岛内思明区 3 号组团样本最低。

整体来看，岛外新城中的乡城迁移劳动力的迁移动态性更强，且其在就业市场与职业发展上整体弱于岛内调查样本。但在居住边缘性与社会融合性上，岛内岛外并未有明显分异。尽管如此，厦门多中心城市发展格局使得劳动力地理景观在新区间表现出一定的空间分异。集美区作为厦门近年来城市扩展主方向，城市建设快速发展。城市转型发展带来的新经济业态与住房市场扩大化，使得集美区的 1、2 号组团样本的就业与居住边缘性均弱于同为郊区新城的海沧区，另在职业发展性和社会融合性上，集美区调查样本的均值也显著高于海沧区。这表明城市差异化的发展策略会引起就业与住房市场的非均衡性变化，从而促成乡城迁移劳动力响应新型城镇化发展的外围环境驱动，由此激发迁移群体内部适应性行为的差异性实践，进而折射出劳动力地理景观的非均衡性。

3. 武汉

武汉是我国中部地区国家级中心性城市，是华中地区交通与物流枢纽，同时也是中部地区最大的科技与教育中心。由于长江与汉江的分割，武汉传统上被划分为汉阳、汉口与武昌三大片区，其中，汉口是武汉传统零售、小商品物流集散地，武昌多为高校与科研机构集中地，汉阳片区为工业集中区，有多个工业园区。本研究调查样本覆盖三个片区（图 10–11），根据其空间位置，将其分为 5 个组团。从空间分布来看，2、5 号组团较为分散，1、3 和 4 号组团较为集聚；从加权标准差椭圆来看，2、5 号组团空间差异性与内部分异性较强，但不同景观指数则有所不同；从具体指数来看，1、5 号组团样本的迁移稳定性较差（指数较大），迁移动态性较强，汉口片区 2 号组团样本的迁移稳定性最好；长江左岸的 2、3、4 号组团就业边缘性显著强于右岸的 1、5 号组团，其中 5 号组团样本的就业边缘性最强；职业发展性的空间格局同就业边缘性保持一致，左岸调查样本的职业发展性显著低于右岸，就业边缘性和职业发展性的空间格局有较强的空间对应性，就业边缘性越强，其职业发展性越弱；在居住边缘性上，长江左右岸调查样本未有明显的空间分异趋势，仅离中心城区较远的 3、5 号组团样本的居住边缘性较强；各组团的社会融合性空间差异较小，其中 2、5 号组团样本的社会融合性最强。

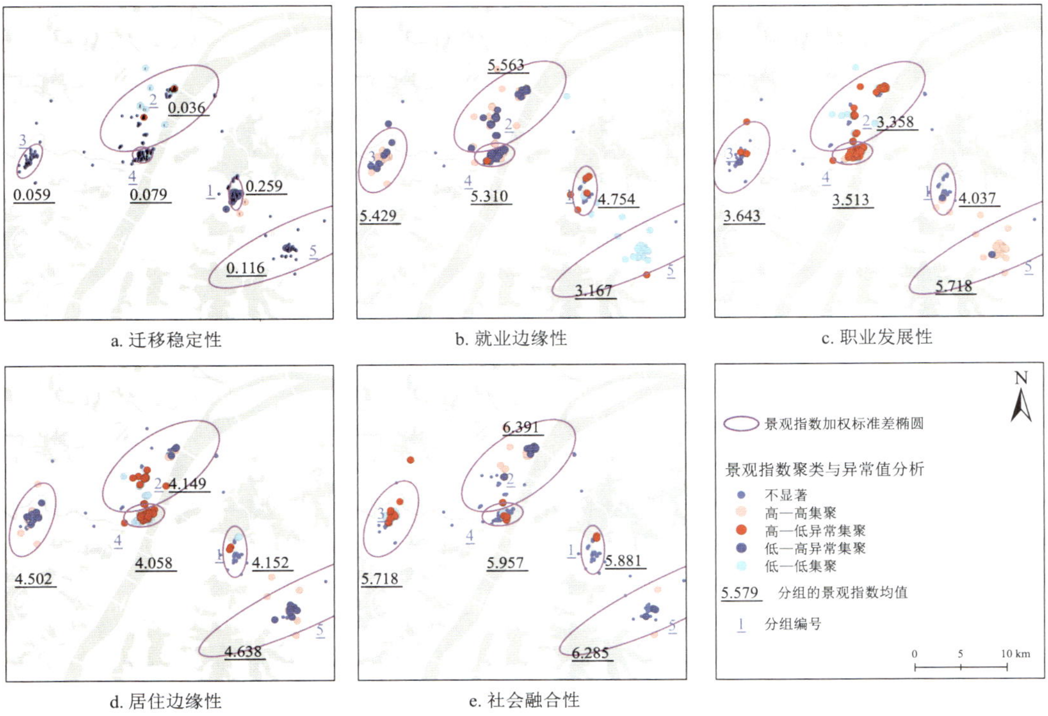

图 10–11　武汉调查样本的劳动力地理景观空间格局

城市空间功能分区是城市空间格局重要的组成部分，其由城市建立、形成与发展等一系列历史上的社会经济力量所塑造，奠定了城市功能服务的空间格局。城市空间功能分区决定了不同区域间经济业态与市场格局，由此塑造城市劳动力市场与就业地理空间差异，这种差异通过乡城迁移劳动力的就业实践成为劳动力地理景观的基础性空间过程。同样地，城市空间格局对住房市场及其居住空间分异的影响显而易见，相比于单中心城市，武汉多中心性的城市空间格局有利于弱化居住空间隔离与居住分异，缓解乡城迁移劳动力的居住边缘性，减轻住房负担，促进职住平衡。从分析结果来看，一方面，汉口和汉阳片区以零售、物流、建筑制造业为代表的就业市场所吸引的乡城劳动力迁移稳定性，要高于武昌片区以高新技术和知识服务为就业市场所吸引的乡城迁移劳动力，这表明传统经济尤其是基础服务业对乡城迁移劳动力的吸纳能力和稳定能力要高于新经济业态；但就就业边缘性和职业发展性而言，新经济业态更有利于促进乡城迁移劳动力在就业市场中的职业发展，但却需要乡城迁移劳动力在个体特征上，如年龄、受教育程度、职业技能与进取心上满足新就业市场的要求，提升其适应能力。另一方面，武汉乡城迁移劳动力在劳动力地理景观的居住（居住边缘性）与生活（社会融合性）层面并未表现出如他们在迁移与就业层面那么显著的空间分异，这显然得益于武汉多中心格局相对弱化了就业市场分割性向居住空间与社区空间的传递和投射。这表明，在城市转型发展过程中，市场经济与劳动市场分割有加剧劳动力地理景观破碎化与分异性的风险，但仍可通过城市功能分区、多中心发展、公共服务建设等城市管治与规划实践优化劳动力地理景观格局。

4. 成都

成都是我国西部国家级中心城市，西部地区经济、交通、科技与文化中心，也是西南地区乡城迁移劳动力的主要流入地。成都为典型的中心圈层式城市，北部为传统物流与零售中心，西部为居住与教育区，南部为商业中心，东部则为工业集中区（图 10–2）。在成都圈层结构中，三环内为中心城区，三环至四环为新城建设区。近年来得益于高新区和天府新区建设，其城市南部建成区已达五环至六环间。经调查，成都城中村多集中于城郊过渡区，其外来乡城迁移人口广泛分布于三环至四环的城郊边缘区，因此，本研究调查样本主要分布于成都四环区域内（图 10–12）。从空间分布来看，各方向上调查样本分布集聚度较为一致，3、6 号组团略微分散，5 号组团较小且较集聚；从标准差椭圆来看，3、6 号组团样本的内部分异性较强，而 1、2 和 4 号组团

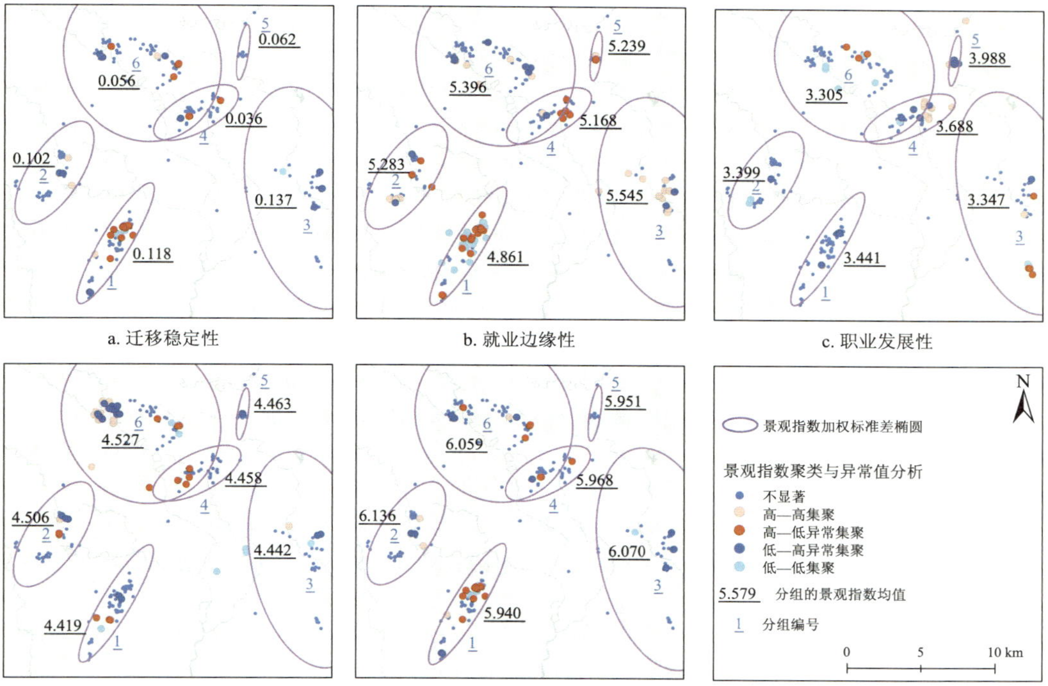

图 10–12　成都调查样本的劳动力地理景观空间格局

内部分异性较弱，尤其是 4 号组团样本内部均一性较强；分具体指数来看，南部组团样本的迁移稳定性较差，如 1、2 和 3 号组团，北部组团样本迁移稳定性更强，这表明南部乡城迁移劳动力流动性更强，迁移动态性更高；在就业边缘性和职业发展性上，西南 1 号组团的就业边缘性最弱，东部 3 号组团的就业边缘性最强。而职业发展性的空间格局并未同就业边缘性保持空间对应，北部的 4、5 号组团样本的职业发展性最强，而南部组团较弱。尽管如此，就业边缘性与职业发展性的空间差异的趋势性较弱；在居住边缘性与社会融合性上，北部组团样本的居住边缘性高于南部组团，东南的 1 号组团样本居住边缘性最弱。同样，1 号组团样本的社会融合性最低，西部的 2 号组团样本社会融合性最高。

对比第十章第二节的分析可以发现，成都西南的武侯区是全市迁移人口占比最高的区域，劳动力地理景观的空间格局分析也显示南部调查样本的迁移稳定性和社会融合性最差，而就业边缘性和居住边缘性最弱。这表明，乡城迁移人口的高动态性和低稳定性弱化了其在职业发展与社会融合上的增长预期，反而加剧了迁移者的居住空间分异性与就业市场分割性。南部作为成都近年来主要发展方向，城市更新速度快于其他方向，经济转型和住房市场改革为南部乡城迁移劳动力提供了缓解居住空间分异和劳动力市场分割的实践机会，尤其是南部大量高新技术、金融与私营及个体商业的发展，为乡城迁移劳动力进入主流就业市场提供了通道（张少尧，2017）。但需要看到，南部组团样本的职业发展性较低，这表明虽然经济转型能够促进乡城迁移劳动力就业市场的改善，但由于个体特征难以满足就业市场需求，导致其职业发展滞后。同时，北改成为成都北部城市转型发展的重点，城中村的拆迁改造虽然为乡城迁移劳动力提供了潜在的住房选择，但由于经济与就业市场并未有显著改善，导致北部调查样本就业市场边缘化，从而无法通过就业获得足够的经济收益抵消新增的住房成本，从而恶化其居住边缘性。由此表明，城市转型发展过程中，新城建设与旧城改造成为重塑城市乡城迁移劳动力地理景观格局重要的外围环境驱动。乡城迁移劳动力由于其经济与就业能力的限制，在就业与居住上对旧城依赖性大于对新城的向往性，因此在城市转型发展过程中，乡城迁移劳动力仍倾向于旧城和城郊边缘区，寻找更适合他们的就业市场与居住空间。新型城镇化背景下的城市转型发展仍是大势所趋，但需在旧城改造中注重住房市场改善与乡城迁移劳动力居住支付能力的平衡性问题，而在新城建设中更需注重就业市场改善与乡城迁移劳动力就业能力间的平衡。显然，这需要迁移者与城市管理者双方相向而行。在旧城改造的住房市场改善中，城市管理者可以积极通过廉租房、公租房、迁移人口集中住房等住房资助计划缓解迁移人口的居住空间分异与边缘化；在新城建设的劳动力市场改善中，乡城迁移劳动力需要积极适应新经济、新业态对自身就业能力、职业技能的要求，在主流就业市场的身体实践中积极促进自身职业发展性。

三、经济转型与乡城迁移劳动力的就业市场

1. 就业市场与乡城迁移劳动力的职业发展性

城市经济转型不仅包括产业要素、生产方式、效益价值、管理模式及供应链的转型，同样还包括直接参与生产和消费的劳动力市场及就业关系的转型。产业的重组也将会重构劳动力市场，在淘汰落后就业关系的同时创造新的就业机会。鉴于此，本研究为评估就业市场转变对乡城迁移劳动力地理景观的影响，根据各样本城市私营与个体就业比例同劳动力地理景观的职业发展性进行比较及回归分析，审视经济转型与就业市场重构背景下乡城迁移劳动力的职业发展。当前，鼓励市场化改革与私营经济发展成为我国社会主义市场经济深化改革的主要方向之一，由此催生一系列新经济业态和组分，而私营经济也成为中西部城镇化发展的主要推动力，同时也是新增就业机会的主要贡献者，尤其是面向中低收入群体和乡城迁移劳动力的就业机会。所以，本研究选用样本城市私营与个体就业在全社会就业中的占比作为就业市场变化的表征指标，用于同调查样本的年均（迁移到样本城市本地职业开始的年限）职业发展性指数的趋势性分析（图 10–13）。

结果显示，福州、武汉和成都（厦门资料暂缺）私营与个体就业比例在 1990—2018 年均呈明显上升趋势。同样，不同年份迁移到样本城市的乡城迁移劳动力的职业发展性也呈明显上升趋势，尤其是在 2010—2018 年，上升趋势极为显著（图 10–13a～13c）。可见，在整体上，各城市在 1990—2018 年私营与个体就业占比均有显著增加，同期新迁移和新就业的乡城迁移劳动力职业发展性也有显著提升。对比不同城市可以发现，同期中西部的武汉和成都私营及个体就业占比高于东部的福州，且增幅高于福州。但福州增加趋势较为稳定，而武汉与成都波动性较大，其中，成都占比 2007—2018 年略有下降，武汉占比则在 2012—2018 年保持稳定。对比不同城市调查样本的职业发展性，可见同期福州调查样本的职业发展性高于武汉和成都，尤其是在快速增加的 2014—2018 年。散点图进一步展示了私营与个体就业比例同职业发展性的关系（图 10–13d），发现私营与个体就业占比同职业发展性的变动趋势呈指数关系，即私营与个体就业比例越高，越有利于促进乡城迁移劳动力的职业发展性。此外，散点图还发现这种指数

关系在福州的调查样本中显著性最强（R^2=0.943），其次是武汉（R^2=0.771），成都的指数关系拟合度最弱（R^2=0.530）。

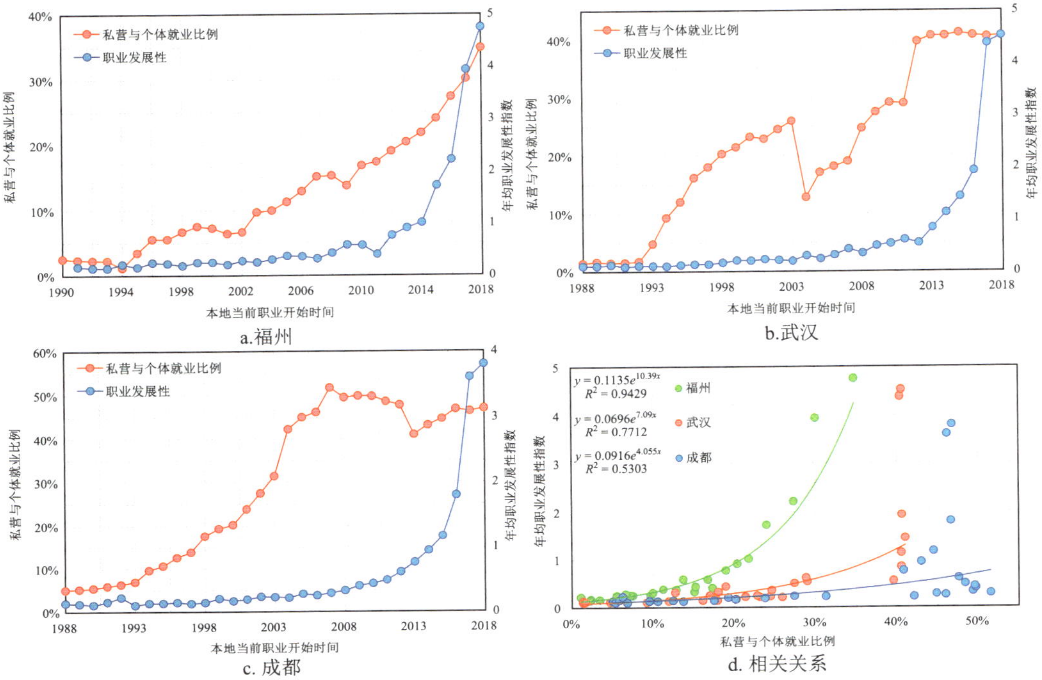

图 10–13　城市私营与个体就业比例同劳动力职业发展性的趋势性及相关关系

为准确把握私营与个体就业占比同职业发展性的关系，利用贝叶斯线性回归对二者进行后验预测性建模，结果显示，私营与个体就业占比同职业发展性有正向线性趋势（图 10–14）。贝叶斯后验回归预测显示，私营与个体就业占比同职业发展性的线性关系存在明显的不确定性，后验回归建模中的斜率系数概率分布区间较大，且明显宽于截距系数的概率分布区间。图 10–13d 中也显示成都、武汉样本中私营与个体就业占比在40%～50%区间段所对应样本的职业发展性具有较大的内部分异性，这表明私营与个体就业比例的提高并不能完全推动乡城迁移劳动力整个群体的职业发展性提高，尤其是在中西部调查样本中，并在其就业市场中形成较大的就业空间分异。贝叶斯后验回归预测的不确定性与分城市散点图的差异性均表明私营与个体就业占比同职业发展性间的关系具有多层次性与空间分异性，这显示部分乡城迁移劳动力群体能够及时把握经济转型的趋势，充分利用私营与个体经济发展对就业市场的重构机会，通过积极的就业与身体实践推动自我职业发展性的提升。而另一部分乡城迁移劳动力（中西部居多）由于个体与宏观市场原因，未能利用就业市场重构机会改善自身职业发展性。

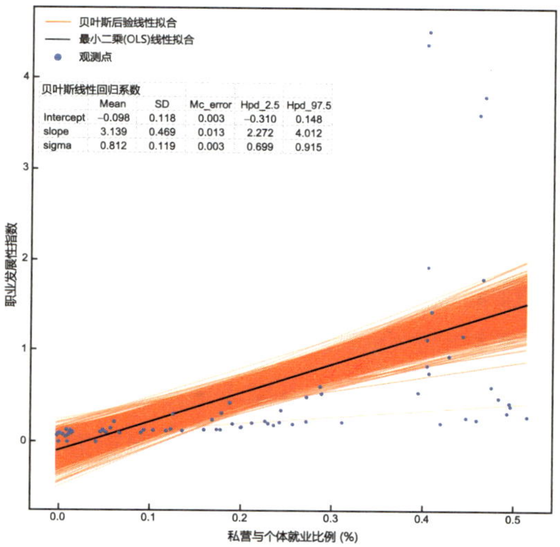

a. 贝叶斯线性回归拟合

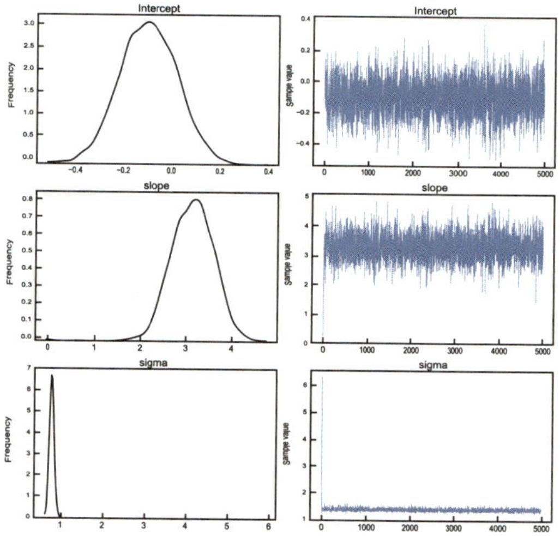

b. 贝叶斯线性回归参数

图 10–14　职业发展性指数同城市私营与个体就业比例的贝叶斯线性回归

2. 转型期劳动力市场重塑与就业关系变革

劳动市场分割广泛存在于各种经济体中。在我国，经济制度结构的分异性奠定了劳动市场分割性，不同所有制经济体对应不同的劳动市场，并具有不同劳动市场特征和社会管治措施。如公有制经济下劳动市场主要为国有企业、机关单位等，私有制经济的劳动市场主要为民营企业与个体经营户等。劳动市场分割对劳动力的性别、年龄、民族、教育、户籍等抽象化的人力资本要素进行分别对待和要求。相比于私营与个体经济，公有制经济下的国有企业与机关单位对劳动者的人力资本要求更高，尤其是教育与户籍。由于乡城迁移劳动力在教育与户籍上的限制，私营与个体经济一直是乡城迁移劳动力的最主要的就业部分，如生活服务业、基础商业与建筑运输业等。

经济转型有力地促进生产、消费市场的组分升级与效益提升，同时也驱动着劳动力市场的重构与分化，成为就业地理格局空间重塑的重要推动力。一方面，新经济革命催生的新经济业态爆发正日益挑战传统的劳动力市场与就业关系，效率低下、劳动力要素占比过重的就业关系日渐过渡为数字经济与互联网时代的高效率、高技术、智能化与协同化的就业关系，私营与个体经济的蓬勃发展创造了大量更具发展性、效益性、创造性的就业机会，这都为乡城迁移劳动力提供了劳动力市场重塑与就业关系变革的有利外围环境。另一方面，经济转型发展有力冲击了传统劳动力市场的分割性与就业市场弹性。大生产与数字经济时代所要求的组织性与协同性为劳动力缓解就业市场弹性化与破碎化提供便利，互联网有效地整合了边缘与破碎化就业，使其走向完整化的主要劳动力市场；同时经济转型发展带动的法律法规完善、户籍制度改革、职业技能在线培训等变革有力地重塑劳动市场，弱化制度性、技能性的劳动市场分割对乡城迁移劳动力的就业挑战，推动劳动力地理景观中就业边缘性的优化。由此表明，经济转型为乡城迁移劳动力重塑劳动力市场、调整就业关系提供绝佳机会，可以显著缓解劳动力地理景观的就业弹性、边缘性、分割性，并促进其职业发展性。

四、城市转型发展与乡城迁移劳动力的居住空间

1. 住宅价格与乡城迁移劳动力的居住边缘性

城市转型发展不仅包括经济结构调整与就业市场变革，还包括城市空间结构优化与住房市场改革。城市空间结构优化显著影响城市功能服务的区划，进而重塑城市工业、商业、公共服务与居住等功能空间。居住是乡城迁移劳动力仅次于就业的第二大重要关切，居住空间的调整事关乡村劳动力的迁移稳定性，将对城市居住混合、社区整合与社会融合产生重大影响。乡城迁移劳动力作为城市中边缘性群体，其主要居住空间远离城市主要住房市场，并形成较为明显的居住隔离与空间分异，在劳动力地理景观上表现为居住边缘性。住房市场改革与居住空间优化已成为近年来各主要城市转型发展的重要内容，其中住房市场改革方向主要为市场化与商品化，逐步取消单位福利性、计划性和集中性的住房分配，逐渐将全部住房需求推向商业化的住房市场；而居住空间优化的主要内容包括旧城改造、城中村拆迁和新区规模化居住社区建设等，其中旧城与城中村为乡城迁移劳动力的主要就业与居住空间。

本研究为揭示城市转型发展对乡城迁移劳动力居住空间的影响与重塑过程，利用样本城市住宅均价的年际变化同历年新迁移到本地城市调查样本的年均（迁移到本地城市的年限）居住边缘性指数的变化做趋势性分析。结果显示（图 10–15），1999—2018 年各样本城市的住宅均价均呈明显上涨趋势（1998 年我国住房市场化改革开始），尤其是东部的福州与厦门上涨趋势最为明显；同样地，历年新迁移到本地城市调查样本的居住边缘性整体上也呈增加趋势，也是福州与厦门调查样本增加趋势更为明显；横向对比来看，同时期内，厦门住宅均价最高，其次为福州，再次是武汉，最后是成都，表明住宅均价由沿海向内地递减的趋势显著；在居住边缘性上，同时期内厦门调查样本的居住边缘性最强，其次是福州，但与武汉、成都差异较小。综合来看，住宅均价

同乡城迁移劳动力居住边缘性的年际变化具有较强的对应性，均在1999—2018年呈上升趋势，尤其在2010—2018年增幅最大。这表明，城市住宅均价的上涨，推动居住成本的增加，进一步加剧了乡城迁移劳动力的居住边缘性。

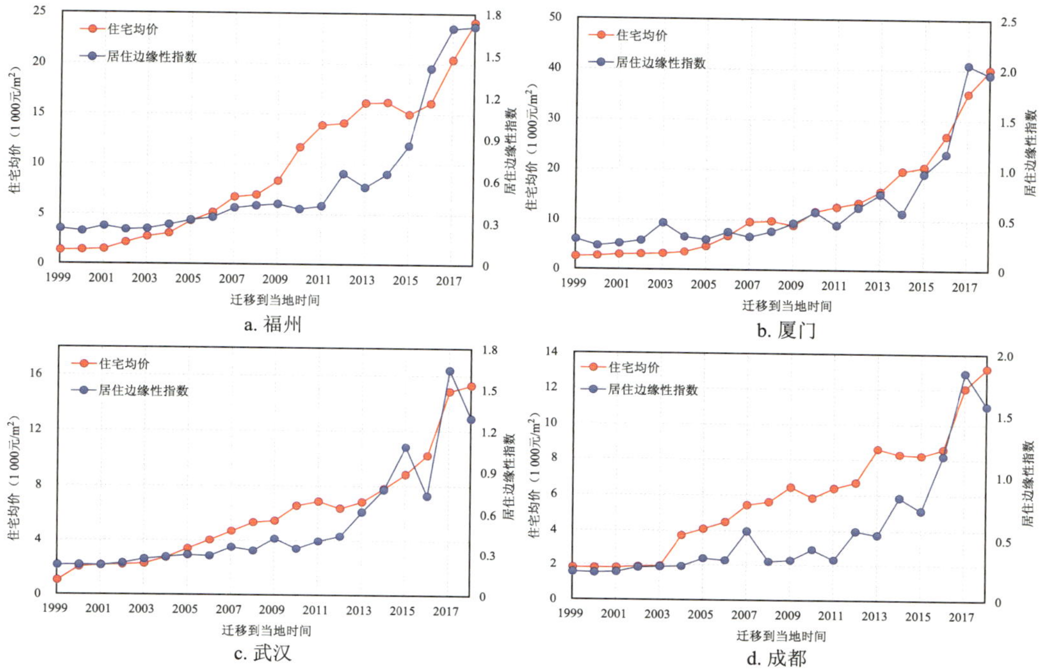

图 10–15　不同城市住宅价格与乡城迁移劳动力居住边缘性的变化趋势

为进一步检验城市住宅均价上涨对乡城迁移劳动力居住边缘性的影响，本研究利用贝叶斯线性回归模型对其进行后验回归拟合与建模（图10–16），结果显示，住宅均价同居住边缘性指数呈正向线性关系，即住宅均价越高，其居住边缘性越强。贝叶斯回归系数显示，线性模型的斜率与截距系数的概率分布区间宽度较为一致，但后验拟合的线性关系的不确定性随住宅均价增加而增加。这说明住宅均价的增加在推动居住边缘性增强的同时，也会增加居住边缘性的内部分异性，其线性关系扩散性增强，影响力度的差异性增加，但其分布概率较小。这可进一步理解为住宅均价的上涨会推动乡城迁移劳动力内部的居住分异，即部分乡城迁移劳动力随住宅均价增加而其居住边缘性越强，面临更大的住房压力与职住不平衡。从整体来看，住宅均价的上涨不仅会加剧乡城迁移劳动力同城市本地居民的居住空间分异，还会造成乡城迁移劳动力内部的居住空间分异，即住房成本的增加会加剧城市所有群体的居住隔离，进一步细分居住空间，增加居住空间的破碎性和隔离性，阻碍各群体的居住混合、社区整合与社会融合。

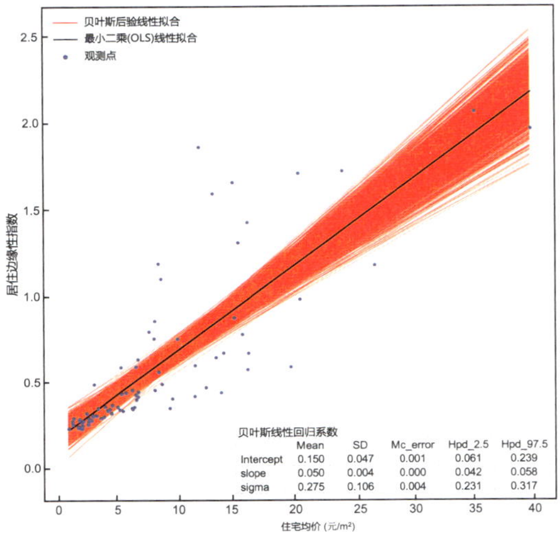

a. 贝叶斯线性回归拟合

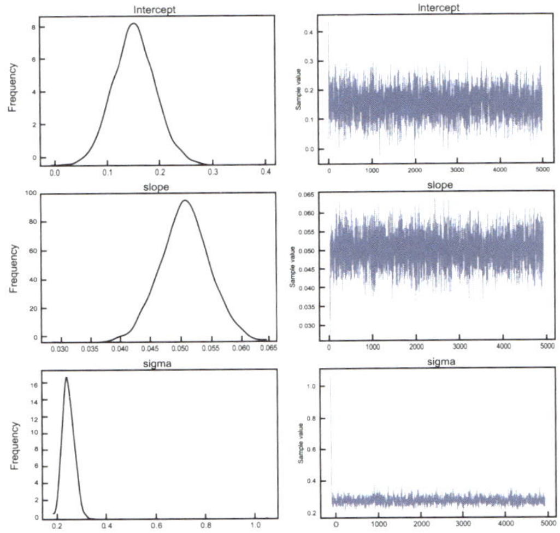

b. 贝叶斯线性回归参数

图 10–16　居住边缘性指数与城市住宅均价的贝叶斯线性回归

2. 住房市场改革与居住空间分异

乡城迁移劳动力作为城市边缘性群体，其居住支付能力相对弱于本地居民，而住房市场的商业化并未区分乡城迁移人口和本地居民的住房需求，因此，商品化的住房市场难以满足乡城迁移劳动力的住房需求。旧城改造、城中村拆迁与新区大规模居住社区的建设虽然为城市新增大量更宜居的居住空间，但是超出大部分乡城迁移劳动力支付能力的居住成本大大降低了他们迁移至新社区的意愿与能力。在面对日益上涨的住宅价格时，乡城迁移劳动力的适应能力也弱于本地居民，不得不面对更具边缘化、破碎化和分异性更强的居住空间。另外，城市更新中的旧城改造、城中村拆迁则会直接威胁到乡城迁移劳动力已有的、成熟的居住空间与生境栖息地，主要威胁包括生境栖息地的破碎化、面积缩小、边缘化、被阻隔和被包围，这将进一步压缩、扭曲和肢解乡城迁移劳动力适宜的居住空间。同时，居住空间的边缘化、破碎化还对乡城迁移劳动力的社区建设、空间生产、社群交往、邻里依恋、社会网络产生重大影响。小面积、破碎化与被阻隔的居住栖息地无法允许乡城迁移劳动力像在较大规模的集中居住社区那样进行专属自我群体的空间生产、生活消费、社会管治与社群交往。居住空间的边缘化与破碎化变相地压缩了乡城迁移劳动力进行身体实践与空间生产所依赖的平台，瓦解了他们的社会网络的链接枢纽与专属性的景观文化承载体。因此，居住空间的边缘化与破碎化也会导致乡城迁移劳动力社会空间的边缘化与破碎化。但从某种程度上讲，居住与社会空间的破碎化却为乡城迁移人口的居住混合、社区整合及社会融合创造了有利条件。生境栖息地的破碎化与边缘化变相推动了城市移民融入正式的居住空间，尽管这种推动多为被迫性的自选择性为，但也显示出住房市场改革与居住空间转型为城市移民所提供的广泛潜在机遇。

五、乡城劳动力迁移与城市转型发展的均衡机制

1. 城市转型发展中乡城劳动力迁移的机遇

新型城镇化背景下的城市转型发展已成为东中西区域各城市发展的主要特征，并构成了乡城迁移劳动力对新型城镇化的响应性驱动与适应性实践的基础过程。在这之中，城市转型发展为乡城迁移劳动力的地理景观优化提供一系列的机遇性变革，主要集中于劳动市场的重塑与就业关系的调整，此外，在居住空间与社会融合上也因社会管治措施的调整出现了有利的变化。具体来讲，城市转型发展所引起的新经济业态驱动了原有劳动市场组分动态变化，推动新经济要素下的劳动力市场重组，促使宏观劳动市场空间结构的调整，在此背景下，就业市场弹性变革为原有乡城迁移劳动力改善其就业边缘性、劳动市场分割性与职业发展性提供了充分的实践许可与生产空间，尤其是弹性变革对区域性、行业性社会管治的嵌入性调整和优化。同时，大规模的生产与消费也推动了乡城迁移劳动力在就业关系上的协同化和组织化，这为他们进行自我群体专属性的就业空间生产提供可能。反过来基于劳动者的主观能动性强化自身行业所处劳动力市场的主体性，进一步诱发传统劳动市场中主要市场边界的拓展与延伸，为群体在劳动力管治中争取到更为有利的地位，如最低工资、津贴福利、雇佣主动权、劳动权益、就业与社会保障及其工会组织地位等。

经济转型发展对就业关系的调整也为乡城迁移劳动力提升其职业发展性提供了更多可能性许可与实践渠道。新经济业态下的就业关系与劳动力要素逐渐向数字智能化、技术密集化、规范化、协同化、规模化方向变革，这为新生代的乡城迁移劳动力充分利用其技能知识实现全新的职业成就与发展奠定基础。同时，便利、高效的线上技能培训、行业性学习为积极进取的乡城迁移劳动力更新已有职业技能、促进职业建制化提供了更多的机遇。除此之外，城市转型发展还能促进乡城迁移人口在城市就业、居住与生活中的社会管治的变革，引发劳动市场、迁移结构与居住空间的管治性政策实

践调整，如户籍、社会保障、公共服务与劳动保障等，这为乡城迁移劳动力的就业关系调整、居住混合、家庭迁移与社会保障展示了更多的预期可能性，可有力推动个体尺度上的迁移目的与自我价值及城市尺度上以人为本的新型城镇化与市民化的实现。

2. 城市转型发展对乡城劳动力迁移的挑战

城市转型发展对劳动市场和就业关系的重塑与调整在为乡城迁移劳动力提供职业发展机遇同时，也对他们的职业发展提出了新的挑战，尤其是针对年老代乡城迁移劳动力。新经济业态下的就业关系变革对劳动者的职业技能提出了更高的要求，并存在进一步加速新型劳动市场分割与就业空间分化的风险。虽然经济转型发展为就业关系变革提供了教育培训与组织协同的便利性，但是不同群体的乡城迁移劳动力在经济转型与就业变革适应过程中的主观能动性存在分异性，且不同代际群体在教育培训与组织协同中的实践成本也有明显差异。新生代迁移劳动力能够快速响应劳动力市场与就业关系的重塑与调整，并积极适应新经济业态在职业技能、行业组织上的要求；相比之下，年老代乡城迁移劳动力更容易固守传统劳动市场与就业关系，对智能化、技术化与协同化的就业关系调整适应能力较低，其就业边缘性日益恶化。因此，城市转型发展对劳动市场与就业关系的重塑与调整加速乡城迁移劳动力内部群体行业性和代际分异，对其内部更为边缘化群体的就业与职业发展提出更严峻的挑战。

在居住与生活层面，城市转型发展对乡城迁移劳动力的挑战更为明显。当今，生活成本和居住成本的上涨，尤其是房价的快速增加，已成为各主要城市转型发展过程中的伴生性挑战。居住与生活成本增加对城市中最大的边缘性群体——乡城迁移劳动力的挑战更为直接与深远。居住与生活成本增加直接对乡城迁移劳动力的经济收益提出更高的要求，需要他们的就业增长与职业发展能匹配同期居住与生活成本的增加，否则将面临居住边缘化与生活紧缩；城市空间结构的优化对乡城迁移劳动力生境栖息地的影响更为复杂，破碎化、边缘化的居住空间不仅增加其住房压力，还会破坏甚至恶化其职住平衡，引发通勤成本、就业成本、居住成本增加的恶性循环；同时，生境栖息地的破碎化与居住空间分异还会引发乡城迁移人口社会空间结构的再调整，增加其群体性社会交往成本与社会空间分异性，进而弱化他们进行专属性空间生产与身体实践的主观能动性；居住与生活成本的增加还会推动乡城迁移人口的居住空间分异，进而演化为社会空间分异，并明显损害从个体到社会尺度的居住混合、社区整合与社会融合的增长预期，也显然不利于个体迁移目的、自我价值的实现。因此，居住与生活成本的增加不仅是城市转型发展对迁移者个体价值实现的挑战，也是对迁移群体性身份认知的挑战，更是对新型城镇化与市民化的挑战。

3. 乡城劳动力迁移与城市转型发展的均衡性

转型与变革中的机遇和挑战总是并存的。城市转型发展对劳动市场与就业关系的重塑与调整在为乡城迁移劳动力改善其就业边缘性与职业发展性提供丰富可能性的同时，也对他们在经济转型与就业变革中适应能力提出了更高的要求，包括个体人力资本改善中的学习性、组织性及其改善的意愿性；乡城迁移劳动力在面对增强群体性劳动市场主体性机遇的同时，也面临群体内部被新经济业态所引发的就业关系变革重新分割的风险；城市转型发展对劳动市场、迁移空间格局、劳工组织、居住空间与社会保障的社会管治和政策实践的再调整，虽然有利于减轻劳动市场分割性与职业建制性，以及住房市场与公共服务对乡城迁移劳动力的制度阻碍性（如户籍、社保），但又会加速迁移群体内部在迁移、就业、居住等社会空间结构上的重组与分异，恶化群体内部边缘性群体的处境。城市转型发展与空间结构的调整和优化会增加乡城迁移人口的居住与生活成本，降低其迁移预期性展望，而且还能潜在瓦解迁移群体进行专属性空间生产与身体实践的组织性，加剧其居住与生活空间的边缘化与破碎化。但同时却能在一定程度上实现迁移群体与本地居民的居住混合，增加其邻里交往与相互认同，尤其是驱动乡城迁移人口进入主流住房市场，活跃社区层级的居住与生活交往，实现社区整合，提升社会融合的增长预期和政策实践效益。

新型城镇化下的城市转型发展构成了乡城迁移劳动力地理景观演化的基础性空间过程，其所带来的劳动市场重塑、就业关系调整、城市空间结构优化和居住生活成本增加对劳动力地理景观的多个方面产生复合性影响。城市转型发展所驱动的劳动力地理景观在地理与社会空间上的变革与调整，对乡城迁移劳动力而言，既是机遇，又是挑战。转型期的变革与调整为乡城迁移劳动力在迁移、就业、居住与生活层面同城市主要劳动市场、住房市场和社会空间的整合与融合提供了机遇，同时也会进一步加剧迁移群体在迁移、就业、居住与生活层面的分异性与再结构化。这可以进一步理解为城市转型发展实则加速了乡城迁移群体内部的分异性，促使适应性更强的迁移群体同城市本地居民在就业、居住与生活层面的整合及融合，同时增强了适应性较弱的迁移群体的劳动力地理景观上的边缘性与弱势性。由此，转型期乡城迁移劳动力与新型城镇化的均衡机制在劳动力地理景观格局的优化和再调整中建立起来。这种均衡机制不仅包括乡城迁移劳动力对城市转型发展过程中机遇与挑战的把握和权衡，还包括城市转型发展对城乡迁移群体的分化与重组，以及在城市尺度上劳动力地理景观的再调整与优化。均衡机制的运行不仅有赖于迁移者在个体尺度上主观能动性发挥和群体尺度上的身体实践与空间生产，也需要城市尺度上的社会管治、政策实践与空间结构优化。

这可以进一步理解为，均衡机制是乡城迁移群体在个体尺度上的迁移目的和自我价值以及城市尺度上的新型城镇化与市民化等多尺度、多目标相互平衡、相互实现的适应性过程在城市转型发展中的表达，也是多尺度的劳动力地理景观格局结构调整中分化与重组的平衡器，以避免某一空间组分过度集聚与整合或过度边缘与破碎化。因此，从更大尺度范围内来看，乡城劳动力迁移与城市转型发展的均衡机制有助于实现劳动力地理景观在不同层级的城市与社会空间中进行动态调整，即被嵌入劳动力地理景观对城市转型发展的适应过程中，如大中小城镇间乡城迁移格局的演变与不同产业间劳动力市场的重构。

第四节　本章小结

本章在前章的基础上，尤其是基于劳动力地理景观格局与组分关系的分析结果，运用地理探测器、贝叶斯线性回归与地理加权回归等定量分析技术，分析迁移生命历程的特征变量对劳动力地理景观分异格局的形成过程的解释力，通过劳动力地理景观指数同城市转型发展特征的交互关系及乡城劳动力迁移与城市转型的均衡机制，阐述劳动力地理景观对城市转型发展的适应过程。本章还以成都为例，基于大数据揭示城市迁移人口的居住自选择的权衡过程，深化对迁移人口居住空间分异形成过程的认识。

迁移生命历程作为从迁移个体特征与城市转型发展特征到劳动力地理景观特征的孵化器与升华通道，基于迁移生命历程变量对劳动力地理景观的影响分析发现，迁移者的个体特征与生命历程在塑造乡城迁移劳动力的迁移稳定性、就业边缘性与职业发展性中发挥绝对性的主导作用，而居住边缘性和社会融合性不仅受到迁移生命历程的影响，更多会受到城市转型发展特征的影响，尤其是居住边缘性。分区域与行业的分析发现，不同区域乡城劳动力迁移生命历程对就业边缘性和职业发展性有较大影响，而区域差异则对居住边缘性和社会融合性影响较小；迁移稳定性、就业边缘性与职业发展性在迁移生命历程序列上的行业分异性仍大于居住边缘性和社会融合性，这说明行业差异对于塑造劳动力地理景观中的就业关系与职业发展具有重要作用。

成都的案例分析结果显示，城市迁移人口占常住人口比、居住区面积、房租、公共交通、企业及生活服务设施对迁移人口的居住自选择有明显影响，且迁移人口占常住人口比、居住区面积和房租影响显著，但影响关系受迁移人口空间自相关显著影响；地理加权回归结果显示不同变量对居住自选择的解释能力存在空间差异性，迁移人口通过不同变量空间分布的差异性权衡不同区域。居住成本、就业机会、生活环境和通勤成本的空间差异塑造了迁移人口居住空间的分异格局，这种格局便是迁移人口空间感知、空间权衡和空间选择（居住自选择）的直接反映。在迁移人口居住自选择的空间权衡过程中，迁移人口从不同变量的角度深化对城市空间环境的感知，以更好地融入城市生活，其中居住空间分异和社区融入感成为迁移人口居住自选择的重要权衡变量。

劳动力地理景观对城市转型发展的适应性过程分析发现，迁移空间格局与迁移动态性调整成为乡城迁移劳动力对城镇化战略转型最直接的响应性表现；城市空间结构转型中，新城建设与旧城改造成为重塑城市乡城迁移劳动力地理景观格局重要的外围环境驱动，其中乡城迁移劳动力在就业与居住上对旧城的依赖性大于对新城的向往性；城市经济转型为乡城迁移劳动力改革劳动市场、调整就业关系提供绝佳机会，可以显著缓解劳动力地理景观的就业弹性、边缘性、分割性并促进其职业发展性；住房市场转型会使乡城迁移劳动力面临更大的住房压力和职住不平衡，加剧移民同本地居民以及移民群体内部的居住空间分异，导致乡城迁移劳动力社会空间的边缘化与破碎化。总体来讲，城市转型发展对劳动市场与就业关系的重塑与调整为乡城迁移劳动力改善其就业边缘性与职业发展性提供了机遇，也面临群体内部被新经济业态引发的就业关系变革重新分割的风险；城市转型与空间结构的调整和优化虽然会增加乡城迁移人口的居住与生活成本，瓦解迁移群体进行专属性空间生产与身体实践的组织性，加剧其居住与生活空间的边缘化和破碎化，却能在一定程度上实现迁移群体与本地居民的居住混合，增加其邻里交往与相互认同，为乡城迁移人口的居住混合、社区整合与社会融合创造有利条件。

参考文献

[1] BADMOS O S, D CALLO-CONCHA, B AGBOLA, et al. Determinants of residential location choices by slum dwellers in Lagos megacity[J]. Cities, 2020, 98: 102589.

[2] CAO X, W YANG. Examining the effects of the built environment and residential self-selection on commuting trips and the related CO_2 emissions: an empirical study in Guangzhou, China[J]. Transportation Research Part D: Transport and Environment, 2017, 52: 480-494.

[3] DE VOS J, F ALEMI. Are young adults car-loving urbanites? Comparing young and older adults' residential location choice, travel behavior and attitudes[J]. Transportation Research Part A: Policy and Practice, 2020, 132: 986-998.

[4] DE VOS J, F WITLOX. Do people live in urban neighbourhoods because they do not like to travel? Analysing an alternative residential self-selection hypothesis[J]. Travel Behaviour and Society, 2016,

4: 29-39.
[5] ETTEMA D, R NIEUWENHUIS. Residential self-selection and travel behaviour: what are the effects of attitudes, reasons for location choice and the built environment?[J]. Journal of Transport Geography, 2017, 59: 146-155.
[6] GUAN X, D WANG, X JASON CAO. The role of residential self-selection in land use-travel research: a review of recent findings[J]. Transport Reviews, 2019: 1-21.
[7] GUO Y, S PEETA. Impacts of personalized accessibility information on residential location choice and travel behavior[J]. Travel Behaviour and Society, 2020, 19: 99-111.
[8] HE S, L LIU, G YANG, et al. Housing differentiation and housing poverty in Chinese low-income urban neighborhoods under the confluence of state-market forces[J]. Urban Geography, 2017, 38(5): 729-751.
[9] JARASS J, J SCHEINER. Residential self-selection and travel mode use in a new inner-city development neighbourhood in Berlin[J]. Journal of Transport Geography, 2018, 70: 68-77.
[10] LI J, A H AUCHINCLOSS, D A RODRIGUEZ, et al. Determinants of residential preferences related to built and social environments and concordance between neighborhood characteristics and preferences[J]. Journal of Urban Health, 2019: 1-16.
[11] LIN T, D WANG, X GUAN. The built environment, travel attitude, and travel behavior: residential self-selection or residential determination?[J]. Journal of Transport Geography, 2017, 65: 111-122.
[12] PAWSON H, V MILLIGAN, J Yates. Private rental housing: market roles, taxation and regulation[M]. Springer, 2020: 177-215.
[13] SCHEINER J. Transport costs seen through the lens of residential self-selection and mobility biographies[J]. Transport Policy, 2018, 65: 126-136.
[14] SENER I N, R M PENDYALA, C R BHAT. Accommodating spatial correlation across choice alternatives in discrete choice models: an application to modeling residential location choice behavior[J]. Journal of Transport Geography, 2011, 19(2): 294-303.
[15] 柴宏博，冯健. 基于家庭生命历程的北京郊区居民行为空间研究[J]. 地理科学进展, 2016, 35(12): 1506-1516.
[16] 陈杰，郝前进. 快速城市化进程中的居住隔离——来自上海的实证研究[J]. 学术月刊，2014, 46(5): 17-28.
[17] 蒋亮，冯长春. 基于社会—空间视角的长沙市居住空间分异研究[J]. 经济地理，2015，35(6): 78-86.
[18] 李志刚，吴缚龙，肖扬. 基于全国第六次人口普查数据的广州新移民居住分异研究[J]. 地理研究, 2014, 33(11): 2056-2068.
[19] 廖邦固，徐建刚，梅安新. 1947—2007 年上海中心城区居住空间分异变化——基于居住用地类型视角[J]. 地理研究, 2012, 31(6): 1089-1102.
[20] 林世伟. “三江并流”区生态系统服务空间权衡与协同关系研究[D]. 云南大学, 2016.
[21] 宁越敏，杨传开. 新型城镇化背景下城市外来人口的社会融合[J]. 地理研究, 2019, 38(1): 23-32.
[22] 任远. 城市流动人口的居留模式与社会融合[M]. 上海三联书店, 2014.
[23] 田盼盼，朱宇，林李月，等. 省际与省内流动人口空间分布及其影响因素的差异——以福建省为例[J]. 人口学刊, 2015, 37(6): 56-67.
[24] 汪明峰，程红，宁越敏. 上海城中村外来人口的社会融合及其影响因素[J]. 地理学报，2015,

70(8): 1243-1255.

[25] 王洋，张玉玲，张虹鸥．广州市家庭收入与住房特征对应关系的区位差异性[J]．地理科学进展，2017, 36(2): 151-158.

[26] 吴缚龙等．转型期中国城市的社会融合[M]．科学出版社, 2018.

[27] 肖扬，陈颂，汪鑫，等．全球城市视角下上海新移民居住空间分异研究[J]．城市规划, 2016, 40(3): 25-33.

[28] 宇林军，孙丹峰，彭仲仁，等．城市家庭居住地选址的空间异质性分析——以美国佛罗里达州橙县为例[J]．地理科学进展, 2012, 31(8): 1024-1031.

[29] 张少尧，宋雪茜，邓伟．空间功能视角下的公共服务对房价的影响——以成都市为例[J]．地理科学进展, 2017, 36(8): 995-1005.

[30] 钟奕纯，冯健．城市迁移人口居住空间分异——对深圳市的实证研究[J]．地理科学进展，2017, 36(1): 125-135.

[31] 周春山，杨高，王少剑．深圳农民工集聚空间的演变特征及影响机制[J]．地理科学，2016，36(11): 1643-1653.

[32] 朱宇，林李月．流动人口在城镇的居留意愿及其决定因素——文献综述及其启示[J]．人口与经济，2019(2): 17-27.

第十一章　转型期城市迁移人口的发展趋势与社会融合

本章在分析乡城迁移劳动力地理景观对城市转型发展的适应过程的基础上，综合湖北与厦门的案例分析结果，归纳迁移生命历程下的乡城劳动力迁移趋势，总结城市迁移人口结构转型及其演变趋势，提炼转型期中国城市迁移人口的社会融合特征，并提出促进城市迁移人口社会融合的响应策略。

第一节　迁移生命历程下乡城劳动力迁移趋势

一、乡城劳动力迁移生命历程特征变化

转型期乡城劳动力迁移格局也随城市转型发展而发生变化，其变化动态中蕴含乡城劳动力迁移生命历程的演变趋势。为揭示乡城劳动力迁移生命历程特征变化，本研究以样本城市武汉所在的湖北省为例，分析其 2008—2018 年乡城迁移劳动力的规模、教育、年龄、迁移时长、目的地、行业分布、迁移目的、收入与社会保障等生命历程要素的变化趋势。图 11–1 展示的是近 10 年湖北省乡村劳动力及其组成结构的变化趋势，显示湖北省乡村劳动力与乡城迁移劳动力均呈增长趋势，而乡村农业劳动力规模却呈降低趋势。在趋势上，2008—2013 年乡村劳动力和迁移劳动力的增速最快，但 2013—2018 年乡村劳动力呈现一定程度的下降趋势，而乡城迁移劳动力增速放缓，其规模保

持平稳趋势；同样地，乡村农业劳动力也在2008—2013年快速降低，2013—2018年保持平稳态势。具体来讲，湖北省乡村劳动力在2008—2018年增加了202.22万人，年均增长率0.97%。相比之下，乡城迁移劳动力增加了170.34万人，年均增长率1.77%；乡村农业劳动力减少了127.45万人，年均增长率1.28%。这表明乡村农业劳动力不断转变为乡城迁移劳动力，但其转变速度已有所放缓。

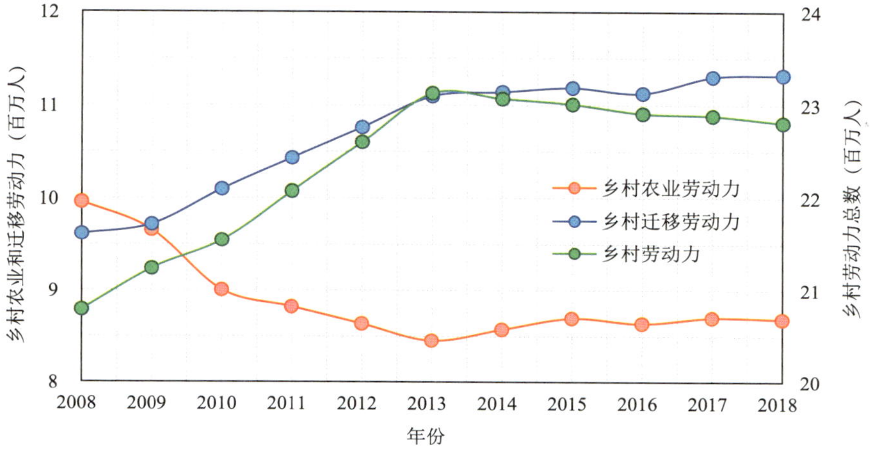

图 11–1　2008—2018年湖北省乡村劳动力结构变化趋势

进一步探究乡城迁移劳动力的教育、年龄、迁移时长与目的地结构特征（图11–2），发现湖北省乡城迁移劳动力的教育经历以初中为主（图11–2a），2008年63.21%的乡城迁移劳动力仅有初中文化，2018年这一比例下降到55.39%；高中及以上文化水平的乡城迁移劳动力2008年有207.26万人，占比21.56%，2018年其规模达到383.64万人，占比增加至33.90%；规模最小的为小学及以下的乡城迁移劳动力，2008—2018年人数减少了25.22万人，占比降低了4.52个百分点。综合来看，2008—2018年新增乡城迁移劳动力教育经历以高中及以上为主，且迁移群体的整体受教育程度逐步提高。在年龄结构方面（图11–2b），乡城迁移劳动力的主体为21～49岁的青壮年群体；在增长趋势上，21～49岁的青壮年迁移群体增长趋势最为明显，而20岁及以下迁移群体规模呈下降趋势。整体而言，乡村迁移劳动年的青年化趋势更为明显，更多地乡城迁移劳动力在接受高等学校教育之后进入劳动力市场。在迁移时长上（图11–2c），2018年71.73%的乡城迁移劳动力迁移时长超过6个月，但2008年这一占比为75.04%。尽管长期迁移乡村劳动力规模呈增加趋势，但其占比却在下降；同时短期迁移乡村劳动力在规模与占比上均呈增加趋势，尤其是迁移时长为1～3月的乡城迁移劳动力10年间增长了

13.19%，而 3～6 个月的增长了 43.10%。这表明长时期迁移仍是乡城劳动力迁移的趋势，但短期迁移正在逐渐增加。从目的地来看（图 11–2d），省外城市为湖北省乡村劳动力迁移的主要目的地，总体的一半多（54.57%），但其规模在 2008—2018 年仅有略微增加；相比之下，省内县外迁移和县内乡外迁移规模却有明显增加，尤其是省内县外迁移规模增加了 102.78 万人，年均增长率 4.70%。这显示虽然跨省迁移仍为中西部乡城迁移劳动力的主体，但是省内迁移和就近迁移规模正逐步增加，乡村劳动力迁移的地理重心逐步向中西部移动。

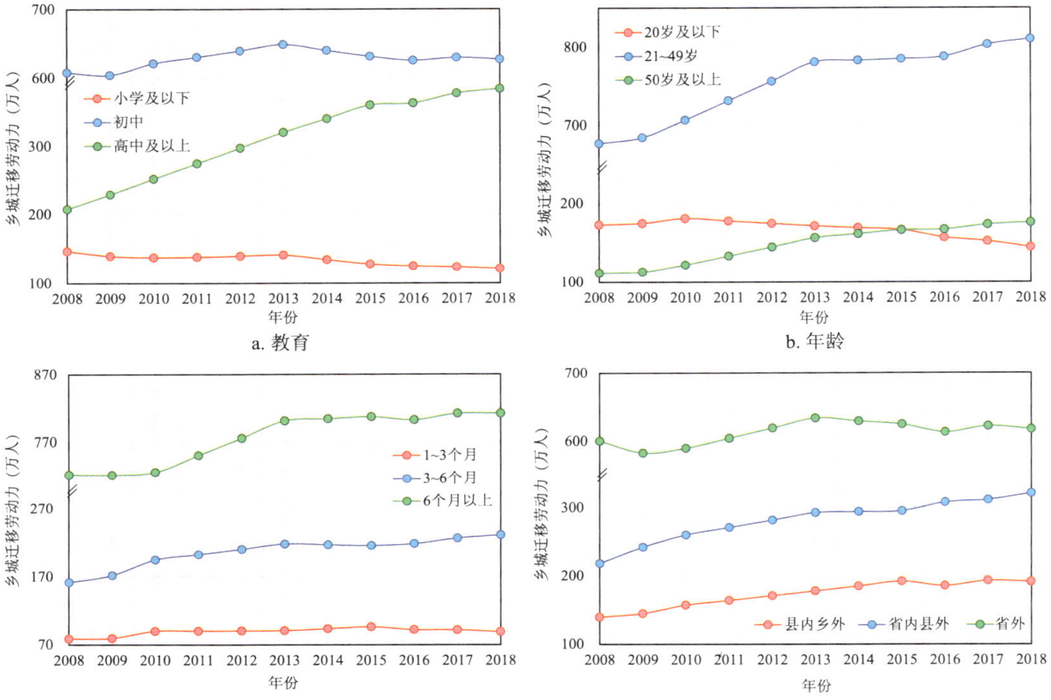

a. 教育　b. 年龄　c. 迁移时长　d. 迁移目的地

图 11–2　2008—2018 年湖北省乡城劳动力迁移基础特征变化

在基础特征分析的基础上，本节继续展示乡城迁移劳动力在就业结构、迁移目的、月收入、职业与社会保障等方面的变化趋势（图 11–3）。在就业结构方面（图 11–3a），第二产业为乡城迁移劳动力的主要就业行业，2018 年二产就业的乡城迁移劳动力占比达到 53.61%，但在变化趋势上，10 年间仅增加了 62.55 万人；相较之下，在第三产业就业的乡城迁移劳动力 10 年间增加了 98.24 万人，年均增长率 2.68%，占比也增长至 2018 年的 41.11%。这说明虽然第二产业仍为吸引乡城迁移劳动力就业的主要经济部门，但其重要性逐步下降，第三产业对乡城迁移劳动力的吸引力逐步增加，乡城迁移劳动力就业结构的变化是显著且意义深远的。在迁移目的方面（图 11–3b），务工仍是乡城迁移劳动力主要迁移目的，2018 年占迁移劳动力总体的 75.33%，低于 2008 年的 78.21%。从增速来看，务工迁移的年均增速仅为 1.33%，而经商迁移和其他迁移的年均增速分别为 3.15%和 3.63%。这显示转型期乡村劳动力的迁移目的更加多元化，非务工类迁移逐步增加。在月收入方面（图 11–3c），明显的趋势是月收入 2 000 元以下的迁移群体规模呈显著下降趋势，而月收入高于 2 000 元的迁移群体规模显著增加并成为乡城迁移劳动力的主体（78.63%）。这表明转型期迁移劳动力收入显著增加，且收入结构正发生变化。在职业与社会保障方面（图 11–3d），最明显的趋势是与雇主签订劳动合同的乡城迁移劳动力群体呈显著增长趋势，这表明其就业稳定性逐渐提高，就业关系的规范化、建制化与可保障性均有显著提升。同时，参与社会保险的平均人数也有大幅增加，而参加过职业技能培训的乡城迁移劳动力虽然也呈增加趋势，但其增幅不如前两个群体显著，说明转型期乡城迁移劳动力在就业与社会保障方面进步较大，但在职业技能方面进步相对较缓。

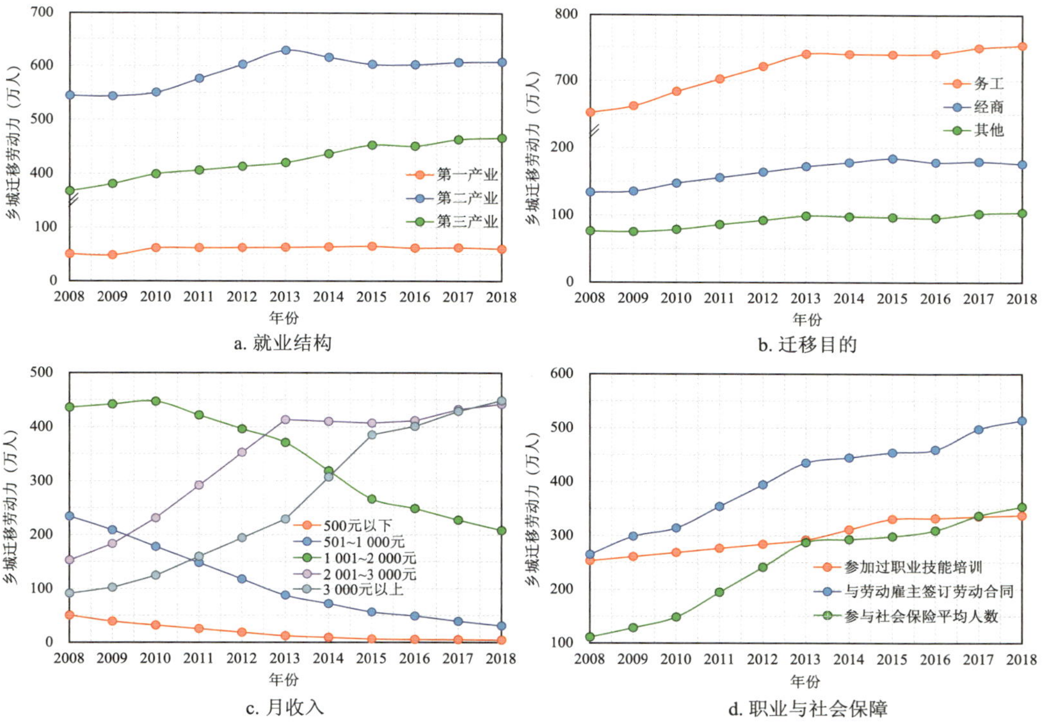

图 11–3　2008—2018 年湖北省乡城劳动力迁移特征变化

二、迁移生命历程下乡城劳动力迁移趋势

综合来看，乡城迁移劳动力已进入增速、增幅显著放缓的时期，迁移规模将保持平稳趋势，且在不远将来呈下降趋势。这显示乡城间人口转变进入成熟后期，并在迁移生命历程中表现出一些转型期特征。年龄与教育结构的趋势分析显示乡城迁移劳动力已进入青年化、中高学历化阶段，这将对劳动力地理景观中的劳动市场与就业关系产生显著影响。中高学历的青年劳动力更容易适应城市转型发展对就业关系的调整和对个体就业特征的要求，并将此反映在劳动市场分割中的代际差异上。迁移时长与目的地的趋势分析显示短期迁移和省内就近迁移增加成为迁移结构转型的主要特征，表明城市转型发展对城市吸引力区域差异的影响促进了乡城劳动力迁移地理格局的变化。中西部省内主要城市对区域内乡城迁移劳动力的吸引力逐步增加，促进了短期和就近迁移。同时，迁移目的趋势分析也显示非务工类迁移明显增加，进一步丰富了乡村劳动力迁移类型、目的、路径、形式的多样性。这些迁移生命历程的转型不仅影响了区域劳动力市场与就业地理格局，还将深入影响劳动力地理景观中的居住稳定性与社会融合性。乡城迁移劳动力的就业结构也表现出明显的第二产业向第三产业的转向，这将是经济转型对劳动市场重塑与就业关系调整在迁移生命历程上最直接的表现。就业结构的调整也伴随着迁移收入的整体性增加和结构变动，显示经济转型发展对迁移收入的促进作用。其间，乡城迁移劳动力积极提升个体的就业稳定性与社会保障性，同时也在职业技能性有所进步。

第二节　城市人口迁移结构转型及其演变趋势

一、城市迁移人口的动态变化与结构趋势

城市迁移人口作为城镇化在人口地理学的动态化表征因子，是城市转型发展对人口空间分布的再调整，也是人群个体对城市转型发展的适应性与迁移自选择的结果表现。城市迁移人口不仅包括乡城劳动力迁移和传统意义上的乡城人口迁移，还包括城城人口迁移和城市内部的人口迁移。不同的城市迁移人群在迁移的目的、动机、方向、规模等迁移行为结构上不尽一致，而且不同的迁移路径对城市人口学意义、经济社会

发展的影响也有所差别。因此，从城市迁移人口的角度审视乡城劳动力迁移在其中的比例结构与变化趋势，有助于深化对转型期中国人口大迁徙背景下乡城迁移劳动力的演变趋势。所以，对城市迁移人口的动态变化与结构趋势的特征分析成为认知乡城劳动力迁移以及乡城人口迁移生命历程演变趋势的基础。本研究以东部城市——厦门为例，基于 1998—2018 年厦门登记迁移人口（居住时间在 1 个月以上且年满 16 周岁的没有厦门常住户口，到厦门行政区域内居住的中华人民共和国公民）数据，分析近 20 年来厦门迁移人口的结构、规模及其变化趋势。

1. 迁移目的与迁移时长

根据迁移目的与迁移时长，将厦门迁移人口分为短期迁移（1 个月以上 6 个月以内的暂住人口）和长期迁移人口（6 个月以上）。其中，长期迁移人口又分为务工、务农、经商、服务、保姆、因公出差、借读培训、治病疗养、投亲靠友、探亲访友和旅游观光 11 类。2018 年厦门迁移人口共计 315.46 万人，其中短期迁移人口 101.37 万人（32.13%），长期迁移人口 214.09 万人（67.87%），表明厦门迁移人口仍以长期迁移为主。从详细的迁移人口结构来看（图 11–4），2018 年厦门迁移人口中务工群体占比最大，为 58.55%，表明超过一半的城市迁移人口为务工群体，而乡城迁移劳动力又为我国进城务工群体的绝对主体，因此，可以认为乡城迁移劳动力仍为厦门迁移人口的最重要主体。迁移人口中仅次于务工群体的是短期迁移人口，占比达到 32.13%，这部分群体迁移目的、动机更为多样化，迁移具有短期性、随机性、临时性的特点，迁移频率和迁移动态性更高，是城市人口迁移动态度与活跃度的重要体现。除务工群体和短期迁移群体之外，其余迁移群体累计占比 9.32%，其中借读培训群体占比 4.69%；其次为投亲靠友的迁移人口，占比为 2.52%；相较之下，经商、务农、因公出差、旅游观光等迁移人口占比极小。

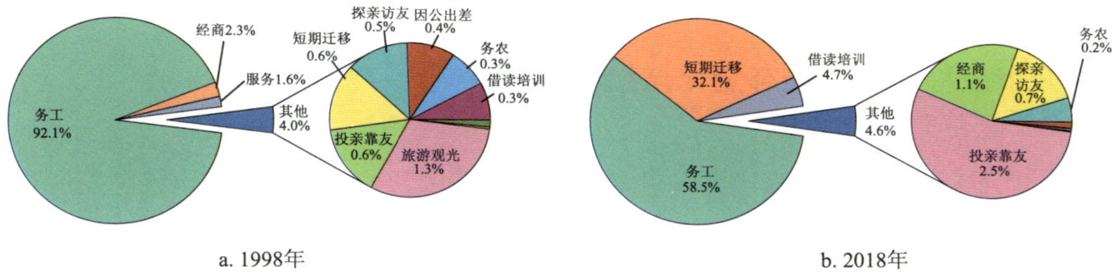

图 11–4　1998、2018 年厦门迁移人口结构对比

对比厦门1998年迁移人口结构（图11–4），发现1998年务工群体占迁移人口的比例达到92.10%，远高于2018年的58.55%；但1998年短期迁移人口占比仅为0.57%，远低于2018年的32.13%；2018年借读培训和投亲靠友迁移人口占比较1998年有较大提升，但经商和服务性迁移人口占比却明显下降。从迁移人口结果均衡性来看，1998年除务工外各类迁移人口的均衡性好于2018年，而2018年迁移人口结构的整体均衡性更好。除务工与短期迁移外，其余几类主要迁移人口占比均有较大提升。整体来看，以乡城迁移劳动力为代表的务工群体仍是厦门迁移人口的主力，但其主体性占比明显下降；与此同时，短期迁移、教育和家庭性迁移人口占比显著增加，尤其是短期迁移人口，这表明厦门人口迁移的活跃度与动态性在增强。

2. 年际变化与变动趋势

图11–5a展示了1998—2018年厦门迁移人口的年际变化与增长趋势，数据显示厦门迁移人口从1998年的48.95万人增加至2018年的315.46万人，20年间增加了266.51万人，增幅为544.44%，年均增长率27.22%。分年来看，1998—2009年，厦门迁移人口规模稳步增加，年均增长率6.63%；2010—2013年迁移人口规模由115.28万人快速增加至306.72万人，年均增长率达到34.06%；2014—2018年迁移人口规模稳中略微增加，整体规模维持在300万人左右，年均增长率降至0.15%。从年末与年均统计来看，其统计误差变化趋势同迁移人口规模增加趋势保持一致，快速增加的年份中迁移人口统计误差也较大，迁移人口规模变动较小的年份中统计误差也较小。整体来看，厦门市迁移人口经历了先平稳增加后快速增加再会回落到缓慢增加的趋势，其中2010—2013年厦门迁移人口增加趋势最为显著，且其迁移活跃度与动态度也最高。

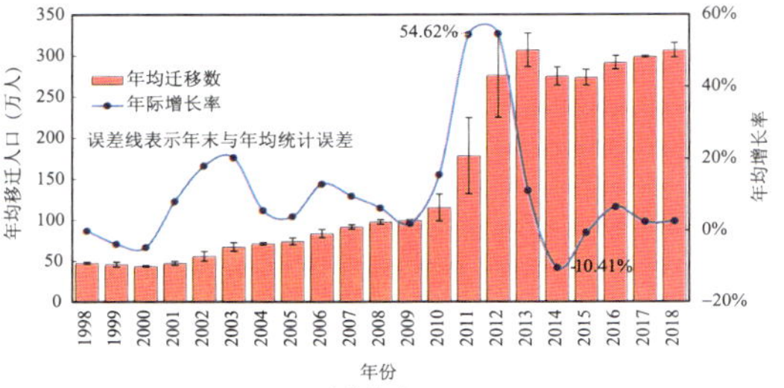

a. 迁移人口

b. 务工迁移人口

图11–5　1998—2018年厦门迁移人口与务工迁移人口变动趋势

图11–5b展示的是厦门务工迁移人口的年际变化及其在迁移人口总体中的占比趋势。1998—2018年厦门务工迁移人口呈明显增加趋势，20年间增加了139.61万人，增

幅达到 309.67%，年均增长率达到 15.48%。同总体迁移人口增长趋势一样，务工迁移人口在 2010—2012 年增长最为显著，2011—2012 年增长率达到 53.79%；1998—2009 年务工迁移人口规模呈稳定增长趋势，在 2010—2012 年显著增加后呈稳定趋势。从务工迁移人口在整体迁移人口中占比趋势来看，1998—2018 年务工迁移占比整体呈下降趋势，尤其是 2010—2011 年，占比降低了 31.64 个百分点。1998—2009 年务工迁移占比维持在 90%以上，但呈轻微下降趋势。其中，2002 年占比达到 99.16%的最高值；2010—2011 年大幅下跌之后，在 2011—2014 年显著增长，而后 2014—2018 年波动下降。对比来看，务工迁移人口规模虽然呈增加趋势，但其在迁移人口总体中的占比却呈下降趋势，这表明同时期内其他迁移人口的增加幅度、年际增长率均快于务工迁移人口。从趋势上来看，务工迁移人口规模同其在总体迁移人口中占比的变化趋势具有显著变动时间对应性，表明务工迁移人口的增长放缓是其占比下降的主要原因。

对 1998—2018 年厦门短期迁移人口的变动趋势进行分析发现（图 11–6a），1998—2007 年短期迁移人口不足 1 万人，占比不超过 1%；2008—2010 年明显开始增加，2010—2012 年呈爆发式增长态势，2010—2011 年突然增长 80.74 万人，年增长率达到 885%；2012—2018 年在波动中略有降低。同期，短期迁移人口在总体迁移人口中占比变动趋势同其规模变动趋势保持较强对应性，2010 年以前，短期迁移占比不足 10%，2011 年达到 40.03%的最高值，其后在波动中稳定在 30%左右。整体而言，短期迁移人口的快速增加成为近 20 年厦门迁移人口结构变化的主要趋势，表明厦门迁移人口走向更加活跃、更新度更加频繁、动态性更高的迁移时代。

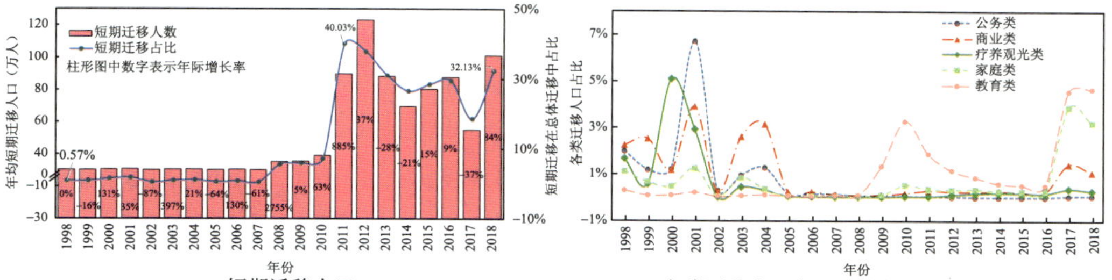

a. 短期迁移人口　　b. 各类迁移人口占比（除务工与短期迁移之外）

图 11–6　1998—2018 年厦门短期迁移人口与各类迁移人口的变动趋势

将除务工迁移和短期迁移之外的其余迁移群体分为公务类、商业类、疗养观光类、家庭类与教育类，进一步比较小众迁移群体的变化趋势（图 11–6b），发现厦门小众迁移群体占比 1998—2018 年变化波动性较大。分类来看，公务类迁移整体呈下降趋势，

2004 年后占比均低于 0.2%；商业类迁移呈波动式下降趋势，2005 年前平均占比 2.28%，而 2005—2016 年平均占比仅 0.22%；疗养观光类也呈下降趋势，2001 年后大部分时间段低于 0.1%；家庭类迁移整体呈增加趋势，尤其是 2016—2018 年，占比从 0.25%增加至 3.21%；教育类迁移的增长趋势最显著，从 2009 年开始，教育类迁移占比明显增加，2011—2016 年持续下降，而后在 2016—2018 年大幅增加。综合而言，1998—2018 年厦门迁移人口中家庭类与教育类迁移占比显著增加，而商业与疗养观光类迁移占比显著下降。

二、城市人口迁移结构转型与演变趋势

厦门迁移人口结构的案例分析显示，在城市转型发展过程中迁移人口结构也发生了显著变化。尽管乡城迁移劳动力仍占据城市迁移人口的主体，但是其规模增长速度和增幅均呈放缓趋势，且其在迁移人口中的占比也呈明显下降趋势。结合第六章第一节中我国流动人口变化趋势和第六章第二节中农民工历年变化趋势的分析，说明在流迁人口和乡城迁移劳动力整体增速放缓的趋势下，城市迁移人口也正在经历规模变化与结构转型。这种转型不仅因为乡城人口迁移规模增速放缓，也还因为全国性流迁人口空间格局和乡城劳动力迁移方向的变化。这可以进一步解释为城市转型发展背景下乡城人口迁移格局的变化不仅会重塑乡城迁移劳动力的空间分布格局，还会推动城市人口迁移结构的转型。即不同区域城市转型发展的差异驱动乡城迁移人口在不同区域、不同层级城市间的再调整，同时城市转型发展时间序列上的差异也带动了迁移人口结构的阶段性变化。城市转型发展所引起的劳动市场重塑与居住生活特征变化，促使包括乡城迁移劳动力在内的各类迁移群体调整个体迁移路径，形成群体性的迁移结构调整。在更广泛的意义上，这也可以被认为是乡城迁移劳动力对城市转型发展的适应性过程的一部分，并投射在劳动力地理景观中的迁移稳定性上。

从迁移结构转型来看，城市迁移人口的结构变化不仅在乡城迁移劳动力地理景观上表达出显著意义，更能在城市人口结构演变和人口地理过程上影响深远。在人口大迁徙背景下，厦门迁移人口结构转型所展示的短期迁移、教育与家庭类迁移的增加趋势表明，我国主要城市人口动态变化从传统意义上的乡城人口迁移逐步向城城与城内人口流迁转变，尤其是东部城市群内的城城间人口迁移，其在迁移稳定性、目的性、分布性等特征上与乡城人口迁移具有较大差异。同时，家庭类迁移增加趋势也说明乡城人口迁移由传统的劳动者个体要素逐步转向劳动者与家庭复合要素。很显然，家庭

相比劳动者个体，其包含的社会学意义更为丰富。由此引起的劳动力地理景观基质与组成单元的复合化与包容化，促成了劳动力地理学对人口迁移要素的主体性转型反思，尤其是在中国这样家庭结构性与重要性更强的劳动力市场中。另外，教育类迁移的增加趋势表明城市服务性功能对人口迁移的影响愈加明显。诸多研究显示公共服务对乡城人口迁移有正向促进作用（夏怡然、陆铭，2015；何文举等，2018；刘欢，2019；刘金凤、魏后凯，2019），但却忽略了公共服务差异对城城间与城市内部人口迁移的影响，尤其是短期性的人口迁移以及城市内部的人口流动与通勤变化。

综上所述，城市人口迁移结构在迁移主体、迁移目的、迁移动力与迁移路径上的转型发展，推动城市人口迁移的空间动态呈现出乡城迁移减弱、城城迁移和城市内部流动增强的趋势，迁移动机呈现经济性迁移减弱、公共服务性迁移增强的趋势，迁移主体呈现劳动者个体迁移减弱、家庭式迁移增强的趋势。这种演变趋势将成为劳动力地理景观与人口地理过程演变的核心驱动力。

第三节　转型期城市迁移人口的社会融合特征

一、从就业关系、居住选择到社会融合

就业与居住是城市迁移人口所面临的重大议题，尤其是对乡城迁移人口而言，获取稳定、可持续、可负担的就业与居住是实现迁移目的的基础。而城市迁移人口要想真正地融入城市社会中，成为城市社会的经济、居住与生活系统的有机组成个体，就需要在就业与居住等核心议题层面实现有意义的接纳、融合及适应。现代城市以工业、商业与服务业为代表的经济系统不同于乡村以农业为代表的经济系统，其在劳动力市场、就业关系、劳动制度、职业文化等诸多层面存在显著差异。城市迁移人口的社会融合首先需要个体认可和接纳城市劳动市场与就业关系对自身就业及劳动行为的约束性要求，如劳动制度、职场规范与通勤要求等。同时，迁移人口还需积极适应城市经济转型发展中劳动市场重塑与就业关系调整对个人就业特征和职业发展的要求，如职业技能、职业管理与生产协同等。在此基础上，城市迁移人口，尤其是乡城迁移劳动力通过在工作场所层面实现同城市社会在经济生产、劳动协同、市场接纳等方面的参与和准入，而这为城市迁移人口的居住与生活提供了充足的经济支付能力，也是迁移者自我价值与自我认可实现的一部分。在务工仍为城市迁移人口主要迁移

目的的背景下，迁移者在劳动市场与就业关系上的成就和发展，成为其社会融合的基础与前提。

无论是个体迁移者还是家庭迁移，居住都是城市迁移人口在城市的核心需求，其居住自选择的过程也是迁移者对城市空间结构、住房市场、公共服务、职住分布等城市功能服务特征进行感知与权衡的过程。居住空间是城市迁移人口在城市空间结构分布的最直接与最重要体现，是迁移者自身或群体进行身体实践与空间生产的平台，也是群体社会网络与景观文化的载体。因此，居住区位在城市空间中的景观特征成为城市迁移人口在社会融合上的参数化表达。邻里交往与社会参与作为居住混合对迁移人口社会融合最重要的促进途径，要求迁移人口与本地居民尽可能缩小居住空间分异，弱化居住隔离对邻里交往与社会参与的空间性和社会性阻碍。较高的居住混合有利于增进迁移者对邻里交往、社区管理的意愿，从而提升迁移者在社区与群体层面的社会参与性。这就要求城市空间优化中不能一味地缩小甚至是替代迁移人口的居住空间，这将驱动迁移人口被迫迁入本地居民社区或外迁至更偏远的居住社区；同时也需要积极改造传统迁移人口居住社区，在大尺度上增加居住混合，在小尺度上适当保留原有单一性居住空间。另外，居住满意度对社会融合的意义是显而易见的。较高的居住满意度可以增加居住稳定性，提升迁移人口对社区的归属感与主体性，而这将促进迁移人口积极参与社区治理。需要注意的是，居住满意度的构成并非仅仅是社区与住房的设施便利性和公共服务可及性。对于城市迁移人口，尤其是乡城迁移劳动力而言，居住设施便利性与可负担性间的平衡是影响居住满意度、住房压力性和职住分离性的关键。在可负担范围内提高迁移人口的住房设施便利性，有助于最大化提升其居住满意度，进而促进移民的社会融合。

二、从响应、调整到适应

城市迁移人口的社会融合是移民身体实践与空间生产同城市社会相互接纳、融入与认同的过程化表达，其所展现的是移民迁移生命历程在城市发展过程中具有未来意义的演化历程。因此，城市迁移人口的社会融合具有过程动态性与阶段性，其阶段性特征成为迁移个体与城市社会整体相互感知、建立联通并进行适应的具体体现。在初始迁移期，迁移个体对于城市印象仍处于初始化阶段，并将其所感知到的各种城市特征作为自身迁移行为的决策依据，这也是迁移个体对城市社会的主动性交往过程，即为城市迁移人口对城市发展的响应性阶段。在此阶段，移民的社会融入主动性更强，响应时间与速度更快，但其融入度较浅，融入行为尚未固定化，不确定性较高；在初始感知与积极响应之后，迁移群体开始在劳动市场、就业关系、居住空间、生活特征等各方面进行更为深入的身体实践与空间生产，加强同城市转型发展的联系，并更新初始印象和迁移行为。这个阶段称为调整期，迁移者根据已有实践体验开始调整自身迁移行为并表现出两种演化路径：一是迁移个体能够较好地与城市转型发展中的劳动市场与就业关系调整保持同步，并能负担具有改善预期的居住与生活体验，这将有力促进迁移者的社会融合性；二是迁移个体被劳动市场与就业关系调整所边缘化，且在居住与生活层面面临更多的困难和挑战，降低其迁移预期性展望。调整阶段动态性更强，迁移群体内部的差异性与异步性也更强，但这将是城市迁移人口社会融合的重要性拐点。调整期之后，迁移个体的社会融合过程开始进入适应期。在适应期，个体与社会更加明显地注意到对方的存在，迁移者在就业、居住、家庭、社会参与、公共服务等更大范围内积极适应，深度参与城市的转型发展；同时城市也将迁移人口作为社会有机组成群体，在制度变革、规划实践、功能服务等方面重视迁移人口的需求性，以创造更适合迁移人口进行社会融合的空间与社会环境。适应阶段个体与社会的互动更为密切，并不断提高对对方的接纳度与认可度，其适应过程体现出从单向融入双向融合的转变。

从响应到调整再到适应，其所展现的不仅是城市迁移人口与城市社会的互动和联通过程，更是个体迁移生命历程同城市转型发展间的相互接纳、融入和认同。接纳包括劳动市场与就业关系的市场性接纳，还包括就业、居住与社会管治领域内的制度性接纳，如户籍、社保等；融入包括迁移人群在地理空间上的融入，如居住混合与职住平衡，还包括在社会空间上的融入，如邻里交往与社会参与；认同则包括迁移群体同城市社会间的双向文化适应，毕竟，相对于迁移群体而言，城市社会是更为先进、主动、强势与活跃的文化载体，所以更多地应是迁移人口对城市文明的生活文化环境的适应及其自身文化转变的过程，但同时也包括城市社会对迁移群体的文化与地理景观的尊重和适当的保留。另外，认同更重要的应包括自我身份的认同及自我价值的实现。自我身份认同指迁移人群在城市社会中逐步形成自我社会身份的群体性认同，包括迁移群体与本地居民群体，体现在迁移个体更愿意以新社会身份积极进行社会参与并获得社会整体性的认可。自我身份认同是自我价值实现的重要基础，其所承载的迁移意义体现了城市社会对迁移群体的理想满足与承诺兑现，是迁移人口塑造新社会身份的信心来源。

第四节　促进城市迁移人口社会融合的策略响应

促进城市迁移人口的社会融合不仅是迁移个体追求其迁移目的与意义的必然要求，也是城市社会实现转型发展、促进新型城镇化与市民化的核心组成。因此，促进城市迁移人口的社会融合需要迁移个体与城市社会等多主体在多尺度上采取系统性的综合措施，推动城市迁移人口在就业、居住、社会生活等多个方面同城市社会相互融合。在社会融合过程中，应将市民化作为城市迁移人口社会融合的重点方向，即实现迁移人口在就业、居住、生活以及身份认同等层面与城市本地居民无明显群体性差异与制度性分割，逐步淡化本地居民与迁移人口的身份隔离及其多样化的表现。

一、社会管治变革与包容性增长

在城市尺度上，社会管治变革与包容性增长应成为促进城市迁移人口社会融合的重要政策性实践。社会管治可以被认为是政府对社会运行进行有效干预的重要措施，管治政策的变革可以显著地改善迁移人群在就业与居住等方面的边缘性地位。当今中国正处于城乡二元社会向城乡融合发展的转型期，传统社会管治政策对城市迁移人口的不利性影响显著阻碍了以人为本的社会融合发展。当前，表现最为明显的就是户籍制度对城市迁移人口与本地居民的分割，并由此衍生出户籍所附带的就业关系、住房市场、社会保障与公共服务的差异性。以人为本的新型城镇化与市民化其要义在于实现每一个人的追求与坚持，给予其均等、公平、正义的竞争与发展环境。因此，户籍制度的变革可以有效地缩小或消除城乡迁移的制度性阻碍，保障城市所有群体共享城市转型发展的成果。户籍制度的变革不仅在于消除迁移人口同本地居民的身份差异，更重要的是剥离户籍制度背后所隐含在就业市场、住房市场、社会保障与公共服务等领域的倾向性、差别化、非合理化的福利含义，让城市发展成果充分体现按劳分配、公平竞争、全社会保障与基础性均等化等原则，建立可转移的社会保障与开放性的公共服务体系。这样充分激发城市各群体在城市转型发展中的主动性、参与性、创造性，让城市转型发展为更多人群提供均等化的可能性机会，实现包容性增长。

二、基本公共服务均等化与国民化

在城市尺度上，公共服务的均等化对城市迁移人口社会融合的促进性具有重要意义。乡城迁移与城城迁移的一个重要推动力就是城乡间与区域间公共服务的差异化，尤其是基本性公共服务的差异，如医疗卫生、教育、社会保障等。因此，满足迁移人口对城市公共服务的基本性、公平性与合理性的需求，是城市功能服务性与社会福祉提升性的重要体现，也是促进迁移人口社会融合的重要策略性响应。城市迁移人口与本地居民在公共服务层面的差别性待遇源自城市现有公共服务能力无法同时满足所有群体的需求，所以，增加城市基本公共服务的支出与建设能力，提升其服务容量是促进基本公共服务均等化的重要手段。根据现阶段乡城迁移人口特点，义务教育、医疗卫生与基础社会保障为其公共服务均等化的核心需求。义务教育服务的普及，尤其是公立性义务教育可以有效缓解城市迁移家庭在子女教育方面的支出成本与迁移顾虑，降低家庭组建与迁移的困难度；医疗卫生服务可以提升年老代迁移人口的社会安全感，降低迁移家庭的医疗卫生成本与风险；基本社会保障则可以提升迁移人口的预期性展望，增加定居意愿。此外，基本社会保障的普及可以显著促进迁移人口的身份建构与社会认同及归属感，提升其迁移稳定性和社会融合性。

基本公共服务的均等化需要弱化户籍身份、迁移身份等其他标签性分割的影响，以普适性、常住性的全体国民为服务对象，建立国民化的基本公共服务体系。在考虑城乡与区域统筹的基础上，尽力缩小城乡间、区域间在基本公共服务的服务体系、标准、质量等方面的差异，让城乡间、城城间人群均能在基本公共服务层面享受国民化待遇。但很显然，基本公共服务的均等化与国民化会显著增加政府与城市在公共服务领域的财政压力和支出成本，对此提出以下三点策略。一是均等化与国民化应集中于基本性服务领域，集中于迁移人口供需矛盾最突出、反映最强烈的服务内容。二是支出成本应由政府、市场（企业）与个人三者共同承担。其中，政府应发挥统筹性与主导性作用，积极推进基本公共服务建设；不同经济要素下的就业市场与企业应为劳动者提供基础的、足额的、均等化的公共服务成本（如社保基金），弱化就业关系所有制差异对社会保障的影响；个体，尤其是城市迁移人群，需要积极承担基本公共服务均等化的成本，提升参与社会保障的意愿与主动性。在成本分担中，需要照顾边缘性群体与弱势群体的支付能力，并在政策上有所倾斜。三是多途径、多层面调动社会主体参与基本公共服务建设，将更多社会性保障设施与保障主体纳入政府监管与补贴体系中，提升其服务标准与质量，构建多元化的基本公共服务主体。

三、优化城镇体系，实施都市区与城市群战略

在区域尺度上，优化现有城镇体系，实施都市区与城市群战略已成为促进乡城有序迁移、降低中心城市市民化压力的重要规划性策略响应。当前主要国家中心城市饱受城市快速扩张、常住人口过多、公共服务资源紧张等一系列大都市化问题，伴随而来的就业压力大、房价高企与城市拥堵等现象加大了城市迁移人口社会融合的难度与挑战。而与之相对，广大中小城市，尤其是县城与中心镇则期待人口迁入，避免人口流失导致城市收缩。在此背景下，要促进城市迁移人口的社会融合，就需要引导乡城迁移人口有序分流，避免集中迁移到少数中心城市。那么，推动城市群与都市区健康协调发展，提升大中小城市和中心镇协调发展的城镇化体系空间格局势在必行。

一是深入推进城市群发展，加快京津冀协同发展、长三角区域一体化与粤港澳大湾区建设等国家重点城镇化战略行动，同时积极培育中西部的长江中游、成渝、关中城市群等新兴城市群。在城市群建设中，积极扩大中心城市腹地，提升其辐射半径，促进产业、就业、公共服务、交通与居住要素在城市群内部的层级化、均等化布局。二是发展现代化都市区，重点推进都市圈交通服务一体化、产业转移一体化与人口流动一体化建设，同时积极提升都市区公共服务容量，健全都市区住房供应体系，着力控制房价增长速度，缩小居住空间分异性与职住分离，促进基本住房市场建立与完善。三是推动大中小城市的协调发展。中心大城市应该合理控制城市规模，增加城市群内部交通便利性，积极引导城市迁移人口分流到周边中小城市。中小城市积极扩大其劳动力市场容量、积极承接产业转移、增加就业机会、完善基本公共服务建设、开放落户限制，从而提升其城市品质与吸引力。四是建设特色中心镇。以中心镇作为乡城迁移人口市民化的托底保障，为就近迁移的乡村人口和从中心大城市回流人口提供市民化的基本条件；提升中心镇基本性公共服务能力，基于特色产业增加其就业机会，引导人口与公共资源向镇区集聚，从而促进乡村人口的就近城镇化。

四、居住混合、社区整合与社会融合

在迁移个体尺度上，迁移人群需要更为主动、积极地参与城镇化战略转型与城

市转型发展，充分发挥个体的主观能动性，以形成群体性的具有未来意义的身体实践与空间生产。具体策略包括迁移者个体在劳动市场重塑与就业关系调整中应提升自身响应速度和适应能力，加强个体的职业技能培训，努力改善就业关系的边缘性，增进自身在生计与就业同城市经济生产系统的融合性，为居住与社会生活的融合提供充足的物质准备；在居住空间上，迁移人口需要积极适应城市居住空间的转变，在力所能及的情况下积极融入主流住房市场，增加其居住稳定性和满意度，实现大尺度上的居住混合；在社区层面，城市迁移人口应以开放、主动心态参与邻里交往与社区管理，增强自身身份建构与认同的信心，主动认知与接受城市文明中的生活方式、社群交往与环境管理等价值理念，坦然经历文化适应转型对自己就有观念的冲击与挑战，同时社区管理者应主动将迁移人口纳入社区管理与建设中，弱化群体间的差别性待遇，实现社区整合；在城市社会层面，迁移人口需要主动承担社会融合过程中的市民化成本，包括在不同层级的城市支付不同等级的居住与生活成本，积极适应不同城市的消费环境与方式。对于乡城迁移人口而言，主动适应户籍制度变革，淡化户籍制度对迁移行为的调整性影响，视迁移情况逐步放弃在乡村尚保留的宅基地与耕地等权利。同时，提高自身的迁移预期的展望，推动家庭迁移与社会融合。

从居住混合到社区整合再到社会融合，迁移人口需要在此过程中不断提升自身适应能力、主动承担合理的市民化成本、增进迁移预期展望、适当放弃原有制度分割下的某些权利。这个过程不仅是城市转型发展的一部分，也是迁移个体乡城转型、自我价值重构与实现的过程。以人为本的城镇化其核心要义是推动人的城镇化，对乡城迁移人口而言，迁移到城市并实现社会融合是其个体在就业、居住与生活上的城镇化，其社会融合过程也是迁移个体在劳动力地理景观上的转型与重构过程。因此，从居住混合到社区整合再到社会融合，其所展现的融合路径是迁移个体城乡转型发展同城市转型发展的协同与耦合过程。这也可进一步理解为迁移人口积极参与城市转型发展，借此机会实现个体的城乡转型与自我价值实现。城镇化的本质在于以更高级的文明方式使人们生活更美好，而城市迁移人口作为新进入这一文明的群体，城市转型发展需表现出足够的包容性、创造性、参与性与普惠性，以促进迁移人口的社会融合与自我价值实现。

第五节 本章小结

城市转型发展实则加速了城乡迁移群体内部的分异性，促使适应性更强的迁移群体同城市本地居民在就业、居住与生活层面的整合及融合，同时增强了适应性较弱的迁移群体在劳动力地理景观上的边缘性与弱势性。在乡城迁移劳动力对城市转型发展的适应过程中，存在一种均衡机制来把握与权衡适应过程中的机遇和挑战。均衡机制的作用不仅包括城市转型发展对乡城迁移群体的分化与重组，还包括在城市尺度上对劳动力地理景观的再调整与优化。因此，均衡机制是乡城迁移群体在个体尺度上的迁移目的及自我价值与城市尺度上的新型城镇化与市民化等多尺度多目标间相互平衡、相互实现的适应性过程的内在机制，也是多尺度上的劳动力地理景观格局结构调整中分化与重组的平衡器，以避免某一空间组分过度集聚与整合或者过度边缘与破碎化。

迁移生命历程下的乡城劳动力迁移趋势分析显示，乡城间人口转变进入成熟后期，并在迁移生命历程中表现出一些转型期特征，如乡城迁移劳动力已进入青年化、中高学历化的阶段，短期迁移和省内就近迁移增加成为迁移结构转型的主要特征，乡村劳动力的迁移类型、目的、路径与形式更加多样化，就业结构也表现出明显的第二产业向第三产业的转向。城市人口迁移结构在迁移主体、目的、动力与路径上的转型发展，推动城市人口迁移的空间动态呈现出乡城迁移减弱、城城迁移和城市内部流动增强的趋势，迁移动机呈现出经济性迁移减弱、公共服务性增强的趋势，迁移主体呈现出劳动者个体迁移减弱、家庭式迁移增强的趋势。转型期城市迁移人口的社会融合过程包括就业、居住与社会融合三个部分，其中就业关系融合是基础与前提，居住融合是载体与途径，社会融合是最终过程与目的。社会融合经历响应、调整与适应三个阶段，其所展现的不仅是城市迁移人口与城市社会的互动和联通过程，更是个体迁移生命历程同城市转型发展间的相互接纳、融入与认同。基于此，本书最后提出促进城市迁移人口社会融合的响应策略，包括社会管治变革与包容性增长、基本公共服务均等化与国民化、优化城镇体系并实施都市区与城市群战略，逐步推动城市迁移人口从居住混合向社区整合，再向社会融合迈进。

参 考 文 献

[1] 何文举, 刘慧玲, 颜建军. 基本公共服务支出、收入水平与城市人口迁移关系——以湖南省市域中心城市为例[J]. 经济地理, 2018, 38(12): 50-59.

[2] 刘欢. 户籍管制、基本公共服务供给与城市化——基于城市特征与流动人口监测数据的经验分析[J]. 经济理论与经济管理, 2019(8): 60-74.

[3] 刘金凤, 魏后凯. 城市公共服务对流动人口永久迁移意愿的影响[J]. 经济管理, 2019, 41(11): 20-37.

[4] 夏怡然, 陆铭. 城市间的“孟母三迁”——公共服务影响劳动力流向的经验研究[J]. 管理世界, 2015(10): 78-90.

第十二章　结论、讨论与展望

本书基于跨东中西的乡城迁移劳动力的大型社会微观调查数据集，多维度构建乡城迁移劳动力地理景观，从劳动力主体性与能动性在身体实践和空间生产中的积极性视角，审视不同区域、不同行业乡城迁移劳动力的迁移、就业、居住与生活特征的外在差异和内在联系，定量分析乡城迁移劳动力地理景观格局与组分关系，揭示劳动力地理景观对城市转型发展的适应过程及其背后广泛的政策实践、社群交往、社会文化、制度环境与建设等空间重塑和社会转型因素，探讨乡城劳动力迁移在我国城镇化战略转型、社会治理能力与体系建设等国家议程中的重要角色，以此提出促进转型期乡城迁移人口社会融合的策略响应。

第一节　研究结论

一、城镇化与乡城迁移的转型特征

城镇化战略人本主义转向背景下，人口、产业等要素推动城市转型发展，其中东部城市转型趋势更为显著。转型特征主要表现为东部城镇化增速放缓、中西部加速发展的趋势；城市空间发展进入中心提升改造、外围扩建延伸的阶段；城市产业与就业结构向商业与服务业倾斜，消费对经济与就业增长贡献显著；流迁人口增速趋缓，人口迁移逐渐从传统的乡城迁移向城城以及城市群内迁移转变，迁移的省内性、近域性与家庭定居等转型特征明显。乡城劳动力迁移生命历程分析显示迁移、就业、居住与生活特征在城市和行业间具有明显的趋势性差异，其中就业特征在行业间的分异性强于城市间，并具有基础性作用。这种分异是行业性质和城市特征差异共同对劳动市场与就业关系的分割及调整，由此塑造出地理与社会空间中的职业发展格局，这种格局进一步影响并塑造了乡城迁移劳动力的居住与生活特征。

城镇化与乡城移民的转型特征主要体现在以下方面：①城镇化与迁移人口迁移的规模和增速自 2010 年起逐渐趋缓，但城镇化与乡城人口迁移路径的空间格局更加多元化和均衡化；②中西部城镇化与人口迁移加速发展，城市空间结构内部改造提升，外围延伸扩展，城市群发展效应明显；③乡城迁移仍是城市人口变化的主因，乡城人口迁移的跨区域格局变化趋势显著；④经济结构逐渐向第三产业倾斜，服务业与商业成为就业和经济增长的主力；⑤乡城迁移劳动力的省内迁移增加，迁移路径更加多元化；⑥迁移群体性别均衡化、中青年化、中高学历化趋势明显；⑦在就业结构上，乡城迁移劳动力逐渐从建筑与制造业向商业与服务业转变；⑧在居住与生活方面，独立租房、家庭迁移趋势明显，迁移群体对户籍、住房、社会保障与公共服务的关注和需求突出。

乡城劳动力迁移生命历程特征体现在以下方面：①乡城迁移劳动力间的代际分异明显，新生代群体跨省迁移比、受教育程度、在东部城市与高级服务业中的占比、收入及收入增幅更高，显著的代际差异表明我国乡城人口流迁正逐渐进入结构调整与代际更替的阶段；②大部分乡城迁移劳动力都有迁移到东部三大城市群的经历，但也存在迁移群体向中西部回流的明显趋势；③基础商业与生活服务是迁移群体的主要就业行业，就业结构逐步从建筑制造业向基础服务业转变；④乡城迁移劳动力的就业方式与结构呈现出边缘化和弹性化的趋势，就业保障与待遇水平行业分异显著，其中高级服务业群体最高；⑤独立租房成为大部分迁移群体的住房选择，但在面积、住房成本等方面差异较大，且面临一定居住空间分异和职住分离；⑥乡城劳动力家庭迁移特征明显，但在社会保障与参与性上提升空间还较大。

二、乡城迁移的劳动力地理景观格局与特征

基于迁移生命历程特征分析，本书成功构建迁移稳定性、就业边缘性、职业发展性、居住边缘性与社会融合性五类劳动力地理景观指数。对各类景观指数的分布态势、结构差异与格局特征进行分析，发现劳动力地理景观在不同城市、不同行业具有明显的差异性和趋势性，其中，就业边缘性与职业发展性在行业间分异性最强、趋势性最显著。本书通过对劳动力地理景观格局及其组分关系的分析，将乡城劳动力迁移同城

市转型发展关系划分为响应—调整—适应的不同阶段，揭示劳动力地理景观在地理与社会空间分异性上的塑造力及其空间表现，阐述迁移群体在劳动力地理景观中的身体实践与空间生产过程。

乡城迁移劳动力地理景观各指数特征如下：①乡城迁移劳动力的工作城市稳定性高于就业稳定性，中西部城市的迁移稳定性高于东部，高级服务业移民的迁移稳定性高于建筑制造和基础服务业；②就业边缘性从沿海向中西部城市递减，越西部城市的乡城迁移劳动力的就业关系被边缘化的风险越大，基础服务业就业边缘性最强；③东部城市乡城迁移劳动力拥有更好的职业发展性，高级服务业的职业发展性更高，但是区域差异较行业差异更显著。其中职业建制性的行业差异性最小，而职业技能性差异最大；④武汉的居住边缘性最弱，表明多中心组团式的城市空间格局有助于减轻职住分离，高级服务业乡城迁移劳动力住房压力性最小，而职住分离性最高。住房压力与职住分离存在负向相关关系，整体而言，职住分离对居住边缘性的影响更大；⑤中西部受访群体的社会融合性高于东部，但在其行业间的差异较小，家庭迁移对社会融合性具有显著的促进作用，尤其是中西部表现更为显著。

乡城迁移劳动力地理景观格局特征表现为：①乡城劳动力迁移具有渐趋稳定性，即在不断的迁移变动中，移民稳定性概率逐渐增加。在乡城迁移生命周期中，存在一个迁移稳定小周期（4.8 年）和稳定大周期（18 年）。迁移渐趋性和稳定周期反映出乡城移民个体同城市转型发展的响应—调整—适应的链式过程；②政府与非政府组织能够积极提升乡城迁移劳动力的权益保障性，而就业边缘性、劳动市场分割性与工作规制性的改善更依赖于市场，其中工作规制性对就业边缘性的影响最显著，是最能体现就业市场弹性变化与分割性的景观特征；③职业发展性受到就业边缘性的决定性影响，且在中东部表现更为明显，而职业发展性的不足又会进一步边缘化乡城迁移劳动力的就业格局，组分关系显示职业技能对职业发展性的促进作用更显著、确定性更高；④居住边缘性的组分分析表明职住平衡是缓解乡城移民居住边缘性的关键变量，而住房压力性则是乡城移民居住空间和社区尺度上的社会空间阶层分异的主要塑造力量，并成为居住边缘性的主要表现形式；⑤社会融合性的组分关系表明个体与群体社会参与性的进步虽然促进了移民的社会融合，但也持续造成移民群体内部社会空间的分异。在适应阶段，较高程度的社会参与不仅能削弱移民群体内部的社会空间分异，还能实现个体与群体尺度上的社会融合。

三、城市转型中劳动力地理景观的适应过程与社会融合

在劳动力地理景观的适应过程中，行业差异对劳动力地理景观中的就业关系与职业发展的塑造具有重要作用，城市功能分区成为劳动力地理景观的基础性空间过程，经济转型推动了劳动市场重塑与就业关系变革，而住房市场改革在推动居住空间分异的同时又促进了居住混合。因此，乡城劳动力迁移同城市转型发展间存在一种均衡机制，以避免劳动力地理景观过度集聚或破碎。城市迁移人口的融合过程可分为就业、居住与社会融合三个部分，并将经历响应、调整与适应三个阶段，本书据此提出转型期促进城市移民社会融合的策略响应。

乡城迁移劳动力地理景观对城市转型发展的适应过程体现在：①劳动者的主体能动性与身体实践对塑造劳动力地理景观中的迁移稳定性、就业边缘性和职业发展性具有主导作用，而城市转型发展特征对居住边缘性和社会融合性形成的影响更大；②行业差异是乡城迁移劳动力就业实践与宏观就业市场相互选择和作用的中间变量，也是乡城迁移劳动力对城市转型发展适应过程的参数化表达，并传递映射到劳动力地理景观中；③城市空间功能分区所塑造的劳动市场、就业地理格局与居住空间分异通过乡城迁移劳动力的就业实践与居住选择成为劳动力地理景观的基础性空间过程；④城市私营个体经济发展显著促进移民的职业发展性，为缓解就业市场弹性与边缘化提供便利，表明经济转型驱动劳动市场的重构与分化，成为就业地理格局空间重塑的重要推动力；⑤住房市场改革与居住空间转型一方面威胁到移民已有的、成熟的居住空间和生境栖息地，瓦解移民社会网络的链接枢纽与专属性的景观文化承载体，但在客观上促进了移民居住混合、社区整合与社会融合；⑥城市转型发展为乡城劳动力在迁移、就业、居住与生活层面同城市社会融合提供了改善性机遇，同时也会进一步加剧迁移群体内部的分异性与再结构化；⑦均衡机制是个体迁移目的与城镇化及市民化相互平衡与实现的适应性过程的一部分，也是劳动力地理景观格局分化与重组的平衡器，以保证个体与社会间联通和适应过程的畅通。

转型期城市迁移人口的发展趋势与社会融合特征表现为：①转型期人口流迁呈现出省内就近迁移增多及城城与城内迁移增加、务工类迁移减少及公共服务迁移增多、个体迁移减弱及家庭迁移增强的趋势；②移民的融合包括就业、居住与社会融合三个层次，其中就业融合是基础与前提，居住融合是载体与途径，社会融合是最终过程与目的；③本书提出促进转型期中国城市移民社会融合的策略响应包括社会管治变革与

包容性增长、基本公共服务均等化与国民化、优化城镇体系并实施都市区与城市群战略，以逐步推动城市迁移人口从居住混合向社区整合，再向社会融合迈进。

第二节 研究讨论

一、劳动力地理景观中的尺度政治

随着人文地理学的人本主义与社会主义转向，身体地理学在女性地理学的发展下逐渐得到地理学界的重视（Macpherson，2010；Hawkins，2013；Pile，2013；陶伟等，2015，2017）。身体本身作为地理过程要素的一部分被纳入行为地理学的研究中，尤其是在人口密集的城市社会中，身体成为群体自我审视、自我认同的核心载体，被用以开展对结构主义地理学无法有效解构的主体进行研究，尤其是在社会与文化地理学中（万蕙、唐雪琼，2013；吴红涛，2019）。身体存在作为个体最有力的自我象征形式，身体的实践行为与实践性成为个体或群体进行身份认同、权力服从与社会交往的最主要途径，也是对其能动性与主体性予以证实的主要方式（Brass，2005；唐青叶，2015；Borodenko，2018）。因此，身体实践既是空间存在的基础与主体，也是行为系统、实践模式、情感体验的核心。

不管是从生产要素还是能动性主体来说，个体总是被嵌入特定的地理空间中，身体实践及其空间目标受到特定空间的品性、特征与行为条件的约束，其实践可能性、过程与效益也受到地理空间中物理环境、地域特征与社会空间的制度环境、经济与文化等因素的影响，因此，个体的身体实践具有典型的空间性（Herod，1997；Coe，2013；姜玉培等，2019）。在个体的身体实践过程中，行为标的的空间嵌入性将个体行为同空间尺度相连接，在不同空间尺度上将具有共同标的的行为主体集聚起来，形成群体性空间行为，如劳动力迁移、劳资谈判等（Castree，2004；Rainnie et al.，2011）。通过实践的尺度政治效应和积极的空间策略，群体性空间行为被扩大为具有主体性与能动性的空间效应，即群体实践的空间性（Berntsen，2016；Cumbers et al.，2016）。群体实践的空间性通过嵌入空间的分割或自我孤立，从而生产出具有典型群体特征并与外围嵌入空间运作方式截然不同的空间单元，如城市迁移人口通过居住自选择形成的城中村、临时窝棚等居住空间单元，通过就业关系调整形成的街边摊贩、桥下工地等边缘劳动市场。

本书中，乡城迁移劳动力作为城市群体中典型的边缘性群体，其身体实践与话语权是相对微弱的，但相比孤寡老人、残障人士等其他城市边缘性群体（冯健、赵楠，2016；陶伟等，2017），乡城迁移劳动力在群体规模、就业主动性、居住普遍性与社会参与性上更显著、更积极。因此，乡城迁移劳动力要在城市转型发展中扮演更为主动、积极的参与性角色，就需要将个体的身体实践通过尺度政治积极转变为群体性的空间实践行为，通过群体空间生产重塑劳动力地理景观格局及其组分关系，从而将个体尺度的自身实践嵌入城市空间中，打通个体和整体社会间建立适应与联通的渠道。在此过程中，尺度政治将个体尺度的身体实践转变为群体尺度的空间生产，从而达到迁移个体不能完成的空间格局重塑与话语权增强或主导的行为目的，并将这种尺度转换行为演化为包括移民群体、城市管理者、本地居民在内的多主体政治策略博弈，以实现其社会空间生产、修复、管理、抗争与融合的目标（Swyngedouw，2004；Smith，2010；马学广、李鲁奇，2016；王丰龙、刘云刚，2019）。

在劳动力地理景观中，乡城迁移劳动力个体的身体实践（迁移、就业与居住自选择等）通过作为政治过程的尺度结构转变，上升和转换为群体尺度的空间生产，并映射在劳动力地理景观中，作为城市地理景观的一部分有机嵌入城市地理与社会空间中。这可以进一步理解为，迁移者个体作为劳动力地理景观的基质单元，通过空间感知→空间权衡→空间选择→空间格局的链式过程，将个体的身体实践过程映射到群体空间生产、修复与实践之中，从而表现为劳动力地理景观格局的重塑与组分关系的调整。由此发现，从身体实践到空间生产，尺度政治效应作为劳动力地理景观演化中均衡机制实践路径的一部分，将个体实践自选择同宏观空间过程有机结合，通过群体空间生产与城市空间转型间的相互博弈和制约，实现乡城劳动力迁移与城市转型发展的均衡状态，从而表现为劳动力地理景观对城市转型发展的适应过程。得益于尺度政治效应，个体与整体社会间的适应过程和联通渠道保持畅通，劳动力地理景观的均衡机制得以有效运行，进而城市转型发展与劳动力地理景观的演化保持协同。所以，尺度政治有助于避免景观格局组分的过度集聚或破碎，提升转型期社会各群体的生境完整性与社会生态系统的良性互动、持续演替性及应对风险的韧性。

二、人口迁移流动与社会管治

人口作为地理过程中活跃性、动态性、主体性与创造性最强的要素以及社会空间与反空间生产、修复与实践的主体，由于空间非均衡性，其总是处于迁移与流动之中。

人口的流迁一方面是作为对空间要素重组的被动性响应与主动性适应的过程化表现，另一方面，这也是个体主体性与能动性对人的社会学意义进行阐释和实践的过程化表现（Benson，2016；Carling and Collins，2018；Collins，2018）。在新古典主义地理学中，对人口流迁的研究视角限于将其作为空间生产要素的响应与适应过程的表现，由此所启迪的策略响应也多是从结构主义视角出发，将其反馈在社会管治中，从而表现出对市场分割、居住分异与社会割裂的被动性修补行为。就管理角度而言，人口的流迁是位于提高管理效率的对立面的，大规模的人口流迁会显著增加管理者在资源配置、权利控制与公共服务上的挑战与风险。因此，新古典主义地理学对人口流迁的动机、行为、路径与影响进行研究之后，提出旨在稳定人口流迁的社会管治措施，包括缩小区域发展差异、统筹城乡发展、稳定并扩大城市就业、提高城市迁移人口定居意愿、增进其居住稳定性等（刘金凤、魏后凯，2019；宁越敏、杨传开，2019）。虽然这些社会管治措施部分契合了人口流迁的初始动机与行为目的，但却暗含促使流迁人口稳定在特定城市或地域中，减少其流迁的规模与频率的倾向。

如不采取社会强力管治措施，我国现阶段的人口迁移流动并不会随着以农民工为主体的迁移人群市民化进程而出现大幅缩减。本书与其他文献均发现我国现阶段的乡城人口流迁仅仅是全社会人口大迁徙中的一个初始序章阶段（朱宇、林李月等，2016；朱宇、丁金宏等，2017；朱宇、林李月，2019）。在城市转型发展背景下，城城迁移与城内迁移在全体迁移人口中的比例逐渐增加，传统乡城务工迁移之外的商务迁移、家庭迁移、休闲迁移、公共服务迁移与跨国迁移逐渐增多，短期性、临时性、短距离的人口迁移日益频繁。这种人口流迁结构的转型，对传统社会管治提出新的挑战。社会管治本质上是政府对迁移主体内在本质的实践性进行干预，良性的管治措施可以有效避免主体行为的无序性和公平正义的地理困境。转型期流迁人口的结构转型要求社会管治能够从迁移主体的能动性视角审视已有管治措施与制度环境，正视、接纳与认可转型中人口流迁的内在逻辑与行为意义，及潜在的对经济转型、城市发展与社会转型的促进意义，有效引导人口流迁同社会转型发展的有序性与协同性，从而激发人口大迁徙中个体生产、消费与创造的激情，释放出经济社会发展的澎湃动力。

因此，人口大迁徙背景下基于人本主义视角的社会管治应着力减少特定空间地域对迁移者的制度性束缚与阻碍。具体而言，特定空间中就业、居住与公共服务等资源应和个体的身体实践与空间存在相联系，避免将特定空间永久性或长久性嵌入个体身份中，允许迁移者以较小阻力更改自身身份认同与识别中的空间嵌入信息。对城市社会管治而言，应促进公共服务与社会管理的可接续性和可转移性，同时保障城市中不同迁移群体在劳动市场、住房市场、公共服务、身份认同等方面的机会性、实践性、可能性无显著性区别，城市不同群体在身体实践与空间生产中没有制度性隔离。总之，特定空间与个体身份的制度性脱钩应是人口大迁徙背景下社会管治变革的大方向。

三、社会转型视角下的社会融合

乡城迁移劳动力等城市迁移人口的社会融合在学界与政府层面均引起高度关注，其中促进农民工市民化已成为我国新型城镇化的核心要求。社会融合旨在将社会中不同群体统一在劳动市场、居住空间、社会管治与公共服务等社会框架中，实现优势群体对边缘群体的市场包容与制度接纳，以及边缘群体对本土群体的文化适应与身份认同（宁越敏、杨传开，2019）。促进城市不同群体社会融合的重要意义不言而喻，然而现阶段城市迁移人口，尤其是乡城迁移人口的社会融合，由于就业结构、生计能力、居住隔离、制度分割与文化差异，仍面临不少挑战与制约。其中不少挑战源于社会经济条件的历史演化与区域自然属性的差异，如乡城差异、户籍与产权制度分割等。此外，改革开放以来社会经济的发展速度与质量在区域和群体间的差异性，推动了社会阶层的重构。社会整体性在转型发展中趋于弱化，而阶层差异性与阶层群体内部共同性逐渐增强，由此所产生的社会空间分异在制度与文化加持下更加明显（朱宇、林李月，2019）。社会分异作为社会融合的反向，极大地增加了不同群体与阶层之间的流迁困难度，并割裂不同群体的生产空间，使得社会空间越发复杂化与破碎化。

推动城市不同群体，尤其是迁移人口的社会融合，不仅是国家战略议程的需要，也不单是社会分异的潜在风险与威胁的被迫性应对，更多的应是社会转型发展的内在逻辑的结果使然，是国家治理能力与治理体系现代化的必然过程。这种使然性与必然性可以理解为：一方面，社会分异到一定程度会表现为对各分异群体的潜在威胁，优势群体担心过于远离边缘群体不利于保持自身优势地位和既得福利体系，而过大的社会分异性会超出边缘群体的承受范围，引发退化与对抗风险，社会整体也会因过大的分异会引起社会秩序混乱而采取调节与自我保护机制，以缓和日益加剧的社会分异与阶层割裂；另一方面，社会转型发展也会推动各群体的发展转型，并将冲击原有阶层间空间拓扑关系的相对均衡态势，在此过程中给予各群体边缘化风险同时也会馈赠改善性机遇。乡城劳动力迁移的结构转型会在一定程度上增强其主体性地位，如劳动力数量、劳动力价格与生产效率的变化均会赋予迁移群体在劳资谈判、产业再区位、消费转型与权益保障中更多的话语权，从而提升其在社会融合中的意愿与能力（吴缚龙等，2018）。

社会融合作为社会转型发展过程中的一部分，促进城市迁移人口社会融合的策略响应需从社会治理能力与体系现代化的视角出发，通过推动社会治理能力与治理体系从结构主义向人本主义转向来促进社会融合。具体而言，在经济基础层面，应将身体实践与空间存在作为产权、参与权载体的核心，弱化身体同异地产权、参与权等背后权利的制度联系性，保持不同权利在不同空间的均衡性，即在争取现住地权利的同时也要适当舍弃来源地部分或全部权利，实现权利与当下身体存在的实时动态挂钩、与过往身份的制度性脱钩，即权随人走。在社会管治层面，弱化身份同过往迁移史的联系性，强化身份对当下实践与空间存在的反映。通过社会治理变革，削弱制度分割对社会分异的存在与合理的证实性与伸张性，从人本主义视角突出社会管理与服务的国民普适性和存在合理性，保障不同群体参与社会管理、享受社会服务的机会均等性与实现可能性。通过将移民纳入本地社区/社会利益相关者中，推动制度建设的弹性变革，增进社会管治对流迁行为的包容性与接纳度。在文化养成层面，需要积极引导移民群体的身份重构与转型，提升个体身份与群体价值的获得感和自豪感。通过文化学习、体验与适应，加强迁移人群对社区的认同感与归属感，树立社区治理的权利与义务对等意识。强化乡城移民对城市文化的适应性和参与性，增强其身份转型在自我认同、价值实现上的获得感，从而实现社会融合与阶层流动。

第三节 研究展望

一、构建更具包容性的劳动力地理景观

本书以乡城迁移劳动力为主体来构建劳动力地理景观，仅从城市群体中的一部分来审视城镇化与经济转型过程中的劳动力主体性和能动性。乡城迁移劳动力也仅是庞大的乡城迁移人口的一部分，更为宽泛的劳动力还包括不同尺度、不同区域、不同管治体系下的劳动力市场主体。如何就完整的劳动力市场来构建更具包容性、代表性的劳动力地理景观将是进一步研究需要考虑的问题。这其中，除传统乡城迁移劳动力之外，研究对象还应包括城市本地劳动力市场、跨区域迁移的劳动力市场以及全球化背景下的跨国劳动力市场。在劳动力的主体性与能动性批判视角下，未来研究可将劳动

力地理景观同经济地理重构、产业价值链、创新与知识产权、劳资关系变革等更具未来性的议题相结合，深入思考劳动力个体身体实践与群体空间生产对经济增长、空间重构和社会转型的响应与适应。

劳动力地理学等理论是西方地理学人本主义与社会主义转向的产物，而中外经济社会发展的阶段性差异导致这些理论在中国的实践略显生疏。未来研究还应针对中国特殊的政治经济制度，开展具有中国特色的劳动力地理学研究，探讨正式与非正式劳动力市场、中国特色的工会制度、显著的区域发展差异以及国家政治倡议在劳动力地理景观中的折射与表达，促进劳动力地理学及其相关理论的中国化实践。同时，中外劳动力地理学的比较研究应被鼓励和尝试，不仅是中国同西方发达国家的对比，还应包括中国同南亚、拉美、非洲等发展中国家的比较，在横向维度分析快速发展与转型背景下劳动力空间生产的地方性、实践性、社会性与创造性的差异及其原因，并从全球视角来审视中国的劳动力市场与劳动力地理景观的演变规律性（金利霞等，2019）。

二、人口大迁徙时代的劳动力地理景观

尽管乡城迁移劳动力是当下我国流迁人口的主体，但未来城城迁移人口和城市内部流动人口规模与强度的显著增加已是不争的事实（朱宇，2016），我国整体流迁人口的类型、路径及其效应渐趋多元化和复杂化，并已进入人口大迁徙时代。在此背景下，将劳动力地理学中个体实践与空间生产、修复与调整理论纳入广泛的人口迁移流动研究中，探讨流迁个体的主体性与能动性对流出地和流入地的经济地理及社会空间的塑造性作用，将进一步丰富人口流动迁移的理论认知与研究实践。同时，扩大流迁个体迁移生命历程的回溯性调查范围，从更多维的角度、更长的时间序列上揭示个体实践与群体空间生产在就业、居住、家庭与社会交往等层面上的作用力度、范围、方向、方式的时空变化，揭示完整迁移生命历程下的劳动力地理景观的演化过程。

尽管本书尝试从多维视角审视乡城迁移劳动力的主体性与能动性，但应坦承其分析深度与综合凝练度仍有待加强，未来仍须拓宽研究视角，将更多具有文化地理学、理论地理学背景的学者纳入研究团队，加深制度、文化等社会背景在地理景观分析中的适用度，拔高劳动力地理学研究结论的综合性。同时，还应增强研究主体的综合性和多样性，将城市本地居民、城城迁移人口、城市其他边缘群体等更多主体纳入地理景观中，从不同主体视角审视城市转型发展以及个体与社会的时代关

联。在公平正义要求下，尤其需要加强对城市边缘性少数群体的关注（冯健、赵楠，2016；陶伟等，2017），分析城市转型发展对少数边缘群体的就业、居住、家庭与社会交往的影响及他们的因应策略，探讨城市空间重构对边缘性群体社会空间的排挤、破碎与边缘化过程，避免经济与城市转型发展陷入公平正义的地理困境之中。

三、具有时空动态性的人口地理学研究

劳动力地理学的研究不仅依赖于传统的宏观统计数据，更需要微观尺度上的社会调查数据集以支撑对个体尺度的主观性与能动性的研究。研究视角从结构主义向人本主义的转向，也要求当下研究能够从更为充分、更具代表性的个体样本数据中来认知群体性的空间行为。限于组织大型社会调查的困难性，本研究仅用静态、截面的社会调查数据，样本城市未能覆盖更多的区域中心城市和其他中小城市，城市中的样本选择也无法有效全面覆盖所有类型的乡城迁移劳动力，因此，劳动力地理景观中区域层级性有所欠缺，也未能从时间序列发展趋势性上展现劳动力地理景观格局与组分关系的动态变化过程。未来的研究可以选择覆盖面更广、区域层级结构更显著、城市规模梯度性更强的样本城市，以更好地表达劳动力地理景观的区域结构。同时，对现有社会调查进行跟踪连续调查来获得具有时间可比性的微观调查数据和流迁过程历时数据，对迁移生命历程中不同阶段、尺度、环节的迁移行为、就业关系、居住选择、家庭生活、邻里交往、文化与价值认同等更为宽泛的生命历程特征的时空变化及其机制，进行系统性、具体性和更有针对性的深入研究，以更为完整地呈现流迁群体迁移生命历程中的规律性、趋势性特征，加深对劳动力地理景观演变过程更丰富的内涵认知，这也将极大地拓展现有人口迁移的理论认知（朱宇、林李月，2016）。

参考文献

[1] BENSON M. Lifestyle migration: expectations, aspirations and experiences[M]. Routledge, 2016.

[2] BERNTSEN L. Reworking labour practices: on the agency of unorganized mobile migrant construction workers[J]. Work, Employment and Society, 2016, 30(3): 472-488.

[3] BORODENKO O V. Body-in-space in phenomenological reflection: from visual image to symbol[J]. Гілея: науковий вісник, 2018, 138(2): 87-89.

[4] BRASS P. The body as symbol in the production of Hindu-Muslim violence[J]. Religion, Violence and Political Mobilisation in South Asia, 2005: 46-68.

[5] CARLING J, F COLLINS. Aspiration, desire and drivers of migration[J]. Journal of Ethnic and Migration Studies, 2018, 44(6): 909-926.

[6] CASTREE N. Spaces of work: global capitalism and geographies of labour[M]. Sage, 2004.
[7] COE N M. Geographies of production Ⅲ: making space for labour[J]. Progress in Human Geography, 2013, 37(2): 271-284.
[8] COLLINS F L. Desire as a theory for migration studies: temporality, assemblage and becoming in the narratives of migrants[J]. Journal of Ethnic and Migration Studies, 2018, 44(6): 964-980.
[9] CUMBERS A, D FEATHERSTONE, D MACKINNON, et al. Intervening in globalization: the spatial possibilities and institutional barriers to labour's collective agency[J]. Journal of Economic Geography, 2016, 16(1): 93-108.
[10] HAWKINS H. Geography and art. An expanding field: site, the body and practice[J]. Progress in Human Geography, 2013, 37(1): 52-71.
[11] HEROD A. From a geography of labor to a labor geography: labor's spatial fix and the geography of capitalism[J]. Antipode, 1997, 29(1): 1-31.
[12] MACPHERSON H. Non-representational approaches to body-landscape relations[J]. Geography Compass, 2010, 4(1): 1-13.
[13] PILE S. The body and the city: psychoanalysis, space and subjectivity[M]. Routledge, 2013.
[14] RAINNIE A, A HEROD, S MCGRATH-CHAMP. Review and positions: global production networks and labour[J]. Competition & Change, 2011, 15(2): 155-169.
[15] SMITH N. Uneven development: nature, capital, and the production of space[M]. 2010.
[16] SWYNGEDOUW E. Globalisation or "glocalisation"? Networks, territories and rescaling[J]. Cambridge Review of International Affairs, 2004, 17(1): 25-48.
[17] 冯健，赵楠. 后现代地理语境下同性恋社会空间与社交网络——以北京为例[J]. 地理学报，2016, 71(10): 1815-1832.
[18] 姜玉培，甄峰，赵梦妮，等. 城市居民日常身体活动时空分异特征及影响因素[J]. 地理科学，2019, 39(9): 1496-1506.
[19] 金利霞，黄耿志，范建红，等. 能动性视角下中国新工人空间生产的研究框架与展望[J]. 地理科学进展, 2019, 38(11): 1802-1813.
[20] 刘金凤，魏后凯. 城市公共服务对流动人口永久迁移意愿的影响[J]. 经济管理，2019, 41(11): 20-37.
[21] 马学广，李鲁奇. 国外人文地理学尺度政治理论研究进展[J]. 人文地理, 2016, 31(2): 6-12.
[22] 宁越敏，杨传开. 新型城镇化背景下城市外来人口的社会融合[J]. 地理研究, 2019, 38(1): 23-32.
[23] 唐青叶. 身体作为边缘群体的一种言说方式和身份建构路径[J]. 符号与传媒, 2015(1): 53-64.
[24] 陶伟，王绍续，朱竑. 身体、身体观以及人文地理学对身体的研究[J]. 地理研究，2015，34(6): 1173-1187.
[25] 陶伟，王绍续，朱竑. 广州拾荒者的身体实践与空间建构[J]. 地理学报, 2017, 72(12): 2199-2213.
[26] 万蕙，唐雪琼. 新文化地理学视角下的女性主义地理学研究[J]. 人文地理, 2013, 28(1): 26-31.
[27] 王丰龙，刘云刚. 中国行政区划调整的尺度政治[J]. 地理学报, 2019, 74(10): 2136-2146.
[28] 吴缚龙等. 转型期中国城市的社会融合[M]. 科学出版社, 2018.
[29] 吴红涛. 肉身的殖民：身体、空间与资本主义劳动地理[J]. 人文杂志, 2019(7): 87-94.
[30] 朱宇，丁金宏，王桂新，等. 近 40 年来的中国人口地理学——一个跨学科研究领域的进展[J]. 地理科学进展, 2017, 36(4): 466-482.
[31] 朱宇，林李月. 流动人口在城镇的居留意愿及其决定因素——文献综述及其启示[J]. 人口与经济，

2019(2): 17-27.
[32] 朱宇，林李月. 中国人口迁移流动的时间过程及其空间效应研究：回顾与展望[J]. 地理科学, 2016, 36(6): 820-828.
[33] 朱宇，林李月，柯文前. 国内人口迁移流动的演变趋势：国际经验及其对中国的启示[J]. 人口研究, 2016, 40(5): 50-60.